选对套餐 剑指通关

名师引航班	超值特惠班	精品保障班	通关无忧班
购书专享	1年学习保障	2年保障 不过重学	4年保障 不过重学
		450元/科 3科联报	
3门课程免费领	**400**元/科	**550**元/科 2科联报	**1600**元/3科
		600元/科 单科购买	

主讲老师	**5**大超值课程	**8**大精品课程	**9**大无忧课程
中级会计实务：张志凤、刘忠 经济法：郭守杰、黄洁洵 财务管理：闫华红、田明	预科班 基础班 习题班 冲刺串讲班 模考精讲班	超值特惠班课程+ 易错易混班 核心精讲班 考前5天提示班	精品保障班课程+ 真题精讲班

授课思路	**3**项超值习题	**6**项精品习题	**7**项通关习题
历年考情 系统分析 各章考点 全面梳理 精选课程 轻松体验 解读真题 强化实力	每日一练 随堂练习 章节练习	超值特惠班习题+ 预习阶段测试 月度竞赛 模拟试卷（1套）	精品保障班习题+ 考前提分试卷（1套）

	2大超值服务	**7**大精品服务	**8**大通关服务
扫码免费领课	24小时内答疑 学习方法指导（直播）	超值特惠班服务+ 9小时内答疑 入学测试 学习计划 教材变化分析指导 强化阶段提升指导 机考操作指南	精品保障班服务+ 4小时内答疑 思维导图引学系统

赠	**赠**	**赠**	**赠**
50元优惠券	2016年套餐对应课程	超值特惠班赠送+ **机考系统(150元/科)** 会计基础一点通(张志凤) 税务基础一点通(刘颖)	同精品保障班赠送

www.dongao.com
登录官网 了解更多

400-627-5566 ｜ 0431-87635566
24h客服热线

名师相伴 过关首选

刘忠

张志凤

田明

黄洁洵

续鹏翔

张敬富

郭守杰

闫华红

李运河

东奥会计在线，专注财会培训19年，是中国会计培训的领航者。
19年来，我们汇聚业内名师，广招千万学员，用平台铺就跑道，用品质成就梦想！

19年
专业品牌

独聚
业内名师

220名
专家教研团

93.02%
超高通过率

高分经验谈

张宵星（285分）一次过三科

备考经验：忙里偷闲，整合零散时间。

首先： 根据自己的情况制订一份计划，保证每天2~3小时的学习时间。

其次： 结合东奥的课程，从预科班着手，了解3科教材的重难点分布，再系统学习。

再次： 考前要听串讲班和模考班，结合配套习题，短期也能实现提升。

最后： 熟练掌握机考系统，带着满满的自信心进考场。

陈婷（282分）一次过三科

分享给考中级的同学们一些建议：

第一： 结合视频里老师汇总的内容学习，实务多做分录，财管多做题，经济法多记忆。

第二： "轻松过关"是很好的辅导书，一定要做，对了OK，错了更好，这样能发现并填补自己不足。

第三： 要学会归纳总结，把老师的内容变成自己的，便于加深理解和记忆。

第四： 学会自我约束。中级虽然有难度，但最终结果如何还是要看自己花多少精力去学。

陈佳璐（中级会计实务98分）单科最高分

取得中级证书，是我职业履历上完美的一笔。

感恩： 非常感谢张志凤老师、郭守杰老师、闫华红老师，是他们的陪伴让我打消放弃的念头；是他们的讲解让每个知识都变得通俗易懂；是他们编制的题目让我不断地提升实战能力……

回首： 自己听过的课程，做过的轻1，打过的草稿，满满的奋斗历程，努力不放弃，就会有好的结果。

感谢： 感谢东奥会计在线这么好的教育平台。

石慧静（财务管理98分）单科最高分

备考经验：习惯了东奥，习惯了"轻松过关"。

结缘东奥： 从业、初级开始结缘，工作后又选择东奥实操课充电。中级依然选择东奥。

书课搭配： 东奥有很多优秀的老师，他们既写书又讲课，书课搭配学，省时省力。还有很多习题，应对中级足矣。

学习计划： 东奥的学习计划对我帮助很大，让整个学习变得有序。我会继续加油，和东奥一起攀登更高的山峰！

东奥的学员这样说

学员：雪落无声7856

一次过三门，经济法84，实务75，财管75。感谢各位老师的陪伴，让我们在追求自己人生目标的路上找到了捷径！

老师的欣慰莫过于学生一次次地报喜。再次感谢所有中级的老师！您们辛苦了！

学员：tanjq7708

查到考试成绩：中级会计实务85分，财务管理82分，经济法86分。三门课一次高分通过，东奥课件确实太棒了！

更重要的是通过听老师们授课，专业知识得到了强化，非常感谢！

明年的注会和税务师考试，继续选择东奥！

学员：wangyan52199

在朋友的建议下买了东奥课程，课程很全面，但因为时间有限，我只学习了基础班和真题班，做了点练习题，即使这样，今年的考试依然顺利通过了。

感谢老师们详细的讲解，令我受益匪浅。同时感谢答疑老师们，对于我提出的问题都给予了耐心、细致的解答，对我帮助很大。

全国会计专业技术资格考试辅导用书——轻松过关2

2017 年会计专业技术资格考试
每日攻克一考点
中级会计实务

组　编　东奥会计在线

编　著　刘　忠

电子工业出版社

Publishing House of Electronics Industry

北京·BEIJING

本书正版具有以下标识，请认真识别：

1. 本书附有防伪标签一枚，上有激活码，激活即可获赠"名师引航班"、"机考操作指南"、答疑及东奥题库宝典 APP 等超值课程及服务。使用方法详见本书正文。

2. 正文内局部铺有带灰网的图案。

若无以上标识即为盗版，请广大读者拒绝购买。盗版举报电话：400－627－5566。

图书在版编目（CIP）数据

2017 年会计专业技术资格考试每日攻克一考点．中级会计实务／刘忠编著；东奥会计在线组编．— 北京：电子工业出版社，2017.4

（轻松过关．2）

全国会计专业技术资格考试辅导用书

ISBN 978－7－121－31275－5

Ⅰ．①2…　Ⅱ．①刘…②东…　Ⅲ．①会计实务—资格考试—自学参考资料　Ⅳ．①F23

中国版本图书馆 CIP 数据核字（2017）第 069621 号

策划编辑：刘淑丽
责任编辑：李慧君
印　　刷：山东新华印务有限责任公司
装　　订：山东新华印务有限责任公司
出版发行：电子工业出版社
　　　　　北京市海淀区万寿路 173 信箱　邮编　100036
开　　本：787×1092　1/16　印张：27　字数：1007 千字　彩插：2
版　　次：2017 年 4 月第 1 版
印　　次：2017 年 4 月第 1 次印刷
定　　价：46.00 元

凡所购买电子工业出版社图书有缺损问题，请向购买书店调换。若书店售缺，请与本社发行部联系，联系及邮购电话：（010）88254888，88258888。

质量投诉请发邮件至 zlts@phei.com.cn，盗版侵权举报请发邮件至 dbqq@phei.com.cn。

本书咨询联系方式：（010）88254199，sjb@phei.com.cn。

编委会成员名单

（按姓氏笔画顺序排列）

上官颖林　　　田　明　　　兰　飞

刘　忠　　　李　硕　　　周鑫燕

黄洁洵　　　韩　斌　　　靳兴涛

前　言

阶段测评

攻克考点

主观题集训

每周计划

东奥团队+名师，
19年来我们只做一件事——
"让您轻松过关"

模拟演练

东奥
会计

市场占有率高达81%

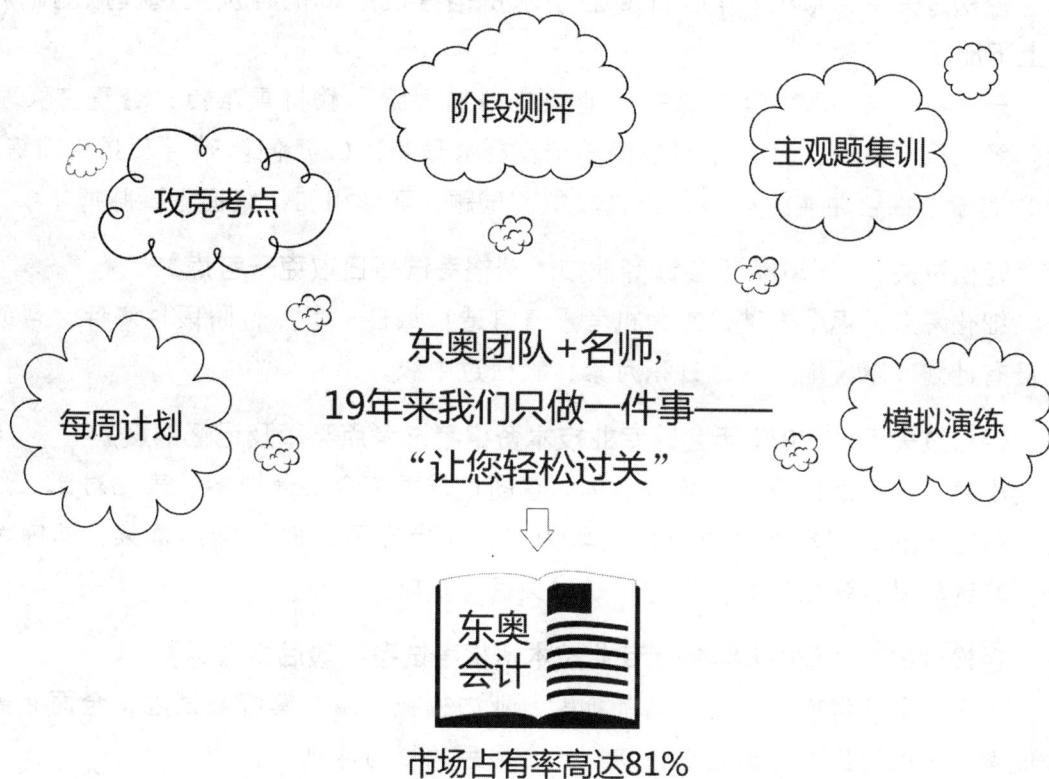

- 1998 年，"东奥"诞生于北京大学，开始进入会计培训领域；
- 2001 年，"轻松过关"系列丛书发行量跃居同行之首；
- 2002 年，"轻松过关"系列丛书被 30 个省级行政区的考试组织及机构推荐为指定用书；

……

- 2010 年，知名咨询公司慧聪网调查显示：东奥会计培训的市场占有率高达 81%，已成为会计培训界的第一品牌；
我们的精彩从未停止，我们的未来才刚刚开始……

历经 19 个春夏秋冬，我们累积了一支强大的师资、编校团队，他们细心协作，精益求精，汇聚经典，只为让您"轻松过关"！

2017 年中级会计职称考试"轻松过关"辅导用书包含 5 个系列，其特点和使用阶段如下：

轻松过关 1：《2017 年会计专业技术资格考试应试指导及全真模拟测试》（上下册）

东奥最经典的考试辅导用书！地毯式扫描大纲和教材重难点，着重夯实基础。经典核心模块：（1）命题规律总结及趋势预测；（2）同步辅导及强化训练；（3）跨章节综合题演练；（4）全真模拟测试题。环环相扣，紧握考试脉搏。

轻松过关 2：《2017 年会计专业技术资格考试每日攻克一考点》

细化考点，逐个击破，专为机考量身打造！每日一考点，阶段性测评，帮助学员有计划、系统地复习，日积月累，轻松过中级。

轻松过关 3：《2017 年会计专业技术资格考试考点荟萃及记忆锦囊》

小身材大智慧！浓缩了教材精华内容的口袋书，全书通过图、表、对比、分析、总结等形式归集教材重点、精华内容，让您在零散时间精通框架，熟练考点，吃透教材，强化记忆。为您轻松过关保驾护航。

轻松过关 4：《2017 年会计专业技术资格考试考前最后六套题》

人手必备的考前模拟卷！名师押题，业内权威。用六套经典试卷，全面涵盖价值考点，点押最可能出题点，特别适合最后的复习冲刺。

轻松过关 5：《2017 年会计专业技术资格考试机考题库一本通》

为学员一次通过中级打造的高端攻略。通过第一步夯实基础，第二步真题检测，第三步模拟提升，强力提升学员答题能力，助力考前冲刺。

东奥始终致力于向广大考生提供最实用的图书和最权威的课程。但编校工作纷繁琐碎，限于时间，本书难免存在一些缺点和错误，敬请广大考生批评指正。疏漏之处，我们会及时发布勘误，大家可以通过东奥官网上的"勘误专区"查看。

最后，预祝所有考生都能轻松过关！

本书编委会

2017 年 4 月

目录

引导篇　考试攻略

攻克篇　每日一考点

升华篇　主观题集训

冲刺篇　模拟题演练

引导篇

考试攻略

考试攻略

各位考生大家好，当您翻开本书时证明您已经开启了 2017 年中级会计实务考试的备考之旅。很高兴您选择了这本战斗力超强的辅导书，我为您量身定制了具体的战斗方案，提供了充足的战斗粮草，接下来的时间你我一起见证奇迹吧！

一、如何利用本书备战考试

本书基本结构图如下：

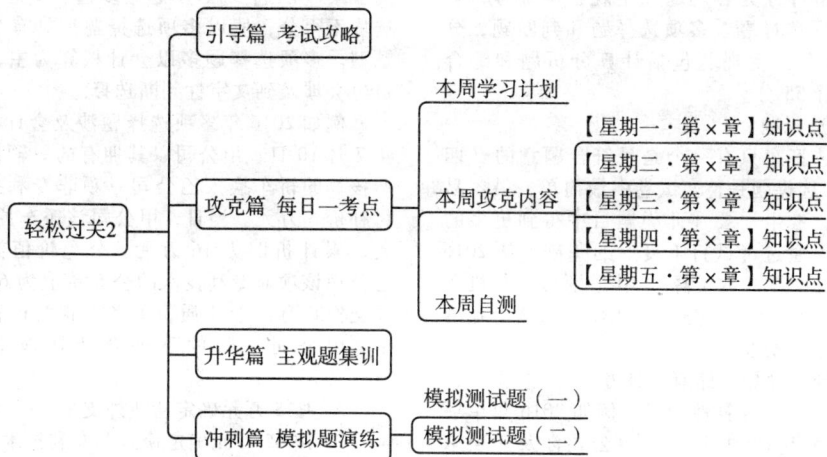

```
                          ┌── 引导篇 考试攻略
                          │
                          │                          ┌── 本周学习计划
                          │                          │
                          │                          │          ┌── 【星期一·第×章】知识点
                          │                          │          ├── 【星期二·第×章】知识点
轻松过关2 ────────────────┼── 攻克篇 每日一考点 ──────┼── 本周攻克内容 ── 【星期三·第×章】知识点
                          │                          │          ├── 【星期四·第×章】知识点
                          │                          │          └── 【星期五·第×章】知识点
                          │                          │
                          │                          └── 本周自测
                          │
                          ├── 升华篇 主观题集训
                          │
                          │                          ┌── 模拟测试题（一）
                          └── 冲刺篇 模拟题演练 ──────┤
                                                     └── 模拟测试题（二）
```

从结构图中各位考生可以看出，今年的轻二体例进行重大调整，更加实用。我会根据个人的经验帮助大家制定一套完整的学习计划，该计划以周为单位，细化到每天您需要掌握的知识点。各位考生利用三个月左右的时间完成基础学习及习题练习；再利用一个月的时间突破提高，该阶段十分重要，是您将学到的知识转化为考场上分数的关键时期；最后利用一周左右的时间进行考前的冲刺。同时，今年我将突破教材的章节顺序，按照对知识学习更有利、更易理解的方式进行编写。需要各位考生做的唯一一件事情，就是按计划不折不扣的去执行。

二、考试基本情况分析

2017 年中级会计职称考试采用机考方式（在计算机终端作答），需要各位考生在计算机上完成考试。这里需要提示各位考生至少需要掌握计算机的基本操作，例如鼠标的使用，利用键盘进行汉字的输入（官方提供约 8 种输入方法，肯定有一款能够满足您）。也许会有一些对计算机不太熟悉的考生犯愁，担心打字的速度等问题。个人认为现在不要去吐槽这些，木已成舟，机考已经不可逆转，与其抱怨不如欣然接受。现在您就有意识的开始进行练习，相信到考试时应该没有太大问题。需要说明的是，机考其实对各位考生来说是一项重大利好，个别考生汉字书写不太规整，有可能在判卷时吃亏，但是机考情况下完全可以消除这项顾虑。同时，鉴于去年机考试点，从去年的题量和命题思路中可以看出，采用机考方式考试的难度有所降低。

（一）中级会计实务考试时间

考试日期	考试时间及科目	考试批次
2017 年 9 月 9 日（周六）	8：30—11：30	第一批次
2017 年 9 月 10 日（周日）	8：30—11：30	第二批次

2017 年 8 月 10 日前，各省级考试管理机构公布本地区中级资格考试准考证网上打印起止日期。10 月 25 日前，完成评卷质量抽查验收工作，下发并在"全国会计资格评价网"公布中级资格考试成绩

（二）考试题型、题量及分值分布

年　份	单项选择题	多项选择题	判断题	计算分析题	综合题
2014 年	15 题 15 分	10 题 20 分	10 题 10 分	2 题 22 分	2 题 33 分
2015 年（机考试点）	15 题 15 分	10 题 20 分	10 题 10 分	2 题 22 分	2 题 33 分
2016 年（机考试点）	10 题 15 分	10 题 20 分	10 题 10 分	2 题 22 分	2 题 33 分

考试题型可分为客观题和主观题两部分，客观题包括单项选择题、多项选择题和判断题，分值合计为 45 分；主观题包括计算分析题和综合题，分值合计 55 分。

1. 单项选择题

四个备选答案只有一个是最符合题意的（四选一），单项选择题是整套试卷中最简单、最容易得分的题型，考生需要在此类题目中得到更多的分数，以便为通过考试打下良好的基础。从 2016 年开始单项选择题的数量降为 10 道题目（与机考有关），单位分值为 1.5 分，预计今年仍然会延续 2016 年的题量和分值。

单项选择题命题思路有三种方式：

第一种类型是计算性题目，例如 2016 年单项选择题：2015 年 12 月 31 日，甲公司涉及一项未决诉讼，预计很可能败诉，甲公司若败诉，需承担诉讼费 10 万元并支付赔款 300 万元，但基本确定可从保险公司获得 60 万元的补偿。2015 年 12 月 31 日，甲公司因该诉讼应确认预计负债的金额为（　　）万元。

A. 240　　　　　　　　B. 250
C. 300　　　　　　　　D. 310

第二种类型是文字考核会计核算型的题目，例如 2016 年单项选择题：以非"一揽子交易"形成的非同一控制下的控股合并，购买日之前持有的被购买方的原股权在购买日的公允价值与其账面价值的差额，企业应在合并财务报表中确认为（　　）。

A. 管理费用　　　　　B. 资本公积
C. 商誉　　　　　　　D. 投资收益

第三种类型是文字判断型题目，例如 2015 年单项选择题：下列各项交易或事项中，属于股份支付的是（　　）。

A. 股份有限公司向其股东分派股票股利
B. 股份有限公司向其高管授予股票期权
C. 债务重组中债务人向债权人定向发行股票抵偿债务
D. 企业合并中合并方向被合并方股东定向增发股票作为合并对价

2. 多项选择题

四个备选答案中有两个或两个以上符合题意

的答案（四选多），本题型多选、少选、错选、不选均不得分，所以多项选择题是具有一定难度的题型。多项选择题多以会计核算为主，但个别题目也会涉及到文字性判断选择。

例如 2016 年多项选择题涉及会计核算：2015 年 7 月 10 日，甲公司以其拥有的一辆作为固定资产核算的轿车换入乙公司一项非专利技术，并支付补价 5 万元。当日，甲公司该轿车原价为 80 万元，累计折旧为 16 万元，公允价值为 60 万元，乙公司该项非专利技术的公允价值为 65 万元。该项交换具有商业实质，不考虑相关税费及其他因素。甲公司进行的下列会计处理中，正确的有（　　）。

A. 按 5 万元确定营业外支出
B. 按 65 万元确定换入非专利技术的成本
C. 按 4 万元确定处置非流动资产损失
D. 按 1 万元确定处置非流动资产利得

例如 2016 年多项选择题涉及文字性判断选择：在资产负债表日后至财务报告批准报出日前发生的下列事项中，属于资产负债表日后调整事项的有（　　）。

A. 因汇率发生重大变化导致企业持有的外币资金出现重大汇兑损失
B. 企业报告年度销售给某主要客户的一批产品因存在质量缺陷被退回
C. 报告年度未决诉讼经人民法院判决败诉，企业需要赔偿的金额大幅超过已确认的预计负债
D. 企业获悉某主要客户在报告年度发生重大火灾，需要大额补提报告年度应收该客户账款的坏账准备

3. 判断题

此类题型要注意考试有倒扣分的问题，每题答题正确得 1 分，答题错误倒扣 0.5 分，不答题的不得分也不扣分。所以针对判断题考生要秉着"谨慎性"原则进行作答。判断题主要是为了涵盖考试的覆盖面，所以此类题目主要考核各章节的易错易混点。

例如 2016 年判断题：企业通过提供劳务取得存货的成本，按提供劳务人员的直接人工和其他直接费用以及可归属于该存货的间接费用确定。（　　）

4. 计算分析题

一般情况下，计算分析题 2 道题目的分值分别为 10 分和 12 分。通常考核单一知识点，个别题目会涉及少量的跨章知识点。此类题目没有大家想象的那么难，例如 2016 年计算分析题中的一题考核的是固定资产的取得、持有、减值和处置。这是非常简单的，相信通过大家认真、努力的复习，拿下计算分析题的大部分分数应该没有问题。

5. 综合题

一般情况下，综合题 2 道题目的分值分别为 15 分和 18 分。各位考生需要明白一个问题，那就是绝大多数的考生不可能在综合题上得太多的分数。综合题通常是跨章、跨节的，综合性较强，但是综合题常规命题点是非常集中的。对于综合题的命题规律可以总结为：大而不难、细而全面。本辅导书专门有"主观题集训"模块帮助大家高效复习综合题，请各位考生放心。

（三）命题规律

1. 全方位命题，侧重对基础知识的考核

由于实行机考，所以各位考生需要明确一个问题，那就是两天的考试题目不能一致。所以对于教材中的相关知识点必定会全面考核，考核的范围要更广，内容要更多，涉及的知识点也会更细。但是从去年考题分析，题目中考核的基本都是各章节的基础知识，很少会超出教材的内容，比如长期股权投资的内容必定在每年的试卷中都会大考、特考，因为这部分内容本身是基础知识，而且在中级考试中每年均是重点。所以各位考生在复习时要抓基础知识，切莫深究非重点内容（例如非企业会计部分）。

2. 重点内容非常突出

虽然实行机考，考核范围较广，但是重点内容仍然十分突出（重者恒重）。例如，长期股权投资、金融资产、所得税、会计调整、合并财务报表等内容基本每年都是重点，年年要考核。所以各位考生要对重要的知识点进行全面系统的学习，把重点内容牢牢掌握。同时，复习时要注意给大家提示的各章考情分析。

3. 考核方式灵活多变

对于同一个知识点考核方式多种多样，可以是客观题，也可以是主观题。例如，针对固定资产取得这个考点，可以以文字的方式考核大家，也可以要求大家进行计算，还可以针对这个知识点出判断题等等。所以，各位考生在复习时也要有这种训练。本书知识点讲解后面都有精心编制的习题，各位考生要充分练习。

4. 各章节知识点之间融会贯通

考试中无论是什么题型，各章、各节的知识点会或多或少的有所联系。所以，考生复习时对单一知识点应在理解记忆的基础上，结合其他可能会涉及到的知识点进行全面系统的复习。

三、2017 年教材主要变化

第 7 章：修改部分文字表述；第 8 章：增加例题明细科目；第 9 章：部分例题和表述进行勘误；第 11 章：增加两道关于职工薪酬的例题；第 14 章：增加营改增会计处理的表述；第 20 章：完善部分表述；第 21 章：说明教材不更新的原因；其他章节基本无变化。

四、各章考情分析

章　节	复习难度	重要程度	考情分析
第 1 章　总论	★★	★	本章作为考试的基础知识内容，初学者会感觉有一定难度，因为本章很多内容都是后续章节的相关知识点；本章在考试中多以客观题的形式进行考核，分值一般情况为 2 分左右
第 2 章　存货	★	★★	本章作为考试的基础知识内容，在考试中会单独以客观题的形式进行考核，分值一般情况为 2 分左右；但是，在主观题中往往作为已知条件（收入、会计调整、所得税、企业合并等），所以需要考生能够全面掌握本章内容
第 3 章　固定资产	★★	★★	本章作为考试的基础知识内容，在考试中多以客观题或作为主观题的已知条件（会计调整、所得税、企业合并等）进行考核；但随着机考改革，本章在 2016 年单独考核了计算分析题，所以需要考生能够全面掌握本章内容
第 4 章　投资性房地产	★★	★★	本章主要介绍了投资性房地产的取得、持有期间及处置的会计处理，在考试中多以客观题的形式进行考核，分值一般为 3 分左右；但是个别年份中会以主观题进行考核，所以考生在复习时常规知识点应按照客观题掌握，涉及后续计量模式的转换应按照主观题掌握

章　节	复习难度	重要程度	考情分析	章
第 5 章　长期股权投资	★★★	★★★	本章全面介绍了长期股权投资的取得、持有、转换及处置，是绝对重点，而且本章内容也是第 20 章财务报告的基础；预计分值在 10 分左右，各位考生在复习时应全面掌握本章内容	
第 6 章　无形资产	★★	★★	本章作为考试的基础知识内容，在考试中会单独以客观题的形式进行考核，分值一般情况为 3 分左右；但是在主观题中往往作为已知条件（调整、所得税、合并），所以需要考生能够全面掌握本章内容	
第 7 章　非货币性资产交换	★★	★★	本章主要介绍了关于非货币性资产交换的认定、确认和计量，历年考试多以客观题形式考核，一般分值在 3 分左右；但个别年份中本章内容可以是主观题中的背景资料，大家在复习时应关注公允价值计量和账面价值计量的区别及账务处理	
第 8 章　资产减值	★★	★★★	本章属于重点内容，特别是 2015 年和 2016 年针对本章内容考核较少，本年度显得更为重要，各位考生在复习时应重点关注资产及资产组减值的会计核算，同时要掌握资产组的认定	
第 9 章　金融资产	★★★	★★★	本章主要介绍了金融资产的确认、计量和记录，在历年考试中均属于重点内容，多以主观题的形式进行考核，一般分值在 8 分左右；考生在复习本章内容时应重点关注持有至到期投资、可供出售金融资产的核算	
第 10 章　股份支付	★★★	★★	本章主要介绍了股份支付的含义、特征、分类及相应的会计处理，历年考试多以客观题形式考核，平均分值在 2 分左右；各位考生在复习本章内容时应重点关注以权益结算股份支付和以现金结算股份支付的会计处理	
第 11 章　负债及借款费用	★★★	★★★	本章作为考试的重点内容，主要介绍了应付职工薪酬、长期借款和借款费用的相关内容，在考试中各类题型均会涉及，本年度分值估计为 10 分左右（出主观题的情况），所以需要考生能够全面掌握本章内容	
第 12 章　债务重组	★★	★★	本章主要介绍了债务重组的方式、以及各种方式债务重组的会计处理，考试多以客观题形式出现，平均分值 4 分左右；但个别年份作为主观题的背景资料出现，所以各位考生在复习时应重点掌握债权人和债务人双方的账务处理	
第 13 章　或有事项	★★	★★	本章主要介绍了或有事项的确认、计量和记录，主要以客观题形式进行考核，个别年份主客观题会涉及，平均分值 3 分左右；各位考生在复习时应重点掌握预计负债的确认和计量以及待执行合同变为亏损合同的账务处理	
第 14 章　收入	★★★	★★★	本章属于考试的重点内容，在以前年度考试中多以两类出题模式考核，其一是以收入作为主线分别结合债务重组、非货币性资产交换等进行考核；其二是作为主观题中的已知条件结合会计调整、差错更正、企业合并等，所以需要考生能够全面掌握本章内容	
第 15 章　政府补助	★	★	本章属于非重点内容，考试中多以客观题形式进行考核，预计分值在 2 分左右；学习本章各位考生应重点关注与资产相关的政府补助和与收益相关的政府补助的账务处理	
第 16 章　所得税	★★★	★★★	本章主要介绍了资产和负债的计税基础、暂时性差异、递延所得税资产、递延所得税负债及所得税费用的确认和计量，属于重点内容；考试中会以各种题型进行考核，预计分值在 10 分左右，各位考生在学习本章时应全面复习	
第 17 章　外币折算	★★	★★	本章主要介绍了外币兑换、外币购销、外币借款、接受外币资本投资、外币货币性项目期末汇兑损益的会计处理及外币财务报表折算的处理；本章多以客观题形式考核（个别年份考核过主观题），估计本年度分值在 4 分左右	

续表

章 节	复习难度	重要程度	考情分析
第18章 会计政策、会计估计变更和差错更正	★★★	★★★	本章主要介绍了会计政策、会计估计变更和前期差错更正的处理方法和披露内容，属于重点内容，考试中各种题型均会涉及，预计分值在4分左右（涉及主观题分值在10分左右）；学习本章各位考生应重点关注会计政策变更和会计估计变更的区分，及会计政策变更和前期差错更正的会计处理
第19章 资产负债表日后事项	★★★	★★★	本章主要介绍了资产负债表日后事项的概念、分类，以及资产负债表日后调整事项的会计处理；本质属于重点内容，考试中各种题型均会涉及，估计分值在10分左右，所以需要考生能够全面掌握本章内容
第20章 财务报告	★★★	★★★	本章主要介绍合并财务报表的相关内容，属于考试中的重点，会以各种题型进行考核，预计分值在15分左右，各位考生在学习本章时应全面复习
第21章 事业单位会计	★★★	★	本章主要介绍了事业单位会计概述和事业单位特定业务的核算，在考试中会以客观题的形式进行考核，分值一般情况为2分左右，属于非重点内容
第22章 民间非营利组织会计	★★★	★	本章主要介绍了民间非营利组织会计的基础理论，以及民间非营利组织特定业务的核算，在考试中会以客观题的形式进行考核，分值一般情况为1分左右，属于非重点内容

五、复习建议

（一）制定符合自身的复习计划

考生需要明白，做什么事情都需要有计划。偌大的中国每五年还有个"五年规划"，何况我们的考试。考生做计划需要"量体裁衣"，所做的计划要符合自身情况，不要制定假、大、空的"马歇尔计划"！以下是我根据多年考生的反馈及自身的经验，帮助大家虚拟一下复习计划，仅供参考。

2017年4月至2017年7月末，各位考生一定要将教材（或是本书及配套网课的基础班）完成第一轮的学习。需将本书每星期后面配套习题做完，同时，要将做错的、不会做的题目标记出来，以备第二轮复习。

2017年8月至2017年9月初，要将第一阶段复习中的重点知识进一步强化，这个阶段也是各位考生将知识转化成分数的关键时期。此阶段各位考生需对全书知识点进行总括复习，跨章节的习题要进行演练。

2017年9月至考试前，适当进行模拟试题的练习，通过模拟试题进行查缺补漏。把握各种题型的答题时间，同时还需在这段时间里通过机考系统进行演练，熟悉机考系统的界面及作答要求。

（二）全面研读教材和历年考题

考试辅导教材是考试命题的重要依据。一般来说，辅导教材包含了命题范围和答题标准。需要说明的是，考生需按照辅导教材中的相关内容回答试题中的问题（即使教材中有些知识点与实际工作处理不同）。同时，各位考生应重点关注相关知识点以前年度的考题，研究考题的出题思路及特点（当然听网课的各位考生可以省略此步骤）。2017年轻松过关二在编写的过程中已将各个知识点后面配套加入以前年度考题供大家学习和使用（建议各位考生不要自己到网上下载成套的以前年度考题，因为有些内容教材有调整，政策或准则有变化，本书中已经按最新的文件及政策对以前年度考题进行了改编）。

（三）对知识点要温故知新

很多考生反映许多知识学过了，当时理解了，但是过一段时间感觉像是没有学过，根本没有记住，这是考生普遍存在的共性问题。各位考生需要在复习的过程中不断地对前面的知识点进行温故，只有这样才能在考试中取得理想的成绩。

（四）学会真正做题

考试是在规定的时间、规定的地点做规定的题目。考试本身其实就是做题，所以考生必须通过做练习题对相关知识点进行掌握。对知识点理解了是第一个层次，理解了会做题是第二个层次，到了考场能够准确的做出正确答案才是我们的终极目标。同时，在这里需要重点说明的是，做题必须自己独立完成，切记不能看着答案来做题。因为我们有条件反射的生理现象，如果平时总是看着答案做题，到考场上没有答案了，很可能思维空白。所以，奉劝各位考生为了能够顺利通过考试，切记不要以审核答案的方式做题。

最后，希望许各位考生在复习中加倍努力，在考试中取得优异的成绩。祝各位考生考试一切顺利，轻松过关！

攻克篇
每日一考点

第一周

本周学习计划

日　期	章　节	考　点	重要程度	常见题型	完成情况
星期一	第1章	财务报告目标、会计信息质量要求和会计要素及其确认与计量原则	★	单选题、多选题、判断题	
星期二	第2章	存货的确认和初始计量	★	单选题、多选题、判断题	
星期三		存货的期末计量	★★	单选题、多选题、判断题	
星期四	第3章	固定资产的确认和初始计量	★★	单选题、多选题、判断题	
星期五		固定资产的后续计量和固定资产的处置	★★	单选题、多选题、判断题、计算分析题	

第 一 周

本周攻克内容

【星期一·第1章】财务报告目标、会计信息质量要求和会计要素及其确认与计量原则

考点1：财务报告目标

一、财务报告目标

财务报告的目标是向财务报告使用者提供与企业财务状况、经营成果和现金流量等有关的会计信息，反映企业管理层受托责任履行情况，有助于财务报告使用者作出经济决策。

【例题·多选题】下列项目中，属于财务报告目标的是（　　）。

A. 向财务报告使用者提供与企业财务状况有关的会计信息

B. 向财务报告使用者提供与企业经营成果有关的会计信息

C. 反映企业管理层受托责任履行情况

D. 满足企业内部管理需要

【答案】ABC

二、会计基本假设

会计基本假设是企业会计确认、计量和报告的前提，是对会计核算所处时间、空间和环境等所作的合理设定。会计基本假设包括会计主体、持续经营、会计分期和货币计量等四个假设。

注： **扫一扫　"码"上听课**

亲爱的读者，相信您已经发现，本书每个考点标题后都印有二维码，全书一共80多个。这是本书精心为您准备的，每个二维码均对应相关的知识点讲解视频，您在学习过程中，如果有所疑问，或者理解不透彻，只需用手机或平板电脑扫描二维码，马上就能听到由编写本书的名师进行的深入讲解。不用花费时间东翻西查，只要扫一扫，快速解决问题。中级考试一"扫"而过。

本书前10个考点的课程视频免费向所有用户开放。购买东奥网课的用户可以无缝观看全书知识点视频。

◎使用步骤：

1. 下载安装最新版"东奥会计课堂"移动客户端（扫描封底二维码安装）。

2. 打开"东奥会计课堂"应用，点击首页右上角的"扫一扫"按钮。

3. 对照本书考点后的二维码，扫一扫，马上观看对应的名师视频讲解。

支持苹果系统（IOS5.1及以上）和安卓系统（Android2.3及以上）的所有手机、平板设备。

（一）会计主体

会计主体，是指企业会计确认、计量和报告的空间范围。

明确会计主体，才能划定会计所要处理的各项交易或事项的范围。

例如：A 公司的会计要反映的是 A 公司这个空间范围内的资金运动，而且是站在 A 公司的角度进行反映和描述的，则 A 公司就是会计主体。

会计主体不同于法律主体。一般来说，法律主体就是会计主体，但会计主体不一定是法律主体。会计主体界定了会计核算的空间范围。

【提示】法人是一种享有民事主体资格的组织，法律赋予它等同于自然人一样的人格，以便于其独立地行使权力并承担自身的义务。成为一个法人首先在经济上是独立的，从这个角度来说，法人一定是会计主体，但仅仅独立核算是无法足以支撑其成为法人资格的，所以，法人一定是会计主体，但会计主体不一定是法人。

【例题·多选题】甲公司对乙公司进行投资，占乙公司有表决权股份的 80%，乙公司属于甲公司的子公司，下列各项中应当属于乙公司会计核算范围的是（　　）。

A. 乙公司接受甲公司以固定资产进行投资
B. 乙公司从甲公司处购入原材料
C. 乙公司为甲公司提供咨询服务
D. 乙公司从甲公司购入原材料一批

【答案】ABCD

（二）持续经营

持续经营，是指在可以预见的将来，企业将会按当前的规模和状态继续经营下去，不会停业，也不会大规模削减业务。

典型会计处理：固定资产计提折旧，无形资产计提摊销，赊购存货，赊销产品等。

（三）会计分期

会计分期，是指将一个企业持续经营的生产经营活动划分为若干连续的、长短相同的期间。

在会计分期假设下，会计核算应划分会计期间，分期结算账目和编制财务报告。

会计期间分为年度和中期。年度和中期均按公历起止日期确定。中期是指短于一个完整的会计年度的报告期间。

（四）货币计量

货币计量，是指会计主体在进行会计确认、计量和报告时以货币计量，反映会计主体的生产经营活动。

货币是商品的一般等价物，是衡量一般商品价值的共同尺度。

【提示】在我国企业会计核算以人民币为记账本位币，外商投资企业可以选用外币作为记账本位币进行核算，但应提供以人民币反映的财务报表，境外企业向国内报送报表时应折算为人民币反映。

三、会计基础

企业会计的确认、计量和报告应当以权责发生制为基础。

【提示】权责发生制也称应计制或应收应付制，是指收入、费用的确认应当以收入和费用的实际发生作为确认的标准，合理确认当期损益的一种会计基础。

企业通常以人民币作为记账本位币，业务收支以人民币以外的货币为主的企业，可以按规定选定一种货币作为记账本位币，除此之外的业务采用收付实现制。

考点 2：会计信息质量要求

会计信息质量要求是对企业财务报告中所提供会计信息质量的基本要求，是使财务报告中所提供的会计信息对投资者等信息使用者决策有用应具备的基本特征，主要包括可靠性、相关性、可理解性、可比性、实质重于形式、重要性、谨慎性和及时性等。

一、可靠性

可靠性要求企业应当以实际发生的交易或者事项为依据进行会计确认、计量和报告，如实反映符合确认和计量要求的各项会计要素及其他相关信息，保证会计信息真实可靠、内容完整。

会计信息要有用，必须以可靠为基础。

二、相关性

相关性要求企业提供的会计信息应当与投资者等财务报告使用者的经济决策需要相关，有助于投资者等财务报告使用者对企业过去、现在或者未来的情况作出评价或者预测。

相关性应以可靠性为基础，即会计信息应在可靠性的前提下，尽可能地做到相关，以满足投资者等财务报告使用者的决策需要。

三、可理解性

可理解性要求企业提供的会计信息应当清晰明了，便于投资者等财务报告使用者理解和使用。

四、可比性

可比性要求企业提供的会计信息应当相互可比。具体包括下列要求：

1. 同一企业对于不同时期发生的相同或者相似的交易或者事项，应当采用一致的会计政策，不得随意变更。

2. 不同企业同一会计期间发生的相同或者相似的交易或者事项，应当采用规定的会计政策，确保会计信息口径一致、相互可比，即对于相同或者相似的交易或者事项，不同企业应当采用一致的会计政策，以使不同企业按照一致的确认、计量和报告基础提供有关会计信息。

【例题·判断题】甲公司存货发出计价采用月末一次加权平均法，因管理需要将其改为移动加

权平均法违背可比性原则。（　）

【解析】此变更属于会计政策变更，变更后的会计政策可以提供更可靠、更相关的会计信息，不违背可比性原则。

【答案】×

【延伸说明】下列交易或事项均不违背可比性原则：

1. 所得税的核算方法由应付税款法改为资产负债表债务法时按追溯调整法进行会计处理；

2. 投资性房地产由成本模式转为公允价值模式时按追溯调整法进行会计处理；

3. 合并报表的准备工作中，统一母子公司的会计政策和会计期间；

4. 长期股权投资持股比例发生变化而进行的追溯调整。

五、实质重于形式

实质重于形式要求企业应当按照交易或者事项的经济实质进行会计确认、计量和报告，不应仅以交易或者事项的法律形式为依据。如果企业仅仅以交易或者事项的法律形式为依据进行会计确认、计量和报告，就容易导致会计信息失真，无法如实反映经济现实和实际情况。

【提示】实质重于形式案例包括（但不限于）：

1. 合并报表的编制；

2. 融资租赁的会计处理；

3. 售后回购；

4. 售后租回；

5. 分期收款销售商品的会计处理等。

六、重要性

重要性要求企业提供的会计信息应当反映与企业财务状况、经营成果和现金流量有关的所有重要交易或者事项。

【提示】企业应当根据其所处环境和实际情况，从项目的性质和金额大小两方面加以判断。

七、谨慎性

谨慎性要求企业对交易或者事项进行会计确认、计量和报告时应当保持应有的谨慎，不应高估资产或者收益、低估负债或者费用。

【提示】谨慎性的应用并不允许企业设置秘密准备，如果企业故意低估资产或者收益，或者故意高估负债或者费用，将不符合会计信息的可靠性和相关性要求，损害会计信息质量，扭曲企业实际的财务状况和经营成果，从而对使用者的决策产生误导，这是会计准则所不允许的。

【例题·多选题】下列各项经济事项中，体现谨慎性的有（　）。

A. 固定资产加速折旧

B. 计提存货跌价准备

C. 或有应付金额符合或有事项确认负债条件的确认预计负债

D. 计提产品质量保证金

【答案】ABCD

【例题·判断题】企业为应对市场经济环境下生产经营活动面临的风险和不确定性，应高估负债和费用，低估资产和收益。（　）

【解析】谨慎性要求企业对交易或事项进行会计确认、计量和报告应当保持应有的谨慎，不应高估资产或者收益、低估负债或者费用。

【答案】×

八、及时性

及时性要求企业对于已经发生的交易或者事项，应当及时进行确认、计量和报告，不得提前或者延后。满足及时性会计信息质量要求，可能会影响会计信息的可靠性。

考点3：会计要素及其确认与计量原则

会计对象是指会计核算和监督的内容，而会计要素则是会计对象的基本分类，是会计核算对象的具体化。会计要素包括资产、负债、所有者权益、收入、费用和利润，这六大会计要素可以划分为反映财务状况的会计要素和反映经营成果的会计要素两大类。

反映财务状况的会计要素包括资产、负债和所有者权益；反映经营成果的会计要素包括收入、费用和利润。

一、资产的定义及其确认条件

（一）资产的定义

资产，是指企业过去的交易或者事项形成的、由企业拥有或者控制的、预期会给企业带来经济利益的资源。

（二）资产的确认条件

将一项资源确认为资产，需要符合资产的定义，并同时满足以下两个条件：

1. 与该资源有关的经济利益很可能流入企业；

2. 该资源的成本或者价值能够可靠地计量。

【例题·多选题】下列各项中，符合企业资产定义的有（　）。

A. 经营租出的设备

B. 经营租入的设备

C. 准备购入的设备

D. 融资租入的设备

【解析】资产是指企业过去的交易或事项形成的、并由企业拥有或者控制的、预期会给企业带来经济利益的资源。选项B，不是企业拥有或控制的；选项C，不是企业过去的交易或事项形成的。

【答案】AD

【例题·判断题】企业拥有的一项经济资源，即使没有发生实际成本或者发生的实际成本很小，但如果公允价值能够可靠计量，也应认为符合资

产能够可靠计量的确认条件。(　　)(2016年)

【答案】√

【提示】资产的账面余额,是指某科目的账面实际余额,不扣除作为该科目的备抵项目(如相关资产的减值准备)的金额。

资产的账面价值,是指某科目的账面余额减去相关的备抵项目后的净额。

例如:某项存货的账面余额为100万元,已提存货跌价准备20万元,则该项存货的账面余额为100万元,账面价值为80万元。

固定资产的账面余额一般指原价,原价减累计折旧是账面净值,账面价值是账面净值减去已计提的减值准备。

固定资产原价100万元,已计提折旧30万元,已计提减值准备20万元,则账面余额为100万元,固定资产账面净值=原价-累计折旧=100-30=70(万元),账面价值=原价-累计折旧-减值准备=100-30-20=50(万元)。

二、负债的定义及其确认条件

(一)负债的定义

负债,是指企业过去的交易或者事项形成的、预期会导致经济利益流出企业的现时义务。

(二)负债的确认条件

将一项现时义务确认为负债,需要符合负债的定义,并同时满足以下两个条件:

1. 与该义务有关的经济利益很可能流出企业;

2. 未来流出的经济利益的金额能够可靠地计量。

三、所有者权益的定义及其确认条件

(一)所有者权益的定义

所有者权益,是指企业资产扣除负债后,由所有者享有的剩余权益。公司的所有者权益又称为股东权益。所有者权益是所有者对企业资产的剩余索取权。

(二)所有者权益的来源构成

所有者权益的来源主要包括所有者投入的资本、直接计入所有者权益的利得和损失、留存收益等。

1. 所有者投入的资本,是指所有者投入企业的资本部分,它既包括构成企业注册资本或者股本部分的金额,也包括投入资本超过注册资本或者股本部分的金额,即资本溢价或者股本溢价。

2. 直接计入所有者权益的利得和损失,是指不应计入当期损益、会导致所有者权益发生增减变动的、与所有者投入资本或者向所有者分配利润无关的利得或者损失。

3. 利得是指由企业非日常活动所形成的、会导致所有者权益增加的、与所有者投入资本无关的经济利益的流入。

4. 损失是指由企业非日常活动所发生的、会导致所有者权益减少的、与向所有者分配利润无

关的经济利益的流出。

项　　目	计入当期损益	计入所有者权益
利得(非日常)	营业外收入	其他综合收益
损失(非日常)	营业外支出	

5. 留存收益是企业历年实现的净利润留存于企业的部分,主要包括计提的盈余公积和未分配利润。

(三)所有者权益的确认条件

由于所有者权益体现的是所有者在企业中的剩余权益,因此,所有者权益的确认主要依赖于其他会计要素,尤其是资产和负债的确认,所有者权益金额的确定也主要取决于资产和负债的计量。

【例题·判断题】所有者权益体现的是所有者在企业中的剩余权益,其确认和计量主要依赖于资产、负债等其他会计要素的确认和计量。(　　)(2012年)

【解析】所有者权益是指企业资产扣除负债后,由所有者享有的剩余权益。因此,所有者权益的确认和计量依赖于资产、负债等会计要素的确认和计量。

【答案】√

【例题·多选题】企业发生的下列经济业务属于利得的有(　　)。

A. 接受非关联方资产捐赠

B. 无法支付非关联方的应付账款

C. 处置固定资产产生的净收益

D. 出租房屋取得的租金收益

【解析】选项D属于企业收入核算范围。

【答案】ABC

四、收入的定义及其确认条件

(一)收入的定义

收入,是指企业在日常活动中形成的、会导致所有者权益增加的、与所有者投入资本无关的经济利益的总流入。

(二)收入的确认条件

收入在确认时除了应当符合收入定义外,还应当满足严格的确认条件。收入只有在经济利益很可能流入,从而导致企业资产增加或者负债减少、且经济利益的流入额能够可靠计量时才能予以确认。因此,收入的确认至少应当符合以下条件:

1. 与收入相关的经济利益很可能流入企业;

2. 经济利益流入企业的结果会导致企业资产的增加或者负债的减少;

3. 经济利益的流入额能够可靠地计量。

【例题·多选题】下列各项中,符合会计要素收入定义的是(　　)。

A. 工业企业销售原材料

B. 4S 店销售小汽车

C. 商贸企业销售商品电脑

D. 无法查明原因的现金溢余

【解析】选项 D 属于"营业外收入"核算的范围。

【答案】ABC

五、费用的定义及其确认条件

（一）费用的定义

费用，是指企业在日常活动中发生的、会导致所有者权益减少的、与向所有者分配利润无关的经济利益的总流出。

（二）费用的确认条件

费用的确认除了应当符合费用定义外，还应当满足严格的条件，即费用只有在经济利益很可能流出，从而导致企业资产减少或者负债增加、且经济利益的流出额能够可靠计量时才予以确认。因此，费用的确认至少应当符合以下条件：

1. 与费用相关的经济利益很可能流出企业；

2. 经济利益流出企业的结果会导致资产的减少或者负债的增加；

3. 经济利益的流出额能够可靠计量。

【例题·单选题】关于会计要素，下列说法中不正确的有( )。

A. 收入可能表现为企业负债的减少

B. 费用可能表现为企业负债的减少

C. 收入会导致所有者权益增加

D. 收入只包括本企业经济利益的流入，而不包括为第三方或客户代收的款项

【解析】费用可能表现为负债的增加。

【答案】B

六、利润的定义及其确认条件

（一）利润的定义

利润，是指企业在一定会计期间的经营成果，反映的是企业的经营业绩情况，是业绩考核的重要指标。

1. 营业利润

营业利润＝营业收入－营业成本－税金及附加－销售费用－管理费用－财务费用－资产减值损失＋公允价值变动收益（－公允价值变动损失）＋投资收益（－投资损失）

2. 利润总额

利润总额＝营业利润＋营业外收入－营业外支出

3. 净利润

净利润＝利润总额－所得税费用

【例题·多选题】下列各项交易和事项中，不会影响企业营业利润的有( )。

A. 计提固定资产减值准备

B. 出售固定资产取得净收益

C. 债务重组收益

D. 可供出售金融资产期末公允价值上升

【解析】选项 B、C 计入营业外收入，选项 D 计入其他综合收益。

【答案】BCD

（二）利润的来源构成

利润包括收入减去费用后的净额、直接计入当期利润的利得和损失等。其中，收入减去费用后的净额反映的是企业日常活动的业绩，直接计入当期利润的利得和损失反映的是企业非日常活动的业绩。直接计入当期利润的利得和损失，是指应当计入当期损益、最终会引起所有者权益发生增减变动的、与所有者投入资本或者向所有者分配利润无关的利得或者损失。企业应当严格区分收入和利得、费用和损失之间的区别，以更加全面地反映企业的经营业绩。

（三）利润的确认条件

利润反映的是收入减去费用、利得减去损失后的净额，因此，利润的确认主要依赖于收入和费用以及利得和损失的确认，其金额的确定也主要取决于收入、费用、利得、损失金额的计量。

利得	影响损益的利得，即"营业外收入"	①处置固定资产形成的收益 ②处置无形资产所有权形成的收益 ③现金溢余无法查明原因部分等
	直接计入所有者权益的利得	①可供出售金融资产期末公允价值上升 ②权益法下享有被投资方其他综合收益增加份额 ③自用房地产、存货转为公允价值模式计量的投资性房地产形成的增值 ④持有至到期投资重分类为可供出售金融资产形成的增值等
收入	营业利润中经济利益的流入	①主营业务收入 ②其他业务收入等

损失	影响损益的损失，即"营业外支出"	①处置固定资产形成的损失 ②处置无形资产所有权形成的损失 ③债务重组损失等
	直接计入所有者权益的损失	①可供出售金融资产公允价值暂时下降 ②权益法下享有被投资方其他综合收益减少份额 ③持有至到期投资重分类为可供出售金融资产形成的减值等
费用	营业利润中经济利益的流出	①主营业务成本 ②其他业务成本 ③税金及附加 ④管理费用 ⑤财务费用 ⑥销售费用 ⑦资产减值损失等

七、会计要素计量属性

1. 历史成本

资产按照其购置时支付的现金或者现金等价物的金额，或者按照购置资产时所付出的对价的公允价值计量；负债按照其因承担现时义务而实际收到的款项或者资产的金额，或者承担现时义务的合同金额，或者按照日常活动中为偿还负债预期需要支付的现金或者现金等价物的金额计量。

2. 重置成本

资产按照现在购买相同或者相似资产所需支付的现金或者现金等价物的金额计量；负债按照现在偿付该项债务所需支付的现金或者现金等价物的金额计量。

案例：固定资产盘盈

3. 可变现净值

资产按照其正常对外销售所能收到现金或者现金等价物的金额扣减该资产至完工时估计将要发生的成本、估计的销售费用以及相关税费后的金额计量。

案例：存货期末计价

4. 现值

资产按照预计从其持续使用和最终处置中所产生的未来现金流入量的折现金额计量；负债按照预计期限内需要偿还的未来净现金流出量的折现金额计量。

案例：持有至到期投资可收回金额计算

5. 公允价值

公允价值，是指市场参与者在计量日发生的有序交易中，出售一项资产所能收到或者转移一项负债所需支付的价格（脱手价格）。

案例：可供出售金融资产、交易性金融资产、公允价值计量的投资性房地产期末计量

【提示】企业在对会计要素进行计量时，一般应当采用历史成本。在某些情况下，为了提高会计信息质量，实现财务报告目标，企业会计准则允许采用重置成本、可变现净值、现值、公允价值计量的，应当保证所确定的会计要素金额能够取得并可靠计量，如果这些金额无法取得或者可靠地计量的，则不允许采用其他计量属性。

【例题·单选题】企业取得或生产制造某项财产物资时所实际支付的现金或者现金等价物属于（　　）。（2014 年）

A. 现值

B. 重置成本

C. 历史成本

D. 可变现净值

【解析】历史成本又称实际成本，是指取得或制造某项财产物资时所实际支付的现金或者其他等价物，选项 C 正确。

【答案】C

【例题·判断题】会计计量是为了将符合确认条件的会计要素登记入账，并列报于财务报表而确定其金额的过程。（　　）（2014 年）

【答案】√

【例题·判断题】公允价值是指市场参与者在计量日发生的有序交易中，出售一项资产所能收到或转移一项负债所需支付的价格。（　　）

【答案】√

【星期二·第2章】存货的确认和初始计量

一、存货的概念

存货,是指企业在日常活动中持有以备出售的产成品或商品、处在生产过程中的在产品、在生产过程或提供劳务过程中耗用的材料和物料等。

具体包括:原材料、库存商品、周转材料、发出商品、委托加工物资、在途物资、材料采购、生产成本等。

【提示】存货的最终目的是为了出售,注意与固定资产的区分。

二、存货的确认条件

同时满足下列条件时予以确认:

1. 与该存货有关的经济利益很可能流入企业;
2. 存货的成本能够可靠计量。

【例题·多选题】下列各项中应在资产负债表中"存货"项目列示的是( )。

A. 委托代销商品

B. 生产成本

C. 委托加工物资

D. 房地产开发企业准备建造商品房的土地

【解析】以上项目均属于企业的存货,应在资产负债表"存货"项目列示。

【答案】ABCD

三、存货的初始计量

(一)外购的存货

1. 外购存货的入账成本=买价+相关税费+运费+装卸费+保险费+入库前挑选整理费等

【提示1】运输途中的合理损耗需计入存货的成本,非合理损耗需从成本中扣除。

【提示2】

(1)仓储费

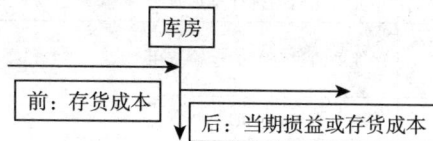

在生产过程中为达到下一个生产阶段所必须的仓储费用则应计入存货成本中。

(2)境外采购存货支付的关税及进口环节的消费税计入存货采购成本。对于增值税如下图所示:

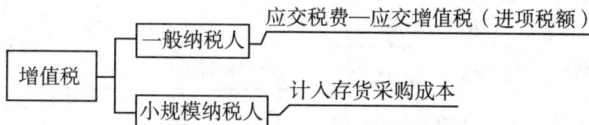

【例题·多选题】下列各项中,应计入相关资产成本的有( )。

A. 企业进口原材料交纳的进口关税

B. 企业购买原材料运输途中发生的非合理损耗

C. 小规模纳税人购买商品支付的增值税

D. 购入材料验收入库后发生的仓储费用

【解析】企业进口原材料交纳的关税应计入材料的成本,选项A正确;运输途中的合理损耗计入成本,非合理损耗计入当期损益,选项B错误;小规模纳税人购买商品支付的增值税不可以抵扣,计入存货成本,选项C正确;非为达到下一个生产阶段所必需的仓储费用计入当期损益,不计入存货成本,选项D错误。

【答案】AC

【例题·多选题】企业为外购存货发生的下列各项支出中,应计入存货成本的有( )。(2015年)

A. 入库前的挑选整理费

B. 运输途中的合理损耗

C. 不能抵扣的增值税进项税额

D. 运输途中因自然灾害发生的损失

【解析】选项D,自然灾害损失不属于合理损耗,应计入营业外支出,不计入存货成本。

【答案】ABC

2. 商品流通企业的采购成本

(1)商品流通企业在采购商品过程中发生的运输费、装卸费、保险费以及其他可归属于存货采购成本的费用等进货费用,应当计入存货的采购成本。

(2)也可以先进行归集,期末根据所购商品的存销情况分别进行分摊,对于已售商品的进货费用,计入当期损益(主营业务成本);对于未售商品的进货费用,计入期末存货成本。

(3)采购商品的进货费用金额较小的,也可在发生时直接计入当期损益(销售费用)。

3. 采购过程中的损耗处理

(1)因遭受意外灾害发生的损失和尚待查明原因的途中损耗,不得增加物资的采购成本,应暂作为待处理财产损溢进行核算,在查明原因后

第一周

再作处理。

（2）扣除应从供货单位、外部运输机构等收

回的物资短缺或其他赔款后的净损失计入营业外支出或管理费用。

序 号	情 况	是否计入存货成本
1	进口原材料支付的关税	√
2	自然灾害等原因造成的原材料的净损失	× （计入营业外支出）
3	为特定客户设计产品发生的可直接确定的设计费	√ （正常产品设计费计入当期损益）
4	生产产品过程中发生的制造费用	√
5	运输途中的合理损耗	√
6	存货采购过程中的保险费	√
7	存货入库前的挑选整理费	√
8	存货采购过程中的运输费用	√ （销售存货运费计入销售费用）
9	存货采购过程中的装卸费	√
10	存货入库后发生的仓储费用 （不包括在生产过程中为达到下一个阶段所必需的仓储费用）	× （计入管理费用）

（二）进一步加工取得的存货

1. 委托外单位加工的存货

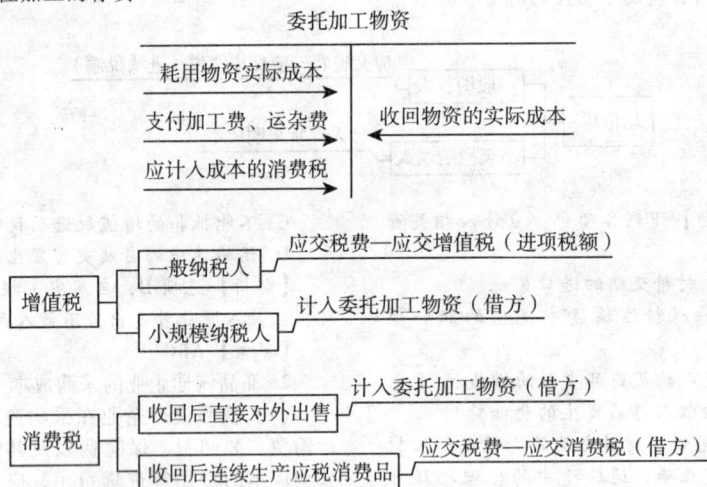

【提示】根据税法规定委托加工物资收回后，直接用于销售的，销售价格不高于受托方的计税价格的，委托方应将受托方代收代缴的消费税计入委托加工物资的成本；委托加工物资收回以高于受托方计税价格出售或者用于连续生产应税消费品的，按规定准予抵扣的，委托方应将受托方代收代缴的消费税记入"应交税费—应交消费税"科目的借方。

【例题·判断题】企业委托外单位加工一批应税消费品，受托方按法定义务已代收代缴消费税。

如果企业收回后，以不高于受托方计税价格直接对外出售，则受托方代收代缴的消费税计入委托加工物资成本中。（   ）

【解析】委托方以不高于受托方计税价格直接出售的，消费税构成委托加工物资成本。

【答案】√

【例题·单选题】甲公司向乙公司发出一批实际成本为30万元的原材料，另支付加工费6万元（不含增值税），委托乙公司加工一批适用消费税税费为10%的应税消费品，加工完成收回后，全

部用于连续生产应税消费品，乙公司代扣代缴的消费税款准予后续抵扣。甲公司和乙公司均系增值税一般纳税人，销售商品适用的增值税税率均为17%。不考虑其他因素，甲公司收回的该批应税消费品的实际成本为（　　）万元。（2015年）

A. 36　　　　　　　　B. 39.6

C. 40　　　　　　　　D. 42.12

【解析】委托加工物资收回后用于连续生产应税消费品的，所纳消费税税款准予按规定抵扣，不计入委托加工物资的成本，所以甲公司收回的该批应税消费品的实际成本为30＋6＝36（万元）。

【答案】A

2. 自行生产的存货

入账成本＝直接材料＋直接人工＋制造费用

【提示】非正常消耗的直接材料、直接人工和制造费用应计入当期损益（自然灾害计入"营业外支出"，管理不善计入"管理费用"），不得计入存货成本。

（三）其他方式取得的存货

1. 投资者投入：公允价值入账

2. 非货币性资产交换、债务重组：略（详见第7章和第12章）

（四）通过提供劳务取得的存货

直接人工＋其他直接费用＋间接费用

【例题·判断题】企业通过提供劳务取得存货的成本，按提供劳务人员的直接人工和其他直接费用以及可归属于该存货的间接费用确定。（　　）（2016年）

【答案】√

【星期三·第2章】存货的期末计量

一、存货期末计量原则

资产负债表日，存货应当按照成本与可变现净值孰低计量。存货成本高于其可变现净值的，应当计提存货跌价准备，计入当期损益。

成本：账面余额。

可变现净值：商品预计售价减去进一步加工成本和销售所必须的预计税金、费用后的净值。

【提示】对于用于生产产品的材料，如果其所生产的产品没有减值，则该材料不计提减值金额，应维持原账面价值不变；如果所生产的产品发生减值则材料期末应按可变现净值计量。

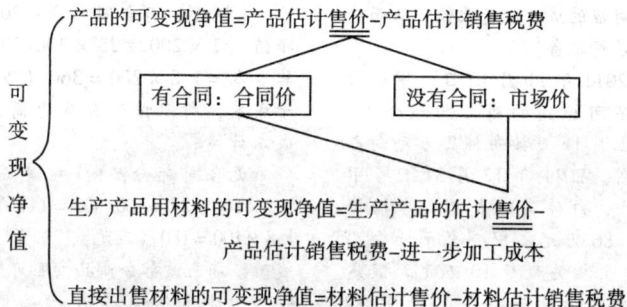

可变现净值：
- 产品的可变现净值＝产品估计售价－产品估计销售税费
  - 有合同：合同价
  - 没有合同：市场价
- 生产产品用材料的可变现净值＝生产产品的估计售价－产品估计销售税费－进一步加工成本
- 直接出售材料的可变现净值＝材料估计售价－材料估计销售税费

【例题·计算题】A公司库存商品100件，每件商品的成本为10万元，其中已经签订合同的商品为60件，合同价为每件12万元，预计每件商品的销售税费为1.5万元；该商品的市场价格为每件10.5万元，预计每件商品的销售税费为1万元，假定该批库存商品期初存货跌价准备贷方余额为15万元，不考虑其他影响因素。

【答案】

有合同存货可变现净值＝（12－1.5）×60＝630（万元）。

有合同存货成本＝10×60＝600（万元），未减值。

无合同存货可变现净值＝（10.5－1）×40＝380（万元）。

无合同存货成本＝10×40＝400（万元），减值20万元。

该库存商品期末存货跌价准备余额为应为20万元，本期末应计提存货跌价准备5万元（20－15）。

借：资产减值损失　　　　　　　　　　5

　　贷：存货跌价准备　　　　　　　　　　5

【提示】在计算存货跌价准备时不能将有合同部分与无合同部分合并在一起确定存货的减值，否则无合同部分该存货出现减值的金额就会被有合同部分存货的增值金额所掩盖。

【例题·计算题】B 公司库存甲材料 1000 件，每件材料的成本为 10 万元，甲材料专门用于生产 A 产品，每件材料经追加成本 2 万元后加工成一件完工 A 产品。已签订合同的 A 产品为 400 件，每件 A 产品的合同价为 13 元，单件销售税费预计为 2 万元；单件 A 产品的市场售价为 15 万元，单件销售税费预计为 2.5 万元。

【答案】

有合同部分产品成本 =（10 + 2）× 400 = 4800（万元），可变现净值 =（13 - 2）× 400 = 4400（万元），有合同部分产品发生减值，故用于生产合同产品的原材料发生减值。

有合同部分甲材料的可变现净值 =（13 - 2 - 2）× 400 = 3600（万元），其成本 = 10 × 400 = 4000（万元），减值 400 万元；

无合同部分产成品成本 =（10 + 2）× 600 = 7200（万元），可变现净值 =（15 - 2.5）× 600 = 7500（万元），产品未发生减值，故原材料按成本计量，无需计提减值。

假定原存货跌价准备期初贷方余额为 500 万元，则

借：存货跌价准备　　　　　100

　　贷：资产减值损失　　　　　100

【提示】期末对存货进行计量时，如果同一类存货，其中一部分是有合同价格约定的，另一部分不存在合同价格，在这种情况下，企业应区分有合同价格约定的和没有合同价格约定的存货，分别确定其期末可变现净值，并与其相对应的成本进行比较，从而分别确定是否需计提存货跌价准备。

【例题·单选题】2011 年 11 月 15 日，甲公司与乙公司签订了一份不可撤销的商品购销合同，约定甲公司于 2012 年 1 月 15 日按每件 2 万元向乙公司销售 W 产品 100 件。2011 年 12 月 31 日，甲公司库存该产品 100 件，每件实际成本和市场价格分别为 1.8 万元和 1.86 万元。甲公司预计向乙公司销售该批产品将发生相关税费 10 元。假定不考虑其他因素，甲公司该批产品在 2011 年 12 月 31 日资产负债表中应列示的金额为（　　）万元。（2012 年）

A. 176　　　　　　　　B. 180

C. 186　　　　　　　　D. 190

【解析】2011 年 12 月 31 日 W 产品的成本 = 1.8 × 100 = 180（万元），W 产品的可变现净值 = 2 × 100 - 10 = 190（万元）。W 产品的可变现净值高于成本，根据存货期末按成本与可变现净值孰低计量的原则，W 产品在资产负债表中列示的金额应为 180 万元，选项 B 正确。

【答案】B

【例题·单选题】2012 年 12 月 31 日，甲公司库存丙材料的实际成本为 100 万元。不含增值税

的销售价格为 80 万元，拟全部用于生产 1 万件丁产品。将该批材料加工成丁产品尚需投入的成本总额为 40 万元。由于丙材料市场价格持续下降，丁产品每件不含增值税的市场价格由原 160 元下降为 110 元。估计销售该批丁产品将发生销售费用及相关税费合计为 2 万元。不考虑其他因素，2012 年 12 月 31 日。甲公司该批丙材料的账面价值应为（　　）万元。（2013 年）

A. 68　　　　　　　　B. 70

C. 80　　　　　　　　D. 100

【解析】丁产品的成本 = 100 + 40 = 140（万元），可变现净值 = 110 - 2 = 108（万元），可变现净值小于成本，材料应以可变现净值计量；材料的可变现净值 = 110 - 40 - 2 = 68（万元），则 2012 年 12 月 31 日丙材料的账面价值为 68 万元。

【答案】A

【例题·单选题】2013 年 12 月 1 日，甲公司与乙公司签订了一项不可撤销的销售合同，约定甲公司于 2014 年 1 月 12 日以每吨 2 万元的价格（不含增值税）向乙公司销售 K 产品 200 吨。2013 年 12 月 31 日，甲公司库存该产品 300 吨，单位成本为 1.8 万元，单位市场销售价格为 1.5 万元（不含增值税）。甲公司预计销售上述 300 吨库存产品将发生销售费用和其他相关税费 25 万元。不考虑其他因素，2013 年 12 月 31 日，上述 300 吨库存产品的账面价值为（　　）万元。（2014 年）

A. 425　　　　　　　　B. 525

C. 540　　　　　　　　D. 550

【解析】有合同部分：200 吨库存商品可变现净值 = 2 × 200 - 25 × 200/300 = 383.33（万元），其成本 = 1.8 × 200 = 360（万元），可变现净值大于成本，所以该部分库存商品未减值，期末按照成本计量；

无合同部分：100 吨库存商品可变现净值 = 1.5 × 100 - 25 × 100/300 = 141.67（万元），其成本 = 1.8 × 100 = 180（万元），可变现净值小于成本，发生减值，期末该部分商品按照可变现净值计量。

上述 300 吨库存产品的账面价值 = 360 + 141.67 = 501.67（万元）。因此本题无答案。

【答案】无答案

【特别提示】此题当年备选答案中没有正确答案，这是考试中真实发生的情况，通过此题提示大家，在考场中切莫"较劲"，如果遇到一时无法解答的题目要迅速的继续下面的题目，因为我们考试是有时间限制的啊！类似上述考核的真题均是关于存货期末计量的知识点，所以各位考生需全面把握。

【例题·单选题】大江公司期末存货采用成本与可变现净值孰低计价。2016 年 12 月 26 日大江公司与 M 公司签订销售合同：由大江公司于 2017 年 1 月 31 日向 M 公司销售笔记本电脑 1000 台，

合同约定的销售价格为每台 1.2 万元。2016 年 12 月 31 日大江公司库存笔记本电脑 1200 台,单位成本 1 万元,账面成本为 1200 万元。2016 年 12 月 31 日市场销售价格为每台 0.95 万元,预计销售税费均为每台 0.05 万元。2016 年 12 月 31 日笔记本电脑的账面价值为(　　)万元。

A. 1200　　　　　　　　B. 1180

C. 1170　　　　　　　　D. 1230

【解析】由于大江公司持有的笔记本电脑数量 1200 台多于已经签订销售合同的数量 1000 台。因此,1000 台有合同的笔记本电脑和超过合同数量的 200 台笔记本电脑应分别计算可变现净值,判断是否需要计提减值。销售合同约定数量 1000 台,其可变现净值 = 1200 - 1000 × 0.05 = 1150(万元),成本 = 1000 × 1 = 1000(万元),期末按成本 1000 万元计量,账面价值为 1000 万元;超过部分的可变现净值 = 200 × 0.95 - 200 × 0.05 = 180(万元),其成本 = 200 × 1 = 200(万元),期末按照可变现净值 180 万元计量,账面价值为 180 万元。该批笔记本电脑账面价值 = 1000 + 180 = 1180(万元)。

【答案】B

【例题·单选题】甲公司期末原材料的账面余额为 100 万元,数量为 10 吨,存货跌价准备余额 20 万元。该原材料专门用于生产与乙公司所签合同约定的 20 台 A 产品。该合同约定 A 产品每台售价 10 万元(不含增值税)。将该原材料加工成 20 台 A 产品尚需加工成本总额为 95 万元。估计销售每台 A 产品尚需发生相关税费 1 万元。本期期末市场上该原材料每吨售价为 9 万元,估计销售每吨原材料尚需发生相关税费 0.5 万元。该原材料期末的账面价值为(　　)万元。

A. 85　　　　　　　　B. 75

C. 100　　　　　　　　D. 105

【解析】原材料是专门用于生产 A 产品的,所以要先计算 A 产品是否发生减值。A 产品的成本 = 100 + 95 = 195(万元),A 产品的可变现净值 = 20 × 10 - 20 × 1 = 180(万元),A 产品发生减值,应计算材料可变现净值。期末该原材料的可变现净值 = 20 × 10 - 95 - 20 × 1 = 85(万元),低于其成本 100 万元,因此该原材料期末账面价值为 85 万元。

【答案】A

【提示】该原材料原存货跌价准备余额为 20 万元,本期期末存货跌价准备应有余额为 15 万元(100 - 85),故在本期转回 5 万元存货跌价准备即可。

二、存货期末计量方法

(一)存货减值迹象的判断

存在下列情况之一的,应当考虑计提存货跌价准备:

1. 市价持续下跌,并且在可预见的未来无回升的希望;

2. 企业使用该项原材料生产的产品成本大于产品的销售价格;

3. 企业因产品更新换代,原有库存原材料已不适应新产品的需要,而该原材料的市场价格又低于其账面成本;

4. 因企业所提供的商品或劳务过时或消费者偏好改变而使市场的需求发生变化,导致市场价格逐渐下跌;

5. 其他足以证明该项存货实质上已经发生减值的情形。

存在下列情况之一的,应全额提取减值准备:

1. 已霉烂变质的存货;

2. 已过期且无转让价值的存货;

3. 生产中已不再需要,并且已无使用价值和转让价值的存货;

4. 其他足以证明已无使用价值和转让价值的存货。

(二)可变现净值的确定

1. 企业确定存货的可变现净值时应考虑的因素

企业确定存货的可变现净值,应当以取得的确凿证据为基础,并且考虑持有存货的目的、资产负债表日后事项的影响等因素。

(1)存货可变现净值的确凿证据

存货可变现净值的确凿证据,是指对确定存货的可变现净值有直接影响的客观证明,如产成品或商品的市场销售价格、与企业成品或商品相同或类似商品的市场销售价格、销售方提供的有关资料和生产成本资料等。

(2)持有存货的目的

直接出售的存货与需要经过进一步加工出售的存货,两者可变现净值的确定是不同的。

(3)资产负债表日后事项的影响

不仅要考虑资产负债表日后事项期间相关价格与成本的波动,而且还应考虑未来的相关事项。

【例题·多选题】下列各项中,企业在判断存货成本与可变现净值孰低时,可作为存货成本确凿证据的有(　　)。

A. 外来原始凭证

B. 生产成本资料

C. 生产预算资料

D. 生产成本账簿记录

【解析】选项 C,生产成本预算资料属于预算行为,不属于实际发生的成本,不能作为存货成本确凿证据。

【答案】ABD

2. 不同情况下可变现净值的确定

(1)产成品、商品和用于出售的材料等直接用于出售的商品存货,没有销售合同约定的,其可变现净值为在正常生产经营过程中,该存货的一般销售价格减去估计的销售费用和相关税费等后的金额。

（2）需要经过加工的材料存货，其可变现净值为在正常生产经营过程中，以该材料所生产的产成品的估计售价减去至完工时估计将要发生的成本、销售费用和相关税费等后的金额。

（3）可变现净值中估计售价的确定方法：

①为执行销售合同或者劳务合同而持有的存货，通常应以产成品或商品的合同价格作为其可变现净值的计量基础。

②如果企业持有存货的数量多于销售合同订购的数量，超出部分的存货可变现净值，应以产成品或商品的一般销售价格作为计量基础。

③没有销售合同约定的存货，但不包括用于出售的材料，其可变现净值应以产成品或商品的一般销售价格（即市场销售价格）作为计量基础。

④用于出售的材料等，应以市场价格作为其可变现净值的计量基础。这里的市场价格是指材料等的市场销售价格。

【例题·判断题】对直接用于出售的存货和用于继续加工的存货，企业在确定其可变现净值时应当考虑不同的因素。（　　）（2014年）

【解析】直接用于出售的存货以其售价为基础确定其可变现净值，而继续加工的存货，应以其生产的产成品的预计售价为基础来确定可变现净值。

【答案】√

【例题·判断题】企业为执行销售合同而持有的存货，其可变现净值应以合同价格为基础计算。（　　）（2015年）

【答案】√

【例题·判断题】持有存货的数量多于销售合同订购数量的，超出部分存货的可变现净值应当以产成品或商品的合同价格作为计算基础。（　　）

【解析】企业持有的存货数量若超出销售合同订购数量，则超出部分的存货的可变现净值应以一般市场价格为基础计算确定。

【答案】×

（三）存货跌价准备的计提与转回

1. 存货跌价准备的计提

当有迹象表明存货发生减值时，企业应于期末计算存货的可变现净值，确认是否需要计提存货跌价准备。

借：资产减值损失

　　贷：存货跌价准备

2. 存货跌价准备的转回

企业应在每一资产负债表日，比较存货成本与可变现净值，计算出应计提的存货跌价准备，再与已提数进行比较，若应提数大于已提数，应予补提。企业计提的存货跌价准备，应计入当期损益（资产减值损失）。

当以前减记存货价值的影响因素已经消失，

减记的金额应当予以恢复，并在原已计提的存货跌价准备金额内转回，转回的金额计入当期损益（资产减值损失）。

借：存货跌价准备

　　贷：资产减值损失

【例题·判断题】以前期间导致减记存货价值的影响因素在本期已经消失的，应在原已计提的存货跌价准备金额内恢复减记的金额。（　　）

【答案】√

3. 存货跌价准备的结转

（1）企业计提了存货跌价准备，如果其中有部分存货已经销售，则企业在结转销售成本时，应同时结转对其已计提的存货跌价准备。

借：主营业务成本

　　存货跌价准备

　　贷：库存商品

（2）对于因债务重组、非货币性资产交换转出的存货，应同时结转已计提的存货跌价准备，但不冲减当期的资产减值损失，按债务重组和非货币性资产交换的原则进行会计处理。

（3）企业将已经计提存货跌价准备的存货用于在建工程，应当同时结转相应的存货跌价准备。

（4）按存货类别计提存货跌价准备的，也应按比例结转相应的存货跌价准备。

【例题·单选题】甲公司发出存货采用月末一次加权平均法，按单项存货计提存货跌价准备。该公司2017年年初存货的账面余额中包含甲产品1200件，其实际成本为360万元，已计提的存货跌价准备为30万元。2017年该公司未发生任何与甲产品有关的进货，甲产品当期售出400件。2017年12月31日，该公司对甲产品进行检查时发现，库存甲产品均无不可撤销合同，其市场销售价格为每件0.26万元，预计销售每件甲产品还将发生销售费用及相关税金0.005万元。假定不考虑其他因素的影响，该公司2017年年末对甲产品计提的存货跌价准备为（　　）万元。

A. 6　　　　　　　　　　　B. 16

C. 26　　　　　　　　　　D. 36

【解析】

（1）期末存货的可变现净值＝（0.26－0.005）×（1200－400）＝204（万元）；

（2）期末存货的成本＝360÷1200×（1200－400）＝240（万元）；

（3）期末存货跌价准备应有余额＝240－204＝36（万元）；

（4）本期计提减值前存货跌价准备余额＝30÷1200×（1200－400）＝20（万元），本期应计提存货跌价准备＝36－20＝16（万元）。

【答案】B

【例题·多选题】下列关于存货会计处理的表述中，正确的有（　　）。

A. 存货采购过程中发生的合理损耗计入存货采购成本

B. 存货跌价准备通常应当按照单个存货项目计提也可分类计提

C. 债务人因债务重组转出存货时不结转已计提的相关存货跌价准备

D. 发出原材料采用计划成本核算的应于资产负债表日调整为实际成本

【解析】选项 C，债务人因债务重组转出存货，视同销售存货，其持有期间对应的存货跌价准备要相应的结转。

【答案】ABD

【例题·判断题】企业已计提跌价准备的存货在结转销售成本时，应一并结转相关的存货跌价准备。（　　）

【答案】√

【补充知识点】存货清查

盘亏时：

	引起存货盘亏或毁损的各种原因	净损失的会计处理	增值税的会计处理
正常原因	因管理不善造成存货被盗、丢失、霉烂变质产生的损失	计入管理费用	进项税额转出
	计量收发差错等原因	计入管理费用	进项税额不予转出
非常原因	自然灾害等非常原因	计入营业外支出	进项税额不予转出

盘盈时：

借：原材料、库存商品等

　　贷：待处理财产损溢

批准后：

借：待处理财产损溢

　　贷：管理费用

【星期四·第3章】固定资产的确认和初始计量

一、固定资产的确认

（一）固定资产的定义

固定资产，是指同时具有下列特征的有形资产：

（1）为生产商品、提供劳务、出租或经营管理而持有的；

（2）使用寿命超过一个会计年度。

（二）固定资产的确认条件

固定资产同时满足下列条件的，才能予以确认：

1. 与该固定资产有关的经济利益很可能流入企业；

2. 该固定资产的成本能够可靠地计量。

（三）固定资产确认条件的具体运用

1. 环保设备和安全设备也应确认为固定资产。

2. 工业企业所持有的备品备件和维修设备等资产通常确认为存货，但符合固定资产定义和确认条件的，应确认为固定资产，例如民用航空运输企业的高价周转件，应当确认为固定资产。

3. 固定资产的各组成部分具有不同使用寿命或者以不同方式为企业提供经济利益，适用不同折旧率或折旧方法的，应当分别将各组成部分确认为单项固定资产。例如飞机引擎。

【例题·判断题】企业购入的环保设备，不能通过使用直接给企业带来经济利益的，不应作为固定资产进行管理和核算。（　　）

【解析】企业由于安全或环保的要求购入设备等，虽然不能直接给企业带来未来经济利益，但有助于企业从其他相关资产的使用获得未来经济利益或者获得更多的未来经济利益，也应确认为固定资产。

【答案】×

二、固定资产的初始计量

固定资产应当按照成本进行初始计量。

固定资产的成本，是指企业购建某项固定资产达到预定可使用状态前所发生的一切合理、必要的支出。这些支出包括购买价款、相关税费、运杂费、包装费和安装成本等，也包括间接发生的，如应承担的借款利息、外币借款折算差额以及应分摊的其他间接费用。

（一）外购固定资产

1. 入账成本 = 买价 + 装卸费 + 运输费 + 安装费 + 相关税费 + 专业人员服务费等

【提示】

（1）增值税一般纳税人购入固定资产（生产经营用动产）支付的增值税，可以作为进项税额抵扣。

（2）购进不动产或不动产在建工程按规定进项税额分年抵扣，增值税一般纳税人 2016 年 5 月 1 日后购入固定资产（不动产），以及 2016 年 5 月 1 日后发生的不动产在建工程，其进项税额应按照有关规定分 2 年从销项税额中抵扣，第一年抵扣比例为 60%，第二年抵扣比例为 40%。

借：工程物资、在建工程、固定资产
　　应交税费—应交增值税（进项税额）（进项税额×60%）
　　　　　　　—待抵扣进项税额（进项税额×40%）
　贷：银行存款等

（3）专业人员培训费应计入当期损益。

【例题·单选题】甲公司为增值税一般纳税人，于 2017 年 2 月 3 日购进一台不需要安装的生产设备，收到的增值税专用发票上注明的设备价款为 3000 万元，增值税税额为 510 万元，款项已支付；另支付保险费 15 万元，装卸费 5 万元。当日，该设备投入使用。假定不考虑其他因素，甲公司该设备的初始入账价值为（　）万元。

A. 3000　　　　　　B. 3020
C. 3510　　　　　　D. 3530

【解析】一般纳税人购入设备的增值税进项税额可以抵扣，不计入固定资产的初始入账价值。甲公司该设备的初始入账价值 = 3000 + 15 + 5 = 3020（万元）。

【答案】B

2. 购入需要安装的固定资产通过"在建工程"科目核算。

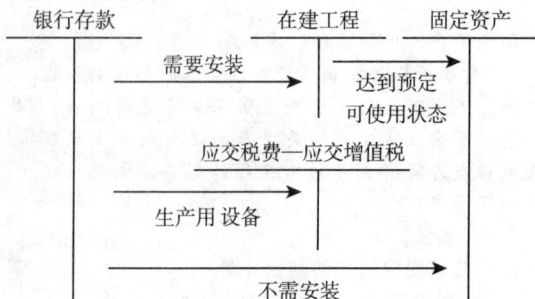

【提示】安装过程中领用相关物资的会计处理使用本企业自产产品时：

借：在建工程
　贷：库存商品

使用本企业外购的材料时：

借：在建工程
　贷：原材料

【例题·单选题】甲公司系增值税一般纳税人，购入一套需安装的生产设备，取得的增值税专用发票上注明的价款为 300 万元，增值税税额为 51 万元，自行安装领用材料 20 万元，发生安装人工费 5 万元，不考虑其他因素，设备安装完毕达到预定可使用状态转入固定资产的入账价值为（　）万元。（2016 年）

A. 320　　　　　　B. 351
C. 376　　　　　　D. 325

【解析】增值税一般纳税人购入设备的增值税可以抵扣，不计入设备成本，安装过程中领用材料的增值税可以抵扣，不计入设备成本，所以设备安装完毕达到预定可使用状态转入固定资产的入账价值 = 300 + 20 + 5 = 325（万元）。

【答案】D

【例题·单选题】甲公司为增值税一般纳税人，2017 年 2 月 3 日购入需安装才能使用的生产线设备一台，取得的增值税专用发票上注明的价款为 220 万元，增值税税额为 37.4 万元，发生运费取得增值税专用发票上注明的运费 12 万元，增值税税额 1.32 万元，支付保险费 2 万元。运抵甲公司后进行安装，发生安装人员薪酬 3.5 万元，领用外购原材料一批，该批原材料的成本为 10 万元，市场售价为 12 万元。2 月 28 日设备调试成功，达到预定可使用状态，则该生产线设备的入账金额为（　）万元。

A. 247.5　　　　　　B. 249.5
C. 249.2　　　　　　D. 251.54

【解析】一般纳税人购买设备发生的运输费、领用原材料的增值税均可以抵扣，不计入固定资产的成本，故固定资产的入账金额 = 220 + 12 + 2 + 3.5 + 10 = 247.5（万元）。

【答案】A

3. 外购固定资产的其他情形

（1）以一笔款项购入多项没有单独标价的固定资产，应当按照各项固定资产的公允价值比例对总成本进行分配，分别确定各项固定资产的成本。

【例题·判断题】企业以一笔款项购入多项没有单独标价的固定资产，应将该款项按各项资产公允价值占公允价值总额的比例进行分配，分别确定各项固定资产的成本。（　）（2013 年）

【答案】√

【例题·单选题】甲公司 2017 年 4 月与乙公司签订一揽子采购协议，协议约定甲公司一次性向乙公司采购 A、B、C 三台不同型号的设备。支付总采购价款为 2500 万元，增值税为 425 万元。同时甲公司支付设备保险费 10 万元。设备运抵甲公司后 A 设备在安装时领用本企业自产产品一批，该批产品成本为 22 万元，市场售价为 30 万元。假定设备 A、B 和 C 分别满足固定资产的定义及其确认条件，公允价值分别为 900 万元、1200 万元、1500 万元。假设不考虑其他相关税费，则 A 设备的入账价值为（　）万元。

A. 922　　　　　　B. 649.5
C. 656.5　　　　　　D. 661.6

【解析】A 设备的入账价值 = 900/（900 + 1200 + 1500）×（2500 + 10）+ 22 = 649.5（万元）。

【答案】B

（2）购买固定资产的价款超过正常信用条件延期支付，实质上具有融资性质的，固定资产的成本以购买价款的现值为基础确定。实际支付的价款与购买价款的现值之间的差额，应当在信用期间内采用实际利率法进行摊销，摊销金额除满足借款费用资本化条件应当计入固定资产成本外，均应当在信用期间内确认为财务费用，计入当期损益。

购入时：

借：固定资产（在建工程）（购买价款的现值）
　　未确认融资费用（差额）
　　贷：长期应付款（应付购买价款）

支付款项时：

借：长期应付款
　　应交税费—应交增值税（进项税额）
　　贷：银行存款

借：财务费用（在建工程）
　　贷：未确认融资费用（年初长期应付款摊余成本×实际利率）

【例题·计算题】甲公司为增值税一般纳税人，购买设备适用的增值税税率为17%。甲公司于2015年年初购入一台不需安装的生产用设备，总价款为1000万元（不含增值税），分三次付款，2015年末支付400万元，2016年末支付300万元，2017年末支付300万元。根据税法相关规定，增值税在合同约定的付款时间按约定的付款额计算缴纳。假定3年期银行借款年利率为10%，无其他相关税费。

【答案】

①计算固定资产的入账成本：

该设备的入账成本 $=400/(1+10\%)+300/(1+10\%)^2+300/(1+10\%)^3=836.96$（万元）。

②2015年初购入该设备时：

借：固定资产　　　　　　836.96
　　未确认融资费用　　　163.04
　　贷：长期应付款　　　　　　1000

③每年利息费用的计算如下表：

日 期	年初摊余成本	当年利息费用	当年还款额	应付本金减少额
2015 年	836.96	83.70	400	316.30
2016 年	520.66	52.07	300	247.93
2017 年	272.73	27.27	300	272.73

④2015年年末支付设备款及增值税并确认利息费用时：

借：财务费用　　　　　　　83.70
　　贷：未确认融资费用　　　　83.70
借：长期应付款　　　　　　400
　　应交税费—应交增值税（进项税额）68
　　贷：银行存款　　　　　　　468

⑤2016年年末支付设备款及增值税并确认利息费用时：

借：财务费用　　　　　　　52.07
　　贷：未确认融资费用　　　　52.07
借：长期应付款　　　　　　300
　　应交税费—应交增值税（进项税额）51
　　贷：银行存款　　　　　　　351

⑥2017年年末支付设备款及增值税并确认利息费用时：

借：财务费用　　　　　　　27.27
　　贷：未确认融资费用　　　　27.27
借：长期应付款　　　　　　300
　　应交税费—应交增值税（进项税额）51
　　贷：银行存款　　　　　　　351

（二）自行建造固定资产

1. 自营方式建造固定资产

企业通过自营方式建造的固定资产，其入账价值应当按照该项资产达到预定可使用状态前所发生的必要支出确定，包括直接材料、直接人工、直接机械施工费等。

购入工程物资时：

借：工程物资
　　应交税费—应交增值税（进项税额）
　　贷：银行存款等

工程领用外购工程物资时：

借：在建工程
　　贷：工程物资

支付发生的其他工程费用时：

借：在建工程
　　贷：银行存款

支付在建工程人员工资及福利费用时：

借：在建工程
　　贷：应付职工薪酬

领用本企业自产产品时：

借：在建工程
　　贷：库存商品

领用本企业外购的材料时：

借：在建工程
　　贷：原材料

工程完工时（到达预定可使用状态）：

借：固定资产
　　贷：在建工程

第 一 周

第一周

【提示】

（1）所建造的固定资产已达到预定可使用状态，但尚未办理竣工决算的，应当自达到预定可使用状态之日起，根据工程预算、造价或者工程实际成本等，按暂估价值转入固定资产，并按有关计提固定资产折旧的规定，计提固定资产折旧。待办理竣工决算手续后再调整原来的暂估价值，但不需要调整原已计提的折旧额。

（2）企业在建工程在达到预定可使用状态前，因进行负荷联合试车而形成的、能够对外销售的产品，其发生的成本，计入在建工程成本，销售或转为库存商品时，按其实际销售收入或预计售价冲减在建工程成本。

生产试车产品：

借：在建工程
　　贷：原材料等
借：库存商品
　　贷：在建工程

销售商品时：

借：银行存款
　　贷：主营业务收入
　　　　应交税费—应交增值税（销项税额）
借：主营业务成本
　　贷：库存商品

【例题·判断题】按暂估价值入账的固定资产在办理竣工结算后，企业应当根据暂估价值与竣工结算价值的差额调整原已计提的折旧金额。（　　）（2014 年）

【解析】按暂估价值入账的固定资产在办理竣工决算后，应当按照暂估价值与竣工决算价值的差额调整固定资产的入账价值，但是不需要调整已经计提的折旧金额。

【答案】×

2. 出包工程建造固定资产

企业以出包方式建造固定资产，其成本由建造该项固定资产达到预定可使用状态前所发生的必要支出构成。

入账价值 = 建筑工程支出 + 安装工程支出 + 分摊的待摊支出

待摊支出分配率 = 累计发生的待摊支出/（建筑工程支出 + 安装工程支出）×100%

某工程应分配的待摊支出 =（某工程的建筑工程支出 + 某工程的安装工程支出）×待摊支出分配率

3. 高危行业企业按照国家规定提取的安全生产费，应当计入相关产品的成本或当期损益。

计提时：

借：生产成本、制造费用等
　　贷：专项储备

使用时（用于费用性支出）：

借：专项储备
　　贷：银行存款

使用时（用于形成固定资产）：

借：在建工程
　　应交税费—应交增值税（进项税额）
　　贷：银行存款等

达到预定可使用状态时：

借：固定资产
　　贷：在建工程

同时：

借：专项储备
　　贷：累计折旧

【提示】使用安全生产费形成固定资产的，其成本冲减专项储备，并确认相同金额的累计折旧。该固定资产在以后期间不再计提折旧。

【例题·单选题】甲公司（增值税一般纳税人）为矿山企业，该企业依据开采的原矿产量按月提取安全生产费，提取标准为每吨 8 元。2017 年 3 月 1 日，甲公司"专项储备—安全生产费"科目余额为 800 万元。2017 年 3 月 5 日，经有关部门批准，该企业购入一台不需要安装的安全防护设备，价款为 100 万元，增值税进项税额为 17 万元。甲公司于 2017 年 3 月份支付安全生产设备检查费 22 万元。3 月原矿产量为 15 万吨。假定不考虑其他相关因素，2017 年 3 月 31 日，甲公司"专项储备—安全生产费"科目余额为（　　）万元。

A. 798　　　　　　B. 803
C. 661　　　　　　D. 683

【解析】2017 年 3 月 31 日"专项储备"科目余额 = 800 + 15×8 − 100 − 22 = 798（万元）。

【答案】A

（三）租入固定资产

如果一项租赁在实质上没有转移与租赁资产所有权有关的主要风险和报酬，那么该项租赁应认定为经营租赁。在经营租赁方式下，由于与租赁资产所有权有关的主要风险和报酬在实质上没有转移给承租企业，因此，承租企业不需承担租赁资产的主要风险。

【提示】实质上转移了与资产所有权有关的主要风险和报酬应认定为融资租赁。

【例题·判断题】一项租赁合同是否认定为融资租赁合同，应视出租人是否将与租赁资产所有权有关的主要风险和报酬实质上转移给承租人而定。（　　）

【解析】融资租赁，是指实质上转移了与资产所有权有关的主要风险和报酬的租赁。

【答案】√

（四）其他方式取得的固定资产

1. 接受固定资产投资

借：固定资产
　　应交税费—应交增值税（进项税额）

贷：实收资本（或股本）（在注册资本中享有的份额）

    资本公积—资本溢价（或股本溢价）

2. 非货币性资产交换、债务重组等方式取得的固定资产：略（详见第 7 章和第 12 章）

（五）存在弃置费用的固定资产

企业应当按照弃置费用的现值计入相关固定资产成本。弃置费用最终发生的金额（终值）与计入固定资产价值（现值）之间的差额在固定资产的使用寿命内，按照预计负债的摊余成本和实际利率计算确定的摊销金额作为每年的财务费用计入当期损益。

借：固定资产

    贷：在建工程（实际发生的建造成本）

        预计负债（弃置费用的现值）

借：财务费用（每期期初预计负债的摊余成本×实际利率）

    贷：预计负债

借：预计负债

    贷：银行存款等（发生弃置费用支出时）

【例题·单选题】2017 年 12 月 31 日，甲公司建造了一座核电站达到预定可使用状态并投入使用，累计发生的资本化支出为 210000 万元。当日，甲公司预计该核电站在使用寿命届满时为恢复环境发生弃置费用 10000 万元（金额较大），其现值为 8200 万元。该核电站的入账价值为（　　）万元。

A. 200000   B. 210000

C. 218200   D. 220000

【解析】企业应将弃置费用的现值计入相关固定资产的成本，故该项固定资产（核电站）的入账价值 = 210000 + 8200 = 218200（万元）。

【答案】C

【例题·计算题】大华公司为核电站发电企业，2017 年 1 月 1 日正式建造完成并交付使用一座核电站核设施，全部成本为 300000 万元，预计使用寿命为 40 年。根据国家法律和行政法规、国际公约等规定，企业应承担环境保护和生态恢复等义务。2017 年 1 月 1 日预计 40 年后该核电站核设施弃置时，将发生弃置费用 40000 万元，且金额较大。在考虑货币时间价值和相关期间通货膨胀等因素下确定的折现率为 3%。

已知：（P/F，3%，40）= 0.3066。

要求：

（1）编制 2017 年 1 月 1 日固定资产入账时的会计分录。

（2）编制 2017 年和 2018 年确认利息费用的会计分录。

（3）编制 40 年后实际发生弃置费用的会计分录。

【答案】

（1）固定资产入账金额 = 300000 + 40000 × 0.3066 = 312264（万元）。

借：固定资产   312264

    贷：在建工程   300000

        预计负债   12264

（2）

①2017 年应确认的利息费用 = 12264 × 3% = 367.92（万元）。

借：财务费用   367.92

    贷：预计负债   367.92

②2018 年应确认的利息费用 = （12264 + 367.92）× 3% = 378.96（万元）。

借：财务费用   378.96

    贷：预计负债   378.96

（3）

借：预计负债   40000

    贷：银行存款   40000

【星期五·第 3 章】固定资产的后续计量和固定资产的处置

考点 1：固定资产的后续计量 扫码免费听课

一、固定资产折旧

应计折旧额是指应当计提折旧的固定资产的原价扣除其预计净残值后的金额，已计提减值准备的固定资产，还应当扣除已计提的固定资产减值准备的金额。

（一）固定资产折旧范围

除以下情况外，企业应对所有固定资产计提折旧：

（1）已提足折旧仍继续使用的固定资产。

（2）按照规定单独计价作为固定资产入账的土地。

（3）更新改造期间的固定资产。

（4）提前报废的固定资产。

【提示】已达到预定可使用状态的固定资产，应当按照估计价值确认为固定资产，并计提折旧；待办理了竣工决算手续后，再按实际成本调整原来的暂估价值，但不需要调整原已计提的折旧额。

固定资产应当按月计提折旧，当月增加的固定资产，当月不计提折旧，从下月起计提折旧；当月减少的固定资产，当月仍计提折旧，从下月起停止计提折旧。

因进行大修理而停用的固定资产（修理支出不符合资本化条件），应当照提折旧。计提的折旧额应计入相关资产的成本或当期损益。

（二）固定资产折旧方法

企业应当根据与固定资产有关的经济利益的预期实现方式，合理选择固定资产折旧方法。包括年限平均法、工作量法、双倍余额递减法和年数总和法等。

【提示】固定资产的折旧方法一经确定，不得随意变更。

基本账务处理：

借：制造费用（生产用固定资产的折旧）
　　管理费用（行政用固定资产的折旧、尚未使用固定资产的折旧）
　　销售费用（销售部门用固定资产的折旧）
　　在建工程（用于工程的固定资产的折旧）
　　研发支出（用于研发的固定资产的折旧）
　　其他业务成本（经营租出的固定资产的折旧）
　　贷：累计折旧

1. 年限平均法

年折旧率＝（1－预计净残值率）÷预计使用寿命（年）

月折旧率＝年折旧率÷12

月折旧额＝固定资产原值×月折旧率

$$年折旧额＝\frac{固定资产原值－预计净残值}{预计使用年限}$$

$$＝\frac{固定资产原值×（1－预计净残值率）}{预计使用年限}$$

$$月折旧额＝\frac{年折旧额}{12}$$

2. 工作量法

单位工作量折旧额＝固定资产原值×（1－预计净残值率）÷预计总工作量

某项固定资产月折旧额＝该项固定资产当月工作量×单位工作量折旧额

3. 双倍余额递减法

年折旧率＝2/预计使用年限×100%　年折旧额＝固定资产账面净值×年折旧率

另外，在最后两年应改为年限平均法计提折旧。

【提示】每年各月折旧额根据年折旧额除以12来计算。

4. 年数总和法

年折旧率＝尚可使用年限÷预计使用年限的年数总和×100%

年折旧额＝（固定资产原值－预计净残值）×年折旧率

【例题·单选题】某企业2016年6月购进设备一台，该设备的入账价值为100万元，预计净残值为5.6万元，预计可使用年限为5年。在采用双倍余额递减法计提折旧的情况下，该设备

2017年应计提折旧额为（　　）万元。

A. 24　　　　　　　　B. 32

C. 20　　　　　　　　D. 8

【解析】第一个折旧年度（2016年7月1日至2017年6月30日）的折旧额＝100×2÷5＝40（万元）；第二个折旧年度（2017年7月1日至2018年6月30日）应计提的折旧额＝（100－40）×2÷5＝24（万元）；2017年应计提折旧额＝40×6÷12＋24÷12×6＝32（万元）。

【答案】B

【例题·单选题】某公司为增值税一般纳税人，2017年7月5日购入一台需要安装的机器设备，增值税专用发票注明的价款为600万元，增值税税额102万元，以上款项以支票支付。安装过程中领用本公司原材料80万元，该设备于2017年8月8日达到预定可使用状态并交付车间使用。该固定资产预计使用5年，预计净残值率为5%，对该固定资产采用年数总和法计提折旧，则2018年应计提的折旧额为（　　）万元。

A. 215.33　　　　　　B. 172.26

C. 200.98　　　　　　D. 196.45

【解析】固定资产的入账价值＝600＋80＝680（万元）；固定资产应当在2017年9月开始计提折旧。第一个折旧年度（2017年9月1日至2018年8月31日）应计提的折旧额＝680×（1－5%）×5÷15＝215.33（万元）。第二个折旧年度（2018年9月1日至2019年8月31日）应计提的折旧额＝680×（1－5%）×4÷15＝172.27（万元）。2018年应当计提的折旧额＝215.33×8÷12＋172.27×4÷12＝200.98（万元）。

【答案】C

【例题·单选题】甲公司一台用于生产M产品的设备预计使用年限为5年，预计净残值为零。假定M产品各年产量基本均衡。下列折旧方法中，能够使该设备第一年计提折旧金额最多的是（　　）。（2014年）

A. 工作量法　　　　　B. 年限平均法

C. 年数总和法　　　　D. 双倍余额递减法

【解析】由于各年产量基本均衡，所以工作量法和年限平均法下年折旧率相同，为20%；年数总和法第一年的折旧率＝5/15×100%＝33.33%；双倍余额递减法第一年折旧率为40%，所以选项D正确。

【答案】D

（三）固定资产使用寿命、预计净残值和折旧方法的复核

1. 企业至少应当于每年年度终了，对固定资产的使用寿命、预计净残值和折旧方法进行复核。

2. 固定资产使用寿命、预计净残值和折旧方法的改变应当作为会计估计变更。

【提示】企业应当根据与固定资产有关的经济利益的预期实现方式等实际情况合理确定固定资

产折旧方法、预计净残值和使用寿命，除有确凿证据表明经济利益的预期实现方式发生了重大变化，或者取得了新的信息、积累了更多的经验，能够更准确地反映企业的财务状况和经营成果外，不得随意变更。

二、固定资产的后续支出

固定资产后续支出，是指固定资产在使用过程中发生的更新改造支出、修理费用等。

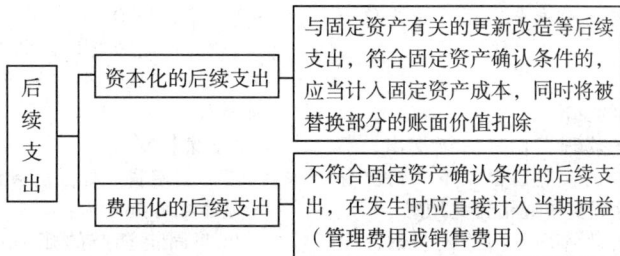

（一）资本化的后续支出

企业将固定资产进行更新改造的，应将相关固定资产的原价、已计提的累计折旧和减值准备转销，将固定资产的账面价值转入在建工程，并停止计提折旧。固定资产发生的可资本化的后续支出，通过"在建工程"科目核算。

【提示】企业对固定资产进行定期检查发生的大修理费用，有确凿证据表明符合固定资产确认条件的部分，应予以资本化计入固定资产成本，不符合固定资产确认条件的，应当费用化，计入当期损益。

（1）固定资产进行改扩建，转入"在建工程"科目

借：在建工程
　　累计折旧
　　固定资产减值准备
　贷：固定资产

（2）发生改扩建工程支出

借：在建工程
　贷：银行存款等

（3）有替换资产

借：银行存款或原材料（入库残料价值）
　　营业外支出（净损失）
　贷：在建工程（被替换部分的账面价值）

【提示】被替换部分资产无论是否有残料收入等经济利益的流入，都不会影响最终固定资产的入账价值。

（4）固定资产改扩建工程达到预定可使用状态

借：固定资产
　贷：在建工程

【提示】

（1）转为固定资产后，按重新确定的使用寿命、预计净残值和折旧方法计提折旧。

（2）企业以经营租赁方式租入的固定资产发生的改良支出，应予资本化，计入"长期待摊费用"科目，并在剩余租赁期与租赁资产尚可使用年限两者

中较短的期间内，采用合理的方法进行摊销。

【例题·单选题】企业对一条生产线进行更新改造。该生产线的原价为120万元，已提折旧为60万元，未计提固定资产减值准备。改造过程中发生支出30万元，被替换部分的账面价值15万元。该生产线更新改造后的入账成本为（　　）万元。

A. 65　　　　　　　B. 75
C. 135　　　　　　 D. 150

【解析】该生产线改造后的入账价值＝（120 - 60）＋30 - 15＝75（万元）。

【答案】B

【例题·单选题】企业对一条生产线进行更新改造。该生产线的原价为120万元，已提折旧为60万元，未计提固定资产减值准备。改造过程中发生支出30万元，被替换部分的账面原值15万元。该生产线更新改造后的成本为（　　）万元。

A. 65　　　　　　　B. 82.5
C. 135　　　　　　 D. 150

【解析】该生产线改造后的入账价值＝（120 - 60）＋30 - 15×（60÷120）＝82.5（万元）。

【答案】B

【例题·单选题】甲公司某项固定资产已完成改造，累计发生的改造成本为400万元，拆除部分的原价为200万元。改造前，该项固定资产原价为800万元，已计提折旧250万元，不考虑其他因素，甲公司该项固定资产改造后的账面价值为（　　）万元。（2013年）

A. 750　　　　　　 B. 812.5
C. 950　　　　　　 D. 1000

【解析】该项固定资产改造后的账面价值＝（800 - 250）－（200 - 200/800×250）＋400＝812.5（万元）。

【答案】B

【例题·多选题】企业在固定资产发生资本化后续支出并达到预定可使用状态时进行的下列各项会计处理中，正确的有（　　）。（2015年）

A. 重新预计净残值

B. 重新确定折旧方法

C. 重新确定入账价值

D. 重新预计使用寿命

【解析】企业在固定资产发生资本化后续支出并达到预定可使用状态时，再从在建工程转为固定资产，并重新确定其使用寿命、预计净残值和折旧方法计提折旧。

【答案】ABCD

（二）费用化的后续支出

与固定资产有关的修理费用等后续支出，不符合固定资产确认条件的，应当根据不同情况分别在发生时计入当期管理费用或销售费用等。

企业生产车间和行政管理部门等发生的固定资产修理费用等后续支出计入管理费用；企业专设销售机构的，其发生的与专设销售机构相关的固定资产修理费用等后续支出，计入销售费用。

考点2：固定资产的处置

一、固定资产终止确认的条件

固定资产处置，包括固定资产的出售、转让、报废和毁损、对外投资、非货币性资产交换、债务重组等。

【提示】固定资产处置一般均通过"固定资产清理"科目核算，但盘亏固定资产则通过"待处理财产损溢"科目核算。

固定资产满足下列条件之一的，应当予以终止确认：

（一）该固定资产处于处置状态；

（二）该固定资产预期通过使用或处置不能产生经济利益。

【例题·多选题】下列关于固定资产会计处理的表述中，正确的有（　　）。（2013年）

A. 未投入使用的固定资产不应计提折旧

B. 特定固定资产弃置费用的现值应计入该资产的成本

C. 融资租入固定资产发生的费用化后续支出

应计入当期损益

D. 预期通过使用或处置不能产生经济利益的固定资产应终止确认

【解析】未投入使用的固定资产应计提折旧，计入当期损益（管理费用），选项A错误。

【答案】BCD

【例题·判断题】固定资产处于处置状态或者预期通过使用或处置不能产生经济利益的，应予终止确认。（　　）

【答案】√

二、固定资产处置的会计处理

基本账务处理为：

1. 将固定资产的账面价值结转至固定资产清理

借：固定资产清理

　　累计折旧

　　固定资产减值准备

　贷：固定资产

2. 发生清理费等支出

借：固定资产清理

　贷：银行存款等

3. 残料变价收入（入库）以及保险公司或责任人赔偿

借：银行存款

　　原材料

　　其他应收款

　贷：固定资产清理

4. 取得处置价款

借：银行存款

　贷：固定资产清理

　　　应交税费—应交增值税（销项税额）

5. 结转清理损益

借：营业外支出

　贷：固定资产清理

或

借：固定资产清理

　贷：营业外收入

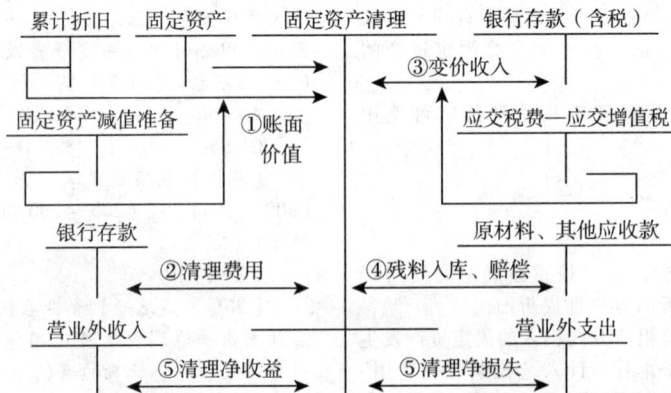

【例题·单选题】甲公司系增值税一般纳税人,2015年8月31日以不含增值税的价格100万元售出2009年购入的一台生产用机床,增值税销项税额为17万元,该机床原价为200万元(不含增值税),已计提折旧120万元,已计提减值30万元,不考虑其他因素,甲公司处置该机床的利得为( )万元。(2015年)

A. 3 B. 20
C. 33 D. 50

【解析】甲公司处置该机床利得 = 100 - (200 - 120 - 30)=50(万元)。

【答案】D

【例题·多选题】下列各项中,影响固定资产处置损益的有( )。(2013年)

A. 固定资产原价
B. 固定资产清理费用
C. 固定资产处置收入
D. 固定资产减值准备

【解析】企业出售、转让、报废固定资产或发生固定资产毁损,应当将处置收入扣除账面价值和相关税费的金额计入当期损益。固定资产的账面价值为扣除累计折旧和累计减值准备的金额,四个选项均正确。

【答案】ABCD

【例题·单选题】甲公司2017年4月30日出售一台于2013年3月19日购入的机器设备,该设备入账价值为1200000元,该设备采用年限平均法计提折旧,该设备预计使用5年,预计净残值率为5%,至出售时未计提固定资产减值准备。出售时开具的增值税普通发票上注明的价款为220000元,增值税为37400元,甲公司以银行存款支付该设备拆卸费5000元。甲公司出售此设备发生的净损益为( )元。

A. -40600 B. -35600
C. -78000 D. -54000

【解析】固定资产截止处置当月累计计提折旧 = 1200000 ×(1-5%)/5/12 × 49 = 931000(元),出售时固定资产的账面价值 = 1200000 - 931000 = 269000(元),出售设备发生的损益 = 220000 - 5000 - 269000 = -54000(元)。

【答案】D

三、持有待售的固定资产

同时满足下列条件的非流动资产应当划分为持有待售:一是企业已经就处置该非流动资产作出决议;二是企业已经与受让方签订了不可撤销的转让协议;三是该项转让将在一年内完成。

【提示】持有待售的非流动资产包括单项资产和处置组,处置组是一项交易中指作为整体通过出售或其他方式一并处置的一组资产组,一个资产组或某个资产组中的一部分。

企业对于持有待售的固定资产,应当调整该项固定资产的预计净残值,使该项固定资产的预计净残值能够反映其公允价值减去处置费用后的金额,但不得超过符合持有待售条件时该项固定资产的原账面价值,原账面价值高于预计净残值的差额,应作为资产减值损失计入当期损益。

【理解记忆】持有待售的固定资产应比较账面价值与公允价值减去处置费用后的净额,如账面价值高于公允价值减去处置费用后的净额,应按其差额提取减值准备,如果账面价值低于公允价值减去处置费用后的净额,则不进行账务处理。

某项资产或处置组被划归为持有待售,但后来不再满足持有待售的固定资产的确认条件,企业应当停止将其划归为持有待售,并按照下列两项金额中较低者计量:

(1)该资产或处置组被划归为持有待售之前的账面价值,按照其假定在没有被划归为持有待售的情况下原应确认的折旧、摊销或减值进行调整后的金额;

(2)决定不再出售之日的可收回金额。

【例题·多选题】下列关于固定资产会计处理的表述中,正确的有( )。(2014年)

A. 已转为持有待售的固定资产不应计提折旧
B. 至少每年年度终了对固定资产折旧方法进行复核
C. 至少每年年度终了对固定资产使用寿命进行复核
D. 至少每年年度终了对固定资产预计净残值进行复核

【答案】ABCD

【例题·判断题】企业持有待售的固定资产,应按账面价值与公允价值减去处置费用后的净额孰低进行计量。( )(2013年)

【答案】√

【补充知识点】固定资产清查
盘盈:前期会计差错(追溯重述法更正)
借:固定资产(重置成本)
　贷:以前年度损益调整
盘亏:
发生时:
借:待处理财产损溢
　　累计折旧
　　固定资产减值准备
　贷:固定资产
批准处理后:
借:其他应收款(责任人或保险公司赔款)
　　原材料(固定资产残料等)
　　营业外支出
　贷:待处理财产损溢

第一周

第 一 周

本周自测

一、单项选择题

1. 企业应当以实际发生的交易或事项为依据进行确认、计量和报告，反映的是会计信息质量要求的（　　）原则。
   A. 重要性　　　　　　B. 可靠性
   C. 可比性　　　　　　D. 相关性

2. 企业对不同时期发生的相同或相似的交易或事项，应当采用一致的会计政策体现会计信息质量要求的（　　）。
   A. 及时性　　　　　　B. 可比性
   C. 可理解性　　　　　D. 可靠性

3. 下列经济业务中，会影响企业营业利润的是（　　）。
   A. 可供出售金融资产期末公允价值上升
   B. 接受投资者追加实物资产投资
   C. 确认债务重组损失
   D. 进行外币兑换业务发生的汇兑损失

4. 下列各项中，关于会计要素计量属性的说法中不正确的是（　　）。
   A. 企业盘盈固定资产应按重置成本入账
   B. 期末存货应当按成本与可变现净值孰低计量
   C. 可供出售债务工具投资应以摊余成本计量
   D. 交易性金融资产期末按公允价值计量

5. 下列不属于遵循实质重于形式会计信息质量要求的是（　　）。
   A. 融资租入固定资产视同自有固定资产核算
   B. 分期收款销售商品具有融资性质的，按应收价款的现值确认收入
   C. 或有事项满足负债确认条件的确认为预计负债
   D. 企业集团编制合并财务报表

6. 下列项目中，违背可比性要求的是（　　）。
   A. 企业当年利润完成情况不佳，将当期计提的存货跌价准备全部转回
   B. 建造固定资产达到预定可使用状态后，将利息支出费用化计入当期损益
   C. 由于管理上的要求将存货发出计价方法由月末一次加权平均法改为移动加权平均法
   D. 将投资性房地产由成本模式转为公允价值模

式进行后续计量

7. 下列项目中，应作为企业收入核算的是（　　）。
   A. 将自有固定资产转让取得的净收益
   B. 工业企业将外购的原材料出售取得的价款
   C. 取得与收益相关、补偿以前期间发生的费用的政府补助
   D. 债务重组收益

8. 下列项目中，会导致企业所有者权益总额发生变化的是（　　）。
   A. 资本公积转增资本
   B. 盈余公积补亏
   C. 支付已宣告发放的现金股利
   D. 回购库存股

9. 下列各项交易或事项会使企业所有者权益减少的是（　　）。
   A. 实际发放股票股利
   B. 宣告分配现金股利
   C. 资本公积转增资本
   D. 盈余公积补亏

10. 下列交易或事项体现会计信息质量要求"谨慎性"原则的是（　　）。
    A. 因原计提减值准备的因素已消失，故将原计提的固定资产减值准备转回
    B. 因超额完成本年利润，故计提存货跌价准备
    C. 债务担保中担保人预计可能从第三方获得经济补偿，但不满足条件不确认为资产
    D. 将购买金额较小的办公用品直接作为当期费用核算

11. 下列各项中，属于企业收入的是（　　）。
    A. 固定资产盘盈收益
    B. 债务重组收益
    C. 让渡资产使用权收益
    D. 接受非关联方捐赠收益

12. 下列各项中，不属于企业存货的是（　　）。
    A. 低值易耗品　　　B. 包装物
    C. 工程物资　　　　D. 半成品

13. 甲公司为增值税一般纳税人，2017年2月外购一批原材料，取得增值税专用发票上注明的价款为25万元，增值税税额为4.25万元，支付运费取得增值税专用发票上注明的运费为1万元，增值税税额为0.11万元，支付保险费

取得增值税专用发票注明价款为 1.2 万元，增值税税额为 0.072 万元。支付采购人员差旅费 0.5 万元。则该批原材料的入账金额为(　　)万元。

A. 27.7　　　　　　　B. 27.2

C. 32.132　　　　　　D. 27.882

14. 甲公司为增值税一般纳税人，2017 年 5 月 3 日委托乙公司加工一批应税消费品（非金银首饰）。发出材料成本为 520 万元，支付乙公司加工费取得增值税专用发票上注明的加工费为 180 万元，增值税税额为 30.6 万元。已知消费税税率为 20%。甲公司收回后以不高于受托方计税价格直接对外出售。不考虑其他因素，则收回的委托加工物资成本为(　　)万元。

A. 700　　　　　　　B. 730.6

C. 875　　　　　　　D. 905.6

15. 下列各项中，不属于自产存货成本的是(　　)。

A. 车间劳动保护费

B. 车间管理人员薪酬

C. 车间机物料消耗

D. 车间固定资产日常维修费

16. 甲公司为增值税一般纳税人，购买及销售商品适用的增值税税率为 17%，2017 年 6 月 2 日购入原材料一批（100 公斤），取得增值税专用发票上注明的价款为 120 万元，增值税税额为 20.4 万元。支付运费取得专用发票注明运费 2 万元，增值税税额为 0.22 万元，支付装卸费取得专用发票注明价款 1 万元，增值税税额 0.06 万元。验收入库时发现短缺 1 公斤（合理损耗），则原材料的单位入账成本为(　　)万元。

A. 1.23　　　　　　　B. 1.24

C. 1.25　　　　　　　D. 1.26

17. 房地产开发企业外购土地使用权用于建造商品房，在资产负债表中应填列的项目是(　　)。

A. 无形资产　　　　　B. 固定资产

C. 开发支出　　　　　D. 存货

18. 甲公司 2017 年 12 月 1 日库存商品的余额为 3000 万元，对应的存货跌价准备余额为 60 万元。12 月 5 日销售库存商品一批，其成本为 1000 万元。12 月 21 日购入库存商品一批取得增值税普通发票注明的价款为 300 万元，增值税税额为 51 万元。12 月 31 日经检查发现，全部库存商品未签订有不可撤销的销售合同，其市场估计售价为 2411 万元，估计销售税费为 150 万元，则 12 月 31 日甲公司应计提的存货跌价准备为(　　)万元。

A. 50　　　　　　　　B. 90

C. 30　　　　　　　　D. -10

19. A 公司存货期末采用成本与可变现净值孰低计

量。2017 年 12 月 31 日原材料账户的账面余额为 5000 万元，其市场售价为 4900 万元，估计销售税费为 50 万元。该批原材料专门用于生产 M 产品，M 产品市场售价为 6500 万元，预计销售税费合计为 120 万元。将材料加工成 M 产品尚需发生加工成本 1500 万元。M 产品未签订任何购销合同，则期末原材料的账面价值为(　　)万元。

A. 4850　　　　　　　B. 5000

C. 4880　　　　　　　D. 4950

20. 2017 年 12 月 31 日甲公司期末库存商品结存 200 件，其余额为 3200 万元。其中有 150 件与乙公司签订不可撤销的购销合同，约定售价为 17 万元/件，预计销售税费合计为 10 万元。市场上同类商品的售价为 16 万元/件，预计销售税费为 1 万元/件。假定甲公司存货跌价准备期初余额为 10 万元，则当期应计提的存货跌价准备为(　　)万元。

A. 50　　　　　　　　B. 0

C. 10　　　　　　　　D. 40

21. 甲公司为增值税一般纳税人，2017 年 6 月 1 日库存商品余额为 1200 万元，对应的存货跌价准备余额为 120 万元，6 月 5 日外购一批库存商品，取得增值税专用发票注明的价款为 200 万元，增值税税额为 34 万元，支付运费取得增值税专用发票注明运费 10 万元，增值税税额为 1.1 万元，支付装卸费取得增值税专用发票注明的价款为 2 万元，增值税税额为 0.12 万元，库存商品已经入库。当月销售库存商品一批，其成本为 300 万元。6 月 30 日，库存商品均未签订不可撤销的购销合同，剩余库存商品的市场预计售价为 1100 万元，预计销售税费为 25 万元。甲公司库存商品发出计价采用先进先出法核算，甲公司每月编制月度财务报表，则 6 月 30 日应计提的存货跌价准备为(　　)万元。

A. -53　　　　　　　B. 35

C. -85　　　　　　　D. -35

22. 甲公司为增值税一般纳税人，2017 年 4 月 3 日外购一台不需安装的生产设备，取得增值税专用发票注明的价款为 500 万元，增值税税额为 85 万元，支付运费取得增值税专用发票注明的运费为 10 万元，增值税税额为 1.1 万元，支付保险费取得增值税专用发票注明的保险费为 2 万元，增值税税额为 0.12 万元，支付专业人员服务费 10 万元，专业人员培训费 3.5 万元，则固定资产的入账金额为(　　)万元。

A. 611.72　　　　　　B. 515.5

C. 512　　　　　　　D. 522

23. 乙公司为增值税小规模纳税人，2017 年 6 月 3

日外购生产设备一套，取得增值税专用发票注明的价款为55万元，增值税税额为9.35万元，支付运费取得增值税专用发票注明的运费为1万元，增值税税额为0.11万元，支付安装人员工资2.5万元，则该固定资产的入账金额为（　）万元。

A. 56 　　　　　　　B. 58.5

C. 65.46 　　　　　　D. 67.96

24. 甲公司为工业企业，系增值税一般纳税人，2017年2月3日外购一栋办公大楼，取得增值税专用发票注明的价款为8000万元，增值税税额为880万元，支付契税350万元，支付产权登记费3万元，则下列说法中正确的是（　）。

A. 固定资产的入账金额为8350万元

B. 支付的增值税可以作为进项税额一次性抵扣

C. 支付的增值税当期可以抵扣金额为528万元

D. 支付的增值税不可以抵扣，应作为固定资产的入账成本

25. 某公司为增值税一般纳税人。3月2日一次性外购3台不同型号且具有不同功能的生产设备A、B、C。取得增值税专用发票注明的价款为580万元，增值税税额为98.6万元，支付运费取得增值税专用发票注明运费12万元，增值税税额为1.32万元，设备已运抵该公司。A、B、C设备的公允价值分别为200万元、260万元和180万元。其中A设备在安装过程中领用本企业自产产品一批，其成本为20万元，市场售价为30万元。则A设备的入账金额为（　）万元。

A. 205 　　　　　　　B. 230

C. 220 　　　　　　　D. 215

26. 甲公司为增值税一般纳税人，2016年12月1日开始自行建造某仓库，外购工程物资一批全部用于仓库建造，取得增值税专用发票注明的价款为200万元，增值税税额为34万元，建造过程中领用本企业自产产品一批，该批产品的成本为30万元，市场售价为35万元，支付工程人员薪酬合计22万元。仓库于2017年5月31日达到预定可使用状态，则甲公司该仓库的入账金额为（　）万元。

A. 286 　　　　　　　B. 252

C. 257 　　　　　　　D. 291

27. 某公司为铁矿企业（增值税一般纳税人），根据国家相关规定按月计提安全生产费用，每开采一吨铁矿石提取12元安全生产费。该公司2017年3月初"专项储备"科目的余额为366万元，当月开采铁矿石8万吨，销售铁矿石15万吨，3月15日经批准购入安全生产设备取

得增值税专用发票注明价款为120万元，增值税税额为20.4万元，购入当日即达到预定可使用状态。3月份支付安全生产检查费用10万元。则3月31日"专项储备"科目的余额为（　）万元。

A. 311.6 　　　　　　B. 332

C. 416 　　　　　　　D. 395.6

28. 甲公司建造一座核电发电厂，发生建造成本280000万元，根据相关规定20年后将发生弃置费用为30000万元（金额较大），甲公司预计实际利率为5%。则发电厂的入账金额为（　）万元。已知：（P/A，5%，20）=12.4622；（P/F，5%，20）=0.3760。

A. 310000 　　　　　B. 291280

C. 280000 　　　　　D. 653866

29. 下列关于固定资产折旧的说法中正确的是（　）。

A. 租入的固定资产不属于企业资产，不应计提折旧

B. 未办理竣工决算的固定资产不应计提折旧

C. 固定资产折旧应根据其预期实现方式进行选择

D. 更新改造期间的固定资产仍继续计提折旧

30. 甲公司2016年12月3日对某生产线进行更新改造，该生产线原值为380万元，已提折旧200万元，已计提减值准备20万元。改造过程中外购工程物资一批并全部领用，取得增值税专用发票注明的价款为120万元，增值税税额为20.4万元，领用本企业自产产品一批，成本为45万元，公允价值为50万元。改造中替换设备的账面原值为80万元。2017年4月30日改造工程完工达到预定可使用状态，甲公司预计尚可使用5年，预计净残值率为5%，采用年限平均法计提折旧，则2017年应计提的折旧为（　）万元。

A. 36.9 　　　　　　　B. 41.81

C. 35.42 　　　　　　D. 55.35

31. 工业企业生产车间融资租入固定资产的日常维修费用应记入（　）科目中。

A. 制造费用 　　　　　B. 管理费用

C. 在建工程 　　　　　D. 固定资产

32. 经营租赁方式租入固定资产发生的改良支出应记入（　）科目核算。

A. 在建工程 　　　　　B. 固定资产

C. 长期待摊费用 　　　D. 营业外支出

33. 某增值税一般纳税人处置一台生产设备，其原值为2600万元，已提折旧1800万元，已提减值准备500万元，取得处置价款300万元（不含增值税，税率为17%），发生清理费用10万元，已用银行存款支付。则下列说法中不正确的是（　）。

A. 应将固定资产的账面价值计入固定资产清理

B. 支付的清理费用会影响处置损益

C. 应计入营业外支出科目的金额为 61 万元

D. 该业务影响企业当期利润总额 - 10 万元

34. 甲公司将某固定资产划分为持有待售固定资产，该固定资产的原值为 200 万元，已提折旧 120 万元，未计提减值准备。该固定资产公允价值为 60 万元，预计处置费用为 2 万元，则下列会计处理中正确的是（　　）。

A. 应将固定资产结转至"固定资产清理"科目中

B. 应计提固定资产减值准备 20 万元

C. 该事项影响甲公司当期损益金额为 - 22 万元

D. 资产负债表中应在"一年内到期的非流动资产"项目列示

35. 甲公司 2015 年 1 月 31 日购入一台生产设备，取得增值税专用发票注明的价款为 200 万元，增值税税额为 34 万元，发生安装费用 20 万元，该资产预计使用年限为 5 年，预计净残值率为 5%，采用双倍余额递减法计提折旧。2016 年 12 月 31 日该生产设备的公允价值为 53 万元，预计处置费用为 3 万元，预计未来现金流量的现值为 54 万元。甲公司预计该生产设备尚可使用 3 年，预计净残值为零，采用年限平均法计提折旧。则 2017 年该生产设备应计提的折旧额为（　　）万元。

A. 18　　　　　　　　B. 16.67

C. 27.87　　　　　　D. 13.33

36. 甲公司为增值税一般纳税人，2016 年 4 月开始建造某生产线工程，该工程包括厂房、生产线和排污系统。至 2017 年 7 月 31 日工程达到预定可使用状态，共计发生工程支出 6325 万元，其中厂房为 1000 万元，生产线为 4650 万元，排污系统为 375 万元，发生工程监理费、科研费及管理费合计为 300 万元。该企业将生产线作为单一固定资产管理和核算，预计该生产线可以使用 5 年，预计净残值为 81.54 万元，采用年数总和法计提折旧。则 2017 年该生产线设备应计提的折旧金额为（　　）万元。

A. 666.67　　　　　B. 590.35

C. 200　　　　　　　D. 685

37. 某企业于 2015 年 6 月 30 日购入一台生产设备，入账成本为 550 万元，预计使用 10 年，预计净残值为 10 万元，按年限平均法计提折旧。2017 年 2 月 1 日该企业将其划分为持有待售固定资产。2017 年 8 月 31 日该固定资产不满足持有待售固定资产条件，当日该固定资产的公允价值为 460 万元，预计处置费用为 5 万元，预计未来现金流量的现值为 450 万元，则该固定资产 2017 年 8 月

31 日的账面价值为（　　）万元。

A. 450　　　　　　　B. 455

C. 460　　　　　　　D. 433

二、多项选择题

1. 下列关于会计基本假设的说法中正确的有（　　）。

A. 一般来说，法律主体一定是会计主体

B. 会计确认、计量和报告应当以持续经营为前提

C. 由于有了会计分期才产生了当期与以前期间、以后期间的差别

D. 货币计量要求企业只能选择人民币作为记账本位币

2. 下列各项中，体现会计信息质量要求中实质重于形式原则的有（　　）。

A. 企业集团编制合并财务报表

B. 融资租入固定资产视同自有固定资产核算

C. 计提存货跌价准备

D. 具有融资性质分期收款销售商品按现值确认商品销售收入

3. 下列各项中，关于反映财务状况会计要素的说法中正确的有（　　）。

A. 如果企业既不拥有也不控制资产所能带来的经济利益，就不能将其作为企业的资产予以确认

B. 可计量性是所有会计要素确认的重要前提

C. 收入和利得都会导致企业所有者权益的增加

D. 直接计入所有者权益的利得或损失均属于企业非日常活动所形成的经济业务

4. 下列各项中，不符合企业资产定义的有（　　）。

A. 经营租入的固定资产

B. 筹建期间发生的开办费

C. 债务重组中债权人涉及的或有应收款项

D. 财产清查中盘亏的存货

5. 下列项目中，属于企业损失的有（　　）。

A. 债务重组损失

B. 汇兑损失

C. 出售无形资产所有权形成的净损失

D. 收发计量差错导致存货盘亏净损失

6. 下列交易或事项中在资产负债表日应采用公允价值计量属性计量的有（　　）。

A. 交易性金融资产

B. 可供出售金融资产

C. 投资性房地产

D. 现金结算股份支付确认应付职工薪酬

7. 下列各项中，关于资产定义及其确认条件说法中正确的有（　　）。

A. 资产须有直接或间接导致现金和现金等价物流入企业的潜在能力

B. 企业控制了某项资产同样表明企业能够从资产中获取经济利益，符合资产定义

C. 在编制财务报表时所取得的证据表明经济利益很可能流入企业，则应确认其为一项资产

D. 只有当有关资源的成本或价值能够可靠计量时，资产才能确认

8. 下列关于企业财务报告目标的说法中正确的有(　　)。

A. 提供与企业财务状况相关的信息

B. 反映企业管理层受托责任的履行情况

C. 有助于报表使用者做出经济决策

D. 财务报告使用者包括股东、债务人、政府部门等

9. 下列各项中，属于直接计入所有者权益的利得或损失的有(　　)。

A. 可供出售金融资产期末公允价值变动

B. 现金流量套期工具公允价值变动

C. 以权益结算股份支付在等待期内确认的所有者权益

D. 自用资产转换为采用公允价值模式进行后续计量的投资性房地产，转换日公允价值大于自用资产的账面价值的差额

10. 下列各项税金应计入存货采购成本的有(　　)。

A. 小规模纳税人支付的增值税

B. 进口关税

C. 收购未税矿产品代扣代缴的资源税

D. 进口消费税

11. 下列各项中，关于存货成本确定的说法中正确的有(　　)。

A. 商品流通企业外购存货发生的采购费用金额较小的可以在发生时计入销售费用

B. 企业在采购过程中发生的仓储费用应计入存货成本中

C. 投资者投入的存货应按合同或协议约定的价值确定（不公允的除外）

D. 通过提供劳务取得的存货，其成本按从事劳务提供人员的直接人工和其他直接费用确定

12. 对于增值税一般纳税人，委托加工收回后用于连续生产应税消费品的，下列各项中应作为委托加工物资成本的有(　　)。

A. 发出原材料成本

B. 支付的加工费

C. 支付的消费税

D. 支付的增值税

13. 企业下列存货应全额计提存货跌价准备的有(　　)。

A. 已霉烂变质的存货

B. 已过期且无转让价值的存货

C. 消费者偏好改变使市场需求发生变化的存货

D. 生产中已不再需要，并且已无转让价值和使用价值的存货

14. 下列项目中，会引起存货账面价值发生变化的有(　　)。

A. 收取手续费方式的委托代销，发出代销商品时

B. 计提存货跌价准备

C. 存货盘亏

D. 收回委托加工物资时

15. 下列项目中，关于存货的表述正确的有(　　)。

A. 按存货类别计提存货跌价准备的，也应按比例结转相应的存货跌价准备

B. 企业在结转销售成本时，应同时结转对其已计提的存货跌价准备

C. 企业将已经计提存货跌价准备的存货用于在建工程，应当同时结转相应的存货跌价准备

D. 债务人因债务重组转出存货时不结转已计提的相关存货跌价准备

16. 下列关于存货可变现净值的确定，说法中正确的有(　　)。

A. 对于可直接出售的存货，如果没有销售合同的，其可变现净值应以其市场销售价格为基础确定

B. 对于可直接出售的存货，如果签订了销售合同，其可变现净值应以其合同价格为基础确定

C. 对于需要加工的存货，如果没有销售合同，其可变现净值应以其市场销售价格为基础确定

D. 对于生产产品的原材料，如果原材料所生产的产品没有发生减值，即使原材料发生减值，也无需计提存货跌价准备

17. 下列各项中，关于存货跌价准备计提与转回的表述中正确的有(　　)。

A. 期末存货应按成本与可变现净值孰低计量

B. 可变现净值低于存货账面价值的差额应计提存货跌价准备

C. 以前期间减记存货价值的影响因素已消失，可将原计提的存货跌价准备转回

D. 如果本期导致存货可变现净值高于其成本的因素并不是以前期间减记该项存货价值的因素，则也应当将存货跌价准备转回

18. 下列各项中，关于固定资产确认的表述中正确的有(　　)。

A. 固定资产必须是有形资产

B. 凡所有权已属于企业，无论企业是否收到或拥有该固定资产，均可作为企业的固定资产

C. 如果企业能够合理估计出固定资产成本，则视同固定资产成本能够可靠计量

D. 以经营租赁方式出租的机器设备也属于企业的固定资产

19. 下列各项中，应作为增值税一般纳税人固定资产初始入账成本的有(　　)。
A. 购买价款
B. 增值税
C. 专业人员培训费
D. 安装费

20. 下列各项中，关于一般纳税人自行建造固定资产的表述中不正确的有(　　)。
A. 外购工程物资支付的增值税构成固定资产的建造成本
B. 领用本企业自产产品应按成本价计入固定资产的建造成本
C. 固定资产在办理竣工决算后的次月起计提折旧
D. 支付工程人员职工薪酬应计入固定资产的建造成本

21. 下列各项中，属于"在建工程—待摊支出"科目核算的内容有(　　)。
A. 建造工程发生的管理费
B. 可行性研究费用
C. 监理费
D. 符合资本化条件的借款费用

22. 下列关于租入固定资产的说法中，正确的有(　　)。
A. 经营租入的固定资产不应计提折旧
B. 融资租入的固定资产应计提折旧
C. 判断经营租赁与融资租赁的标准是与租赁资产使用权的全部风险和报酬是否转移
D. 经营租入固定资产支付的租金应按直线法在租赁期内计入相关资产成本或当期损益

23. 企业持有的下列固定资产不应计提折旧的有(　　)。
A. 持有待售固定资产
B. 日常修理期间的固定资产
C. 尚未使用的固定资产
D. 提足折旧仍继续使用的固定资产

24. 下列关于融资租入固定资产的折旧的会计表述中正确的有(　　)。
A. 融资租入的折旧政策与自有固定资产一致
B. 应按租赁期与固定资产尚可使用年限孰低原则确定折旧年限
C. 如果能够合理确定租赁期结束时会取得资产所有权，则应按资产使用寿命计提折旧
D. 如果无法合理确定租赁期结束时资产所有权能够取得，则应按租赁期与租赁资产尚可使用年限孰低计提折旧

25. 下列各项中，关于固定资产折旧方法的说法中正确的有(　　)。

A. 企业应根据固定资产有关经济利益预期实现方式选择合理的折旧方法
B. 在未计提减值准备的情况下年限平均法计提折旧每期金额相等
C. 年限相同情况下，双倍余额递减法第一年计提的折旧金额大于年数总和法第一年计提折旧的金额
D. 固定资产折旧方法一经确定，不得随意变更

26. 下列各项中，关于固定资产后续支出的说法中正确的有(　　)。
A. 大修理支出应资本化计入固定资产成本中
B. 固定资产发生后续支出完工并达到预定可使用状态时应重新确定其使用寿命、预计净残值和折旧方法
C. 固定资产更新改造中有被替换设备的，应将其账面价值从在建工程中扣除，无论被替换设备是否有经济利益的流入，均不会影响最终固定资产的入账价值
D. 生产车间和行政管理部门固定资产的日常维修费用均计入管理费用

27. 下列交易或事项中，固定资产应通过"固定资产清理"科目核算的有(　　)。
A. 出售固定资产
B. 以固定资产进行非货币性资产交换
C. 以固定资产进行债务重组
D. 盘亏固定资产

28. 甲公司为增值税一般纳税人，2017年7月1日出售一栋办公大楼，取得处置价款5000万元(不含增值税，增值税税额为250万元)。该办公大楼于2010年1月1日购入，入账成本为3500万元，预计使用年限为20年，预计净残值率为5%，采用年限平均法计提折旧。出售过程中未发生其他费用，假定甲公司采用简易计税方法进行处理。则下列说法中正确的有(　　)。
A. 至出售时固定资产累计应计提的折旧为1246.88万元
B. 取得处置价税合计5250万元计入固定资产清理
C. 处置办公大楼应计入营业外收入科目的金额为2746.88万元
D. 出售办公大楼对甲公司当月损益的影响金额为2996.88万元

29. 下列各项中，属于持有待售固定资产确认条件的有(　　)。
A. 企业已经就处置该固定资产作出决议
B. 企业已与受让方签订不可撤销的转让协议
C. 该项转让将在一年内完成
D. 企业董事会或类似机构已发表公告

三、判断题

1. 货币计量是开展会计确认、计量和报告工作的重要前提。　　　　　　　　　　　　（　　）
2. 一个企业作为一个法律主体，一定是一个会计主体，但是会计主体不一定是法律主体。
　　　　　　　　　　　　　　　　　（　　）
3. 会计分期的前提是持续经营。　　（　　）
4. 根据企业会计准则的规定，企业应当在权责发生制和收付实现制中选择一种会计基础，但一经选择不得随意变更。　　　　　　（　　）
5. 根据"谨慎性"原则要求，企业应高估负债和费用，应低估资产和收益。　　　（　　）
6. "可理解性"原则要求企业编制财务报告应当清晰明了，易于理解。　　　　（　　）
7. 企业对某些物资没有所有权，但能够对其进行控制，根据谨慎性的要求也不能确认为资产。
　　　　　　　　　　　　　　　　　（　　）
8. 考虑到经济利益流出的金额通常在未来期间，对于未来期间较长，负债有关金额的计量需要考虑货币时间价值等因素的影响。　（　　）
9. 某项交易或事项会导致所有者权益增加，且与所有者投入资本无关，则应将其确认为收入。
　　　　　　　　　　　　　　　　　（　　）
10. 企业以公允价值计量相关资产或负债，应当考虑该资产或负债的特征，以及该资产或负债是以单项还是以组合方式进行计量。（　　）
11. 企业筹建期间发生的开办费应计入长期待摊费用中，并在三年内进行摊销。　　（　　）
12. 存货是企业日常活动中持有以备出售和消耗的各项物资，因委托代销商品并非企业持有，所以不属于企业存货。　　　　　（　　）
13. 企业在判断与存货相关的经济利益是否能够流入企业时，主要结合该项存货的所有权是否转移进行判定。　　　　　　　（　　）
14. 外购存货发生损耗部分计入待处理财产损溢科目中。　　　　　　　　　　　（　　）
15. 企业委托其他单位对存货进行加工，如果委托方收回后以不高于受托方计税价格直接对外出售，受托代收代缴的消费税应计入委托加工物资成本中。　　　　　　　（　　）
16. 企业通过提供劳务方式取得的存货，其成本按从事劳务提供人员的直接人工和其他直接费用以及归属于该存货的间接费用确定。（　　）
17. 资产负债表日，存货的成本高于其可变现净值的金额为本期应计提存货跌价准备的金额。
　　　　　　　　　　　　　　　　　（　　）
18. 存货可变现净值的确定应视不同情况而定，如果存货是用于继续加工产品的，其可变现净值应以生产产品的估计售价减去至完工时估计将要发生的成本、估计销售费用及相关税金后的

余额确定。　　　　　　　　　　　（　　）
19. 存货可变现净值的确定应仅考虑资产负债表日与该存货相关的价格与成本波动。　（　　）
20. 企业库存商品可变现净值确定时，如果部分有不可撤销合同，部分无合同，资产负债表日应综合考虑该批库存商品的可变现净值。
　　　　　　　　　　　　　　　　　（　　）
21. 对于数量繁多，单价较低的存货，可以按存货类别计提存货跌价准备。　　　（　　）
22. 企业因销售、债务重组、非货币性资产交换等而转出的存货应同时结转该批存货计提的存货跌价准备。　　　　　　　　　（　　）
23. 存货跌价准备一经计提，在持有期间不得转回。　　　　　　　　　　　　　（　　）
24. 企业在确认固定资产时，判断经济利益是否很可能流入企业一般通过判断与该固定资产所有权相关的风险和报酬是否转移到企业来确定。　　　　　　　　　　　（　　）
25. 企业购入的环保设备或安全设备虽然不能直接为企业带来经济利益的流入，但仍符合固定资产的确认条件，应当确认为固定资产。
　　　　　　　　　　　　　　　　　（　　）
26. 工程建设期间，企业盘亏或毁损工程物资（除自然灾害等原因导致），应将残料价值及保险公司赔偿款后的差额增加工程成本。（　　）
27. 工程已达到预定可使用状态，但尚未办理竣工决算的，应在办理竣工决算后根据实际成本转入固定资产中。　　　　　　　（　　）
28. 已达到预定可使用状态但尚未办理竣工决算的固定资产按暂估金额入账，待办理竣工手续后再调整原来的暂估价值，但不需要调整原已计提的折旧额。　　　　　　　（　　）
29. 企业经营租入固定资产，应将租赁期与资产预计使用年限孰低者作为折旧年限。　（　　）
30. 预期弃置费用减少，应以该固定资产的原值为限扣减固定资产成本，对于超出部分确认为当期损益。　　　　　　　　　　　（　　）
31. 更新改造期间的固定资产停止计提折旧，待改造项目达到预定可使用状态转为固定资产后，再重新确定使用寿命、预计净残值及折旧方法。　　　　　　　　　　　　　（　　）
32. 企业应对所有的固定资产计提折旧，但已提足折旧仍继续使用的固定资产和单独计价入账的土地除外。　　　　　　　　　（　　）
33. 企业至少应当于每年年度终了对固定资产的使用寿命、预计净残值和折旧方法进行复核，如果发生变化应作为会计政策变更处理。
　　　　　　　　　　　　　　　　　（　　）
34. 固定资产发生更新改造支出，被替换部分资产无论是否有残料收入等经济利益的流入，都不会影响最终固定资产的入账价值。（　　）

35. 企业将闲置固定资产对外出售，因会产生处置损益，所以会对企业的营业利润产生影响。
（　　）

36. 某项资产或处置组被划分为持有待售后不满足持有待售固定资产确认条件的，应按该固定资产的公允价值减去处置费用后的金额计量。
（　　）

　　四、计算分析题（除题目中有特殊要求外，答案中金额单位以万元表示，有小数的，保留两位小数）

1. 甲公司为增值税一般纳税人，销售货物适用的增值税税率为17%，2017年6月发生与存货相关的经济业务如下：

（1）1日，原材料科目借方余额为365万元，存货跌价准备科目贷方余额为13万元。

（2）3日，外购一批原材料，取得增值税专用发票注明的价款为210万元，增值税税额为35.7万元，取得增值税专用发票注明的运费3万元，增值税税额为0.33万元，支付入库前挑选整理人员工资0.5万元，支付采购人员差旅费0.3万元，原材料已验收入库。以上款项均以银行转账方式支付。

（3）15日，外购一批原材料，取得增值税专用发票注明价款为500万元，增值税税额为85万元，数量为500000公斤。验收时发现有10公斤因运输问题发生损毁（属于合理损耗）。剩余部分已验收入库，上述款项尚未支付。

（4）18日，接受外单位捐赠一批原材料，取得增值税专用发票注明的价款为50万元，增值税税额为8.5万元，甲公司以银行存款支付运费取得增值税专用发票注明运费为2万元，增值税为0.22万元，原材料当日运抵甲公司并验收入库。

（5）25日，乙公司（增值税一般纳税人）以原材料一批对甲公司进行投资，根据投资协议预定该批存货的公允价值为900万元（不含增值税），乙公司向甲公司开具了增值税专用发票。投资后乙公司占甲公司实收资本500万元。

（6）30日，根据生产车间领料汇总表统计当月生产车间共计领用原材料1420万元。

（7）30日，甲公司决定剩余原材料专门用于生产一批产品，库存原材料的估计售价为600万元，估计销售税费为5万元。该原材料所生产的产品估计售价为1050万元，估计销售税费为12万元，将原材料加工成产成品尚需发生进一步加工成本为420万元。

要求：

（1）根据资料（2）至（6），编制相关会计分录。

（2）计算甲公司当月应计提（转回）的存货跌价准备金额，并编制相关会计分录。（应交税

费需写出明细科目）

2. ABC公司2017年6月30日发生的与存货相关的经济业务如下：

（1）销售库存商品一批，其成本为200万元，已计提的存货跌价准备为5万元，ABC公司编制结转成本的会计分录为：

借：主营业务成本　　　　　　　　200

　　贷：库存商品　　　　　　　　　　200

（2）库存A原材料成本为400万元，已计提的存货跌价准备为15万元，该批A材料专门用于生产甲产品，A原材料的估计售价为410万元，估计销售税费为5万元。将A材料加工成甲产品估计发生的加工成本为150万元，甲产品的估计售价为530万元，估计销售税费为8万元，ABC公司编制的会计分录为：

借：存货跌价准备　　　　　　　　15

　　贷：资产减值损失　　　　　　　　15

（3）乙库存商品数量为500件，成本为800万元，未计提存货跌价准备。其中300件与ABC公司签订不可撤销的销售合同，合同约定每件售价为1.8万元，估计销售税费为0.18万元/件。乙库存商品的市场估计售价为1.6万元/件，估计销售税费为0.15万元/件。ABC公司编制的会计分录为：

借：资产减值损失　　　　　　　　24

　　贷：存货跌价准备　　　　　　　　24

要求：分析ABC公司上述会计处理是否正确，如果不正确请说明正确的会计处理。

3. 甲公司为增值税一般纳税人，2016年至2017年发生的与固定资产相关的经济业务如下：

（1）2016年3月2日，外购一台需安装的机器设备，取得增值税专用发票注明的价款为320万元，增值税税额为54.4万元，取得增值税专用发票注明的运费为10万元，增值税税额为1.1万元。当日设备已运抵企业，以上款项尚未支付。

（2）2016年4月15日，设备安装领用本企业外购原材料一批，其成本为15万元，市场售价为20万元，支付安装人员工资薪金为8万元。

（3）2016年6月25日，设备安装完成并达到预定可使用状态，交付车间使用。该设备预计使用10年，预计净残值为零，采用年限平均法计提折旧。

（4）2016年7月9日，外购工程物资一批用于建造仓库，取得增值税专用发票注明的价款为700万元，增值税税额为119万元。当日工程物资被工程领用。

（5）2016年8月1日，以银行存款支付生产车间设备日常修理费10万元。

（6）2016年11月13日，仓库工程领用本单位自产产品一批，其成本为85万元，市场售价为

100 万元，已用银行存款支付建筑公司工程款取得增值税专用发票注明的价款为 50 万元，增值税税额为 5.5 万元。

（7）2016 年 12 月 5 日，仓库完工达到预定可使用状态，交付使用。甲公司预计仓库可以使用 10 年，预计净残值率为零，采用年限平均法计提折旧。

（8）2016 年 12 月 31 日，上述生产设备公允价值为 260 万元，预计处置费用为 13 万元，预计未来现金流量现值为 240 万元。甲公司预计折旧方法、净残值和使用年限未发生变化。

（9）2017 年 6 月 30 日，生产设备因操作不当发生严重损坏，需进行更新改造。当日支付改造支出 150 万元，领用本企业外购原材料一批，成本为 20 万元，市场售价为 30 万元，替换设备的账面价值为 54 万元。

（10）2017 年 9 月 30 日，更新改造完成并达到预定可使用状态。甲公司预计该设备尚可使用 5 年，预计净残值率为 5%，采用双倍余额递减法计提折旧。

（11）2017 年 10 月 10 日，甲公司将仓库对外出售，取得价款为 1000 万元（不含增值税，增值税税额为 110 万元），款项已存入银行。

（12）2017 年 12 月 1 日，甲公司将生产设备对外出售，取得价款 300 万元（不含增值税，增值税税额为 51 万元），支付清理费合计 5 万元。上述款项均通过银行转账方式收付。

其他资料：更新改造满足资本化条件，不考虑其他相关因素。

要求：

（1）编制与生产设备购入、安装和日常修理的相关会计分录。

（2）计算生产设备 2016 年度应计提的折旧金额。

（3）计算 2016 年 12 月 31 日生产设备的账面价值，并编制相关会计分录。

（4）编制与建造仓库相关的会计分录。

（5）计算设备更新改造后的入账金额。

（6）编制出售生产设备和仓库的会计分录。

（答案中涉及"应交税费"科目，必须写出相应的明细科目及专栏名称）

4. 甲公司为增值税一般纳税人，该公司内审部门对 2017 年度审计过程中发现如下问题：

（1）2017 年 3 月 15 日，甲公司出售一台生产设备，取得处置价款 35.1 万元（含税）。该设备于 2014 年 12 月 1 日购入，入账价值为 120 万元，预计净残值率为 5%，预计使用 5 年，采用年限平均法计提折旧。2016 年 12 月 31 日的可收回金额为 51 万元，甲公司预计使用年限、净残值和折旧方法未发生变化。甲公司编制的会计分录为：

借：固定资产清理	68.7
累计折旧	51.3
贷：固定资产	120
借：银行存款	35.1
贷：固定资产清理	30
应交税费—应交增值税（销项税额）	5.1
借：营业外支出	38.7
贷：固定资产清理	38.7

（2）2017 年 4 月 30 日，其建造的化工生产线完工，工程成本合计为 1500 万元，根据国家相关规定，生产线拆除后要对生态进行恢复，预计 10 年后的恢复费用为 200 万元。甲公司编制的会计分录为：

借：固定资产	1700
贷：在建工程	1500
预计负债	200

甲公司的内含报酬率为 4%，已知（P/F，4%，10）= 0.675；（F/P，4%，10）= 1.480。

（3）2017 年 12 月 9 日，甲公司建造的水泥厂完工，其中生产车间建造成本为 1650 万元，生产设备建造成本为 2300 万元，环保设备建设成本 530 万元，发生项目管理费、监理费、公证费合计 120 万元。甲公司编制的会计分录为：

借：固定资产—生产车间	1650
—生产设备	2300
—环保设备	530
管理费用	120
贷：在建工程	4600

要求：根据上述资料，逐项判断甲公司的会计处理是否正确，如果不正确请说明正确的会计处理。

5. 甲公司系增值税一般纳税人，2012 年至 2015 年与固定资产业务相关的资料如下：

资料一：2012 年 12 月 5 日，甲公司以银行存款购入一套不需安装的大型生产设备，取得的增值税专用发票上注明的价款为 5000 万元，增值税税额为 850 万元。

资料二：2012 年 12 月 31 日，该设备投入使用，预计使用年限为 5 年，净残值为 50 万元，采用年数总和法按年计提折旧。

资料三：2014 年 12 月 31 日，该设备出现减值迹象，预计未来现金流量的现值为 1500 万元，公允价值减去处置费用后的净额为 1800 万元，甲公司对该设备计提减值准备后，根据新获得的信息预计剩余使用年限仍为 3 年、净残值为 30 万元，仍采用年数总和法按年计提折旧。

资料四：2015 年 12 月 31 日，甲公司售出该设备，开具的增值税专用发票上注明的价款为 900 万元，增值税税额为 153 万元，款项已收存银行，另以银行存款支付清理费用 2 万元。

假定不考虑其他因素。

要求：

（1）编制甲公司 2012 年 12 月 5 日购入该设备的会计分录。

（2）分别计算甲公司 2013 年度和 2014 年度对该设备应计提的折旧金额。

（3）计算甲公司 2014 年 12 月 31 日对该设备应计提减值准备的金额，并编制相关会计分录。

（4）计算甲公司 2015 年度对该设备应计提的折旧金额，并编制相关会计分录。

（5）编制甲公司 2015 年 12 月 31 日处置该设备的会计分录。（2016 年）

本周自测参考答案及解析

一、单项选择题

1. 【答案】B

【解析】可靠性要求企业应当以实际发生的交易或事项为基础进行会计确认、计量和报告，如实反映符合确认和计量要求的会计要素及其他相关信息，保证会计信息真实可靠，内容完整。

2. 【答案】B

【解析】会计信息质量的可比性要求同一企业不同时期发生的相同或相似的交易或事项，应当采用一致的会计政策。

3. 【答案】D

【解析】选项 A 记入"其他综合收益"；选项 B 记入"实收资本"（或"股本"）和"资本公积"；选项 C 记入"营业外支出"；选项 D 记入"财务费用"。

4. 【答案】C

【解析】可供出售金融资产期末按公允价值计量。

5. 【答案】C

【解析】或有事项满足负债确认条件的确认为预计负债遵循谨慎性会计信息质量要求。

6. 【答案】A

【解析】选项 A 属于滥用会计估计，违背可比性要求。

7. 【答案】B

【解析】选项 A、C 和 D 均应计入营业外收入，属于企业利得。

8. 【答案】D

【解析】选项 A 和 B 属于所有者权益的内部增减变动；选项 C 导致资产和负债同时减少，不涉及所有者权益变动；选项 D，回购库存股会导致企业所有者权益减少。

9. 【答案】B

【解析】选项 A、C 和 D 属于所有者权益内部增

减变动，所有者权益总额不变。

10. 【答案】C

【解析】选项 A 违背会计准则规定；选项 B 属于滥用会计政策；选项 D 体现重要性原则。

11. 【答案】C

【解析】选项 A，属于前期差错，固定资产按重置成本入账；选项 B 和 D，计入营业外收入，属于企业的利得；选项 C，计入其他业务收入。

12. 【答案】C

【解析】存货是指企业在日常活动中持有以备出售的产成品或商品、处在生产过程中的在产品、在生产过程或提供劳务过程中耗用的材料和物料等。为建造固定资产等各项工程而储备的各种材料，虽然同属于材料，但是由于建造固定资产等各项工程，不符合存货的定义，因此不能作为企业存货。

13. 【答案】B

【解析】原材料的入账金额 = 25 + 1 + 1.2 = 27.2（万元），采购人员差旅费不计入存货采购成本，在发生时直接计入当期管理费用。

14. 【答案】C

【解析】受托方代收代缴消费税 = ［（520 + 180）／（1 − 20%）］× 20% = 175（万元）。收回委托加工物资成本 = 520 + 180 + 175 = 875（万元）。

15. 【答案】D

【解析】选项 D，在实际发生时计入管理费用。

16. 【答案】B

【解析】原材料的成本总额 = 120 + 2 + 1 = 123（万元），其单位成本 = 123 ÷ 99 = 1.24（万元）。

17. 【答案】D

【解析】房地产开发企业用于建造商品房的土地使用权属于企业的存货。

18. 【答案】A

【解析】库存商品期末成本 = 3000 − 1000 + 351 = 2351（万元），其可变现净值 = 2411 − 150 = 2261（万元），存货跌价准备期末应有余额 = 2351 − 2261 = 90（万元），本期末计提减值前存货跌价准备余额 = 60 − 60 × 1000/3000 = 40（万元），当期应计提的存货跌价准备 = 90 − 40 = 50（万元）。

19. 【答案】C

【解析】用该原材料生产的 M 产品期末成本 = 5000 + 1500 = 6500（万元），可变现净值 = 6500 − 120 = 6380（万元），M 产品发生减值，故原材料期末应按可变现净值计量。用于生产产品的原材料应当以产品的估计售价减进一步加工成本减估计销售税费作为其可变现净值，则原材料的可变现净值 = 6500 − 1500 − 120 =

4880（万元），期末原材料账面价值为4880万元。

20.【答案】D

【解析】有合同部分可变现净值 = 17×150－10＝2540（万元），其成本 = 3200/200×150＝2400（万元），未发生减值。无合同部分可变现净值 =（16－1）×50＝750（万元），其成本 = 3200/200×50＝800（万元），可变现净值低于成本，发生减值 = 800－750＝50（万元），当期应计提的存货跌价准备 = 50－10＝40（万元）。

21.【答案】A

【解析】库存商品月末余额 = 1200＋（200＋10＋2）－300＝1112（万元）；2017年6月30日计提减值准备前存货跌价准备的余额 = 120－120/1200×300（当期销售存货结转的存货跌价准备）＝90（万元）；存货月末可变现净值 = 1100－25＝1075（万元），存货跌价准备的月末应有余额 = 1112－1075＝37（万元），本月应转回存货跌价准备 = 90－37＝53（万元）。

22.【答案】D

【解析】增值税一般纳税人外购固定资产取得增值税专用发票，其支付的增值税可以作为进项税额抵扣，不计入外购固定资产成本，故外购固定资产的入账金额 = 购买价款＋运费＋保险费＋专业人员服务费 = 500＋10＋2＋10＝522（万元）。

23.【答案】D

【解析】小规模纳税人发生的增值税进项税额是不可以抵扣的，应计入取得资产的成本。增值税小规模纳税人外购固定资产的入账金额 = 购买价款＋运费＋增值税＋安装人员薪酬 = 55＋9.35＋1＋0.11＋2.5＝67.96（万元）。

24.【答案】C

【解析】甲公司应编制的会计分录为：

借：固定资产　　　　8353（8000＋350＋3）
　　应交税费—应交增值税（进项税额）528
　　　　　　　　　　　（880×60%）
　　　　—待抵扣进项税额　　352
　　　　　　　　　　　（880×40%）
　　贷：银行存款　　　　　9233

25.【答案】A

【解析】企业以一笔款项购入多项没有单独标价的固定资产，应当按照各项固定资产的公允价值比例对总成本进行分配，分别确定各项固定资产的成本。A设备的入账金额 =（580＋12）×200/（200＋260＋180）＋20＝205（万元）。

26.【答案】B

【解析】外购工程物资增值税可以抵扣，领用自产产品按成本价计入工程成本中，甲公司应编制的会计分录为：

借：工程物资　　　　　　200
　　应交税费—应交增值税（进项税额）
　　　　　　　　　　　20.4
　　　　—待抵扣进项税额　13.6
　　贷：银行存款等　　　　234
借：在建工程　　　　　　252
　　贷：工程物资　　　　200
　　　　库存商品　　　　30
　　　　应付职工薪酬　　22
借：应付职工薪酬　　　　22
　　贷：银行存款　　　　22
借：固定资产　　　　　　252
　　贷：在建工程　　　　252

27.【答案】B

【解析】该公司2017年3月31日专项储备余额 = 366＋12×8－120－10＝332（万元）。

28.【答案】B

【解析】发电厂的入账金额 = 280000＋30000×0.3760＝291280（万元）。

29.【答案】C

【解析】融资租入的固定资产应视同自有固定资产计提折旧，选项A错误；已达到预定可使用状态但尚未办理竣工决算的固定资产，应当按暂估价值确定其成本并计提折旧，选项B错误；更新改造期间的固定资产不需计提折旧，选项D错误。

30.【答案】A

【解析】被替换部分的账面价值 =（80－200×$\frac{80}{380}$－20×$\frac{80}{380}$）＝33.68（万元），更新改造后固定资产的入账金额 =（380－200－20＋120＋45－33.68）＝291.32（万元），2017年应计提的折旧 = 291.32×（1－5%）/5/12×8＝36.9（万元）。

31.【答案】B

【解析】融资租入固定资产视同自有固定资产核算，生产车间固定资产的日常维修费用计入管理费用。

32.【答案】C

【解析】经营租入固定资产发生的改良支出，应通过"长期待摊费用"科目核算。

33.【答案】C

【解析】该固定资产的处置收益 = 300－（2600－1800－500）－10＝－10（万元）。该企业应编制的会计分录为：

借：固定资产清理　　　　300
　　累计折旧　　　　　　1800
　　固定资产减值准备　　500
　　贷：固定资产　　　　2600

借：固定资产清理　　　　　　　10
　　贷：银行存款　　　　　　　　　　10
借：银行存款　　　　　　　　　351
　　贷：固定资产清理　　　　　　　300
　　　　应交税费—应交增值税（销项税额）51
借：营业外支出　　　　　　　　10
　　贷：固定资产清理　　　　　　　10

34.【答案】C
【解析】在未处置前不应结转至"固定资产清理"科目中，选项 A 错误；固定资产的账面价值为 80 万元（200 – 120），其公允价值减去处置费用后的净额 = 60 – 2 = 58（万元），在划分为持有待售固定资产时应计提减值准备 = 80 – 58 = 22（万元），选项 B 错误，选项 C 正确；企业应将持有待售固定资产在资产负债表中"划分为持有待售的资产"项目列示，选项 D 错误。

35.【答案】A
【解析】2016 年 12 月 31 日固定资产的账面价值 =（200 + 20）–（200 + 20）× 40% –（220 – 88）× 40%/12 × 11 = 83.6（万元），其可收回金额为 54 万元（公允价值减去处置费用后的金额与预计未来现金流量现值较高者），应计提固定资产减值准备 = 83.6 – 54 = 29.6（万元），计提减值准备后的账面价值为 54 万元，则 2017 年应计提折旧 = 54/3 = 18（万元）。

36.【答案】A
【解析】生产线设备的入账金额 = 4650 + 300 × 4650/（1000 + 4650 + 375）× 100% = 4881.54（万元），则 2017 年应计提的折旧额 =（4881.54 – 81.54）× 5/15 × 5/12 = 666.67（万元）。

37.【答案】D
【解析】某项资产或处置组被划分为持有待售后不满足持有待售固定资产确认条件的，应按该固定资产在假定没有被划分为持有待售情况下应计提折旧或减值调整后的金额与停止划归为持有待售之日的可收回金额孰低计量。当日固定资产的可收回金额为 455 万元（460 – 5），假定没有被划分为持有待售情况下应计提折旧或减值调整后的金额 = 550 –（550 – 10）/10/12 × 26 = 433（万元），故当日固定资产的账面价值为 433 万元。

二、多项选择题

1.【答案】ABC
【解析】企业可以根据相关交易或生产经营特点选择人民币以外的货币作为记账本位币，选项 D 错误。

2.【答案】ABD

【解析】选项 C 体现谨慎性要求。

3.【答案】ABCD

4.【答案】ABCD
【解析】选项 A 不是企业拥有或控制的资源，不属于企业资产；选项 B 不能为企业带来经济利益流入，作为当期费用，不属于企业资产；选项 C 涉及或有应收款项不是企业拥有或控制的资源，不能作为资产确认；选项 D 预期不能给企业带来经济利益流入，不属于企业资产。

5.【答案】AC
【解析】选项 B，计入财务费用；选项 D，收发计量差错导致存货盘亏净损失计入管理费用。

6.【答案】ABD
【解析】投资性房地产在采用成本模式计量时不能使用公允价值计量属性核算。

7.【答案】ABCD

8.【答案】ABC
【解析】财务报告使用者主要包括投资者、债权人、政府及其有关部门和社会公众等，不包括债务人。

9.【答案】AD
【解析】选项 A、D 计入其他综合收益，属于直接计入所有者权益的利得和损失；选项 B 有效套期部分计入其他综合收益，无效套期部分计入公允价值变动损益；选项 C 计入资本公积。

10.【答案】ABCD

11.【答案】ABC
【解析】通过提供劳务取得的存货，其成本按从事劳务提供人员的直接人工和其他直接费用以及可归属于该存货的间接费用确定。

12.【答案】AB
【解析】收回后用于连续生产应税消费品的，受托方代收代缴的消费税计入"应交税费—应交消费税"科目的借方；增值税一般纳税人支付的增值税可以抵扣，计入"应交税费—应交增值税（进项税额）"科目，不构成委托加工物资成本。

13.【答案】ABD
【解析】选项 C 通常表明存货发生减值，但未必全额计提存货跌价准备。

14.【答案】BC
【解析】选项 A，发出商品时，借记"发出商品"，贷记"库存商品"，属于存货内部增减变动，不会引起存货的账面价值发生变化；选项 B、C 均会导致存货账面价值减少；选项 D，收回委托加工物资时，借记"库存商品"等，贷记"委托加工物资"。

15.【答案】ABC
【解析】债务人因债务重组转出存货，视同销售存货，其持有期间已计提的存货跌价准备要相应的结转。

16.【答案】ABD

【解析】对于需要加工的存货的可变现净值＝产成品的估计售价－产成品估计销售税费－进一步加工成本，故需要加工的存货可变现净值应以产成品的售价为基础确定。

17.【答案】ABC

【解析】如果本期导致存货可变现净值高于其成本的因素并不是以前期间减记该项存货价值的因素，则不允许将该存货跌价准备转回。

18.【答案】ABCD

【解析】四个选项均正确。

19.【答案】AD

【解析】增值税一般纳税人取得固定资产支付的增值税可以抵扣，记入"应交税费—应交增值税（进项税额）"科目，不构成固定资产的入账成本；专业人员培训费发生时计入当期损益。

20.【答案】AC

【解析】外购工程物资支付的增值税可以抵扣，不作为固定资产的建造成本，选项A错误；固定资产应在达到预定可使用状态的次月起计提折旧，选项C错误。

21.【答案】ABCD

【解析】四个选项均正确。

22.【答案】ABD

【解析】判断经营租赁与融资租赁的标准是与租赁资产所有权的全部风险和报酬是否转移。

23.【答案】AD

【解析】日常维修期间和尚未使用的固定资产仍计提折旧，其中尚未使用固定资产的折旧费用计入管理费用。

24.【答案】ACD

【解析】企业如果能够合理确定租赁期结束时会取得资产所有权，则应按资产使用寿命计提折旧，如果无法合理确定租赁期结束时资产所有权能够取得，则应按租赁期与租赁资产尚可使用年限孰低计提折旧，选项B错误。

25.【答案】ABCD

【解析】四个选项均正确。以5年为例，双倍余额递减法第一年的折旧率为40%，而年数总和法第一年的折旧率为33.33%。

26.【答案】BCD

【解析】企业对固定资产进行定期检查发生的大修理费用，有确凿证据表明符合固定资产确认条件的部分，应予资本化计入固定资产成本，不符合固定资产确认条件的，应当费用化计入当期损益。

27.【答案】ABC

【解析】选项D通过"待处理财产损溢"科目核算。

28.【答案】AC

【解析】至出售时固定资产累计应计提折旧金额＝3500×（1－5%）/20×7.5＝1246.88（万元），选项A正确；增值税为价外税，不计入固定资产清理科目中，选项B错误；处置损益＝5000－（3500－1246.88）＝2746.88（万元），选项C正确，选项D错误。

29.【答案】ABC

【解析】同时满足下列条件的非流动资产应划分为持有待售，一是企业已经就处置该非流动资产作出决议；二是企业已经与受让方签订了不可撤销的转让协议；三是该项转让将在一年内完成。

三、判断题

1.【答案】×

【解析】明确界定会计主体是开展会计确认、计量和报告工作的重要前提。

2.【答案】√

3.【答案】√

4.【答案】×

【解析】企业应当采用权责发生制核算经济业务。

5.【答案】×

【解析】企业不应高估资产和收益，也不应低估负债和费用。

6.【答案】√

7.【答案】×

【解析】资产是指企业过去的交易或事项形成的，由企业拥有或者控制的，预期会给企业带来经济利益的资源。能够控制相关资源并在其他条件满足的情况下可以确认为资产。

8.【答案】√

9.【答案】×

【解析】收入强调是"日常"活动中形成的，会导致所有者权益增加的，且与所有者投入资本无关的经济利益的总流入。

10.【答案】√

11.【答案】×

【解析】开办费在发生时直接计入管理费用，不符合资产定义，不能确认为长期待摊费用。

12.【答案】×

【解析】委托代销商品所有权并未转移给受托方，仍属于企业的存货。

13.【答案】√

14.【答案】×

【解析】外购存货发生合理损耗构成存货采购成本，非合理损耗部分计入待处理财产损溢科目中。

15.【答案】√

【解析】如果收回后以不高于受让方计税价格出售的为直接出售，受让方代收代缴的消费税

计入委托加工物资成本；以高于受托方计税
价格出售的，不属于直接出售，受托方代收代缴
的消费税记入"应交税费—应交消费税"科
目的借方。

16.【答案】√

17.【答案】×

【解析】如果原存货已计提存货跌价准备的，
应将原已计提部分综合考虑，存货成本高于可
变现净值部分应当为存货跌价准备的期末余
额，本期应计提金额 = 期末应有金额 – 期初已
有金额。

18.【答案】√

19.【答案】×

【解析】还应考虑未来相关事项。

20.【答案】×

【解析】有合同部分应按合同价为基础确定，
无合同部分按市场价格为基础确定。

21.【答案】√

22.【答案】√

23.【答案】×

【解析】原计提存货跌价准备的因素消失，可
以转回计提的存货跌价准备。

24.【答案】√

25.【答案】√

26.【答案】√

【解析】工程建设期间企业盘亏或毁损的工程
物资（除自然灾害等原因导致）应将残料价
值及保险公司赔偿款后的差额计入工程成本；
工程完工后，工程物资毁损发生的净损失计入
当期损益；无论是建设期间还是完工后，由自
然灾害导致的工程物资毁损净损失均计入营业
外支出。

27.【答案】×

【解析】工程已达到预定可使用状态，但尚未
办理竣工决算的应根据工程预算、造价或工程
实际成本按暂估价值转入固定资产。

28.【答案】√

29.【答案】×

【解析】经营租入固定资产不属于企业固定资
产，无需计提折旧，应将租金在租赁期按直线
法计入相关资产成本或当期损益。

30.【答案】×

【解析】预期弃置费用减少，应以该固定资产
账面价值为限扣减固定资产成本，对于超出部
分确认为当期损益。

31.【答案】√

32.【答案】√

33.【答案】×

【解析】企业至少应当于每年年度终了对固定资
产的使用寿命、预计净残值和折旧方法进行复
核，如果发生变化应作为会计估计变更处理。

34.【答案】√

35.【答案】×

【解析】固定资产处置净损益计入营业外收入
或营业外支出，所以不会对营业利润产生
影响。

36.【答案】×

【解析】某项资产或处置组被划分为持有待售
后不满足持有待售固定资产确认条件的，应按
该固定资产在假定没有被划分为持有待售情况
下原应计提折旧、摊销或减值进行调整后的金
额与决定不再出售之日的可收回金额孰低
计量。

四、计算分析题

1.【答案】

（1）

资料（2）

借：原材料　　　　　　　213.5（210 + 3 + 0.5）

　　应交税费—应交增值税（进项税额）36.03

　　　　　　　　　　　　　（35.7 + 0.33）

　　管理费用　　　　　　　0.3

　　贷：银行存款　　　　　249.83

资料（3）

借：原材料　　　　　　　500

　　应交税费—应交增值税（进项税额）85

　　贷：应付账款　　　　　585

资料（4）

借：原材料　　　　　　　52

　　应交税费—应交增值税（进项税额）

　　　　　　　　　　　　　8.72

　　贷：银行存款　　　　　2.22

　　　　营业外收入　　　　58.5

资料（5）

借：原材料　　　　　　　900

　　应交税费—应交增值税（进项税额）

　　　　　　　　　　　　　153

　　贷：实收资本　　　　　500

　　　　资本公积　　　　　553

资料（6）

借：生产成本　　　　　　1420

　　贷：原材料　　　　　　1420

（2）原材料期末余额 = 365 + 213.5 + 500 + 52 +
900 – 1420 = 610.5（万元），原材料用于生产产
品，所以确定原材料是否减值应首先确定产成
品是否发生减值，产成品的成本 = 610.5 +
420 = 1030.5（万元），产成品的可变现净值 =
1050 – 12 = 1038（万元），产成品未发生减值，
所以原材料应以成本计量，所以原计提的存货
跌价准备应转回13万元，会计分录为：

借：存货跌价准备　　　　13

　　贷：资产减值损失　　　13

第 一 周

2.【答案】

资料（1）会计处理不正确。销售库存商品结转成本时应将其已计提的存货跌价准备一并结转至主营业务成本中。

资料（2）会计处理不正确。A 材料是专门用于生产产品的，判断 A 原材料是否发生减值，应首先判断产成品是否发生减值，产成品的成本 = 400 + 150 = 550（万元），产成品的可变现净值 = 530 - 8 = 522（万元），产成品发生减值，故 A 原材料按可变现净值计量。用于生产产品的原材料应按产品的估计售价减去销售产品的销售税费及进一步加工成本确定原材料的可变现净值。A 材料的可变现净值 = 530 - 150 - 8 = 372（万元），A 材料的成本为 400 万元，存货跌价准备的期末余额 = 400 - 372 = 28（万元），原已计提存货跌价准备为 15 万元，当期应补提存货跌价准备 = 28 - 15 = 13（万元）。

资料（3）会计处理不正确。有合同部分按合同价确定存货的可变现净值，无合同部分按市场售价确定存货的可变现净值，然后分别确定应计提的存货跌价准备。有合同部分存货的可变现净值 = （1.8 - 0.18）× 300 = 486（万元），其成本 = 800/500 × 300 = 480（万元），未发生减值；无合同部分存货的可变现净值 = （1.6 - 0.15）× 200 = 290（万元），其成本 = 800/500 × 200 = 320（万元），应计提存货跌价准备 = 320 - 290 = 30（万元），所以乙库存商品应计提存货跌价准备合计 30 万元。

3.【答案】

（1）

购入时：

借：在建工程　　　　　　　　　　330
　　应交税费—应交增值税（进项税额）
　　　　　　　　　　　　　　　　55.5
　　贷：应付账款　　　　　　　　385.5

安装时：

借：在建工程　　　　　　　　　　23
　　贷：原材料　　　　　　　　　15
　　　　应付职工薪酬　　　　　　8

借：应付职工薪酬　　　　　　　　8
　　贷：银行存款　　　　　　　　8

转入固定资产时：

借：固定资产　　　　　　　　　　353
　　贷：在建工程　　　　　　　　353

支付日常维修费时：

借：管理费用　　　　　　　　　　10
　　贷：银行存款　　　　　　　　10

（2）

2016 年应计提的折旧金额 = 353/10/2 = 17.65（万元）。

（3）

2016 年生产设备的可收回金额为 247 万元（260 - 13），账面净值 = 353 - 17.65 = 335.35（万元），应计提固定资产减值准备 = 335.35 - 247 = 88.35（万元），2016 年 12 月 31 日生产设备的账面价值为 247 万元，会计分录为：

借：资产减值损失　　　　　　　　88.35
　　贷：固定资产减值准备　　　　88.35

（4）

外购工程物资时：

借：工程物资　　　　　　　　　　700
　　应交税费—应交增值税（进项税额）71.4
　　　　　　—待抵扣进项税额　　47.6
　　贷：银行存款　　　　　　　　819

领用时：

借：在建工程　　　　　　　　　　700
　　贷：工程物资　　　　　　　　700

领用产品及支付工程款时：

借：在建工程　　　　　　　　　　135
　　应交税费—应交增值税（进项税额）3.3
　　　　　　—待抵扣进项税额　　2.2
　　贷：银行存款　　　　　　　　55.5
　　　　库存商品　　　　　　　　85

完工时：

借：固定资产　　　　　　　　　　835
　　贷：在建工程　　　　　　　　835

（5）

更新改造后设备的入账价值 = 353 - （353/10/2 + 247/9.5 × 0.5 + 88.35）+ 150 + 20 - 54 = 350（万元）。

（6）

出售仓库时：

借：固定资产清理　　　　　　　　765.42
　　累计折旧　　69.58（835/10/12 × 10）
　　贷：固定资产　　　　　　　　835

取得处置价款时：

借：银行存款　　　　　　　　　　1110
　　贷：固定资产清理　　　　　　1000
　　　　应交税费—应交增值税（销项税额）110

结转损益：

借：固定资产清理　　　　　　　　234.58
　　贷：营业外收入　　　　　　　234.58

出售生产设备时：

借：固定资产清理　　　　　　　　315
　　累计折旧　　35（350 × 2/5 × 3/12）
　　贷：固定资产　　　　　　　　350

支付清理费时：

借：固定资产清理　　　　　　　　5
　　贷：银行存款　　　　　　　　5

取得处置价款时：
借：银行存款　　　　　　　　　　351
　　贷：固定资产清理　　　　　　　300
　　　　应交税费—应交增值税（销项税额）51
结转损益：
借：营业外支出　　　　　　　　　　20
　　贷：固定资产清理　　　　　　　20

4.【答案】
（1）甲公司会计处理不正确。2016年12月31日的可收回金额为51万元，其账面净值为74.4万元，发生减值应计提减值准备74.4 – 51 = 23.4（万元），2017年应计提的折旧金额 = （51 – 120×5%）/3/12×3 = 3.75（万元），出售时的账面价值 = 51 – 3.75 = 47.25（万元），其计入营业外支出的金额 = 47.25 – 30 = 17.25（万元）。

（2）甲公司会计处理不正确。根据企业会计准则规定，应将弃置费用折现计入固定资产成本中，即200×0.675 = 135（万元）。固定资产入账金额 = 1500 + 135 = 1635（万元）。

（3）甲公司的会计处理不正确。项目发生的间接费用应在生产车间、生产设备和环保设备之间进行分配，而不应计入管理费用。计入生产车间的金额 = 1650/4480×120 = 44.2（万元），计入生产设备的金额 = 2300/4480×120 = 61.61（万元），计入环保设备的金额 = 120 – 44.2 – 61.61 = 14.19（万元）。

5.【答案】
（1）甲公司2012年12月5日购入该设备的会计分录为：
借：固定资产　　　　　　　　　　5000
　　应交税费—应交增值税（进项税额）850
　　贷：银行存款　　　　　　　　5850
（2）甲公司2013年度对该设备应计提的折旧金额 = （5000 – 50）×5/15 = 1650（万元）；
甲公司2014年度对该设备应计提的折旧金额 = （5000 – 50）×4/15 = 1320（万元）。
（3）甲公司2014年12月31日对该设备应计提减值准备的金额 = （5000 – 1650 – 1320） – 1800 = 230（万元）。
会计分录：
借：资产减值损失　　　　　　　　230
　　贷：固定资产减值准备　　　　230
（4）甲公司2015年度对该设备应计提的折旧金额 = （1800 – 30）×3/6 = 885（万元）。
会计分录：
借：制造费用　　　　　　　　　　885
　　贷：累计折旧　　　　　　　　885
（5）
借：固定资产清理　　　　　　　　915
　　固定资产减值准备　　　　　　230
　　累计折旧　3855（1650 + 1320 + 885）
　　贷：固定资产　　　　　　　5000
借：固定资产清理　　　　　　　　2
　　贷：银行存款　　　　　　　　2
借：银行存款　　　　　　　　　1053
　　贷：固定资产清理　　　　　900
　　　　应交税费—应交增值税（销项税额）153
借：营业外支出—处置非流动资产损失　17
　　贷：固定资产清理　　　　　　17

【特别提示】中级考试多年均未单独对固定资产考核主观题，但2016年机考试点后考试题目数量和难度双双降低，所以对于基础知识需要各位考生能够全面掌握，基础一定要夯实。本题从固定资产的取得、固定资产的折旧（包括减值后折旧的计提）及固定资产的处置全流程考核，但整体难度不大，各位考生应该能够得到大部分分值。

第二周

本周学习计划

日 期	章 节	考 点	重要程度	常见题型	完成情况
星期一	第6章	无形资产的确认和初始计量、内部研究开发支出的确认和计量	★★	单选题、多选题、判断题	
星期二		无形资产的后续计量及无形资产的处置	★★	单选题、多选题、判断题	
星期三	第4章	投资性房地产的定义、特征及范围和投资性房地产的确认与初始计量	★★	单选题、多选题、判断题	
星期四		投资性房地产的后续计量	★★★	单选题、多选题、判断题、计算分析题	
星期五		投资性房地产的转换和处置	★★★	单选题、多选题、判断题、计算分析题	

第二周

本周攻克内容

【星期一·第6章】无形资产的确认和初始计量、内部研究开发支出的确认和计量

考点1：无形资产的确认和初始计量

一、无形资产概述

无形资产，是指企业拥有或者控制的没有实物形态的可辨认非货币性资产。

无形资产具有以下特征：

1. 由企业拥有或者控制并能为其带来未来经济利益的资源；

2. 无形资产不具有实物形态；

3. 无形资产具有可辨认性。

【提示】商誉的存在无法与企业自身分离，不具有可辨认性，不属于无形资产。

无形资产主要包括：专利权、非专利技术、商标权、著作权、特许权和土地使用权等。

二、无形资产的确认条件

无形资产应当在符合定义的前提下，同时满足下列条件的，才能予以确认：

（1）与该无形资产有关的经济利益很可能流入企业；

（2）该无形资产的成本能够可靠地计量。

三、无形资产的初始计量

无形资产应当按照成本进行初始计量，即以取得无形资产并使之达到预定用途而发生的全部

支出，作为无形资产成本。

（一）外购无形资产的成本，包括购买价款、相关税费以及直接归属于使该项资产达到预定用途所发生的其他支出。

【提示】下列各项不包括在无形资产的初始成本中：

（1）为引入新产品进行宣传发生的广告费、管理费用及其他间接费用；

（2）无形资产已经达到预定用途以后发生的费用。

购买无形资产的价款超过正常信用条件延期支付，实质上具有融资性质的，无形资产的成本以购买价款的现值为基础确定。实际支付的价款与购买价款的现值之间的差额，除按照《企业会计准则第17号—借款费用》应予资本化的以外，应当在信用期间内计入当期损益。

【例题·计算题】甲公司2015年1月1日与乙公司签订协议，约定分3年支付6000万元从乙公司购入一项专利权作为管理用无形资产。根据合同约定甲公司应于每年12月31日向乙公司支付2000万元。该专利权合同约定使用年限为8年，同类专利权法律保护年限为10年，预计净残值为零，采用直线法摊销，购入当月投入使用。假定同类交易的市场利率为5%，已知（P/A，5%，3）=2.7232，不考虑其他因素。

要求：

（1）计算专利权的入账金额。

（2）编制 2015 年至 2017 年与无形资产有关的会计分录。

【答案】

（1）无形资产的入账金额 = 2000 × 2.7232 = 5446.4（万元）。

（2）2015 年购入时：

借：无形资产　　　　　　　　5446.4
　　未确认融资费用　　　　　　553.6
　　贷：长期应付款　　　　　　　　6000

2015 年 12 月 31 日支付款项时：

借：长期应付款　　　　　　　　2000
　　贷：银行存款　　　　　　　　　2000

借：财务费用　　272.32（5446.4 × 5%）
　　贷：未确认融资费用　　　　　272.32

计提摊销时：

借：管理费用　　　680.8（5446.4 ÷ 8）
　　贷：累计摊销　　　　　　　　680.8

2016 年 12 月 31 日支付款项时：

借：长期应付款　　　　　　　　2000
　　贷：银行存款　　　　　　　　　2000

借：财务费用　　　　　　　　185.94
　　〔（5446.4 − 2000 + 272.32）× 5%〕
　　贷：未确认融资费用　　　　　185.94

计提摊销时：

借：管理费用　　　680.8（5446.4 ÷ 8）
　　贷：累计摊销　　　　　　　　680.8

2017 年 12 月 31 日支付款项时：

借：长期应付款　　　　　　　　2000
　　贷：银行存款　　　　　　　　　2000

借：财务费用　　　　　　　　　95.34
　　（553.6 − 272.32 − 185.94）
　　贷：未确认融资费用　　　　　95.34

计提摊销时：

借：管理费用　　　680.8（5446.4 ÷ 8）
　　贷：累计摊销　　　　　　　　680.8

（二）投资者投入无形资产的成本，应当按照投资合同或协议约定的价值确定，但合同或协议约定价值不公允的应按无形资产的公允价值入账。

（三）土地使用权的处理

企业取得的土地使用权通常应确认为无形资产，但属于投资性房地产的土地使用权，应当按投资性房地产进行会计处理。

土地使用权用于自行开发建造厂房等地上建筑物时，相关的土地使用权账面价值不转入在建工程成本，土地使用权与地上建筑物分别进行摊销和提取折旧。

下列情况除外：

1. 房地产开发企业取得的土地使用权用于建造对外出售的房屋建筑物，相关的土地使用权应当计入所建造的房屋建筑物成本。

2. 企业外购房屋建筑物所支付的价款应当在地上建筑物与土地使用权之间进行合理分配；确实难以合理分配的，应当全部作为固定资产处理。

【提示】企业改变土地使用权的用途，停止自用土地使用权而用于赚取租金或资本增值时，应将其转为投资性房地产。

【例题·单选题】房地产开发企业已用于在建商品房的土地使用权，在资产负债表中应列示的项目为（　　）。（2012 年）

A. 存货　　　　　　　B. 固定资产
C. 无形资产　　　　　D. 投资性房地产

【解析】企业取得的土地使用权应区分以下情况处理：（1）通常应当按照所支付的价款及相关税费确认为无形资产；（2）属于投资性房地产的土地使用权，应当按照投资性房地产进行会计处理；（3）房地产开发企业用于建造商品房的土地使用权应作为企业的存货核算。

【答案】A

【例题·多选题】北方公司为从事房地产开发的上市公司，2016 年 1 月 1 日，外购位于甲地块上的一栋写字楼，作为自用办公楼，甲地块的土地使用权能够单独计量；2016 年 3 月 1 日，购入乙地块和丙地块，分别用于开发对外出售的住宅楼和写字楼，至 2017 年 12 月 31 日，该住宅楼和写字楼尚未开发完成；2017 年 1 月 1 日，购入丁地块，作为办公区的绿化用地，至 2017 年 12 月 31 日，丁地块的绿化已经完成。假定不考虑其他因素，下列各项中，北方公司 2017 年 12 月 31 日不应单独确认为无形资产（土地使用权）的有（　　）。

A. 甲地块的土地使用权
B. 乙地块的土地使用权
C. 丙地块的土地使用权
D. 丁地块的土地使用权

【解析】乙地块和丙地块均用于建造对外出售的房屋建筑物，属于房地产开发企业的存货，这两地块的土地使用权应该计入所建造的房屋建筑物成本，不应单独确认为无形资产，选项 B 和 C 正确。

【答案】BC

【例题·判断题】企业将土地使用权用于自行开发建造自用厂房的，该土地使用权与厂房应分别进行摊销和提取折旧。（　　）（2015 年）

【解析】土地使用权通常应单独确认为无形资产。土地使用权用于自行开发建造厂房等地上建筑物时，土地使用权与地上建筑物分别进行摊销和提取折旧。

【答案】√

【例题·判断题】企业将外购的土地使用权用于办公楼的建造，应将土地使用权的价值结转至

在建工程中。（　　）

【解析】土地使用权用于自行开发建造厂房等地上建筑物时，相关的土地使用权账面价值不转入在建工程成本，土地使用权与地上建筑物分别进行摊销和提取折旧。

【答案】×

考点2：内部研究开发支出的确认和计量

一、研究与开发阶段的区分

研究开发项目区分为研究阶段与开发阶段。企业应当根据自身实际情况以及相关信息加以判断。

（一）研究阶段

研究，是指为获取并理解新的科学或技术知识等进行的有计划的调查。研究阶段基本上是探索性的，是为进一步开发活动进行资料及相关方面的准备，已进行的研究活动将来是否会转入开发、开发后是否会形成无形资产等均具有较大的不确定性。

（二）开发阶段

开发，是指在进行商业性生产或使用前，将研究成果或其他知识应用于某项计划或设计，以生产出新的或具有实质性改进的材料、装置、产品等。相对于研究阶段而言，开发阶段应当是已完成研究阶段的工作，在很大程度上具备了形成一项新产品或新技术的基本条件。

二、研究与开发阶段支出的确认

【提示】如果确实无法区分研究阶段的支出和开发阶段的支出，应将其所发生的研发支出全部费用化，计入当期损益。

企业内部研究开发项目开发阶段的支出，同时满足下列条件的，才能确认为无形资产：

1. 完成该无形资产以使其能够使用或出售在技术上具有可行性；

2. 具有完成该无形资产并使用或出售的意图；

3. 无形资产产生经济利益的方式，包括能够证明运用该无形资产生产的产品存在市场或无形资产自身存在市场，无形资产将在内部使用的，应当证明其有用性；

4. 有足够的技术、财务资源和其他资源支持，以完成该无形资产的开发，并有能力使用或出售该无形资产；

5. 归属于该无形资产开发阶段的支出能够可靠地计量。

【例题·单选题】研究开发活动无法区分研究阶段和开发阶段的，当期发生的研究开发支出应在资产负债日确认为（　　）。

A. 无形资产
B. 管理费用
C. 研发支出

D. 营业外支出

【解析】无法区分研究阶段和开发阶段的支出，当期发生的研究开发支出应当费用化，计入当期损益（管理费用）。

【答案】B

三、内部开发的无形资产的计量

内部开发活动发生的无形资产成本，由可直接归属于该资产的创造、生产并使该资产能够以管理层预定的方式运作的所有必要支出构成。

内部开发无形资产的成本仅包括在满足资本化条件的时点至无形资产达到预定用途前发生的支出总和，对于同一项无形资产在开发过程中达到资本化条件之前已经费用化计入当期损益的支出不再进行调整。

四、内部研究开发费用的会计处理

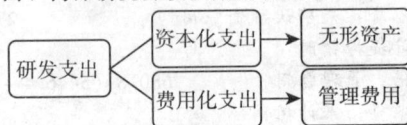

（1）发生研发费用时：
借：研发支出—费用化支出
　　　　　—资本化支出
　贷：银行存款
　　　原材料
　　　应付职工薪酬等

（2）期末，将研究费用列入当期管理费用：
借：管理费用
　贷：研发支出—费用化支出

（3）将符合资本化条件的开发费用在无形资产达到预定用途时转入无形资产成本：
借：无形资产
　贷：研发支出—资本化支出

【例题·单选题】甲公司自行研发一项新技术，累计发生研究开发支出800万元，其中符合资本化条件的支出为500万元。研发成功后向国家专利局提出专利权申请并获得批准，实际发生注册登记费8万元；为使用该项新技术发生的有关人员培训费为6万元。不考虑其他因素，甲公司该项无形资产的入账价值为（　　）万元。（2014年）

A. 508　　　　　B. 514
C. 808　　　　　D. 814

【解析】甲公司该项无形资产入账价值＝500＋8＝508（万元），为使用该项新技术发生的有关人员培训费计入当期损益，不构成无形资产的开发成本。

【答案】A

【例题·单选题】甲公司2017年1月10日开始自行研究开发无形资产，12月31日达到预定用途。其中，研究阶段发生职工薪酬30万元、计提专用设备折旧 40 万元；进入开发阶段后，相关支出符合资本化条件前发生的职工薪酬 30 万元、计提专用设备折旧 30 万元，符合资本化条件后发生职工薪酬 100 万元、计提专用设备折旧 200 万元。假定不考虑其他因素，甲公司 2017 年对上述研发支出进行的下列会计处理中，正确的是（　　）。

A. 确认管理费用 70 万元，确认无形资产 360 万元

B. 确认管理费用 30 万元，确认无形资产 400 万元

C. 确认管理费用 130 万元，确认无形资产 300 万元

D. 确认管理费用 100 万元，确认无形资产 330 万元

【解析】根据相关的规定，只有在开发阶段符合资本化条件后的支出才能计入无形资产入账价值，此题中开发阶段符合资本化条件的支出金额 = 100 + 200 = 300（万元），确认为无形资产；其他支出全部计入当期损益，所以计入管理费用的金额 = （30 + 40）＋（30 + 30）= 130（万元）。

【答案】C

【星期二·第6章】无形资产的后续计量及无形资产的处置

考点 1：无形资产的后续计量

一、无形资产使用寿命的确定

（一）估计无形资产使用寿命应考虑的因素

1. 运用该资产生产的产品通常的寿命周期、可获得的类似资产使用寿命的信息；

2. 技术、工艺等方面的现实状况及对未来发展的估计；

3. 以该资产生产的产品或提供的服务的市场需求情况；

4. 现在或潜在的竞争者预期将采取的行动；

5. 为维持该资产产生未来经济利益的能力预期的维护支出，以及企业预计支付有关支出的能力；

6. 对该资产的控制预期，以及对该资产使用的法律或类似限制，如特许使用期间、租赁期等；

7. 与企业持有的其他资产使用寿命的关联性。

【例题·多选题】企业在估计无形资产使用寿命应考虑的因素有（　　）。（2012 年）

A. 无形资产相关技术的未来发展情况

B. 使用无形资产生产的产品的寿命周期

C. 使用无形资产生产的产品市场需求情况

D. 现在或潜在竞争者预期将采取的研发战略

【答案】ABCD

（二）无形资产使用寿命的确定

1. 源自合同性权利或其他法定权利的无形资产，其使用寿命不应超过合同性权利或其他法定权利规定的期限；

2. 如果无形资产的预计使用期限短于合同性权利或其他法定权利规定的期限的，则应当按预计使用期限确认其使用寿命；

3. 如果合同性权利或其他法定权利能够在到期时延续，而且此延续不需付出重大成本时，续约期应作为使用寿命的一部分；

4. 没有明确的合同或法定期限的，应合理推定无形资产为企业带来经济利益的期限。当合理推定无法实现时，应界定为使用寿命不确定的无形资产，不摊销。

（三）无形资产使用寿命的复核

企业至少应当于每年年度终了，对使用寿命有限的无形资产的使用寿命进行复核。无形资产的使用寿命与以前估计不同的，应当改变摊销期限，并按会计估计变更进行处理。

对于使用寿命不确定的无形资产，如果有证据表明无形资产的使用寿命是有限的，应当估计其使用寿命，视为会计估计变更，按使用寿命有限的无形资产的有关规定处理。

二、使用寿命有限的无形资产摊销

（一）应摊销金额

无形资产的应摊销金额，是指其成本扣除预计残值后的金额。已计提减值准备的无形资产，还应扣除已计提的无形资产减值准备金额。

无形资产的残值一般为零，但下列情况除外：

（1）有第三方承诺在无形资产使用寿命结束时购买该无形资产；

（2）可以根据活跃市场得到预计残值信息，并且该市场在无形资产使用寿命结束时还可能存在。

残值确定以后，在持有无形资产的期间内，至少应于每年年末进行复核。

（二）摊销期和摊销方法

企业摊销无形资产，应当自无形资产可供使用（即其达到预定用途）时起，至不再作为无形资产确认时止。

企业选择的无形资产摊销方法，应当能够反映与该项无形资产有关的经济利益的预期实现方式，并一致地运用于不同会计期间。无法可靠确定其预期实现方式的，应当采用直线法摊销。

企业至少应当于每年年度终了，对无形资产

的使用寿命及摊销方法进行复核，如果有证据表明无形资产的使用寿命及摊销方法与以前估计不同的，应当改变其摊销年限和摊销方法。

持有待售的无形资产不进行摊销，按照账面价值与公允价值减去处置费用后的净额孰低进行计量。

（三）使用寿命有限的无形资产摊销的会计处理

无形资产的摊销金额一般应当计入当期损益（管理费用、其他业务成本等）。但若某项无形资产包含的经济利益通过所生产的产品或其他资产实现的，其摊销金额应当计入相关资产的成本。

借：制造费用（用于产品生产）
　　管理费用（自用的一般无形资产）
　　其他业务成本（出租的无形资产）
　　贷：累计摊销

【例题·多选题】下列关于企业无形资产摊销的会计处理中，正确的有（　　）。（2016年）

A. 对使用寿命有限的无形资产选择的摊销方法应当一致地运用于不同会计期间

B. 持有待售的无形资产不进行摊销

C. 使用寿命不确定的无形资产按照不低于10年的期限进行摊销

D. 使用寿命有限的无形资产自可供使用时起开始摊销

【解析】选项A，企业选择的无形资产摊销方法，应当能够反映与该项无形资产有关的经济利益的预期实现方式，并一致地运用于不同会计期间；选项C，使用寿命不确定的无形资产，会计上不进行摊销。

【答案】ABD

【例题·多选题】下列关于使用寿命有限的无形资产摊销的表述中，正确的有（　　）。（2014年）

A. 自达到预定用途的下月起开始摊销

B. 至少应于每年年末对使用寿命进行复核

C. 有特定产量限制的经营特许权，应采用产量法进行摊销

D. 无法可靠确定与其有关的经济利益预期实现方式的，应采用直线法进行摊销

【解析】选项A，使用寿命有限的无形资产应自达到预定用途的当月开始摊销。

【答案】BCD

【例题·单选题】2013年1月1日，甲公司某项特许使用权的原价为960万元，已摊销600万元，已计提减值准备60万元。预计尚可使用年限为2年，预计净残值为零，采用直线法按月摊销。不考虑其他因素，2013年1月甲公司该项特许使用权应摊销的金额为（　　）万元。（2013年）

A. 12.5　　　　　B. 15
C. 37.5　　　　　D. 40

【解析】甲公司该项特许使用权2013年1月应摊销的金额＝（960－600－60）÷2×1/12＝12.5（万元），选项A正确。

【答案】A

【例题·判断题】企业用于生产某种产品的、已确认为无形资产的非专利技术，其摊销金额应计入当期管理费用。（　　）（2014年）

【解析】无形资产用于生产某种产品的，其摊销金额应当计入产品的成本。

【答案】×

三、无形资产减值测试

根据可获得的情况判断，无法合理估计其使用寿命的无形资产，应作为使用寿命不确定的无形资产。按照准则规定，对于使用寿命不确定的无形资产，在持有期间内不需要摊销，但应当在每一会计期末进行减值测试。

借：资产减值损失
　　贷：无形资产减值准备

【提示】无形资产减值准备一经计提，持有期间不得转回。

【例题·单选题】2014年12月31日，甲公司某项无形资产的原价为120万元，已摊销42万元，未计提减值准备，当日，甲公司对该无形资产进行减值测试，预计公允价值减去处置费用后的净额为55万元，未来现金流量的现值为60万元，2014年12月31日，甲公司应为该无形资产计提的减值准备为（　　）万元。（2015年）

A. 18　　　　　B. 23
C. 60　　　　　D. 65

【解析】无形资产的可收回金额为公允价值减去处置费用后的净额与未来现金流量的现值两者中的较高者，所以该无形资产的可收回金额为60万元，2014年年末无形资产计提减值准备前的账面价值＝120－42＝78（万元），应计提减值准备的金额＝78－60＝18（万元）。

【答案】A

【例题·单选题】下列关于无形资产会计处理的表述中，正确的是（　　）。

A. 当月增加使用寿命有限的无形资产从下月开始摊销

B. 无形资产摊销方法应当反映其经济利益的预期实现方式

C. 具有融资性质的分期付款购入的无形资产以总价款为基础确定初始成本

D. 使用寿命不确定的无形资产应采用直线法按10年摊销

【解析】当月增加的使用寿命有限的无形资产从当月开始摊销，选项A错误；具有融资性质的分期付款购入无形资产，初始成本以购买价款的现值为基础确定，选项C错误；使用寿命不确定的无形资产不进行摊销，选项D错误。

【答案】B

【例题·多选题】下列关于无形资产后续计量的表述中，正确的有(　　)。(2013年)

A. 至少应于每年年度终了对以前确定的无形资产残值进行复核

B. 应在每个会计期间对使用寿命不确定的无形资产的使用寿命进行复核

C. 至少应为每年年度终了对使用寿命有限的无形资产的使用寿命进行复核

D. 至少应于每年年度终了对使用寿命有限的无形资产的摊销方法进行复核

【解析】企业应至少于每年年度终了对使用寿命有限的无形资产的使用寿命、摊销方法及预计净残值进行复核，选项A、C和D正确；企业应于每个会计期间对使用寿命不确定的无形资产的使用寿命进行复核，选项B正确。

【答案】ABCD

【例题·多选题】下列关于专门用于产品生产的专利权会计处理的表述中，正确的有(　　)。

A. 该专利权的摊销金额应计入管理费用

B. 该专利权的使用寿命至少应于每年年度终了进行复核

C. 该专利权的摊销方法至少应于每年年度终了进行复核

D. 该专利权应以成本减去累计摊销和减值准备后的余额进行后续计量

【解析】专门用于产品生产的专利权摊销额应计入制造费用或生产成本，选项A错误；无形资产的使用寿命和摊销方法均至少于每年年末复核，选项B和C正确；无形资产后续计量反映其账面价值，无形资产账面价值=原价-累计摊销-无形资产减值准备，选项D正确。

【答案】BCD

【例题·多选题】下列各项关于无形资产会计处理的表述中，不正确的是(　　)。

A. 内部产生的商誉应确认为无形资产

B. 计提的无形资产减值准备在该资产价值恢复时应予转回

C. 使用寿命不确定的无形资产均应按10年平均摊销

D. 以支付土地出让金方式取得的自用土地使用权应单独确认为无形资产

【解析】商誉不具有可辨认性，不属于无形资产；无形资产减值损失一经计提，在持有期间不得转回；使用寿命不确定的无形资产，不进行摊销，选项ABC均不正确。

【答案】ABC

考点2：无形资产的处置

一、无形资产出租

借：银行存款等
　　贷：其他业务收入
　　　　应交税费—应交增值税（销项税额）
借：其他业务成本
　　贷：累计摊销

二、无形资产出售

企业出售无形资产，应当将取得的价款与该无形资产账面价值及相关税费的差额计入当期损益。

借：银行存款
　　无形资产减值准备
　　累计摊销
　　营业外支出（借方差额）
　　贷：无形资产
　　　　应交税费—应交增值税（销项税额）
　　　　营业外收入（贷方差额）

三、无形资产报废

无形资产预期不能为企业带来未来经济利益的，应当将该无形资产的账面价值予以转销，计入当期损益（营业外支出）。

借：营业外支出
　　累计摊销
　　无形资产减值准备
　　贷：无形资产

【星期三·第4章】投资性房地产的定义、特征及范围和投资性房地产的确认与初始计量

考点1：投资性房地产的定义、特征及范围

一、投资性房地产的定义与特征

投资性房地产，是指为赚取租金或资本增值，或两者兼有而持有的房地产。

【提示】投资性房地产应当能够单独计量和出售。

投资性房地产的特征：

（1）投资性房地产是一种经营性活动；

（2）投资性房地产在用途、状态、目的等方面区别于企业作为生产经营场所的房地产和用于销售的房地产。

二、投资性房地产的范围

1. 已出租的土地使用权：是指企业通过出让或转让方式取得，并以经营租赁方式出租的土地使用权。

（1）企业以经营方式租入建筑物或土地使用权再转租给其他单位或个人的，不属于投资性房地产，也不能确认为企业的资产。

（2）企业计划用于出租但尚未出租的土地使用权，不属于投资性房地产。

（3）如果某项房地产，部分用于赚取租金或资本增值、部分用于生产商品、提供劳务或经营管理，能够单独计量和出售的、用于赚取租金或资本增值的部分，应当确认为投资性房地产；不能够单独计量和出售的、用于赚取租金或资本增值的部分，不确认为投资性房地产。

2. 持有并准备增值后转让的土地使用权：企业取得的、准备增值后转让的土地使用权。

【提示】按照国家有关规定认定的闲置土地，不属于投资性房地产。

3. 已出租的建筑物：企业拥有产权的、以经营租赁方式出租的建筑物，包括自行建造或开发活动完成后用于出租的建筑物。

【提示】企业持有以备经营出租的空置建筑物，如董事会或类似机构作出书面决议，明确表明将其用于经营出租且持有意图短期内不再发生变化的，即使尚未签订租赁协议，也应视为投资性房地产。

4. 不属于投资性房地产的范围

（1）自用房地产：为生产商品、提供劳务或者经营管理而持有的房地产。如企业的厂房、办公楼和经营用土地等。

（2）作为存货的房地产：房地产开发企业在正常经营过程中销售的或为销售而正在开发的商品房和土地。

【总结】下列不属于投资性房地产：

1. 企业拥有并自行经营的旅店或饭店；
2. 企业自用的办公楼；
3. 房地产开发企业开发的商品房；
4. 企业持有的准备建造办公楼等建筑物的土地使用权；
5. 企业以经营租赁方式租入再转租的建筑物；
6. 房地产开发企业持有准备增值后出售的商品房。

【例题·多选题】下列各项中，应作为投资性房地产核算的有（   ）。（2015年）

A. 已出租的土地使用权
B. 以经营租赁方式租入再转租的建筑物
C. 持有并准备增值后转让的土地使用权
D. 出租给本企业职工居住的自建宿舍楼

【解析】选项B，以经营租赁方式租入的建筑物，承租人对该建筑物不拥有所有权，再转租时不能作为投资性房地产核算；选项D，出租给职工的自建宿舍楼，作为自有固定资产核算，不属于投资性房地产。

【答案】AC

【例题·多选题】下列各项中，属于投资性房地产的有（   ）。

A. 已出租的建筑物
B. 待出租的建筑物
C. 已出租的土地使用权
D. 以经营租赁方式租入后再转租的建筑物

【解析】选项B，待出租的建筑物不属于投资性房地产；选项D，不属于企业的资产。

【答案】AC

【例题·多选题】下列各项中，属于投资性房地产的有（   ）。

A. 企业拥有并自行经营的饭店
B. 企业以经营租赁方式出租的写字楼
C. 房地产开发企业正在开发的商品房
D. 企业持有拟增值后转让的土地使用权

【解析】选项A属于自用房地产，作为固定资产核算；选项C属于作为存货的房地产。

【答案】BD

【例题·判断题】企业以经营租赁方式租入后再转租给其他单位的土地使用权，不能确认为投资性房地产。（   ）（2016年、2013年）

【解析】企业以经营租赁方式租入的土地使用权，不属于企业的自有资产，转租后不能作为投资性房地产核算。

【答案】√

考点2：投资性房地产的确认与初始计量

一、投资性房地产的确认与初始计量

投资性房地产只有在符合投资性房地产定义，并同时满足下列条件时，才能予以确认：

1. 与该投资性房地产相关的经济利益很可能流入企业；
2. 该投资性房地产的成本能够可靠地计量。

（一）外购的投资性房地产的确认和初始计量

1. 对于企业外购的房地产，只有在购入房地产的同时开始对外出租或用于资本增值，才能称之为外购的投资性房地产。外购投资性房地产的成本，包括购买价款、相关税费和可直接归属于该资产的其他支出。

2. 企业购入房地产，自用一段时间之后再改为出租或用于资本增值的，应当先将外购的房地产确认为固定资产、无形资产或存货，自租赁期开始日或用于资本增值之日开始，才能从固定资产、无形资产或存货转换为投资性房地产。

（二）自行建造的投资性房地产的确认和初始计量

1. 企业自行建造或开发的房地产，只有在自行建造或开发活动完成（即达到预定可使用状态）的同时开始对外出租或用于资本增值，才能将自行建造的房地产确认为投资性房地产。自行建造投资性房地产的成本，由建造该项房地产达到预定可使用状态前发生的必要支出构成。

2. 企业自行建造或开发房地产达到预定可使用状态后一段时间才对外出租或用于资本增值的，应当先将自行建造或开发的房地产确认为固定资产、无形资产或存货，自租赁期开始日或用于资本增值之日开始，从固定资产、无形资产或存货转换为投资性房地产。

【例题·判断题】企业将自行建造的房地产达到预定可使用状态时开始自用，之后改为对外出租，应当在该房地产达到预定可使用状态时确认为投资性房地产。（　　）

【解析】企业自行建造房地产达到预定可使用状态后一段时间才对外出租或用于资本增值的，应先将自行建造的房地产确认为固定资产等，对外出租时，再转为投资性房地产。

【答案】×

二、以其他方式取得的投资性房地产

原则上也是按其取得时的实际成本作为入账价值，符合其他相关准则规定的按照相应的准则规定予以确定。例如非货币性资产交换取得的投资性房地产应按非货币性资产交换准则的规定进行处理。

第二周

【星期四·第4章】投资性房地产的后续计量

后续计量模式有成本模式和公允价值模式，企业通常应当采用成本模式对投资性房地产进行后续计量，满足特定条件时也可以采用公允价值模式对投资性房地产进行后续计量。

【提示】同一企业只能采用一种模式对所有的投资性房地产进行后续计量，不得同时采用两种计量模式。

一、采用成本模式计量的投资性房地产

在成本模式下，应当比照固定资产或无形资产的有关规定，对投资性房地产进行后续计量，计提折旧或摊销；存在减值迹象的，还应当按照资产减值的有关规定进行处理。

1. 折旧或摊销时
借：其他业务成本
　贷：投资性房地产累计折旧（摊销）
2. 取得的租金收入
借：银行存款
　贷：其他业务收入
3. 投资性房地产计提减值时
借：资产减值损失
　贷：投资性房地产减值准备

【例题·计算题】甲公司2011年6月30日购入一栋写字楼，当日即用于对外出租。该写字楼的购买价款为3100万元，相关税费150万元，预计使用寿命为40年，预计净残值为130万元，预计清理费用1万元，甲公司采用年限平均法计提折旧。该写字楼的年租金为400万元，当年租金于年末一次结清。甲公司对房地产采用成本模式进行后续计量。2016年12月31日写字楼的可收回金额为2484万元，假定净残值、折旧方法、折旧年限均未发生变化。假定不考虑其他因素。

要求：
（1）编制2011年和2012年相关的会计分录；
（2）编制2016年相关的会计分录；
（3）编制2017年相关的会计分录。
【答案】
（1）2011年取得投资性房地产时：
借：投资性房地产　　　　　　　　　　3250
　贷：银行存款　　　　　　　　　　　　3250
收取租金时：
借：银行存款　　　　　　　　　　　　200
　贷：其他业务收入　　　　　　　　　　200
计提折旧时：
借：其他业务成本　　　　　　　　　　39
　　［（3250－130）/40/12×6］
　贷：投资性房地产累计折旧（摊销）　　39
2012年收取租金时：
借：银行存款　　　　　　　　　　　　400
　贷：其他业务收入　　　　　　　　　　400
计提折旧时：
借：其他业务成本　　　　　　　　　　78
　　［（3250－130）/40］
　贷：投资性房地产累计折旧（摊销）　　78
（2）2016年收取租金时：
借：银行存款　　　　　　　　　　　　400
　贷：其他业务收入　　　　　　　　　　400
计提折旧时：
借：其他业务成本　　　　　　　　　　78
　贷：投资性房地产累计折旧（摊销）　　78
计提减值准备时：
借：资产减值损失　　　　　　　　　　337
　　［3250－（78×5＋39）－2484］

贷：投资性房地产减值准备   337
（3）2017 年收取租金时：
借：银行存款   400
　　贷：其他业务收入   400
计提折旧时：
借：其他业务成本   68.23
　　［（2484－130）/（40－5.5）］
　　贷：投资性房地产累计折旧（摊销）68.23

二、采用公允价值模式计量的投资性房地产

（一）采用公允价值模式的前提条件

1. 企业只有存在确凿证据表明投资性房地产的公允价值能够持续可靠取得，才可以采用公允价值模式对投资性房地产进行后续计量。

【提示】企业一旦选择采用公允价值计量模式，就应当对其所有的投资性房地产均采用公允价值模式进行后续计量。

2. 采用公允价值模式进行后续计量的投资性房地产，应当同时满足下列条件：

①投资性房地产所在地有活跃的房地产交易市场。

②企业能够从活跃的房地产交易市场上取得同类或类似房地产的市场价格及其他相关信息，从而对投资性房地产的公允价值作出合理的估计。

（二）采用公允价值模式进行后续计量的会计处理

总体原则：企业采用公允价值模式进行后续计量的，不对投资性房地产计提折旧或摊销，不提减值，应当以资产负债表日投资性房地产的公允价值为基础调整其账面价值，公允价值与原账面价值之间的差额计入当期损益（公允价值变动损益）。投资性房地产取得的租金收入确认为其他业务收入。

1. 期末公允价值大于账面价值
借：投资性房地产—公允价值变动
　　贷：公允价值变动损益

2. 期末公允价值小于账面价值
借：公允价值变动损益
　　贷：投资性房地产—公允价值变动

3. 收取租金
借：银行存款
　　贷：其他业务收入

三、投资性房地产后续计量模式的变更

企业对投资性房地产的计量模式一经确定，不得随意变更。成本模式转为公允价值模式的，应当作为会计政策变更处理，将计量模式变更时公允价值与账面价值的差额，扣除所得税影响后调整期初留存收益。

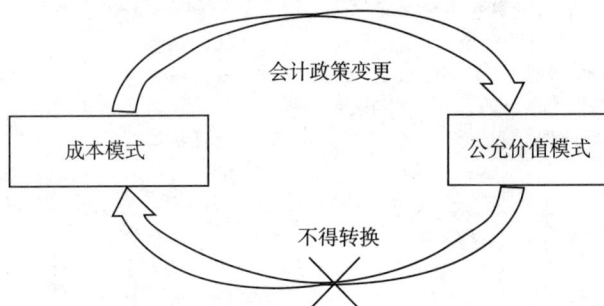

借：投资性房地产—成本（变更日公允价值）
　　投资性房地产累计折旧（摊销）（原房地产已计提的折旧或摊销）
　　投资性房地产减值准备
　　贷：投资性房地产（原价）
　　　　利润分配—未分配利润（或借记）
　　　　盈余公积（或借记）

【提示】涉及所得税的还需要考虑所得税的影响。

【例题·单选题】投资性房地产的后续计量从成本模式转为公允价值模式的，转换日投资性房地产的公允价值高于其账面价值的差额会对下列财务报表项目产生影响的是（　　）。

A. 其他综合收益
B. 营业外收入
C. 未分配利润
D. 投资收益

【解析】投资性房地产后续计量由成本模式变更为公允价值模式属于会计政策变更，公允价值与账面价值的差额应调整期初留存收益（盈余公积和未分配利润）。

【答案】C

【例题·判断题】已采用公允价值模式计量的投资性房地产，不得从公允价值计量模式转为成本计量模式。（　　）（2012 年）

【解析】《企业会计准则第 3 号—投资性房地

产》规定在房地产市场比较成熟、能够满足采用公允价值模式条件的情况下，才允许企业对投资性房地产从成本模式计量变更为公允价值模式计量，而已采用公允价值模式计量的投资性房地产，不得从公允价值模式转为成本模式。

【答案】√

四、与投资性房地产有关的后续支出

（一）资本化的后续支出

与投资性房地产有关的后续支出，满足投资性房地产确认条件的应当计入投资性房地产成本。企业对某项投资性房地产进行改扩建等再开发且将来仍作为投资性房地产的，再开发期间应继续将其作为投资性房地产，再开发期间不计提折旧或摊销。

转入改扩建时：

借：投资性房地产—在建
　　投资性房地产累计折旧（摊销）
　　投资性房地产减值准备
　贷：投资性房地产

发生改扩建支出时：

借：投资性房地产—在建
　贷：银行存款等

完工时：

借：投资性房地产
　贷：投资性房地产—在建

（二）费用化的后续支出

与投资性房地产有关的后续支出，不满足投资性房地产确认条件的应当在发生时计入当期损益（其他业务成本）。

【星期五·第4章】投资性房地产的转换和处置

一、房地产的转换

（一）房地产的转换形式及转换日

1. 房地产的转换是指房地产用途的变更。企业不得随意对自用或作为存货的房地产进行重分类。

2. 在下列情况下，当有确凿证据表明房地产用途发生改变时，企业应当将投资性房地产转换为其他资产或将其他资产转换为投资性房地产。

①投资性房地产开始自用，相应地由投资性房地产转换为自用房地产。

②房地产开发企业将其存货以经营租赁方式租出，相应地由存货转换为投资性房地产。

③自用土地使用权停止自用，用于赚取租金或资本增值，相应地由无形资产转为投资性房地产。

④自用建筑物停止自用，改为出租。即企业将原本用于生产商品、提供劳务或者经营管理的房地产改用于出租，相应地由固定资产转换为投资性房地产。

⑤房地产企业将用于经营出租的房地产重新开发用于对外销售，从投资性房地产转为存货。

3. 转换日的确定

①投资性房地产开始自用，转换日为房地产达到自用状态，企业开始将房地产用于生产商品、提供劳务或者经营管理的日期；

②作为存货的房地产改为出租，或者自用建筑物停止自用改为出租，转换日为租赁期开始日；

③自用土地使用权停止自用，改为用于赚取租金或资本增值，转换日为自用土地使用权停止自用后，确定用于赚取租金或资本增值的日期；

④房地产企业将用于经营出租的房地产重新开

发用于对外销售时，从投资性房地产转为存货，转换日为租赁期满，企业董事会或类似机构做出书面决议明确表示将其重新开发用于对外销售的日期。

（二）房地产转换的会计处理

1. 在成本模式下，房地产转换后的入账价值，以其转换前的账面价值确定。

（1）自用房地产转换为投资性房地产

借：投资性房地产（原资产的账面原值）
　　累计折旧（摊销）
　　固定资产（无形资产）减值准备
　贷：固定资产（无形资产）
　　投资性房地产累计折旧（摊销）
　　投资性房地产减值准备

（2）投资性房地产转为自用房地产

借：固定资产（无形资产）（资产的账面原值）
　　投资性房地产累计折旧（摊销）
　　投资性房地产减值准备
　贷：投资性房地产
　　累计折旧（摊销）
　　固定资产（无形资产）减值准备

（3）作为存货的房地产转换为投资性房地产

借：投资性房地产
　　存货跌价准备
　贷：开发产品

（4）投资性房地产转换为存货

借：开发产品
　　投资性房地产累计折旧（摊销）
　　投资性房地产减值准备
　贷：投资性房地产

成本模式进行后续计量的投资性房地产的转换如图所示：

投资性房地产按转换日账面价值计量

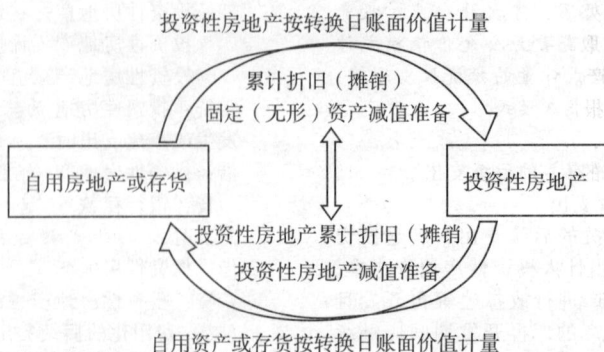

自用资产或存货按转换日账面价值计量

第二周

【例题·单选题】2011 年 7 月 1 日，甲公司将一项按照成本模式进行后续计量的投资性房地产转换为固定资产。该资产在转换前的账面原价为4000 万元，已计提折旧 200 万元，已计提减值准备 100 万元，转换日的公允价值为 3850 万元，假定不考虑其他因素，转换日甲公司应借记"固定资产"科目的金额为（　）万元。（2012 年）

A. 3700　　　　　B. 3800

C. 3850　　　　　D. 4000

【解析】转换日甲公司应按转换前投资性房地产原价 4000 万元借记"固定资产"科目。

【答案】D

2. 采用公允价值模式进行后续计量的投资性房地产的转换。

（1）自用房地产或存货转换为以公允价值计量的投资性房地产时，如果转换当日的公允价值小于原账面价值，应当将差额计入当期损益（公允价值变动损益）；如果转换当日的公允价值大于原账面价值，应当将其差额计入所有者权益（其他综合收益）。

借：投资性房地产（转换当日的公允价值）
　　累计折旧（摊销）
　　固定资产（无形资产）减值准备
　　存货跌价准备
　　公允价值变动损益（公允价值小于账面价值的差额）
　　贷：固定资产（无形资产）、开发产品
　　　　其他综合收益（公允价值大于账面价值的差额）

（2）以公允价值计量的投资性房地产转换为自用房地产或存货时，应当以其转换当日的公允价值作为自用房地产或存货的账面价值，转换当日的公允价值与投资性房地产原账面价值之间的差额计入当期损益（公允价值变动损益）。

借：固定资产、无形资产、开发产品（转换当日的公允价值）
　　贷：投资性房地产（转换当日的账面价值）
　　　　公允价值变动损益（或借方）

公允价值进行后续计量的投资性房地产的转换如图所示：

投资性房地产按转换日公允价值计量

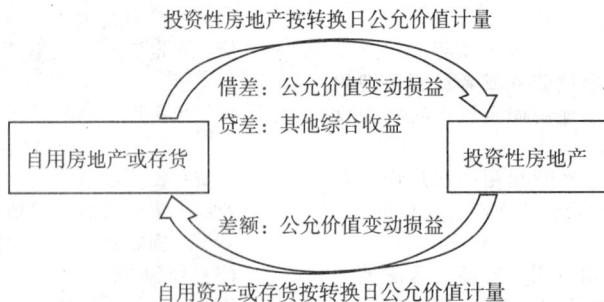

自用资产或存货按转换日公允价值计量

【例题·单选题】自用房地产转换为采用公允价值模式计量的投资性房地产，转换日该房地产公允价值大于账面价值的差额，正确的会计处理是（　）。

A. 计入其他综合收益

B. 计入期初留存收益

C. 计入营业外收入

D. 计入公允价值变动损益

【解析】自用房地产转换为公允价值模式计量的投资性房地产时，转换日公允价值大于账面价值的差额记入"其他综合收益"科目。

【答案】A

二、投资性房地产的处置

当投资性房地产被处置，或者永久退出使用且预计不能从其处置中取得经济利益时，应当终止确认该项投资性房地产。

企业出售、转让、报废投资性房地产或者发生投资性房地产毁损时，应当将处置收入扣除其账面价值和相关税费后的金额计入当期损益（属日常经营范畴）。

【注意】区别固定资产、无形资产和投资性房地产处置的会计处理。

（一）成本模式下基本账务处理

1. 收到处置收入

借：银行存款

　　贷：其他业务收入

2. 结转投资性房地产成本

借：其他业务成本

　　投资性房地产累计折旧（摊销）

　　投资性房地产减值准备

　　贷：投资性房地产

【例题·单选题】大华公司于2014年12月31日将一办公楼对外出租并采用成本模式进行后续计量，租期为3年，每年12月31日收取租金200万元，出租时该办公楼的账面原价为3000万元，已提折旧200万元，已提减值准备160万元，尚可使用年限22年，大华公司对该办公楼采用年限平均法计提折旧，无残值。2016年末该办公楼的可收回金额为1920万元。假定办公楼的折旧方法、预计折旧年限和预计净残值一直未发生变化。2017年12月31日租期届满大华公司将其出售，收到2000万元价款并存入银行。假定不考虑增值税及其他因素影响，大华公司出售该办公楼对当期营业利润的影响为（　　）万元。

A. 176　　　　　　B. 76

C. -280　　　　　　D. -380

【解析】

2014年年末办公楼的账面价值 = 3000 - 200 - 160 = 2640（万元）；

2015年年末办公楼的账面价值 = 2640 - 2640/22 = 2520（万元）；

2016年年末未提减值时办公楼的账面价值 = 2520 - 2640/22 = 2400（万元）；

2016年12月31日办公楼的可收回金额为1920万元，所以需要计提减值准备 = 2400 - 1920 = 480（万元）；

2017年年末办公楼的账面价值 = 1920 - 1920/20 = 1824（万元）；

出售时对当期营业利润的影响金额 = 2000 - 1824 = 176（万元）。

【答案】A

（二）公允价值模式下基本账务处理

1. 按实际收到的款项

借：银行存款

　　贷：其他业务收入

2. 结转投资性房地产成本

借：其他业务成本

　　贷：投资性房地产—成本

　　　　　　　　—公允价值变动（或借方）

3. 将累计公允价值变动转入其他业务成本

借：公允价值变动损益

　　贷：其他业务成本

或作相反分录。

4. 将转换时原计入其他综合收益的金额转入其他业务成本

借：其他综合收益

　　贷：其他业务成本

本周自测

一、单项选择题

1. 下列各项中，关于投资性房地产的特征表述不正确的是（　　）。

A. 投资性房地产实质上属于一种让渡资产使用权行为

B. 投资性房地产与企业自用资产必须加以区分

C. 企业取得投资性房地产租金收入应作为营业外收入

D. 投资性房地产属于企业的经营活动

2. 下列各项中，不属于投资性房地产的是（　　）。

A. 已出租的土地使用权

B. 持有准备增值后转让的商品房

C. 已出租的建筑物

D. 持有准备增值后转让的土地使用权

3. 甲公司2017年2月1日购入一栋办公楼用于对外出租，支付购买价款5000万元，支付相关税费200万元。甲公司预计该办公楼可以使用20年，预计净残值率为5%，采用年限平均法计提折旧。2017年12月31日办公楼的可收回金额为5100万元，假定不考虑其他因素，下列各项说法中正确的是（   ）。

A. 购入办公楼应作为固定资产核算

B. 办公楼折旧金额计入管理费用

C. 当年应计提的折旧金额为205.83万元

D. 办公楼在12月31日的账面价值为5100万元

4. 企业对投资性房地产进行的后续支出，在不满足资本化条件的情况下，应将支出金额计入（   ）。

A. 管理费用   B. 其他业务成本

C. 销售费用   D. 在建工程

5. 下列关于投资性房地产后续计量模式的表述中，不正确的是（   ）。

A. 采用成本模式进行后续计量的投资性房地产需按月计提折旧或摊销

B. 采用成本模式进行后续计量的投资性房地产在资产负债表日发生减值需计提减值准备

C. 采用公允价值模式进行后续计量的投资性房地产在资产负债表日发生减值需计提减值准备

D. 采用公允价值模式进行后续计量的投资性房地产资产负债表日按公允价值计量，公允价值变动计入当期损益

6. 甲公司2016年1月31日外购一栋房产，将其作为固定资产核算，入账成本为3000万元，预计使用20年，预计净残值为零，采用年限平均法计提折旧，至转换日固定资产未计提减值准备。2017年2月28日将该房产对外出租，当日该房产的公允价值为3100万元，甲公司采用公允价值模式对投资性房地产进行后续计量，则下列会计处理正确的是（   ）。

A. 计入投资性房地产入账成本为3000万元

B. 计入公允价值变动损益的金额为100万元

C. 计入投资性房地产累计折旧的金额为162.5万元

D. 计入其他综合收益的金额为262.5万元

7. 某公司将一栋房产作为投资性房地产核算，并采用成本模式进行后续计量。2017年12月31日其成本为2500万元，已计提折旧500万元，已计提减值准备200万元，当日该房产的公允价值为3000万元。2017年12月31日该公司将后续计量模式转为公允价值模式计量，不考虑所得税等其他因素，则下列会计处理正确的是（   ）。

A. 投资性房地产的账面价值与当日公允价值的差额计入其他综合收益

B. 投资性房地产的账面价值与当日公允价值的差额计入公允价值变动损益

C. 投资性房地产的账面价值与当日公允价值的差额计入留存收益

D. 投资性房地产的账面价值与当日公允价值的差额计入投资收益

8. 甲公司原自用办公楼的账面价值为4500万元，其中原值6500万元，已提折旧1200万元，已提减值准备为800万元。甲公司将该办公楼对外出租并采用成本模式进行后续计量，则转换日投资性房地产科目的金额为（   ）万元。

A. 4500   B. 6500

C. 5300   D. 3700

9. 甲公司将一块土地使用权经营租赁给乙公司，约定年租金为260万元（不含增值税），甲公司对投资性房地产采用公允价值模式进行后续计量。2017年1月1日投资性房地产的账面价值为2350万元，2017年6月30日投资性房地产的公允价值为2600万元，2017年12月31日投资性房地产的公允价值为2450万元。假定不考虑其他因素，则该投资性房地产对甲公司当年营业利润的影响金额为（   ）万元。

A. 0   B. 360

C. 260   D. 160

10. 2017年2月28日甲公司购入一栋厂房作为固定资产核算，入账金额为3600万元。甲公司预计该厂房可以使用10年，预计净残值为零，采用年限平均法计提折旧。2017年6月30日甲公司将厂房经营租赁给乙公司，租赁期为3年，年租金为300万元（不含增值税）。当日该厂房的公允价值为3200万元，甲公司对投资性房地产采用公允价值模式进行后续计量。2017年11月5日厂房发生毁损，甲公司对其进行维修发生维修费1200万元（满足资本化条件）。2017年12月31日该厂房的公允价值为3600万元。则下列说法中不正确的是（   ）。

A. 转换当日计入投资性房地产的金额为3200万元

B. 原资产账面价值与投资性房地产公允价值的差额280万元计入公允价值变动损益

C. 发生维修费用1200万元应增加投资性房地产

D. 2017年12月31日应增加公允价值变动损益800万元

11. 甲公司2013年1月31日购入一栋办公楼自用，入账价值为6300万元，预计使用20年，预计净残值率为5%，采用年限平均法计提折旧。2014年1月31日将办公楼经营租赁给乙

公司，租赁期为 3 年，甲公司采用成本模式对投资性房地产进行后续计量。2017 年 1 月 31 日租赁期满甲公司将办公楼对外出售，取得处置价款 8000 万元（不含增值税），则出售办公楼对当月损益的影响金额为（　　）万元。

A. 2897　　　　　　B. 2921.94

C. 3052.06　　　　D. 3212

12. A 公司将原值为 1500 万元，已提折旧 500 万元，已提减值准备 100 万元的一栋办公楼对外出租，当日该办公楼的公允价值为 2000 万元，A 公司对投资性房地产采用公允价值模式进行后续计量。年末该办公楼的公允价值为 1950 万元。租赁期满 A 公司将办公楼出售，取得处置价款 2100 万元（不含增值税），则出售时计入其他业务成本的金额为（　　）万元。

A. 2000　　　　　　B. 1950

C. 900　　　　　　　D. 2100

13. 下列各项中，关于出售投资性房地产的表述正确的是（　　）。

A. 将投资性房地产出售属于企业非日常经营行为

B. 投资性房地产出售取得的收入一律计入其他业务收入

C. 公允价值模式计量的投资性房地产出售将原计入公允价值变动损益的金额结转至投资收益

D. 公允价值模式计量的投资性房地产出售时有原计入其他综合收益的金额需冲减其他业务成本

14. 下列各项中，不能作为企业无形资产核算的是（　　）。

A. 商誉　　　　　　B. 土地使用权

C. 非专利技术　　　D. 特许权

15. 下列关于无形资产初始计量的表述中正确的是（　　）。

A. 外购无形资产成本中应包括购买价款、相关税费和直接归属于使该项资产达到预定用途所发生的其他支出

B. 测试无形资产是否能够正常发挥作用的费用计入当期损益

C. 专业服务费用在发生时计入当期损益

D. 为宣传专利权生产产品所发生的宣传费用计入无形资产入账成本

16. 下列各项中，关于土地使用权的说法正确的是（　　）。

A. 企业外购土地使用权用于建造商品房，该土地使用权属于企业的无形资产

B. 企业将土地使用权部分自用，部分对外出租，该土地使用权应全部作为无形资产核算

C. 外购房屋建筑物价款中包括土地使用权的，应将整体作为固定资产核算

D. 企业外购土地使用权用于自行建造建筑物，建造期间应将符合资本化条件的土地使用权的摊销额予以资本化

17. 甲公司 2016 年 2 月 10 日开始自行研发一项管理用非专利技术，至 2016 年 12 月 31 日研究阶段已经结束，累计发生研究支出 400 万元。2017 年 1 月 1 日进入开发阶段，截止 2017 年 6 月 1 日研发结束形成一项非专利技术，共计发生材料费 220 万元，人工费用 150 万元，专用设备折旧费 20 万元，支付其他费用 60 万元，发生的开发支出符合资本化条件部分为 150 万元。甲公司预计该非专利技术可以使用 5 年，预计净残值为零，采用直线法计提摊销。则 2017 年因该非专利技术计入当期损益的金额为（　　）万元。

A. 300　　　　　　B. 700

C. 317.5　　　　　D. 315

18. 下列各项中，关于无形资产使用寿命的说法中正确的是（　　）。

A. 使用寿命不确定的无形资产应按 10 年计提摊销

B. 有合同规定使用期间的应按合同规定期间计提摊销

C. 如果合同规定到期可以续约延续的应将续约期并入摊销期内计提摊销

D. 没有合同约定或法律规定的无形资产应作为使用寿命不确定的无形资产

19. 甲公司为增值税一般纳税人，2017 年 4 月 1 日外购一项商标权，支付价款并取得增值税专用发票注明的价款为 300 万元，增值税税额为 18 万元，支付注册费 5 万元。根据合同约定该商标权使用年限为 10 年，同类商标权法律保护期限为 8 年。甲公司按直线法计提摊销，预计净残值为零。则 2017 年 12 月 31 日该无形资产的账面价值为（　　）万元。

A. 279.58　　　　　B. 276.41

C. 271.88　　　　　D. 275

20. 2017 年 1 月 1 日甲公司从乙公司购入一项专利权，根据合同约定甲公司分 3 年等额支付购价款，自次年起每年 1 月 1 日支付 300 万元。甲公司另支付注册费等相关费用 5 万元。合同约定的实际年利率为 5%。则无形资产的入账金额为（　　）万元。（P/A，5%，3）= 2.7232；（P/F，5%，3）= 0.8630。

A. 830.58　　　　　B. 816.96

C. 905　　　　　　　D. 821.96

21. 甲公司 2016 年 2 月 1 日自行研发一项非专利技术，累计发生研究支出 200 万元，开发支出 400 万元，其中符合资本化条件的支出为 300 万元。截止 2016 年 8 月 1 日研发完成形成该项无形资产，甲公司预计该非专利技术可以使

用 5 年，预计净残值为零，采用直线法计提摊销。2016 年 12 月 31 日该非专利技术可收回金额为 180 万元，甲公司对该无形资产尚可使用寿命进行复核，预计该无形资产尚可使用 3 年，预计净残值为零，继续采用直接法摊销，2017 年年末该无形资产未出现减值迹象。则该无形资产 2017 年 12 月 31 日的账面价值为（　　）万元。
  A. 120   B. 185
  C. 180   D. 100

22. 2017 年 1 月 5 日某公司外购一项商标权入账金额为 500 万元，预计净残值为零，采用生产总量法计提摊销，根据合同约定使用该商标权可以生产 500 万件甲产品。2017 年全年生产甲产品 15 万件。2017 年 12 月 31 日该商标权的公允价值为 400 万元，预计处置费用为 5 万元，其预计未来现金流量的现值为 380 万元。则在 2017 年 12 月 31 日资产负债表中"无形资产"项目应填列的金额为（　　）万元。
  A. 485   B. 400
  C. 395   D. 380

23. 甲公司 2017 年 8 月 1 日将一项无形资产对外转让，取得转让价款为 485 万元（不考虑相关税费）。该无形资产于 2015 年 12 月 1 日购入，其入账金额为 600 万元，预计使用 5 年，预计净残值为零，采用直线法计提摊销。2016 年 12 月 31 日计提无形资产减值准备为 100 万元，甲公司预计使用年限、净残值和摊销方法均不变。则甲公司处置该无形资产对当年利润总额的影响金额为（　　）万元。
  A. 235.88   B. 170.11
  C. 165.23   D. 210.5

24. 甲公司 2017 年 1 月 1 日外购一项无形资产取得成本为 1200 万元，因无法确定其使用寿命，甲公司将其作为使用寿命不确定的无形资产核算。2017 年 12 月 31 日该无形资产的可收回金额为 1100 万元，则下列说法中不正确的是（　　）。
  A. 甲公司不应对无形资产进行摊销
  B. 甲公司需在每个资产负债表日对该无形资产进行减值测试
  C. 2017 年应计提摊销 100 万元
  D. 2017 年 12 月 31 日无形资产的账面价值为 1100 万元

25. 下列各项中，关于无形资产的相关表述正确的是（　　）。
  A. 企业转让无形资产发生的相关费用计入销售费用
  B. 对外经营性出租的无形资产摊销金额计入管理费用
  C. 预期不能为企业带来经济利益的无形资产

应将其账面价值转入营业外支出
  D. 无法可靠确定其预期经济利益实现方式的无形资产不应计提摊销

26. 下列各项中，关于无形资产摊销的说法正确的是（　　）。
  A. 使用寿命不确定的无形资产应按 10 年计提摊销
  B. 分期付款具有融资性质购入无形资产，确认的未确认融资费用应按摊销年限采用实际利率法进行摊销
  C. 当月增加无形资产当月开始摊销，当月减少无形资产次月停止摊销
  D. 无形资产的摊销方法应反映其预期经济利益的实现方式

27. 甲公司 2016 年 9 月 1 日开始自行研发一项生产用非专利技术，截止 12 月 31 日研发成功，形成一项无形资产，累计发生研发支出合计 500 万元，其中研究阶段支出 200 万元，开发阶段支出 300 万元，符合资本化条件支出为 200 万元。甲公司无法合理预计该非专利技术的使用寿命，将其作为使用寿命不确定的无形资产核算。2017 年 7 月 1 日该非专利技术被另一项外购非专利技术所代替，甲公司决定将其报废处理。则下列说法中不正确的是（　　）。
  A. 2016 年计入管理费用的金额为 300 万元
  B. 无形资产的入账金额为 200 万元
  C. 2017 年无形资产不应计提摊销
  D. 报废无形资产净损失为 300 万元

二、多项选择题

1. 下列各项中，关于投资性房地产范围的表述正确的有（　　）。
  A. 企业计划用于出租但尚未出租的土地使用权不属于投资性房地产
  B. 以经营租赁方式租入的建筑物再转租给其他单位的不属于投资性房地产
  C. 按国家有关规定认定为闲置土地的资产不属于投资性房地产
  D. 向承租人提供相关辅助服务在整个协议中不重大的，出租建筑物属于投资性房地产

2. 下列各项中，关于投资性房地产的确认与初始计量表述不正确的有（　　）。
  A. 企业外购房地产只要用于对外出租，即使尚未出租也将其划分为投资性房地产核算
  B. 自行建造的投资性房地产应于该房地产达到预定可使用状态时转入投资性房地产
  C. 企业可以将自用房地产转为投资性房地产，但投资性房地产不得转为自用房地产
  D. 自行建造的投资性房地产采用公允价值模式进行后续计量的，应按完工日的公允价值计入投资性房地产

3. 下列各项中，关于投资性房地产后续计量的表述正确的有（　　）。
   A. 同一企业应对所有的投资性房地产采用同一种计量模式进行后续计量
   B. 成本模式进行后续计量的投资性房地产按月计提折旧（摊销）
   C. 成本模式进行后续计量的投资性房地产在期末发生减值的应计提减值准备
   D. 公允价值模式进行后续计量的投资性房地产期末公允价值变动计入投资收益

4. 企业发生的下列关于投资性房地产的经济业务中，可能影响营业利润的有（　　）。
   A. 将自用房地产转为采用成本模式进行后续计量的投资性房地产
   B. 将采用公允价值模式进行后续计量的投资性房地产转为自用房地产
   C. 采用成本模式计量的投资性房地产按月计提折旧（摊销）
   D. 出售投资性房地产取得处置收入

5. 下列各项中，关于投资性房地产转换日的说法正确的有（　　）。
   A. 投资性房地产开始自用，转换日为房地产达到自用状态，企业开始将房地产用于生产商品、提供劳务或者经营管理的日期
   B. 作为存货的房地产改为出租，或者自用建筑物停止自用改为出租，转换日为租赁期开始日
   C. 自用土地使用权停止自用，改为用于赚取租金或资本增值，转换日为自用土地使用权停止自用后，确定用于赚取租金或资本增值的日期
   D. 房地产企业将用于经营出租的房地产重新开发用于对外销售时，由投资性房地产转为存货，转换日为租赁期满，企业董事会或类似机构做出书面决议明确表示将其重新开发用于对外销售的日期

6. 下列各项中，关于企业持有的土地使用权说法正确的有（　　）。
   A. 企业持有土地使用权自用的应将其作为无形资产核算
   B. 企业持有土地使用权已对外出租的应将其作为投资性房地产核算
   C. 企业持有土地使用权用于建造商品房应将其作为存货核算
   D. 企业购入房地产项目时一定将房产作为固定资产核算，土地使用权作为无形资产核算

7. 下列各项中，关于采用成本模式进行后续计量的投资性房地产表述正确的有（　　）。
   A. 取得的投资性房地产为房产的，应在增加的次月开始计提折旧
   B. 取得的投资性房地产为地产的，应在增加的次月开始计提摊销
   C. 取得的投资性房地产在资产负债表日出现减值迹象需进行减值测试
   D. 如果发生减值应计提减值准备，将减值金额计入资产减值损失

8. 甲公司2017年2月1日将一栋自用办公楼出租给乙公司，租赁期为2年，年租金120万元（不含增值税），当日该办公楼的账面价值为2600万元，其公允价值为2800万元，甲公司采用公允价值模式对投资性房地产进行后续计量。2017年12月31日该办公楼的公允价值为3000万元。则下列会计处理正确的有（　　）。
   A. 转换日投资性房地产的入账价值为2600万元
   B. 转换日应确认其他综合收益200万元
   C. 该投资性房地产持有期间公允价值变动计入当期损益
   D. 公允价值模式进行后续计量的投资性房地产无需进行减值测试

9. 2017年6月30日甲公司能够持续、可靠取得投资性房地产的公允价值，将成本模式计量的投资性房地产转为公允价值模式计量。当日投资性房地产的账面原值6000万元，已提折旧2500万元，已提减值准备500万元，公允价值为4000万元。不考虑所得税等其他相关因素，则下列会计处理正确的有（　　）。
   A. 账面价值与公允价值的差额计入公允价值变动损益
   B. 账面价值与公允价值的差额计入其他综合收益
   C. 账面价值与公允价值的差额计入留存收益
   D. 投资性房地产应按变更当日的公允价值计量

10. 下列各项中，关于投资性房地产出售的说法正确的有（　　）。
    A. 出售投资性房地产取得的收入属于营业收入
    B. 出售成本模式计量的投资性房地产，应将其账面价值结转至营业成本
    C. 出售公允价值模式计量的投资性房地产，应将原计入公允价值变动损益的金额转入营业成本
    D. 出售公允价值模式计量的投资性房地产，应将原计入其他综合收益的金额增加营业收入

11. 下列各项中，关于无形资产特征的表述正确的有（　　）。
    A. 具有可辨认性
    B. 不具有实物形态
    C. 由企业拥有或控制的
    D. 预期会为企业带来经济利益的流入

12. 下列各项中，通常不属于企业无形资产的有（　　）。
    A. 企业内部产生的品牌
    B. 报刊头

C. 商誉

D. 著作权

13. 下列各项中，关于取得无形资产的表述正确的有(　　)。

A. 无形资产应按实际成本进行初始计量

B. 外购无形资产成本包括购买价款、相关税费以及归属于使该项资产达到预定用途所发生的其他支出

C. 购买无形资产属于延期支付的，应按购买价款的现值作为无形资产成本

D. 投资者投入的无形资产应按合同约定的价值入账，但约定价值不公允的除外

14. 关于企业内部研发支出，下列各项中说法正确的有(　　)。

A. 研究阶段支出一律费用化

B. 开发阶段支出一律资本化

C. 无法区分属于研究阶段还是开发阶段的一律费用化

D. 进入开发阶段就会形成一项无形资产

15. 下列各项中，属于企业自行研发无形资产的支出能够予以资本化的条件有(　　)。

A. 为完成该无形资产的开发具有技术上的可行性

B. 能够证明企业可以取得无形资产开发所必需的技术、财务和其他资源

C. 有能力使用或出售该无形资产以取得收益

D. 具有完成该无形资产并使用或出售的意图

16. 某增值税一般纳税人外购一宗土地使用权用其建造厂房，下列各项中应构成厂房成本的有(　　)。

A. 外购土地使用权的价款

B. 建造期间满足资本化条件后土地使用权的摊销额

C. 外购工程物资的价款

D. 购入并使用土地使用权支付的增值税

17. 下列各项中，确定无形资产使用寿命时应考虑的因素包括(　　)。

A. 技术、工艺等方面的现实情况及对未来发展的估计

B. 现在或潜在的竞争者预期将采取的行动

C. 与企业持有的其他资产使用寿命的关联性

D. 以该资产生产的产品或提供的服务的市场需求情况

18. 下列各项中，关于无形资产摊销的说法正确的有(　　)。

A. 所有的无形资产均在取得的当月开始摊销

B. 有第三方承诺在无形资产使用寿命结束时愿意以一定的价格购买，则应视为该无形资产存在净残值

C. 预计净残值在持有期间至少应于每年年末进行复核

D. 无形资产的摊销应根据其预期经济利益实现方式来确定

19. 下列各项中，关于无形资产减值的说法正确的有(　　)。

A. 在资产负债表日对所有的无形资产进行减值测试

B. 无形资产计提减值准备会影响企业营业利润

C. 无形资产减值准备一经计提在持有期间不得转回

D. 无形资产计提减值准备后需要重新预计使用寿命、净残值和摊销方法

20. 下列各项中，关于无形资产处置的说法中正确的有(　　)。

A. 无形资产出租取得的租金收入属于企业的营业收入

B. 无形资产出售产生的净损益影响企业营业利润

C. 无形资产报废净损失计入营业外支出

D. 无形资产无法为企业带来未来经济利益时应终止确认

三、判断题

1. 企业以经营租赁方式租入再转租的建筑物不属于投资性房地产。(　　)

2. 企业将办公楼出租，同时向承租人提供维护、保安等日常辅助服务，企业应当将其作为投资性房地产核算。(　　)

3. 企业将办公楼的一部分对外经营租赁，应将其作为投资性房地产核算。(　　)

4. 企业对投资性房地产进行后续费用化支出，应将支出计入管理费用。(　　)

5. 已计提减值准备的投资性房地产，其减值损失在持有期间不得转回。(　　)

6. 只要投资性房地产所在地有活跃的房地产交易市场，则可以将投资性房地产采用公允价值模式计量。(　　)

7. 成本模式进行后续计量的投资性房地产需按月计提折旧或摊销，而采用公允价值模式进行后续计量的投资性房地产无需计提折旧或摊销，按公允价值计量，公允价值变动计入公允价值变动损益。(　　)

8. 将采用公允价值模式进行后续计量的投资性房地产转为自用资产，投资性房地产的账面价值小于公允价值的差额计入其他综合收益。(　　)

9. 已采用成本模式计量的投资性房地产在满足条件时可以转为公允价值模式计量，并按会计估计变更进行处理。(　　)

10. 已采用公允价值模式计量的投资性房地产不得转为成本模式计量。(　　)

11. 将自用房地产转为采用公允价值模式进行后续计量的投资性房地产，转换日房地产的公允价值大于其账面价值的差额计入公允价值变动损益。（　　）

12. 企业将投资性房地产出售取得的出售价款属于企业营业外收入。（　　）

13. 采用公允价值模式进行后续计量的投资性房地产出售，应将原计入公允价值变动损益的金额结转其他业务成本。（　　）

14. 某企业持有的投资性房地产位于不同地区，应根据不同投资性房地产所在地分别采用成本模式和公允价值模式进行后续计量。（　　）

15. 企业购入计算机配套软件，该软件是构成相关硬件不可缺少的组成部分，则该软件应作为无形资产核算。（　　）

16. 客户关系、人力资源等由于企业无法控制其带来的未来经济利益，不属于无形资产。（　　）

17. 商誉通常与企业整体价值联系在一起，无法与企业自身相分离而存在，不具有可辨认性，不属于企业的无形资产。（　　）

18. 企业外购无形资产的购买价款延期支付具有融资性质的，应将购买价款与其现值的差额确认为未确认融资费用，在付款期内进行摊销，摊销金额计入财务费用。（　　）

19. 土地使用权用于自行开发建造厂房的，土地使用权的账面价值应计入建造厂房的成本中。（　　）

20. 自行研发的无形资产，进入开发阶段后必须在满足资本化条件后发生的支出才能计入无形资产成本。（　　）

21. 如果某项无形资产开发以后，不是用于生产产品，也不是用于对外出售，而是在企业内部使用的，则企业不能作为无形资产核算。（　　）

22. 内部研发的无形资产，为运行该无形资产所发生的培训支出构成无形资产的开发成本。（　　）

23. 内部研发的无形资产应在达到预定用途时由研发支出（资本化支出）转入无形资产。（　　）

24. 如果合同性权利能够在到期时因续约等延续，当有证据表明企业续约不需要付出重大成本时，续约期应包括在无形资产预计使用寿命中。（　　）

25. 企业至少应当于每年年末终了，对使用寿命有限的无形资产的使用寿命进行复核。（　　）

26. 使用寿命不确定的无形资产不计提摊销，以后会计期间有证据表明该无形资产的使用寿命是有限的，应对原未计提的摊销进行补提。（　　）

27. 无形资产应不具有实物形态，因此在计提摊销时无形资产无残值。（　　）

四、计算分析题（除题目有特殊要求外，答案中的金额单位以万元表示，有小数的，保留两位）

1. 长江房地产公司（以下简称长江公司）于 2014 年 1 月 1 日将一幢商品房对外出租并采用公允价值模式计量，租期为 3 年，每年 12 月 31 日收取租金 200 万元，出租时，该幢商品房的成本为 5000 万元，未计提存货跌价准备，公允价值为 6000 万元，2014 年 12 月 31 日，该幢商品房的公允价值为 6300 万元，2015 年 12 月 31 日，该幢商品房的公允价值为 6600 万元，2016 年 12 月 31 日，该幢商品房的公允价值为 6700 万元，2017 年 1 月 1 日将该幢商品房对外出售，收到 6800 万元存入银行。

要求：编制长江公司上述经济业务的会计分录。（假定按年确认公允价值变动损益和租金收入，不考虑相关税费）

2. 甲公司为增值税一般纳税人，2015 至 2017 年发生的与固定资产、无形资产和投资性房地产相关的经济业务如下：

（1）2015 年 2 月 9 日，甲公司购入一台需安装的机器设备，取得增值税专用发票注明的价款为 100 万元，增值税税额为 17 万元，设备已运抵甲公司。以上款项尚未支付。

（2）2015 年 3 月 1 日，安装设备领用本企业外购原材料一批，成本为 20 万元，市场售价为 30 万元。设备于 3 月 28 日安装完毕，达到预定可使用状态。甲公司预计该设备可以使用 5 年，预计净残值率为 5%，采用双倍余额递减法计提折旧。

（3）2015 年 4 月 19 日，通过出让方式取得一宗土地使用权，以银行转账方式支付价款 4000 万元，支付相关税费合计 200 万元。甲公司预计该土地使用权的使用寿命为 50 年，预计净残值为零，采用年限平均法计提摊销。

（4）2015 年 8 月 1 日，甲公司将上述土地使用权对外出租给乙公司，租赁期为 2 年，年租金为 240 万元。当日该土地使用权的公允价值为 3500 万元，2015 年 12 月 31 日甲公司一次性收取了 2 年的租金存入银行，假定不考虑相关税费。

（5）2015 年 12 月 31 日，甲公司将机器设备经营租赁给丙公司，约定租赁期为一年，租赁开始日为 2016 年 1 月 1 日，当日甲公司收取全部租金 117 万元（含增值税，增值税税率为 17%）。当日设备的公允价值为 60 万元，预计处置费用为 9 万元，预计未来现金流量现值为 50 万元。甲公司预计该设备尚可使用 3 年，预计净残值为零，改为年限平均法计提折旧。当

第二周

日土地使用权的公允价值为 3600 万元。

（6）2016 年 6 月 30 日，甲公司外购一栋仓库，取得增值税专用发票注明的价款为 3000 万元，增值税税额为 330 万元，支付相关税费合计 100 万元，以上款项以银行存款支付。甲公司预计该仓库可以使用 10 年，预计净残值为 100 万元，采用年限平均法计提折旧。

（7）2016 年 12 月 31 日，甲公司将仓库经营租赁给丁公司，租赁期为 2 年，租赁开始日为 2017 年 1 月 1 日，协议约定年租金为 210 万元（不含增值税，增值税税率为 11%），甲公司当日收取一年租金 233.1 万元（含税），款项存入银行。当日仓库的公允价值为 3600 万元，土地使用权的公允价值为 3650 万元。

（8）2017 年 1 月 1 日，与丙公司租赁期满，甲公司将设备对外出售，取得处置价款 35.1 万元（含增值税，增值税税率为 17%），款项存入银行，发生清理费 2 万元，以银行承兑汇票支付。

（9）2017 年 8 月 1 日，与乙公司租赁期届满，甲公司收回土地使用权自用，当日土地使用权的公允价值为 3800 万元。

（10）2017 年 12 月 31 日，仓库的公允价值为 3500 万元，土地使用权的公允价值为 4000 万元。

其他资料：甲公司采用公允价值模式对投资性房地产进行后续计量。除特殊说明，均应考虑增值税。

要求：

（1）根据上述业务，逐笔编制会计分录。（投资性房地产和应交税费需写出明细科目）

（2）计算机器设备 2016 年应计提折旧的金额。

3. 甲公司 2015 年 1 月 1 日将一栋闲置办公楼对外出租给乙公司使用，合同约定租赁期为 2 年，年租金 100 万元。当日该办公楼的原值为 8500 万元，已提折旧 1500 万元，未计提减值准备。至 2015 年 12 月 31 日办公楼已提折旧 2000 万元，未计提减值准备。甲公司所在地有活跃的房地产交易市场并能够持续、可靠地取得房地产的公允价值，甲公司决定将投资性房地产由成本模式转为公允价值模式计量，当日该办公楼的公允价值为 8000 万元。2016 年 6 月 30 日该办公楼的公允价值为 7900 万元，2016 年 12 月 31 日办公楼的公允价值为 7850 万元。租赁期届满时甲公司收回办公楼开始自用，预计可以使用 10 年，预计净残值为 150 万元，采用年限平均法计提折旧。甲公司按 10% 提取法定盈余公积，不考虑所得税等其他影响因素。

要求：

（1）编制 2015 年 1 月 1 日的会计分录。

（2）编制 2015 年 12 月 31 日的会计分录。

（3）编制 2016 年 6 月 30 日的会计分录。

（4）编制 2016 年 12 月 31 日的会计分录。

（5）计算办公楼从初始取得至 2016 年年末累计影响损益的金额。

4. 2010 年 12 月 16 日，甲公司与乙公司签订了一项租赁协议，将一栋经营管理用写字楼出租给乙公司，租赁期为 3 年，租赁期开始日为 2011 年 1 月 1 日，年租金为 240 万元，于每年年初收取。相关资料如下：

（1）2010 年 12 月 31 日，甲公司将该写字楼停止自用，准备出租给乙公司，拟采用成本模式进行后续计量，预计尚可使用 46 年，预计净残值为 20 万元，采用年限平均法计提折旧，不存在减值迹象。该写字楼于 2006 年 12 月 31 日达到预定可使用状态时的账面原价为 1970 万元，预计使用年限为 50 年，预计净残值为 20 万元，采用年限平均法计提折旧。

（2）2011 年 1 月 1 日，预收当年租金 240 万元，款项已收存银行。甲公司按月将租金收入确认为其他业务收入，并结转相关成本。

（3）2012 年 12 月 31 日，甲公司考虑到所在城市存在活跃的房地产市场，并且能够合理估计该写字楼的公允价值，为提供更相关的会计信息，将投资性房地产的后续计量从成本模式转换为公允价值模式，当日，该写字楼的公允价值为 2000 万元。

（4）2013 年 12 月 31 日，该写字楼的公允价值为 2150 万元。

（5）2014 年 1 月 1 日，租赁合同到期，甲公司为解决资金周转困难，将该写字楼出售给丙企业，价款为 2100 万元，款项已收存银行。

甲公司按净利润的 10% 提取法定盈余公积，不考虑增值税等其他因素。

要求：

（1）编制甲公司 2010 年 12 月 31 日将该写字楼转换为投资性房地产的会计分录。

（2）编制甲公司 2011 年 1 月 1 日收取租金、1 月 31 日确认租金收入和结转相关成本的会计分录。

（3）编制甲公司 2012 年 12 月 31 日将该投资性房地产的后续计量由成本模式转换为公允价值模式的相关会计分录。

（4）编制甲公司 2013 年 12 月 31 日确认公允价值变动损益的相关会计分录。

（5）编制甲公司 2014 年 1 月 1 日处置该投资性房地产时的相关会计分录。

（采用公允价值模式进行后续计量的投资性房地产应写出必要的明细科目）（2014 年）

5. 甲公司 2007 年度至 2012 年度发生的与一栋办公楼有关的业务资料如下：

（1）2007 年 1 月 1 日，甲公司与乙公司签订合同，委托乙公司为其建造一栋办公楼。合同约定，该办公楼的总造价为 5000 万元，建造期为

12个月,甲公司于2007年1月1日向乙公司预付20%的工程款,7月1日和12月31日分别根据工程进度与乙公司进行工程款结算。

(2) 2007年1月1日,为建造该办公楼,甲公司向银行专门借款2000万元,期限为2年,合同年利率与实际年利率均为8%,每年利息于次年1月1日支付,到期一次还本。专门借款中尚未动用部分全部存入银行,年利率1%,假定甲公司每年年末计提借款利息费用,存贷款利息全年按360天计算,每月按30天计算。

(3) 2007年1月1日,该办公楼的建造活动正式开始,甲公司通过银行向乙公司预付工程款1000万元;7月1日,甲公司根据完工进度与乙公司结算上半年工程款2250万元,扣除全部预付工程款后,余款以银行存款支付给乙公司。

(4) 2007年12月31日,该办公楼如期完工,达到预定可使用状态并于当日投入使用,甲公司以银行存款向乙公司支付工程款2750万元。该办公楼预计使用年限为50年,预计净残值为155万元,采用年限平均法计提折旧。

(5) 2010年11月,甲公司因生产经营战略调整,决定将该办公楼停止自用,改为出租以获取租金收益。2010年12月20日,甲公司与丙公司签订租赁协议,约定将该办公楼以经营租赁的方式租给丙公司,租赁期为2年,租赁开始日为2010年12月31日,甲公司对投资性房地产采用公允价值模式进行后续计量,2010年12月31日该办公楼的公允价值为5100万元。

(6) 2011年12月31日,该办公楼公允价值为5000万元。

2012年12月31日,租赁合同到期,甲公司将该办公楼以4800万元的价格售出,款项已存银行,假定不考虑相关税费。

要求:

(1) 根据资料(3),编制甲公司2007年1月1日预付工程款和2007年7月1日与乙公司结算工程款的会计分录。

(2) 根据资料(1)至(4),计算甲公司2007年专门借款利息应予资本化的金额,并编制相应的会计分录。

(3) 根据资料(4),计算甲公司2007年12月31日该办公楼完工作为固定资产入账的金额以及2008年度应计提折旧的金额。

(4) 根据资料(5),编制甲公司将该办公楼由自用转为出租的会计分录。

(5) 根据资料(6),编制甲公司2011年12月31日对该办公楼进行期末计量的会计分录。

(6) 根据资料(7),编制甲公司2012年12月31日售出办公楼的会计分录。

("投资性房地产"科目要求写出二级明细科目)(2012年)

本周自测参考答案及解析

一、单项选择题

1.【答案】C
【解析】企业取得投资性房地产的租金收入应计入其他业务收入。

2.【答案】B
【解析】属于投资性房地产的项目:①已出租的土地使用权;②持有并准备增值后转让的土地使用权;③已出租的建筑物。

3.【答案】C
【解析】购入办公楼作为投资性房地产核算,选项A错误;办公楼的折旧金额计入其他业务成本,选项B错误;当年应计提的折旧金额 = (5000 + 200) × (1 - 5%)/20/12 × 10 = 205.83(万元),选项C正确;资产负债表日投资性房地产的账面价值 = 5200 - 205.83 = 4994.17(万元),可收回金额大于其账面价值,应按账面价值计量,选项D错误。

4.【答案】B
【解析】与投资性房地产有关的后续支出,不满足投资性房地产确认条件的,应将其计入其他业务成本。

5.【答案】C
【解析】采用公允价值模式进行后续计量的投资性房地产在资产负债表日无需计提减值准备。

6.【答案】D
【解析】至转换日固定资产的账面价值 = 3000 - 3000/20/12 × 13 = 2837.5(万元),转换日公允价值与账面价值的差额计入其他综合收益,计入其他综合收益的金额 = 3100 - 2837.5 = 262.5(万元)。
甲公司应在转换日编制的会计分录如下:

借:投资性房地产—成本 3100
　　累计折旧 162.5
　　贷:投资性房地产 3000
　　　　其他综合收益 262.5

7.【答案】C
【解析】投资性房地产后续计量由成本模式变更为公允价值模式计量属于会计政策变更,公允价值与账面价值的差额应调整期初留存收益(盈余公积和未分配利润)。

8.【答案】B
【解析】投资性房地产科目的金额为固定资产的账面原值,即6500万元,选项B正确。
附相关会计分录:

借:投资性房地产 6500
　　累计折旧 1200
　　固定资产减值准备 800

贷：固定资产　　　　　　　　　 6500
　　投资性房地产累计折旧（摊销）　 1200
　　投资性房地产减值准备　　　　　 800

9.【答案】B

【解析】租金收入 260 万元计入其他业务收入，公允价值变动损益 = 2450 - 2350 = 100（万元），对甲公司当年营业利润的影响金额 = 260 + 100 = 360（万元）。

10.【答案】D

【解析】2017 年 12 月 31 日应减少公允价值变动损益 800 万元。

甲公司编制的会计分录如下：

借：投资性房地产—成本　　　　 3200
　　累计折旧　　　　　　　　　　 120
　　公允价值变动损益　　　　　　 280
　　贷：固定资产　　　　　　　 3600
借：投资性房地产—在建　　　　 3200
　　贷：投资性房地产—成本　　 3200
借：投资性房地产—在建　　　　 1200
　　贷：银行存款等　　　　　　 1200
借：投资性房地产—成本　　　　 4400
　　贷：投资性房地产—在建　　 4400
借：公允价值变动损益　　　　　　 800
　　贷：投资性房地产—公允价值变动　 800

11.【答案】A

【解析】出售办公楼对损益的影响金额 = 8000 - （6300 - 6300 × 95%/20 × 4）= 2897（万元）。

12.【答案】C

【解析】A 公司结转成本的会计分录：

借：其他业务成本　　　　　　　 1950
　　贷：投资性房地产　　　　　 1950
借：其他业务成本　　　　　　　　 50
　　贷：公允价值变动损益　　　　 50
借：其他综合收益　　　　　　　 1100
　　贷：其他业务成本　　　　　 1100

13.【答案】D

【解析】出售投资性房地产属于企业日常经营活动，选项 A 错误；出售投资性房地产取得的收入一般情况下计入其他业务收入，如果企业以此为主营业务则需计入主营业务收入，选项 B 错误；公允价值模式计量的投资性房地产出售将原计入公允价值变动损益的金额结转至其他业务成本，选项 C 错误。

14.【答案】A

【解析】商誉不可辨认，不属于企业的无形资产，应单独核算。

15.【答案】A

【解析】选项 B、C 构成无形资产的入账成本；选项 D 在发生时计入销售费用。

16.【答案】D

【解析】选项 A 属于企业的存货；选项 B 应将用于出租且能够单独计量和出售部分作为投资性房地产核算；选项 C 应按土地使用权和建筑物的价值选择合理的分配方法进行分配，如果无法合理分配应全部作为固定资产核算。

17.【答案】C

【解析】2017 年因该非专利技术计入当期损益的金额 = （220 + 150 + 20 + 60 - 150）+ 150/5/12 × 7 = 317.5（万元）。

18.【答案】B

【解析】无法预计无形资产使用寿命的应作为使用寿命不确定的无形资产；不摊销，选项 A 错误；如果合同规定到期可以续约延续的并且不需要付出重大成本时，才能将续约期包括在使用寿命中，选项 C 错误；没有合同约定或法律规定的无形资产应综合其他方面因素推断无形资产的使用寿命，例如聘请相关专家进行论证等确定其使用寿命，选项 D 错误。

19.【答案】B

【解析】2017 年 12 月 31 日该无形资产的账面价值 = （300 + 5）- （300 + 5）/8/12 × 9 = 276.41（万元）。

20.【答案】D

【解析】购买无形资产的价款超过正常信用条件延期支付，实质上具有融资性质的无形资产的成本应以购买价款的现值为基础确定，故无形资产入账金额 = 购买价款的现值 + 初始直接费用 = 300 × 2.7232 + 5 = 821.96（万元）。

21.【答案】A

【解析】2016 年 12 月 31 日计提减值准备前的账面价值 = 300 - 300 ÷ 5 × 5/12 = 275（万元），2016 年 12 月 31 日应计提减值准备的金额 = 275 - 180 = 95（万元），计提减值准备后的账面价值为 180 万元，2017 年 12 月 31 日无形资产的账面价值 = 180 - 180/3 = 120（万元）。

22.【答案】C

【解析】截止 2017 年 12 月 31 日应计提的摊销金额 = 500 × 15/500 = 15（万元），计提减值准备前的账面价值 = 500 - 15 = 485（万元），可收回金额为公允价值减去处置费用后的净额 395 万元（400 - 5）与其预计未来现金流量现值 380 万元中的较高者 395 万元，应计提无形资产减值准备 = 485 - 395 = 90（万元），2017 年 12 月 31 日资产负债表中"无形资产"项目应填列的金额 = 500 - 15 - 90 = 395（万元）。

23.【答案】B

【解析】对当年利润总额的影响金额 = 485 - [600 - 600/5/12 × 13 - 100 - （600 - 600/5/12 × 13 - 100）/（5 × 12 - 13）× 7] = 170.11（万元）。

24.【答案】C

【解析】2017 年无形资产无需摊销，应计提减值准备 = 1200 - 1100 = 100（万元），2017 年 12 月 31 日无形资产的账面价值 = 1200 - 100 = 1100（万元）。

25.【答案】C

【解析】企业转让无形资产发生的相关费用计入营业外支出或冲减营业外收入，选项 A 错误；对外经营性出租的无形资产摊销金额计入其他业务成本，选项 B 错误；无法可靠确定其预期经济利益实现方式的无形资产应按直线法计提摊销，选项 D 错误。

26.【答案】D

【解析】使用寿命不确定的无形资产不需摊销，选项 A 错误；未确认融资费用应在付款期间内进行摊销，选项 B 错误；无形资产当月减少当月停止摊销，选项 C 错误。

27.【答案】D

【解析】该非专利技术的入账价值为符合资本化条件的支出 200 万元，因该无形资产为使用寿命不确定的无形资产，无需计提摊销，所以报废时应将账面价值 200 万元转入营业外支出。甲公司报废无形资产的会计处理：

借：营业外支出　　　　　　　　200
　　贷：无形资产　　　　　　　　　　200

二、多项选择题

1.【答案】ABCD

2.【答案】ACD

【解析】企业外购房地产用于出租，在未出租前应作为自用资产核算，选项 A 错误；企业可以将自用房地产转为投资性房地产，也可以将投资性房地产转为自用房地产，选项 C 错误；自行建造的投资性房地产采用公允价值模式进行后续计量的，应按建造成本计入投资性房地产，选项 D 错误。

3.【答案】ABC

【解析】公允价值模式进行后续计量的投资性房地产期末公允价值变动计入公允价值变动损益。

4.【答案】BCD

【解析】将自用房地产转为采用成本模式进行后续计量的投资性房地产，应编制的会计分录：

借：投资性房地产
　　累计折旧（摊销）
　　固定资产（无形资产）减值准备
　　贷：固定资产（无形资产）
　　　　投资性房地产累计折旧（摊销）
　　　　投资性房地产减值准备

选项 A 不会影响营业利润；将采用公允价值模式进行后续计量的投资性房地产转为自用房地产，转换当日公允价值与原投资性房地产账面价值的差额计入公允价值变动损益，可能影响营业利润；成本模式计量的投资性房地产计提折旧计入其他业务成本，会影响营业利润；出售投资性房地产取得的收入计入其他业务收入，会影响营业利润。

5.【答案】ABCD

6.【答案】ABC

【解析】如果购入时即用于对外出租应将其作为投资性房地产核算；如果购入的房产和土地使用权无法区分并单独计量，应将房产和土地使用权均作为固定资产核算，选项 D 错误。

7.【答案】ACD

【解析】取得的投资性房地产为地产的，应在增加的当月开始计提摊销。

8.【答案】BCD

【解析】转换日投资性房地产的入账价值为 2800 万元。

9.【答案】CD

【解析】甲公司的会计分录：

借：投资性房地产—成本　　　　　　4000
　　投资性房地产累计折旧（摊销）　2500
　　投资性房地产减值准备　　　　　 500
　　贷：投资性房地产　　　　　　　　　6000
　　　　盈余公积　　　　　　　　　　　 100
　　　　利润分配—未分配利润　　　　　 900

10.【答案】ABC

【解析】出售公允价值模式计量的投资性房地产，应将原计入其他综合收益的金额冲减营业成本。

11.【答案】ABCD

12.【答案】ABC

【解析】选项 A 和 B，由于不能与企业整个业务开发成本区分开来，成本无法可靠计量，所以不应确认为无形资产；选项 C，因不具有可辨认性，所以不能作为无形资产核算。

13.【答案】ABD

【解析】延期支付超过正常信用条件，实质上具有融资性质的，无形资产的成本应以购买价款的现值为基础确定。

14.【答案】AC

【解析】开发阶段满足资本化条件的才予以资本化，选项 B 错误；开发阶段应当是已完成研究阶段的工作，在很大程度上具备形成一项新产品或新技术的基本条件，但不是一定会形成无形资产，选项 D 错误。

15.【答案】ABCD

16.【答案】BC

【解析】选项 A 计入无形资产；选项 D 计入应交税费—应交增值税（进项税额）。

17.【答案】ABCD

18.【答案】BCD

第二周

【解析】使用寿命不确定的无形资产无需计提摊销，选项A错误。

19.【答案】BCD

【解析】使用寿命不确定的无形资产和尚未达到预定用途的无形资产在资产负债表日需要进行减值测试，剩余无形资产在期末存在减值迹象时才需要进行减值测试。

20.【答案】ACD

【解析】无形资产出售产生的净损益计入营业外收入或营业外支出，不会影响营业利润。

三、判断题

1.【答案】√

2.【答案】√

3.【答案】×

【解析】部分用于赚取租金、部分自用的办公楼，如果能够单独计量和出售的，应将用于赚取租金部分作为投资性房地产核算，自用部分作为固定资产核算；如果不能单独计量和出售，应全部作为固定资产核算。

4.【答案】×

【解析】企业对投资性房地产进行后续费用化支出，应将支出计入其他业务成本。

5.【答案】√

6.【答案】×

【解析】采用公允价值模式进行后续计量的投资性房地产，应当同时满足下列条件：①投资性房地产所在地有活跃的房地产交易市场；②企业能够从活跃的房地产交易市场上取得同类或类似房地产的市场价格及其他相关信息，从而对投资性房地产的公允价值做出合理的估计。

7.【答案】√

8.【答案】×

【解析】将采用公允价值模式进行后续计量的投资性房地产转为自用资产，投资性房地产的账面价值与公允价值的差额计入公允价值变动损益。

9.【答案】×

【解析】成本模式转公允价值模式应作为会计政策变更处理。

10.【答案】√

11.【答案】×

【解析】将自用房地产转为采用公允价值模式进行后续计量的投资性房地产，转换日房地产的公允价值大于其账面价值的差额计入其他综合收益。

12.【答案】×

【解析】企业将投资性房地产出售取得的出售价款属于企业营业收入，计入其他业务收入。

13.【答案】√

14.【答案】×

【解析】同一企业对所有的投资性房地产只能采用同一种模式进行后续计量。

15.【答案】×

【解析】企业购入计算机配套软件，该软件是构成相关硬件不可缺少的组成部分，则该软件应作为固定资产核算。

16.【答案】√

17.【答案】√

18.【答案】×

【解析】摊销金额除满足借款费用资本化条件应计入无形资产成本外，均应当在信用期内确认为财务费用。

19.【答案】×

【解析】土地使用权用于自行开发建造厂房的，土地使用权的账面价值不与地上建筑物合并计算其成本，而仍作为无形资产核算。

20.【答案】√

21.【答案】×

【解析】如果某项无形资产开发以后，不是用于生产产品，也不是用于对外出售，而是在企业内部使用的，则企业应作为管理用无形资产核算。

22.【答案】×

【解析】内部研发的无形资产，为运行该无形资产所发生的培训支出在发生时计入当期损益。

23.【答案】√

24.【答案】√

25.【答案】√

26.【答案】×

【解析】摊销年限的变更属于会计估计变更，会计估计变更应采用未来适用法，无需补提摊销。

27.【答案】×

【解析】无形资产一般情况下残值为零，但有特殊情况下无形资产可能存在残值。

四、计算分析题

1.【答案】

(1) 2014年1月1日

借：投资性房地产—成本　　　　　6000

　　贷：开发产品　　　　　　　　　5000

　　　　其他综合收益　　　　　　　1000

(2) 2014年12月31日

借：银行存款　　　　　　　　　　200

　　贷：其他业务收入　　　　　　　200

借：投资性房地产—公允价值变动　300

　　贷：公允价值变动损益　　　　　300

(3) 2015年12月31日

借：银行存款　　　　　　　　　　200

　　贷：其他业务收入　　　　　　　200

借：投资性房地产—公允价值变动 300
　　贷：公允价值变动损益 300
（4）2016 年 12 月 31 日
借：银行存款 200
　　贷：其他业务收入 200
借：投资性房地产—公允价值变动 100
　　贷：公允价值变动损益 100
（5）2017 年 1 月 1 日
借：银行存款 6800
　　贷：其他业务收入 6800
借：其他业务成本 6700
　　贷：投资性房地产—成本 6000
　　　　　　　　　　—公允价值变动 700
同时：
借：公允价值变动损益 700
　　贷：其他业务成本 700
借：其他综合收益 1000
　　贷：其他业务成本 1000
或：
借：其他业务成本 5000
　　其他综合收益 1000
　　公允价值变动损益 700
　　贷：投资性房地产—成本 6000
　　　　　　　　　　—公允价值变动 700

2.【答案】
（1）
资料（1）
借：在建工程 100
　　应交税费—应交增值税（进项税额）17
　　贷：应付账款 117
资料（2）
借：在建工程 20
　　贷：原材料 20
借：固定资产 120
　　贷：在建工程 120
资料（3）
借：无形资产 4200
　　贷：银行存款 4200
资料（4）
借：投资性房地产—成本 3500
　　累计摊销 28
　　公允价值变动损益 672
　　贷：无形资产 4200
借：银行存款 480
　　贷：其他业务收入 100
　　　　预收账款 380
资料（5）
借：银行存款 117
　　贷：预收账款 100
　　　　应交税费—应交增值税（销项税额）17
机器设备的账面价值 = 120 - 120 × 40% × 9/

12 = 84（万元），可收回金额为 51 万元，所以应计提减值准备 33 万元。
借：资产减值损失 33
　　贷：固定资产减值准备 33
借：投资性房地产—公允价值变动 100
　　贷：公允价值变动损益 100
资料（6）
借：固定资产 3100
　　应交税费—应交增值税（进项税额）198
　　　　　　　—待抵扣进项税额 132
　　贷：银行存款 3430
资料（7）
借：投资性房地产—投资成本 3600
　　累计折旧 150
　　贷：固定资产 3100
　　　　其他综合收益 650
借：银行存款 233.1
　　贷：预收账款 210
　　　　应交税费—应交增值税（销项税额）23.1
借：投资性房地产—公允价值变动 50
　　贷：公允价值变动损益 50
资料（8）
借：固定资产清理 34
　　累计折旧 53
　　固定资产减值准备 33
　　贷：固定资产 120
借：固定资产清理 2
　　贷：应付票据 2
借：银行存款 35.1
　　贷：固定资产清理 30
　　　　应交税费—应交增值税（销项税额）5.1
借：营业外支出 6
　　贷：固定资产清理 6
资料（9）
借：无形资产 3800
　　贷：投资性房地产—成本 3500
　　　　　　　　　　—公允价值变动 150
　　　　公允价值变动损益 150
资料（10）
借：公允价值变动损益 100
　　贷：投资性房地产—公允价值变动 100
（2）机器设备 2016 年应计提折旧的金额 = （120 - 120 × 40%/12 × 9 - 33）/3 = 17（万元）。

3.【答案】
（1）
借：投资性房地产 8500
　　累计折旧 1500
　　贷：固定资产 8500
　　　　投资性房地产累计折旧 1500

（2）

借：投资性房地产—成本　　　　　　8000
　　投资性房地产累计折旧　　　　　　2000
　　贷：投资性房地产　　　　　　　　　8500
　　　　盈余公积　　　　　　　　　　　 150
　　　　利润分配—未分配利润　　　　 1350

（3）

借：公允价值变动损益　　　　　　　　100
　　贷：投资性房地产—公允价值变动　　100

（4）

借：固定资产　　　　　　　　　　　　7850
　　投资性房地产—公允价值变动　　　　100
　　公允价值变动损益　　　　　　　　　 50
　　贷：投资性房地产—成本　　　　　　8000

（5）累计影响损益的金额 = −2000（折旧）+
200（租金）−100（公允价值变动）−50（公
允价值变动）= −1950（万元）。

4.【答案】

（1）2010 年 12 月 31 日

借：投资性房地产　　　　　　　　　　1970
　　累计折旧　　156 [（1970 − 20）/50 × 4]
　　贷：固定资产　　　　　　　　　　 1970
　　　　投资性房地产累计折旧（摊销）　156

（2）2011 年 1 月 1 日预收租金

借：银行存款　　　　　　　　　　　　 240
　　贷：预收账款　　　　　　　　　　　240

2011 年 1 月 31 日

每月确认租金收入 = 240/12 = 20（万元）；

每月计提的折旧额 =（1970 − 156 − 20）/46/
12 = 3.25（万元）。

借：预收账款　　　　　　　　　　　　　20
　　贷：其他业务收入　　　　　　20（240/12）

借：其他业务成本　　　　　　　　　　3.25
　　贷：投资性房地产累计折旧（摊销）　3.25

（3）2012 年 12 月 31 日

借：投资性房地产—成本　　　　　　　2000
　　投资性房地产累计折旧　　　　　　 234
　　　　[156 +（1970 − 156 − 20）/46 × 2]
　　贷：投资性房地产　　　　　　　　 1970
　　　　盈余公积　　　　　　　　　　 26.4
　　　　利润分配—未分配利润　　　　 237.6

（4）2013 年 12 月 31 日

借：投资性房地产—公允价值变动　　　 150

贷：公允价值变动损益　　　　　　　　 150

（5）2014 年 1 月 1 日

借：银行存款　　　　　　　　　　　　2100
　　贷：其他业务收入　　　　　　　　 2100

借：其他业务成本　　　　　　　　　　2150
　　贷：投资性房地产—成本　　　　　 2000
　　　　　　　　—公允价值变动　　　　150

借：公允价值变动损益　　　　　　　　 150
　　贷：其他业务成本　　　　　　　　　150

5.【答案】

（1）

借：预付账款　　　　　　　　　　　　1000
　　贷：银行存款　　　　　　　　　　 1000

借：在建工程　　　　　　　　　　　　2250
　　贷：预付账款　　　　　　　　　　 1000
　　　　银行存款　　　　　　　　　　 1250

（2）资本化利息 = 2000 × 8% −（2000 − 1000）
× 1% × 6/12 = 155（万元）。

借：在建工程　　　　　　　　　　　　 155
　　应收利息　　　　　　　　　　　　　 5
　　贷：应付利息　　　　　　　　　　　160

（3）固定资产入账金额 = 2250 + 2750 + 155 =
5155（万元）。

2008 年度应计提折旧的金额 =（5155 −
155）÷ 50 = 100（万元）。

（4）

借：投资性房地产—成本　　　　　　　5100
　　累计折旧　　　　　　　　300（100 × 3）
　　贷：固定资产　　　　　　　　　　 5155
　　　　其他综合收益　　　　　　　　　245

（5）

借：公允价值变动损益　　100（5100 − 5000）
　　贷：投资性房地产—公允价值变动　　100

（6）

借：银行存款　　　　　　　　　　　　4800
　　贷：其他业务收入　　　　　　　　 4800

借：其他业务成本　　　　　　　　　　5000
　　投资性房地产—公允价值变动　　　　100
　　贷：投资性房地产—成本　　　　　 5100

借：其他业务成本　　　　　　　　　　 100
　　贷：公允价值变动损益　　　　　　　100

借：其他综合收益　　　　　　　　　　 245
　　贷：其他业务成本　　　　　　　　　245

第三周

本周学习计划

日　期	章　节	考　点	重要程度	常见题型	完成情况
星期一		金融资产的分类、以公允价值计量且其变动计入当期损益的金融资产的核算	★★	单选题、多选题、判断题	
星期二		持有至到期投资的核算	★★★	单选题、多选题、判断题、计算分析题	
星期三	第9章	贷款和应收款项的核算	★	单选题、多选题、判断题	
星期四		可供出售金融资产的核算	★★★	单选题、多选题、判断题、计算分析题	
星期五		金融资产减值的核算	★★★	单选题、多选题、判断题、计算分析题	

本周攻克内容

【星期一·第9章】金融资产的分类、以公允价值计量且其变动计入当期损益的金融资产的核算

考点1：金融资产的分类

金融资产主要包括：库存现金、银行存款、应收账款、应收票据、应收利息、应收股利、其他应收款项、贷款、垫款、债权投资、股权投资、基金投资、衍生金融资产等。

金融资产的分类与金融资产的计量密切相关。因此，企业应当在初始确认金融资产时，将其划分为下列四类：

（1）以公允价值计量且其变动计入当期损益的金融资产；

（2）持有至到期投资；

（3）贷款和应收款项；

（4）可供出售金融资产。

企业在金融资产初始确认时对其进行分类后，不得随意变更。

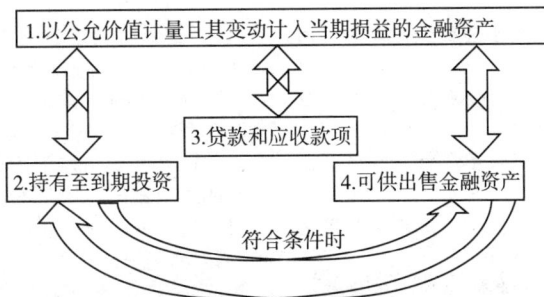

【提示】企业将持有至到期投资在到期前处置或重分类，通常表明其违背了将投资持有至到期的最初意图。如果处置或重分类为其他类金融资产的金额相对于该类投资（即企业全部持有至到期投资）在出售或重分类前的总额较大，则企业在处置或重分类后应立即将其剩余的持有至到期

投资（即全部持有至到期投资扣除已处置或重分类的部分）重分类为可供出售金融资产，且在本会计年度及以后两个完整的会计年度内不得再将金融资产划分为持有至到期投资。

但是，遇到下列情况可以除外：

1. 出售日或重分类日距离该项投资到期日或赎回日较近（如到期前3个月内），且市场利率变化对该项投资的公允价值没有显著影响。

2. 根据合同约定的偿付方式，企业已收回几乎所有初始本金。

3. 出售或重分类是由于企业无法控制、预期不会重复发生且难以合理预计的独立事件所引起。此种情况主要包括：

（1）因被投资单位信用状况严重恶化，将持有至到期投资予以出售；

（2）因相关税收法规取消了持有至到期投资的利息税前可抵扣政策，或显著减少了税前可抵扣金额，将持有至到期投资予以出售；

（3）因发生重大企业合并或重大处置，为保持现行利率风险头寸或维持现行信用风险政策，将持有至到期投资予以出售；

（4）因法律、行政法规对允许投资的范围或特定投资品种的投资限额作出重大调整，将持有至到期投资予以出售；

（5）因监管部门要求大幅度提高资产流动性，或大幅度提高持有至到期投资在计算资本充足率时的风险权重，将持有至到期投资予以出售。

【例题·单选题】企业部分出售持有至到期投资使其剩余部分不再适合划分为持有至到期投资的，应当将该剩余部分重分类为（　　）。

A. 长期股权投资

B. 贷款和应收款项

C. 交易性金融资产

D. 可供出售金融资产

【解析】持有至到期投资不能与可供出售金融资产以外的其他类别的金融资产进行重分类，选项D正确。

【答案】D

【例题·多选题】下列关于金融资产重分类的表述中，正确的有（　　）。

A. 初始确认为持有至到期投资的，不得重分类为交易性金融资产

B. 初始确认为交易性金融资产的，不得重分类为可供出售金融资产

C. 初始确认为可供出售金融资产的，不得重分类为持有至到期投资

D. 初始确认为贷款和应收款项的，不得重分类为可供出售金融资产

【解析】可供出售金融资产与持有至到期投资之间，在特定情况下可以进行重分类，选项C不正确；持有至到期投资、贷款和应收款项和可供

出售金融资产不能与交易性金融资产进行重分类；贷款和应收款项不是在活跃市场上有报价的金融资产，因此不能重分类为可供出售金融资产，所以选项A、B和D正确。

【答案】ABD

【例题·判断题】2015年12月31日，甲公司因改变持有目的，将原作为交易性金融资产核算的乙公司普通股股票重分类为可供出售金融资产。（　　）（2016年）

【解析】交易性金融资产不得与其他类金融资产进行重分类。

【答案】×

【例题·判断题】企业持有交易性金融资产的时间超过一年后，应将其重分类为可供出售金融资产。（　　）（2013年）

【解析】交易性金融资产与其他类别金融资产之间不能重分类。

【答案】×

考点2：以公允价值计量且其变动计入当期损益的金融资产的核算

一、以公允价值计量且其变动计入当期损益的金融资产概述

以公允价值计量且其变动计入当期损益的金融资产分为两类：一是交易性金融资产；二是直接指定为以公允价值计量且其变动计入当期损益的金融资产。

（一）交易性金融资产

满足以下条件之一的金融资产，应当划分为交易性金融资产：

1. 取得该金融资产的目的，主要是为了近期内出售。

2. 属于进行集中管理的可辨认金融工具组合的一部分，且有客观证据表明企业近期采用短期获利方式对该组合进行管理。在这种情况下，即使组合中有某个组成项目持有的期限稍长也不受影响。

3. 属于衍生工具。

（二）直接指定为以公允价值计量且其变动计入当期损益的金融资产

满足下列条件之一的，才可以定义为此类金融资产：

1. 该指定可以消除或明显减少由于该金融资产或金融负债的计量基础不同所导致的相关利得或损失在确认或计量方面不一致的情况。

【例题·计算题】永发公司经有关部门批准于2017年1月3日按面值发行5年期公司债券1000000万元，票面年利率为5%，即每年利息费用50000万元。所筹资金全部用于购买A上市公司股票，占A公司有表决权股份的10%，永发公司准备长期持有。初始入账成本1000000万元。

根据《金融工具确认与计量准则》的规定，永发公司应将所购股票按可供出售金融资产核算。假定2017年12月31日股票公允价值为1500000万元。

【答案】

如果将股票确认为可供出售金融资产，则12月31日的会计处理：

借：可供出售金融资产 500000
　　贷：其他综合收益 500000

同时确认债券利息支出：

借：财务费用 50000
　　贷：应付利息 50000

其他综合收益属于所有者权益类项目，其他综合收益的增加不影响利润，故此事项形成当期利润减少50000万元。

如果将持有A公司股票划分为以公允价值计量且其变动计入当期损益的金融资产，则12月31日的会计处理：

借：交易性金融资产 500000
　　贷：公允价值变动损益 500000

确认债券利息支出：

借：财务费用 50000
　　贷：应付利息 50000

合并后企业增加利润450000万元。

将该股权直接指定为以公允价值计量且其变动计入当期损益的金融资产更能反映该股权对企业的影响。

2. 企业风险管理或投资策略的正式书面文件已载明，该金融资产组合、该金融负债组合、或该金融资产和金融负债组合，以公允价值为基础进行管理、评价并向关键管理人员报告。

二、以公允价值计量且其变动计入当期损益的金融资产的会计处理

（一）交易性金融资产的初始计量

交易性金融资产应按公允价值进行初始计量。

交易性金融资产的入账成本＝购买价款－购买价款当中包含的已宣告但尚未发放的现金股利（或－购买价款当中包含已到付期尚未领取的债券利息）

【提示】购买价款当中包含的已宣告但尚未发放的现金股利，或购买价款当中包含已到付息期尚未领取的债券利息，应当单独确认为应收项目进行处理。

实际支付的交易费用记入"投资收益"科目的借方。

交易费用包括支付给代理机构、咨询公司、券商等的手续费和佣金及其他必要支出，不包括债券溢价、折价、融资费用、内部管理成本及其他与交易不直接相关的费用。企业为发行金融工具所发生的差旅费等，不属于交易费用。

借：交易性金融资产—成本（公允价值）
　　投资收益（发生的交易费用）
　　应收股利（实际支付的款项中包含的已宣告但尚未发放的现金股利）
　　应收利息（实际支付的款项中包含的已到付息期但尚未领取的利息）
　　贷：银行存款等（支付总价款）

（二）交易性金融资产的期末计量

交易性金融资产资产负债表日采用公允价值进行后续计量，公允价值的变动计入当期损益（公允价值变动损益）。

①公允价值大于账面价值

借：交易性金融资产—公允价值变动
　　贷：公允价值变动损益

②公允价值小于账面价值

借：公允价值变动损益
　　贷：交易性金融资产—公允价值变动

（三）宣告分派现金股利或利息时

企业持有交易性金融资产期间对于被投资单位宣告发放的现金股利或企业在资产负债表日按分期付息、到期一次还本债券投资的票面利率计算的利息，应当确认为应收项目。

借：应收股利（应收利息）
　　贷：投资收益

实际收到时：

借：银行存款等
　　贷：应收股利（应收利息）

【例题·单选题】甲公司2017年2月3日购入A上市公司股票1000万股，每股购买价款3.3元（包括已宣告但尚未发放的现金股利0.2元），甲公司另支付交易费用10万元。因A公司股份比较集中，甲公司未能对A公司实施重大影响，同时，甲公司准备短期持有。2月28日甲公司收到上述现金股利。6月30日A公司股票的公允价值为3.8元/股。9月2日A公司召开临时股东大会，决定再次分派现金股利，每股分派0.4元。12月31日A公司股票的公允价值为3.1元/股。甲公司购入A公司股票后对损益的影响金额为（　　）万元。

A. 400　　　　　　　B. 390
C. 590　　　　　　　D. 990

【解析】甲公司的会计分录：

借：交易性金融资产—成本 3100
　　应收股利 200
　　投资收益 10
　　贷：银行存款 3310

借：银行存款 200
　　贷：应收股利 200

借：交易性金融资产—公允价值变动 700
　　　　[（3.8－3.1）×1000]
　　贷：公允价值变动损益 700

借：应收股利　　　　　　400（1000×0.4）
　　贷：投资收益　　　　　　　　　　400
借：公允价值变动损益　　　700
　　　　[（3.8－3.1）×1000]
　　贷：交易性金融资产—公允价值变动　700
损益影响金额＝－10＋700＋400－700＝390
（万元）。

【答案】B

（四）交易性金融资产的处置

出售交易性金融资产时，应将出售时的公允价值与其账面价值之间的差额确认为当期投资损益；同时结转持有期间确认的累计公允价值变动损益。

借：银行存款（价款扣除手续费）
　　贷：交易性金融资产
　　　　投资收益（或借方）
同时：
借：公允价值变动损益（原计入该金融资产的累计公允价值变动）
　　贷：投资收益
或作相反分录。

【例题·单选题】2014年2月3日，甲公司以银行存款2003万元（其中含相关交易费用3万元）从二级市场购入乙公司股票100万股，作为交易性金融资产核算。2014年7月10日，甲公司收到乙公司于当年5月25日宣告分派的现金股利40万元，2014年12月31日，上述股票的公允价值为2800万元，不考虑其他因素，该项投资使甲公司2014年营业利润增加的金额为（　　）万元。（2015年）

A. 797　　　　　　　　B. 800
C. 837　　　　　　　　D. 840

【解析】相关会计分录如下：
2014年2月3日
借：交易性金融资产—成本　　2000
　　投资收益　　　　　　　　　　3
　　贷：银行存款　　　　　　　　2003
2014年5月25日
借：应收股利　　　　　　　　40
　　贷：投资收益　　　　　　　　40
2014年7月10日
借：银行存款　　　　　　　　40
　　贷：应收股利　　　　　　　　40
2014年12月31日
借：交易性金融资产—公允价值变动　800
　　贷：公允价值变动损益　　　　800
所以，该项投资使甲公司2014年营业利润增加的金额＝－3＋40＋800＝837（万元）。

【答案】C

【提示】交易性金融资产常见考点包括：
（1）计算整个持有期间对投资收益的影响，

将从购入到出售整个期间的所有投资收益发生额加总即可（借方为"－"，贷方为"＋"）。

（2）计算整个持有期间对当期利润的影响，交易费用（负数）＋持有期间的投资收益＋持有期间的公允价值变动损益＋处置时价款与账面价值之间差额确认的投资收益。

（3）计算处置时点的投资收益＝处置时收到的价款－购买时入账价值。

（4）计算处置时点对当期利润的影响＝处置时收到的价款－资产账面价值。

【例题·单选题】2011年5月20日，甲公司以银行存款200万元（其中包含乙公司已宣告但尚未发放的现金股利5万元）从二级市场购入乙公司100万股普通股股票，另支付相关交易费用1万元，甲公司将其划分为交易性金融资产。2011年12月31日，该股票投资的公允价值为210万元。假定不考虑其他因素，该股票投资对甲公司2011年营业利润的影响金额为（　　）万元。（2012年）

A. 14　　　　　　　　B. 15
C. 19　　　　　　　　D. 20

【解析】取得时成本＝200－5＝195（万元），应确认投资收益为－1万元，期末应确认公允价值变动损益＝210－195＝15（万元），该股票投资对甲公司2011年营业利润的影响金额＝15－1＝14（万元）。

【答案】A

【例题·多选题】甲公司2016年1月5日购入乙公司发行的公司债券，该债券面值500万元，票面利率为6%，债券于2015年1月1日发行，期限5年，每年利息于次年1月10日支付，到期归还本金。甲公司将其划分为交易性金融资产核算。该债券买价为520万元，另付交易费用0.8万元，2016年6月30日债券的公允价值为535万元，2016年12月31日该债券的公允价值为543万元，2016年1月10日甲公司收到上年利息。2017年4月1日甲公司将该债券出售，取得售价530万元，支付交易费用0.9万元。则下列表述正确的有（　　）。

A. 2016年因该债券投资影响营业利润金额为82.2万元

B. 2017年该交易性金融资产处置时应确认的投资收益为39.1万元

C. 2017年该债券投资影响营业利润金额为－13.9万元

D. 该交易性金融资产形成的累计投资收益为68.3万元

【解析】
（1）2016年应确认的利息收益＝500×6%＝30（万元），应确认的公允价值变动收益＝543－（520－500×6%）＝53（万元），取得时发生的交易费用 0.8 万元，所以 2016 年增加营业利润的金额 = 30 + 53 - 0.8 = 82.2（万元）；

（2）2017 年处置时的投资收益 = 529.1 - 490 = 39.1（万元）；

（3）2017 年处置时损益影响额 = 529.1 - 543 = -13.9（万元）；

（4）交易性金融资产累计投资收益 = -0.8 + 30 + 39.1 = 68.3（万元）。

【答案】ABCD

【提示】交易性金融资产持有期间较短，实际利率与票面利率差异较小，按照期末公允价值与初始入账价值比较计算累计公允价值变动损益金额。

三、公允价值的确定

公允价值，是指市场参与者在计量日发生的有序交易中，出售一项资产所能收到或者转移一项负债所需支付的价格。

在确定金融资产的公允价值时应考虑以下基本要求：

1. 金融资产的特征和计量单元

2. 有序交易和市场

3. 市场参与者

4. 公允价值与交易价格

5. 估值技术和输入值

6. 公允价值层次

【星期二·第9章】持有至到期投资的核算

一、持有至到期投资概述

（一）持有至到期投资的定义

持有至到期投资，是指到期日固定、回收金额固定或可确定，且企业有明确意图和能力持有至到期的非衍生金融资产。

（二）持有至到期投资的特征

1. 到期日固定、回收金额固定或可确定；

2. 企业有明确意图持有至到期。

存在下列情况之一的，表明企业没有明确意图将金融资产投资持有至到期：

（1）持有该金融资产的期限不确定；

（2）发生市场利率变化、流动性需要变化、替代投资机会及其投资收益率变化、融资来源和条件变化、外汇风险变化等情况时，将出售该金融资产。但是，无法控制、预期不会重复发生且难以合理预计的独立事项引起的金融资产出售除外；

（3）该金融资产的发行方可以按照明显低于其摊余成本的金额清偿；

（4）其他表明企业没有明确意图将该金融资产持有至到期的情况。

【提示】对于发行方可以赎回的债务工具，如发行方行使赎回权，投资者仍可收回其几乎所有初始净投资（含支付的溢价和交易费用），则投资者可以将此类投资划分为持有至到期投资；但是，对于投资者有权要求发行方赎回的债务工具投资，投资企业不能划分为持有至到期投资核算。

存在下列情况之一的，表明企业没有能力将具有固定期限的金融资产投资持有至到期：

（1）没有可利用的财务资源持续地为该金融资产投资提供资金支持，以使该金融资产投资持有至到期；

（2）受法律、行政法规的限制，使企业难以将该金融资产投资持有至到期；

（3）其他表明企业没有能力将具有固定期限的金融资产持有至到期的情况。

【提示】企业应当于每个资产负债表日对持有至到期投资的意图和能力进行评价。发生变化的，应当将其重分类为可供出售金融资产进行处理。

【例题·判断题】企业购入债券投资如果有足够的财务资源并且有明确的意图将其持有至到期，则可以将其作为持有至到期投资核算。（　　）

【答案】√

二、持有至到期投资的会计处理

（一）持有至到期投资的初始计量

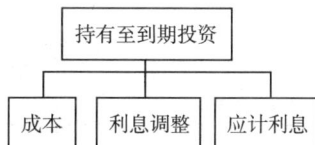

持有至到期投资 → 成本　利息调整　应计利息

【提示】

（1）"成本"明细科目登记债券的面值；

（2）"利息调整"明细科目登记债券面值与其公允价值的差额；

（3）"应计利息"明细科目登记到期一次还本付息债券每期计提的利息。

1. 企业取得持有至到期投资应当按照公允价值计量，取得持有至到期投资所发生的交易费用计入持有至到期投资的初始确认金额。

【提示】交易性金融资产入账成本中不包括支付的交易费用。

2. 企业取得持有至到期投资支付的价款中包含已到付息期但尚未领取的债券利息，应当单独确认为应收项目，不构成持有至到期投资的初始确认金额。

入账成本＝购买价款－支付价款中包含的已到付息期但尚未领取的利息＋交易费用

借：持有至到期投资—成本（面值）
　　　　　　　—应计利息（到期一次还本付息债券，实际付款中包含的利息）
　　应收利息（已到付息期但尚未领取的利息）
　　贷：银行存款等
　　　　持有至到期投资—利息调整（差额，或借方）

【提示】"持有至到期投资—利息调整"中不仅反映折溢价，还包括佣金、手续费等。

（二）持有至到期投资的后续计量

借：应收利息（分期付息债券按票面利率计算的利息）
　　持有至到期投资—应计利息（到期一次还本付息债券按票面利率计算的利息）
　　　　　　　　　　　—利息调整（或贷方）
　　贷：投资收益（持有至到期投资摊余成本乘以实际利率计算确定的利息收入）

【提示】实际利率法，是指按照金融资产或金融负债（含一组金融资产或金融负债）的实际利率计算其摊余成本及各期利息收入或利息费用的方法。

（1）实际利率，是指将金融资产或金融负债在预期存续期间或适用的更短期间内的未来现金流量，折现为该金融资产或金融负债当前账面价值所使用的利率。

（2）企业在初始确认以摊余成本计量的金融资产或金融负债时，就应当计算确定实际利率，并在相关金融资产或金融负债预期存续期间或适用的更短期间内保持不变。

（3）金融资产或金融负债的摊余成本，是指该金融资产或金融负债的初始确认金额经下列调整后的结果：

①扣除已偿还的本金；

②加上或减去采用实际利率法将该初始确认金额与到期日金额之间的差额进行摊销形成的累计摊销额；

③扣除已发生的减值损失（仅适用于金融资产）。

针对于持有至到期投资而言，摊余成本即为其账面价值。

【例题·计算题】2013年1月1日，甲公司购买了一项于当日发行的债券，期限为5年，划分为持有至到期投资，购买价款90万元，另支付交易费用5万元，该债券面值为100万元，票面年利率为4%，实际年利率为5.16%，每年年末支付利息，到期归还本金。

要求：编制甲公司的会计分录。

【答案】

2013年1月1日购入该债券时：

借：持有至到期投资—成本　　　　　100
　　贷：银行存款　　　　　　　　　　　　95
　　　　持有至到期投资—利息调整　　　　　5

每年利息收益计算过程如下：

单位：万元

年　份	①年初摊余成本	②利息收益＝①×实际利率	③现金流入	④年末摊余成本＝①＋②－③
2013	95	4.90	4	95.90
2014	95.9	4.95	4	96.85
2015	96.85	5.00	4	97.85
2016	97.85	5.05	4	98.90
2017	98.90	5.10	104	0

每年的分录如下：

借：应收利息③
　　持有至到期投资—利息调整②－③
　　贷：投资收益②

收到利息时：

借：银行存款③
　　贷：应收利息③

【例题·计算题】2013年1月1日，甲公司购买了一项于当日发行的债券，期限为5年，划分为持有至到期投资，买价80万元，另支付交易费用5.56万元，该债券面值为100万元，票面年利率为4%，实际年利率为7%，债券到期一次归还本金和最后一期利息。

要求：编制甲公司的会计分录。

【答案】

2013年1月1日购入该债券时：

借：持有至到期投资—成本　　　　　100
　　贷：银行存款　　　　　　　　　85.56
　　　　持有至到期投资—利息调整　　14.44

每年利息收益计算过程如下：

单位：万元

年 份	①年初摊余成本	②利息收益＝①×实际利率	③现金流入	④年末摊余成本＝①＋②－③
2013	85.56	5.99	0	91.55
2014	91.55	6.41	0	97.96
2015	97.96	6.86	0	104.82
2016	104.82	7.34	0	112.16
2017	112.16	7.84	120	0

每年的分录如下：

借：持有至到期投资——应计利息　　4

　　　　——利息调整　（②－4）

　贷：投资收益②

到期收回本金和利息

借：银行存款　　　　　　　　　　120

　贷：持有至到期投资——成本　　100

　　　　——应计利息　　20

【例题·判断题】计算持有至到期投资利息收入所采用的实际利率，应当在取得该项投资时确定，且在该项投资预期存续期间或适用的更短期间内保持不变。（　　）

【答案】√

【例题·计算题】2013年1月1日，甲公司购买了一项于当日发行的债券，期限为5年，划分为持有至到期投资，购买价款90万元，另支付交易费用5万元，该债券面值为100万元，票面年利率为4%，利息和本金在债券到期时一并归还。

要求：编制甲公司的会计分录。

【答案】

（1）首先计算实际利率

设实际利率为i，该利率应满足如下条件：

$120 / (1+i)^5 = 95$

经测算，计算结果：$i \approx 4.78\%$

$(P/F, 5\%, 5) = 0.7835$（$120 \times 0.7835 = 94.02$）

$(P/F, i, 5) = 0.7917$ [$120 \times (P/F, i, 5) = 95$]

$(P/F, 4\%, 5) = 0.8219$（$120 \times 0.8219 = 98.63$）

$\dfrac{5\% - i}{5\% - 4\%} = \dfrac{0.7835 - 0.7917}{0.7835 - 0.8219}$

$i \approx 4.78\%$

借：持有至到期投资——成本　　　　100

　贷：银行存款　　　　　　　　　95

　　持有至到期投资——利息调整　　5

每年利息收益计算过程如下：

单位：万元

年 份	①年初摊余成本	②利息收益＝①×实际利率	③现金流入	④年末摊余成本＝①＋②－③
2013	95	4.54	0	99.54
2014	99.54	4.76	0	104.3
2015	104.3	4.99	0	109.29
2016	109.29	5.22	0	114.51
2017	114.51	5.49	120	0

会计分录为：

借：持有至到期投资——应计利息　　4

　　　　——利息调整　（②－4）

　贷：投资收益　②

到期收回本金和利息：

借：银行存款　　　　　　　　　　120

　贷：持有至到期投资——成本　　100

　　　　——应计利息　　20

【例题·单选题】甲公司2017年1月1日按每张980元的价格购入乙公司于2017年1月1日

发行的期限为2年、面值为1000元、票面年利率为3%的普通债券1000张，该债券分期付息到期还本，甲公司将其划分为持有至到期投资，发生交易费用8000元，票款以银行存款支付。该债券的实际年利率为4%，2017年12月31日按照摊余成本和实际利率确认的投资收益为39520元，则2017年年末持有至到期投资的摊余成本为（　　）元。

A.980000　　　　　　　B.988000

C.978480　　　　　　　D.997520

【解析】甲公司购入债券时编制的会计分录为：

借：持有至到期投资—成本　　　　1000000
　　贷：银行存款　　　　　　　　　　988000
　　　　持有至到期投资—利息调整　　12000

2017 年 12 月 31 日的会计分录为：

借：应收利息　　　　　　　　　　　30000
　　持有至到期投资—利息调整　　　　9520
　　贷：投资收益　　　　　　　　　　39520

因此该项持有至到期投资在年末的摊余成本 =（1000000 – 12000）+ 9520 = 997520（元）。

【答案】D

【例题·单选题】2011 年 1 月 1 日，甲公司以银行存款 1100 万元购入乙公司当日发行的面值为 1000 万元的 5 年期不可赎回债券，将其划分为持有至到期投资。该债券票面年利率为 10%，每年年末付息，实际年利率为 7.53%。2011 年 12 月 31 日，该债券的公允价值上涨至 1150 万元。假定不考虑其他因素，2011 年 12 月 31 日甲公司该债券投资的账面价值为（　　）万元。（2012 年）

A. 1082.83　　　　　　B. 1150
C. 1182.53　　　　　　D. 1200

【解析】甲公司该债券投资的账面价值 = 1100 + 1100 × 7.53% – 1000 × 10% = 1082.83（万元）。

【答案】A

三、持有至到期投资减值和出售的会计处理

（一）持有至到期投资减值的会计处理

1. 持有至到期投资可收回金额按未来现金流量现值确定（折现率与原实际利率相同）。

2. 计提减值准备的会计分录：

借：资产减值损失
　　贷：持有至到期投资减值准备

3. 计提减值后，后续实际利息收入 = 最新账面价值（摊余成本）× 实际利率。

4. 转回减值准备时：

借：持有至到期投资减值准备
　　贷：资产减值损失

【例题·计算题】2013 年 1 月 1 日，甲公司购买了一项债券，期限为 5 年，划分为持有至到期投资，购买价款 90 万元，另支付交易费用 5 万元，该债券面值为 100 万元，票面年利率为 4%，实际年利率为 5.16%，每年年末支付利息，到期归还本金。2013 年年末至 2016 年年末该债券投资的可收回金额分别为 96 万元、95 万元、99 万元和 100 万元。

要求：编制甲公司的会计分录。

【答案】

2013 年 1 月 1 日购入该债券时：

借：持有至到期投资—成本　　　　　　100
　　贷：银行存款　　　　　　　　　　　95
　　　　持有至到期投资—利息调整　　　5

每年利息收益计算过程如下：

单位：万元

年　份	年初摊余成本	利息收益（5.16%）	收到利息	年末摊余成本	可收回金额
2013	95.00	4.90	4.00	95.90	96.00
2014	95.90	4.95	4.00	96.85	95.00
2015	95.00	4.90	4.00	95.90	99.00
2016	97.75	5.04	4.00	98.79	100.00
2017	98.79	5.21	104.00	0.00	

【提示】持有至到期投资确认减值损失后，利息收入应当按照确定减值损失时对未来现金流量进行折现采用的折现率作为利率计算确认。

会计分录如下：

2013 年

借：应收利息　　　　　　　　　　　　4
　　持有至到期投资—利息调整　　　　0.9
　　贷：投资收益　　　　　　　　　　4.9

借：银行存款　　　　　　　　　　　　4
　　贷：应收利息　　　　　　　　　　　4

2014 年

借：应收利息　　　　　　　　　　　　4
　　持有至到期投资—利息调整　　　　0.95
　　贷：投资收益　　　　　　　　　　4.95

借：银行存款　　　　　　　　　　　　4
　　贷：应收利息　　　　　　　　　　　4

借：资产减值损失　　　1.85（96.85 – 95）
　　贷：持有至到期投资减值准备　　　1.85

2015 年

借：应收利息　　　　　　　　　　　　4
　　持有至到期投资—利息调整　　　　0.9
　　贷：投资收益　　　　　　　　　　4.9

第三周

借：银行存款　　　　　　　　　　4
　　贷：应收利息　　　　　　　　　　4
借：持有至到期投资减值准备　　1.85
　　贷：资产减值损失　　　　　　　1.85
2016 年
借：应收利息　　　　　　　　　　4
　　持有至到期投资—利息调整　1.04
　　贷：投资收益　　　　　　　　　5.04
借：银行存款　　　　　　　　　　4
　　贷：应收利息　　　　　　　　　　4
2017 年
借：应收利息　　　　　　　　　　4
　　持有至到期投资—利息调整　1.21
　　贷：投资收益　　　　　　　　　5.21
借：银行存款　　　　　　　　　104
　　贷：持有至到期投资—成本　　100
　　　　应收利息　　　　　　　　　4

（二）到期及未到期出售
1. 债券到期时：
借：银行存款
　　贷：持有至到期投资—成本
　　　　　　　　　　—应计利息（到期一
　　　　　　　　　　次还本付息累计计提
　　　　　　　　　　的利息）
　　　　应收利息（分期付息应收取的最后一
　　　　　　　　　　期利息）
2. 未到期出售时：
借：银行存款
　　持有至到期投资减值准备
　　贷：持有至到期投资—成本
　　　　　　　　　　—利息调整（或借方）
　　　　　　　　　　—应计利息
　　　　投资收益（或借方）

【星期三 · 第 9 章】贷款和应收款项的核算

一、贷款和应收款项概述

（一）贷款和应收款项的定义

贷款和应收款项，是指在活跃市场中没有报价、回收金额固定或可确定的非衍生金融资产。

贷款和应收款项泛指一类金融资产，主要是指金融企业发放的贷款和其他债权，但又不限于金融企业发放的贷款和其他债权。非金融企业持有的现金和银行存款、销售商品或提供劳务形成的应收款项、企业持有的其他企业的债权（不包括在活跃市场上有报价的债务工具）等，只要符合贷款和应收款项的定义，可以划分为这一类。划分为贷款和应收款项的金融资产，与划分为持有至到期投资的金融资产，其主要差别在于前者不是在活跃市场上有报价的金融资产，并且不像持有至到期投资那样在出售或重分类方面受到较多限制。

（二）贷款和应收款项的特征

1. 回收金额固定或可确定；

2. 无活跃市场，这是贷款和应收款项与持有至到期投资的主要区别，即持有至到期投资在活跃市场上有报价，而贷款和应收款项则没有。

（三）不属于贷款和应收款项的资产

1. 准备立即出售或在近期出售的非衍生金融资产，此类资产应定义为交易性金融资产；

2. 初始确认时被指定为以公允价值计量且其变动计入当期损益的非衍生金融资产；

3. 初始确认时被指定为可供出售的非衍生金融资产；

4. 因债务人信用恶化以外的原因，使持有方可能难以收回几乎所有初始投资的非衍生金融资产，比如证券投资基金等。

二、贷款和应收款项的会计处理

（一）贷款和应收款项的会计处理原则

1. 金融企业按当前市场条件发放的贷款，应按发放贷款的本金及相关交易费用之和作为初始确认金额；

2. 应收债权通常按合同或协议价款作为初始确认金额；

3. 贷款利息收入应按实际利率计算；

4. 企业收回或处置贷款和应收款项时，应将取得的价款与该贷款和应收款项账面价值之间的差额计入当期损益。

（二）应收账款的账务处理

1. 赊销时

借：应收账款
　　贷：主营业务收入
　　　　应交税费—应交增值税（销项税额）

2. 收款时

借：银行存款
　　财务费用（现金折扣）
　　贷：应收账款

（三）应收票据的账务处理

1. 赊销时

借：应收票据
　　贷：主营业务收入
　　　　应交税费—应交增值税（销项税额）

2. 收款时

借：银行存款
　　贷：应收票据

3. 贴现时

（1）符合有关金融资产终止确认条件：

借：银行存款

　　财务费用

　　贷：应收票据

（2）不符合有关金融资产终止确认条件：

借：银行存款

　　财务费用

　　贷：短期借款

4. 将持有的商业汇票转让以取得所需物资

借：库存商品或原材料

　　应交税费—应交增值税（进项税额）

　　银行存款（收取补价）

　　贷：应收票据

　　　　银行存款（支付补价）

【星期四·第9章】可供出售金融资产的核算

一、可供出售金融资产概述

（一）可供出售金融资产的定义

可供出售金融资产，是指初始确认时即被指定为可供出售的非衍生金融资产，以及没有划分为以公允价值计量且其变动计入当期损益的金融资产、持有至到期投资、贷款和应收款项的金融资产。

对于公允价值能够可靠计量的金融资产，企业可以将其直接指定为可供出售金融资产。例如，在活跃市场上有报价的股票投资、债券投资等。如企业没有将其划分为其他三类金融资产，则应将其作为可供出售金融资产处理。相对于交易性金融资产而言，可供出售金融资产的持有意图不明确。

【提示】两类限售股权的分类：

1. 企业在股权分置改革过程中持有对被投资单位在重大影响以上的股权投资，应当作为长期股权投资，视对被投资单位的影响程度分别采用成本法或权益法核算；企业在股权分置改革中持有对被投资单位不具有控制、共同控制或重大影响的股权，应当划分为可供出售金融资产。

2. 企业持有上市公司限售股权（不包括股权分置改革中持有的限售股权）且对上市公司不具有控制、共同控制或重大影响的，应当按金融工具确认和计量准则规定，将该限售股权划分为可供出售金融资产，除非满足该准则规定条件划分为以公允价值计量且其变动计入当期损益的金融资产。

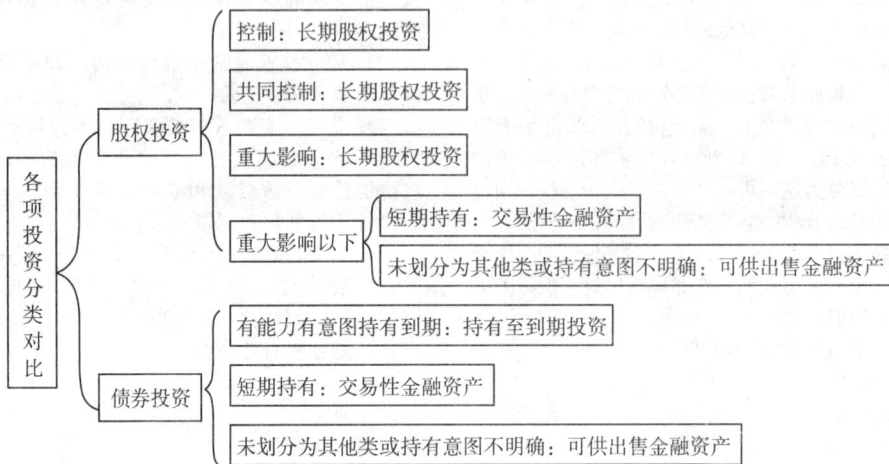

各项投资分类对比
股权投资
- 控制：长期股权投资
- 共同控制：长期股权投资
- 重大影响：长期股权投资
- 重大影响以下
  - 短期持有：交易性金融资产
  - 未划分为其他类或持有意图不明确：可供出售金融资产

债券投资
- 有能力有意图持有到期：持有至到期投资
- 短期持有：交易性金融资产
- 未划分为其他类或持有意图不明确：可供出售金融资产

（二）可供出售金融资产的分类

1. 直接指定的可供出售金融资产；

2. 未划分为以公允价值计量且其变动计入当期损益的金融资产、贷款和应收款项、持有至到期投资的金融资产。

二、可供出售金融资产的会计处理

（一）可供出售金融资产的会计处理原则

1. 初始成本的确定

股权投资：购买价款－购买价款中包含的已宣告但尚未发放的现金股利＋交易费用

债券投资：购买价款－购买价款中包含的已到付息期但尚未领取的债券利息＋交易费用

2. 期末以公允价值进行后续计量，公允价值变动形成的利得或损失计入所有者权益（其他综合收益）。

3. 可供出售外币货币性金融资产形成的汇兑差额，应当计入当期损益。

【提示】可供出售外币非货币性金融资产公允

价值变动与汇兑差额均计入其他综合收益。

【例题·多选题】企业对下列金融资产进行初始计量时，应将发生的相关交易费用计入初始确认金额的有( )。(2016年)

A. 持有至到期投资

B. 委托贷款

C. 可供出售金融资产

D. 交易性金融资产

【解析】选项D，取得交易性金融资产发生的交易费用应当记入"投资收益"科目借方。

【答案】ABC

【例题·计算题】甲公司以人民币为记账本位币，外币交易采用交易发生时的即期汇率结算。甲公司2017年1月3日购入一项可供出售货币性金融资产。购买价款为100万美元，当日即期汇率为1美元＝6.80元人民币，2017年12月31日，该金融资产的公允价值为110万美元，当日即期汇率为1美元＝6.90元人民币。

【答案】

2017年1月1日，入账价值＝100×6.80＝680（万元人民币）；

2017年12月31日，账面价值＝110×6.90＝759（万元人民币）；

期末可供出售金融资产价值上升79万元人民币（759－680），其中因汇率变动产生的汇兑差额计入财务费用的金额＝100×（6.90－6.80）＝10（万元人民币）；因公允价值变动计入其他综合收益的金额＝（110－100）×6.90＝69（万元人民币）。

【例题·单选题】2014年12月1日，甲公司以300万港元取得乙公司在香港联交所挂牌交易的H股100万股，作为可供出售金融资产核算。2014年12月31日，上述股票的公允价值为350万港元。甲公司以人民币作为记账本位币，假定2014年12月1日和31日1港元即期汇率分别为0.83元人民币和0.81元人民币。不考虑其他因素，2014年12月31日，甲公司因该资产计入其他综合收益的金额为( )万元人民币。(2015年)

A. 34.5　　　　　B. 40.5

C. 41　　　　　D. 41.5

【解析】对于外币可供出售权益工具，资产负债表日折算后的记账本位币金额与原记账本位币金额之间的差额应计入其他综合收益，所以因该资产计入其他综合收益的金额＝350×0.81－300×0.83＝34.5（万元人民币）。

【答案】A

4. 采用实际利率法计算的可供出售债务工具投资的利息，应当计入当期损益（投资收益等）；可供出售权益工具投资的现金股利，应当在被投

资单位宣告发放时计入当期损益（投资收益等）。

（二）可供出售金融资产的会计核算

1. 企业取得可供出售金融资产应当以公允价值加上交易费用作为其取得成本，并以公允价值进行后续计量。

（1）股票投资

借：可供出售金融资产—成本（公允价值＋交易费用）

应收股利（已宣告但尚未发放的现金股利）

贷：银行存款等

（2）债券投资

借：可供出售金融资产—成本（面值）

应收利息（已到付息期但尚未领取的利息）

贷：银行存款等

可供出售金融资产—利息调整（或借方）

【提示】到期一次还本付息债券的票面利息在"可供出售金融资产—应计利息"中核算。

2. 资产负债表日计算利息

借：应收利息（分期付息债券按票面利率计算的利息）

可供出售金融资产—应计利息（到期一次还本付息债券按票面利率计算的利息）

—利息调整（或贷方）

贷：投资收益（期初摊余成本×实际利率）

3. 资产负债表日公允价值正常变动

（1）公允价值上升

借：可供出售金融资产—公允价值变动

贷：其他综合收益

（2）公允价值下降

借：其他综合收益

贷：可供出售金融资产—公允价值变动

【提示】如果是债券投资，此公允价值的调整不影响摊余成本，即不影响每期计算的利息收益。

【例题·计算题】2014年1月1日，甲公司购买了一项债券，期限为5年，划分为可供出售金融资产，购买价款90万元，另支付交易费用5万元，该债券面值为100万元，票面年利率为4%，实际年利率为5.16%，每年年末支付利息，到期归还本金。2014年年末至2016年年末该债券投资的公允价值分别为97万元、98万元、95万元。2017年年初甲公司将其出售，取得价款105万元。

要求：编制甲公司的会计分录。

【答案】

每年利息收益计算过程如下：

单位：万元

年　份	年初摊余成本	利息收益（5.16%）	收到利息	年末摊余成本	公允价值
2014	95.00	4.90	4.00	95.90	97.00
2015	95.90	4.95	4.00	96.85	98.00
2016	96.85	5.00	4.00	97.85	95.00

购入时：

借：可供出售金融资产—成本　　　　100
　　贷：银行存款　　　　　　　　　　　95
　　　　可供出售金融资产—利息调整　　5

2014年年末计提利息时：

借：应收利息　　　　　　　　　　　　4
　　可供出售金融资产—利息调整　　0.9
　　贷：投资收益　　　　　　　　　　4.9

收到利息时：

借：银行存款　　　　　　　　　　　　4
　　贷：应收利　　　　　　　　　　　　4

2014年年末公允价值变动时：

借：可供出售金融资产—公允价值变动 1.1
　　贷：其他综合收益　　　　　1.1（97－95.9）

2015年年末计提利息收益时：

借：应收利息　　　　　　　　　　　　4
　　可供出售金融资产—利息调整　　0.95
　　贷：投资收益　　　　　　　　　　4.95

收到利息时：

借：银行存款　　　　　　　　　　　　4
　　贷：应收利息　　　　　　　　　　　4

2015年年末公允价值变动时：

借：可供出售金融资产—公允价值变动
　　　　　　　　　　　　　　　　0.05
　　贷：其他综合收益　　　　　　　0.05
　　　　　　　　[98－（97＋0.95）]

2016年年末计提利息收益时：

借：应收利息　　　　　　　　　　　　4
　　可供出售金融资产—利息调整　　　1
　　贷：投资收益　　　　　　　　　　　5

收到利息时：

借：银行存款　　　　　　　　　　　　4
　　贷：应收利息　　　　　　　　　　　4

2016年年末公允价值变动时：

借：其他综合收益　　4 [（98＋1）－95]
　　贷：可供出售金融资产—公允价值变动　4

2017年年初出售时：

借：银行存款　　　　　　　　　　　105
　　可供出售金融资产—利息调整　2.15
　　　　　　　　—公允价值变动
　　　　　　　　　　　　　　　　2.85

　　贷：可供出售金融资产—成本　　　100
　　　　投资收益　　　　　　　　　　10
借：投资收益　　　　　　　　　　2.85
　　贷：其他综合收益　　　　　　　2.85

【例题·单选题】2012年1月1日，甲公司从二级市场购入丙公司面值为200万元的债券，支付的总价款为195万元（其中包括已到付息期但尚未领取的利息4万元），另支付相关交易费用1万元，甲公司将其划分为可供出售金融资产。该资产入账时应记入"可供出售金融资产—利息调整"科目的金额为（　）万元。（2012年）

A. 4（借方）　　　B. 4（贷方）
C. 8（借方）　　　D. 8（贷方）

【解析】取得金融资产时发生的交易费用计入可供出售金融资产的成本，本题分录为：

借：可供出售金融资产—成本　　　200
　　应收利息　　　　　　　　　　　4
　　贷：银行存款　　　　　　　　　196
　　　　可供出售金融资产—利息调整　8

【答案】D

4. 出售可供出售金融资产

借：银行存款等
　　贷：可供出售金融资产
　　　　投资收益（或借方）

同时：

借：其他综合收益
　　贷：投资收益

或作相反分录。

【例题·判断题】企业持有的可供出售金融资产公允价值发生的增减变动额应当确认为直接计入所有者权益的利得和损失。（　）

【解析】可供出售金融资产公允价值发生严重或非暂时性下跌时，应当确认资产减值损失。

【答案】×

5. 将持有至到期投资重分类为可供出售金融资产

企业因持有至到期投资部分出售或重分类的金额较大时，且不属于企业会计准则所允许的例外情况，使持有至到期投资的剩余部分不再适合划分为持有至到期投资的，企业应当将持有至到期投资的剩余部分重分类为可供出售金融资产，并以公允价值进行后续计量。重分类日，持有至

第三周

到期投资剩余部分的账面价值与其公允价值之间的差额计入所有者权益，在该可供出售金融资产发生减值或终止确认时转出计入当期损益。

借：可供出售金融资产（重分类日公允价值）
　　贷：持有至到期投资（账面价值）
　　　　其他综合收益（或借方）

【星期五·第9章】金融资产减值的核算

一、金融资产减值损失的确认

企业应当在资产负债表日对以公允价值计量且其变动计入当期损益的金融资产以外的金融资产的账面价值进行检查，有客观证据表明该金融资产发生减值的，应当计提减值准备。

二、金融资产减值损失的计量

（一）持有至到期投资、贷款和应收款项减值损失的计量

1. 持有至到期投资、贷款和应收款项等金融资产发生减值时，应当将该金融资产的账面价值减记至预计未来现金流量现值，减记的金额确认为减值损失，计入当期损益（资产减值损失）。

2. 对于存在大量性质类似且以摊余成本后续计量金融资产的企业，在考虑金融资产减值测试时，应当先将单项金额重大的金融资产区分开来，单独进行减值测试；对于单项金额不重大的资产，可以单独进行减值测试，或包括在具有类似信用风险特征的金融资产组合中进行减值测试。

单独测试未发现减值的金融资产（包括单项金额重大和不重大的金融资产），应当包括在具有类似信用风险特征的金融资产组合中再进行减值测试。

3. 对持有至到期投资、贷款和应收款项等金融资产确认减值损失后，如有客观证据表明该金融资产价值已恢复，且客观上与确认该损失发生的事项有关（如债务人的信用评级已提高等），应在原确认的减值损失范围内按已恢复的金额予以转回，计入当期损益。但是，该转回后的账面价值不应当超过假定不计提减值准备情况下该金融资产在转回日的摊余成本。

4. 外币金融资产发生减值的，预计未来现金流量现值应先按外币确定，在计量减值时再按资产负债表日即期汇率折成为记账本位币反映的金额。该项金额小于相关外币金融资产以记账本位币反映的账面价值的部分，确认为减值损失，计入当期损益。

5. 持有至到期投资、贷款和应收款项等金融资产确认减值损失后，利息收入应当按照确定减值损失时对未来现金流量进行折现采用的折现率作为利率计算确认。

（二）可供出售金融资产减值损失的计量

1. 可供出售金融资产发生减值时，即使该金融资产没有终止确认，原直接计入所有者权益的因公允价值变动形成的累计公允价值变动，也应当予以转出，计入当期损益。

2. 对于已确认减值损失的可供出售债务工具，在随后的会计期间公允价值已上升且客观上与原减值损失确认发生的事项有关的，应在原确认的减值损失范围内应当予以转回，计入当期损益（资产减值损失）。

3. 可供出售权益工具投资发生的减值损失，不得通过损益转回，转回时记入"其他综合收益"科目。

三、金融资产减值损失的会计处理

（一）持有至到期投资、贷款和应收款项减值的账务处理

1. 计提时：
借：资产减值损失
　　贷：持有至到期投资减值准备、坏账准备等
2. 转回时：
借：持有至到期投资减值准备、坏账准备等
　　贷：资产减值损失

（二）可供出售金融资产减值的账务处理

1. 计提时：

可供出售金融资产发生减值时，即使该金融资产没有终止确认，原直接计入其他综合收益的因公允价值变动形成的累计公允价值变动，也应当予以转出，计入资产减值损失。

借：资产减值损失
　　贷：其他综合收益（或借方）（从其他综合收益中转出原计入其他综合收益的累计公允价值变动金额）
　　　　可供出售金融资产—减值准备

2. 转回时：

（1）对于已确认减值损失的可供出售债务工具投资（如债券投资），在随后的会计期间公允价值已上升且客观上与原减值损失确认发生的事项有关的，原确认的减值损失应当予以转回，计入当期损益即资产减值损失。

借：可供出售金融资产—减值准备
　　贷：资产减值损失

（2）可供出售权益工具投资（股票投资）发生的减值损失，不得通过损益转回，转回时计入其他综合收益。

借：可供出售金融资产—减值准备
　　贷：其他综合收益

【例题·单选题】下列各项资产减值准备中，在以后会计期间符合转回条件予以转回时，应直接计入所有者权益类科目的是（　　）。（2015年）

A. 坏账准备

B. 持有至到期投资减值准备

C. 可供出售权益工具减值准备

D. 可供出售债务工具减值准备

【解析】坏账准备和持有至到期投资的减值准备符合转回条件的予以转回，并计入当期损益，选项A和B不正确；对已确认减值损失的可供出售债务工具，在随后的会计期间公允价值已上升且客观上与确认原减值损失发生的事项有关的，应在原确认的减值损失范围内按已恢复的金额予以转回，计入当期损益，选项D不正确；可供出售权益工具发生的减值损失，不得通过损益转回，应通过所有者权益科目"其他综合收益"转回，选项C正确。

【答案】C

【例题·单选题】下列关于不存在减值迹象的可供出售金融资产会计处理的表述中，正确的是（　　）。（2014年）

A. 取得时发生的相关交易费用计入当期损益

B. 将出售的剩余部分重分类为交易性金融资产

C. 资产负债表日将公允价值与账面价值的差额计入当期损益

D. 将出售时实际收到的金额与账面价值之间的差额计入当期损益

【解析】选项A，取得时发生的相关交易费用应计入可供出售金融资产初始入账价值中；选项B，交易性金融资产不得与其他类金融资产进行重分类；选项C，资产负债表日将公允价值与账面价值的差额计入其他综合收益，不影响当期损益。

【答案】D

本周自测

一、单项选择题

1. 下列各项中，关于金融资产的分类表述正确的是（　　）。

A. 企业的风险管理正式书面文件已经载明该金融资产组合以公允价值为基础进行管理和评价，则应当将其划分为以公允价值计量且其变动计入当期损益的金融资产

B. 以公允价值计量且其变动计入当期损益的金融资产持有期限超过一年的应将其重新分类为可供出售金融资产

C. 持有某公司股权投资在重大影响以下的，应将其划分为可供出售金融资产

D. 持有债券投资应将其划分为持有至到期投资

2. 下列各项中，不属于金融资产的是（　　）。

A. 库存现金

B. 债权投资

C. 衍生金融资产

D. 开发支出

3. 甲公司2017年1月3日购入乙公司于2016年1月1日发行的公司债券10万份，每份债券面值为1000元，票面年利率为5%。甲公司支付购买价款9800万元，另支付交易费用100万元，甲公司将其划分为交易性金融资产核算。该债券系分期付息到期还本，每年1月10日支付上年度利息。则甲公司该交易性金融资产的入账金额为（　　）万元。

A. 9800　　　　　　　B. 9900

C. 9300　　　　　　　D. 9400

4. 甲公司以3000万元购入乙上市公司（以下简称乙公司）3%有表决权股份，另支付10万元交易费用。因乙公司股权比较集中，所以甲公司对乙公司不具有重大影响，甲公司准备短期持有。当年乙公司宣告发放现金股利300万元。资产负债表日该股权的公允价值为3050万元。则该笔交易对甲公司当年损益的影响金额为（　　）万元。

A. 140　　　　　　　B. 49

C. 340　　　　　　　D. 40

5. 甲公司2017年1月1日购入乙公司5%的股权，甲公司将其划分为交易性金融资产核算。甲公司支付购买价款1000万元（其中包括已宣告但尚未发放的现金股利80万元和交易费用10万元）。2017年6月30日该股权的公允价值为1100万元，2017年12月1日甲公司将该股权出售，取得处置价款1080万元。则甲公司处置该股权应确认的投资收益为（　　）万元。

A. 20 　　　　B. 80
C. 160 　　　　D. 170

6. 下列各项中，关于持有至到期投资的表述正确的是( )。
A. 企业购入某公司股票如果能够指定出售日，则可以将其划分为持有至到期投资
B. 企业有能力将某债券持有至到期，即使发行方可以按照明显低于其摊余成本的金额清偿也不影响将其划分为持有至到期投资
C. 企业没有可利用的财务资源持续地为该金融资产提供资金支持，则不能将其划分为持有至到期投资
D. 持有至到期投资不得重新分类为可供出售金融资产

7. 甲公司2017年1月1日购入乙公司于2016年7月1日发行的3年期公司债券，支付购买价款5000万元，另支付交易费用10万元。该债券的面值为5000万元，票面年利率为5%，每年1月5日支付上年度利息，到期归还本金。甲公司将其划分为持有至到期投资核算，则甲公司持有至到期投资的入账金额为( )万元。
A. 5000 　　　　B. 5010
C. 4760 　　　　D. 4885

8. 2016年1月1日甲公司购入乙公司同日发行的5年期公司债券，该债券面值为3000万元，票面年利率为5%，每年1月5日支付上年度利息，到期归还本金。甲公司支付购买价款2950万元，另支付相关税费20万元。甲公司将其划分为持有至到期投资核算。已知同类债券的实际利率为5.23%。则2017年12月31日该持有至到期投资的摊余成本为( )万元。
A. 2980.94 　　　　B. 2966.93
C. 2890.78 　　　　D. 3000

9. 宏达公司于2016年1月1日购入甲公司同日发行的5年期公司债券100万份，每份债券的面值为100元。宏达公司支付购买价款9000万元，另支付交易税费50万元。该债券票面年利率为4%，到期一次还本付息。同类债券的实际年利率为6.07%，则2018年1月1日该债券的摊余成本为( )万元。
A. 9440.16 　　　　B. 10182.01
C. 10800.06 　　　　D. 10720

10. 甲公司购入乙公司债券将其划分为持有至到期投资核算，该债券面值为4000万元，票面年利率为3%，实际年利率为4%，分期付息到期归还本金。2016年12月31日该债券的摊余成本为3800万元，预计未来现金流量的现值为3600万元。2017年12月31日该债券的预计未来现金流量现值为3724万元。则2018年12月31日该债券的摊余成本为( )万元。
A. 3624 　　　　B. 3648.96

C. 3752.96 　　　　D. 3865.28

11. 下列关于持有至到期投资、贷款和应收款项计提减值准备的说法不正确的是( )。
A. 以摊余成本计量的金融资产在预计未来现金流量现值时应根据该金融资产当时的市场实际利率进行折现计算
B. 外币金融资产发生减值的，预计未来现金流量现值应先按外币确定，在计量减值时再按资产负债表日即期汇率折算为记账本位币反映的金额
C. 持有至到期投资确认减值损失后，利息收入应按原折现率进行计算
D. 持有至到期投资、贷款和应收款项计提减值准备，以后期间价值恢复转回减值准备时会影响营业利润

12. 甲公司采用余额百分比法对应收款项计提坏账准备，计提比例为8%。2017年1月1日应收账款的账面余额为3500万元，当年发生赊销5850万元，收回应收账款2800万元，发生坏账损失200万元。则2017年12月31日应计提的坏账准备为( )万元。
A. 508 　　　　B. 428
C. 244 　　　　D. 44

13. 甲公司购入乙公司10%有表决权股份，因乙公司股权集中，甲公司对乙公司不具有重大影响。甲公司准备长期持有乙公司股权，则下列说法正确的是( )。
A. 甲公司应将该项投资作为长期股权投资核算
B. 甲公司应将该项投资作为交易性金融资产核算
C. 甲公司应将该项投资作为可供出售金融资产核算
D. 甲公司应将该项投资作为交易性金融资产或可供出售金融资产核算

14. 2017年1月1日甲公司购入乙公司同日发行的3年期公司债券，支付购买价款1000万元，另支付交易费用5万元。该债券面值为1000万元，票面年利率为6%，实际年利率为5.81%，分期付息到期还本。甲公司将其划分为可供出售金融资产核算。2017年12月31日该债券的公允价值为998万元。则2018年12月31日该债券的摊余成本为( )万元。
A. 995.98 　　　　B. 1000
C. 998 　　　　D. 1001.69

15. 甲公司2016年初购入乙公司债券将其划分为可供出售金融资产核算，该债券面值为1200万元，票面年利率为5%，实际年利率为7.5%，分期付息到期还本。2016年12月31日该债券的摊余成本为1050万元，公允价值为1100万元。2017年12月31日该债券的公

第 三 周

允价值为 1180 万元。2017 年 12 月 31 日应计入其他综合收益的金额为（　　）万元。

A. 80　　　　　　　　B. 61.25

C. 18.75　　　　　　D. 130

16. 2016 年 1 月 1 日甲公司购入乙公司股权投资将其划分为可供出售金融资产核算，支付购买价款 3000 万元（其中包括已宣告但尚未发放的现金股利 100 万元），另支付交易费用 50 万元。2016 年 6 月 30 日该股权的公允价值为 2700 万元，甲公司认定属于暂时性下跌。2016 年 12 月 31 日该股权的公允价值为 2300 万元，甲公司认定该股权发生减值。2017 年 12 月 31 日该股权的公允价值为 2580 万元。则下列会计处理正确的是（　　）。

A. 2016 年 12 月 31 日应计入资产减值损失的金额为 400 万元

B. 2017 年 12 月 31 日应冲减资产减值损失的金额为 280 万元

C. 该项可供出售金融资产不会影响 2017 年度企业的损益

D. 2016 年 6 月 30 日应计入公允价值变动损益的金额为 250 万元

17. 甲公司 2017 年 6 月 30 日将持有的乙公司作为持有至到期投资核算的债券出售 40%，出售时该债券的摊余成本为 7890 万元，取得处置价款 4000 万元。假定处置部分相对于持有至到期投资总额较大且不属于例外情况，则该项业务应计入其他综合收益的金额为（　　）万元。

A. 0　　　　　　　　B. 844

C. 1266　　　　　　D. 2110

18. 下列金融资产计提减值准备后，因减值迹象消失恢复计提减值准备时不会影响损益的是（　　）。

A. 应收账款

B. 持有至到期投资

C. 可供出售债务工具投资

D. 可供出售权益工具投资

19. 企业购入下列资产发生的交易费用，应在发生时计入当期损益的是（　　）。

A. 控股合并方式形成的长期股权投资

B. 持有至到期投资

C. 可供出售金融资产

D. 非企业合并形成的长期股权投资

二、多项选择题

1. 下列各项中，关于金融资产的分类表述正确的有（　　）。

A. 以公允价值计量且其变动计入当期损益的金融资产就是交易性金融资产

B. 以公允价值计量且其变动计入当期损益的金

融资产不得重新分类为可供出售金融资产

C. 可供出售金融资产不得重新分类为贷款和应收款项

D. 持有至到期投资可以重新分类为可供出售金融资产

2. 下列各项中，关于持有至到期投资的特征表述正确的有（　　）。

A. 到期日固定、回收金额固定或可确定说明权益工具不能分类为持有至到期投资

B. 发生市场利率变化、流动性需要变化等情况企业出售该金融资产说明没有违反持有至到期投资的最初意图

C. 受法律、法规的限制使企业难以将金融资产持有至到期说明企业没有能力将其持有至到期

D. 企业应当于每个资产负债表日对持有至到期投资的意图和能力进行评价

3. 下列各项中，企业不能将其分类为贷款和应收款项的有（　　）。

A. 准备立即出售或在近期出售的非衍生金融资产

B. 初始确认时即被指定为以公允价值计量且其变动计入当期损益的金融资产

C. 初始确认时被指定为可供出售非衍生金融资产

D. 因债务人信用恶化以外原因，使持有方可能难以收回几乎所有初始投资的非衍生金融资产

4. 企业出售部分持有至到期投资后应将剩余部分重新分类为可供出售金融资产，但特殊情况除外，下列各项中属于特殊情况的有（　　）。

A. 出售日或重分类日距离该项投资到期日或赎回日较近，且市场利率变化对该项投资的公允价值没有显著影响

B. 根据合同约定，企业几乎收回所有初始本金

C. 被投资单位信用严重恶化

D. 因发生重大企业合并或重大处置，为保持现行利率风险头寸或维持现行信用风险政策

5. 下列各项中，关于企业取得相关资产支付的交易费用说法正确的有（　　）。

A. 取得交易性金融资产支付的交易费用计入当期损益

B. 取得持有至到期投资支付的交易费用计入初始投资成本

C. 取得可供出售金融资产支付的交易费用计入初始投资成本

D. 取得长期股权投资支付的交易费用计入初始投资成本

6. 公允价值一般情况下与交易价格相等，但特殊情况下二者不等，下列属于特殊情况的有（　　）。

A. 交易发生在关联方之间

B. 交易是被迫进行的

C. 交易价格所代表的计量单元不同于公允价值计量的金融资产的计量单元

D. 交易市场不是金融资产的主要市场（或最有利市场）

7. 企业以公允价值计量金融资产应当采用估值技术，下列各项属于估值技术方法的有（　）。
A. 市场法　　　　B. 收益法
C. 成本法　　　　D. 权益法

8. 公允价值的估值技术一经确定不得随意变更，但存在特殊情况的除外，下列属于特殊情况的有（　）。
A. 出现新的市场
B. 改进了估值技术
C. 可以取得新的信息
D. 市场状况发生变化

9. 下列各项中，关于金融资产后续计量的说法正确的有（　）。
A. 以公允价值计量且其变动计入当期损益的金融资产应按公允价值计量
B. 持有至到期投资应采用实际利率法按摊余成本计量
C. 贷款和应收款项应采用实际利率法按摊余成本计量
D. 可供出售金融资产（债务性投资）应采用实际利率法按摊余成本计量

10. 下列各项中，关于可供出售金融资产相关利得或损失的说法正确的有（　）。
A. 可供出售金融资产公允价值下降形成损失计入所有者权益
B. 可供出售外币货币性金融资产形成的汇兑差额计入所有者权益
C. 可供出售外币货币性金融资产采用实际利率计算的利息收入计入当期损益
D. 可供出售非货币性金融资产形成的汇兑差额计入所有者权益

11. 下列关于贷款和应收款项的说法正确的有（　）。
A. 贷款应当采用实际利率法按照摊余成本进行后续计量
B. 企业持有未到期的商业汇票向银行进行贴现，应减少应收票据，增加银行存款和财务费用
C. 企业将未到期的商业汇票背书转让以取得所需物资，应终止确认应收票据
D. 预付账款不多的企业可以将预付款项计入应付账款借方核算

12. 下列各项中，属于金融资产发生减值的客观证据的有（　）。
A. 债务人发生严重财务困难
B. 债务人进行其他财务重组
C. 权益工具投资公允价值非暂时性下跌

D. 发行方发生严重财务困难，该金融资产无法在活跃市场继续交易

13. 下列各项中，关于金融资产减值的说法正确的有（　）。
A. 以公允价值计量且其变动计入当期损益的金融资产无需计提减值准备
B. 持有至到期投资预计未来现金流量现值低于其摊余成本的应计提减值准备
C. 贷款和应收款项预计未来现金流量现值低于其账面价值的应计提减值准备
D. 可供出售金融资产公允价值低于其账面价值的应计提减值准备

14. 下列资产发生减值后，可以通过损益类科目转回的有（　）。
A. 持有至到期投资
B. 应收账款
C. 可供出售债务工具投资
D. 长期股权投资

三、判断题

1. 企业将金融资产直接指定为以公允价值计量且其变动计入当期损益的金融资产是为了消除或明显减少由于该金融资产的计量基础不同而导致相关利得或损失在确认和计量方面不一致的情况。（　）

2. 在活跃市场中没有报价、公允价值不能可靠计量的权益性工具投资，不得指定为以公允价值计量且其变动计入当期损益的金融资产。（　）

3. 划分为贷款和应收款项与持有至到期投资的主要区别在于贷款和应收款项不按公允价值计量。（　）

4. 企业在股权分制改革过程中持有的权益性投资应作为可供出售金融资产核算。（　）

5. 因监管部门要求大幅度提高资产流动性，企业将持有至到期投资部分出售的，应将剩余部分重新分类为可供出售金融资产。（　）

6. 企业购入可供出售金融资产支付的交易费用包括融资费用和内部管理成本。（　）

7. 企业应当以主要市场的价格计量金融资产的公允价值，不存在主要市场的应以最有利市场的价格计量金融资产的公允价值。（　）

8. 企业在估值技术的应用中，应当优先使用相关不可观察输入值，只有在相关不可观察输入值无法取得的情况下，才可以使用可观察输入值。（　）

9. 公允价值计量结果所属的层次取决于估值技术的输入值，而不是估值技术本身。（　）

10. 企业在初始确认以摊余成本计量的金融资产或金融负债时，应当计算确定实际利率，在相关金融资产或金融负债预期存续期间或适用的更短期间内保持不变。（　）

11. 金融资产的摊余成本就是其账面价值。
　　　　　　　　　　　　　　（　　）
12. 贷款持有期间所确认的利息收入应根据合同利率计算确定。　　　　　　　　　（　　）
13. 可供出售外币股权投资因资产负债表日汇率变动形成的汇兑损益计入财务费用。（　　）
14. 企业出售可供出售金融资产时应将原计入其他综合收益的金额结转至投资收益。（　　）
15. 将持有至到期投资重新分类为可供出售金融资产的，重分类日持有至到期投资剩余部分账面价值与其公允价值之间的差额计入其他综合收益。　　　　　　　　　　（　　）
16. 对于可供出售权益工具投资，资产负债表日其公允价值低于成本说明可供出售金融资产发生减值，应计提减值准备。　　　　（　　）
17. 如果权益工具投资在活跃市场中没有报价，应将其划分为以公允价值计量且其变动计入当期损益的金融资产。　　　　　　（　　）
18. 企业在资产负债表日应对所有的金融资产账面价值进行复核，如果发生减值应计提减值准备。　　　　　　　　　　　（　　）

四、计算分析题（除题目中有特殊要求外，答案中金额单位以万元表示，有小数的，保留两位小数）

1. 融信股份有限公司为上市公司（以下简称融信公司），有关债券投资的资料如下：
（1）2016 年 1 月 1 日，融信公司支付价款 1120.89 万元（含交易费用 10.89 万元），从活跃市场购入乙公司当日发行的面值为 1000 万元、5 年期的不可赎回债券。该债券票面年利率为 10%，到期一次还本付息，同类债券的实际年利率为 6%。融信公司将其划分为持有至到期投资，按年确认投资收益。2016 年 12 月 31 日，因乙公司发生财务困难，预计到期可归还的本金和利息合计为 1300 万元。
（2）2017 年 12 月 31 日，乙公司经过一系列改革措施，已消除财务困难并承诺到期如数归还本金和利息。
（2）2018 年 1 月 1 日为筹集生产线扩建所需资金，融信公司出售债券的 80%，将扣除手续费后的款项 1000 万元存入银行。
其他资料：（P/F，6%，4）=0.7921；（P/F，10%，4）=0.6830。
要求：
（1）编制 2016 年 1 月 1 日融信公司购入该债券的会计分录。
（2）计算 2016 年 12 月 31 日融信公司该债券投资收益、应计利息、利息调整摊销额和摊余成本，并编制相关的会计分录。
（3）计算 2017 年 12 月 31 日债券的摊余成本，并编制相关会计分录。

（4）编制 2018 年 1 月 1 日融信公司售出该债券的会计分录。
（5）简要说明剩余 20% 债券应如何处理，并编制相关会计分录。（持有至到期投资需写出明细科目）

2. 大华公司 2014 年度至 2017 年度对永发公司股票投资业务的相关资料如下：
（1）2014 年 1 月 1 日，大华公司从公开市场以每股 22 元的价格购入永发公司发行的股票 200 万股，占永发公司有表决权股份的 5%，对永发公司无重大影响，大华公司将其划分为可供出售金融资产。另支付相关交易费用 40 万元。
（2）2014 年 5 月 10 日，永发公司宣告发放现金股利 1200 万元。
（3）2014 年 5 月 15 日，大华公司收到现金股利。
（4）2014 年 12 月 31 日，该股票的市场价格为每股 19.5 元。大华公司预计该股票的价格下跌是暂时性的。
（5）2015 年，永发公司因违反相关证券法规，受到证券监管部门查处。受此影响永发公司股票的价格发生严重下跌。至 2015 年 12 月 31 日该股票的市场价格下跌至每股 9 元。
（6）2016 年，永发公司整改完成，加之市场宏观环境好转股票价格有所回升，至 12 月 31 日该股票的市场价格上升至每股 15 元。
（7）2017 年 1 月 31 日，大华公司将该股票全部出售，每股售价为 12 元，款项已存入银行。
除上述资料外，不考虑其他因素。
要求：
（1）编制 2014 年 1 月 1 日大华公司购入股票的会计分录。
（2）编制 2014 年 5 月 10 日永发公司宣告发放现金股利时大华公司的会计分录。
（3）编制 2014 年 5 月 15 日大华公司收到现金股利的会计分录。
（4）编制 2014 年 12 月 31 日大华公司可供出售金融资产公允价值变动的会计分录。
（5）编制 2015 年 12 月 31 日大华公司确认股票投资减值损失的会计分录。
（6）编制 2016 年 12 月 31 日大华公司确认股票价格上升的会计分录。
（7）编制 2017 年 1 月 31 日大华公司将该股票全部出售的会计分录。

3. 甲公司 2011 年度至 2013 年度对乙公司债券投资业务的相关资料如下：
（1）2011 年 1 月 1 日，甲公司以银行存款购入乙公司当日发行的 5 年期公司债券，作为持有至到期投资核算，该债券面值总额为 1000 万元，票面年利率为 5%，每年年末支付利息，到期一次偿还本金，但不得提前赎回。甲公司

第三周

该债券投资的实际年利率为 7.47%。

（2）2011 年 12 月 31 日，甲公司收到乙公司支付的债券利息 50 万元。当日，该债券投资不存在减值迹象。

（3）2012 年 12 月 31 日，甲公司收到乙公司支付的债券利息 50 万元。当日，甲公司获悉乙公司发生财务困难，对该债券投资进行了减值测试，预计该债券投资未来现金流量的现值为 800 万元。

（4）2013 年 1 月 1 日，甲公司以 801 万元的价格全部售出所持有的乙公司债券，款项已收存银行。

假定甲公司持有至到期投资全部为对乙公司的债券投资。除上述资料外，不考虑其他因素。

要求：

（1）计算甲公司 2011 年度持有至到期投资的投资收益。

（2）计算甲公司 2012 年度持有至到期投资的减值损失。

（3）计算甲公司 2013 年 1 月 1 日出售持有至到期投资的损益。

（4）根据资料（1）至（4），逐笔编制甲公司持有至到期投资相关的会计分录。

（"持有至到期投资"科目要求写出必要的明细科目）（2014 年）

五、综合题

甲公司为增值税一般纳税人，购买及销售商品适用的增值税税率为 17%，2016 年至 2018 年发生的与金融资产相关的经济业务如下：

（1）2016 年 1 月 1 日，甲公司以一批库存商品与乙公司（增值税一般纳税人）持有的作为可供出售金融资产核算的 X 公司股权投资进行交换。甲公司库存商品的账面余额为 3500 万元，已计提存货跌价准备 200 万元，市场售价为 3000 万元。乙公司可供出售金融资产的账面价值为 3500 万元（其中成本为 3000 万元，公允价值变动收益 500 万元），公允价值为 3600 万元。根据协议约定甲公司向乙公司支付补价 90 万元。甲公司取得股权投资后作为可供出售金融资产核算。

（2）2016 年 7 月 1 日，甲公司以银行存款 5000 万元购入丙公司于 2016 年 1 月 1 日发行的公司债券。该债券面值为 5000 万元，票面年利率为 6%，该债券系分期付息到期还本。甲公司另支付交易费用 10 万元。甲公司将其作为交易性金融资产核算。

（3）2016 年 12 月 31 日，X 公司股权的公允价值为 3800 万元，丙公司债券的公允价值为 4900 万元。

（4）2017 年 1 月 1 日，甲公司购入戊公司于

2016 年 1 月 1 日发行的 5 年期公司债券，以银行存款支付购买价款 4100 万元（含交易费用 20 万元）。该债券面值为 4000 万元，票面年利率为 6%，实际年利率为 6.85%，每年 1 月 5 日支付上年度利息，到期归还本金。甲公司将其划分为持有至到期投资核算。

（5）2017 年 4 月 1 日，甲公司以持有 A 公司 30% 的股权换取丁公司持有 B 公司 3% 的股权投资。甲公司对 A 公司具有重大影响，长期股权投资的账面价值为 8500 万元（其中成本为 7000 万元，损益调整为 800 万元，其他权益变动为 700 万元）。丁公司对 B 公司的股权投资作为可供出售金融资产核算，其账面价值为 9000 万元（其中成本为 9500 万元，公允价值变动损失为 500 万元）。长期股权投资的公允价值为 10000 万元，可供出售金融资产的公允价值为 10000 万元。当日相关股权变更手续已完成，甲公司取得 B 公司股权作为可供出售金融资产核算，丁公司取得 A 公司股权作为长期股权投资核算，当日 A 公司可辨认净资产的公允价值为 32000 万元。

（6）2017 年 6 月 30 日，X 公司股权的公允价值为 4100 万元，丙公司债券的公允价值为 4200 万元，B 公司股权的公允价值为 10900 万元。

（7）2017 年 10 月 1 日，甲公司将持有的丙公司债券全部出售，取得出售价款 3900 万元，款项已存入银行。

（8）2017 年 12 月 31 日，X 公司股权的公允价值为 3100 万元（非暂时性下跌），B 公司股权的公允价值为 11500 万元。

（9）2018 年 1 月 2 日，甲公司将 X 公司股权全部出售，取得价款 3080 万元，款项已存入银行。

要求：

（1）根据上述资料，按顺序分别编制甲公司、乙公司、丁公司相关的会计分录。

（2）计算乙公司进行资产交换时应确认的投资收益。

（3）计算丁公司进行资产交换时应确认的投资收益。

（4）计算甲公司因持有丙公司债券累计确认的投资收益。

（5）计算 2017 年 12 月 31 日甲公司持有戊公司债券投资的摊余成本，并编制相关会计分录。（交易性金融资产、持有至到期投资、可供出售金融资产、长期股权投资、应交税费均需列示明细科目，计算结果保留小数点后两位，答案中金额单位以万元表示）

本周自测参考答案及解析

一、单项选择题

1.【答案】A

【解析】以公允价值计量且其变动计入当期损益的金融资产不得重新分类为可供出售金融资产，选项 B 错误；持有某公司股权投资在重大影响以下的应按持有意图和时间分别划分为以公允价值计量且其变动计入当期损益的金融资产或可供出售金融资产，选项 C 错误；持有债券投资有意图和有能力将其持有至到期，才能划分为持有至到期投资核算，选项 D 错误。

2.【答案】D

【解析】企业的金融资产主要包括库存现金、银行存款、应收账款、应收票据、应收利息、应收股利、其他应收款、贷款、垫款、债权投资、股权投资、基金投资、衍生金融资产等。

3.【答案】C

【解析】交易性金融资产的入账金额 = 9800 －（10 × 1000 × 5%）= 9300（万元）。

4.【答案】B

【解析】甲公司应将该股权作为交易性金融资产核算，对甲公司损益的影响金额 = － 10（交易费用）＋ 300 × 3%＋（3050 － 3000）= 49（万元）。

5.【答案】D

【解析】甲公司处置股权应确认的投资收益 = 1080 －（1000 － 80 － 10）= 170（万元）。

6.【答案】C

【解析】股权投资没有到期日，不能划分为持有至到期投资，选项 A 错误；如果发行方可以按照明显低于其摊余成本的金额清偿，表明企业没有意图将其持有至到期，不能将其划分为持有至到期投资，选项 B 错误；持有至到期投资部分被出售，除特殊情况外应将剩余部分重新分类为可供出售金融资产，选项 D 错误。

7.【答案】D

【解析】甲公司的会计分录：

借：持有至到期投资—成本 5000
　　应收利息 125（5000×5%/2）
　贷：银行存款 5010
　　　持有至到期投资—利息调整 115

8.【答案】A

【解析】2017 年 12 月 31 日该持有至到期投资的摊余成本 = [（2950 + 20）×（1 + 5.23%）－ 3000 × 5%]×（1 + 5.23%）－ 3000 × 5% = 2980.94（万元）。

9.【答案】B

【解析】2018 年 1 月 1 日该债券的摊余成本 = (9000 + 50)×(1 + 6.07%)^2 = 10182.01（万元）。

10.【答案】C

【解析】2016 年 12 月 31 日持有至到期投资发生减值，应计提减值准备 200 万元，计提减值准备后的摊余成本为 3600 万元，2017 年 12 月 31 日的摊余成本 = 3600 ×（1 + 4%）－ 4000 × 3% = 3624（万元），预计未来现金流量现值为 3724 万元，假定持有至到期投资未减值计算的摊余成本 = 3800 ×（1 + 4%）－ 4000 × 3% = 3832（万元），可以转回减值准备 = 3724 － 3624 = 100（万元），2018 年 12 月 31 日的摊余成本 = 3724 ×（1 + 4%）－ 4000 × 3% = 3752.96（万元）。

11.【答案】A

【解析】以摊余成本计量的金融资产在预计未来现金流量现值时应根据该金融资产原实际利率进行折现计算。

12.【答案】B

【解析】应收账款 2017 年 12 月 31 日的账面余额 = 3500 + 5850 - 2800 - 200 = 6350（万元），坏账准备 2017 年 1 月 1 日的账面余额 = 3500 × 8% = 280（万元），2017 年 12 月 31 日应计提的坏账准备 = 6350 × 8% －（280 - 200）= 428（万元）。

13.【答案】C

【解析】因对被投资单位影响程度在重大影响以下，所以不能作为长期股权投资核算，选项 A 错误；因持有意图为长期持有，所以不能作为交易性金融资产核算，选项 B、D 错误。

14.【答案】D

【解析】可供出售金融资产正常公允价值变动（未发生减值）不影响其摊余成本，2018 年 12 月 31 日该债券的摊余成本 = [（1000 + 5）×（1 + 5.81%）－ 1000 × 6%]×（1 + 5.81%）－ 1000 × 6% = 1001.69（万元）。

15.【答案】B

【解析】2017 年 12 月 31 日未调整公允价值变动前的账面价值 = 1050 ×（1 + 7.5%）－ 1200 × 5% + 50 = 1118.75（万元），2017 年 12 月 31 日应计入其他综合收益的金额 = 1180 - 1118.75 = 61.25（万元）。

16.【答案】C

【解析】甲公司应编制的会计分录：

2016 年 1 月 1 日

借：可供出售金融资产—成本 2950
　　应收股利 100
　贷：银行存款 3050

2016 年 6 月 30 日

借：其他综合收益 250
　贷：可供出售金融资产—公允价值变动 250

2016 年 12 月 31 日

借：资产减值损失 650

　　贷：其他综合收益 250

　　　　可供出售金融资产—减值准备 400

2017 年 12 月 31 日

借：可供出售金融资产—减值准备 280

　　贷：其他综合收益 280

17.【答案】C

【解析】应将剩余部分重新分类为可供出售金融资产，并按公允价值计量，当日剩余部分债券的公允价值 = 4000/40% × 60% = 6000（万元），应计入其他综合收益的金额 = 6000 - 7890×60% = 1266（万元）。

18.【答案】D

【解析】选项 D 通过"其他综合收益"转回。

19.【答案】A

【解析】选项 A 计入管理费用。

二、多项选择题

1.【答案】BCD

【解析】以公允价值计量且其变动计入当期损益的金融资产可以进一步分为交易性金融资产和以公允价值计量且其变动计入当期损益的金融资产。

2.【答案】ACD

【解析】发生市场利率变化、流动性需要变化等情况企业出售该金融资产说明违反持有至到期投资的最初意图，不能将其划分为持有至到期投资。

3.【答案】ABCD

4.【答案】ABCD

5.【答案】ABC

【解析】企业合并形成的长期股权投资支付的交易费用计入管理费用，非企业合并方式形成长期股权投资支付的交易费用计入初始投资成本。

6.【答案】ABCD

7.【答案】ABC

【解析】估值技术主要包括：①市场法；②收益法；③成本法。选项 D，属于长期股权投资的后续核算方法。

8.【答案】ABCD

9.【答案】ABC

【解析】可供出售金融资产应按公允价值计量。

10.【答案】CD

【解析】可供出售金融资产公允价值下降形成损失，除减值损失以外的计入所有者权益，选项 A 错误；可供出售外币货币性金融资产形成的汇兑差额计入当期损益，选项 B 错误。

11.【答案】ACD

【解析】企业持有未到期的商业汇票向银行进

行贴现满足金融资产终止确认条件的减少应收票据，不满足终止确认条件的增加短期借款，不能减少应收票据。

12.【答案】ABCD

13.【答案】ABC

【解析】可供出售金融资产公允价值低于其账面价值如果属于正常公允价值变动，无需计提减值准备，应记入"其他综合收益"科目的借方。

14.【答案】ABC

【解析】选项 D，减值准备一经计提，在持有期间不得转回。

三、判断题

1.【答案】√

2.【答案】√

3.【答案】×

【解析】其主要区别在于贷款和应收款项不是在活跃市场上有报价的金融资产，并且不需持有至到期投资那样在出售或重分类方面受到较多限制。

4.【答案】×

【解析】企业在股权分制改革过程中持有的权益性投资如果对被投资单位在重大影响以上的应作为长期股权投资核算，重大影响以下的作为可供出售金融资产核算。

5.【答案】×

【解析】出售或重分类是由于企业无法控制、预期不会重复发生且难以合理预计的独立事件所引起的，无需将剩余部分重新分类为可供出售金融资产。

6.【答案】×

【解析】交易费用不包括融资费用和内部管理成本。

7.【答案】√

8.【答案】×

【解析】企业在估值技术的应用中，应当优先使用相关可观察输入值，只有在相关可观察输入值无法取得的情况下，才可以使用不可观察输入值。

9.【答案】√

10.【答案】√

11.【答案】×

【解析】金融资产或金融负债的摊余成本，是指该金融资产或金融负债的初始确认金额经过下列调整后的结果：

（1）扣除已偿还的本金；

（2）加上或减去采用实际利率法将该初始确认金额与到期日金额之间的差额进行摊销形成的累计摊销额；

（3）扣除已发生的减值损失（仅适用于金融资产）。

第 三 周

因金融资产（可供出售金融资产）的正常公允价值变动而不影响摊余成本，故可供出售金融资产的摊余成本与账面价值的金额可能不相等。

12.【答案】×
【解析】贷款持有期间所确认的利息收入应根据实际利率计算确定。

13.【答案】×
【解析】可供出售外币股权投资因资产负债表日汇率变动形成的汇兑损益计入所有者权益（其他综合收益）。

14.【答案】√

15.【答案】√

16.【答案】×
【解析】对于可供出售权益工具投资，资产负债表日其公允价值低于成本本身不足以说明可供出售金融资产发生减值，可供出售金融资产只有在发生严重或非暂时性下跌时，才需计提减值准备。

17.【答案】×
【解析】如果权益工具投资在活跃市场中没有报价，应将其划分为可供出售金融资产。

18.【答案】×
【解析】以公允价值计量且其变动计入当期损益的金融资产无需计提减值准备。

四、计算分析题

1.【答案】
（1）2016年1月1日会计分录：
借：持有至到期投资—成本 1000
　　　　　　　　　—利息调整 120.89
　　贷：银行存款 1120.89
（2）
2016年12月31日融信公司该债券投资收益 = 1120.89×6% = 67.25（万元）；
2016年12月31日融信公司该债券应计利息 = 1000×10% = 100（万元）；
2016年12月31日融信公司该债券利息调整摊销额 = 100 - 67.25 = 32.75（万元）；
债券预计未来现金流量现值 = 1300×（P/F，6%，4）= 1300×0.7921 = 1029.73（万元），应计提减值准备 = （1120.89 + 67.25）- 1029.73 = 158.41（万元），债券的摊余成本为1029.73万元。
会计分录：
借：持有至到期投资—应计利息 100
　　贷：投资收益 67.25
　　　　持有至到期投资—利息调整 32.75
借：资产减值损失 158.41
　　贷：持有至到期投资减值准备 158.41
（3）2017年12月31日债券减值迹象消失，应

在原计提减值准备的金额内转回减值损失。转回后的账面价值不应超过假定不计提减值准备的情况下该金融资产在转回日的摊余成本。持续计算的该资产2017年12月31日的摊余成本 = （1120.89 + 67.25）×（1 + 6%）= 1259.43（万元），按减值之后的摊余成本计算2017年12月31日的摊余成本 = 1029.73 + 1029.73×6% = 1091.51（万元），故应转回减值准备为158.41万元。
2017年12月31日债的摊余成本 = 1029.73×（1 + 6%）+ 158.41 = 1249.92（万元）。
借：持有至到期投资—应计利息 100
　　贷：投资收益 61.78
　　　　持有至到期投资—利息调整 38.22
借：持有至到期投资减值准备 158.41
　　贷：资产减值损失 158.41
（4）
会计分录：
借：银行存款 1000
　　贷：持有至到期投资—成本 800
　　　　　　　（1000×80%）
　　　　　　—应计利息 160
　　　　　　　（200×80%）
　　　　　　—利息调整 39.94
　　　　［（120.89 - 32.75 - 38.22）×80%］
　　　　投资收益 0.06
（5）应将剩余20%债券重新分类为可供出售金融资产。
会计分录：
借：可供出售金融资产 250
　　　　　（1000÷80%×20%）
　　贷：持有至到期投资—成本 200
　　　　　　　（1000×20%）
　　　　　　—应计利息 40
　　　　　　　（200×20%）
　　　　　　—利息调整 9.98
　　　（120.89 - 32.75 - 38.22 - 39.94）
　　　　其他综合收益 0.02

2.【答案】
（1）
借：可供出售金融资产—成本 4440
　　　　　（200×22 + 40）
　　贷：银行存款 4440
（2）
借：应收股利 60（1200×5%）
　　贷：投资收益 60
（3）
借：银行存款 60
　　贷：应收股利 60
（4）
借：其他综合收益 540

贷：可供出售金融资产—公允价值变动 540
　　　　　　　　　（4440 – 200×19.5）
（5）
借：资产减值损失 2640（4440 – 200×9）
　　贷：其他综合收益 540
　　　　可供出售金融资产—减值准备 2100
（6）
借：可供出售金融资产—减值准备 1200
　　　　　　　　　（200×15 – 200×9）
　　贷：其他综合收益 1200
（7）
借：银行存款 2400（200×12）
　　可供出售金融资产—公允价值变动 540
　　　　　　　　　—减值准备 900
　　投资收益 600
　　贷：可供出售金融资产—成本 4440
借：其他综合收益 1200
　　贷：投资收益 1200

3.【答案】
（1）甲公司2011年度持有至到期投资应确认的投资收益 = 期初摊余成本×实际利率 = 900×7.47% = 67.23（万元）。
（2）2011年12月31日，持有至到期投资的摊余成本 = 900×（1 + 7.47%）– 1000×5% = 917.23（万元）；2012年12月31日持有至到期投资未减值前的摊余成本 = 917.23×（1 + 7.47%）– 1000×5% = 935.75（万元），甲公司2012年度持有至到期投资的减值损失 = 935.75 – 800 = 135.75（万元）。
（3）甲公司2013年1月1日出售持有至到期投资的损益（投资收益）= 801 – 800 = 1（万元）。
（4）
2011年1月1日
借：持有至到期投资—成本 1000
　　贷：银行存款 900
　　　　持有至到期投资—利息调整 100
2011年12月31日
借：应收利息 50（1000×5%）
　　持有至到期投资—利息调整 17.23
　　贷：投资收益 67.23（900×7.47%）
借：银行存款 50
　　贷：应收利息 50
2012年12月31日
借：应收利息 50（1000×5%）
　　持有至到期投资—利息调整 18.52
　　贷：投资收益 68.52
　　　　　　〔（900 + 17.23）×7.47%〕
借：银行存款 50
　　贷：应收利息 50

借：资产减值损失 135.75
　　贷：持有至到期投资减值准备 135.75
2013年1月1日
借：银行存款 801
　　持有至到期投资减值准备 135.75
　　持有至到期投资—利息调整 64.25
　　　　　　（100 – 17.23 – 18.52）
　　贷：持有至到期投资—成本 1000
　　　　投资收益 1

五、综合题

【答案】
（1）
资料（1）
甲公司的会计分录：
借：可供出售金融资产—成本 3600
　　贷：主营业务收入 3000
　　　　应交税费—应交增值税（销项税额）
　　　　　　　　　　　　　　　 510
　　　　银行存款 90
借：主营业务成本 3300
　　存货跌价准备 200
　　贷：库存商品 3500
乙公司的会计分录：
借：库存商品 3000
　　应交税费—应交增值税（进项税额） 510
　　银行存款 90
　　贷：可供出售金融资产—成本 3000
　　　　　　　　　　　—公允价值变动 500
　　　　投资收益 100
借：其他综合收益 500
　　贷：投资收益 500
资料（2）
甲公司会计分录：
借：交易性金融资产—成本 5000
　　投资收益 10
　　贷：银行存款 5010
资料（3）
甲公司会计分录：
借：可供出售金融资产—公允价值变动 200
　　贷：其他综合收益 200
借：公允价值变动损益 100
　　贷：交易性金融资产—公允价值变动 100
借：应收利息 300（5000×6%）
　　贷：投资收益 300
资料（4）
甲公司会计分录：
借：持有至到期投资—成本 4000
　　应收利息 240（4000×6%）
　　贷：银行存款 4100
　　　　持有至到期投资—利息调整 140

资料（5）

甲公司会计分录：

借：可供出售金融资产—成本 10000

　　贷：长期股权投资—投资成本 7000

　　　　　　—损益调整 800

　　　　　　—其他权益变动 700

　　　　投资收益 1500

借：资本公积—其他资本公积 700

　　贷：投资收益 700

丁公司的会计分录：

借：长期股权投资—投资成本 10000

　　可供出售金融资产—公允价值变动 500

　　贷：可供出售金融资产—成本 9500

　　　　投资收益 1000

借：投资收益 500

　　贷：其他综合收益 500

资料（6）

甲公司会计分录：

借：可供出售金融资产—公允价值变动（X 公司） 300

　　贷：其他综合收益 300

借：公允价值变动损益 700

　　贷：交易性金融资产—公允价值变动 700

借：可供出售金融资产—公允价值变动（B 公司） 900

　　贷：其他综合收益 900

资料（7）

甲公司会计分录：

借：银行存款 3900

　　投资收益 300

　　交易性金融资产—公允价值变动 800

　　贷：交易性金融资产—成本 5000

借：投资收益 800

　　贷：公允价值变动损益 800

资料（8）

甲公司会计分录：

借：资产减值损失 500

　　其他综合收益 500

　　贷：可供出售金融资产—减值准备（X 公司） 1000

借：可供出售金融资产—公允价值变动（B 公司） 600

　　贷：其他综合收益 600

资料（9）

甲公司会计分录：

借：银行存款 3080

　　投资收益 20

　　可供出售金融资产—减值准备（X 公司） 1000

　　贷：可供出售金融资产—成本 3600

　　　　—公允价值变动 500

（2）乙公司进行资产交换时应确认的投资收益 = 3600 - 3000 = 600（万元）。

（3）丁公司进行资产交换时应确认的投资收益 = 10000 - 9500 = 500（万元）。

（4）持有丙公司债券累计确认的投资收益 = -10（交易费用）+ 300（利息）+（3900 - 5000）（出售时确认的投资收益）= -810（万元）。

（5）2017 年 12 月 31 日甲公司持有戊公司债券投资的摊余成本 =（4100 - 240）×（1 + 6.85%）- 4000 × 6% = 3884.41（万元）。

会计分录：

借：应收利息 240

　　持有至到期投资—利息调整 24.41

　　贷：投资收益 264.41

第四周

本周学习计划

日　期	章　节	考　点	重要程度	常见题型	完成情况
星期一		长期股权投资的范围和同一控制企业合并取得的长期股权投资	★★★	单选题、多选题、判断题、计算分析题、综合题	
星期二		非同一控制企业合并取得的长期股权投资、企业合并以外的其他方式取得的长期股权投资和成本法的核算	★★	单选题、多选题、判断题、计算分析题	
星期三	第5章	权益法的核算	★★★	单选题、多选题、判断题、计算分析题、综合题	
星期四		长期股权投资核算方法的转换、长期股权投资的减值和长期股权投资的处置	★★★	单选题、多选题、判断题、计算分析题、综合题	
星期五		共同经营的核算	★	单选题、多选题、判断题	

本周攻克内容

【星期一·第5章】长期股权投资的范围和同一控制企业合并取得的长期股权投资

考点1：长期股权投资的范围

长期股权投资包括以下几个方面：

1. 投资方能够对被投资单位实施控制的权益性投资，即对子公司投资。

控制，是指投资方拥有对被投资单位的权力，通过参与被投资单位的相关活动而享有可变回报，并且有能力运用对被投资单位的权力影响其回报金额。

2. 投资方与其他合营方一同对被投资单位实施共同控制且对被投资单位净资产享有权利的权益性投资，即对合营企业投资。

共同控制，是指按照相关约定对某项安排所共有的控制，并且该安排的相关活动必须经过分享控制权的参与方一致同意后才能决策。

【提示】

（1）仅享有保护性权利的参与方不享有共同控制。

（2）如果存在两个或两个以上的参与方组合能够集体控制某项安排的，不构成共同控制。即，共同控制合营安排的参与方组合是唯一的。

3. 投资方对被投资单位具有重大影响的权益性投资，即对联营企业投资。

投资方通常可以通过以下一种或几种情形来判断是否对被投资单位具有重大影响：

（1）在被投资单位的董事会或类似权力机构中派有代表。在这种情况下，由于在被投资单位的董事会或类似权力机构中派有代表，并相应享有实质性的参与决策权，投资方可以通过该代表参与被投资单位财务和经营政策的制定，从而对被投资单位施加重大影响。

（2）参与被投资单位财务和经营政策制定过程。这种情况下，在制定政策过程中可以为其自身利益提出建议和意见，从而可以对被投资单位施加重大影响。

（3）与被投资单位之间发生重要交易。有关的交易因对被投资单位的日常经营具有重要性，进而一定程度上可以影响到被投资单位的生产经营决策。

（4）向被投资单位派出管理人员。在这种情况下，管理人员有权力参与被投资单位的相关活动，从而能够对被投资单位施加重大影响。

（5）向被投资单位提供关键技术资料，因被投资单位的生产经营需要依赖投资方的技术或技术资料，表明投资方对被投资单位具有重大影响。

同时，需说明的是，存在上述一种或多种情况并不意味着投资方一定对被投资方具有重大影响。投资方需要综合考虑所有事实和情况来做出恰当的判断。

考点 2：同一控制下企业合并取得的长期股权投资

企业合并，是指将两个或者两个以上单独的企业合并形成一个报告主体的交易或事项。

企业合并分为同一控制下的企业合并和非同一控制下的企业合并。

同一控制下的企业合并，是指参与合并的企业在合并前后均受同一方或相同的多方最终控制且该控制并非暂时性的合并交易。

特点：

（1）支付对价不是按照公允价值口径计量；

（2）本质是集团内部资源的重新整合。

非同一控制下的企业合并，是指参与合并各方在合并前后不受同一方或相同的多方最终控制的合并交易，即同一控制下企业合并以外的其他企业合并。

特点：

（1）支付的对价按照公允价值进行核算；

（2）非关联方之间的交易。

同一控制下企业合并形成长期股权投资采用权益结合法的原则处理。权益结合法，亦称股权结合法、权益联营法，是企业合并业务会计处理方法之一，与购买法基于不同的假设。即，视企业合并为参与合并的双方，通过股权的交换形成的所有者权益的联合，而非资产的交易。换言之，它是由两个或两个以上经营主体对一个联合后的企业或集团公司开展经营活动的资产贡献，即经济资源的联合。

在权益结合法中，原所有者权益继续存在，以前会计基础保持不变。参与合并的各企业的资产和负债继续按其原来的账面价值记录，合并后企业的利润包括合并日之前本年度已实现的利润；以前年度累积实现的利润也应予以合并。

1. 合并方以支付现金、转让非现金资产或承担债务方式作为合并对价

借：长期股权投资（取得被合并方在最终控制方合并财务报表中的净资产账面价值份额＋最终控制方收购被合并方形成的商誉）

贷：负债（承担债务账面价值）

资产（投出资产的账面价值）

借差：①资本公积—资本溢价或股本溢价

②盈余公积

③利润分配—未分配利润

贷差：资本公积—资本溢价或股本溢价

合并过程中支付的律师费、审计费等

借：管理费用

贷：银行存款

【特别提示】同一控制下企业合并形成长期股权投资，合并方付出资产不会产生处置损益。

2. 合并方以发行权益性证券作为合并对价

借：长期股权投资（取得被合并方在最终控制方合并财务报表中的净资产账面价值份额＋最终控制方收购被合并方形成的商誉）

贷：股本（发行股票的数量×每股面值）

资本公积—股本溢价（差额）

权益性证券的发行费用：

借：资本公积—股本溢价

贷：银行存款

【提示】被合并方在合并日的净资产账面价值为负数的，长期股权投资成本按零确定，同时在备查簿中予以登记。

【例题】甲公司和乙公司同属 A 集团下属子公司。2017 年 8 月 8 日，甲公司以账面原价 1800 万元、累计折旧 500 万元、已计提减值准备 100 万元、公允价值为 1500 万元的一栋办公楼作为对价，自乙公司处取得丙公司 80% 的股权，能够对丙公司实施控制。合并日丙公司相对于最终控制方而言的净资产账面价值为 1000 万元（无商誉）。合并当日甲公司"资本公积—股本溢价"100 万元，盈余公积 15 万元。甲公司与丙公司的会计年度和采用的会计政策相同，不考虑其他因素。

【答案】

借：固定资产清理　　　　　　　1200

累计折旧　　　　　　　　　500

固定资产减值准备　　　　　100

贷：固定资产　　　　　　　　1800

借：长期股权投资　　800（1000×80%）

资本公积—股本溢价　　　　100

盈余公积　　　　　　　　　15

利润分配—未分配利润　　285

贷：固定资产清理　　　　　　1200

【例题】甲公司和乙公司同属 A 集团下属子公司。2017 年 8 月 8 日，甲公司以账面原价 1800 万元、累计摊销 500 万元、已计提减值准备 100 万元、公允价值为 1500 万元的一项土地使用权作为对价，自乙公司处取得丙公司 80% 的股权，能够对丙公司实施控制。合并日丙公司相对于最终控制方而言的净资产账面价值为 1000 万元（无商誉）。合并当日甲公司"资本公积—股本溢价"100 万元，盈余公积 15 万元。甲公司与丙公司的会计年度和采用的会计政策相同，不考虑其他因素。

第 四 周

【答案】

借：长期股权投资　　　　800（1000×80%）
　　累计摊销　　　　　　500
　　无形资产减值准备　　100
　　资本公积—股本溢价　100
　　盈余公积　　　　　　15
　　利润分配—未分配利润　285
　　贷：无形资产　　　　　　　　1800

【例题】甲公司和乙公司同属A集团下属子公司。2017年8月8日，甲公司以一批库存商品作为对价，自乙公司处取得丙公司80%的股权，能够对丙公司实施控制。该批商品的成本为1200万元，未计提存货跌价准备，市场售价为1500万元，甲公司销售商品适用的增值税税率为17%。合并日丙公司相对于最终控制方而言的净资产账面价值为1000万元（无商誉）。合并当日甲公司"资本公积—股本溢价"100万元，盈余公积15万元。甲公司与丙公司的会计年度和采用的会计政策相同，不考虑其他因素。

【答案】

借：长期股权投资　　　　800（1000×80%）
　　资本公积—股本溢价　100
　　盈余公积　　　　　　15
　　利润分配—未分配利润　540
　　贷：库存商品　　　　　　　　1200
　　　　应交税费—应交增值税（销项税额）
　　　　　　　　　　　　　　255（1500×17%）

【例题】甲公司和乙公司同属A集团下属子公司。2017年8月8日，甲公司以代为偿还乙公司负债方式自乙公司处取得丙公司80%的股权，能够对丙公司实施控制。乙公司负债（应付账款）的账面价值为900万元。合并日丙公司相对于最终控制方而言的净资产账面价值为1000万元（无商誉）。合并当日甲公司"资本公积—股本溢价"100万元，盈余公积15万元。甲公司与丙公司的会计年度和采用的会计政策相同，不考虑其他因素。

【答案】

借：长期股权投资　　　　800（1000×80%）
　　资本公积—股本溢价　100
　　贷：应付账款　　　　　　　　900

【例题】甲公司和乙公司同属A集团下属子公司。2017年8月8日，甲公司以向乙公司定向增发股票方式自乙公司处取得丙公司80%的股权，能够对丙公司实施控制。甲公司定向增发500万股普通股，每股面值1元，每股公允价值3元。合并日丙公司相对于最终控制方而言的净资产账面价值为1000万元（无商誉）。合并当日甲公司"资本公积—股本溢价"100万元，盈余公积15万元。甲公司与丙公司的会计年度和采用的会计政策相同，不考虑发行费用及其他因素。

【答案】

借：长期股权投资　　　　800（1000×80%）
　　贷：股本　　　　　　　　　　500
　　　　资本公积—股本溢价　　　300

【例题】2016年1月1日，甲公司从集团外部取得丙公司80%股权（非同一控制企业合并），实际支付款项4200万元，购买日丙公司可辨认净资产公允价值为5000万元，与账面价值相等。2016年度丙公司实现净利润1000万元。2017年1月2日，集团内部乙公司以银行存款4800万元自甲公司处取得其持有丙公司80%的股权。合并日乙公司"资本公积—资本溢价"100万元，盈余公积800万元。不考虑其他事项。

【答案】长期股权投资入账金额＝（5000＋1000）×80%＋（4200－5000×80%）＝5000（万元）。

借：长期股权投资　　　　5000
　　贷：银行存款　　　　　　　　4800
　　　　资本公积—资本溢价　　　200

【例题】2016年1月1日，甲公司从集团外部取得丙公司80%股权（非同一控制企业合并），实际支付款项4200万元，购买日丙公司可辨认净资产公允价值为5000万元，账面价值为3500万元。丙公司有一项管理用固定资产的公允价值3000万元，账面价值为1500万元，剩余使用年限为10年，采用年限平均法计提折旧，无残值。2016年度丙公司实现净利润1000万元。2017年1月2日，集团内部乙公司以银行存款4800万元自甲公司处取得其持有丙公司80%的股权。合并日乙公司"资本公积—资本溢价"100万元，盈余公积800万元。不考虑其他事项。

【答案】

至2016年12月31日，丙公司按购买日公允价值持续计算的净利润＝1000－（3000－1500）÷10＝850（万元）。

至2016年12月31日，丙公司按购买日公允价值持续计算的可辨认净资产＝5000＋850＝5850（万元）。

长期股权投资入账金额＝5850×80%＋（4200－5000×80%）＝4880（万元）。

借：长期股权投资　　　　4880
　　贷：银行存款　　　　　　　　4800
　　　　资本公积—资本溢价　　　80

【例题·单选题】甲公司2016年1月1日自非关联方A公司购入乙公司80%的股份，初始投资成本为5000万元，并于当日开始控制乙公司。购买日乙公司可辨认净资产的账面价值为4700万元，公允价值为5000万元，乙公司一批存货公允价值高于账面价值300万元。2016年乙公司实现净利润1000万元，购买日存在的该批存货尚未出售。当年乙公司分派现金股利200万元，除此之外无其他所有者权益变动事项。2017年1月2日甲公司的另一子公司丁公司自甲公司处取得乙公司80%的股份。不考虑其他因素，则丁公司长期股权投资的入账金额为（　　）万元。

A. 4640　　　　　　　　B. 5000

C. 5640　　　　　　　　D. 4800

【解析】长期股权投资的入账金额 =（5000 + 1000 - 200）× 80% +（5000 - 5000 × 80%）= 5640（万元）。

【答案】C

【提示】被合并方在合并日的净资产账面价值为负数的，长期股权投资成本按零确定，同时在备查簿中予以登记。

3. 企业通过多次交换交易分步取得股权最终形成同一控制下控股合并

企业通过多次交易分步取得同一控制下被投资单位的股权，最终形成企业合并的，应当判断多次交易是否属于"一揽子交易"。属于"一揽子交易"的，合并方应当将各项交易作为一项取得控制权的交易进行会计处理。

将多次交易事项作为"一揽子交易"进行会计处理应符合以下条件：

①这些交易是同时或者在考虑了彼此影响的情况下订立的；

②这些交易整体才能达成一项完整的商业结果；

③一项交易的发生取决于其他至少一项交易的发生；

④一项交易单独看是不经济的，但是和其他交易一并考虑时是经济的。

不属于"一揽子交易"的，取得控制权日，应进行如下会计处理：

合并日初始投资成本 = 合并日相对于最终控制方而言的被合并方净资产账面价值的份额 + 最终控制方收购被合并方形成的商誉

新增投资部分初始投资成本 = 合并日初始投资成本 - 原股权投资账面价值

新增投资部分初始投资成本与为取得新增部分股权所支付对价的账面价值的差额，调整资本公积（资本溢价或股本溢价），资本公积（资本溢价或股本溢价）不足冲减的，冲减留存收益。

【提示1】

合并日之前持有的股权投资，因采用权益法核算或金融工具确认和计量准则核算而确认的其他综合收益，暂不进行会计处理，直至处置该项投资时采用与被投资单位直接处置相关资产或负债相同的基础进行会计处理；因采用权益法核算而确认的被投资单位净资产中除净损益、其他综合收益和利润分配以外的所有者权益其他变动（计入资本公积），暂不进行会计处理，直至处置该项投资时转入当期损益。

处置后的剩余股权采用成本法或权益法核算的，其他综合收益和资本公积应按比例结转，处置后的剩余股权改按金融工具确认和计量准则进行会计处理的，其他综合收益和资本公积应全部结转。

【提示2】或有对价的会计处理

同一控制下企业合并形成的长期股权投资在初始确认时可能存在或有对价。在这种情况下，应按照《企业会计准则第13号—或有事项》（以下简称"或有事项准则"）的规定，判断是否应就或有对价确认预计负债或者确认资产，以及应确认的金额；确认预计负债或资产的，该预计负债或资产金额与后续或有对价结算金额的差额不影响当期损益，而应当调整资本公积（资本溢价或股本溢价），资本公积（资本溢价或股本溢价）不足冲减的，调整留存收益。

【星期二·第5章】非同一控制企业合并取得的长期股权投资、企业合并以外的其他方式取得的长期股权投资和成本法的核算

考点1：非同一控制下企业合并取得的长期股权投资

非同一控制下的企业合并，购买方应当按照确定的企业合并成本作为长期股权投资的初始投资成本。

（一）一次交换交易实现的企业合并

合并成本包括购买方在购买日为取得对被购买方的控制权而付出的资产、发生或承担的负债以及发行的权益性证券的公允价值。

【提示】

（1）购买方为进行企业合并发生的各项直接相关费用应当计入当期损益，该直接相关费用通常是指购买方为企业合并发生的审计、法律服务、评估咨询等中介费用以及其他相关管理费用。

（2）企业合并发行的债券或承担其他债务支付的手续费、佣金计入负债初始确认金额；发行权益性证券发生的手续费、佣金等冲减资本公积（股本溢价或资本溢价），资本公积（股本溢价或资本溢价）不足冲减的，冲减留存收益。

（3）无论是同一控制下的企业合并还是非同一控制下的企业合并形成的长期股权投资，实际支付的价款或对价中包含的已宣告但尚未发放的现金股利或利润，作为应收项目处理（应收股利）。

第四周

1. 以库存商品作为对价

借：长期股权投资（存货的公允价值＋增值税）
　　贷：主营业务收入
　　　　应交税费—应交增值税（销项税额）
借：主营业务成本
　　存货跌价准备
　　贷：库存商品

2. 以固定资产作为对价

借：固定资产清理
　　累计折旧
　　固定资产减值准备
　　贷：固定资产
借：长期股权投资（固定资产的公允价值＋增值税）
　　贷：固定资产清理（公允价值）
　　　　应交税费—应交增值税（销项税额）
借：固定资产清理
　　贷：营业外收入
或
借：营业外支出
　　贷：固定资产清理

3. 以无形资产作为对价

借：长期股权投资（无形资产公允价值＋增值税）
　　累计摊销
　　无形资产减值准备
　　贷：无形资产
　　　　应交税费—应交增值税（销项税额）
借差：营业外支出
贷差：营业外收入

4. 定向增发股票（控股合并）作为对价

借：长期股权投资（增发股票公允价值）
　　贷：股本
　　　　资本公积—股本溢价
借：资本公积—股本溢价
　　贷：银行存款

（二）企业通过多次交换交易分步实现非同一控制下控股合并（不属于"一揽子交易"）

1. 原投资为权益法核算的长期股权投资

购买日初始投资成本＝购买日之前所持被购买方的股权投资的账面价值＋购买日新增投资成本

【提示】购买日之前持有的股权投资因采用权益法核算而确认的其他综合收益，应当在处置该项投资时采用与被投资单位直接处置相关资产或负债相同的基础进行会计处理；因采用权益法核算而确认的资本公积，应在处置该项投资时转入投资收益。

2. 原投资为公允价值计量的金融资产

购买日初始投资成本＝购买日之前所持被购买方股权投资的公允价值＋购买日新增投资成本

【提示】购买日之前持有的股权投资按照金融工具确认和计量准则的有关规定进行会计处理的，原计入其他综合收益的累计公允价值变动应当在改按成本法核算时转入当期损益。

【例题】（注意与同一控制下企业合并的基础案例对比学习）甲公司和乙公司不存在任何关联方关系。2017年8月8日，甲公司以账面原价1800万元、累计折旧500万元、已计提减值准备100万元、公允价值1500万元的一栋办公楼作为对价，自乙公司处取得丙公司80%的股权，能够对丙公司实施控制。购买日丙公司可辨认净资产公允价值为1000万元。购买日甲公司"资本公积—股本溢价"100万元，盈余公积15万元。甲公司与丙公司的会计年度和采用的会计政策相同，不考虑相关税费等其他因素。

【答案】
借：固定资产清理　　　　1200
　　累计折旧　　　　　　 500
　　固定资产减值准备　　 100
　　贷：固定资产　　　　1800
借：长期股权投资　　　　1500
　　贷：固定资产清理　　1500
借：固定资产清理　　300（1500－1200）
　　贷：营业外收入　　　 300

【例题】甲公司和乙公司不存在任何关联方关系。2017年8月8日，甲公司以账面原价1800万元、累计摊销500万元、已计提减值准备100万元、公允价值1500万元的一项土地使用权作为对价，自乙公司处取得丙公司80%的股权，能够对丙公司实施控制。购买日丙公司可辨认净资产公允价值为1000万元。购买日甲公司"资本公积—股本溢价"100万元，盈余公积15万元。甲公司与丙公司的会计年度和采用的会计政策相同，不考虑相关税费等其他因素。

【答案】
借：长期股权投资　　　　1500
　　累计摊销　　　　　　 500
　　无形资产减值准备　　 100
　　贷：无形资产　　　　1800
　　　　营业外收入　　　 300

【例题】甲公司和乙公司不存在任何关联方关系。2017年8月8日，甲公司以一批库存商品作为对价，自乙公司处取得丙公司80%的股权，能够对丙公司实施控制。该批产品的成本为1200万元，未计提存货跌价准备，市场售价为1500万元，甲公司销售商品适用的增值税税率为17%。购买日丙公司可辨认净资产公允价值为1000万元。购买日甲公司"资本公积—股本溢价"100万元，盈余公积15万元。甲公司与丙公司的会计年度和采用的会计政策相同，不考虑其他因素。

第四周

【答案】

借：长期股权投资　　　　　　　　1755

　　贷：主营业务收入　　　　　　　　1500

　　　　应交税费——应交增值税（销项税额）

　　　　　　　　　　　　　　　　　　255

　　　　　　　　　　　　　（1500×17%）

借：主营业务成本　　　　　　　　1200

　　贷：库存商品　　　　　　　　　1200

【例题】甲公司和乙公司不存在任何关联方关系。2017年8月8日，甲公司以代为偿还乙公司负债方式自乙公司处取得丙公司80%的股权，能够对丙公司实施控制。乙公司负债（应付账款）的账面价值为900万元。购买日丙公司可辨认净资产公允价值为1000万元。购买日甲公司"资本公积——股本溢价"100万元，盈余公积15万元。甲公司与丙公司的会计年度和采用的会计政策相同，不考虑其他因素。

【答案】

借：长期股权投资　　　　　　　　900

　　贷：应付账款　　　　　　　　　900

【例题】甲公司和乙公司不存在任何关联方关系。2017年8月8日，甲公司以向乙公司定向增发股票方式自乙公司处取得丙公司80%的股权，能够对丙公司实施控制。乙公司定向增发500万股普通股，每股面值1元，每股公允价值3元。购买日丙公司可辨认净资产公允价值为1000万元。购买日甲公司"资本公积——股本溢价"100万元，盈余公积15万元。甲公司与乙公司的会计年度和采用的会计政策相同，不考虑其他因素。

【答案】

借：长期股权投资　　1500（500×3）

　　贷：股本　　　　　　　　　　　500

　　　　资本公积——股本溢价　　1000

【提示】上述例题中"甲公司'资本公积——股本溢价'100万元，盈余公积15万元"属于题目中的陷阱，与题目没有关系，各位考生在复习时应注意。

考点2：企业合并以外的其他方式取得的长期股权投资

1. 以支付现金取得的长期股权投资，应当按照实际支付的购买价款作为初始投资成本。初始投资成本包括购买过程中支付的手续费等必要支出。企业取得长期股权投资，实际支付的价款或对价中包含的已宣告但尚未发放的现金股利或利润，应作为应收项目处理。

2. 以发行权益性证券取得的长期股权投资，应当按照发行权益性证券的公允价值作为初始投资成本，但不包括应自被投资单位收取的已宣告但尚未发放的现金股利或利润。为发行权益性证券支付的手续费、佣金等与发行证券直接相关的费用，不构成长期股权投资的初始投资成本，这部分费用应自所发行证券的溢价发行收入中扣除，溢价收入不足冲减的，应依次冲减盈余公积和未分配利润。

【提示】一般而言，投资者投入的长期股权投资应根据法律法规的要求进行评估作价，在公平交易当中，投资者投入的长期股权投资的公允价值与所发行权益性证券的公允价值不应存在重大差异。如有确凿证据表明，取得长期股权投资的公允价值比所发行权益性证券的公允价值更加可靠的，以投资者投入的长期股权投资的公允价值为基础确定其初始投资成本。投资方通过发行债务性证券取得长期股权投资的，比照通过发行权益性证券处理。

考点3：成本法的核算

投资方持有的对子公司投资应当采用成本法核算，投资方为投资性主体且子公司不纳入其合并财务报表的除外。

【提示】投资方在判断对被投资单位是否具有控制时，应综合考虑直接持有的股权和通过子公司间接持有的股权。在个别财务报表中，投资方进行成本法核算时，应仅考虑直接持有的股权份额。

1. 初始取得：按企业合并方式进行初始计量

2. 被投资单位宣告发放现金股利

借：应收股利（宣告发放的现金股利×持股比例）

　　贷：投资收益

【提示】企业按照上述规定确认自被投资单位应分得的现金股利或利润后，应当考虑长期股权投资是否发生减值。在判断该类长期股权投资是否存在减值迹象时，应当关注长期股权投资的账面价值是否大于享有被投资单位净资产（包括相关商誉）账面价值的份额等类似情况。出现类似情况时，企业应当按照《企业会计准则第8号——资产减值》对长期股权投资进行减值测试，可收回金额低于长期股权投资账面价值的，应当计提减值准备。

3. 计提减值准备

借：资产减值损失

　　贷：长期股权投资减值准备

【提示】子公司将未分配利润或盈余公积直接转增股本（实收资本），且未向投资方提供等值现金股利或利润的选择权时，母公司并没有获得收取现金股利或者利润的权力，这通常属于子公司自身权益结构的重分类，母公司不应确认相关的投资收益。

【星期三·第5章】权益法的核算

一、采用权益法核算时需要关注的内容

1. 投资方在判断对被投资单位是否具有共同控制、重大影响时，应综合考虑直接持有的股权和通过子公司间接持有的股权。如果认定投资方在被投资单位拥有共同控制或重大影响，在个别财务报表中，投资方进行权益法核算时，应仅考虑直接持有的股权份额；在合并财务报表中，投资方进行权益法核算时，应同时考虑直接持有和间接持有的份额。

2. 在评估投资方对被投资单位是否具有重大影响时，应当考虑潜在表决权的影响，但在确定应享有的被投资单位实现的净损益、其他综合收益和其他所有者权益变动的份额时，潜在表决权所对应的权益份额不应予以考虑。

3. 在持有投资期间，被投资单位编制合并财务报表的，应当以合并财务报表中净利润、其他综合收益和其他所有者权益变动中归属于被投资单位的金额为基础进行会计处理。

4. 如果被投资单位发行了分类为权益的可累积优先股等类似的权益工具，无论被投资单位是否宣告分配优先股股利，投资方计算应享有被投资单位的净利润时，均应将归属于其他投资方的累积优先股股利予以扣除。

5. 长期股权投资明细科目的设置

（1）"投资成本"

①取得投资时的初始投资成本；

②初始投资成本小于投资时应享有被投资单位可辨认净资产公允价值份额，对初始成本的调整；

③处置时结转的成本。

（2）"损益调整"

①被投资单位实现净利润或发生净亏损；

②被投资单位宣告发放现金股利或利润。

（3）"其他综合收益"

被投资单位各交易事项引起的其他综合收益变动。

（4）"其他权益变动"

被投资单位除净损益、其他综合收益以及利润分配外所有者权益的其他变动。

二、初始投资成本的调整

长期股权投资的初始投资成本大于投资时应享有被投资单位可辨认净资产公允价值份额的，不调整长期股权投资的初始投资成本；长期股权投资的初始投资成本小于投资时应享有被投资单位可辨认净资产公允价值份额的，应按其差额调整初始成本，计入营业外收入。

借：长期股权投资—投资成本

　　贷：营业外收入

【提示】长期股权投资的初始投资成本大于投资时应享有被投资单位可辨认净资产公允价值份额，实际上是商誉，而商誉与整体有关，不能在个别报表中确认，只能体现在长期股权投资中。

商誉＝合并成本－应享有被购买方可辨认净资产公允价值份额

三、投资损益的确认

1. 投资企业取得长期股权投资后，应当按照应享有或应分担的被投资单位实现的净损益的份额，确认投资损益并调整长期股权投资的账面价值。

（1）被投资单位实现净利润

借：长期股权投资—损益调整

　　贷：投资收益

（2）被投资单位发生净亏损

借：投资收益

　　贷：长期股权投资—损益调整

【例题·单选题】2015年1月1日，甲公司以银行存款2500万元取得乙公司20%有表决权的股份，对乙公司具有重大影响，采用权益法核算。乙公司当日可辨认净资产的账面价值为12000万元，各项可辨认资产、负债的公允价值与其账面价值均相同。乙公司2015年度实现的净利润为1000万元。不考虑其他因素，2015年12月31日，甲公司该项投资在资产负债表中应列示的年末余额为（　　）万元。（2016年）

A. 2500　　　　　　　B. 2400

C. 2600　　　　　　　D. 2700

【解析】2015年12月31日，甲公司该项投资在资产负债表中应列示的年末余额＝2500＋1000×20%＝2700（万元）。

【答案】D

【例题·单选题】甲公司2017年1月1日以3000万元的价格购入乙公司30%股权，另支付相关费用10万元。购入时乙公司可辨认净资产的公允价值为11000万元（假定乙公司各项可辨认资产、负债的公允价值与账面价值相等）。乙公司2017年实现净利润600万元。甲公司取得该项投资后对乙公司具有重大影响。假定不考虑其他因素，该项投资对甲公司2017年度利润总额的影响金额为（　　）万元。

A. 470　　　　　　　B. 180

C. 290　　　　　　　D. 480

【解析】该项投资对甲公司2017年度利润总额

第四周

的影响金额＝［11000×30%－（3000＋10）］＋600×30%＝470（万元）。

【答案】A

2. 在被投资单位账面净利润的基础上计算投资收益时，还应考虑以下因素对净利润的影响，并进行适当调整：

（1）被投资单位采用的会计政策及会计期间与投资方不一致的，应按投资方的会计政策及会计期间对被投资单位的财务报表进行调整。

（2）投资方在确认应享有被投资单位净损益的份额时，应当以取得投资时被投资单位可辨认净资产的公允价值为基础，对被投资单位的净利润进行调整后确认。

【例题·单选题】甲公司2017年1月1日取得乙公司30%的股权，从而能够对乙公司施加重大影响，甲公司支付价款3000万元。当日乙公司可辨认净资产账面价值为8000万元，公允价值为9000万元（差异包括一台固定资产账面价值为500万元，公允价值为800万元，剩余使用年限5年，预计净残值为0，采用年限平均法计提折旧；一批存货账面价值为800万元，公允价值为1500万元）。2017年乙公司实现净利润800万元（存货已对外出售80%）。不考虑其他因素，2017年12月31日，甲公司长期股权投资的账面价值为（　　）万元。

A. 3000　　　　　　B. 3240
C. 3054　　　　　　D. 3180

【解析】2017年12月31日，长期股权投资的账面价值＝3000＋［800－（800－500）÷5－（1500－800）×80%］×30%＝3054（万元）。

【答案】C

3. 投资企业在采用权益法确认投资收益时，应抵销与其联营企业或合营企业之间发生的未实现内部交易损益。内部交易既包括顺流交易也包括逆流交易。同时，未实现内部交易损失，如果属于所转让资产发生减值损失的，有关未实现内部交易损失不应予以抵销。

（1）顺流交易

对于投资企业向联营企业或合营企业出售资产的顺流交易，在该交易存在未实现内部交易损益的情况下（即有关资产未对外部独立第三方出售或未被消耗），投资企业在采用权益法计算确认应享有联营企业或合营企业的投资损益时，应抵销该未实现内部交易损益的影响，同时调整对联营企业或合营企业长期股权投资的账面价值。

【例题】甲公司持有乙公司20%有表决权的

股份，能够对乙公司施加重大影响。2017年9月，甲公司将其账面价值为8000000元的商品以12000000元的价格出售给乙公司，乙公司将取得的商品作为管理用固定资产，预计使用寿命为10年，预计净残值为0。假定甲公司取得该项投资时，乙公司各项可辨认资产、负债的公允价值与其账面价值相同，两者在以前期间未发生过内部交易。乙公司2017年实现净利润为20000000元。不考虑相关税费等其他因素影响。

甲公司在该项交易中实现利润4000000元，其中的800000元（4000000×20%）是针对本公司持有的对联营企业的权益份额，在采用权益法计算确认投资收益时应予以抵销，同时应考虑相关固定资产折旧对损益的影响，即甲公司应当进行以下账务处理：

借：长期股权投资—损益调整　3220000

　　［（20000000－4000000＋4000000÷10×3/12）×20%］

　贷：投资收益　3220000

（2）逆流交易

对于联营企业或合营企业向投资企业出售资产的逆流交易，在该交易存在未实现内部交易损益的情况下（即有关资产未对外部独立第三方出售或未被消耗），投资企业在采用权益法计算确认应享有联营企业或合营企业的投资损益时，应抵销该未实现内部交易损益的影响。当投资企业自其联营企业或合营企业购买资产时，在将该资产出售给外部独立第三方之前，不应确认联营企业或合营企业因该交易产生的损益中本企业应享有的部分。

【例题·计算题】甲公司持有乙公司20%有表决权股份，能够对乙公司施加重大影响。2017年8月，乙公司将其成本为9000000元（未发生减值）的某商品以15000000元的价格出售给甲公司，甲公司将取得的商品作为存货核算。至2017年12月31日，甲公司仍未对外出售该存货。乙公司2017年实现净利润48000000元。假定甲公司取得该项投资时，乙公司各项可辨认资产、负债的公允价值与其账面价值相等，两者在以前期间未发生过内部交易。不考虑相关税费等其他因素影响。

甲公司在按照权益法确认应享有乙公司2017年净损益时，应进行以下账务处理：

借：长期股权投资—损益调整　8400000

　　［（48000000－6000000）×20%］

　贷：投资收益　8400000

【延伸】假定2018年乙公司实现的净利润为50000000元，同时甲公司将该批商品出售60%。甲公司在按照权益法确认应享有乙公司2018年净损益时，应进行以下账务处理：

借：长期股权投资—损益调整　10720000

　　［（50000000＋6000000×60%）×20%］

　贷：投资收益　10720000

【提示】投资方与联营、合营企业之间发生投出或出售资产的交易，该资产构成业务的，应当按如下会计处理：

①联营、合营企业向投资方出售业务的，投资方应按《企业会计准则第 20 号—企业合并》的规定进行会计处理。投资方应全额确认与交易相关的利得或损失。

②投资方向联营、合营企业投出业务，投资方因此取得长期股权投资但未取得控制权的，应以投出业务的公允价值作为新增长期股权投资的初始投资成本，初始投资成本与投出业务的账面价值之差，全额计入当期损益。投资方向联营、合营企业出售业务取得的对价与业务的账面价值之间的差额，全额计入当期损益。

【举例】甲公司为某汽车生产厂商，2016 年 1 月甲公司以其所属的从事汽车配饰生产的一个分公司（构成业务），向其持股 30% 的联营企业乙公司增资。同时，乙公司的其他投资方（持有乙公司 70% 股权）也以现金 4200 万元向乙公司增资。增资后，甲公司对乙公司的持股比例不变，并仍能施加重大影响。上述分公司（构成业务）的净资产账面价值为 1000 万元，公允价值为 1800 万元。不考虑相关税费等其他因素影响。

【解析】甲公司是将一项业务投给联营企业作为增资，甲公司应当按照所投出分公司（业务）的公允价值 1800 万元作为新取得长期股权投资的初始投资成本，初始投资成本与所投出业务的净资产账面价值 1000 万元之间的差额 800 万元（1800 - 1000）应全额计入当期损益。

四、被投资单位其他综合收益变动的处理

权益法核算下，被投资单位确认的其他综合收益及其变动，会影响被投资单位所有者权益总额，进而影响投资企业应享有被投资单位所有者权益的份额。因此，当被投资单位其他综合收益发生变动时，投资企业应当按照归属于本企业的部分，相应调整长期股权投资的账面价值，同时增加或减少其他综合收益。

借：长期股权投资—其他综合收益
　　贷：其他综合收益
或作相反分录。

五、被投资单位宣告分配现金股利或利润的处理

宣告分配现金股利或利润时：
借：应收股利
　　贷：长期股权投资—损益调整
实际收到时：
借：银行存款
　　贷：应收股利

【提示】被投资单位分派的股票股利，投资企业不作账务处理，但应于除权日注明所增加的股数，以反映股份的变化情况。

六、超额亏损的确认

投资企业确认被投资单位发生的净亏损，应以长期股权投资的账面价值以及其他实质上构成对被投资单位净投资的长期权益减记至零为限（该类长期权益不包括投资企业与被投资单位之间因销售商品、提供劳务等日常活动所产生的长期债权）。除按照以上步骤已确认的损失外，按照投资合同或协议约定将承担的额外损失，确认为预计负债。除上述情况外，仍未确认的应分担被投资单位的损失，应在备查簿中登记。发生亏损的被投资单位以后实现净利润的，应按上述相反的顺序进行处理。

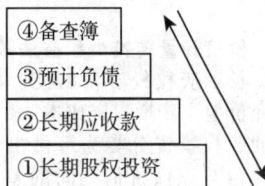

【例题·单选题】甲公司 2015 年 6 月 30 日取得乙公司 30% 的股权，能够对乙公司施加重大影响。甲公司支付价款 2000 万元，当日乙公司可辨认净资产的账面价值 8000 万元（与公允价值相等）。2015 年乙公司发生亏损 5000 万元（全年损益均匀实现），2016 年乙公司发生亏损 6000 万元，2017 年乙公司实现净利润 3000 万元，以上三年乙公司未发生其他所有者权益变动。不考虑其他因素，则甲公司 2017 年应确认的投资收益为（　　）万元。

A. 900　　　　　　　　B. 0

C. 750　　　　　　　　D. 150

【解析】2015 年 12 月 31 日，长期股权投资账面价值 = 8000 × 30% - 5000 × 6/12 × 30% = 1650（万元）；2016 年 12 月 31 日，长期股权投资的账面价值为 0，其中未确认的 150 万元（6000 × 30% - 1650）损失在备查簿中登记；2017 年应享有乙公司净利润的份额，先恢复备查簿中登记的金额，再恢复长期股权投资的账面价值，即 2017 年应确认的投资收益 = 3000 × 30% - 150 = 750（万元）。

【答案】C

七、被投资单位除净损益、其他综合收益以及利润分配以外的所有者权益的其他变动

被投资单位除净损益、其他综合收益以及利润分配以外的所有者权益的其他变动的因素，主要包括：被投资单位接受其他股东的资本性投入、被投资单位发行可分离交易的可转换公司债券中包含的权益成分、以权益结算的股份支付、其他股东对被投资单位增资导致投资方持股比例变动等。

投资方应按所持股权比例计算应享有的份额，调整长期股权投资的账面价值，同时计入资本公

第 四 周

积（其他资本公积），并在备查簿中予以登记。

借：长期股权投资—其他权益变动

　　贷：资本公积—其他资本公积

或作相反分录。

【提示】投资方在后续处置股权投资但对剩余股权仍采用权益法核算时，应按处置比例将资本公积转入处置当期投资收益；对剩余股权终止权益法核算时，将资本公积全部转入处置当期投资收益。

【星期四·第5章】长期股权投资核算方法的转换、长期股权投资的减值和长期股权投资的处置

考点1：长期股权投资核算方法的转换

一、公允价值计量转换为权益法核算

转换日，长期股权投资初始投资成本＝转换日原投资公允价值＋新增投资成本

原持有的股权投资分类为可供出售金融资产的，其公允价值与账面价值之间的差额，以及原计入其他综合收益的累计公允价值变动应当转入改按权益法核算的当期损益（投资收益）。

借：长期股权投资—投资成本

　　贷：银行存款（付出对价）

　　　　可供出售金融资产（账面价值）

　　　　投资收益（公允价值与账面价值差额）

同时：

借：其他综合收益

　　贷：投资收益

或作相反分录。

二、公允价值计量或权益法转换为成本法（非同一控制）

1. 原投资按照公允价值计量

转换日，长期股权投资初始投资成本＝原投资公允价值＋新增投资成本

2. 原投资按照权益法核算

转换日，长期股权投资初始投资成本＝原投资账面价值＋新增投资成本

三、成本法转换为权益法

总体思路：追溯调整（剩余股份）

（一）处置股权导致丧失控制权

1. 处置部分

借：银行存款

　　贷：长期股权投资

　　　　投资收益（或借方）

2. 剩余部分追溯调整

①投资时点商誉的追溯

剩余的长期股权投资初始投资成本与按照剩余持股比例计算应享有原投资时被投资单位可辨认净资产公允价值的份额之间的差额，属于投资作价中体现的商誉部分，不调整长期股权投资的账面价值；初始投资成本小于应享有原投资时被投资单位可辨认净资产公允价值份额的差额，在调整长期股权投资成本的同时，应调整留存收益（若处置日与投资日在同一会计年度，则调整营业外收入）。

②投资后的追溯调整

借：长期股权投资

　　贷：留存收益（盈余公积、利润分配—未分配利润）（原投资日至处置投资当期期初被投资单位留存收益变动×剩余持股比例）

　　　　投资收益（处置投资当期期初至处置日被投资单位的净损益变动×剩余持股比例）

　　　　其他综合收益（被投资单位其他综合收益变动×剩余持股比例）

　　　　资本公积—其他资本公积（其他原因导致被投资单位其他所有者权益变动×剩余持股比例）

成本法核算	调整分录	权益法核算
1. 初始投资 借：长期股权投资 　　贷：银行存款等	借：长期股权投资 　　贷：营业外收入（当年） 　　　　盈余公积（以前年度） 　　　　利润分配—未分配利润（以前年度）	1. 初始投资 借：长期股权投资—投资成本 　　贷：银行存款等 　　　　营业外收入
2. 宣告分配现金股利 借：应收股利 　　贷：投资收益	借：投资收益（当年） 　　　盈余公积（以前年度） 　　　利润分配—未分配利润（以前年度） 　　贷：长期股权投资—损益调整	2. 宣告分配现金股利时 借：应收股利 　　贷：长期股权投资—损益调整

第四周

成本法核算	调整分录	权益法核算
3. 盈利或亏损 不作处理	借：长期股权投资—损益调整 　贷：投资收益（当年） 　　　盈余公积（以前年度） 　　　利润分配—未分配利润（以前年度） 亏损作相反分录	3. 盈利或亏损 借：长期股权投资—损益调整 　贷：投资收益 亏损作相反分录
4. 其他综合收益变动 不作处理	借：长期股权投资—其他综合收益 　贷：其他综合收益 或作相反分录	4. 其他综合收益变动 借：长期股权投资—其他综合收益 　贷：其他综合收益 或作相反分录
5. 除净损益、其他综合收益和利润分配以外的所有者权益变动 不作处理	借：长期股权投资—其他权益变动 　贷：资本公积—其他资本公积 或作相反分录	5. 除净损益、其他综合收益和利润分配以外的所有者权益变动 借：长期股权投资—其他权益变动 　贷：资本公积—其他资本公积 或作相反分录

【提示】调整留存收益和投资收益时，应自被投资方实现的净损益中扣除已发放或已宣告发放的现金股利或利润。

【例题·多选题】因部分处置长期股权投资，企业将剩余长期股权投资的核算方法由成本法转为权益法时进行的下列会计处理中，正确的有（　　）。（2014 年）

A. 按照处置部分的比例结转应终止确认的长期股权投资成本

B. 剩余股权按照处置投资当期期初至处置投资日应享有的被投资单位已实现净损益中的份额调整当期损益

C. 剩余股权按照原取得投资时至处置投资当期期初应享有的被投资单位已实现净损益中的份额调整留存收益

D. 将剩余股权的账面价值大于按照剩余持股比例计算原投资时应享有的被投资单位可辨认净资产公允价值份额的差额，调整长期股权投资的账面价值

【解析】选项 D，剩余股权的账面价值大于按照剩余持股比例计算原投资时应享有的被投资单位可辨认净资产公允价值份额的差额，不调整长期股权投资。

【答案】ABC

（二）其他方增资导致被动丧失控制权

投资方因其他投资方对其子公司增资而导致本投资方持股比例下降，从而丧失控制权但能实施共同控制或施加重大影响的，投资方在个别财务报表中，应当对该项长期股权投资从成本法转为权益法核算。首先，按照新的持股比例确认本投资方应享有的原子公司因增资扩股而增加净资产的份额，与应结转持股比例下降部分所对应的

长期股权投资原账面价值之间的差额计入当期损益；然后，按照新的持股比例视同自取得投资时即采用权益法核算进行追溯调整。

四、成本法转公允价值计量

1. 确认有关股权投资的处置损益

借：银行存款
　贷：长期股权投资（出售部分账面价值）
　　　投资收益（或借方）

2. 剩余股权投资转为可供出售金融资产等

借：可供出售金融资产等（剩余部分公允价值）
　贷：长期股权投资（剩余部分账面价值）
　　　投资收益（或借方）

五、权益法转换为公允价值计量

1. 处置部分

借：银行存款
　贷：长期股权投资
　　　投资收益（或借方）

2. 原权益法核算确认的全部其他综合收益（可结转到损益的部分）

借：其他综合收益
　贷：投资收益
或作相反分录。

3. 原权益法核算计入资本公积的全部其他所有者权益变动

借：资本公积—其他资本公积
　贷：投资收益
或作相反分录。

4. 剩余股权投资转为可供出售金融资产等

借：可供出售金融资产等（转换日公允价值）
　贷：长期股权投资（剩余投资账面价值）
　　　投资收益（或借方）

【提示】 长期股权投资核算方法的转换

转换形式	个别报表	合并报表
（1）公允价值计量转换为权益法	原投资调整到公允价值	
（2）权益法转换为成本法（非同一控制）	原投资保持账面价值不变	原投资调整到公允价值
（3）公允价值计量转换为成本法（非同一控制）	原投资调整到公允价值	个别报表已经调整为公允价值，合并报表无需调整
（4）成本法转换为权益法	剩余投资追溯调整为权益法核算的账面价值	剩余投资调整到公允价值
（5）权益法转换为公允价值计量	剩余投资调整到公允价值	剩余投资调整到公允价值
（6）成本法转换为公允价值计量	剩余投资调整到公允价值	无需调整剩余投资价值

考点2：长期股权投资的减值

长期股权投资减值按照《企业会计准则第8号—资产减值》规定进行会计处理，长期股权投资减值准备一经计提，持有期间不得转回。

借：资产减值损失
　　贷：长期股权投资减值准备

考点3：长期股权投资的处置

出售所得价款与处置长期股权投资账面价值之间的差额，应确认为处置损益。

1. 投资方全部处置权益法核算的长期股权投资时，原权益法核算的相关其他综合收益应当在终止采用权益法核算时采用与被投资单位直接处置相关资产或负债相同的基础进行会计处理，因被投资方除净损益、其他综合收益和利润分配以外的其他所有者权益变动而确认的资本公积，应当在终止采用权益法核算时全部转入当期投资收益。

2. 投资方部分处置权益法核算的长期股权投资，剩余股权仍采用权益法核算的，原权益法核算的相关其他综合收益应当采用与被投资单位直接处置相关资产或负债相同的基础处理并按比例结转，因被投资方除净损益、其他综合收益和利润分配以外的其他所有者权益变动而确认的资本公积，应当按比例结转到当期投资收益。

【提示】 企业通过多次交易分步处置对子公司股权投资直至丧失控制权，如果上述交易属于"一揽子交易"的，应当将各项交易作为一项处置子公司股权投资并丧失控制权的交易进行会计处理；但是，在丧失控制权之前每一次处置价款与所处置的股权对应的长期股权投资账面价值之间的差额，在个别财务报表中，应当先确认为其他综合收益，到丧失控制权时再一并转入丧失控制权的当期损益。

【例题·计算题】 甲公司对乙公司持股比例为100%，其长期股权投资的账面价值为5000万元。为进行业务整合，剥离辅业，2016年2月3日甲公司与丁公司签订股权转让协议，约定将甲公司持有乙公司100%的股权转让给丁公司，丁公司支付购买价款8000万元。考虑到丁公司的资金压力以及股权平稳过渡，双方在协议中约定，丁公司应在2016年3月31日之前支付4000万元，先取得乙公司30%股权；2016年12月31日前支付剩余4000万元，取得乙丁公司剩余70%股权。根据协议约定甲公司在丁公司第二次支付款项2016年12月31日前仍然控制乙公司。假定双方按照协议约定履行各自的义务，不考虑2016年3月31日至2016年12月31日前期间发生的相关事项的影响。

要求：编制甲公司个别报表与上述交易相关的会计分录。

【答案】 甲公司通过两次交易处置其持有的乙公司100%股权，第一次交易处置乙公司30%股权，仍保留对乙公司的控制权；第二次交易处置剩余70%股权，并于第二次交易后丧失对乙公司的控制权。

首先，需要分析上述两次交易是否属于"一揽子交易"：

①甲公司处置乙公司股权是出于业务整合，剥离辅业的考虑，甲公司的目的是处置其持有的乙公司100%股权，两次处置交易结合起来才能达到其商业目的；

②两次交易在同一转让协议中同时约定；

③第一次交易中，30%股权的对价为4000万元，相对于100%股权的对价总额8000万元而言，第一次交易单独看并不经济，和第二次交易一并考虑才反映真正的经济影响。

综合上所述，两次交易应作为"一揽子交易"，按照分步处置子公司股权至丧失控制权并构成"一揽子交易"的相关规定进行会计处理。

甲公司转让持有的乙公司 30% 股权：

借：银行存款　　　　　　　　4000

　　贷：长期股权投资　1500（5000×30%）

　　　　其他综合收益　　　　 2500

甲公司转让乙公司剩余 70% 股权，丧失对乙公司控制权：

借：银行存款　　　　　　　　4000

　　贷：长期股权投资　3500（5000×70%）

　　　　投资收益　　　　　　　500

借：其他综合收　　　　　　　2500

　　贷：投资收益　　　　　　 2500

【星期五·第5章】共同经营的核算

一、共同经营的判断

共同经营，是指合营方享有该安排相关资产且承担该安排相关负债的合营安排。

合营企业，是指合营方仅对该安排的净资产享有权利的合营安排。

【提示】当合营安排未通过单独主体达成时，该合营安排为共同经营。

如果合营安排通过单独主体达成，该合营安排可能是共同经营，也可能是合营企业。

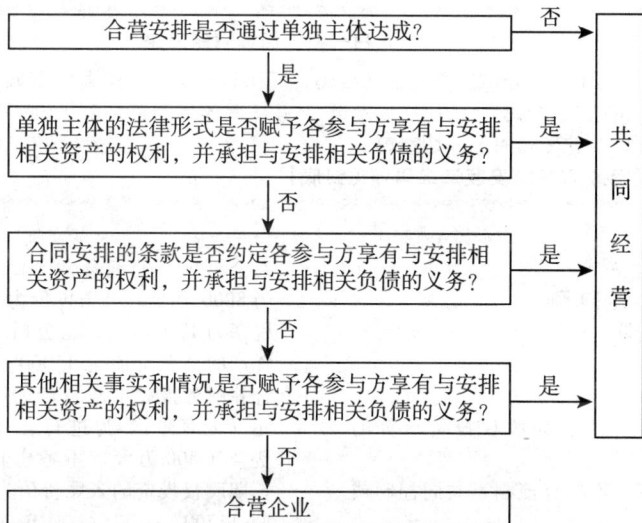

如果合营安排同时具有以下特征，则表明该安排是共同经营：

①各参与方实质上有权享有并有义务接受由该安排资产产生的几乎所有经济利益（从而承担了该经济利益的相关风险，如价格风险、存货风险、需求风险等），如该安排所从事的活动主要是向合营方提供产出等；

②持续依赖于合营方清偿该安排活动产生的负债，并维持该安排的运营。

应当注意的是，不能仅凭合营方对合营安排提供债务担保（或担保承诺）即将其视为合营方承担该安排相关负债。合营方承担向合营安排支付认缴出资义务的，不视为合营方承担该安排相关负债。

二、共同经营参与方的会计处理

对合营安排享有共同控制的参与方（分享控制权的参与方）被称为"合营方"；对合营安排不享有共同控制的参与方被称为"非合营方"。

（一）共同经营中合营方的会计处理

1. 一般会计处理原则

合营方应当确认其与共同经营中利益份额相关的下列项目，并按照相关企业会计准则的规定进行会计处理：

一是确认单独所持有的资产和单独所承担的负债；二是按比例确认共同经营中的资产、负债、收入和费用等。

2. 合营方向共同经营投出或者出售不构成业务的资产的会计处理

合营方向共同经营投出或出售资产等（该资产构成业务的除外），在共同经营将相关资产出售给第三方或相关资产被消耗之前（即，未实现内部利润仍包括在共同经营持有的资产账面价值中），应当仅确认归属于共同经营其他参与方的利得或损失。如果投出或出售的资产发生符合《企业会计准则第8号—资产减值》等规定的资产减值损失的，合营方应当全额确认该损失。

3.合营方自共同经营购买不构成业务的资产的会计处理

合营方自共同经营购买资产等（该资产构成业务的除外），在将该资产等出售给第三方之前（即，未实现内部利润仍包括在合营方持有的资产账面价值中），应当仅确认因该交易产生的损益中归属于共同经营其他参与方的部分。购入的资产发生符合《企业会计准则第8号—资产减值》等规定的资产减值损失的，合营方应当按其承担的

份额确认该部分损失。

（二）对共同经营不享有共同控制的参与方的会计处理原则

对共同经营不享有共同控制的参与方（非合营方），如果享有该共同经营相关资产且承担该共同经营相关负债的，比照合营方进行会计处理。否则，应当按照相关企业会计准则的规定对其利益份额进行会计处理。例如，如果该参与方对于合营安排的净资产享有权利并且具有重大影响，则按照长期股权投资准则等相关规定进行会计处理；如果该参与方对于合营安排的净资产享有权利并且无重大影响，则按照金融工具确认和计量准则等相关规定进行会计处理；向共同经营投出构成业务的资产的，以及取得共同经营的利益份额的，则按照合并财务报表及企业合并等相关准则进行会计处理。

扫一扫，阅读解题思路

本书中各部分试题均配备二维码，下载安装"东奥题库宝典"移动客户端，扫一扫左侧二维码，即可在线做题，并获得详尽的答案解析、解题思路等超值服务，解决您做题时的一切疑惑。

【移动客户端安装二维码详见封底】

本周自测

一、单项选择题

1. 下列各项中，不应作为长期股权投资核算的是（　　）。
   A. 对甲公司的投资，不具有控制、共同控制或重大影响
   B. 对联营企业乙公司的投资
   C. 对合营企业丙公司的投资
   D. 对子公司丁公司的投资

2. 甲公司由A公司、B公司和C公司投资设立，根据甲公司章程规定，甲公司相关活动决策至少需要有表决权股份的70%以上才能通过。则下列各项中属于共同控制的是（　　）。
   A. A公司、B公司、C公司分别持有甲公司50%、10%、40%的有表决权股份
   B. A公司、B公司、C公司分别持有甲公司40%、30%、30%的有表决权股份
   C. A公司、B公司、C公司分别持有甲公司75%、10%、15%的有表决权股份
   D. A公司、B公司、C公司分别持有甲公司50%、25%、25%的有表决权股份

3. 甲公司以一批存货作为对价，取得同一集团内

乙公司60%的有表决权股份。该批存货的成本为8000万元，市场售价为10000万元，增值税税率为17%。当日乙公司个别报表中可辨认净资产的公允价值为15000万元，乙公司在集团合并财务报表中净资产的账面价值为14000万元（无商誉）。为进行合并发生法律费、审计费合计500万元。不考虑其他因素，则甲公司长期股权投资的入账价值为（　　）万元。
   A. 11700　　　　　　B. 9000
   C. 8400　　　　　　D. 8900

4. 甲公司2015年2月10日从集团外部控股合并乙公司，占乙公司有表决权股份的80%，初始投资成本为8000万元，当日乙公司可辨认净资产的公允价值为9000万元。2017年1月1日，集团内部A公司向甲公司支付银行存款10000万元取得乙公司80%股权。当日乙公司在集团合并财务报表中可辨认净资产的账面价值为12000万元，A公司资本公积余额为1200万元，盈余公积余额为1500万元。不考虑其他因素，则下列A公司会计处理正确的是（　　）。
   A. 长期股权投资的入账金额为9600万元
   B. 应冲减资本公积1200万元
   C. 应冲减盈余公积400万元
   D. 应增加资本公积400万元

5. 2016年1月1日甲公司取得乙公司20%的有表

决权股份，对乙公司具有重大影响，初始投资成本为1200万元。当年乙公司实现净利润1000万元。2017年1月1日，甲公司以银行存款7500万元从集团内部其他公司取得乙公司有表决权股份的60%，从而能够对乙公司实施控制。当日乙公司可辨认净资产的账面价值为9500万元，原控制方合并财务报表中乙公司净资产的账面价值为10000万元（无商誉）。两次交易不属于"一揽子交易"，不考虑其他相关因素。2017年1月1日甲公司对乙公司长期股权投资的入账金额为（ ）万元。

A. 8700   B. 8900
C. 8000   D. 7600

6. 同一控制下企业合并形成长期股权投资，为合并发生的审计、法律服务、评估咨询等中介费用在发生时计入（ ）。

A. 长期股权投资   B. 管理费用
C. 投资收益   D. 营业外支出

7. 甲公司以一批库存商品作为支付对价取得乙公司80%股权，从而能够对乙公司实施控制。该批库存商品的成本为8000万元，公允价值为10000万元，增值税税率为17%。当日乙公司可辨认净资产的账面价值为11000万元，公允价值为12000万元。为合并支付审计费用50万元。甲公司和乙公司在交易前不存在任何关联方关系，不考虑其他因素。甲公司长期股权投资的入账价值为（ ）万元。

A. 9650   B. 8800
C. 11750   D. 11700

8. 黄海公司以定向增发3000万股股票方式取得集团外部南海公司60%的股权，从而能够对南海公司实施控制。股票每股面值为1元，每股发行价格为2.5元，另支付券商发行费用200万元。当日南海公司可辨认净资产的账面价值为8000万元，公允价值为10000万元。不考虑其他因素，则黄海公司因企业合并产生的商誉为（ ）万元。

A. 0   B. 1500
C. 1300   D. 2700

9. 2015年1月1日，甲公司购入乙公司30%的股权，能够对乙公司施加重大影响。2017年1月1日，甲公司再次从非关联方处购入乙公司40%的股权，能够对乙公司实施控制。当日甲公司"长期股权投资—投资成本"科目借方余额3200万元，"长期股权投资—其他综合收益"借方余额200万元，"长期股权投资—损益调整"借方余额500万元，"长期股权投资—其他权益变动"贷方余额100万元。甲公司取得乙公司40%股权支付银行存款5200万元，两次交易不属于"一揽子交易"。不考虑其他因素，则2017年1月1日甲公司长期股权

投资的账面价值为（ ）万元。

A. 8400   B. 9000
C. 8866.67   D. 9100

10. 甲公司取得乙公司10%有表决权股份，将其作为可供出售金融资产核算。2016年12月31日"可供出售金融资产—乙公司"科目余额为500万元，其中"成本"明细科目为450万元，"公允价值变动"明细科目为50万元。2017年2月1日，甲公司再次从非关联方处购入乙公司50%的股份，能够对乙公司实施控制，支付购买价款2600万元。不考虑其他因素，则该交易事项应计入投资收益的金额为（ ）万元。

A. 0   B. 50
C. 20   D. 70

11. A公司以一项无形资产作为对价取得B公司20%的股权，从而能够对B公司施加重大影响。该无形资产原值1200万元，已计提摊销300万元，已计提减值准备100万元，公允价值为850万元。为取得长期股权投资支付相关税费合计20万元。不考虑相关税费和其他因素，A公司长期股权投资的初始投资成本为（ ）万元。

A. 850   B. 870
C. 800   D. 820

12. 下列各项中，在长期股权投资成本法核算时应进行账务处理的是（ ）。

A. 被投资单位实现净利润
B. 被投资单位分派股票股利
C. 被投资单位其他综合收益增加
D. 长期股权投资可收回金额低于其账面价值

13. 甲公司为增值税一般纳税人，销售商品适用的增值税税率为17%。2017年4月1日甲公司以一批存货对乙公司进行投资，取得其25%有表决权股份，对乙公司具有重大影响。该批存货的成本为5000万元，已提存货跌价准备100万元，市场售价5200万元。当日乙公司可辨认净资产的账面价值为25000万元（与公允价值相等）。乙公司2017年度实现净利润2400万元（假定当年利润均衡实现），甲公司和乙公司未发生内部交易。双方所采用的会计政策和会计期间一致，不考虑其他因素，则该项投资业务对甲公司当年损益的影响金额为（ ）万元。

A. 916   B. 964
C. 750   D. 616

14. 甲公司于2017年1月1日购入乙公司30%的股份，购买价款5000万元，甲公司对乙公司具有重大影响。当日乙公司可辨认净资产的账面价值为13000万元，公允价值为15000万元，其差额为一批存货公允价值高于账面价值

2000万元。当年甲公司将一批存货出售给乙公司售价为500万元，成本为400万元，未计提存货跌价准备，至年末乙公司尚未出售该批存货。乙公司2017年实现净利润3000万元，年初公允价值高于账面价值的存货对外出售60%。双方所采用的会计政策和会计期间一致，不考虑其他因素，则2017年12月31日甲公司长期股权投资的账面价值为（ ）万元。

A. 5000 B. 5900
C. 5630 D. 5510

15. 下列各项中，在长期股权投资采用权益法核算时不应进行会计处理的是（ ）。
   A. 被投资单位其他综合收益发生变动
   B. 被投资单位宣告分派现金股利
   C. 被投资单位盈余公积补亏
   D. 被投资单位发行可转换公司债券

16. 2015年1月1日，甲公司对A公司进行股权投资，占A公司有表决权股份的40%，初始投资成本6000万元，当日A公司可辨认净资产的账面价值为12000万元（与公允价值相等）。2015年A公司亏损8000万元，2016年A公司亏损9000万元，2017年A公司盈利2500万元。双方所采用的会计政策和会计期间一致，不考虑其他因素。2017年甲公司应确认的投资收益为（ ）万元。
   A. 0 B. 200
   C. 1000 D. 1200

17. 2017年2月10日，甲公司以2000万元自非关联方处取得乙公司10%的股权，将其作为可供出售金融资产核算。2017年6月30日可供出售金融资产的公允价值为2200万元。2017年11月1日，甲公司又以3000万元取得乙公司12%的股权，取得股权后甲公司对乙公司具有重大影响。当日，原10%股权投资的公允价值为2500万元。不考虑其他因素，交易时甲公司应计入投资收益的金额为（ ）万元。
   A. 200 B. 0
   C. 150 D. 500

18. 甲公司持有乙公司30%的有表决权股份，能够对乙公司施加重大影响。2017年2月19日甲公司将投资中的80%出售给A公司，取得价款5000万元，未发生交易费用。出售时长期股权投资的账面价值为5500万元，其中投资成本为3000万元，损益调整为1500万元，其他权益变动800万元，其他综合收益200万元（被投资单位可供出售金融资产公允价值增加）。处置投资后剩余股权转为可供出售金融资产核算。不考虑其他因素，甲公司该项业务应确认的投资收益为（ ）万元。

A. 1250 B. 1750
C. 1000 D. 750

19. 2016年1月1日，甲公司以银行存款5100万元取得乙公司60%的股权，能够对乙公司实施控制。当日乙公司可辨认净资产的账面价值为8000万元（与公允价值相等）。2017年1月1日，乙公司接受A公司增资5000万元，相关手续完成后，甲公司对乙公司的持股比例下降为40%，对乙公司丧失控制权，但具有重大影响。当日乙公司可辨认净资产的账面价值为10000万元（与公允价值相等，增加2000万元均为上年实现的净利润）。甲公司按净利润的10%提取盈余公积。不考虑其他因素，则甲公司应在个别报表中确认投资收益为（ ）万元。
   A. 300 B. 800
   C. 1700 D. 2000

20. 2017年1月1日，甲公司支付价款5000万元取得A集团30%有表决权股份，能够对A集团施加重大影响。当日A集团各项可辨认资产、负债的账面价值与公允价值不存在差异，双方所采用的会计政策和会计期间一致。2017年A集团母公司个别报表中的净利润为3000万元，A集团合并财务报表中的净利润为4500万元，A集团合并财务报表中归属于母公司的净利润为4000万元。不考虑其他因素，2017年12月31日甲公司因对A集团投资应确认的投资收益为（ ）万元。
   A. 900 B. 1350
   C. 1200 D. 3600

21. 企业通过多次交易分步处置对子公司股权投资直至丧失控制权，该交易属于"一揽子交易"的，在丧失控制权之前每一次处置价款与所处置股权对应的长期股权投资账面价值的差额，在个别报表中应确认为（ ）。
   A. 投资收益
   B. 资本公积
   C. 其他综合收益
   D. 营业外收入

22. 下列各项中，关于合营安排的说法正确的是（ ）。
   A. 当合营安排通过单独主体达成，则该项安排为合营企业
   B. 当合营安排未通过单独主体达成，则该项安排为共同经营
   C. 存在两个参与方组合能够集体控制某项安排的，该项安排为合营安排
   D. 合营安排为合营企业的，合营方享有该安排相关资产的权利且承担该安排相关负债的义务

23. 甲公司和乙公司共同设立的单独主体A，该项安

第四周

排被划分为共同经营。根据协议约定，甲公司和乙公司按 6：4 的比例分配资产、负债及收益。2017 年 6 月 30 日，主体 A 购入一批存货，入账价值为 200 万元。至年末该批存货已对外出售 30%。不考虑其他因素，则甲公司在共同经营中享有存货的账面价值为（　　）万元。

 A. 140   B. 84

 C. 120   D. 36

二、多项选择题

1. 甲公司发生的下列投资业务中，应作为长期股权投资核算的有（　　）。

 A. 对 A 公司的股权投资，能够对其产生重大影响

 B. 对 B 公司的股权投资，能够对其实施控制

 C. 对 C 公司的债权投资，准备长期持有

 D. 对 D 公司的股权投资，因持股份额较低未能对其产生重大影响

2. 下列各项中，关于共同控制的表述正确的有（　　）。

 A. 是指按相关约定对某些安排所共有的控制

 B. 该安排活动必须经过分享控制权的参与方一致同意才能决策

 C. 如果参与方组合不是唯一的则不构成共同控制

 D. 仅享有保护性权利的参与方也享有共同控制

3. 下列关于企业合并形成长期股权投资的说法中，正确的有（　　）。

 A. 为控股合并支付的审计等中介费用在发生时计入当前损益

 B. 非同一控制下企业合并形成的长期股权投资，其入账金额在个别报表中应按购买日被购买方可辨认净资产的公允价值份额确定

 C. 同一控制下企业合并形成的长期股权投资，其入账金额在个别报表中应按被合并方在最终控制方合并财务报表中的净资产账面价值份额为基础确定

 D. 企业合并一定会形成长期股权投资

4. 2017 年 6 月 30 日甲公司以一批存货作为对价取得集团内部乙公司 60% 的股权，能够对乙公司实施控制。该批存货的成本为 5000 万元，未计提存货跌价准备，市场售价为 8000 万元，增值税税率为 17%。当日乙公司个别报表中净资产的账面价值为 8000 万元，在集团合并财务报表中乙公司净资产的账面价值为 10000 万元（无商誉）。合并日甲公司资本公积（股本溢价）余额为 100 万元，盈余公积 150 万元。甲公司和乙公司采用的会计政策和会计期间一致，不考虑其他因素，则甲公司个别报表中下列会计处理正确的有（　　）。

 A. 长期股权投资的入账金额为 6000 万元

 B. 应确认主营业务收入 8000 万元

 C. 应冲减资本公积 100 万元

 D. 应减少利润分配 110 万元

5. 对于分次交易实现企业合并应考虑是否属于"一揽子交易"，下列各项中，属于判断"一揽子交易"标准的有（　　）。

 A. 这些交易是同时或者在考虑了彼此影响的情况下订立的

 B. 这些交易整体才能达成一项完整的商业结果

 C. 一项交易的发生取决于其他至少一项交易的发生

 D. 一项交易单独看是不经济的，但是和其他交易一并考虑时是经济的

6. 在不考虑其他相关因素的情况下，下列关于重大影响的表述正确的有（　　）。

 A. 在被投资单位董事会或类似机构派有代表，说明对被投资单位具有重大影响

 B. 能够参与被投资单位财务和经营政策制定过程，说明对被投资单位具有重大影响

 C. 向被投资单位派出关键管理人员，说明对被投资单位具有重大影响

 D. 向被投资单位提供关键技术资料，因被投资单位的生产经营需要依赖投资方的技术或技术资料，表明投资方对被投资单位具有重大影响

7. 企业通过多次交易分步实现同一控制下企业合并，并且不属于"一揽子交易"的，下列说法正确的有（　　）。

 A. 初始投资成本为合并日相对于最终控制方而言的被合并方净资产账面价值的份额，加上最终控制方收购被合并方形成的商誉

 B. 新增投资初始投资成本为付出资产或承担负债的账面价值

 C. 新增投资初始投资成本与为取得新增部分投资所支付对价的账面价值的差额，调整资本公积，资本公积不足冲减的，冲减留存收益

 D. 该项合并不会产生新的商誉

8. 企业通过多次交易分步实现非同一控制下企业合并，并且不属于"一揽子交易"，原投资作为可供出售金融资产核算的，下列说法正确的有（　　）。

 A. 初始投资成本为购买日之前所持被购买方股权投资的公允价值加上购买日新增投资成本

 B. 该项合并有可能产生商誉

 C. 原投资公允价值与账面价值的差额计入其他综合收益

 D. 原计入其他综合收益的累计公允价值变动应当在改按成本法核算时转入当期损益

9. 长期股权投资采用权益法核算时，下列说法正确的有（　　）。

 A. 被投资单位宣告分派现金股利应确认为投资收益

B. 被投资单位的会计政策与投资方不一致的，应将被投资单位的会计政策按投资方的会计政策进行调整

C. 被投资单位固定资产的账面价值与公允价值不一致的，需要对被投资单位实现净利润进行调整

D. 双方发生内部交易，需对被投资单位的净利润进行调整

10. 下列关于内部交易的说法中正确的有（　　）。

A. 投资方向联营企业或合营企业投出或出售资产属于顺流交易

B. 存在未实现内部交易损益时，投资企业在采用权益法计算确认应享有联营企业或合营企业的投资损益时，应抵销该未实现内部交易损益的影响

C. 发生逆流交易的，对于未实现部分投资方无需在计算净损益时进行调整

D. 无论顺流交易还是逆流交易所产生未实现内部交易损失的，其中属于所转让资产发生减值损失的，有关未实现内部交易损失不应予以抵销

11. 下列关于权益法核算转公允价值计量的说法中，正确的有（　　）。

A. 原投资转换日的公允价值与其账面价值的差额计入投资收益

B. 原权益法核算时确认的其他综合收益应转至投资收益

C. 原权益法核算时确认的资本公积—其他资本公积应按减少比例结转至投资收益

D. 公允价值计量的金融资产应按丧失重大影响或共同控制之日的公允价值计量

12. 甲公司下列各项股权投资中，应确认投资收益的有（　　）。

A. 采用成本法核算长期股权投资，被投资单位宣告分派现金股利

B. 采用权益法核算长期股权投资，被投资单位可供出售金融资产公允价值上升

C. 采用权益法核算长期股权投资，被投资单位实现净利润

D. 采用权益法核算长期股权投资，被投资单位除净损益、其他综合收益以及利润分配以外的所有者权益发生变动

13. 甲公司持有乙公司80%的股权，能够对乙公司实施控制。2017年7月1日，长期股权投资的账面价值为8000万元，甲公司将其中的80%股权对外出售给非关联方丙公司，取得价款7500万元，出售股权后甲公司不再对乙公司实施控制，但仍具有重大影响。甲公司原取得乙公司80%股权时，乙公司可辨认净资产的账面价值为9000万元（与公允价值相等），投资后乙公司实现净利润2500万元，其中

2017年实现净利润500万元。甲公司按净利润的10%提取盈余公积，乙公司未发生其他与所有者权益有关的事项。不考虑其他相关因素，下列关于个别报表处理的说法中，正确的有（　　）。

A. 剩余股权应按权益法进行后续计量

B. 处置部分长期股权投资应确认投资收益1100万元

C. 该业务调整留存收益400万元

D. 改为权益法核算的长期股权投资入账金额为1440万元

14. 下列各项中，关于共同经营的合营方会计处理表述正确的有（　　）。

A. 按协议约定比例确认共同持有资产

B. 按协议约定比例享有共同经营所产生的收入

C. 合营方向共同经营投出或出售资产等（不构成业务），在共同经营将相关资产出售给第三方或相关资产被消耗之前，应当仅确认归属于共同经营其他参与方的利得或损失

D. 合营方自共同经营购买资产等（不构成业务），在将该资产等出售给第三方之前，应当仅确认因该交易产生的损益中归属于共同经营其他参与方的部分

15. 下列各项中，应判断属于共同经营的有（　　）。

A. 未通过单独主体达成的合营安排

B. 通过单独主体达成的合营安排，根据合同条款约定合营方对安排中资产和负债分别享有权利和承担义务

C. 通过单独主体达成的合营安排，根据法律规定享有相应收入的权利，并承担相应费用的责任

D. 通过单独主体达成的合营安排，根据合同规定合营方对合营安排中的净资产享有权利

三、判断题

1. 如果存在两个以上的参与方组合能够集体控制某项安排的，构成共同控制。（　　）

2. 在分析对被投资单位是否具有重大影响时，应考虑潜在表决权产生的影响，但在确定应享有被投资单位净损益时，潜在表决权所对应的权益份额不应予以考虑。（　　）

3. 同一控制下企业合并形成长期股权投资，投资方付出资产的公允价值与账面价值的差额计入当期损益。（　　）

4. 控股合并形成长期股权投资，以发行权益性证券作为对价的，为发行权益性证券支付的手续费计入管理费用。（　　）

5. 多次交易形成企业合并，个别报表中原未结转的其他综合收益（可转损益部分）和资本公

积，在长期股权投资部分处置后改按金融工具确认和计量准则进行会计处理的，其他综合收益（可转损益部分）和资本公积应按处置比例结转。 （ ）

6. 非同一控制下企业合并形成长期股权投资，以固定资产作为合并对价的，应将固定资产的公允价值与账面价值的差额计入当期损益。 （ ）

7. 企业合并以外方式取得的长期股权投资，应按实际支付的价款作为初始投资成本，但不包括支付的相关税费和被投资单位已宣告但尚未发放的现金股利。 （ ）

8. 企业应将所有的对子公司的投资采用成本法核算。 （ ）

9. 投资方对被投资单位能够实施控制，被投资单位以资本公积转增资本，投资方应按持股比例增加长期股权投资。 （ ）

10. 在考虑对被投资单位是否具有共同控制或重大影响时，应考虑潜在表决权的影响。 （ ）

11. 投资方取得对联营企业或合营企业投资后，对于取得时投资成本小于所享有被投资单位可辨认净资产公允价值份额差额应为商誉，因商誉在个别报表中并不确认，所以无需进行调整。 （ ）

12. 投资方与联营企业或合营企业发生未实现内部交易损失，在计算净损益时应将该部分予以抵销。 （ ）

13. 投资方因权益法核算长期股权投资而确认的资本公积—其他资本公积，后续处置部分股权，但仍具有重大影响的，应按处置比例将资本公积—其他资本公积转入当期投资收益。 （ ）

14. 公允价值计量的金融资产因追加投资而改按权益法核算的，原公允价值计量时产生的其他综合收益应当转入改按权益法核算的当期投资收益。 （ ）

15. 公允价值计量的金融资产因追加投资而能够对被投资单位实施控制，不属于"一揽子交易"，但属于同一控制下企业合并，则原公允价值计量时产生的其他综合收益应当转入改按成本法核算的当期投资收益。 （ ）

16. 原持有采用权益法核算的长期股权投资，因部分出售而对被投资单位不具有重大影响的，应将剩余股权投资公允价值与其账面价值的差额计入投资收益。 （ ）

17. 长期股权投资减值准备一经计提，在持有期间不得转回。 （ ）

18. 投资方全部处置权益法核算的长期股权投资时，应将处置款与长期股权投资账面价值的差额计入投资收益，同时应将原确认的其他综合收益（可转损益部分）和资本公积转入投

资收益。 （ ）

19. 合营企业就是共同经营。 （ ）

20. 未通过单独主体达成的合营安排应划分为共同经营。 （ ）

四、计算分析题（除题目中有特殊要求外，答案中金额单位以万元表示，有小数的，保留两位小数）

1. 2016年4月1日长江公司以一批库存商品作为对价取得甲公司30%有表决权股份，对甲公司具有重大影响。该批库存商品的成本为1500万元，未计提存货跌价准备，公允价值为2000万元，适用的增值税税率为17%。当日甲公司可辨认净资产的账面价值为6500万元，公允价值为7000万元，其差额为一批存货账面价值低于公允价值300万元，一项管理用无形资产的账面价值低于公允价值200万元，该无形资产预计尚可使用5年，预计净残值为零，采用直线法摊销。长江公司以银行存款支付相关税费合计10万元。2016年8月1日甲公司将一批库存商品出售给长江公司，该批库存商品的成本为100万元，未计提存货跌价准备，售价为150万元，至年末尚未出售。2016年12月31日甲公司实现净利润2000万元（其中1至3月实现利润200万元），长江公司取得股权投资时甲公司账面价值与公允价值存在差异的存货当年全部出售。甲公司宣告分派现金股利500万元，可供出售金融资产期末公允价值上升了300万元。

2017年7月1日，长江公司将持有甲公司的股权对外出售50%，取得处置款3000万元已存入银行。剩余股权因不具有重大影响改按可供出售金融资产核算。

不考虑其他因素。

要求：

（1）编制取得甲公司股权投资的会计分录。

（2）计算2016年12月31日经过调整后甲公司的净利润。

（3）编制2016年12月31日与甲公司股权投资有关的会计分录。

（4）计算出售股权投资时应确认的投资收益。

（5）编制出售股权投资的会计分录。（答案中涉及"应交税费"科目和"长期股权投资"科目，必须写出相应的明细科目及专栏名称）

2. 2016年1月1日，甲公司自非关联方处取得乙公司80%的股权，能够对乙公司实施控制。甲公司支付银行存款5000万元，同时支付审计费用50万元。当日乙公司可辨认净资产的公允价值为5500万元（与账面价值相等）。2016年乙公司实现净利润2000万元，分配现金股利500万元，可供出售金融资产期末公允价值上升1000万元，除净损益、其他综合收益和利润分

配以外的所有者权益增加了 800 万元，以盈余公积转增资本 1000 万元。

2017 年 6 月 30 日，甲公司将持有乙公司的股权出售 50%，取得处置价款 6500 万元，款项已存入银行。剩余股份能够对乙公司施加重大影响。2017 年度乙公司实现净利润 3000 万元（其中 1 至 6 月实现净利润 1800 万元）。2017 年 12 月 31 日，乙公司可供出售金融资产公允价值上升 500 万元。

2018 年 2 月 19 日，乙公司宣告分派现金股利 1000 万元，3 月 15 日甲公司收到乙公司分配的现金股利。2018 年 4 月 30 日，甲公司将乙公司股份全部出售，取得处置价款 6800 万元，款项存入银行。

其他资料：甲公司按净利润的 10% 计提盈余公积，甲公司和乙公司采用的会计政策和会计期间一致，不考虑其他相关因素。

要求：

（1）编制甲公司取得乙公司 80% 股权的会计分录。

（2）编制个别报表中甲公司出售乙公司 50% 股权相关的会计分录。

（3）计算 2017 年 12 月 31 日甲公司长期股权投资的账面价值。

（4）编制 2018 年与现金股利有关的会计分录。

（5）编制 2018 年甲公司出售乙公司剩余股权的会计分录。（答案中涉及"长期股权投资"科目，必须写出相应的明细科目）

3. HK 公司（有限责任公司）2016 年度至 2018 年度发生的与股权投资有关的经济业务如下：

（1）2016 年度

①1 月 1 日，自关联方甲公司处取得 A 公司 15% 的股权，HK 公司将其作为可供出售金融资产核算，支付购买价款 2000 万元，支付相关税费 50 万元，款项已用银行转账方式支付。

②6 月 30 日，可供出售金融资产的公允价值为 2200 万元。

③8 月 1 日，HK 公司又以银行存款 3000 万元购入 A 公司 20% 的股权，从而能够对 A 公司施加重大影响。当日 A 公司可辨认净资产的账面价值为 18000 万元（与公允价值相等），原 15% 股权的公允价值为 2250 万元。

④8 月至 12 月，A 公司实现净利润 3500 万元，宣告分派现金股利 2000 万元。

（2）2017 年度

①2 月 3 日，HK 公司收到 A 公司分派的现金股利存入银行。

②6 月 30 日，A 公司可供出售金融资产公允价值下降了 200 万元。

③A 公司实现净利润 4000 万元。

（3）2018 年度

1 月 1 日，HK 公司以一栋办公楼作为对价自其母公司处取得 A 公司 35% 的股权，从而能够对 A 公司实施控制。办公楼的原值为 5000 万元，已计提折旧 1500 万元，未计提减值准备，公允价值为 6000 万元（不考虑增值税）。当日 A 公司个别报表中可辨认净资产的账面价值为 23300 万元（与公允价值相等）。在集团合并财务报表中归属于 A 公司可辨认净资产的账面价值为 20000 万元（无商誉）。

其他资料：HK 公司与 A 公司的会计政策和会计期间一致，不考虑其他因素。

要求：

（1）编制 2016 年相关会计分录。

（2）计算 2016 年度因长期股权投资而确认的投资收益。

（3）编制 2017 年相关会计分录。

（4）计算 HK 公司合并 A 公司时应确认的资本公积。

（5）编制 2018 年相关的会计分录。（答案中涉及"长期股权投资"科目，必须写出相应的明细科目及专栏名称）

【延伸】如果本题背景为非同一控制下企业合并，其他条件不变，编制 2018 年的会计分录。

五、综合题（除题目中有特殊要求外，答案中金额单位以万元表示，有小数的，保留两位小数）

1. 甲公司（股份有限公司）为增值税一般纳税人，销售商品及动产适用的增值税税率为 17%，2016 年至 2017 年发生的与长期股权投资有关的经济业务如下：

（1）2016 年 1 月 1 日，甲公司自非关联方处取得乙公司 80% 的股权，能够对乙公司实施控制。甲公司支付的对价为一批库存商品和一台机器设备（固定资产），该批库存商品的成本为 3000 万元，未计提存货跌价准备市场售价为 3700 万元；设备的原值为 500 万元，已计提折旧 100 万元，未计提减值准备，公允价值为 300 万元。同时，以银行存款支付审计费、评估费 100 万元。当日乙公司可辨认净资产的公允价值为 5000 万元。相关股权变更手续已办理完毕。

（2）2016 年 6 月 30 日，甲公司以银行存款 3000 万元取得丙公司 30% 的股权，当日丙公司可辨认净资产的账面价值为 8000 万元，公允价值为 8500 万元（差额为一台固定资产公允价值高于账面价值 500 万元，该固定资产预计尚可使用 5 年，预计净残值为零，采用年限平均法计提折旧），取得投资后甲公司向丙公司董事会派出董事，参与其财务及经营政策，当日董事会改选工作完成。

（3）2016 年 10 月 1 日，甲公司自其母公司处取得丁公司60%的股权，从而能够对丁公司实施控制。甲公司向其母公司定向增发5000万股股票，每股面值1元，每股公允价值为3.6元，支付券商发行费用300万元。当日丁公司个别报表中可辨认净资产的账面价值为9000万元，在集团内合并财务表中归属于丁公司可辨认净资产账面价值为10000万元，无商誉。相关股权变更手续已办理完毕。以银行存款支付审计费、评估费80万元。

（4）2016年12月1日，甲公司将一批原材料出售给丙公司，该批原材料的成本为200万元，未计提存货跌价准备，售价为300万元，至年末丙公司已将该批原材料对外出售了80%。

（5）2016年12月31日，乙公司实现净利润500万元，丙公司实现净利润2000万元（其中1月至6月实现净利润500万元），丁公司实现净利润3000万元。

（6）2017年1月1日，甲公司将持有乙公司全部股权出售给集团内部A公司，取得处置价款5000万元存入银行。当日乙公司可辨认净资产的公允价值为5500万元，在集团合并财务报表中归属于乙公司可辨认净资产的账面价值为5200万元。当日股权变更手续已办理完毕。

（7）2017年6月30日，甲公司将持有丁公司股权出售90%，取得处置价款9000万元，已存入银行。因剩余股权持有比例较低，对丁公司达不到重大影响，作为可供出售金融资产核算。

（8）2017年12月31日，丙公司实现净利润3000万元，上年自甲公司购入的原材料全部出售。

其他资料：涉及资产出售的均开具了增值税专用发票。甲公司与乙公司、丙公司、丁公司采用的会计政策和会计期间一致，不考虑其他相关因素。

要求：

（1）说明甲公司合并乙公司属于哪种合并类型，并简述理由。

（2）编制取得对乙公司投资相关的会计分录。

（3）计算合并乙公司所产生的商誉。

（4）说明甲公司对丙公司应如何进行核算，并简述理由。

（5）编制与丙公司相关的会计分录。

（6）说明甲公司合并丁公司属于哪种合并类型，并简述理由。

（7）编制与丁公司相关的会计分录。

（8）计算A公司取得乙公司长期股权投资的入账金额。

（9）编制甲公司出售乙公司股权的会计分录。

（10）编制甲公司出售丁公司股权的会计分录。（答案中涉及"应交税费"科目、"长期股权投资"科目和"可供出售金融资产"科目，必须

写出相应的明细科目及专栏名称）

2. 西山公司2016年度和2017年度与股权投资相关的资料如下：

（1）2016年度有关资料

①1月1日，西山公司以银行存款5000万元自甲公司股东处购入甲公司10%有表决权股份。当日，甲公司可辨认净资产的公允价值和账面价值均为48000万元，西山公司在取得该项投资前，与甲公司及其股东不存在关联方关系，取得该项投资后，对甲公司不具有重大影响，西山公司将其划分为可供出售金融资产核算。

②4月26日，甲公司宣告分派现金股利3500万元。

③5月12日，西山公司收到甲公司分派的现金股利，款项已收存银行。

④甲公司2016年度实现净利润6000万元。

⑤12月31日，西山公司该项股权投资的公允价值为5100万元。

（2）2017年度有关资料

①1月1日，西山公司以银行存款9810万元和一项公允价值为380万元的土地使用权（成本为450万元，累计摊销为120万元）作为对价，自甲公司其他股东处购入甲公司20%有表决权股份。当日，甲公司可辨认净资产的账面价值为50500万元，公允价值为51000万元，其差额全部源自存货的公允价值高于其账面价值。西山公司取得甲公司该部分有表决权股份后，按照甲公司章程有关规定，派人参与甲公司的财务和生产经营决策。当日，原10%的股权公允价值为5100万元。

②4月28日，甲公司宣告分派现金股利4000万元。

③5月7日，西山公司收到甲公司分派的现金股利，款项已收存银行。

④甲公司2017年度实现净利润8000万元，年初持有的公允价值与账面价值不一致的存货已对外出售60%。

（3）其他资料：

①西山公司除持有对甲公司的长期股权投资外，无其他长期股权投资。

②西山公司与甲公司之间在各年度均未发生其他交易。

③西山公司对甲公司的长期股权投资在2016年度和2017年度均未出现减值迹象。

④除上述资料外，不考虑其他因素。

要求：

（1）逐项编制西山公司2016年度与投资有关的会计分录。

（2）逐项编制西山公司2017年度与长期股权投资有关的会计分录。

（3）计算西山公司2017年12月31日资产负债

表"长期股权投资"项目的期末数。

（"长期股权投资"科目要求写出明细科目）

3. 甲公司 2013 年至 2015 年对乙公司股票投资的有关资料如下：

资料一：2013 年 1 月 1 日，甲公司定向发行每股面值为 1 元，公允价值为 4.5 元的普通股 1000 万股作为对价取得乙公司 30% 有表决权的股份。交易前，甲公司与乙公司不存在关联方关系且不持有乙公司股份；交易后，甲公司能够对乙公司施加重大影响。取得投资日，乙公司可辨认净资产的账面价值为 16000 万元，除行政管理用 W 固定资产外，其他各项资产、负债的公允价值分别与其账面价值相同。该固定资产原价为 500 万元，原预计使用年限为 5 年，预计净残值为零，采用年限平均法计提折旧，已计提折旧 100 万元；当日，该固定资产的公允价值为 480 万元，预计尚可使用 4 年，与原预计剩余年限相一致，预计净残值为零，继续采用原方法计提折旧。

资料二：2013 年 8 月 20 日，乙公司将其成本为 900 万元的 M 商品（未计提存货跌价准备）以不含增值税的价格 1200 万元出售给甲公司。至 2013 年 12 月 31 日，甲公司向非关联方累计售出该商品的 50%，剩余 50% 作为存货，未发生减值。

资料三：2013 年度，乙公司实现的净利润为 6000 万元，因可供出售金融资产公允价值变动增加其他综合收益 200 万元，未发生其他影响乙公司所有者权益变动的交易或事项。

资料四：2014 年 1 月 1 日，甲公司将对乙公司股权投资的 80% 出售给非关联方，取得价款 5600 万元，相关手续于当日完成，剩余股份当日公允价值为 1400 万元。出售部分股份后，甲公司对乙公司不再具有重大影响，将剩余股权投资转为可供出售金融资产。

资料五：2014 年 6 月 30 日，甲公司持有乙公司股票的公允价值下跌至 1300 万元，预计乙公司股价下跌是暂时性的。

资料六：2014 年 7 月起，乙公司股票价格持续下跌，至 2014 年 12 月 31 日，甲公司持有乙公司股票的公允价值下跌至 800 万元，甲公司判断该股权投资已发生减值，并计提减值准备。

资料七：2015 年 1 月 8 日，甲公司以 780 万元的价格在二级市场上售出所持乙公司的全部股票。

资料八：甲公司和乙公司采用的会计政策、会计期间相同，假定不考虑增值税、所得税等其他因素。

要求：

（1）判断说明甲公司 2013 年度对乙公司长期股权投资应采用的核算方法，并编制甲公司取得乙公司股权投资的会计分录。

（2）计算甲公司 2013 年度应确认的投资收益和应享有乙公司其他综合收益变动的金额，并编制相关会计分录。

（3）计算甲公司 2014 年 1 月 1 日处置部分股权投资交易对公司营业利润的影响额，并编制相关会计分录。

（4）分别编制甲公司 2014 年 6 月 30 日和 12 月 31 日与持有乙公司股票相关的会计分录。

（5）编制甲公司 2015 年 1 月 8 日处置乙公司股票的相关会计分录。

（"长期股权投资"、"可供出售金融资产"科目应写出必要的明细科目）（2015 年）

本周自测参考答案及解析

一、单项选择题

1. 【答案】A

【解析】对被投资单位的影响程度在重大影响以下的权益性投资，不属于长期股权投资，应按《企业会计准则第 22 号—金融工具的确认和计量》的相关规定核算。

2. 【答案】A

【解析】选项 A，A 公司和 C 公司是能够集体控制该安排的唯一组合，属于共同控制；选项 B，任意两个投资者持股比例都达不到 70% 以上，不属于共同控制；选项 C，A 公司可以对甲公司实施控制，不属于共同控制；选项 D，A 公司和 B 公司、A 公司和 C 公司是能够集体控制该安排的两个组合，如果存在两个或两个以上的参与方组合能够集体控制某项安排的，不构成共同控制。

3. 【答案】C

【解析】长期股权投资的入账价值 = 被合并方在最终控制方合并财务报表中的净资产账面价值的份额 + 最终控制方收购被合并方形成的商誉 = $14000 \times 60\% + 0 = 8400$（万元）。

4. 【答案】D

【解析】A 公司同一控制企业合并取得长期股权投资的初始投资成本 = 相对于最终控制方而言的净资产账面价值份额 + 最终控制方收购被合并方形成的商誉 = $12000 \times 80\% + (8000 - 9000 \times 80\%) = 10400$（万元），应确认的资本公积 = $10400 - 10000 = 400$（万元）（贷方），选项 D 正确。

A 公司的会计分录：

借：长期股权投资　　　　　　　　10400

　　贷：银行存款　　　　　　　　　10000

　　　　资本公积　　　　　　　　　　400

5. 【答案】C

第四周

【解析】长期股权投资入账价值＝被合并方在最终控制方合并财务报表中的净资产账面价值的份额＋最终控制方收购被合并方形成的商誉＝10000×80%＋0＝8000（万元）。

6.【答案】B

【解析】企业合并形成长期股权投资，为合并发生的审计、法律服务、评估咨询等中介费用在发生时计入管理费用。

7.【答案】D

【解析】长期股权投资的入账价值＝付出资产的公允价值＋增值税＝10000＋10000×17%＝11700（万元），支付的审计费用计入管理费用。

8.【答案】B

【解析】商誉＝合并成本－被购买方可辨认净资产公允价值份额＝2.5×3000－10000×60%＝1500（万元），股票发行费用冲减资本公积，不影响投资成本，也不影响商誉。

9.【答案】B

【解析】长期股权投资的账面价值＝原投资的账面价值＋新增投资成本＝（3200＋200＋500－100）＋5200＝9000（万元）。

10.【答案】D

【解析】因该交易事项计入投资收益的金额＝2600/50%×10%－500＋50＝70（万元）。

11.【答案】B

【解析】长期股权投资的初始投资成本＝850＋20＝870（万元）。

12.【答案】D

【解析】选项D，应计提长期股权投资减值准备。

会计分录：

借：资产减值损失
　贷：长期股权投资减值准备

13.【答案】A

【解析】该项投资业务对甲公司当年损益的影响金额＝5200－（5000－100）＋（25000×25%－5200×1.17）＋2400×9/12×25%＝916（万元）。

14.【答案】D

【解析】2017年12月31日甲公司长期股权投资的账面价值＝5000＋［3000－2000×60%－（500－400）］×30%＝5510（万元）。

15.【答案】C

【解析】选项C，被投资单位用盈余公积补亏，所有者权益总额未发生变化，投资方长期股权投资采用权益法核算无需进行账务处理。

16.【答案】B

【解析】2015年甲公司应分担A公司亏损＝8000×40%＝3200（万元），2016年应分担亏损＝9000×40%＝3600（万元），分担亏损的金额以将长期股权投资的账面价值减记至零为

限，超出部分备查簿登记。在本题中，长期股权投资的账面价值为6000万元，备查簿中登记金额＝3200＋3600－6000＝800（万元），2017年应享有的净利润金额＝2500×40%＝1000（万元），先恢复备查簿登记的金额800万元，差额恢复长期股权投资的账面价值。

会计处理：

借：投资收益　　　　　　　200
　贷：长期股权投资　　　　　200

17.【答案】D

【解析】长期股权投资的入账金额＝2500＋3000＝5500（万元），应确认投资收益＝2500－2200＋200＝500（万元）。

甲公司的会计分录：

借：长期股权投资—投资成本　　　　5500
　贷：可供出售金融资产—成本　　　2000
　　　　　　　　　—公允价值变动　200
　　银行存款　　　　　　　　　　3000
　　投资收益　　　　　　　　　　300
借：其他综合收益　　　　　　　　200
　贷：投资收益　　　　　　　　　200

18.【答案】B

【解析】应确认的投资收益＝5000/80%－5500＋800＋200＝1750（万元）。

甲公司的会计分录：

借：可供出售金融资产　　　　　1250
　　银行存款　　　　　　　　　5000
　贷：长期股权投资　　　　　　5500
　　投资收益　　　　　　　　　750
借：其他综合收益　　　　　　　200
　　资本公积—其他资本公积　　800
　贷：投资收益　　　　　　　　1000

19.【答案】A

【解析】甲公司在个别报表中应确认的投资收益＝5000×40%－5100×（60%－40%）/60%＝300（万元）。

甲公司的分录：

借：长期股权投资　　　　　　　300
　贷：投资收益　　　　　　　　300
借：长期股权投资　　800（2000×40%）
　贷：盈余公积　　　　　　　　80
　　利润分配—未分配利润　　　720

20.【答案】B

【解析】在持有投资期间，被投资单位编制合并财务报表的，应当以合并财务报表中净利润、其他综合收益和其他所有者权益中归属于被投资单位的金额为基础进行会计处理，甲公司应确认投资收益＝4000×30%＝1200（万元）。

21.【答案】C

【解析】企业通过多次交易分步处置对子公司

股权投资直至丧失控制权的，该交易属于一揽子交易的，在丧失控制权之前每一次处置价款与所处置股权对应的长期股权投资账面价值的差额，在个别报表中应确认为其他综合收益，到丧失控制权时再一次性转入当期损益。

22.【答案】B

【解析】当合营安排通过单独主体达成时，应结合法律法规、其他合同安排及相关事实或情况具体判断，不一定是合营企业，选项A错误；如果存在两个或两个以上的参与方组合能够集体控制某项安排的，不构成合营安排，选项C错误；合营安排为合营企业的，合营方对合营企业的净资产享有权利，选项D错误。

23.【答案】B

【解析】甲公司在共同经营中享有存货的账面价值 = 200 × （1 - 30%） × 60% = 84（万元）。

二、多项选择题

1.【答案】AB

【解析】对被投资单位的权益性投资具有控制、共同控制或重大影响的应作为长期股权投资核算。选项C，属于债权投资，选项D，在重大影响以下，所以不能作为长期股权投资核算。

2.【答案】ABC

【解析】仅享有保护性权利的参与方不享有共同控制，选项D错误。

3.【答案】AC

【解析】非同一控制下企业合并形成的长期股权投资，其入账金额在个别报表中应按付出资产、承担负债或发行权益性债券的公允价值确定，选项B错误；控股合并方式会形成长期股权投资，吸收合并和新设合并不形成长期股权投资，选项D错误。

4.【答案】ACD

【解析】长期股权投资投资成本 = 10000 × 60% = 6000（万元），付出对价账面价值与长期股权投资成本的差额调整资本公积，资本公积不足冲减的，依次冲减盈余公积和未分配利润。

甲公司的会计分录：

借：长期股权投资 6000
　　资本公积 100
　　盈余公积 150
　　利润分配—未分配利润 110
　　贷：库存商品 5000
　　　　应交税费—应交增值税（销项税额） 1360

5.【答案】ABCD

6.【答案】ABCD

7.【答案】ACD

【解析】新增投资初始投资成本为合并日初始

投资成本减原股权投资账面价值的差额，选项B错误。

8.【答案】ABD

【解析】原投资公允价值与账面价值的差额计入投资收益，选项C错误。

9.【答案】BC

【解析】长期股权投资采用权益法核算时，被投资单位宣告分派现金股利，投资方应冲减长期股权投资，选项A错误；双方发生内部交易且存在未实现损益的，才需对被投资单位净利润进行调整，选项D错误。

10.【答案】ABD

【解析】发生逆流交易的，对于未实现部分投资方在计算净损益时需要进行调整，选项C错误。

11.【答案】AD

【解析】原权益法核算时确认的其他综合收益应采用与被投资单位直接处置相关资产或负债相同的基础进行会计处理，选项B错误；原权益法核算时确认的资本公积—其他资本公积应全部结转至投资收益，选项C错误。

12.【答案】AC

【解析】选项B，应确认"其他综合收益"；选项D，应确认"资本公积—其他资本公积"。

13.【答案】AB

【解析】甲公司的会计分录：

借：银行存款 7500
　　贷：长期股权投资 6400（8000 × 80%）
　　　　投资收益 1100
借：长期股权投资—投资成本 1600
　　　　（8000 - 6400）
　　　—损益调整 400
　　　　（2500 × 16%）
　　贷：长期股权投资 1600
　　　　盈余公积 32（2000 × 16% × 10%）
　　　　利润分配—未分配利润 288
　　　　（2000 × 16% × 90%）
　　　　投资收益 80（500 × 16%）

14.【答案】ABCD

15.【答案】ABC

【解析】选项D，合营方对合营安排中的净资产享有权利属于合营企业。

三、判断题

1.【答案】×

【解析】如果存在两个或两个以上的参与方组合能够集体控制某项安排的，不构成共同控制，即，共同控制合营安排的参与方组合是唯一的。

2.【答案】√

3.【答案】×

【解析】同一控制下企业合并形成长期股权投

资，投资方不确认相关资产处置损益。

4.【答案】×

【解析】发行权益性证券支付的发行费用应冲减资本公积（股本溢价或资本溢价），不足冲减或没有溢价的，冲减留存收益。

5.【答案】×

【解析】长期股权投资部分处置后改按金融工具确认和计量准则进行会计处理的，其他综合收益（可转损益部分）和资本公积应全部结转。

6.【答案】√

7.【答案】×

【解析】企业合并以外方式取得的长期股权投资初始投资成本中应包括支付的相关税费；被投资单位宣告但尚未发放的现金股利作为应收项目单独核算，不计入初始投资成本。

8.【答案】×

【解析】企业通常应对子公司投资采用成本法核算，但投资方为投资性主体且子公司不纳入其合并财务报表的除外。

9.【答案】×

【解析】投资方无需进行账务处理。

10.【答案】√

11.【答案】×

【解析】投资方取得对联营企业或合营企业投资后，对于取得时投资成本小于所享有被投资单位可辨认净资产公允价值份额差额应确认为营业外收入，同时增加长期股权投资的账面价值。

12.【答案】×

【解析】投资方与联营企业或合营企业发生未实现内部交易损失，其中属于转让资产发生减值损失的，有关未实现内部交易损失不予抵销。

13.【答案】√

14.【答案】√

15.【答案】×

【解析】合并日之前持有的股权投资，因采用权益法核算或金融工具确认和计量准则核算而确认的其他综合收益，暂不进行会计处理，直至处置该项投资时采用与被投资单位直接处置相关资产或负债相同的基础进行会计处理。

16.【答案】√

17.【答案】√

18.【答案】√

19.【答案】×

【解析】共同经营是指合营方享有该安排相关资产且承担该安排相关负债的合营安排；而合营企业是指合营方仅对该安排的净资产享有权利的合营安排。

20.【答案】√

四、计算分析题

1.【答案】

（1）

借：长期股权投资—投资成本　　　2350

　　贷：主营业务收入　　　　　　　　2000

　　　　应交税费—应交增值税（销项税额）

　　　　　　　　　　　　　　　　　　340

　　　　银行存款　　　　　　　　　　 10

借：主营业务成本　　　　　　　　1500

　　贷：库存商品　　　　　　　　　1500

（2）调整后甲公司的净利润 =（2000 − 200）− 300 −（200/5 × 9/12）−（150 − 100）= 1420（万元）。

（3）

借：长期股权投资—损益调整　　　 426

　　贷：投资收益　　　 426（1420×30%）

借：应收股利　　　 150（500×30%）

　　贷：长期股权投资—损益调整　　 150

借：长期股权投资—其他综合收益　　90

　　贷：其他综合收益　　 90（300×30%）

（4）出售股权投资时应确认的投资收益 = 3000×2 −（2350 + 426 − 150 − 90）+ 90 = 3374（万元）。

（5）

借：银行存款　　　　　　　　　　3000

　　贷：长期股权投资—投资成本　　1175

　　　　　　　　　　　　　　　（2350/2）

　　　　　　　—损益调整　138（276/2）

　　　　　　　—其他综合收益　　　 45

　　　　　　　　　　　　　　　　（90/2）

　　　　投资收益　　　　　　　　 1642

借：可供出售金融资产—成本　　　3000

　　贷：长期股权投资—投资成本　　1175

　　　　　　　　　　　　　　　（2350/2）

　　　　　　　—损益调整　138（276/2）

　　　　　　　—其他综合收益　　　 45

　　　　　　　　　　　　　　　　（90/2）

　　　　投资收益　　　　　　　　 1642

借：其他综合收益　　　　　　　　　90

　　贷：投资收益　　　　　　　　　　90

2.【答案】

（1）

借：长期股权投资　　　　　　　　5000

　　管理费用　　　　　　　　　　　 50

　　贷：银行存款　　　　　　　　　5050

（2）

借：银行存款　　　　　　　　　　6500

　　贷：长期股权投资　　　　　　　2500

　　　　投资收益　　　　　　　　 4000

第四周

借：长期股权投资—投资成本　　2500
　　　　—损益调整　　　　　1320
　　　　［（2000 - 500 + 1800）×40%］
　　　　—其他综合收益　　　400
　　　　　　　（1000 × 40%）
　　　　—其他权益变动　　　320
　　　　　　　（800 × 40%）
　贷：长期股权投资　　　　　2500
　　　盈余公积　　　　　　　　60
　　　　［（2000 - 500）×40% × 10%］
　　　利润分配—未分配利润　 540
　　　　［（2000 - 500）×40% × 90%］
　　　投资收益　　　720（1800 × 40%）
　　　其他综合收益　　　　　 400
　　　资本公积—其他资本公积　320
（3）2017 年 12 月 31 日甲公司长期股权投资的账面价值 = 2500 + 1320 + 400 + 320 +（3000 - 1800）×40% + 500 × 40% = 5220（万元）。
（4）
借：应收股利　　　　　　　　400
　贷：长期股权投资—损益调整　400
借：银行存款　　　　　　　　400
　贷：应收股利　　　　　　　　400
（5）
借：银行存款　　　　　　　 6800
　贷：长期股权投资—投资成本　2500
　　　　—损益调整　　　　　1400
　　　［1320 +（3000 - 1800）×40% - 400］
　　　　—其他综合收益　　　600
　　　　　（400 + 500 × 40%）
　　　　—其他权益变动　　　320
　　　投资收益　　　　　　 1980
借：其他综合收益　　　　　　600
　　资本公积—其他资本公积　320
　贷：投资收益　　　　　　　 920

3.【答案】
（1）2016 年度会计分录：
①
借：可供出售金融资产—成本　2050
　贷：银行存款　　　　　　　2050
②
借：可供出售金融资产—公允价值变动　150
　贷：其他综合收益　　　　　150
③
借：长期股权投资—投资成本　5250
　贷：可供出售金融资产—成本　2050
　　　　—公允价值变动　　　150
　　　银行存款　　　　　　 3000
　　　投资收益　　　　　　　 50

借：其他综合收益　　　　　　150
　贷：投资收益　　　　　　　150
④
借：长期股权投资—损益调整　1225
　　　　　　（3500 × 35%）
　贷：投资收益　　　　　　 1225
借：应收股利　　　　　　　　700
　贷：长期股权投资—损益调整　700
　　　　　　（2000 × 35%）
（2）2016 年度因长期股权投资应确认的投资收益 = 50 + 150 + 1225 = 1425（万元）。
（3）2017 年度会计分录：
①
借：银行存款　　　　　　　　700
　贷：应收股利　　　　　　　700
②
借：其他综合收益　　70（200 × 35%）
　贷：长期股权投资—其他综合收益　70
③
借：长期股权投资—损益调整　1400
　　　　　　（4000 × 35%）
　贷：投资收益　　　　　　 1400
（4）HK 公司合并 A 公司时应确认的资本公积 = 20000 ×（15% + 20% + 35%）-（5250 + 1225 - 700 - 70 + 1400）-（5000 - 1500）= 3395（万元）。
（5）
借：固定资产清理　　　　　 3500
　　累计折旧　　　　　　　 1500
　贷：固定资产　　　　　　 5000
借：长期股权投资　14000（20000 × 70%）
　　长期股权投资—其他综合收益　70
　贷：长期股权投资—投资成本　5250
　　　　—损益调整　　　　　1925
　　　　　（1225 - 700 + 1400）
　　　固定资产清理　　　　 3500
　　　资本公积—资本溢价　 3395
【延伸答案】
借：固定资产清理　　　　　 3500
　　累计折旧　　　　　　　 1500
　贷：固定资产　　　　　　 5000
借：长期股权投资　　　　　13105
　　长期股权投资—其他综合收益　70
　贷：长期股权投资—投资成本　5250
　　　　—损益调整　　　　　1925
　　　　　（1225 - 700 + 1400）
　　　固定资产清理　　　　 6000
借：固定资产清理　　　　　 2500
　贷：营业外收入　　　　　 2500

五、综合题

1.【答案】

（1）甲公司合并乙公司属于非同一控制下企业合并。

理由：甲公司是从非关联方处取得乙公司股权，能够对乙公司实施控制，所以属于非同一控制下企业合并。

（2）

借：固定资产清理　　　　　　　400

　　累计折旧　　　　　　　　　100

　　贷：固定资产　　　　　　　　　500

借：长期股权投资　　　　　　　4680

　　贷：主营业务收入　　　　　　　3700

　　　　固定资产清理　　　　　　　300

　　　　应交税费—应交增值税（销项税额）

　　　　　　　　　　　　　　　　680

借：主营业务成本　　　　　　　3000

　　贷：库存商品　　　　　　　　　3000

借：营业外支出　　　　　　　　100

　　贷：固定资产清理　　　　　　　100

借：管理费用　　　　　　　　　100

　　贷：银行存款　　　　　　　　　100

（3）合并乙公司形成的商誉＝4680－5000×80%＝680（万元）。

（4）甲公司应将对丙公司投资作为长期股权投资核算，并按权益法进行后续计量。

理由：甲公司向丙公司董事会派出董事参与其财务及经营决策，说明对丙公司具有重大影响，所以应作为长期股权投资采用权益法核算。

（5）

①取得丙公司投资时的会计分录：

借：长期股权投资—投资成本　　3000

　　贷：银行存款　　　　　　　　　3000

②2016年12月31日丙公司调整后净利润＝（2000－500）－500/5×6/12－（300－200）×（1－80%）＝1430（万元）。

借：长期股权投资—损益调整　　429

　　　　　　　　　（1430×30%）

　　贷：投资收益　　　　　　　　　429

③2017年12月31日

丙公司调整后净利润＝3000－500/5＋（300－200）×20%＝2920（万元）。

借：长期股权投资—损益调整　　876

　　　　　　　　　（2920×30%）

　　贷：投资收益　　　　　　　　　876

（6）甲公司合并丁公司属于同一控制企业合并。

理由：合并前甲公司和丁公司均属于同一个集团内部的公司，受同一母公司控制。

（7）

借：长期股权投资　　　6000（10000×60%）

　　贷：股本　　　　　　　　　　　5000

　　　　资本公积—股本溢价　　　　1000

借：资本公积—股本溢价　　　　300

　　管理费用　　　　　　　　　80

　　贷：银行存款　　　　　　　　　380

（8）A公司取得乙公司长期股权投资的入账金额＝5200×80%＋680＝4840（万元）。

（9）借：银行存款　　　　　　　　5000

　　　贷：长期股权投资　　　　　　　4680

　　　　　投资收益　　　　　　　　　320

（10）

借：银行存款　　　　　　　　　9000

　　可供出售金融资产—成本　　1000

　　　　　　　　（9000/90%×10%）

　　贷：长期股权投资　　　　　　　6000

　　　　投资收益　　　　　　　　　4000

2.【答案】

（1）

2016年1月1日取得10%股权投资

借：可供出售金融资产　　　　　5000

　　贷：银行存款　　　　　　　　　5000

2016年4月26日甲公司宣告分派现金股利，西山公司应确认的投资收益＝3500×10%＝350（万元）。

借：应收股利　　　　　　　　　350

　　贷：投资收益　　　　　　　　　350

2016年5月12日，西山公司收到现金股利

借：银行存款　　　　　　　　　350

　　贷：应收股利　　　　　　　　　350

2016年12月31日，可供出售金融资产公允价值变动

借：可供出售金融资产　　　　　100

　　贷：其他综合收益　　　　　　　100

（2）2017年1月1日进一步取得甲公司20%股权投资

借：长期股权投资—投资成本　　15290

　　　　　　　（5100＋9810＋380）

　　累计摊销　　　　　　　　　120

　　贷：银行存款　　　　　　　　　9810

　　　　无形资产　　　　　　　　　450

　　　　营业外收入　　　　　　　　50

　　　　可供出售金融资产　　　　　5100

借：长期股权投资—投资成本　　10

　　　　　　（51000×30%－15290）

　　贷：营业外收入　　　　　　　　10

借：其他综合收益　　　　　　　100

　　贷：投资收益　　　　　　　　　100

2017年4月28日，被投资单位宣告分配现金股利，西山公司应确认的应收股利金额＝4000×

30% =1200（万元）。

借：应收股利　　　　　　　　　　　1200
　　贷：长期股权投资—损益调整　　　　1200
2017 年 5 月 7 日收到现金股利
借：银行存款　　　　　　　　　　　1200
　　贷：应收股利　　　　　　　　　　1200
甲公司 2017 年度经调整后的净利润 = 8000 −
（51000 − 50500）×60% =7700（万元）；
西山公司应确认投资收益 =7700 × 30% =2310
（万元）。
借：长期股权投资—损益调整　　　　2310
　　贷：投资收益　　　　　　　　　　2310
（3）2017 年 12 月 31 日资产负债表中"长期股
权投资"项目的期末数 =15290 + 10 − 1200 +
2310 =16410（万元）。

3.【答案】
（1）甲公司取得乙公司长期股权投资应采用权
益法核算。
理由：甲公司取得乙公司 30% 的股权，能够对
乙公司施加重大影响，所以采用权益法核算。
借：长期股权投资—投资成本　　　　4500
　　贷：股本　　　　　　　　　　　　1000
　　　　资本公积—股本溢价　　　　　3500
取得投资时被投资单位可辨认净资产公允价值
=16000 + [480 − （500 − 100）] =16080（万
元）；甲公司取得投资日应享有被投资单位可
辨认净资产公允价值的份额 =16080 × 30% =
4824（万元），大于长期股权投资的初始投资
成本，应当调增长期股权投资的金额 =4824 −
4500 =324（万元）。
借：长期股权投资—投资成本　　　　324
　　贷：营业外收入　　　　　　　　　324
（2）
应确认的投资收益 = [6000 − （480/4 − 500/

5）−（1200 − 900）× 50%]×30% =1749
（万元）；
应确认的其他综合收益 =200 × 30% =60（万
元）。
借：长期股权投资—损益调整　　　　1749
　　贷：投资收益　　　　　　　　　　1749
借：长期股权投资—其他综合收益　　60
　　贷：其他综合收益　　　　　　　　60
（3）处置长期股权投资对营业利润的影响额 =
5600 + 1400 −（4500 + 324 + 1749 + 60）+ 60 =
427（万元）。
借：银行存款　　　　　　　　　　　5600
　　可供出售金融资产—成本　　　　　1400
　　贷：长期股权投资—投资成本　　　4824
　　　　　　　　　　—损益调整　　　1749
　　　　　　　　　　—其他综合收益　60
　　　　投资收益　　　　　　　　　　367
借：其他综合收益　　　　　　　　　60
　　贷：投资收益　　　　　　　　　　60
（4）
6 月 30 日
借：其他综合收益　　　　　　　　　100
　　贷：可供出售金融资产—公允价值变动　100
12 月 31 日
借：资产减值损失　　　　　　　　　600
　　贷：其他综合收益　　　　　　　　100
　　　　可供出售金融资产—减值准备　500
（5）
借：银行存款　　　　　　　　　　　780
　　可供出售金融资产—公允价值变动　100
　　　　　　　　　　　—减值准备　　500
　　投资收益　　　　　　　　　　　20
　　贷：可供出售金融资产—成本　　　1400

第 四 周

第五周

本周学习计划

日　期	章　节	考　点	重要程度	常见题型	完成情况
星期一	第7章	非货币性资产交换的认定	★★	单选题、多选题、判断题	
星期二		非货币性资产交换的确认和计量	★★	单选题、多选题、判断题、计算分析题	
星期三	第8章	资产减值概述、资产可收回金额的计量和减值损失的确定	★★	单选题、多选题、判断题、计算分析题	
星期四		资产组减值的处理	★★★	单选题、多选题、判断题、计算分析题	
星期五		商誉减值的处理	★★	单选题、多选题、判断题、计算分析题	

本周攻克内容

【星期一·第7章】非货币性资产交换的认定

一、非货币性资产交换的概念

1. 货币性资产的概念

货币性资产，是指货币资金及将来对应一笔固定的或可确定的货币资金量的资产，包括：现金、银行存款、应收账款、应收票据、其他应收款以及准备持有至到期的债券投资等。

2. 非货币性资产的概念

非货币性资产，是指货币性资产以外的资产，该类资产在将来为企业带来的经济利益不固定或不可确定。包括固定资产、存货、无形资产以及不准备持有至到期的债券投资、股权投资等。

【例题·多选题】下列各项中，属于非货币性资产的有（　　）。（2015年）

A. 应收账款

B. 无形资产

C. 在建工程

D. 长期股权投资

【解析】非货币性资产指货币性资产以外的资产，即将来为企业带来的经济利益不固定或不可确定，包括存货、固定资产、无形资产、在建工程、长期股权投资等，选项B、C和D正确。

【答案】BCD

【例题·单选题】下列各项中属于非货币性资产的是（　　）。（2012年）

A. 外埠存款

B. 持有的银行承兑汇票

C. 拟长期持有的股票投资

D. 准备持有至到期的债券投资

【解析】非货币性资产，是指货币性资产以外的资产，该类资产在将来为企业带来的经济利益不固定或不可确定，包括存货（如原材料、库存商品等）、长期股权投资、投资性房地产、固定资产、在建工程、无形资产等。股票投资为企业带来的经济利益不固定或不可确定，选项C属于非货币性资产。

【答案】C

3. 非货币性资产交换，是指交易双方以非货币性资产进行的交换。这种交换不涉及或只涉及少量的货币资产（即补价），简称以物易物。

二、非货币性资产交换的认定

认定涉及少量货币性资产的交换为非货币性资产交换，当补价占整个交易金额的比重低于25%时（<25%），该交易被定性为非货币性资产交换。否则（≥25%），应被定性为货币性资产交换。

【提示】

（1）支付或收到的补价未必是相互资产公允价值的差额。

（2）计算比例时一般不需考虑双方增值税。

具体标准为：

①收到补价方

$$\frac{收到的补价}{换出资产的公允价值} < 25\%$$

②支付补价方

$$\frac{支付的补价}{换出资产的公允价值 + 支付的补价} < 25\%$$

以下举例甲、乙公司均为增值税一般纳税人。

【举例1】甲公司以库存商品换取乙公司的原材料，库存商品的公允价值为 100 万元，原材料的公允价值为 90 万元，经协商，由乙公司支付补价 11.7 万元（其中商品价差为 10 万元，增值税差额 1.7 万元），假定该项交换具有商业实质。

甲公司：$10/100 \times 100\% = 10\% < 25\%$

乙公司：$10/(90 + 10) \times 100\% = 10\% < 25\%$

【举例2】甲公司以库存商品换取乙公司的专利权，库存商品的公允价值为 100 万元，专利权的公允价值为 130 万元，经协商，由甲公司支付补价 30 万元，假定该项交换具有商业实质，且不考虑相关税费影响。

甲公司：$30/(100 + 30) \times 100\% = 23.08\% < 25\%$

乙公司：$30/130 \times 100\% = 23.08\% < 25\%$

【举例3】甲公司以库存商品换取乙公司的厂房，库存商品的公允价值为 100 万元，厂房的公允价值为 134 万元，经协商，由甲公司支付补价 34 万元，假定该项交换具有商业实质，且不考虑相关税费影响。

甲公司：$34/(100 + 34) \times 100\% = 25.37\% > 25\%$

乙公司：$34/134 \times 100\% = 25.37 > 25\%$

【例题·多选题】甲公司发生的下列交易中，属于非货币性资产交换的有（　　）。

A. 以一项账面价值 20 万元，公允价值 25 万元的交易性金融资产换入乙公司公允价值 40 万元的产品一批，支付 21.8 万元补价

B. 以一项账面价值 80 万元，公允价值 100 万元的专利权换入丙公司一项公允价值为 120 万元长期股权投资，支付补价 20 万元

C. 以一栋账面价值 90 万元，公允价值 70 万元的可供出售金融资产换入丁公司一批公允价值为 60 万元，增值税额为 10.2 万元的原材料，支付补价 0.2 万元

D. 以一栋账面价值 200 万元，公允价值 500 万元的厂房换入戊公司的公允价值为 350 万元的可供出售金融资产，收取补价 150 万元

【解析】选项 A，$15/40 \times 100\% = 37.5\%$，不属于非货币性资产交换；选项 B，$20/120 \times 100\% = 16.67\%$，属于非货币性资产交换；选项 C，$(70 - 60)/70 \times 100\% = 14.29\%$，属于非货币性资产交换；选项 D，$150/500 \times 100\% = 30\%$，不属于非货币性资产交换。

【答案】BC

【星期二·第7章】非货币性资产交换的确认和计量

一、非货币性资产交换的确认和计量原则

非货币性资产交换，应当以公允价值和应支付的相关税费作为换入资产的成本，公允价值和换出资产账面价值的差额计入当期损益，但有下列情形之一时，应当以换出资产的账面价值和应支付的相关税费作为换入资产的成本，不确认换出资产的当期损益：

1. 该项交换不具有商业实质；

2. 换入资产和换出资产的公允价值都无法可靠地计量。

【提示】应支付的相关税费是指企业直接为换入资产支付的税费，而企业为换出资产支付的税费不应计入换入资产的成本。

二、商业实质的判断

满足下列条件之一的非货币性资产交换具有商业实质：

（一）换入资产的未来现金流量在风险、时间和金额方面与换出资产显著不同。

这种情形主要包括以下几种情形：

1. 未来现金流量的风险、金额相同，时间显著不同；

2. 未来现金流量的时间、金额相同，风险显著不同；

3. 未来现金流量的风险、时间相同，金额显著不同。

【提示】在确定非货币性资产交换是否具有商业实质时，企业应当关注交易各方之间是否存在关联方关系。关联方关系的存在可能导致发生的非货币性资产交换不具有商业实质。

（二）换入资产与换出资产的预计未来现金流量现值不同，且其差额与换入资产和换出资产的公允价值相比是重大的。

【例题·多选题】下列各项中，能够据以判断非货币性资产交换具有商业实质的有（　　）。

A. 换入资产与换出资产未来现金流量的风险、金额相同，时间不同

B. 换入资产与换出资产未来现金流量的时间、金额相同，风险不同

C. 换入资产与换出资产未来现金流量的风险、时间相同，金额不同

D. 换入资产与换出资产的预计未来现金流量现值不同，且其差额与换入资产和换出资产的公允价值相比是重大的

【解析】满足下列条件之一的非货币性资产交换具有商业实质：（1）换入资产的未来现金流量在风险、时间和金额方面与换出资产显著不同；（2）换入资产与换出资产的预计未来现金流量现值不同，且其差额与换入资产和换出资产的公允价值相比是重大的。

【答案】ABCD

【例题·判断题】在非货币性资产交换中，如果换入资产的未来现金流量在风险、金额、时间方面与换出资产显著不同，即使换入或换出资产的公允价值不能可靠计量，也应将该交易认定为具有商业实质。（ ）

【答案】√

三、公允价值能否可靠计量的判断

属于以下三种情形之一的，换入或换出资产的公允价值视为能够可靠计量：

1. 换入资产或换出资产存在活跃市场；

2. 换入资产或换出资产不存在活跃市场，但同类或类似资产存在活跃市场；

3. 换入资产或换出资产不存在同类或类似资产可比市场交易，采用估值技术确定的公允价值。

采用估值技术确定的公允价值必须符合以下条件之一，视为能够可靠计量：

1. 采用估值技术确定的公允价值估计数的变动区间很小；

2. 公允价值估计数变动区间内，各种用于确定公允价值估计数的概率能够合理确定。

四、非货币性资产交换的会计处理

（一）以公允价值计量的非货币性资产交换的会计处理

非货币性资产交换同时满足下列条件的，应当以公允价值和应支付的相关税费作为换入资产的成本，公允价值与换出资产账面价值的差额计入当期损益：

（1）该项交换具有商业实质；

（2）换入资产或换出资产的公允价值能够可靠地计量。

【提示】换入资产和换出资产公允价值均能够可靠计量的，应当以换出资产的公允价值作为确定换入资产成本的基础，但有确凿证据表明换入资产的公允价值更加可靠的除外。

换入资产的入账金额 = 换出资产的公允价值 + 换出资产的增值税（销项税额）+ 支付的补价（-收到的补价）- 换入资产增值税（进项税

额）+ 支付的应计入换入资产成本的相关税费

换出资产的交换损益 = 换出资产的公允价值 - 换出资产的账面价值（如果涉及其他综合收益还须考虑）

①如果换出的是存货，则基本账务处理为：

借：换入资产

    应交税费—应交增值税（进项税额）（如涉及）

    银行存款（收到的补价）

  贷：主营业务收入

     应交税费—应交增值税（销项税额）

     银行存款（支付的补价）

借：主营业务成本

    存货跌价准备（如涉及）

  贷：库存商品

②如果换出的是固定资产，则基本账务处理为：

借：固定资产清理（账面价值）

    累计折旧

    固定资产减值准备

  贷：固定资产

借：换入资产

    应交税费—应交增值税（进项税额）（如涉及）

    银行存款（收到的补价）

  贷：固定资产清理

     应交税费—应交增值税（销项税额）

     银行存款（支付的补价）

借：固定资产清理

  贷：营业外收入—处置非流动资产利得

或

借：营业外支出—处置非流动资产损失

  贷：固定资产清理

③如果换出的是无形资产，则基本账务处理为：

借：换入资产

    累计摊销

    无形资产减值准备

    应交税费—应交增值税（进项税额）（如涉及）

    银行存款（收到的补价）

    营业外支出—处置非流动资产损失（借方差额）

  贷：无形资产

     应交税费—应交增值税（销项税额）

     银行存款（支付的补价）

     营业外收入—处置非流动资产利得（贷方差额）

【例题·多选题】2015年7月10日，甲公司以其拥有的一辆作为固定资产核算的轿车换入乙公司一项非专利技术，并支付补价5万元，当日，

第五周

甲公司该轿车原价为 80 万元，累计折旧为 16 万元，公允价值为 60 万元，乙公司该项非专利技术的公允价值为 65 万元，该项交换具有商业实质，不考虑相关税费及其他因素，甲公司进行的下列会计处理中，正确的有（　　）。（2016 年）

A. 按 5 万元确定营业外支出

B. 按 65 万元确定换入非专利技术的成本

C. 按 4 万元确定处置非流动资产损失

D. 按 1 万元确定处置非流动资产利得

【解析】以公允价值计量的非货币性资产交换，甲公司换出固定资产的处置损益 = 换出资产的公允价值 − 换出资产的账面价值 = 60 − (80 − 16) = −4 (万元)，选项 C 正确，选项 A 和 D 错误；甲公司换入非专利技术的成本为该非专利技术的公允价值 65 万元，选项 B 正确。

【答案】BC

【例题·单选题】甲公司以 M 设备换入乙公司 N 设备，另向乙公司支付补价 5 万元，该项交易具有商业实质。交换日，M 设备账面原价为 66 万元，已计提折旧 9 万元，已计提减值准备 8 万元，公允价值无法合理确定；N 设备公允价值为 72 万元。假定不考虑其他因素，该项交换对甲公司当期损益的影响金额为（　　）万元。（2012 年）

A. 0　　　　　　　　B. 6

C. 11　　　　　　　D. 18

【解析】甲公司换出资产的公允价值 = 72 − 5 = 67 (万元)，账面价值 = 66 − 9 − 8 = 49 (万元)，该项交换对甲公司当期损益的影响金额 = 67 − 49 = 18 (万元)。

【答案】D

【例题·单选题】甲公司为增值税一般纳税人，于 2017 年 12 月 5 日以一批商品换入乙公司的一项非专利技术，该交换具有商业实质。甲公司换出商品的账面价值为 80 万元，不含增值税的公允价值为 100 万元，增值税税额为 17 万元；另收到乙公司补价 10 万元。甲公司换入非专利技术的原账面价值为 60 万元，公允价值无法可靠计量。假定该非专利技术符合免税条件且不考虑其他因素，甲公司换入该非专利技术的入账价值为（　　）万元。

A. 50　　　　　　　B. 70

C. 90　　　　　　　D. 107

【解析】甲公司换入非专利技术的入账价值 = 换出资产的公允价值 + 换出资产增值税销项税额 − 换入资产可抵扣的增值税进项税额 − 收到的补价 = 100 + 17 − 10 = 107 (万元)。

【答案】D

（二）公允价值计量模式下涉及多项非货币性资产交换的会计处理

总体原则：非货币性资产交换具有商业实质，且换入资产的公允价值能够可靠计量的，应当按照换入各项资产的公允价值占换入资产公允价值总额的比例，对换入资产的成本总额进行分配，确定各项换入资产的成本。

每项换入资产成本 = 该项资产的公允价值 ÷ 换入资产公允价值总额 × 换入资产的成本总额

【提示】若换入资产公允价值不能可靠计量，但换出资产公允价值能可靠计量的，应当按各项资产的原账面价值占换入资产原账面价值总额的比例，对换入资产的成本总额进行分配，确认各项换入资产的成本。

【例题·计算题】甲公司为盘活闲置资产，增加企业核心产能和生产能力，于 2017 年 3 月 29 日与乙公司签订资产置换协议，根据协议约定甲公司将一栋厂房、一处土地使用权和一批存货与乙公司三台机器设备进行交换。已知甲公司厂房原值 1200 万元，已提折旧 800 万元，市场公允价值为 500 万元；土地使用权原值 800 万元，已提摊销 500 万元，市场公允价值 500 万元；存货成本 800 万元，未计提存货跌价准备，市场售价 1000 万元。

乙公司三台设备（A、B、C）的原值分别为 1000 万元，2000 万元和 3000 万元，已提折旧分别为 800 万元，500 万元和 1000 万元；市场公允价值分别为 300 万元，1000 万元和 800 万元。根据协议约定甲公司应向乙公司支付补价 177 万元。此项交换具有商业实质，双方均为增值税一般纳税人，交易中均开具增值税专用发票（设备、存货适用的增值税税率为 17%，销售不动产和转让土地使用权适用的增值税税率为 11%），价格均不含增值税。交换后双方均保持原资产使用状态。

要求：分别计算甲、乙公司换入各项资产的入账价值，并编制相应的会计分录。

【答案】甲公司

厂房：1200 − 800 = 400 (万元)，公允价 500 万元，增值税 55 万元；

土地：800 − 500 = 300 (万元)，公允价 500 万元，增值税 55 万元；

存货：成本 800 万元，公允价 1000 万元，增值税 170 万元。

换入资产总成本 = (500 + 500 + 1000) + (55 + 55 + 170) + 177 − (300 + 1000 + 800) × 17% = 2100 (万元)；

A 设备的入账价值 = 2100 × 300/(300 + 1000 + 800) = 300 (万元)；

B 设备的入账价值 = 2100 × 1000/(300 + 1000 + 800) = 1000 (万元)；

C 设备的入账价值 = 2100 × 800/(300 + 1000 + 800) = 800 (万元)。

账务处理：

借：固定资产清理　　　　　400

　　累计折旧　　　　　　　800

　　贷：固定资产　　　　　　　　1200

第五周

借：固定资产—A　　　　　　　　　300
　　　　　—B　　　　　　　　　1000
　　　　　—C　　　　　　　　　800
　　累计摊销　　　　　　　　　　500
　　应交税费—应交增值税（进项税额）
　　　　357〔（300＋1000＋800）×17%〕
　贷：固定资产清理　　　　　　　　400
　　主营业务收入　　　　　　　　1000
　　应交税费—应交增值税（销项税额）
　　　　　280（55＋55＋170）
　　无形资产　　　　　　　　　　800
　　营业外收入　　　　　300（100＋200）
　　银行存款　　　　　　　　　　177
借：主营业务成本　　　　　　　　800
　贷：库存商品　　　　　　　　　800
乙公司：
A设备：账面价值1000－800＝200（万元），公允价300万元；
B设备：账面价值2000－500＝1500（万元），公允价1000万元；
C设备：账面价值3000－1000＝2000（万元），公允价800万元。
换入资产总成本＝（300＋1000＋800）×（1＋17%）－280－177＝2000（万元）；
换入厂房的入账价值＝2000×500/（500＋500＋1000）＝500（万元）；
换入土地使用权的入账价值＝2000×500/（500＋500＋1000）＝500（万元）；
换入存货的入账价值＝2000×1000/（500＋500＋1000）＝1000（万元）。
账务处理：
借：固定资产清理　　　　　　　3700
　　累计折旧　　　　　　　　　2300
　贷：固定资产—A　　　　　　　1000
　　　　　—B　　　　　　　　2000
　　　　　—C　　　　　　　　3000
借：固定资产—厂房　　　　　　　500
　　无形资产　　　　　　　　　500
　　库存商品　　　　　　　　　1000
　　应交税费—应交增值税（进项税额）
　　　　　　　　　　　　　　　280
　　银行存款　　　　　　　　　177
　　营业外支出　　　　　　　　1600
　贷：固定资产清理　　　　　　3700
　　应交税费—应交增值税（销项税额）
　　　　　　　　　　　　　　　357
（三）以账面价值计量的非货币性资产交换的会计处理
非货币性资产交换不具有商业实质，或换入资产及换出资产的公允价值均不能够可靠地计量。应当以换出资产的账面价值和应支付的相关税费

作为换入资产的成本，无论是否支付补价，均不确认损益。
【提示】应支付的相关税费是指企业直接为换入资产支付的税费，而企业为换出资产支付的税费不应计入换入资产的成本。
【例题·多选题】不具有商业实质、不涉及补价的非货币性资产交换中，影响换入资产入账价值的因素有（　　）。（2012年）
A．换出资产的账面余额
B．换出资产的公允价值
C．换入资产的公允价值
D．换出资产已计提的减值准备
【解析】非货币性资产交换不具有商业实质，应当以换出资产的账面价值和应支付的相关税费作为换入资产的成本，与换入资产的公允价值和换出资产的公允价值均无关，选项B和C均不正确；换出资产的账面价值＝换出资产账面余额－换出资产已计提的减值准备等，选项A和D均正确。
换入资产的入账金额＝换出资产的账面价值＋换出资产的增值税（销项税额）＋支付的补价（－收到的补价）－换入资产可抵扣的增值税（进项税额）＋应计入换入资产成本的相关税费
【答案】AD
【提示】换出资产不确认交换损益。账面价值计量下，基本账务处理为：
借：换入资产
　　应交税费—应交增值税（进项税额）
　　银行存款（收到的补价）
　贷：换出资产的账面价值
　　应交税费—应交增值税（销项税额）
　　银行存款（支付的补价＋为换入资产支付的相关税费）
1．换出存货
借：换入资产
　　应交税费—应交增值税（进项税额）
　　银行存款（收到的补价）
　　存货跌价准备（如涉及）
　贷：库存商品
　　应交税费—应交增值税（销项税额）
　　银行存款（支付的补价）
2．换出固定资产
借：固定资产清理（账面价值）
　　累计折旧
　　固定资产减值准备
　贷：固定资产
借：换入资产
　　应交税费—应交增值税（进项税额）
　　银行存款（收到的补价）
　贷：固定资产清理（固定资产账面价值）
　　应交税费—应交增值税（销项税额）
　　银行存款（支付的补价）

第五周

3. 换出无形资产

借：换入资产
　　应交税费—应交增值税（进项税额）
　　累计摊销
　　无形资产减值准备
　　银行存款（收到的补价）
　贷：无形资产
　　　应交税费—应交增值税（销项税额）
　　　银行存款（支付的补价）

【例题·单选题】甲公司以一批存货与乙公司的一栋厂房进行交换，甲公司向乙公司支付补价100万元。该批存货的成本为1200万元，未计提存货跌价准备，市场售价为1500万元（不含税，适用的增值税税率为17%），厂房的账面价值为1600万元，但无法取得公允价值（不考虑增值税），该交易不具有商业实质。甲公司支付厂房契税80万元，则甲公司换入厂房的入账金额为（　　）万元。

A. 1680　　　　　　　B. 1580
C. 1635　　　　　　　D. 1835

【解析】100/（1200＋100）×100%＝7.69%＜25%，属于非货币性资产交换。甲公司换入厂房的入账金额＝1200＋1500×17%＋100＋80＝1635（万元）。

【答案】C

【例题·判断题】非货币性资产交换不具有商业实质的，支付补价方应以换出资产的账面价值加上支付的补价和应支付的相关税费作为换入资产的成本，不确认损益。（　　）（2015年）

【答案】√

（四）账面价值计量模式下多项非货币性资产交换的会计处理

总体原则：非货币性资产交换不具有商业实质，或者虽具有商业实质但换入资产及换出资产的公允价值均不能可靠计量的，应当按照换入各项资产的原账面价值占换入资产原账面价值总额的比例，对换入资产的成本总额进行分配，确定各项换入资产的成本。

每项换入资产成本＝该项资产的原账面价值÷换入资产原账面价值总额×换入资产的成本总额

【例题·单选题】2017年3月2日，甲公司以账面价值为350万元的厂房和150万元的专利权，换入乙公司账面价值分别为300万元的在建房屋和100万元的长期股权投资，不涉及补价。上述资产的公允价值均无法获得。不考虑增值税等其他因素，甲公司换入在建房屋的入账价值为（　　）万元。

A. 280　　　　　　　B. 300
C. 350　　　　　　　D. 375

【解析】甲公司换入在建房屋的入账价值＝（350＋150）×300/（300＋100）＝375（万元）。

【答案】D

【星期三·第8章】资产减值概述、资产可收回金额的计量和减值损失的确定

考点1：资产减值概述

一、资产减值的概念及其范围

资产减值是指资产的可收回金额低于其账面价值。

【提示】本章列示资产除特殊说明外，包括单项资产和资产组。

《企业会计准则第8号—资产减值》中适用的资产包括：

（1）长期股权投资；
（2）采用成本模式进行后续计量的投资性房地产；
（3）固定资产；
（4）生产性生物资产；
（5）无形资产；
（6）商誉；
（7）探明石油天然气矿区权益和井及相关设施等。

【提示】

（1）以上资产减值损失一经计提，在相关资产持有期间不得转回。但是，遇到资产处置、出售、对外投资、以非货币性资产交换方式换出、在债务重组中抵偿债务等情况，同时符合资产终止确认条件的，企业应当将相关资产减值准备予以结转。

（2）存货减值适用于《企业会计准则第1号—存货》相关规定；应收款项、持有至到期投资、可供出售金融资产适用于《企业会计准则第22号—金融工具确认和计量》相关规定；这四项资产减值后均可转回，但需注意的是可供出售权益工具减值转回时应通过"其他综合收益"科目。

【例题·多选题】下列资产中，资产减值损失一经确认，在以后会计期间不得转回的有（　　）。（2014年）

A. 在建工程
B. 长期股权投资
C. 可供出售金融资产中的债券投资

D. 以成本模式计量的投资性房地产

【解析】选项 C，可供出售金融资产中的债券投资，当价值回升时，其减值可以通过"资产减值损失"科目转回。

【答案】ABD

【例题·多选题】下列各项已计提的资产减值准备，在未来会计期间不得转回的有（   ）。（2013 年）

A. 商誉减值准备

B. 无形资产减值准备

C. 固定资产减值准备

D. 持有至到期投资减值准备

【解析】商誉、无形资产、固定资产计提减值准备，一经计提，在持有期间不得转回。

【答案】ABC

二、资产可能发生减值的迹象

1. 资产减值迹象的判断

（1）资产的市价当期大幅度下跌，其跌幅明显高于因时间的推移或者正常使用而预计的下跌；

（2）企业经营所处的经济、技术或者法律等环境以及资产所处的市场在当期或者将在近期发生重大变化，从而对企业产生不利影响；

（3）市场利率或者其他市场投资报酬率在当期已经提高，从而影响企业计算资产预计未来现金流量现值的折现率，导致资产可收回金额大幅度降低；

（4）有证据表明资产已经陈旧过时或者其实体已经损坏；

（5）资产已经或者将被闲置、终止使用或者计划提前处置；

（6）企业内部报告的证据表明资产的经济绩效已经低于或者将低于预期，如资产所创造的净现金流量或者实现的营业利润（或者亏损）远远低于（或者高于）预计金额等。

【总结】企业应当在资产负债表日判断资产是否存在可能发生减值的迹象；对于存在减值迹象的资产，应当进行减值测试，计算可收回金额，可收回金额低于账面价值的，应当按照可收回金额低于账面价值的差额，计提减值准备。

【提示】定期"体检"的资产（即至少每年年末进行减值测试）

1. 因企业合并形成的商誉；

2. 使用寿命不确定的无形资产；

3. 尚未达到可使用状态的无形资产，即"研发支出"的借方余额，资产负债表中列示于"开发支出"项目。

【例题·多选题】下列各项中，属于固定资产减值迹象的有（   ）。（2014 年）

A. 固定资产将被闲置

B. 计划提前处置固定资产

C. 有证据表明资产已经陈旧过时

D. 企业经营所处的经济环境在当期发生重大变化且对企业产生不利影响

【解析】以上选项均属于资产减值的迹象。

【答案】ABCD

【例题·单选题】下列各项资产中，无论是否存在减值迹象，至少应于每年年度终了对其进行减值测试的是（   ）。（2013 年）

A. 商誉

B. 固定资产

C. 长期股权投资

D. 投资性房地产

【解析】商誉和使用寿命不确定的无形资产以及尚未达到可使用状态的无形资产，无论是否存在减值迹象，都至少于每年年度终了进行减值测试，选项 A 正确。

【答案】A

考点 2：资产可收回金额的计量和减值损失的确定

一、资产可收回金额计量的基本要求

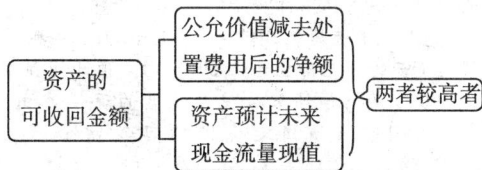

【例题·计算题】甲公司有一台设备原值 1200 万元，已计提折旧 600 万元，已计提减值准备 100 万元。该设备公允价值为 420 万元，预计处置中会产生相关费用为 15 万元。该设备预计还可以使用 3 年，预计每年可产生现金净流入均为 150 万元（包含资产处置的相关损益）。甲公司的增量借款利率为 5%。（P/A，5%，3）= 2.7232。

要求：计算该设备的可收回金额。

【答案】可收回金额为预计未来现金流量现值与公允价值减去处置费用后的净额两者较高者。

预计未来现金流量现值 = 150 ×（P/A，5%，3）= 150 × 2.7232 = 408.48（万元）；

公允价值减去处置费用后的净额 = 420 - 15 = 405（万元）。

该设备的可收回金额为 408.48 万元。

会计处理为：

借：资产减值损失   91.52

[（1200 - 600 - 100）- 408.48]

贷：固定资产减值准备   91.52

首先，计算确定资产的公允价值减去处置费用后的净额。其次，计算确定资产预计未来现金流量的现值。最后，比较资产的公允价值减去处置费用后的净额和资产预计未来现金流量的现值，取其较高者作为资产的可收回金额。

【提示】在下列情况下，可以有例外或者做特殊考虑：

（1）如果资产的公允价值减去处置费用后的净额与资产预计未来现金流量的现值，只要有一项超过了资产的账面价值，就表明资产没有发生减值，不需再估计另一项金额。

（2）如果没有确凿证据或者理由表明，资产预计未来现金流量现值显著高于其公允价值减去处置费用后的净额的，可以将资产的公允价值减去处置费用后的净额视为资产的可收回金额。

（3）以前报告期间的计算结果表明，资产可收回金额显著高于其账面价值，之后又没有发生消除这一差异的交易或者事项的，资产负债表日可以不重新估计该资产的可收回金额。

（4）以前报告期间的计算与分析表明，资产可收回金额相对于某种减值迹象反应不敏感，在本报告期间又发生了该减值迹象的，可以不因该减值迹象的出现而重新估计该资产的可收回金额。比如，当期市场利率或市场投资报酬率上升，对计算资产未来现金流量现值采用的折现率影响不大的，可以不重新估计资产的可收回金额。

【例题·单选题】2012 年 12 月 31 日，企业某项固定资产的公允价值为 1000 万元。预计处置费用为 100 万元，预计未来现金流量的现值为 960 万元。当日，该项固定资产的可收回金额为（　）万元。（2013 年）

A. 860　　　　　　　B. 900

C. 960　　　　　　　D. 1000

【解析】可收回金额为公允价值减去处置费用后的净额与预计未来现金流量的现值两者之间较高者确定，其中公允价值减去处置费用后的净额 = 1000 – 100 = 900（万元），预计未来现金流量现值 960 万元，所以该固定资产的可收回金额为 960 万元，选项 C 正确。

【答案】C

二、资产的公允价值减去处置费用后的净额的确定

1. 应当根据公平交易中资产的销售协议价格减去可直接归属于该资产处置费用的金额确定；

2. 在资产不存在销售协议但存在活跃市场的情况下，应当根据该资产的市场价格减去处置费用后的净额确定；

3. 在既不存在资产销售协议又不存在资产活跃市场的情况下，企业应当以可获取的最佳信息为基础，根据在资产负债表日如果处置资产的话，熟悉情况的交易双方自愿进行公平交易愿意提供的交易价格减去资产处置费用后的净额，估计资产的公允价值减去处置费用后的净额；

4. 如果企业按照上述要求仍然无法可靠估计资产的公允价值减去处置费用后的净额的，应当以该资产预计未来现金流量的现值作为其可收回金额。

三、资产预计未来现金流量现值的确定

资产预计未来现金流量的现值，应当按照资产在持续使用过程中和最终处置时所产生的预计未来现金流量，选择恰当的折现率对其进行折现后的金额加以确定。因此预计资产未来现金流量的现值，需要综合考虑：

资产的预计未来现金流量、资产的使用寿命和折现率三个因素。

（一）资产未来现金流量的预计

1. 预计资产未来现金流量的基础

（1）企业管理层应当在合理和有依据的基础上对资产剩余使用寿命内整个经济状况进行最佳估计，并将资产未来现金流量的预计，建立在经企业管理层批准的最近财务预算或者预测数据的基础上。出于数据可靠性和便于操作等方面的考虑，建立在该预算或者预测基础上的预计现金流量最多涵盖 5 年，企业管理层如能证明更长的期间是合理的，可以涵盖更长的期间。

（2）如果资产未来现金流量的预计还包括最近财务预算或者预测期之后的现金流量，企业应当以该预算或者预测期之后年份稳定的或者递减的增长率为基础进行估计。

（3）通常情况下，企业管理层应当确保当期预计现金流量所依据的假设与前期实际结果相一致。

2. 资产预计未来现金流量应当包括的内容

（1）资产持续使用过程中预计产生的现金流入；

（2）为实现资产持续使用过程中产生的现金流入所必需的预计现金流出（包括为使资产达到预定可使用状态所发生的现金流出）；

（3）资产使用寿命结束时，处置资产所收到或者支付的净现金流量。

3. 预计资产未来现金流量应当考虑的因素

（1）以资产的当前状况为基础预计资产未来现金流量，不应当包括与将来可能会发生的、尚未做出承诺的重组事项或者与资产改良有关的预计未来现金流量；

（2）预计资产未来现金流量不应当包括筹资活动和与所得税收付产生的现金流量；

（3）对通货膨胀因素的考虑应当和折现率相一致；

（4）涉及内部转移价格的需要作调整，即调整成公平交易中的公允价格。

【例题·单选题】下列关于企业为固定资产减值测试目的预计未来现金流量的表述中，不正确的是（　）。

A. 预计未来现金流量包括与所得税相关的现金流量

B. 预计未来现金流量应当以固定资产的当前状况为基础

C. 预计未来现金流量不包括与筹资活动相关现金流量

D. 预计未来现金流量不包括与固定资产改良相关的现金流量

【解析】企业为固定资产减值测试目的预计未来现金流量不应当包括筹资活动和与所得税收付有关的现金流量，因此选项 A 错误，符合题目要求。

【答案】A

4. 预计资产未来现金流量的方法

（1）传统法：即使用的是单一的未来每期预计现金流量和单一的折现率计算资产未来现金流量的现值。

（2）期望现金流量法：即根据每期现金流量期望值进行预计，每期现金流量期望值按照每种可能情况下的现金流量与其发生概率加权计算。

（二）折现率的预计

在资产减值测试中，计算资产未来现金流量现值时所使用的折现率应当是反映当前市场货币时间价值和资产特定风险的税前利率。该折现率是企业在购置或者投资资产时所要求的必要报酬率。

【例题·判断题】在资产减值测试中，计算资产未来现金流量现值时所采用的折现率应当是反映当前市场货币时间价值和资产特定风险的税前利率。（　　）

【解析】为了资产减值测试的目的，计算资产未来现金流量现值时所使用的折现率应当是反映当前市场货币时间价值和资产特定风险的税前利率。

【答案】√

（三）资产未来现金流量现值的确定

资产未来现金流量的现值 $PV = \sum [$ 第 t 年预计资产未来现金流量 $NCF_t / (1 + 折现率 R)^t]$

（四）外币未来现金流量及其现值的确定

企业使用的资产所收到的未来现金流量为外币时，应按以下顺序确定资产未来现金流量的现值：

1. 以外币（结算货币）表示的资产未来现金流量现值 $= \sum$（以结算货币表示的该资产所产生的未来现金流量 × 该结算货币适用的折现率相对应的折现系数）

2. 以记账本位币表示的资产未来现金流量的现值 = 以外币（结算货币）表示的资产未来现金流量现值 × 计算资产未来现金流量现值当日的即期汇率

3. 以记账本位币表示的资产未来现金流量的现值与资产公允价值减去处置费用后的净额相比较，确定其可收回金额，根据可收回金额与资产账面价值相比较，确定是否需要确认减值损失以及确认多少减值损失。

【总结】先折，后汇，再比较。

【例题·计算题】甲公司以人民币为记账本位币。2016 年 12 月 31 日一台设备出现减值迹象，经测试，该设备市场公允价值为 73 万美元，预计处置中会产生相关费用为 5 万美元。该设备预计还可以使用 3 年，预计每年可产生现金净流入均为 25 万美元（包括处置产生的现金流量）。甲公司资本利润率为 5%。已知该设备原值 1200 万元人民币，已提折旧 600 万元人民币，已提减值准备 100 万元人民币。2016 年年末的即期汇率为 1 美元 = 6.30 元人民币；预计 2017 年年末即期汇率为 1 美元 = 6.20 元人民币；预计 2018 年年末市场汇率为 1 美元 = 6.30 元人民币；预计 2019 年年末市场汇率为 1 美元 = 6.4 元人民币。（P/A，5%，3）= 2.7232。

要求：计算该设备 2016 年 12 月 31 日的账面价值。

【答案】

预计未来现金流量现值 = 25 ×（P/A，5%，3）= 25 × 2.7232 = 68.08（万美元）；

折算记账本位币 = 68.08 × 6.3 = 428.9（万元人民币）；

公允价值 - 处置费用 = 73 - 5 = 68（万美元）；

折算记账本位币 = 68 × 6.3 = 428.4（万元人民币）；

可收回金额为 428.9 万元人民币；

甲公司该设备应计提减值准备 =（1200 - 600 - 100）- 428.9 = 71.1（万元人民币）；

2016 年 12 月 31 日计提减值后该设备账面价值为 428.9 万元人民币。

四、资产减值损失的确定及其账务处理

资产可收回金额确定后，如果可收回金额低于其账面价值，企业应当将资产的账面价值减记至可收回金额，减记的金额确认为资产减值损失，计入当期损益，同时计提相应的资产减值准备。

借：资产减值损失

　　贷：××××减值准备

【提示】

（1）资产的账面价值是指资产成本扣减累计折旧（或累计摊销）和累计减值准备后的金额。

（2）资产减值损失确认后，减值资产的折旧或者摊销金额应当在未来期间作相应调整，以使该资产在剩余使用寿命内，系统地分摊调整后的资产账面价值（扣除预计净残值）。

【例题·单选题】2013 年 12 月 31 日，甲公司某项固定资产计提减值准备前的账面价值为 1000 万元，公允价值为 980 万元，预计处置费用为 80 万元，预计未来现金流量的现值为 1050 万元。2013 年 12 月 31 日，甲公司应对该项固定资产计提的减值准备为（　　）万元。（2014 年）

A. 0　　　　　　B. 20

C. 50　　　　　　D. 100

第 五 周

【解析】该固定资产公允价值减去处置费用后的净额 = 980 - 80 = 900（万元），预计未来现金流量现值为 1050 万元，可收回金额为两者中较高者，所以可收回金额为 1050 万元，大于账面价值 1000 万元，表明该固定资产未发生减值，不需计提减值准备。

或：题中已经直接给出预计未来现金流量现值 1050 万元，高于账面价值，故可直接判定该项资产未发生减值。

【答案】A

【例题·单选题】甲公司 2014 年 12 月 31 日购入一栋厂房，该厂房入账价值为 1000 万元，预计使用 20 年，预计净残值为 0，甲公司采用年限平均法计提折旧。2016 年 12 月 31 日，由于国家对房地产进行宏观调控，该厂房公允价值减处置

费用的净额为 805 万元，预计未来现金流量现值为 810 万元。计提减值后，甲公司对原预计净残值、预计使用年限和折旧方法均未发生改变。2017 年 12 月 31 日该厂房的账面价值为（ ）万元。

A. 810

B. 808

C. 765

D. 850

【解析】2016 年 12 月 31 日该厂房的可收回金额为 810 万元，计提减值前的账面价值 = 1000 - 1000/20 × 2 = 900（万元）；应计提减值准备 = 900 - 810 = 90（万元）；计提减值后的账面价值为 810 万元。2017 年应计提折旧 = 810/18 = 45（万元）；2017 年 12 月 31 日厂房账面价值 = 810 - 45 = 765（万元）。

【答案】C

【星期四·第8章】资产组减值的处理

一、资产组的认定

资产组，是指企业可以认定的最小资产组合，其产生的现金流入应当基本上独立于其他资产或者资产组产生的现金流入。资产组应当与由创造现金流入相关的资产构成。

【提示1】资产组一经确定后，在各个会计期间应当保持一致，不得随意变更。

【提示2】资产组的认定，应当以资产组产生的主要现金流入是否独立于其他资产或者资产组的现金流入为依据。同时，还应当考虑企业管理层对生产经营活动的管理或者监控方式（如是按照生产线、业务种类还是按照地区或者区域等）和对资产的持续使用或者处置的决策方式等。

【例题·多选题】下列关于资产减值测试时认定资产组的表述中，正确的有（ ）。

A. 资产组是企业可以认定的最小资产组合

B. 认定资产组应当考虑对资产的持续使用或处置的决策方式

C. 认定资产组应当考虑企业管理层管理生产经营活动的方式

D. 资产组产生的现金流入应当独立于其他资产或资产组产生的现金流入

【解析】资产组，是指企业可以认定的最小资产组合，选项 A 正确；资产组产生的现金流入应当基本上独立于其他资产或资产组产生的现金流入，选项 D 正确；资产组的认定，应当考虑企业管理层管理生产经营活动的方式和对资产的持续使用或者处置的决策方式等，选项 B 和 C 正确。

【答案】ABCD

【例题·判断题】资产组一经确定，在各个会

计期间应当保持一致，不得随意变更。（ ）（2014 年）

【答案】√

二、资产组可收回金额和账面价值的确定

资产组的可收回金额应当按照该资产组的公允价值减去处置费用后的净额与其预计未来现金流量的现值两者之间较高者确定。

资产组的账面价值应当包括可直接归属于资产组与可以合理和一致地分摊至资产组的资产账面价值，通常不应当包括已确认负债的账面价值，但如不考虑该负债金额就无法确定资产组可收回金额的除外。这是因为在预计资产组的可收回金额时，既不包括与该资产组的资产无关的现金流量，也不包括与已在财务报表中确认的负债有关的现金流量。

资产组处置时如要求购买者承担一项负债，该负债金额已经确认并计入相关资产账面价值，而且企业只能取得包括上述资产和负债在内的单一公允价值减去处置费用后的净额的，为了比较资产组的账面价值和可收回金额，在确定资产组的账面价值及其预计未来现金流量的现值时，应当将已确认的负债金额从资产的账面价值或预计未来现金流量的现值中扣除。即资产组账面价值的确定基础应当与其可收回金额的确定方式相一致。

三、资产组减值测试

根据减值测试的结果，资产组（包括资产组组合）的可收回金额如低于其账面价值的，应当确认相应的减值损失。减值损失金额应当按照下列顺序进行分摊：

1. 首先抵减分摊至资产组中商誉的账面价值；

2. 然后根据资产组中除商誉之外的其他各项资产的账面价值所占比重，按比例抵减其他各项资产的账面价值。

【提示】抵减后的各资产的账面价值不得低于以下三者之中最高者：

（1）该资产的公允价值减去处置费用后的净额（如可确定的）；

（2）该资产预计未来现金流量的现值（如可确定的）；

（3）零。

因此而导致的未能分摊的减值损失金额，应当按照相关资产组中其他各项资产的账面价值所占比重继续进行分摊。

【例题·计算题】甲公司某条生产线由A、B、C、D四台设备组成，这四台设备无法单独使用，不能单独产生现金流量，因此作为一个资产组来管理。2017年12月31日对该资产组进行减值测试，资产组的账面价值为300万元，其中A、B、C、D设备的账面价值分别为80万元、70万元、50万元、100万元。A设备的公允价值减去处置费用后的净额为71万元，无法获知其未来现金流量现值；B设备的预计未来现金流量现值为40万元，无法确认其公允价值减去处置费用后的净额；其他两台设备无法获取其可收回金额。甲公司确定该资产组的公允价值减去处置费用后的净额为225万元，预计未来现金流量的现值为175万元。

要求：分别计算A、B、C、D设备应计提的减值准备金额。

【答案】

资产组的公允价值减去处置费用后的净额为225万元，预计未来现金流量的现值为175万元，所以该资产组的可收回金额为225万元，其账面价值为300万元，此资产组应计提减值准备75万元；

第一次分配如下：

A设备承担的损失 = 75 × （80/300） = 20（万元）；

B设备承担的损失 = 75 × （70/300） = 17.5（万元）；

C设备承担的损失 = 75 × （50/300） = 12.5（万元）；

D设备承担的损失 = 75 × （100/300） = 25（万元）；

B设备承担损失后的账面价值为52.5万元（70 - 17.5），高于其可收回金额40万元，但A设备承担损失后的账面价值为60万元（80 - 20），低于其可收回金额71万元，不符合资产组损失的分配原则。故A设备只能分摊9万元的减值金额，剩余尚未分摊的11万元（20 - 9），应进行二次分摊。

C设备承担损失后的账面价值为37.5万元；

D设备承担损失后的账面价值为75万元；

第一次分配后该资产组账面价值为165万元（52.5 + 37.5 + 75）。

第二次分配如下：

B设备承担的损失 = 11 × 52.5/165 = 3.5（万元）；

C设备承担的损失 = 11 × 37.5/165 = 2.5（万元）；

D设备承担的损失 = 11 × 75/165 = 5（万元）。

B设备承担损失后的账面价值为49万元（52.5 - 3.5），高于其可收回金额40万元，所以此次分配是符合资产组损失分配原则的。

A设备应计提的减值准备 = 9（万元）；

B设备应计提的减值准备 = 17.5 + 3.5 = 21（万元）；

C设备应计提的减值准备 = 12.5 + 2.5 = 15（万元）；

D设备应计提的减值准备 = 25 + 5 = 30（万元）。

四、总部资产减值测试

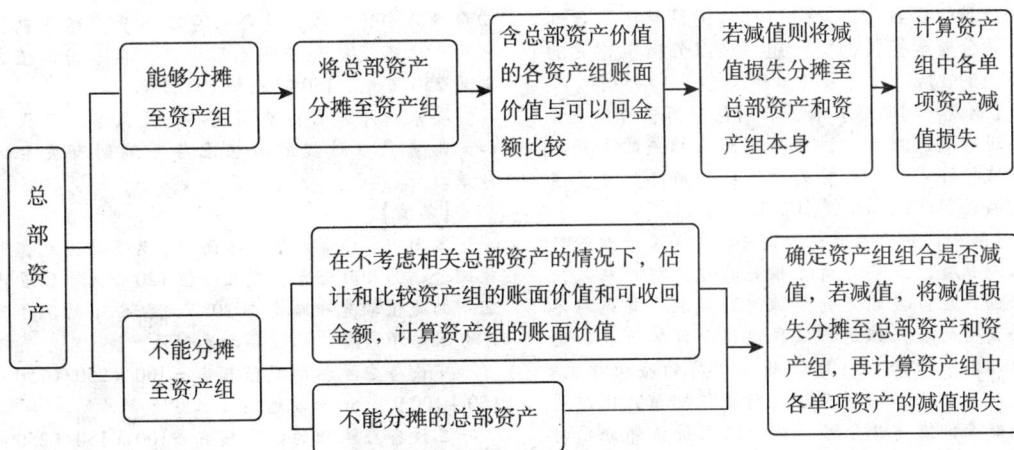

【总结】总部资产的显著特征是难以脱离其他资产或者资产组产生独立的现金流入，而且其账面价值难以完全归属于某一资产组。因此，总部资产通常难以单独进行减值测试，需要结合其他相关资产组或者资产组组合进行。资产组组合，是指由若干个资产组组成的最小资产组组合，包括资产组或者资产组组合，以及按合理方法分摊的总部资产部分。

在资产负债表日，如果有迹象表明某项总部资产可能发生减值的，企业应当计算确定该总部资产所归属的资产组或者资产组组合的可收回金额，然后将其与相应的账面价值相比较，据以判断是否需要确认资产减值损失。

企业在对某一资产组进行减值测试时，应当先认定所有与该资产组相关的总部资产，再根据相关总部资产能否按照合理和一致的基础分摊至该资产组分别下列情况处理：

（一）对于相关总部资产能够按照合理和一致的基础分摊至该资产组的部分，应当将该部分总部资产的账面价值分摊至该资产组，再据以比较该资产组的账面价值（包括已分摊的总部资产的账面价值部分）和可收回金额，并按照前述有关资产组的减值损失处理顺序和方法处理。

（二）对于相关总部资产难以按照合理和一致的基础分摊至该资产组的，应当按照下列步骤处理：

首先，在不考虑相关总部资产的情况下，估计和比较资产组的账面价值和可收回金额，并按照前述有关资产组减值损失处理顺序和方法处理。

其次，认定由若干个资产组组成的最小的资产组组合，该资产组组合应当包括所测试的资产组与可以按照合理和一致的基础将该总部资产的账面价值分摊其上的部分。

最后，比较所认定的资产组组合的账面价值（包括已分摊的总部资产的账面价值部分）和可收回金额，并按照前述有关资产组减值损失的处理顺序和方法处理。

【星期五·第8章】商誉减值的处理

一、商誉减值测试的基本要求

企业合并所形成的商誉，至少应当在每年年度终了时进行减值测试。商誉应当结合与其相关的资产组或者资产组组合进行减值测试。相关的资产组或者资产组组合应当是能够从企业合并的协同效应中受益的资产组或者资产组组合，不应当大于企业所确定的报告分部。

对于已经分摊商誉的资产组或资产组组合，无论是否存在资产组或资产组组合可能发生减值的迹象，每年都应当通过比较包含商誉的资产组或资产组组合的账面价值与可收回金额进行减值测试。

企业进行资产减值测试，对于因企业合并形成的商誉的账面价值，应当自购买日起按照合理的方法分摊至相关的资产组；难以分摊至相关的资产组的，应当将其分摊至相关的资产组组合。

【例题·判断题】企业在对包含商誉的相关资产组进行减值测试时，如果与商誉相关的资产组存在减值迹象，应当首先对不包含商誉的资产组进行减值测试。（　）（2016年）

【解析】企业在对包含商誉的相关资产组进行减值测试时，如果与商誉相关的资产组存在减值迹象的，应当按照下列步骤进行处理：首先对不包含商誉的资产组进行减值测试，计算可收回金额，与相关账面价值比较确认相应的减值损失；其次对包含商誉的资产组进行减值测试，比较资产组账面价值（含分摊商誉的账面价值部分）与其可收回金额，如相关资产组的可收回金额低于其账面价值，应当确认相应的减值损失。

【答案】√

二、商誉减值的测试及其账务处理

【例题·计算题】某公司在A、B、C三地拥有三家分公司，其中，C分公司是上年吸收合并的公司。由于A、B、C三家分公司均能产生独立于其他分公司的现金流入，所以该公司将这三家分公司确定为三个资产组。2017年12月31日，该公司经营所处的技术环境发生了重大不利变化，出现减值迹象，需要进行减值测试。减值测试时，C分公司资产组的账面价值为520万元（含合并商誉20万元）。该公司计算C分公司资产的可收回金额为400万元。假定C分公司资产组中包括甲设备、乙设备和一项无形资产，其账面价值分别为250万元、150万元和100万元。

要求：计算C分公司商誉、甲设备、乙设备和无形资产应计提的减值准备并编制有关会计分录。

【答案】

本例中，C资产组的账面价值为520万元，可收回金额为400万元，发生减值120万元。C资产组中的减值额先冲减商誉20万元，余下的100万元分配给甲设备、乙设备和无形资产。

甲设备应承担的减值损失 = 100 × 250/（250 + 150 + 100） = 50（万元）；

乙设备应承担的减值损失 = 100 × 150/（250 +

150 + 100）＝30（万元）；

无形资产应承担的减值损失＝100×100/（250＋150＋100）＝20（万元）。

会计分录：

借：资产减值损失　　　　　　　　120

　　贷：商誉减值准备　　　　　　　　20

　　　　固定资产减值准备　　80（50＋30）

　　　　无形资产减值准备　　　　　　20

【例题·单选题】AS公司于2017年1月1日以2000万元的价格收购了XY公司80%的股权并实施控制。合并前，AS公司与XY公司不存在任何关联方关系。购买日，XY公司可辨认净资产的公允价值为1875万元，没有负债和或有负债。假定XY公司的所有资产被认定为一个资产组，而且XY公司的所有可辨认资产均未发生资产减值迹象，未进行过减值测试。2017年年末，AS公司确定该资产组的可收回金额为1650万元，按购买日公允价值持续计算的可辨认净资产的账面价值为

1550万元。2017年12月31日，AS公司在合并财务报表中应确认的商誉的账面价值为（　　）万元。

A. 80　　　　　　　　B. 320

C. 625　　　　　　　D. 180

【解析】合并财务报表中商誉计提减值准备前的账面价值＝2000－1875×80%＝500（万元），2017年12月31日合并报表中包含完全商誉的XY公司净资产的账面价值＝1550＋500÷80%＝2175（万元），该资产组的可收回金额为1650万元，该资产组减值金额＝2175－1650＝525（万元），因完全商誉的价值为625万元（500÷80%），所以减值损失只冲减商誉525万元，但合并财务报表中反映的是归属于母公司的商誉，未反映归属于少数股东的商誉，因此合并财务报表中商誉减值金额＝525×80%＝420（万元），减值后合并财务报表中应确认的商誉的账面价值＝500－420＝80（万元）。

【答案】A

扫一扫，阅读解题思路

本书中各部分试题均配备二维码，下载安装"东奥题库宝典"移动客户端，扫一扫左侧二维码，即可在线做题，并获得详尽的答案解析、解题思路等超值服务，解决您做题时的一切疑惑。

【移动客户端安装二维码详见封底】

本周自测

一、单项选择题

1. 下列各项中，属于非货币性资产的是（　　）。

   A. 银行承兑汇票

   B. 持有至到期投资

   C. 长期应付款

   D. 可供出售权益性投资

2. 甲乙公司均为增值税一般纳税人，则下列各项中属于非货币性资产交换的是（　　）。

   A. 甲公司以公允价值1200万元的固定资产交换乙公司公允价值1200万元持有至到期投资

   B. 甲公司以公允价值1000万元的存货交换乙公司公允价值1100万元的长期股权投资，乙公司支付补价70万元

   C. 甲公司以公允价值300万元的厂房交换乙公司公允价值200万元的机器设备，乙公司支付补价100万元

   D. 甲公司以公允价值500万元的交易性金融资产交换乙公司500万元商业承兑汇票

3. 甲公司和乙公司均为增值税一般纳税人，2017年1月1日甲公司以账面价值500万元，公允

价值为600万元的机器设备交换乙公司一批存货，存货的账面价值为480万元，公允价值为550万元，乙公司向甲公司支付补价58.5万元（含补差的增值税），该交换具有商业实质。则甲公司换入存货的入账价值为（　　）万元。

A. 600　　　　　　　B. 480

C. 550　　　　　　　D. 608.5

4. 下列各项中，关于以公允价值计量的非货币性资产交换说法正确的是（　　）。

   A. 换入资产的入账价值应以换出资产的账面价值为基础确定

   B. 换入资产的公允价值与换出资产账面价值的差额确认为交换损益

   C. 为换入资产支付的相关税费构成换入资产的入账成本

   D. 换出资产的公允价值与换入资产公允价值的差额确认为交换损益

5. 甲公司和乙公司均为增值税小规模纳税人，2017年7月1日甲公司以一批存货交换乙公司一项长期股权投资，该批存货的账面价值为80万元，公允价值为103万元（含税）；长期股权投资的账面价值为112万元，公允价值为110万元。甲公司向乙公司支付补价7万元。该项交易具有商业实质。则下列说法正确的是（　　）。

第五周

A. 甲公司换入长期股权投资的入账金额为 112 万元

B. 乙公司换入存货的入账金额为 110 万元

C. 甲公司应确认的交换损益为 23 万元

D. 乙公司应确认的交换损益为 –2 万元

6. 甲公司和乙公司均为增值税一般纳税人，购买及销售商品适用的增值税税率均为 17%。2017 年 5 月 9 日，甲公司以一台作为固定资产核算的机器设备交换乙公司持有 A 公司 5% 的股权投资。甲公司固定资产的原值为 1200 万元，已提折旧 400 万元，未计提减值准备，其公允价值为 1000 万元，乙公司对 A 公司 5% 的股权投资作为可供出售金融资产核算，其账面价值为 1100 万元（其中成本为 1000 万元，公允价值变动 100 万元），公允价值为 1110 万元。乙公司向甲公司支付补价 60 万元。该项交换具有商业实质。则乙公司应确认的交换损益为（　　）万元。

A. 200　　　　　　　B. 100

C. 110　　　　　　　D. 10

7. 甲公司和乙公司均为增值税一般纳税人，2017 年 6 月 2 日甲公司以一批存货和一台管理用固定资产交换乙公司一项专利权。已知存货的成本为 1200 万元，计提的存货跌价准备为 100 万元，公允价值为 1000 万元（不含税），固定资产的原值为 200 万元，已提折旧为 120 万元，已提减值准备为 10 万元，公允价值为 50 万元（不含税，适用的增值税税率为 17%）。乙公司专利权的原值为 2000 万元，已提摊销 800 万元，未计提减值准备，公允价值为 1100 万元（不含税，适用的增值税税率为 6%）。乙公司向甲公司支付补价 62.5 万元。乙公司换入存货和固定资产均按原资产性质核算。此项交换具有商业实质，则乙公司换入存货和固定资产的入账金额分别为（　　）万元。

A. 1000；50　　　　B. 1170；58.5

C. 1100；70　　　　D. 1170；81.9

8. 甲公司以一项非专利技术换入乙公司一项专利权，甲公司换出非专利技术的账面价值为 1200 万元，公允价值为 1500 万元，乙公司换出专利权的账面价值为 1300 万元，无法取得其公允价值。根据合同约定，甲公司向乙公司支付补价 100 万元。此项交换具有商业实质，不考虑相关税费，则甲公司换入专利权的入账价值为（　　）万元。

A. 1600　　　　　　B. 1300

C. 1500　　　　　　D. 1400

9. 甲公司和乙公司为关联企业，2017 年 8 月 8 日甲公司以一栋闲置的办公楼交换乙公司对 A 公司的长期股权投资。已知办公楼的账面价值为 2000 万元，公允价值为 5000 万元（不含增值税，适用的增值税税率为 11%），长期股权投资的账面价值为 6000 万元，公允价值无法取得，甲公司向乙公司支付补价 500 万元。该项交换不具有商业实质，则甲公司换入乙公司对 A 公司的长期股权投资入账金额为（　　）万元。

A. 6000　　　　　　B. 5000

C. 5500　　　　　　D. 3050

10. 下列各项中，关于以账面价值计量的非货币性资产交换说法不正确的是（　　）。

A. 应以换出资产的账面价值和应支付的相关税费作为换入资产成本

B. 无论是否支付补价，均不确认交换损益

C. 换出资产增值税销项税额的计算应以公允价值为基础确定

D. 涉及多项资产交换的，应以各项换入资产的账面价值占换出资产账面价值总额的比例进行分配

11. 下列各项资产计提减值准备后在其持有期间可以转回的是（　　）。

A. 无形资产减值准备

B. 持有至到期投资减值准备

C. 固定资产减值准备

D. 长期股权投资减值准备

12. 下列各项中，关于可收回金额的表述不正确的是（　　）。

A. 资产的可收回金额应根据公允价值减处置费用后的净额与资产预计未来现金流量现值两者较低者确定

B. 如果资产公允价值减处置费用后的净额超过了资产的账面价值表明资产没有发生减值

C. 如果没有确凿证据表明资产预计未来现金流量现值显著高于其公允价值减处置费用后的净额，可以将资产的公允价值减处置费用后的净额视为资产的可收回金额

D. 以前报告期计算结果表明资产可收回金额显著高于其账面价值，之后又没有发生消除这一差异的交易或事项的，资产负债表日可以不重新估计该资产的可收回金额

13. 企业在确认预计未来现金流量现值时应当考虑相关因素，下列各项应当包括的是（　　）。

A. 使用过程中预计的改良支出

B. 使用过程中预计的筹资活动

C. 与所得税收付有关的现金流量

D. 正常资产的维护支出

14. 某公司资产负债表日固定资产的原值为 500 万元，已提折旧 150 万元，已提减值准备 100 万元。其公允价值为 300 万元，预计处置费用为 5 万元，预计未来现金流量的现值为 280 万元。则该公司应计提的固定资产减值准备为（　　）万元。

A. 45　　　　　　　B. –45

第五周

C. 0　　　　　　　　D. – 30

15. 甲公司对某资产进行减值测试，因该资产无法可靠取得其公允价值，所以采用预计未来现金流量现值计算可收回金额。甲公司预计该资产未来 3 年市场行情较好的情况下可以产生的现金流量分别为 100 万元、70 万元和 30 万元，市场行情一般的情况下可以产生的现金流量分别为 80 万元、50 万元、20 万元，市场行情较差的情况下可以产生的现金流量分别为 50 万元、30 万元、5 万元。甲公司预计市场行情较好的情况有 50% 的概率，市场行情一般的情况有 40% 的概率，市场行情较差的情况有 10% 的概率。甲公司的折现率为 3%。则该资产的可收回金额为(　　)万元。
    A. 168.5　　　　　 B. 160.64
    C. 152.88　　　　 D. 185.5

16. 甲公司在境外拥有一台机器设备，该设备国内没有市场，资产负债表日其公允价值为 140 万美元，预计处置费用为 2 万美元；预计未来 3 年现金净流量分别为 70 万美元、50 万美元、30 万美元。当日的即期汇率为 1 美元 = 6.8 元人民币，预计未来两年资产负债表日即期汇率分别为 1 美元 = 6.85 元人民币和 1 美元 = 6.90 元人民币。甲公司采用的折现率为 3%，同时以人民币为记账本位币。则该机器设备的可收回金额为(　　)万元人民币。
    A. 969.34　　　　 B. 938.4
    C. 952　　　　　　D. 1022.38

17. A 公司拥有四个生产车间，分别为甲车间、乙车间、丙车间和丁车间。甲车间负责生产原配件、乙车间负责生产包装箱、丙车间负责组装、丁车间负责运输。甲车间生产的原配件没有独立的市场，乙车间产生的包装箱只能包装 A 公司产品，丙车间没有剩余能力组装其他非 A 公司产品，丁车间可以独立承接外单位运输劳务。则下列对于资产组的划分正确的是(　　)。
    A. 甲车间、乙车间、丙车间和丁车间构成资产组
    B. 甲车间、丙车间和丁车间构成资产组
    C. 甲车间、乙车间和丁车间构成资产组
    D. 甲车间、乙车间和丙车间构成资产组

18. 下列各项中，关于资产组减值测试的说法不正确的是(　　)。
    A. 资产组账面价值的确定基础应当与其可收回金额的确定方式一致
    B. 资产组减值测试的原理和单项资产相同
    C. 如果资产组中包括商誉，应先抵减分摊至资产组中商誉的账面价值
    D. 分摊减值应按资产组内可辨认资产的账面原值比例进行分配

19. 下列资产发生减值时不计入资产减值损失的是(　　)。
    A. 固定资产
    B. 可供出售金融资产
    C. 递延所得税资产
    D. 在建工程

20. 2017 年 1 月 1 日甲公司以 8000 万元控股合并乙公司，拥有乙公司 80% 的股权，能够对乙公司实施控制，合并前甲乙公司不存在关联方关系。购买日乙公司可辨认净资产的公允价值为 9000 万元，没有负债和或有负债。假定乙公司所有资产被认定为一个资产组。2017 年 12 月 31 日以购买日公允价值持续计算的乙公司可辨认净资产的账面价值为 8800 万元，其可收回金额为 8500 万元。则 2017 年 12 月 31 日甲公司在编制合并财务报表中应对商誉计提减值准备的金额为(　　)万元。
    A. 300　　　　　　B. 0
    C. 1000　　　　　D. 800

二、多项选择题

1. 下列各项中，关于非货币性资产交换认定的说法正确的有(　　)。
    A. 仅包括企业之间主要以非货币性资产形式进行的互惠转让
    B. 政府无偿提供非货币性资产给企业不属于非货币性资产交换
    C. 以非货币性资产作为股利发放企业股东属于非货币性资产交换
    D. 涉及补价的，补价比例不得超过 25%

2. 下列各项中，关于以公允价值计量的非货币性资产交换说法正确的有(　　)。
    A. 该项交换应具有商业实质
    B. 换入资产或换出资产的公允价值能够可靠的计量
    C. 换出资产的账面价值与换入资产的公允价值的差额计入当期损益
    D. 关联方之间的交换不能以公允价值进行会计处理

3. 下列各项中，关于换入或换出资产公允价值能否可靠计量的说法正确的有(　　)。
    A. 换入或换出资产存在活跃的市场，则认定公允价值能够可靠计量
    B. 换入或换出资产不存在活跃市场，但有同类或类似的资产存在活跃市场，则认定公允价值能够可靠计量
    C. 换入或换出资产没有活跃市场，也不存在同类或类似资产可比市场交易的，则认定公允价值不能可靠计量
    D. 换入或换出资产可以采用估值技术确定其公允价值

4. 下列关于均有商业实质，且换出和换入资产的公允价值均能够可靠计量的，换入资产入账价值表述正确的有（　　）。
A. 换入资产的入账价值＝换出资产的公允价值＋增值税销项税额－增值税进项税额＋支付的补价（或－收到的补价）＋为取得换入资产支付的相关税费
B. 换入资产的入账价值＝换入资产的公允价值＋为取得换入资产支付的相关税费
C. 换入资产的入账价值＝换出资产的账面价值＋增值税销项税额－增值税进项税额＋支付的补价（或－收到的补价）＋为取得换入资产支付的相关税费
D. 换入资产的入账价值＝换出资产的账面价值＋增值税进项税额－增值税销项税额＋收到的补价（或－支付的补价）＋为取得换入资产支付的相关税费

5. 甲公司和乙公司均为增值税一般纳税人，2017年2月9日甲公司以一批原材料交换乙公司对A公司5%的股权投资，乙公司将其作为可供出售金融资产核算。原材料的成本为3000万元（未计提存货跌价准备），公允价值为3500万元，可供出售金融资产的账面价值为2800万元（其中成本为2500万元，公允价值变动300万元），公允价值为4000万元，乙公司向甲公司支付补价95万元。甲公司取得A公司5%股权与原对A公司15%股权合并后对A公司具有重大影响，甲公司原对A公司15%股权投资作为可供出售金融资产核算，其账面价值为10000万元（其中成本为8000万元，公允价值变动2000万元），公允价值为12000万元。甲公司另支付相关税费10万元。则下列说法正确的有（　　）。
A. 长期股权投资的入账金额为16010万元
B. 甲公司此项交换对当期损益的影响金额为500万元
C. 乙公司应确认投资收益1500万元
D. 支付的相关税费应计入管理费用

6. 下列各项中，关于以账面价值计量的非货币性资产交换会计处理正确的有（　　）。
A. 换入资产的入账价值＝换出资产的账面价值＋增值税销项税额－增值税进项税额＋支付的补价（或－收到的补价）＋为取得换入资产支付的相关税费
B. 换出资产的交换损益＝换出资产的公允价值－换出资产的账面价值
C. 换入资产的入账价值－换出资产的账面价值＝交换损益
D. 不具有商业实质，即使能够取得换入和换出资产的公允价值也不能按公允价值进行会计处理

7. 采用账面价值计量的涉及多项资产的非货币性资产交换，下列说法正确的有（　　）。
A. 无论是否有补价均不确认交换损益
B. 换入资产总额应以换出资产的账面价值为基础确定
C. 换入资产的入账金额应按换出资产各项账面价值占换入资产原账面价值的比例确定
D. 换入资产的入账金额应按换入资产各项账面价值占换出资产原账面价值的比例确定

8. 下列各项资产计提减值准备，不属于《企业会计准则第8号—资产减值》准则所规范的资产有（　　）。
A. 可供出售金融资产
B. 工程物资
C. 商誉
D. 库存商品

9. 资产发生减值迹象应从外部和内部两方面信息进行判断，下列各项属于企业内部信息的有（　　）。
A. 资产市价当期大幅度下跌
B. 有证据表明资产已经陈旧过时或其实体已经损坏
C. 市场利率在当期已大幅度提高
D. 资产已经被闲置、终止使用

10. 企业资产在计算可收回金额时的衡量标准之一为公允价值减处置费用后的净值，下列属于处置费用应考虑的因素有（　　）。
A. 法律费用
B. 相关税费（包括所得税）
C. 搬运费
D. 财务费用

11. 下列各项中，属于企业在考虑预计未来现金流量时应当包括的内容有（　　）。
A. 资产持续使用过程中预计产生的现金流入
B. 为实现资产持续使用过程中产生现金流入所必需的预计现金流出
C. 资产使用寿命结束时处置资产收到的现金流入
D. 资产使用寿命结束时处置资产支付的现金流出

12. 下列关于企业在计算预计未来现金流量现值时采用的折现率说法正确的有（　　）。
A. 折现率是企业在购置或投资资产时所要求的必要报酬率
B. 企业在估计折现率时必须考虑特定风险
C. 如果折现率是基于所得税后的应将其调整为税前的折现率
D. 企业选择折现率通常以该资产的市场利率为依据

13. 下列各项中，关于资产组认定的说法正确的有（　　）。

A. 应当以资产组产生的主要现金流入是否独立于其他资产或资产组的现金流入为依据

B. 应当考虑企业管理层生产经营活动的方式和对资产持续使用或处置的决策方式

C. 资产组一经认定不得变更

D. 资产组应当由与创造现金流入相关的资产构成

14. 下列各项中，关于总部资产减值测试的说法正确的有(　　)。

A. 有证据表明总部资产发生减值的，应单独对总部资产计提减值准备

B. 能够分摊至各个资产组的总部资产，应将包括总部资产在内的资产组与其可收回金额进行比较

C. 不能分摊至各个资产组的总部资产，应先对不含总部资产的资产组进行减值测试等的处理，然后认定包括总部资产的最小资产组组合与其可收回金额进行比较

D. 资产负债表日有迹象表明总部资产可能发生减值的，应将其与资产组或资产组组合合并计算可收回金额，再与其账面价值进行比较判断是否需要确认资产减值损失

15. 下列各项资产中，在资产负债表日无论是否存在减值迹象均需进行减值测试的有(　　)。

A. 商誉

B. 使用寿命有限的无形资产

C. 未到达预定可使用状态的无形资产

D. 使用寿命不确定的无形资产

16. 下列各项资产中，减值损失一经计提在持有期间不得转回的有(　　)。

A. 固定资产

B. 可供出售金融资产（权益工具）

C. 以成本模式计量的投资性房地产

D. 长期股权投资

17. 资产组减值后将减值金额分摊至资产组中各单项资产，但抵减后的各单项资产的账面价值不得低于(　　)之中最高者。

A. 该资产的公允价值减去处置费用后的净额

B. 该资产预计未来现金流量的现值

C. 该资产的账面价值

D. 零

三、判断题

1. 企业以发行股票方式取得某项固定资产属于非货币性资产交换。(　　)

2. 在资产交换中涉及支付补价的，只要补价比例低于25%则认定属于非货币性资产交换。(　　)

3. 只要交换的非货币性资产公允价值能够可靠计量，就可以采用公允价值计量方式进行会计处理。(　　)

4. 在以公允价值计量的非货币性资产交换会计处理中，无论是否支付补价，换出资产的交换损益均为换入资产的公允价值减去换出资产的账面价值的差额。(　　)

5. 涉及支付补价的非货币性资产交换，如果以公允价值计量，在不考虑增值税等相关税费的情况下，支付补价方换入资产的入账价值为换出资产的公允价值加上支付的补价。(　　)

6. 以账面价值计量的非货币性资产交换，在不支付补价的情况下没有交换损益，但如果涉及支付补价，则会存在资产的交换损益。(　　)

7. 某项非货币性资产交换具有商业实质，换入资产的公允价值能够可靠计量，但换出资产的公允价值不能可靠计量时，应以换入资产的公允价值为基础确定交换损益。(　　)

8. 涉及多项非货币性资产交换的，如果该项交换具有商业实质且换入资产公允价值能可靠计量时，则换入各单项资产的入账金额应以换入各单项资产公允价值占换入资产公允价值总额的比例进行分配。(　　)

9. 在以公允价值计量的非货币性资产交换会计处理时，以可供出售金融资产交换固定资产的，原可供出售金融资产计入其他综合收益的金额需要结转至投资收益。(　　)

10. 企业以存货交换长期股权投资，二者未来现金流量在金额和风险方面相同，但时间却不同，则应确认该项交换具有商业实质。(　　)

11. 当期市场利率上升，对于计算资产未来现金流量现值采用的折现率影响不大的，可以不重新估计资产的可收回金额。(　　)

12. 在计算资产可收回金额时，如果资产不存在销售协议的，应以预计未来现金流量的现值确定其可收回金额。(　　)

13. 企业已经承诺重组的，在考虑预计未来现金流量时应将重组因素考虑到其中。(　　)

14. 资产未来现金流量的现值对未来不同期间的风险差异或利率的期限结构反应敏感的，企业应在保持折现率不变。(　　)

15. 预计资产的未来现金流量如果涉及外币，应先将外币折现计算出现值，再采用当日的即期汇率折算成记账本位币表示的资产未来现金流量的现值。(　　)

16. 资产发生出售、对外投资、非货币性资产交换和债务重组等符合资产终止确认条件的，应将其相关减值准备予以转销。(　　)

17. 企业难以对单项资产的可收回金额进行估计时，应以该资产所属的资产组为基础确定资产的可收回金额。(　　)

18. 资产组确定可收回金额时既不包括与该资产组的资产无关的现金流量，也不包括已在财务报表中确认的负债有关的现金流量。(　　)

19. 资产负债表日，如果有迹象表明某项总部资产可能发生减值，企业应计算确定该总部资产所归属的资产组或资产组组合的可收回金额，然后将其与相关的账面价值进行比较，据以判断是否需要确认资产减值损失。（　　）

20. 对于商誉减值测试，应将归属于少数股东的商誉包括在内计算商誉减值的金额，然后确认归属于母公司的商誉减值损失。（　　）

四、计算分析题（除题目中有特殊要求外，答案中金额单位以万元表示，有小数的，保留两位小数）

1. 甲公司为增值税一般纳税人，2017 年发生的与资产交换有关的经济业务如下：

（1）甲公司以一批存货与乙公司所持有 A 公司的 20% 长期股权投资进行交换，存货的成本为 5000 万元（未计提存货跌价准备），公允价值为 6000 万元，增值税税额为 1020 万元；长期股权投资的账面价值为 4500 万元（其中投资成本 3000 万元，损益调整 1000 万元，其他权益变动 500 万元），公允价值为 6500 万元。根据协议规定乙公司向甲公司支付补价 520 万元。该项交换具有商业实质。

（2）甲公司原对 A 公司股权投资比例为 18%，甲公司作为可供出售金融资产核算，其账面价值为 4000 万元（其中成本为 3800 万元，公允价值变动为 200 万元），公允价值为 5850 万元。交换后甲公司共持有 A 公司股权投资比例为 38%，能够对 A 公司施加重大影响。当日 A 公司可辨认净资产的账面价值为 33500 万元（与公允价值相等）。

（3）甲公司将一项专利权与丙公司所持有 A 公司的交易性金融资产进行交换，专利权的账面原值为 3000 万元，已提摊销 300 万元，未计提减值准备，公允价值为 3100 万元，增值税税额为 186 万元。交易性金融资产的账面价值为 3000 万元（其中成本为 2000 万元，公允价值变动为 1000 万元），公允价值为 4000 万元。根据协议约定甲公司向丙公司支付补价 714 万元。该项交换具有商业实质。

（4）甲公司取得丙公司对 A 公司投资后持股比例达到 53%，能够控制 A 公司。当日 A 公司可辨认净资产的账面价值为 30000 万元（与公允价值相等，减少额为可供出售金融资产公允价值下降所致）。

其他资料：甲公司、乙公司、丙公司和 A 公司均不存在关联方关系。

要求：

（1）根据资料（1）分析判断甲公司与乙公司的交换是否属于非货币性资产交换，并说明理由。

（2）根据资料（1）和（2）编制与甲公司和乙

公司相关的会计分录。

（3）分析判断甲公司与丙公司的交换是否属于非货币性资产交换，并计算丙公司的交换损益。

（4）根据资料（3）和（4）编制甲公司个别报表相关会计分录。

（5）根据上述资料分析，甲公司合并 A 公司属于同一控制下企业合并还是非同一控制下企业合并，并说明理由。（答案中涉及"应交税费"科目和"长期股权投资"科目，必须写出相应的明细科目）

2. 甲上市公司由专利权 X、设备 Y 以及设备 Z 组成的生产线，专门用于生产产品 W。该生产线于 2011 年 1 月投产，至 2017 年 12 月 31 日已连续生产 7 年。甲公司按照不同的生产线进行管理，产品 W 存在活跃市场。生产线生产的产品 W，经包装机 H 进行外包装后对外出售。

（1）产品 W 生产线及包装机 H 的有关资料如下：

①专利权 X 于 2011 年 1 月以 400 万元取得，专门用于生产产品 W。甲公司预计该专利权的使用年限为 10 年，采用直线法摊销，预计净残值为零。该专利权除用于生产产品 W 外，无其他用途。

②专用设备 Y 和 Z 是为生产产品 W 专门订制的，除生产产品 W 外，无其他用途。专用设备 Y 和 Z 系甲公司于 2010 年 12 月 10 日购入，设备 Y 原价 1400 万元，设备 Z 原价为 200 万元，购入后即达到预定可使用状态。预计使用年限均为 10 年，预计净残值均为零，采用年限平均法计提折旧。

③包装机 H 系甲公司于 2010 年 12 月 18 日购入，原价 180 万元，用于对公司生产的部分产品（包括产品 W）进行外包装。该包装机由独立核算的包装车间使用。公司生产的产品进行包装时需按市场价格向包装车间内部结算包装费。除用于本公司产品的包装外，甲公司还用该机器承接其他企业产品外包装，收取包装费。该机器的预计使用年限为 10 年，预计净残值为 0，采用年限平均法计提折旧。

（2）2017 年，市场上出现了产品 W 的替代产品，产品 W 市价下跌，销量下降，出现减值迹象。2017 年 12 月 31 日，甲公司对有关资产进行减值测试。

①2017 年 12 月 31 日，专利权 X 的公允价值为 118 万元，如将其处置，预计将发生相关费用 8 万元，无法独立确定其未来现金流量现值；设备 Y 和设备 Z 的公允价值减去处置费用后的净额以及预计未来现金流量的现值均无法确定；包装机 H 的公允价值为 62 万元，如处置预计将发生的费用为 2 万元，根据其预计提供包装服务的收费情况来计算，其预计未来现金流量现值为 63 万元。

第五周

②甲公司管理层 2017 年年末批准的财务预算中与产品 W 生产线预计未来现金流量预测为：2018 年净流量为 300 万元，2019 年净流量为 150 万元，2020 年净流量为 100 万元（有关现金流量均发生于年末，各年末不存在与产品 W 相关的存货）。

③甲公司的增量借款年利率为 5%（税前），公司认为 5% 是产品 W 生产线的最低必要报酬率。复利现值系数如下：（P/F，5%，1）= 0.9524；（P/F，5%，2）= 0.9070；（P/F，5%，3）= 0.8638。

其他有关资料：

①甲公司与生产产品 W 相关的资产在 2017 年以前未发生减值。

②甲公司不存在可分摊至产品 W 生产线的总部资产和商誉价值。

③本题中有关事项均具有重要性。

④本题中不考虑增值税和所得税影响。

要求：

（1）判断甲公司与生产产品 W 相关的各项资产中，哪些资产构成资产组，并说明理由。

（2）计算确定甲公司与生产产品 W 相关的资产组 2017 年 12 月 31 日预计未来现金流量的现值。

（3）计算包装机 H 在 2017 年 12 月 31 日的可收回金额。

（4）填列甲公司 2017 年 12 月 31 日与生产产品 W 相关的资产组减值测试表（不需列出计算过程），表中所列资产不属于资产组的，不予填列。

	专利 X	设备 Y	设备 Z	包装机 H	资产组
账面价值					
可收回金额					
减值损失					
减值损失分摊比例					
分摊的损失					
分摊后账面价值					
尚未分摊的减值损失					
二次分摊比例					
二次分摊减值损失					
二次分摊后应确认的减值损失总额					
二次分摊后账面价值					

（5）编制甲公司 2017 年 12 月 31 日计提资产减值损失的会计分录。

3. HK 公司拥有 A、B、C 三个事业部，分别生产不同的产品，每一事业部为一个资产组。甲公司有关总部资产以及 A、B、C 三个事业部的资料如下：

（1）HK 公司的总部资产至 2017 年年末，账面价值为 1200 万元，预计剩余使用年限为 16 年。总部资产用于 A、B、C 三个事业部的行政管理，由于技术已经落后，其存在减值迹象。总部资产账面价值可以按合理方法分摊至各资产组。

（2）A 资产组为一条生产线，该生产线由 X、Y、Z 三部机器组成。至 2017 年年末，X、Y、Z 机器的账面价值分别为 2000 万元、3000 万元、5000 万元，预计剩余使用年限均为 4 年。由于产品技术落后出现减值迹象。经对 A 资产组（包括分配的总部资产，下同）未来 4 年的现金流量进行预测并按适当的折现率折现后，HK 公司预计 A 资产组未来现金流量现值为 8480 万元，无法合理预计 A 资产组公允价值减去处置费用后的净额。因 X、Y、Z 机器均无法单独产生现金流量，因此也无法预计 X、Y、Z 机器各自的未来现金流量现值。HK 公司估计 X 机器公允价值减去处置费用后的净额为 1800 万元，但无法估计 Y、Z 机器公允价值减去处置费用后的净额。

（3）B 资产组为一条生产线，至 2017 年年末，该生产线的账面价值为 1500 万元，预计剩余使用年限为 16 年。B 资产组出现减值迹象，经对 B 资产组（包括分配的总部资产，下同）未来 16 年的现金流量进行预测并按适当的折现率折现后，HK 公司预计 B 资产组未来现金流量现值为 2600 万元。HK 公司无法合理预计 B 资产组公允价值减去处置费用后的净额。

（4）C 资产组为一条生产线，至 2017 年年末，该生产线的账面价值为 2000 万元，预计剩余使用年限为 8 年。C 资产组出现减值迹象，经对 C 资产组（包括分配的总部资产）未来 8 年的现金流量进行预测并按适当的折现率折现后，HK 公司预计 C 资产组未来现金流量现值为 2016 万元。HK 公司无法合理预计 C 资产组公允价值减去处置费用后的净额。

要求：

（1）计算 A、B、C 三个资产组和总部资产应计提的减值准备的金额。

（2）并编制计提减值准备的会计分录。

五、综合题

ST 公司系生产电子仪器的上市公司，由管理总部和甲、乙两个车间组成。该电子仪器主要销往欧美等国，由于受国际金融危机的不利影响，电子仪器市场销量一路下滑。ST 公司在编制 2017 年度财务报告时，对管理总部、甲车间、乙车间和商誉等进行减值测试。ST 公司有关资产减值测试资料如下：

（1）管理总部和甲车间、乙车间有形资产减值测试相关资料。

①管理总部资产由一栋办公楼组成。2017 年 12 月 31 日，该办公楼的账面价值为 2000 万元。甲车间仅拥有一套 A 设备，生产的半成品仅供乙车间加工成电子仪器，无其他用途；2017 年 12 月 31 日，A 设备的账面价值为 1200 万元。乙车间仅拥有 B、C 两套设备，除对甲车间提供的半成品加工为产成品外，无其他用途；2017 年 12 月 31 日，B、C 设备的账面价值分别为 2100 万元和 2700 万元。

②2017 年 12 月 31 日，办公楼如以当前状态对外出售，估计售价为 1980 万元（即公允价值），另将发生处置费用 20 万元。A、B、C 设备的公允价值均无法可靠计量；甲车间、乙车间整体，以及管理总部、甲车间、乙车间整体的公允价值也均无法可靠计量。

③办公楼、A、B、C 设备均不能单独生产现金流量。2017 年 12 月 31 日，乙车间在预计使用寿命内形成的未来现金流量现值为 4658 万元；甲车间、乙车间整体的预计未来现金流量现值为 5538 万元；管理总部、甲车间、乙车间整体的预计未来现金流量现值为 7800 万元。

④假定进行减值测试时，管理总部资产的账面价值能够按照甲车间和乙车间资产的账面价值进行合理分摊。

（2）商誉减值测试相关资料

2016 年 12 月 31 日，ST 公司以银行存款 4200 万元从二级市场购入 NH 公司 80% 的有表决权股份，能够控制 NH 公司。假定 NH 公司无负债及或有负债，ST 公司将 NH 公司视为一个资产组。当日，NH 公司可辨认净资产的公允价值和账面价值均为 4000 万元；ST 公司在合并财务报表层面确认的商誉为 1000 万元。2017 年 12 月 31 日，ST 公司对 NH 公司投资的账面价值仍为 4200 万元，在活跃市场中的报价为 4080 万元，预计处置费用为 20 万元；ST 公司在合并财务报表层面确定的 NH 公司可辨认净资产的账面价值为 5400 万元，NH 公司可收回金额为 5100 万元。

ST 公司根据上述有关资产减值测试资料，进行了如下会计处理：

（1）认定资产组或资产组合

①将管理总部认定为一个资产组；

②将甲、乙车间认定为一个资产组组合。

（2）确定可回收金额

①管理总部的可回收金额为 1960 万元。

②对子公司 NH 公司投资的可回收金额为 4080 万元。

（3）计量资产减值损失

①管理总部的减值损失金额为 50 万元；

②甲车间 A 设备的减值损失金额为 30 万元；

③乙车间的减值损失金额为 120 万元；

④乙车间 B 设备的减值损失金额为 52.5 万元；

⑤乙车间 C 设备的减值损失金额 67.5 万元；

⑥ST 公司个别资产负债表中，对 NH 公司长期股权投资减值损失的金额为 120 万元；

⑦ST 公司合并资产负债表中，对 NH 公司投资产生商誉的减值损失金额为 1000 万元。

要求：

根据上述资料逐项分析、判断 ST 公司对上述资产减值的会计处理是否正确（分别注明该事项及其会计处理的序号）；如不正确，请说明正确的会计处理。

本周自测参考答案及解析

一、单项选择题

1.【答案】D

【解析】选项 A 和 B 属于货币性资产，选项 C 属于负债。

2.【答案】B

【解析】选项 A，持有至到期投资属于货币性资产；选项 B，支付补价比例 = 100/1100 × 100% = 9.09%，小于 25%，属于非货币性资产交换；选项 C，支付补价比例 = 100/300 × 100% = 33.33%，大于 25%，不属于非货币性资产交换；选项 D，商业承兑汇票属于货币性资产。

3.【答案】C

【解析】补价比例 = 50/600 = 8.33% 小于 25%，

第五周

属于非货币性资产交换。换入资产的入账价值
为其公允价值，即 550 万元。或换入资产入账
价值换出资产的公允价值 + 增值税销项税额 –
增值税进项税额 – 收到的补价 = 600 + 600 ×
17% – 550 × 17% – 58.5 = 550（万元）。

4.【答案】C
【解析】换入资产的入账价值应以换出资产的
公允价值为基础确定，选项 A 错误；换出资产
的账面价值与其公允价值的差额确认为交换损
益，选项 B 和 D 错误。

5.【答案】D
【解析】甲公司换入长期股权投资的入账金额
为其公允价值，即 110 万元，选项 A 错误；乙
公司换入存货的入账金额为其公允价值，即
103 万元（小规模纳税人增值税不得抵扣），选
项 B 错误；甲公司应确认的交换损益 = 103/
（1 + 3%）– 80 = 20（万元），选项 C 错误；乙
公司应确认的交换损益 = 110 – 112 = –2（万
元），选项 D 正确。

6.【答案】C
【解析】乙公司应确认的交换损益 =（1110 –
1100）+ 100（其他综合收益结转部分）= 110
（万元）。

7.【答案】A
【解析】乙公司换入资产的总入账金额 = 1100 ×
（1 + 6%）+ 62.5 –（1000 + 50）× 17% = 1050
（万元）；存货的入账金额 = 1050/1050 × 1000 =
1000（万元）；固定资产的入账金额 = 1050/
1050 × 50 = 50（万元）。或：如果交换具有商业
实质，并且换入资产的公允价值能够可靠计量，
则换入资产的入账价值即为其公允价值（如果
有为换入资产支付的相关税费，例如契税等，应
将相关税费计入换入资产成本）。

8.【答案】A
【解析】换入资产的入账价值 = 换出资产的公
允价值 + 支付的补价 = 1500 + 100 = 1600
（万元）。

9.【答案】D
【解析】换入资产的入账金额 = 换出资产的账
面价值 + 增值税销项税额 + 支付的补价 =
2000 + 5000 × 11% + 500 = 3050（万元）。

10.【答案】D
【解析】涉及多项资产交换的，应以各项换入
资产的原账面价值占换入资产原账面价值总额
的比例进行分配。

11.【答案】B
【解析】选项 B 不属于《企业会计准则第 8
号—资产减值》准则规范的资产，计提减值
准备后可以转回。

12.【答案】A
【解析】资产的可收回金额应根据公允价值减

处置费用后的净额与资产预计未来现金流量现
值两者较高者确定。

13.【答案】D
【解析】选项 A、B 和 C 均不应包括在考虑预
计资产未来现金流量相关因素中。

14.【答案】C
【解析】固定资产的账面价值 = 500 – 150 –
100 = 250（万元），可收回金额 = 300 – 5 = 295
（万元），固定资产没有发生减值，当期无需
计提固定资产减值准备，但原已计提的减值准
备也无需转回。

15.【答案】B
【解析】第一年预计现金流量 = 100 × 50% +
80 × 40% + 50 × 10% = 87（万元）；第二年预
计现金流量 = 70 × 50% + 50 × 40% + 30 ×
10% = 58（万元）；第三年预计现金流量 =
30 × 50% + 20 × 40% + 5 × 10% = 23.5（万
元）；预计未来现金流量的现值 = 87/（1 +
3%）+ 58/（1 + 3%）² + 23.5/（1 + 3%）³ =
160.64（万元）。

16.【答案】A
【解析】公允价值减处置费用后的净额 =
（140 – 2）× 6.8 = 938.4（万元人民币），预
计未来现金流量现值 = 70/（1 + 3%）+ 50/
（1 + 3%）² + 30/（1 + 3%）³ = 142.55（万美
元），142.55 × 6.8 = 969.34（万元人民币），
则可收回金额为 969.34 万元人民币。

17.【答案】D
【解析】因为甲车间生产的原配件没有独立的
市场，乙车间产生的包装箱只能包装 A 公司
产品，丙车间没有剩余能力包装其他非 A 公
司产品，而丁车间可以独立创造现金流量，所
以应将甲乙丙车间作为一个资产组。

18.【答案】C
【解析】分摊减值应按资产组内可辨认资产的
账面价值比例进行分配。

19.【答案】C
【解析】递延所得税资产发生减值时视同递延
所得税资产转回，导致所得税费用增加，不涉
及资产减值损失。

20.【答案】D
【解析】合并报表中应确认的商誉 = 8000 –
9000 × 80% = 800（万元），乙公司在 2017 年
12 月 31 日合并报表中包括完全商誉的净资产
账面价值 = 8800 + 800 ÷ 80% = 9800（万元），
乙公司的可收回金额为 8500 万元，减值为
9800 – 8500 = 1300（万元），因完全商誉为
1000 万元（800/80%），所以应冲减商誉 1000
万元，但合并报表中只体现归属于母公司的商
誉 800 万元，所以应在合并报表中对商誉计提
减值准备为 800 万元。

第五周

二、多项选择题

1.【答案】ABD

【解析】以非货币性资产作为股利发放给企业股东不属于非货币性资产交换。

2.【答案】AB

【解析】换出资产的账面价值与其公允价值的差额计入当期损益，选项C错误；关联方之间的交换存在可能使交换不具有商业实质，但不是一定不具有商业实质。

3.【答案】ABD

【解析】换入或换出资产没有活跃市场，也不存在同类或类似资产可比市场交易的，可以采用估值技术确定其公允价值。

4.【答案】AB

【解析】以公允价值计量的非货币性资产交换，换入资产的入账价值应以换出资产的公允价值为基础确定，选项A正确，选项CD错误；或换入资产公允价值能够可靠计量的，也可以直接以换入资产的公允价值为基础确定，选项B正确。

5.【答案】AC

【解析】补价比例＝500/4000×100%＝12.5%，属于非货币性资产交换。

甲公司应编制的会计分录：

借：长期股权投资16010（12000+4000+10）

　　银行存款　　　　　　　　　95

　　贷：其他业务收入　　　　　　3500

　　　　应交税费—应交增值税（销项税额）595

　　　　　　　　　　　　　　（3500×17%）

　　　　银行存款　　　　　　　　10

　　　　可供出售金融资产　　　10000

　　　　投资收益　　2000（12000－10000）

借：其他业务成本　　　　　　　3000

　　贷：原材料　　　　　　　　3000

借：其他综合收益　　　　　　　2000

　　贷：投资收益　　　　　　　2000

交换对当期损益的影响金额＝（3500－3000）＋2000+2000＝4500（万元），选项A正确，选项B、D错误。

乙公司编制的会计分录：

借：原材料　　　　　　　　　　3500

　　应交税费—应交增值税（进项税额）595

　　贷：可供出售金融资产　　　2800

　　　　银行存款　　　　　　　95

　　　　投资收益　　1200（4000－2800）

借：其他综合收益　　　　　　　300

　　贷：投资收益　　　　　　　300

选项C正确。

6.【答案】AD

【解析】采用账面价值计量的非货币性资产交

换不确认交换损益，选项BC错误。

7.【答案】AB

【解析】换入资产的入账金额应按换入资产各项原账面价值占换入资产原账面价值总额的比例确定。

8.【答案】AD

【解析】选项A属于《企业会计准则第22号—金融工具确认和计量》准则规范的资产，选项D属于《企业会计准则第1号—存货》准则规范的资产。

9.【答案】BD

【解析】选项A和C属于外部信息。

10.【答案】AC

【解析】相关税费不包括所得税，也不需考虑财务费用。

11.【答案】ABCD

12.【答案】ACD

【解析】预计资产未来现金流量时如果企业已经对资产特定风险的影响作了调整，估计折现率时，不需要考虑这些特定风险。

13.【答案】ABD

【解析】资产组一经认定，在各个会计期间应当保持一致，不得随意变更。

14.【答案】BCD

【解析】资产负债表日，如果有减值迹象表明某项总部资产可能发生减值，企业应当计算确定该总部资产所归属的资产组或资产组组合的可收回金额，再与其相应的账面价值进行比较，据以判断是否需要确认资产减值损失。

15.【答案】ACD

【解析】选项B，没有发生减值迹象无需进行减值测试。

16.【答案】ACD

【解析】选项B，可供出售金融资产权益工具投资，减值转回通过"其他综合收益"科目核算。

17.【答案】ABD

【解析】资产组减值后将减值金额分摊至资产组中各单项资产，但抵减后的各单项资产的账面价值不得低于该资产的公允价值减去处置费用后的净额、该资产预计未来现金流量的现值、零之中最高者。

三、判断题

1.【答案】×

【解析】企业以发行股票方式取得某项固定资产不属于非货币性资产交换。

2.【答案】×

【解析】在判定是否属于非货币性资产交换时，首先要看交换的资产是否属于非货币性资产，如果涉及补价，再计算补价比例是否超标。

3.【答案】×

【解析】还需证明该项交换具有商业实质，否则不能采用公允价值计量方式进行会计处理。

4.【答案】×

【解析】换出资产产生的交换损益＝换出资产的公允价值－换出资产的账面价值。

5.【答案】√

6.【答案】×

【解析】以账面价值计量的非货币性资产交换无论是否支付补价，均不会产生交换损益。

7.【答案】√

8.【答案】√

9.【答案】√

10.【答案】√

11.【答案】√

12.【答案】×

【解析】不存在销售协议的，如果存在活跃市场的情况下，应以资产的市场价格减去处置费用后的净额与预计未来现金流量现值进行比较确定其可收回金额。

13.【答案】√

14.【答案】×

【解析】资产未来现金流量的现值对未来不同期间的风险差异或利率的期限结构反应敏感的，企业应当未来不同期间采用不同的折现率。

15.【答案】√

16.【答案】√

17.【答案】×

【解析】企业难以对单项资产的可收回金额进行估计时，应以该资产所属的资产组为基础确定资产组的可收回金额。

18.【答案】√

19.【答案】√

20.【答案】√

四、计算分析题

1.【答案】

（1）

属于非货币性资产交换，因为存货和长期股权投资均属于非货币性资产，且支付补价比例＝$500/6500×100\%＝7.69\%＜25\%$。

（2）①甲公司换入乙公司持有 A 公司长期股权投资的入账价值＝$6000×（1＋17\%）－520＝6500$（万元）。

甲公司的会计分录：

借：长期股权投资—投资成本　　　　12350

　　　　　　　　　　（6500＋5850）

　　银行存款　　　　　　　　　　　　520

贷：主营业务收入　　　　　　　　　6000

　　应交税费—应交增值税（销项税额）

　　　　　　　　　　　　　　　　　1020

　　可供出售金融资产—成本　　　　3800

　　　　　　　　　　—公允价值变动　200

　　投资收益　　　1850（5850－4000）

借：主营业务成本　　　　　　　　　5000

贷：库存商品　　　　　　　　　　　5000

借：其他综合收益　　　　　　　　　　200

贷：投资收益　　　　　　　　　　　　200

借：长期股权投资—投资成本　　　　　380

　　　　　（33500×38\%－12350）

贷：营业外收入　　　　　　　　　　　380

②乙公司换入存货的入账价值＝$6500－6000×17\%＋520＝6000$（万元）。

乙公司的会计分录：

借：库存商品　　　　　　　　　　　6000

　　应交税费—应交增值税（进项税额）1020

贷：长期股权投资—投资成本　　　　3000

　　　　　　　　　—损益调整　　　1000

　　　　　　　　　—其他权益变动　　500

　　投资收益　　　2000（6500－4500）

　　银行存款　　　　　　　　　　　　520

借：资本公积—其他资本公积　　　　　500

贷：投资收益　　　　　　　　　　　　500

（3）甲公司与丙公司的交换属于非货币性资产交换。专利权与交易性金融资产均为非货币性资产，且 $900/4000×100\%＝22.5\%＜25\%$。丙公司的交换损益＝换出资产的公允价值－换出资产的账面价值＝$4000－3000＝1000$（万元）。

（4）①甲公司换入丙公司所持 A 公司股权入账价值＝$3100＋186＋714＝4000$（万元）。

甲公司的会计分录：

借：长期股权投资　　　　　　　　　4000

　　累计摊销　　　　　　　　　　　　300

贷：无形资产　　　　　　　　　　　3000

　　应交税费—应交增值税（销项税额）186

　　　　　　　　　　　　　（3100×6\%）

　　营业外收入　400［3100－（3000－300）］

　　银行存款　　　　　　　　　　　　714

同时：

借：长期股权投资　　　　　　　　　11400

　　长期股权投资—其他综合收益　　　1330

　　　　　　［（33500－30000）×38\%］

贷：长期股权投资—投资成本　　　　12730

（5）甲公司合并 A 公司属于非同一控制下企业合并，因为合并前甲公司和 A 公司不存在关联方关系，且不受同一方或相同多方的最终控制。

2. 【答案】

(1)

应当将专利权 X、设备 Y 以及设备 Z 构成一个资产组。

理由：甲公司按照不同的生产线进行管理，且产品 W 存在活跃市场，且部分产品包装对外出售。H 包装机独立考虑计提减值。因为 H 包装机除用于本公司产品的包装外，还承接其他企业产品外包装，收取包装费，可产生独立的现金流。

或：各单项资产均无法独立产生现金流入，该三项资产共同产生独立于其他资产或资产组的现金流入。

(2) 2017 年 12 月 31 日与产生 W 相关的资产组未来现金流量的现值 = 300 × 0.9524 + 150 × 0.9070 + 100 × 0.8638 = 508.15（万元）。

(3) H 包装机公允价值减去处置费用后的净额 = 62 − 2 = 60（万元），预计未来现金流量现值为 63 万元，所以，H 包装机的可收回金额为 63 万元。

	专利 X	设备 Y	设备 Z	包装机 H	资产组
账面价值	120	420	60		600
可收回金额	110				508.15
减值损失	10				91.85
减值损失分摊比例	20%	70%	10%		100%
分摊的损失	10	64.3	9.19		83.49
分摊后账面价值	110	355.7	50.81		516.51
尚未分摊的减值损失					8.36
二次分摊比例		87.50%	12.50%		100%
二次分摊减值损失		7.32	1.04		8.36
二次分摊后应确认的减值损失总额	10	71.62	10.23		91.85
二次分摊后账面价值	110	348.38	49.77		508.15

(5)

借：资产减值损失 91.85
　　贷：固定资产减值准备 81.85
　　　　　　　　　　　　　　　(71.62 + 10.23)
　　　　无形资产减值准备 10

3. 【答案】

(1)

①分摊总部资产的账面价值

由于 A、B、C 资产组的使用寿命不相同，所以需要考虑时间的权重，A、B、C 资产组使用寿命分别为：4 年、16 年、8 年；按使用寿命计算的权重 = 1∶4∶2。

A 资产组的账面价值 = 2000 + 3000 + 5000 = 10000（万元）；

A 资产组分摊的总部资产账面价值 = 1200 × [10000 × 1 ÷ (10000 × 1 + 1500 × 4 + 2000 × 2)] = 600（万元）；

B 资产组分摊的总部资产账面价值 = 1200 × [1500 × 4 ÷ (10000 × 1 + 1500 × 4 + 2000 × 2)] = 360（万元）；

C 资产组分摊的总部资产账面价值 = 1200 × [2000 × 2 ÷ (10000 × 1 + 1500 × 4 + 2000 × 2)] = 240（万元）。

②计算 A 资产组的减值准备

A 资产组（包括分配的总部资产）应计提的减值准备 = (10000 + 600) − 8480 = 2120（万元）；

A 资产组（不包括总部资产）应计提的减值准备 = 2120 × [10000 ÷ (10000 + 600)] = 2000（万元）；

总部资产应计提的减值准备 = 2120 − 2000 = 120（万元）。

③确定 A 资产组中各资产的减值准备

A 资产组应计提的减值准备为 2000 万元。

X 机器如果按账面价值比例计提减值准备，则减值准备 = 2000 × [2000 ÷ (2000 + 3000 + 5000)] = 400 万元，但甲公司估计 X 机器公允价值减去处置费用后的净额为 1800 万元，因此，X 机器应计提的减值准备 = 2000 − 1800 = 200（万元）。

Y 机器应计提的减值准备总额 = (2000 − 200) × [3000 ÷ (3000 + 5000)] = 675（万元）。

Z 机器应计提的减值准备总额 = (2000 − 200) × [5000 ÷ (3000 + 5000)] = 1125（万元）。

④计算 B 资产组的减值准备

B 资产组（包括分配的总部资产）的账面价值

为 1860 万元（1500＋360），小于其可收回金额 2600 万元，无须计提资产减值准备。

⑤计算 C 资产组的减值准备

C 资产组（包括分配的总部资产）应计提的减值准备＝（2000＋240）－2016＝224（万元）；

C 资产组（不包括总部资产）应计提的减值准备＝224×［2000÷（2000＋240）］＝200（万元）；

总部资产应计提的减值准备＝224－200＝24（万元）。

⑥计算总部资产应计提的减值准备

总部资产应计提的减值准备金额＝120＋24＝144（万元）。

（2）会计分录：

借：资产减值损失 2000
　　贷：固定资产减值准备—X 机器 200
　　　　　　　　　　　　—Y 机器 675
　　　　　　　　　　　　—Z 机器 1125
借：资产减值损失 200
　　贷：固定资产减值准备—C 资产组 200
借：资产减值损失 144
　　贷：固定资产减值准备—总部资产 144

五、综合题

【答案】

（1）认定资产组或资产组组合

①管理总部认定为一个资产组不正确。

管理总部不能独立产生现金流，不能单独作为一个资产组；

②甲、乙车间认定为一个资产组组合不正确。

甲、乙车间应认定为一个资产组，因为这两个车间是条完整的生产线；

（2）确定可收回金额

①正确。

②不正确。

对子公司 NH 公司投资的可收回金额＝公允价值 4080－处置费用 20＝4060（万元）。

（3）计量资产减值损失

①至⑥均不正确。

包含总部资产的资产组减值金额＝资产组账面价值 8000 万元（2000＋1200＋2100＋2700）－资产组可收回金额 7800 万元＝200（万元）；按比例总部资产应分摊的减值金额＝200×2000/8000＝50（万元），但总部资产办公楼可以分摊的减值金额＝2000－（1980－20）＝40（万元），所以总部资产只能分摊 40 万元的减值损失，剩余 160 万元（200－40）为甲乙资产组应分摊的减值损失。甲、乙资产组的账面价值 5840（1200＋2100＋2700－160）大于甲、乙资产组未来现金流量现值 5538 万元，所以甲乙资产组的减值金额为 160 万元。

按账面价值所占比例甲车间应分摊的减值金额＝160×1200/6000＝32（万元）；

按账面价值所占比例乙车间 B 设备应分摊的减值金额＝160×2100/6000＝56（万元）；

按账面价值所占比例乙车间 C 设备应分摊的减值金额＝160×2700/6000＝72（万元）；

乙车间应分摊的减值金额＝B 设备减值金额＋C 设备减值金额＝56＋72＝128（万元）；

乙车间的账面价值 4672 万元（2100＋2700－128）大于乙车间未来现金流量现值 4658 万元，所以乙车间应计提的减值损失为 128 万元。

长期股权投资的可收回金额＝4080－20＝4060（万元），计提减值前账面价值为 4200 万元，应计提的减值准备为 140 万元（4200－4060）。

⑦处理正确。

包含完全商誉的 NH 公司净资产账面价值＝5400＋1000/80%＝6650（万元）；

NH 公司资产组应确认的减值损失＝6650－5100＝1550（万元）；

应先冲减完全商誉 1250 万元，剩余减值在其他可辨认资产中按账面价值比例分摊，故合并资产负债表中 NH 公司应确认的商誉减值＝1250×80%＝1000（万元）。

第 五 周

第六周

本周学习计划

日　期	章　节	考点	重要程度	常见题型	完成情况
星期一		职工薪酬的核算	★★	单选题、多选题、判断题	
星期二		长期借款的核算、金融负债与权益工具及应付债券的核算	★★	单选题、多选题、判断题、计算分析题	
星期三	第 11 章	长期应付款的核算、借款费用的范围和确认	★★	单选题、多选题、判断题、计算分析题	
星期四		借款费用的计量	★★★	单选题、多选题、判断题、计算分析题	
星期五	第 12 章	债务重组	★★	单选题、多选题、判断题、计算分析题	

本周攻克内容

【星期一·第 11 章】职工薪酬的核算

一、职工薪酬的内容

职工薪酬，是指企业为获得职工提供的服务或解除劳动关系而给予的各种形式报酬或补偿。职工薪酬包括短期薪酬、离职后福利、辞退福利和其他长期职工福利。

【提示】企业提供给职工配偶、子女、受赡养人、已故员工遗属及其他受益人等的福利，也属于职工薪酬。

职工，是指与企业订立劳动合同的所有人员，含全职、兼职和临时职工，也包括虽未与企业订立劳动合同但由企业正式任命的人员。未与企业订立劳动合同或未由其正式任命，但向企业所提供服务与职工所提供服务类似的人员，也属于职工的范畴，包括通过企业与劳务中介公司签订用工合同而向企业提供服务的人员。

1. 短期薪酬，是指企业在职工提供相关服务的年度报告期间结束后 12 个月内需要全部予以支付的职工薪酬，因解除与职工的劳动关系给予的补偿除外。

短期薪酬具体包括：职工工资、奖金、津贴和补贴，职工福利费，医疗保险费、工伤保险费和生育保险费等社会保险费，住房公积金，工会经费和职工教育经费，短期带薪缺勤，短期利润分享计划，非货币性福利以及其他短期薪酬。

利润分享计划，是指因职工提供服务而与职工达成的基于利润或其他经营成果提供薪酬的协议。

2. 带薪缺勤，是指企业支付工资或提供补偿的职工缺勤，包括年休假、病假、短期伤残、婚假、产假、丧假、探亲假等。

3. 离职后福利，是指企业为获得职工提供的服务而在职工退休或与企业解除劳动关系后，提供的各种形式的报酬和福利，短期薪酬和辞退福利除外。

4. 辞退福利，是指企业在职工劳动合同到期之前解除与职工的劳动关系，或者为鼓励职工自愿接受裁减而给予职工的补偿。

5. 其他长期职工福利，是指除短期薪酬、离职后福利、辞退福利之外所有的职工薪酬，包括长期带薪缺勤、其他长期服务福利、长期残疾福利、长期利润分享计划和长期奖金计划等。

【例题·多选题】下列各项中，企业应作为职工薪酬核算的有(　　)。(2016 年)

A. 职工教育经费

B. 非货币性福利

C. 长期残疾福利

D. 累积带薪缺勤

【解析】职工薪酬是指企业为获得职工提供的服务或解除劳动关系而给予各种形式的报酬或补偿，包括职工在职期间和离职后提供给职工的全部货币性薪酬和非货币性福利。企业提供给职工配偶、子女或其他被赡养人的福利等，也属于职工薪酬。以上选项均正确。

【答案】ABCD

二、职工薪酬的确认和计量

（一）短期薪酬

1.一般短期薪酬的确认和计量

借：生产成本（生产车间工人薪酬）
制造费用（生产车间管理人员薪酬）
管理费用（行政人员薪酬）
销售费用（销售人员薪酬）
研发支出（从事研发活动人员的薪酬）
在建工程（从事工程建设人员的薪酬）
贷：应付职工薪酬—××薪酬

【提示】非货币性职工福利的计量应以商品的公允价值价值和相关税费确定相关的职工薪酬。

（1）自产产品作为福利发放职工时：

借：应付职工薪酬—非货币性福利
贷：主营业务收入
应交税费—应交增值税（销项税额）
借：主营业务成本
贷：库存商品

同时，根据受益对象进行分配：

借：生产成本
管理费用
在建工程
研发支出等
贷：应付职工薪酬—非货币性福利

（2）以外购商品作为福利发放给职工

购入时：

借：库存商品等
应交税费—应交增值税（进项税额）
贷：银行存款等

决定发放时：

借：生产成本
管理费用
在建工程
研发支出等
贷：应付职工薪酬—非货币性福利

实际发放时：

借：应付职工薪酬—非货币性福利
贷：库存商品等
应交税费—应交增值税（进项税额转出）

【例题·单选题】企业对向职工提供的非货币性福利进行计量时，应选择的计量属性是（　）。（2015年）

A.现值　　　　　　B.历史成本
C.重置成本　　　　D.公允价值

【解析】企业向职工提供非货币性福利的，应当按照公允价值计量。

【答案】D

【例题·单选题】甲公司为增值税一般纳税人，销售商品适用的增值税税率为17%。2016年1月甲公司董事会决定将本公司生产的500件产品作为福利发放给公司管理人员。该批产品的单位成本为1.2万元（未计提存货跌价准备），市场销售价格为每件2万元（不含增值税）。不考虑其他相关税费，甲公司在2016年因该项业务对当期损益的影响金额为（　）万元。

A.-600　　　　　B.-770
C.-1000　　　　D.-1170

【解析】相关的会计处理：

借：管理费用1170［2×500×（1+17%）］
贷：应付职工薪酬—非货币性福利　1170
借：应付职工薪酬—非货币性福利　1170
贷：主营业务收入　1000
应交税费—应交增值税（销项税额）　170
借：主营业务成本　600
贷：库存商品　600

甲公司因该项业务对当期损益的影响金额=-1170+1000-600=-770（万元）。

【答案】B

2.短期带薪缺勤的确认和计量

短期带薪缺勤	定义	会计核算	会计分录
累积带薪缺勤	是指带薪权利可以结转下期的带薪缺勤，本期尚未用完的带薪缺勤权利可以在未来期间使用。	企业应当在职工提供服务从而增加了其未来享有的带薪缺勤权利时，确认与累积带薪缺勤相关的职工薪酬，并以累积未行使权利而增加的预期支付金额计量	借：管理费用等 贷：应付职工薪酬
非累积带薪缺勤	是指带薪权利不能结转下期的带薪缺勤，本期尚未用完的带薪缺勤权利将予以取消，并且职工离开企业时也无权获得现金支付	企业应当在职工实际发生缺勤的会计期间确认与非累积带薪缺勤相关的职工薪酬	通常情况下，与非累积带薪缺勤相关的职工薪酬已经包括在企业每期向职工发放的工资等薪酬中，因此，不必额外作相应的账务处理

3. 短期利润分享计划的确认和计量

短期利润分享计划是指因职工提供服务而与职工达成的基于利润或其他经营成果提供薪酬的协议。

短期利润分享计划同时满足下列条件的，企业应当确认相关的应付职工薪酬：

（1）企业因过去事项导致现在具有支付职工薪酬的法定义务或推定义务；

（2）因利润分享计划所产生的应付职工薪酬义务金额能够可靠估计。

属于下列三种情形之一的，视为义务金额能够可靠估计：

①在财务报告批准报出之前企业已确定应支付的薪酬金额。

②该短期利润分享计划的正式条款中包括确定薪酬金额的方式。

③过去的惯例为企业确定推定义务金额提供了明显证据。

【提示】如果企业预期在职工为其提供相关服务的年度报告期结束后 12 个月内，不需要全部支付利润分享计划产生的应付职工薪酬，该利润分享计划应当适用其他长期职工福利的有关规定。

（二）离职后福利

离职后福利计划，是指企业与职工就离职后福利达成的协议，或者企业为向职工提供离职后福利制定的规章或办法等。企业应当按照企业承担的风险和义务情况，将离职后福利计划分类为设定提存计划和设定受益计划两种类型。

1. 设定提存计划的确认和计量

设定提存计划，是指企业向单独主体（如基金等）缴存固定费用后，不再承担进一步支付义务的离职后福利计划。

对于设定提存计划，企业应当根据在资产负债表日为换取职工在会计期间提供的服务而应向单独主体缴存的提存金，确认为职工薪酬负债，并计入当期损益或相关资产成本。

2. 设定受益计划的确认和计量

设定受益计划，是在企业年金计划中根据一定的标准（职工服务年限、工资水平等）确定每个职工退休后每期的年金收益水平，由此倒算出企业每期应为职工缴费的金额。当企业负有下列法定义务时，该计划就是一项设定受益计划：

①计划福利公式不仅与提存金金额相关，且要求企业在资产不足以满足该公式的福利时提供进一步的提存金；

②通过计划间接地或直接地对提存金的特定回报作出担保。

【提示】因设定受益计划计入其他综合收益后，在后续会计期间不允许转回至损益。

在设定受益计划中：

（1）计入当期损益金额包括：①当期服务成本；②过去服务成本；③结算利得和损失；④设定受益计划净负债或净资产的利息净额。

（2）计入其他综合收益的金额包括：①精算利得和损失；②计划资产回报，扣除包括在设定受益净负债或净资产的利息净额中的金额；③资产上限影响的变动，扣除包括在设定受益计划净负债或净资产的利息净额中的金额。

【例题·多选题】下列各项中，属于设定受益计划中计划资产回报的有（   ）。（2015 年）

A. 计划资产产生的股利

B. 计划资产产生的利息

C. 计划资产已实现的利得

D. 计划资产未实现的损失

【解析】计划资产回报，指计划资产产生的利息、股利和其他收入，以及计划资产已实现和未实现的利得或损失。

【答案】ABCD

（三）辞退福利

企业向职工提供辞退福利的，应当在企业不能单方面撤回因解除劳动关系计划或裁减建议所提供的辞退福利时、企业确认涉及支付辞退福利的重组相关的成本或费用时两者孰早日，确认辞退福利产生的职工薪酬负债，并计入当期损益（管理费用）。

【提示】

（1）对于辞退福利预期在年度报告期间期末后 12 个月内不能完全支付的，应当适用其他长期职工福利的相关规定。

（2）企业在确定提供的经济补偿是否为辞退福利时，应当区分辞退福利和正常退休养老金。辞退福利是在职工与企业签订的劳动合同到期前，企业根据法律与职工本人或职工代表（如工会）签订的协议，或者基于商业惯例，承诺当其提前终止对职工的雇佣关系时支付的补偿，引发补偿的事项是辞退。

（四）其他长期职工福利

企业向职工提供的其他长期职工福利，符合设定提存计划条件的，应当按照设定提存计划的有关规定进行会计处理。企业向职工提供的其他长期职工福利，符合设定受益计划条件的，企业应当按照设定受益计划的有关规定，确认和计量其他长期职工福利净负债或净资产。

在报告期末，企业应当将其他长期职工福利产生的职工薪酬成本确认为下列组成部分：

（1）服务成本。

（2）其他长期职工福利净负债或净资产的利息净额。

（3）重新计量其他长期职工福利净负债或净资产所产生的变动。

为了简化相关会计处理，上述项目的总净额应计入当期损益或相关资产成本。

第六周

【星期二·第11章】长期借款的核算、金融负债与权益工具及应付债券的核算

考点1：长期借款的核算

长期借款，是指企业从银行或其他金融机构借入的期限在1年以上（不含1年）的各项借款。

1. 企业借入长期借款时：
借：银行存款
　　长期借款—利息调整
　贷：长期借款—本金
2. 资产负债表日计提利息时：
借：在建工程、制造费用、财务费用、研发支出等
　　贷：应付利息（分期付息到期还本）
　　　　长期借款—应计利息（到期一次还本付息）
　　　　　　　　　—利息调整（差额）
3. 归还长期借款本金时：
借：长期借款—本金
　　　　　　　—应计利息（累计计提的利息）
　贷：银行存款

考点2：金融负债与权益工具及应付债券的核算

（一）金融负债与权益工具的区分
1. 金融负债与权益工具的确认条件

符合下列条件之一的负债为金融负债：
（1）向其他方交付现金或其他金融资产的合同义务；
（2）在潜在不利条件下，与其他方交换金融资产或金融负债的合同义务；
（3）将来须用或可用企业自身权益工具进行结算的非衍生工具合同，且企业根据该合同将交付可变数量的自身权益工具；
（4）将来须用或可用企业自身权益工具进行结算的衍生工具合同，但以固定数量的自身权益工具交换固定金额的现金或其他金融资产的衍生工具合同除外。

同时满足下列条件的，发行方应当将发行的金融工具分类为权益工具：
（1）该金融工具不包括交付现金或其他金融资产给其他方，或在潜在不利条件下与其他方交换金融资产或金融负债的合同义务；
（2）将来须用或可用企业自身权益工具结算该金融工具的，如该金融工具为非衍生工具：不包括交付可变数量的自身权益工具进行结算的合同义务；如为衍生工具，企业只能通过以固定数量的自身权益工具交换固定金额的现金或其他金融资产结算该金融工具。

2. 金融负债和权益工具的区分原则

金融工具有交付现金或其他金融资产给其他单位的合同义务，在潜在不利条件下与其他单位交换金融资产或金融负债的合同义务		金融负债
①金融工具没有包括交付现金或其他金融资产给其他单位的合同义务，也没有包括在潜在不利条件下与其他单位交换金融资产或金融负债的合同义务		权益工具
②须用或可用发行方自身权益工具进行结算	非衍生工具：不包括交付非固定数量的发行方自身权益工具进行结算的合同义务	
	衍生工具：只能通过交付固定数量的发行方自身权益工具换取固定的现金或其他金融资产进行结算	

【提示】
①对于附有或有结算条款的金融工具，一般确认为金融负债。
②对于存在结算选择权的衍生工具，一般确认为金融资产或金融负债。
③企业发行的一项非衍生工具同时包含金融负债成分和权益工具成分的，应于初始计量时先确定金融负债成分的公允价值（包括其中可能包含的非权益性嵌入衍生工具的公允价值），再从复合金融工具公允价值中扣除负债成分的公允价值，作为权益工具成分的价值。
④在合并财务报表中对金融工具（或其组成部分）进行分类时，企业应当考虑集团成员和金融工具的持有方之间达成的所有条款和条件。如果集团作为一个整体由于该工具承担了交付现金、其他金融资产或以其他导致该工具成为金融负债的方式进行结算的义务，则该工具应当分类为金融负债。

【举例】

金融负债	权益工具
①发行 5 亿元优先股，要求每年按 4% 的股息率支付优先股股利	①发行 5 亿元优先股，同时公司有权决定是否派发优先股股利
②发行 3 年后按面值强制赎回的优先股	②公司发行一项年利率为 5%，无固定还款期限，可自主决定是否支付利息的不可累计永续债
③公司发行名义金额为 100 元的优先股，同时约定公司在 5 年后将优先股强制转换为普通股，转股价格为转股日前一工作日的普通股的市价	③公司发行面值为 100 元的优先股，公司能够自主决定是否派发优先股股利，当年未派发股利不会累计至下一年度

（二）优先股、永续债等金融工具

1. 总体原则

（1）对于归类为权益工具的金融工具，无论其名称中是否包含"债"，其利息支出或股利分配都应当作为发行企业的利润分配，其回购、注销等作为权益的变动处理；

（2）对于归类为金融负债的金融工具，无论其名称中是否包含"股"，其利息支出或股利分配原则上按照借款费用进行处理，其回购或赎回产生的利得或损失等计入当期损益。

2. 会计核算

发行方 {
　债务工具：与一般债券核算相同，按摊余成本计量

　权益工具 {
　　①发行时
　　借：银行存款
　　　贷：其他权益工具—优先股、永续债等
　　②在存续期间分配股利
　　借：利润分配—应付优先股股利、应付永续债等
　　　贷：应付股利—优先股股利、永续债利息等
　}
}

【提示】

（1）权益工具重分类为金融负债：

借：其他权益工具（账面价值）
　贷：应付债券—面值
　　　—利息调整（应付债券公允价值与面值的差额）（或借方）

重分类后应付债券公允价值与原权益工具账面价值的差额，如果是贷方差额，则计入资本公积—资本溢价（或股本溢价）；如果是借方差额，则冲减资本公积—资本溢价（或股本溢价），资本公积不足冲减的，依次冲减盈余公积和未分配利润。

（2）金融负债重分类为权益工具：

借：应付债券—面值
　　　—利息调整（或贷方）
　贷：其他权益工具（按面值重分类，无差额）

（3）发行方按合同条款约定将发行的除普通股以外的金融工具转换为普通股

①发行方的会计处理：

借：应付债券（账面价值）
　　其他权益工具
　贷：实收资本（或股本）（面值）
　　　资本公积—资本溢价（或股本溢价）（差额）
　　　银行存款（支付现金）

②投资方的会计处理：

投资方 {
　1. 因持有发行方发行的金融工具而对发行方拥有控制、共同控制或重大影响的，按照《企业会计准则第 2 号—长期股权投资》和《企业会计准则第 20 号—企业合并》进行确认和计量
　2. 投资方需编制合并财务报表的，按照《企业会计准则第 33 号—合并财务报表》的规定编制合并财务报表
}

【例题·判断题】企业发行的原归类为权益工具的永续债，现因经济环境的改变需要重新分类为金融负债的，在重分类日应按账面价值计量。（　　）（2015年）

【解析】发行方原分类为权益工具的金融工具，自不再被分类为权益工具之日起，发行方应当将其重分类为金融负债，以重分类日该工具的公允价值计量，重分类日权益工具的账面价值和金融负债的公允价值之间的差额确认为权益。

【答案】×

（三）一般公司债券

1. 公司债券的发行价格

条　件	市场利率>票面利率	市场利率<票面利率	市场利率=票面利率
发行价格	折价	溢价	平价

2. 基本账务处理

（1）发行时：

借：银行存款

　　贷：应付债券—面值（债券面值）
　　　　应付债券—利息调整（溢价贷方，折价借方）

【提示】发行债券的发行费用应计入发行债券的初始成本，反映在"应付债券—利息调整"明细科目中。

（2）期末计提利息时：

借：在建工程、财务费用、制造费用等（期初债券的摊余成本×实际利率）

　　贷：应付债券—应计利息（到期一次还本付息）

　　　　应付利息（分期付息到期还本）（债券面值×票面利率）

　　　　应付债券—利息调整（差额，或借方）

（3）到期归还本金和利息时：

借：应付债券—面值

　　　　　　—应计利息（到期一次还本付息债券利息合计）

　　应付利息（分期付息债券的最后一次利息）

　　贷：银行存款

【例题·单选题】2012年1月1日，甲公司发行分期付息、到期一次还本的5年期公司债券，实际收到的款项为18800万元，该债券面值总额为18000万元，票面年利率为5%。利息于每年年末支付；实际年利率为4%，2012年12月31日，甲公司该项应付债券的摊余成本为（　　）万元。（2013年）

A. 18000　　　　　B. 18652

C. 18800　　　　　D. 18948

【解析】2012年12月31日，甲公司该项应付债券的摊余成本=18800×（1+4%）-18000×5%=18652（万元）。

【答案】B

【例题·多选题】下列各项中，关于应付债券的表述正确的有（　　）。

A. 应付债券应按实际利率计算利息费用

B. 分期付息到期一次还本的债券每期计提利息会增加债券的摊余成本

C. 满足资本化条件的利息费用应计入在建工程

D. 不满足资本化条件的利息费用计入财务费用

【解析】满足资本化条件的利息费用可以计入在建工程或制造费用中，选项C错误。

【答案】ABD

【例题·判断题】折价发行的公司债券每期摊销利息调整会减少应付债券的摊余成本。（　　）

【解析】折价发行的公司债券每期摊销利息调整时会增加应付债券的摊余成本。

【答案】×

（四）可转换公司债券

企业发行的可转换公司债券，应当在初始确认时将其包含的负债成分和权益成分进行分拆，将负债成分确认为应付债券，将权益成分确认为其他权益工具。在进行分拆时，应当先对负债成分的未来现金流量进行折现确定负债成分的初始确认金额，再按发行价格总额扣除负债成分初始确认金额后的金额确定权益成分的初始确认金额。对于可转换公司债券的负债成分，在转换为股份前，其会计处理与一般公司债券相同。

【提示】

（1）发行可转换公司债券发生的交易费用，应当在负债成分和权益成分之间按照各自的相对公允价值比例进行分摊。

（2）其他权益工具是指企业发行的除普通股以外的归类为权益工具的各种金融工具。

1. 发行时

借：银行存款

　　应付债券—可转换公司债券（利息调整）（或贷方）

　　贷：应付债券—可转换公司债券（面值）

　　　　其他权益工具（权益成分的公允价值）

2. 转股前与一般债券的会计处理相同

第六周

3. 转股时

转换部分负债账面价值
→ 借：应付债券—可转换公司债券（面值）
　　　—应计利息

其他权益工具（权益成分公允价值）
应付利息（转股前尚未支付的利息）
货：股本（转股数量）
　　资本公积—股本溢价（差额）

借或贷：应付债券—可转换公司债券（利息调整）
（折价记贷方，溢价记借方）

【例题·计算题】甲公司2016年1月1日发行面值为1000万元的可转换公司债券，以筹集资金用于补充正常生产经营所需的流动资金。该可转换公司债券发行期限为3年，票面年利率为6%，每年末付息，债券发行1年后可按面值每100元转6股普通股，每股面值为1元。假定2017年1月1日债券持有人全部转股。甲公司实际发行价格为1100万元（假定无发行费用），同期普通债券市场年利率为5%。

【答案】

①初始确认时负债成分和权益成分的拆分

负债成分的公允价值 = （1000×6%）×（1 + 5%）$^{-1}$ + （1000×6%）×（1 + 5%）$^{-2}$ + （1000×6%）×（1 + 5%）$^{-3}$ + 1000×（1 + 5%）$^{-3}$ = 1027.23（万元）；

权益成分初始确认金额 = 发行价格总额 - 负债成分初始确认 = 1100 - 1027.23 = 72.77（万元）。

②会计分录

发行时：

借：银行存款 1100
　贷：应付债券
　　　—可转换公司债券（面值）　1000
　　　—可转换公司债券（利息调整）27.23
　　　　　　（1027.23 - 1000）
　　其他权益工具 72.77

2016年12月31日计提利息费用时：

借：财务费用 51.36（1027.23×5%）
　应付债券—可转换公司债券（利息调整）
　　　　　　 8.64
　贷：应付利息 60

实际支付利息时：

借：应付利息 60
　贷：银行存款 60

2017年1月1日转股时：

应付债券的账面价值 = 1027.23 - 8.64 = 1018.59（万元），转换的股数 = 1000÷100×6 = 60（万股）。

借：应付债券
　　—可转换公司债券（面值）　1000
　　—可转换公司债券（利息调整）18.59
　　　　（27.23 - 8.64）
　其他权益工具 72.77
　贷：股本 60（1000/100×6）
　　资本公积—股本溢价 1031.36（差额）

【例题·单选题】甲公司以950万元发行面值为1000万元的可转换公司债券，其中负债成分的公允价值为890万元。不考虑其他因素，甲公司发行该债券应计入所有者权益的金额为（　）万元。（2015年）

A. 0 B. 50
C. 60 D. 110

【解析】企业发行的可转换公司债券，应当先确定负债成分的公允价值并以此作为应付债券初始确认金额，再按照实际发行价格扣除负债成分初始确认金额后的金额确定权益成分的初始确认金额，计入其他权益工具。本题中可转换公司债券的发行价格为950万元，负债成分的公允价值为890万元，权益成分的公允价值 = 950 - 890 = 60（万元），计入所有者权益。

【答案】C

【例题·单选题】甲公司2017年1月1日发行3年期可转换公司债券，债券面值3000万元，票面年利率5%，每年年末付息，到期偿还本金，已知市场实际利率为3%。债券发行价格为3300万元，另支付券商发行费用20万元。则应计入其他权益工具的金额为（　）万元。

A. 129.49 B. 130.41
C. 300 D. 280

【解析】负债成分的公允价值 = （3000×5%）×（1 + 3%）$^{-1}$ + （3000×5%）×（1 + 3%）$^{-2}$ + （3000×5%）×（1 + 3%）$^{-3}$ + 3000×（1 + 3%）$^{-3}$ = 3169.72（万元）。权益成分公允价值 = 3300 - 3169.72 = 130.28（万元）；权益成分占公允价值的比例 = 130.28/3300 = 3.95%，应分摊的发行费用 = 20×3.95% = 0.79（万元），应计

第六周

入其他权益工具的金额 = 130.28 - 0.79 = 129.49（万元）。

甲公司应编制的会计分录为：

借：银行存款　　　　　　3280 (3300 - 20)

　　贷：应付债券—面值　　　　　3000

　　　　　　—利息调整　　　　150.51

　　　　　[3169.72 - (20 - 0.79) - 3000]

　　　　其他权益工具　　　　129.49

【答案】A

【例题·多选题】下列关于企业发行可转换公司债券会计处理的表述中，正确的有(　　)。

A. 将负债成分确认为应付债券

B. 将权益成分确认为其他权益工具

C. 将债券面值作为负债成分初始确认金额

D. 将负债成分的公允价值作为负债成分初始确认金额

【解析】企业发行的可转换公司债券，应当在初始确认时将其包含的负债成分和权益成分进行分拆，将负债成分确认为应付债券，将权益成分确认为其他权益工具。将负债成分的未来现金流量进行折现后的金额作为可转换公司债券负债成分的初始确认金额，选项C错误。

【答案】ABD

【例题·判断题】企业发行的可转换公司债券在初始确认时，应将其负债和权益成分进行分拆，先确定负债成分的公允价值，再确定权益成分的初始入账金额。(　　)（2013年）

【解析】针对发行的可转换公司债券，应当先确定负债成分的公允价值，然后再确定权益成分的公允价值。

【答案】√

【提示】

(1) 企业发行附有赎回选择权的可转换公司债券，其在赎回日可能支付的利息补偿金，应当在债券发行日至债券约定赎回届满日期间计提应付利息，计提的应付利息分别计入相关资产成本或财务费用。

(2) 企业发行认股权和债券分离交易的可转换公司债券，其认股权符合相关准则有关权益工具定义的，应当按照分离交易可转换公司债券发行价格，减去不附认股权且其他条件相同的公司债券公允价值后的差额，确认一项权益工具（其他权益工具）。认股权持有人到期没有行权的，企业应当在到期时将原计入其他权益工具的部分转入资本公积（股本溢价）。

【例题·计算题】甲公司发行可转换公司债券附送认股权证，售价500万元，而此债券作为普通债券的公允价值为410万元。

【答案】发行时应编制会计分录：

借：银行存款　　　　　　　　500

　　贷：应付债券　　　　　　410

　　　　其他权益工具　　　　　90

(1) 债券到期，持有人持认股权证购买股票100万股，每股5元：

借：银行存款　　　　　　　　500

　　其他权益工具　　　　　　　90

　　贷：股本　　　　　　　　100

　　　　资本公积—股本溢价　490

(2) 债券持有人到期未购买股票时：

借：其他权益工具　　　　　　　90

　　贷：资本公积—股本溢价　　90

【例题·判断题】对认股权和债券分离交易的可转换公司债券，认股权持有人到期没有行权的，发行企业应在认股权到期时，将原计入其他权益工具的部分转入营业外收入。(　　)（2012年）

【解析】企业发行的认股权和债券分离交易的可转换公司债券，认股权持有人到期没有行权的，应当在到期时将原计入其他权益工具的部分转入资本公积（股本溢价）。

【答案】×

【星期三·第11章】长期应付款的核算、借款费用的范围和确认

考点1：长期应付款的核算

长期应付款，是指企业除长期借款和应付债券以外的其他各种长期应付款项，包括应付融资租入固定资产的租赁费、具有融资性质的延期付款购买资产发生的应付款项等。

（一）应付融资租入固定资产的租赁费

企业采用融资租赁方式租入的固定资产，应按最低租赁付款额，确认长期应付款。

最低租赁付款额是指在租赁期内，承租人应支付或可能被要求支付的款项（不包括或有租金和履约成本），加上由承租人或与其有关的第三方担保的资产余值。

租赁合同没有规定优惠购买选择权：

最低租赁付款额 = 各期租金之和 + 承租人或与其有关的第三方担保的资产余值

资产余值，在租赁开始日估计的租赁期届满时租赁资产的公允价值。

担保余值，就承租人而言，是指由承租人或与其有关的第三方担保的资产余值；就出租人而言，是指就承租人而言的担保余值加上独立于承

租人和出租人的第三方担保的资产余值。

未担保余值，是指租赁资产余值中扣除就出租人而言的担保余值以后的资产余值。

【举例】甲公司自乙公司融资租入设备一台，租赁期5年，年租金100万元，设备到期余值为6万元，其中甲公司担保1万元，甲公司的母公司担保2万元，与甲、乙公司均无关的担保公司担保1.5万元，未担保余值1.5万元。

最低租赁付款额 = 100 × 5 + （1 + 2） = 503（万元）；

最低租赁收款额 = 最低租赁付款额 + 与承租人和出租人均无关的第三方的担保余值 = 503 + 1.5 = 504.5（万元）。

租赁合同规定有优惠购买选择权：

承租人有购买租赁资产选择权，所订立的购买价款预计将远低于行使选择权时租赁资产的公允价值，因而在租赁开始日就可以合理确定承租人将会行使这种选择权的，购买价款应当计入最低租赁付款额。

最低租赁付款额 = 各期租金之和 + 承租人行使优惠购买选择权而支付的款项

最低租赁收款额 = 最低租赁付款额

【举例】甲公司自乙公司融资租入设备一台，租赁期5年，年租金100万元，设备到期余值为6万元，根据合同约定到期后甲公司可以按0.1万元的价格购买该设备。

最低租赁付款额 = 100 × 5 + 0.1 = 500.1（万元）；

最低租赁收款额 = 最低租赁付款额 = 500.1（万元）。

1. 租赁的分类

承租人和出租人应当在租赁开始日将租赁分为融资租赁和经营租赁。当与租赁资产所有权有关的主要风险和报酬归属于承租方时则为融资租赁，否则为经营租赁。

满足下列标准之一的，应当认定为融资租赁：

（1）在租赁期届满时，租赁资产的所有权转移给承租人；

（2）承租人有购买租赁资产的选择权，所订立的购买价款预计将远低于行使选择权时租赁资产的公允价值，因而在租赁开始日就可以合理确定承租人将会行使这种选择权；

（3）租赁期占租赁资产使用寿命的大部分（大于等于75%）；（本质为绝对控制租赁资产）

【举例】租赁资产预计可使用8年，租赁期6年。

6/8 × 100% = 75%，融资租赁。

【举例】租赁资产预计可使用10年，已使用2年，租赁期6年。

6/（10 - 2）× 100% = 75%，融资租赁。

【举例】租赁资产预计可使用10年，已使用8

年，租赁期2年。

由于资产是旧资产（租赁前已使用年限占该资产全部可使用期限的比例 > 75%），即使满足租赁期占租赁资产使用寿命的大部分（大于等于75%），也不能认定为融资租赁。

（4）承租人在租赁开始日的最低租赁付款额现值几乎相当于（大于等于90%）租赁开始日租赁资产公允价值；（本质为购买）

【举例】甲公司自乙公司租入设备一台，租赁期5年，年租金100万元，设备到期余值为6万元，其中甲公司担保1万元，甲公司的母公司担保2万元，担保公司担保1.5万元，未担保余值1.5万元。该设备在租赁开始日的公允价值为480万元，合同约定利率为5%。

最低租赁付款额 = 100 × 5 + （1 + 2） = 503（万元）。

最低租赁付款额现值 = 100 × （P/A，5%，5）+ 3 × （P/F，5%，5）= 435.30（万元）≥ 480 × 90%，认定为融资租赁。

【提示】计算最低租赁付款额的现值时，折现率按以下顺序选择：

①出租人的租赁内含利率，即在租赁开始日使最低租赁收款额的现值与未担保余值的现值之和等于租赁资产公允价值与出租人的初始直接费用之和的折现率；

②合同约定利率；

③同期银行贷款利率。

（5）租赁资产性质特殊，如果不做较大改造，只有承租人才能使用。（私人订制）

【例题·多选题】下列各项中，属于融资租赁判定标准的有（　　）。

A. 租赁期占租赁资产使用寿命的大部分

B. 在租赁期届满时，租赁资产的所有权转移给承租人

C. 租赁资产性质特殊，如不作较大改造，只有承租人才能使用

D. 承租人有购买租赁资产的选择权，购买价款预计远低于行使选择权时租赁资产的公允价值

【解析】融资租赁的判断标准共有五条：

（1）在租赁期届满时，资产的所有权转移给承租人；（2）承租人有购买租赁资产的选择权，所订立的购买价款远低于行使选择权时租赁资产的公允价值；（3）租赁期占租赁资产使用寿命的大部分（≥75%）；（4）就承租人而言，租赁开始日最低租赁付款额的现值几乎相当于（≥90%）租赁开始日租赁资产的公允价值；（5）租赁资产性质特殊，如果不作较大修整，只有承租人才能使用。

【答案】ABCD

2. 企业（承租人）对融资租赁的会计处理

（1）在租赁期开始日，承租人通常应当将租

赁开始日租赁资产公允价值与最低租赁付款额现值两者中较低者加上初始直接费用作为租入资产的入账价值，将最低租赁付款额作为长期应付款的入账价值，长期应付款与租赁资产公允价值和最低租赁付款额现值两者中较低者的差额作为未确认融资费用。

承租人在租赁谈判和签订租赁合同过程中发生的可归属于租赁项目的谈判费、律师费、差旅费等初始直接费用，应当计入租入资产价值。

借：固定资产或在建工程（租赁资产公允价值与最低租赁付款额现值两者中的较低者＋初始直接费用）
　　未确认融资费用（差额）
　　贷：长期应付款（最低租赁付款额）
　　　　银行存款（初始直接费用）

【例题·单选题】2017年1月1日，甲公司从乙公司融资租入一台生产设备，该设备公允价值为800万元，最低租赁付款额的现值为750万元，甲公司担保的资产余值为100万元。不考虑其他

因素，甲公司该设备的入账价值为（　　）万元。（2015年）

A. 650　　　　　　　B. 750
C. 800　　　　　　　D. 850

【解析】融资租入固定资产的入账价值，应以最低租赁付款额的现值与租赁资产公允价值孰低者加上初始直接费用确定，因此甲公司融资租入该固定资产的入账价值＝750＋0＝750（万元）。

【答案】B

（2）未确认融资费用的分摊

未确认融资费用应当在租赁期内的各个期间进行分摊。承租人应当采用实际利率法计算确认当期的融资费用。

借：财务费用
　　贷：未确认融资费用

每期未确认融资费用摊销额＝期初应付本金余额×实际利率＝（期初长期应付款余额－期初未确认融资费用余额）×实际利率

（3）租赁资产折旧的计提

	折旧政策	折旧期间		会计分录
租赁资产的折旧处理	视同自有固定资产计提折旧，需注意的是，应计折旧额的计算：①承租人或与其有关的第三方对租赁资产余值提供了担保应计折旧额＝固定资产的入账价值－承租人担保余值②承租人或与其有关的第三方未对租赁资产余值提供担保应计折旧额＝固定资产的入账价值－预计净残值	能合理确定租赁期届满时取得租赁资产所有权	无法合理确定租赁期届满时能够取得租赁资产所有权的	同自有固定资产
		按尚可使用期限来计提折旧	按租期与尚可使用期孰低原则来认定折旧期间	

【例题·单选题】甲公司2017年6月28日融资租入设备一台，租赁期开始日最低租赁付款额现值为500万元，租赁资产公允价值520万元，承租人另发生安装费10万元，设备于2017年6月30日达到预定可使用状态并交付使用，与承租人有关的担保余值为30万元，未担保余值为15万元，租赁期为6年，设备尚可使用年限为8年。承租人对租入的设备采用年限平均法计提折旧。该设备在2017年应计提的折旧额为（　　）万元。

A. 30　　　　　　　B. 40
C. 42.5　　　　　　D. 31.88

【解析】该设备入账价值＝500＋10＝510（万元），2017年应计提折旧的金额＝（510－30）÷6×6/12＝40（万元）。

【答案】B

【例题·判断题】承租人采用融资租赁方式租入一台设备，该设备尚可使用年限为8年，租赁期为6年，承租人租赁期满时以1万元的优惠购

买价购买该设备，预计该设备在租赁期满时的公允价值为30万元。则承租人应按6年计提折旧。（　　）

【解析】对于融资租入的资产，计提租赁资产折旧时，承租人应当采用与自有固定资产相一致的折旧政策计提租赁资产折旧，能够合理确定租赁期届满时，承租人将会取得租赁资产所有权的，应当在租赁资产尚可使用年限内计提折旧。本题由于能够合理确定租赁期届满时承租人将以优惠购买价购买该设备，取得租赁资产所有权，因此该设备的折旧年限为8年。

【答案】×

（4）履约成本的会计处理

履约成本在实际发生时，通常计入当期损益。

（5）或有租金的会计处理

或有租金应当在实际发生时，计入当期损益（销售费用）。

（6）租赁期届满时的会计处理

承租人返还租赁资产		承租人优惠续租租赁资产	承租人留购租赁资产
存在承租人担保余值	借：长期应付款 　　累计折旧 　贷：固定资产	行使优惠续租权	应视同该项租赁一直存在而作出相应的会计处理	借：长期应付款 　贷：银行存款 同时： 借：固定资产—自有 　贷：固定资产—融资租入
不存在承租人担保余值	借：累计折旧 　贷：固定资产	未续租	会计处理与返还租赁资产会计处理相同。 若涉及违约金： 借：营业外支出 　贷：银行存款等	

（二）具有融资性质的延期付款购买固定资产

企业延期付款购买资产，如果延期支付的购买价款超过正常信用条件，实质上具有融资性质的，所购资产的成本应当以延期支付购买价款的现值为基础确定。实际支付的价款与购买价款的现值之间的差额，应当在信用期间内采用实际利率法进行摊销，计入相关资产成本或当期损益。

借：固定资产或在建工程（购买价款的现值）
　　未确认融资费用（差额）
　贷：长期应付款（购买价款）

考点2：借款费用的范围和确认

一、借款费用的范围

借款费用，是指企业因借入资金所付出的代价。

借款费用包括借款利息、折价或者溢价的摊销、辅助费用以及因外币借款而发生的汇兑差额等。承租人确认的融资租赁发生的融资费用属于借款费用。

【例题·单选题】企业发生的下列各项融资费用中，不属于借款费用的是（　　）。

A. 股票发行费用
B. 长期借款的手续费摊销
C. 外币借款的汇兑差额
D. 溢价发行债券的利息调整摊销

【解析】借款费用包括借款利息、折价或者溢价的摊销、辅助费用以及因外币借款而发生的汇兑差额等，对于企业发生的权益性融资费用，不应包括在借款费用中。

【答案】A

【例题·多选题】下列各项中，属于借款费用的有（　　）。（2014年）

A. 银行借款的利息
B. 债券溢价的摊销
C. 债券折价的摊销
D. 发行股票的手续费

【解析】借款费用是企业因借入资金所付出的代价，包括借款利息、折价或者溢价的摊销、辅

助费用以及因外币借款而发生的汇兑差额等。选项D，发行股票的手续费，是权益性融资费用，不属于借款费用。

【答案】ABC

二、借款费用的确认

（一）确认原则

企业发生的借款费用，可直接归属于符合资本化条件的资产的购建或者生产的，应当予以资本化，计入符合资本化条件的资产成本；其他借款费用，应当在发生时根据其发生额确认为财务费用，计入当期损益。

【提示】符合资本化条件的资产，是指需要经过相当长时间（≥1年）的购建或者生产活动才能达到预定可使用或者可销售状态的固定资产、投资性房地产和存货等资产。

【例题·多选题】下列各项中，属于应资本化的借款费用的有（　　）。

A. 2016年11月开工2017年6月完工的工程项目
B. 生产周期超过1年的存货
C. 建造期间为2年的固定资产
D. 经过相当长时间（大于1年）的购建达到预定可使用状态的投资性房地产

【解析】选项A，工期未到达1年，不属于"符合资本化条件的资产"。

【答案】BCD

（二）借款费用应予资本化的借款范围

借款费用应予资本化的借款范围包括专门借款和一般借款。

专门借款，是指为购建或者生产符合资本化条件的资产而专门借入的款项。

一般借款，是指除专门借款以外的借款。

【提示】只有在购建或者生产符合资本化条件的资产占用了一般借款时，才应将与一般借款相关的借款费用资本化；否则，一般借款所发生的借款费用应当计入当期损益。

（三）资本化期间的确定

1. 借款费用开始资本化的时点

同时满足下列条件的，借款费用才能开始资本化：

第六周

（1）资产支出已经发生；

①支付货币资金，即用货币资金支付符合资本化条件的资产的购建或者生产支出；

②转移非现金资产，指企业将自己的非现金资产直接用于符合资本化条件的资产的购建或者生产；

③承担带息债务。

（2）借款费用已经发生；

（3）为使资产达到预定可使用或者可销售状态所必要的购建或者生产活动已经开始。

企业只有在上述三个条件同时满足的情况下，有关借款费用才可开始资本化，只要其中有一个条件没有满足，借款费用就不能开始资本化。

【例题·单选题】2013年4月20日，甲公司以当月1日自银行取得的专门借款支付了建造办公楼的首期工程物资款，5月10日开始施工，5月20日因发现文物需要发掘保护而暂停施工，7

月15日复工兴建。甲公司该笔借款费用开始资本化的时点为（　　）。（2014年）

A. 2013年4月1日

B. 2013年4月20日

C. 2013年5月10日

D. 2013年7月15日

【解析】借款费用开始资本化必须同时满足以下三个条件：①资产支出已经发生；②借款费用已经发生；③为使资产达到预定可使用或者可销售状态所必要的购建或者生产活动已经开始。所以开始资本化时点为2013年5月10日。

【答案】C

2. 借款费用暂停资本化时点的确定

符合资本化条件的资产在购建或者生产过程中发生非正常中断、且中断时间连续超过3个月的，应当暂停借款费用的资本化。

项　目	概　念	示　例
正常中断	是使资产达到预定可使用或者可销售状态必要的程序、可预见的不可抗力因素导致的中断	①必要的安全检查②东北冰冻季节③南方梅雨季节等
非正常中断	是指企业管理决策上的原因或者其他不可预见的原因等所导致的中断	①企业因与施工方发生了质量纠纷②工程、生产用料没有及时供应③资金周转发生了困难④施工、生产发生了安全事故⑤发生了劳动纠纷等

【提示】在暂停借款费用资本化期间所发生的借款费用，应当计入当期损益，直至购建或者生产活动重新开始。但是，如果中断是使所购建或者生产的符合资本化条件的资产达到预定可使用或者可销售状态必要的程序，不应暂停资本化，所发生的借款费用应当继续资本化。

【例题·单选题】下列导致固定资产建造中断时间连续超过3个月的事项，不应暂停借款费用资本化的是（　　）。（2013年）

A. 劳务纠纷

B. 安全事故

C. 资金周转困难

D. 可预测的气候影响

【解析】建造中发生的可预计的气候原因属于正常中断，即使超过了3个月，也需要继续资本化，选项D正确。

【答案】D

【例题·多选题】在确定借款费用暂停资本化的期间时，应当区别正常中断和非正常中断。下列各项中，属于非正常中断的有（　　）。

A. 质量纠纷导致的中断

B. 安全事故导致的中断

C. 劳动纠纷导致的中断

D. 资金周转困难导致的中断

【解析】非正常中断，通常是由于企业管理决策上的原因或者其他不可预见的原因等所导致的中断。例如，企业因与施工方发生了质量纠纷、资金周转困难、发生安全事故、发生劳动纠纷等原因导致的中断。

【答案】ABCD

3. 借款费用停止资本化时点的确定

购建或者生产符合资本化条件的资产达到预定可使用或者可销售状态时，借款费用应当停止资本化。在符合资本化条件的资产达到预定可使用或者可销售状态之后所发生的借款费用，应当在发生时根据其发生额确认为费用，计入当期损益。

购建或者生产符合资本化条件的资产达到预定可使用或者可销售状态的判断标准如下：

（1）符合资本化条件的资产的实体建造（包括安装）或者生产工作已经全部完成或者实质上已经完成。

（2）所购建或者生产的符合资本化条件的资产与设计要求、合同规定或者生产要求相符或者基本相符，即使有极个别与设计、合同或者生产要求不相符的地方，也不影响其正常使用或者销售。

（3）继续发生在所购建或生产的符合资本化条件的资产上的支出金额很少或者几乎不再发生。

【提示】购建或者生产符合资本化条件的资产需要试生产或者试运行的，在试生产结果表明资产能够正常生产出合格产品、或者试运行结果表明资产能够正常运转或者营业时，应当认为该资产已经达到预定可使用或者可销售状态。

【例题·单选题】2010年2月1日，甲公司为建造一栋厂房向银行取得一笔专门借款。2010年3月5日，以该借款支付前期订购的工程物资款。因征地拆迁发生纠纷，该厂房延迟至2010年7月1日才开工兴建，开始支付其他工程款。2012年2月28日，该厂房建造完成，达到预定可使用状态。2012年4月30日，甲公司办理工程竣工决算。不考虑其他因素，甲公司该笔借款费用的资本化期间为（　　）。

A. 2010年2月1日至2012年4月30日

B. 2010年3月5日至2012年2月28日

C. 2010年7月1日至2012年2月28日

D. 2010年7月1日至2012年4月30日

【解析】2010年7月1日满足资本化开始的条件，2012年2月28日所建造厂房达到预定可使用状态，应停止借款费用资本化，故借款费用资本化期间为2010年7月1日至2012年2月28日。

【答案】C

【例题·单选题】2015年1月1日，甲公司从银行取得3年期专门借款开工兴建一栋厂房。2017年6月30日该厂房达到预定可使用状态并投入使用，7月31日验收合格，8月5日办理竣工决算，8月31日完成资产移交手续。甲公司该专门借款费用在2017年停止资本化的时点为（　　）。

A. 6月30日　　　　B. 7月31日

C. 8月5日　　　　D. 8月31日

【解析】购建或者生产符合资本化条件的资产达到预定可使用或者可销售状态时，借款费用应当停止资本化，即6月30日。

【答案】A

【总结】

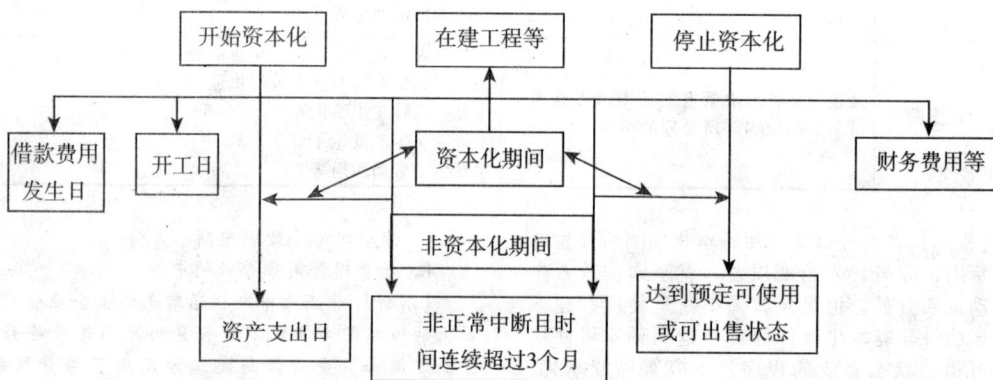

【星期四·第11章】借款费用的计量

（一）借款利息资本化金额的确定

在借款费用资本化期间内，每一会计期间的利息（包括折价或溢价的摊销）资本化金额，应当按照下列原则确定：

1. 为购建或者生产符合资本化条件的资产而借入专门借款的，应当以专门借款当期实际发生的利息费用，减去将尚未动用的借款资金存入银行取得的利息收入或进行暂时性投资取得的投资收益后的金额确定。即，专门借款利息资本化金额=发生在资本化期间的专门借款全部利息费用－闲置专门借款的利息收益或投资收益。

①长期借款

借：财务费用（费用化）

　　在建工程（满足资本化）

　　应收利息等（闲置资金创造的收益）

　贷：长期借款—应计利息（到期一次还本付息）

　　　应付利息（分期付息到期还本）

②公司债券

借：财务费用（费用化）

　　在建工程（满足资本化）

　　应收利息等（闲置资金创造的收益）

贷：应付债券—利息调整（或借方）
　　应付债券—应计利息（到期一次还本付息）
　　应付利息（分期付息到期还本）

【例题·计算题】甲公司 2015 年 7 月 1 日借入专门借款 5000 万元，期限 3 年，年利率为 6%，借款利息按年支付。2015 年 7 月 1 日工程开工，当日支付工程款 3000 万元，2015 年 10 月 1 日支付工程款 500 万元，2016 年 1 月 1 日支付工程款 500 万元，2016 年 7 月 1 日支付工程款 500 万元，2016 年 12 月 1 日支付工程款 500 万元。工程于 2017 年 1 月 31 日完工，达到预定可使用状态。闲置资金月收益率为 0.5%。

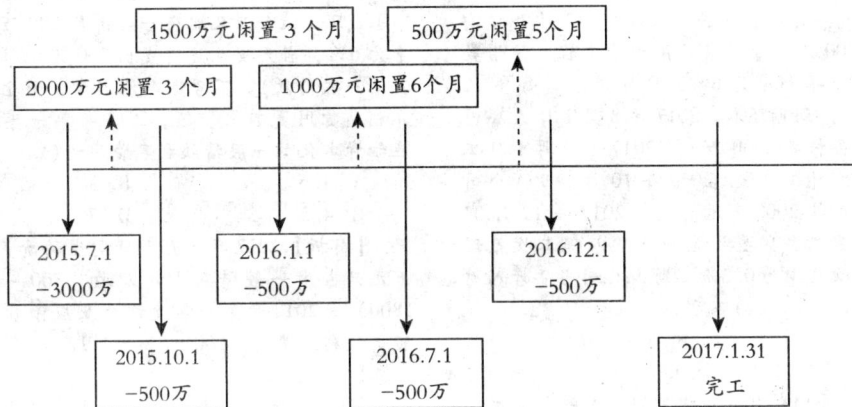

【答案】

2015 年专门借款利息费用 = 5000 × 6% × 6/12 = 150（万元）；

闲置资金收益 = 2000 × 0.5% × 3 + 1500 × 0.5% × 3 = 52.5（万元）；

应资本化的金额 = 150 - 52.5 = 97.5（万元）。

借：在建工程　　　　　　　　　97.5
　　应收利息（或银行存款）　　52.5
　　贷：应付利息　　　　　　　　　150

2016 年专门借款利息费用 = 5000 × 6% = 300（万元）；

闲置资金收益 = 1000 × 0.5% × 6 + 500 × 0.5% × 5 = 42.5（万元）；

应资本化的金额 = 300 - 42.5 = 257.5（万元）。

借：在建工程　　　　　　　　　257.5
　　应收利息（或银行存款）　　42.5
　　贷：应付利息　　　　　　　　　300

2017 年专门借款资本化期间利息费用 = 5000 × 6% ÷ 12 × 1 = 25（万元）；闲置资金收益为 0；

应资本化的金额 = 25（万元）；

专门借款费用化期间利息费用 = 5000 × 6% × 11/12 = 275（万元）。

借：在建工程　　　　　　　　　25
　　财务费用　　　　　　　　　275
　　贷：应付利息　　　　　　　　　300

【例题·单选题】某公司于 2010 年 7 月 1 日从银行取得专门借款 5000 万元用于新建一座厂房，年利率为 5%，利息分季支付，借款期限 2 年。2010 年 10 月 1 日正式开始建设厂房，预计工期 15 个月，采用出包方式建设。该公司于开始建设日、2010 年 12 月 31 日和 2011 年 5 月 1 日分别向承包方付款 1200 万元、1000 万元和 1500 万元。由于可预见的冰冻气候，工程在 2011 年 1 月 12 日到 3 月 12 日期间暂停。2011 年 12 月 31 日工程达到预定可使用状态，并向承包方支付了剩余工程款 800 万元，该公司从取得专门借款开始，将闲置的借款资金投资于月收益率为 0.4% 的固定收益债券。若不考虑其他因素，该公司在 2011 年应予资本化的上述专门借款费用为（　　）万元。（2012 年）

A. 121.93　　　　　　B. 163.60

C. 205.20　　　　　　D. 250.00

【解析】该公司在 2011 年应予资本化的专门借款费用 = 5000 × 5% - （5000 - 1200 - 1000）× 0.4% × 4 - （5000 - 1200 - 1000 - 1500）× 0.4% × 8 = 163.6（万元）。

【答案】B

【例题·单选题】甲公司 2017 年 1 月 1 日发行面值总额为 10000 万元的一般公司债券，取得的款项专门用于建造厂房。该债券系分期付息、到期还本债券，期限为 4 年，票面年利率为 10%，每年 12 月 31 日支付当年利息。该债券实际年利率为 8%。债券发行价格总额为 10662.10 万元，款项已存入银行。厂房于 2017 年 1 月 1 日开工建造并支付部分工程款，2017 年度累计发生建造工程支出 4600 万元。经批准，当年甲公司将尚未使用的债券资金投资于国债，取得投资收益 760 万元。至 2017 年 12 月 31 日工程尚未完工，该在建工程 2017 年年末账面余额为（　　）万元。

A. 4692.97　　　　　　B. 4906.21

C. 5452.97　　　　　　D. 5600

【解析】在资本化期间，专门借款发生的利息费用，扣除尚未动用的专门借款取得的收益后的差额应当资本化。该在建工程2017年年末账面余额=4600+（10662.10×8%－760）=4692.97（万元）。

【答案】A

【例题·单选题】A公司2017年7月1日向银行借入5000万元专门借款用于某工程，该借款期限为5年，年利率为6%，分期付息（每年12月31日支付）到期还本。2017年8月1日A公司支付甲公司备料款2000万元，2017年9月1日工程经批准正式开工建设。2017年10月1日A公司支付工程进度款2000万元。截止2017年12月31日工程尚未完工，闲置资金用于购入保本收益理财产品，月收益率为0.2%。则A公司当年计入财务费用的金额为（　）万元。

A. 34　　　　　　B. 50

C. 100　　　　　　D. 0

【解析】专门借款费用化期间计入财务费用金额为专门借款利息费用总额扣除该期间闲置资金收入，故计入财务费用的金额=5000×6%×2/12－5000×0.2%×1－3000×0.2%×1=34（万元）。

【答案】A

2. 为购建或者生产符合资本化条件的资产而占用了一般借款的，企业应当根据累计资产支出超过专门借款部分的资产支出加权平均数乘以所占用一般借款的资本化率，计算确定一般借款应予资本化的利息金额。（与资产支出相挂钩）

一般借款利息费用资本化金额=累计资产支出超过专门借款部分的资产支出加权平均数×所占用一般借款的资本化率

资产支出加权平均数=∑（每笔资产支出金额×每笔资产支出在当期所占用的天数/当期天数）

所占用一般借款的资本化率=所占用一般借款加权平均利率=所占用一般借款当期实际发生的利息之和÷所占用一般借款本金加权平均数

所占用一般借款本金加权平均数=∑（所占用每笔一般借款本金×每笔一般借款在当期所占用

的天数/当期天数）

一般借款利息费用化金额=全部利息费用－资本化金额

【提示】每一会计期间的利息资本化金额，不应当超过当期相关借款实际发生的利息费用金额。

【例题·单选题】2016年1月1日，甲企业取得专门借款2000万元直接用于当日开工建造的厂房，2016年累计发生建造支出1800万元。2017年1月1日，该企业又取得一般借款500万元，年利率为6%，当天发生建造支出300万元（甲企业无其他一般借款）。不考虑其他因素，甲企业按季计算利息费用资本化金额。2017年第一季度该企业应予资本化的一般借款利息费用为（　）万元。

A. 1.5　　　　　　B. 3

C. 4.5　　　　　　D. 7.5

【解析】2017年1月1日发生的资产支出300万元只占用一般借款100万元［300－（2000－1800）］，2017年第一季度该企业应予资本化的一般借款利息费用=100×6%×3/12=1.5（万元）。

【答案】A

【例题·判断题】企业每一会计期间的利息资本化金额不应当超过当期相关借款实际发生的利息金额。（　）（2014年）

【答案】√

（二）借款辅助费用资本化金额的确定

按《企业会计准则第22号—金融工具确认和计量》的规定，除以公允价值计量且其变动计入当期损益的金融负债以外，将其他的金融负债发生的辅助费用计入负债的初始确认金额，在以后期间进行摊销，资本化期间摊销资本化，费用化期间摊销费用化。

（三）外币专门借款汇兑差额资本化金额的确定

在资本化期间内，外币专门借款本金及其利息的汇兑差额应当予以资本化，计入符合资本化条件的资产的成本。除外币专门借款之外的其他外币借款本金及其利息所产生的汇兑差额，应当作为财务费用计入当期损益。

【例题·判断题】在资本化期间内，外币专门借款本金及利息的汇兑差额应予资本化。（　）

【答案】√

【星期五·第12章】债务重组

一、债务重组的概念

债务重组，是指在债务人发生财务困难的情况下，债权人按照其与债务人达成的协议或者法

院的裁定作出让步的事项。

【提示】只有债务人发生财务困难、债权人作出让步的才可认定为债务重组。

二、债务重组的方式

1. 以资产清偿债务；
2. 将债务转为资本；
3. 修改其他债务条件；
4. 以上三种方式的组合方式，是指采用以上三种方式共同清偿债务的债务重组方式。

【例题·多选题】债务人发生财务困难，债权人作出让步是债务重组的基本特征。下列各项中，属于债权人作出让步的有（ ）。（2012年）

A. 债权人减免债务人部分债务本金
B. 债权人免去债务人全部应付利息
C. 债权人同意债务人以公允价值高于重组债务账面价值的股权清偿债务
D. 债权人同意债务人以公允价值低于重组债务账面价值的非现金资产清偿债务

【解析】债权人作出让步，是指债权人同意发生财务困难的债务人现在或将来以低于重组债务账面价值的金额或者价值偿还债务。债权人作出让步的情形主要包括债权人减免债务人部分债务本金或者利息，降低债务人应付债务的利率等。债权人同意债务人以公允价值高于重组债务账面价值的股权清偿债务，债权人并没有作出让步，选项C不正确。

【答案】ABD

【例题·多选题】2010年7月31日，甲公司应付乙公司的款项420万元到期，因经营陷于困境，预计短期内无法偿还。当日，甲公司就该债务与乙公司达成的下列偿债协议中，属于债务重组的有（ ）。（2011年）

A. 甲公司以公允价值为410万元的固定资产清偿
B. 甲公司以公允价值为420万元的长期股权投资清偿
C. 减免甲公司220万元债务，剩余部分甲公司延期两年偿还
D. 减免甲公司220万元债务，剩余部分甲公司立即以现金偿还

【解析】债务重组，是指在债务人发生财务困难的情况下，债权人按照其与债务人达成的协议或者法院的裁定作出让步的事项。选项B，以公允价值为420万元的长期股权投资偿债，债权人并没有作出让步，故该项交易不属于债务重组。

【答案】ACD

三、以现金清偿债务的会计处理

1. 债务人的会计处理

以现金清偿债务的，债务人应当将重组债务的账面价值与实际支付现金之间的差额，计入当期损益。

借：应付账款等
　　贷：银行存款
　　　　营业外收入—债务重组利得

2. 债权人的会计处理

借：银行存款
　　坏账准备（如涉及）
　　营业外支出—债务重组损失（借方差额）
　　贷：应收账款等
　　　　资产减值损失（贷方差额）

【例题·单选题】甲公司因乙公司发生严重财务困难，预计难以全额收回乙公司所欠货款120万元，经协商，乙公司以银行存款90万元结清了全部债务。甲公司对该项应收账款已计提坏账准备12万元。假定不考虑其他因素，债务重组日甲公司应确认的损失为（ ）万元。（2012年）

A. 0　　　　　　　　B. 12
C. 18　　　　　　　 D. 30

【解析】债务重组日甲公司应确认的损失 = （120 – 12）– 90 = 18（万元）。

【答案】C

四、以非现金清偿债务的会计处理

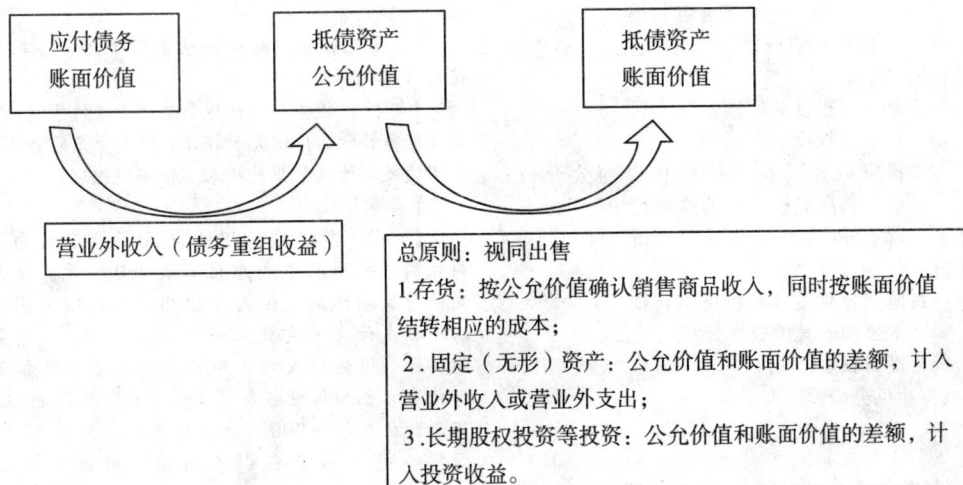

```
┌──────────┐    ┌──────────┐          ┌──────────┐
│ 应付债务  │    │ 抵债资产  │          │ 抵债资产  │
│ 账面价值  │    │ 公允价值  │          │ 账面价值  │
└──────────┘    └──────────┘          └──────────┘
```

营业外收入（债务重组收益）

总原则：视同出售
1. 存货：按公允价值确认销售商品收入，同时按账面价值结转相应的成本；
2. 固定（无形）资产：公允价值和账面价值的差额，计入营业外收入或营业外支出；
3. 长期股权投资等投资：公允价值和账面价值的差额，计入投资收益。

第 六 周

【提示】抵债资产为长期股权投资还应将持有期间记入"其他综合收益"（假设可以转损益）、"资本公积—其他资本公积"科目金额对应部分转出，记入"投资收益"科目；抵债资产为可供出售金融资产的，还应将原记入"其他综合收益"科目金额对应部分转出，记入"投资收益"科目；抵债资产为交易性金融资产的，还应将原记入"公允价值变动损益"科目金额对应部分转出，记入"投资收益"科目。

1. 债务人以存货抵债
借：应付账款
　贷：主营（其他）业务收入
　　应交税费—应交增值税（销项税额）
　　营业外收入—债务重组利得
借：主营（其他）业务成本
　存货跌价准备（如涉及）
　贷：库存商品

2. 债务人以固定资产抵债
借：应付账款
　贷：固定资产清理（固定资产的公允价值）
　　应交税费—应交增值税（销项税额）
　　营业外收入—债务重组利得
借：固定资产清理
　贷：营业外收入—处置非流动资产利得
或
借：营业外支出—处置非流动资产损失
　贷：固定资产清理

3. 债务人以无形资产抵债
借：应付账款
　累计摊销
　无形资产减值准备
　营业外支出—处置非流动资产损失
　贷：无形资产
　　应交税费—应交增值税（销项税额）
　　营业外收入—处置非流动资产利得
　　　—债务重组利得

4. 债务人以长期股权投资等抵债
借：应付账款
　长期股权投资减值准备
　贷：长期股权投资等
　　投资收益（长期股权投资的公允价值-长期股权投资的账面价值）
　　营业外收入—债务重组利得
同时：
借：其他综合收益（假设可以转损益）
　资本公积—其他资本公积
　贷：投资收益
（或作相反分录）。

5. 债权人的账务处理
借：××资产（抵债资产的公允价值+相关税费）
　应交税费—应交增值税（进项税额）
　坏账准备
　营业外支出—债务重组损失（重组债权账面价值>抵债资产公允价值）（借方差额）
　贷：应收账款（账面余额）
　　银行存款（支付相关税费）
　　资产减值损失（重组债权账面价值<抵债资产公允价值）（贷方差额）

【例题·单选题】对于以非现金资产清偿债务的债务重组，下列各项中，债权人应确认债务重组损失的是（　）。
A. 收到的非现金资产公允价值小于该资产原账面价值的差额
B. 收到的非现金资产公允价值大于该资产原账面价值的差额
C. 收到的非现金资产公允价值小于重组债权账面价值的差额
D. 收到的非现金资产原账面价值小于重组债权账面价值的差额
【解析】债权人应将收到的非现金资产公允价值小于重组债权账面价值的差额确认为债务重组损失。
【答案】C

【例题·单选题】下列各项以非现金资产清偿全部债务的债务重组中，属于债务人债务重组利得的是（　）。
A. 非现金资产账面价值小于其公允价值的差额
B. 非现金资产账面价值大于其公允价值的差额
C. 非现金资产公允价值小于重组债务账面价值的差额
D. 非现金资产账面价值小于重组债务账面价值的差额
【解析】债务人以非现金资产清偿债务的，应将重组债务的账面价值大于转让非现金资产的公允价值之间的差额计入营业外收入（债务重组利得）。
【答案】C

【例题·单选题】甲公司2017年2月向乙公司赊购一批商品形成应付账款260万元，合同约定的付款期已到，但由于甲公司出现财务困难无法足额支付此笔货款。随即甲乙公司签订债务重组协议，根据协议约定甲公司以一台设备抵偿全部债务。已知该设备原值400万元，已提折旧260万元，公允价值200万元，增值税税额为34万元。则甲公司此项业务影响的营业外收入金额为（　）万元。

A. 60　　　　　　　　B. 86
C. 26　　　　　　　　D. 100

【解析】"营业外收入—债务重组利得"的金额 = 260 - (200 + 34) = 26 (万元); "营业外收入—处置非流动资产利得"的金额 = 200 - (400 - 260) = 60 (万元); 故该业务影响甲公司营业外收入的金额 = 26 + 60 = 86 (万元)。

【答案】B

五、将债务转为资本的会计处理

债务人	债权人
借: 应付账款等 　贷: 股本 　　资本公积—股本溢价 　　营业外收入—债务重组利得	借: 长期股权投资等 　　坏账准备 　贷: 应收账款 借差: 营业外支出—债务重组损失 贷差: 资产减值损失

【例题·单选题】下列关于债务重组会计处理的表述中, 正确的是(　　)。

A. 债务人以债转股方式抵偿债务的, 债务人将重组债务的账面价值大于相关股份公允价值的差额计入资本公积

B. 债务人以债转股方式抵偿债务的, 债权人将重组债权的账面价值大于相关股权公允价值的差额计入营业外支出

C. 债务人以非现金资产抵偿债务的, 债权人将重组债权的账面价值大于受让非现金资产公允价值的差额计入资产减值损失

D. 债务人以非现金资产抵偿债务的, 债务人将重组债务的账面价值大于转让非现金资产公允价值的差额计入其他业务收入

【解析】选项A, 差额应计入"营业外收入—债务重组利得"; 选项C, 差额计入"营业外支出—债务重组损失"; 选项D, 差额计入"营业外收入—债务重组利得"。

【答案】B

【例题·多选题】2017年3月9日甲公司和乙公司达成债务重组协议, 根据协议约定甲公司向乙公司定向增发1000万股普通股股票(每股面值1元, 每股公允价值5.3元)用于偿还所欠乙公司货款6000万元。乙公司取得此股权后作为可供出售金融资产核算。已知乙公司已对甲公司该项应收账款计提了500万元的坏账准备。不考虑其他因素, 则下列表述中正确的有(　　)。

A. 甲公司此项交易会直接增加其所有者权益5300万元

B. 甲公司此项交易会增加当期损益700万元

C. 乙公司此项交易会增加可供出售金融资产6000万元

D. 乙公司此项交易会减少当期损益700万元

【解析】乙公司取得可供出售金融资产应按公允价值计量, 即5300万元, 选项C不正确; 乙公司此项交易形成营业外支出 = (6000 - 500) - 5300 = 200 (万元), 所以会减少当期损益200万元, 选项D不正确。

【答案】AB

六、修改其他债务条件的会计处理

1. 不涉及或有应付(或应收)金额的债务重组

债务人的会计处理:

借: 应付账款(原账面余额)
　贷: 应付账款(公允价值)
　　营业外收入—债务重组利得

如果需支付利息:

借: 财务费用
　贷: 银行存款

债权人的会计处理:

借: 应收账款(公允价值)
　　坏账准备
　　营业外支出—债务重组损失(借方差额)
　贷: 应收账款(原账面余额)
　　资产减值损失(贷方差额)

收到后续利息时:

借: 银行存款
　贷: 财务费用

2. 涉及或有应付(或应收)金额的债务重组

债务人的会计处理:

借: 应付账款(原账面余额)
　贷: 应付账款(公允价值)
　　预计负债(或有应付金额)
　　营业外收入—债务重组利得

【提示】上述或有应付金额在随后会计期间没有发生的, 企业应当冲销已确认的预计负债, 同时确认营业外收入。

债权人的会计处理:

借: 应收账款(公允价值)
　　坏账准备
　　营业外支出—债务重组损失(借方差额)
　贷: 应收账款(原账面余额)
　　资产减值损失(贷方差额)

①当或有应收金额实现时:

借: 银行存款
　贷: 营业外收入

②当或有应收金额未实现时, 无需进行账务处理。

【例题·单选题】2013年7月5日, 甲公司与乙公司协商债务重组, 同意免去乙公司前欠款项中的10万元, 剩余款项在2013年9月30日支付; 同时约定, 截至2013年9月30日, 乙公司如果经营状况好转, 现金流量充裕, 应再偿还甲公司6万元。当日, 甲公司估计这6万元届时被偿还的

可能性为70%。2013年7月5日，甲公司应确认的债务重组损失为（　　）万元。（2014年）

A. 4　　　　　　　　B. 5.8

C. 6　　　　　　　　D. 10

【解析】甲公司应确认债务重组损失为债务豁免的10万元，对于或有应收金额6万元，债务重组日不确认，实际收到时计入当期损益。

【答案】D

【例题·单选题】因债务重组已确认为预计负债的或有应付金额，在随后会计期间最终没有发生的，企业应冲销已确认的预计负债，同时确认为（　　）。（2012年）

A. 资本公积　　　　B. 财务费用

C. 营业外支出　　　D. 营业外收入

【解析】债务重组中当债务人承担的或有应付金额符合预计负债确认条件时，应当将该或有应付金额确认为预计负债。该或有应付金额在随后的会计期间没有发生的，企业应当冲销已确认的预计负债，同时确认营业外收入，选项D正确。

【答案】D

【例题·多选题】下列关于债务重组会计处理的表述中，正确的有（　　）。

A. 债权人将很可能发生的或有应收金额确认为应收债权

B. 债权人收到的原未确认的或有应收金额计入当期损益

C. 债务人将很可能发生的或有应付金额确认为预计负债

D. 债务人确认的或有应付金额在随后不需支付时转入当期损益

【解析】债务重组中，对债权人而言，若债务重组过程中涉及或有应收金额，不应当确认该或有应收金额，应当在实际发生时计入当期损益；

对债务人而言，如债务重组过程中涉及或有应付金额，且该或有应付金额符合或有事项中有关预计负债的确认条件的，债务人应将该或有应付金额确认为预计负债，日后没有发生时，冲销预计负债，计入当期损益（营业外收入）。

【答案】BCD

【例题·判断题】以修改债务条件进行的债务重组涉及或有应收金额的，债权人应将重组债权的账面价值，高于重组后债权账面价值和或有应收金额之和的差额，确认为债务重组损失。（　　）

【解析】以修改债务条件进行债务重组涉及或有应收金额的，债权人在重组日不确认或有应收金额，实际收到时计入当期损益。

【答案】×

七、以上三种方式的组合方式的会计处理

1. 债务人的会计处理原则

债务重组以现金清偿债务、非现金资产清偿债务、债务转为资本、修改其他债务条件等方式的组合进行的，债务人应当依次以支付的现金、转让的非现金资产公允价值、债权人因放弃债权而享有股权的公允价值冲减重组债务的账面价值，再按照修改其他债务条件的债务重组会计处理规定进行处理。

2. 债权人的会计处理原则

债务重组采用以现金清偿债务、非现金资产清偿债务、债务转为资本、修改其他债务条件等方式的组合进行的，债权人应当依次以收到的现金、接受的非现金资产公允价值、债权人因享有股权的公允价值冲减重组债权的账面价值，再按照修改其他债务条件的债务重组会计处理规定进行处理。

扫一扫，阅读解题思路

本书中各部分试题均配备二维码，下载安装 "东奥题库宝典" 移动客户端，扫一扫左侧二维码，即可在线做题，并获得详尽的答案解析、解题思路等超值服务，解决您做题时的一切疑惑。

【移动客户端安装二维码详见封底】

本周自测

一、单项选择题

1. 下列各项中，不属于职工薪酬的是（　　）。

A. 辞退福利

B. 设定受益计划

C. 职工差旅费

D. 短期利润分享计划

2. 甲公司共有2000名职工，从2016年1月1日起，该企业实行累积带薪制度。规定每名职工每年可享受5个工作日的带薪年休假，未使用的带薪年休假只能向后结转一个日历年度。职工休年假时，首先使用当年部分，不足部分再从上年结转的带薪年休假中扣除，职工离职时无权获得现金补偿。至 2016 年 12 月 31 日，每名职工当年平均未使用带薪年休假为 2 天，甲公司预计 2017 年有 1900 名职工将享受不超过 5 天的带薪年休假，剩余 100 名职工每人将平均享受 6 天半年休假，假定这 100 名职工全部为总部各部门经理，该企业平均每名职工每个工作日工资为 300 元。不考虑其他相关因素。则对于该累积带薪缺勤下列会计处理正确的是( )。

A. 甲公司需在 2017 年度确认管理费用 45000 元

B. 甲公司无需进行账务处理

C. 甲公司应在 2016 年度确认管理费用 45000 元

D. 在 2017 年按实际占用上年休假天数确认相关费用

3. 企业向单独主体缴存固定费用后，不再承担进一步支付义务的离职后福利属于( )。

A. 长期利润分享计划

B. 设定受益计划

C. 设定提存计划

D. 辞退福利

4. 下列各项中，企业确认的其他综合收益在后续会计期间不得转回至损益的是( )。

A. 重新计量设定受益计划产生的精算损失

B. 自用房地产转换为公允价值模式计量的投资性房地产

C. 可供出售金融资产期末公允价值变动

D. 持有至到期投资重新分类为可供出售金融资产

5. 某企业因产能过剩导致存货大批量积压，在履行相关程序后决定裁员 20 人（全部为生产工人），则企业支付的经济补偿款应计入( )。

A. 管理费用

B. 生产成本

C. 制造费用

D. 营业外支出

6. 甲公司为增值税一般纳税人，销售商品适用的增值税税率为 17%。2017 年 6 月 1 日甲公司将自产的产品发放给企业行政管理人员。该批产品的成本为 25 万元（未计提存货跌价准备），市场售价为 30 万元。则该项业务对甲公司当月损益的影响金额为( )万元。

A. -5

B. -30

C. -30.1

D. -35.1

7. 下列各项中，属于金融负债的是( )。

A. 公司发行面值为 100 元的优先股，公司能够自主决定是否派发优先股股利，当年未派发股利不会累计至下一年度

B. 发行 3 年后按面值强制赎回的优先股

C. 发行 5 亿元不可赎回的累积优先股，同时公司有权决定是否派发股利

D. 公司发行一项年利率为 5%，无固定还款期限，可自主决定是否支付利息的不可累计永续债

8. 甲公司 2016 年 1 月 1 日发行 3 年期分期付息到期还本的公司债券，该债券面值为 8000 万元，票面年利率为 4%，市场同类债券的实际年利率为 6%。2017 年 12 月 31 日该债券的摊余成本为( )万元。（P/A，6%，3）= 2.6730；（P/F，6%，3）= 0.8396。

A. 7848.88

B. 7706.49

C. 7572.16

D. 8000

9. 下列各项中，关于可转换公司债券的说法不正确的是( )。

A. 可转换公司债券既含有负债成分也含有权益成分

B. 在初始确认时应按实际发行价格确认为应付债券

C. 在没有转股前与一般债券账务处理相同

D. 债券发行费用需在负债成分和权益成分之间进行分配

10. 甲公司经批准于 2016 年 1 月 1 日发行面值 10000 万元 5 年期一次还本、分期付息的可转换公司债券。该债券的票面年利率为 6%，债券发行后 1 年可转换为甲公司 1000 万股普通股股票。该债券的实际发行价格为 9601.46 万元，实际年利率为 8%。假定 2017 年 1 月 1 日债券持有人全部转股，则甲公司因转股应确认的资本公积为( )万元。（P/A，8%，5）= 3.9927；（P/F，8%，5）= 0.6806。

A. 400

B. 9201.46

C. 8737.59

D. 8337.58

11. 企业发行可转换公司债券时应确认其他权益工具，持有人在债券到期时没有行使转股权利的，企业应在到期时将原计入其他权益工具的部分转入( )。

A. 营业外收入

B. 资本公积

C. 其他综合收益

D. 未分配利润

12. 企业将权益工具重新分类为金融负债的，重分类日金融负债的公允价值小于权益工具账面价值的差额计入( )。

A. 资本公积

B. 营业外收入

C. 其他综合收益
D. 库存股

13. 下列关于融资租入固定资产的会计表述正确的是（　　）。
A. 固定资产应按其公允价值入账
B. 初始直接费用在发生时计入当期损益
C. 在计算最低租赁付款额现值时应包括未担保余值
D. 折现率首选出租人租赁的内含利率

14. 下列各项中，关于履约成本和或有租金的表述正确的是（　　）。
A. 承租人发生的履约成本在发生时一律计入固定资产成本
B. 或有租金应构成固定资产入账成本
C. 或有租金应构成长期应付款的入账金额
D. 承租人发生履约成本时通常应计入当期损益

15. 下列各项中，不属于借款费用的是（　　）。
A. 发行股票的手续费
B. 折价溢价的摊销
C. 融资费用
D. 外币借款汇兑差额

16. 甲公司2017年1月1日经公司董事会决议开始建造某生产线，预计工期两年。2017年2月1日向当地工商银行借款3000万元专门用于该生产线的建设。2017年3月1日生产线工程正式开工，2017年4月1日首次支付工程进度款。则甲公司该借款费用开始资本化的时间是（　　）。
A. 2017年1月1日
B. 2017年2月1日
C. 2017年3月1日
D. 2017年4月1日

17. 下列各项中，不属于企业资产支出已经发生的是（　　）。
A. 支付工程款
B. 将自产产品用于工程建设
C. 赊购工程物资
D. 签发带息商业汇票

18. 下列各项中，属于企业应暂停借款费用资本化的事项是（　　）。
A. 可预见不可抗力因素导致暂停5个月
B. 安全检查暂停1个月
C. 工程事故连续暂停2个月
D. 资金周转发生困难连续暂停4个月

19. 2017年2月1日甲公司向银行借款3000万元专门用于建设厂房，预计建设期为2年。该项借款年利率为5%，期限为3年，分期付息到期还本。2017年3月1日工程开工并支付工程款1000万元，2017年9月1日工程出现质量问题被相关部门责令限期整改，2017年12月1日工程整改完成并开工，当日支付工程款500万元。企业将闲置资金用于购买固定收益理财产品，月收益率为0.2%。则甲公司2017年借款费用应资本化的利息金额为（　　）万元。
A. 87.5
B. 60.5
C. 137.5
D. 110.5

20. 甲公司2017年8月1日某工程占用一般借款300万元，该借款于2016年1月1日借入，本金1000万元，期限3年，年利率为5%，至2017年年末该工程尚未完工。不考虑其他因素，本年无其他支出发生。则当年该一般借款利息费用应资本化的金额为（　　）万元。
A. 50
B. 20.83
C. 6.25
D. 15

21. 下列各项中，在不考虑增值税等因素的情况下，不属于债务重组的是（　　）。
A. 甲公司以成本30万元，售价35万元的存货抵偿所欠乙公司50万元的债务
B. 甲公司以账面价值100万元公允价值120万元的可供出售金融资产抵偿所欠乙公司150万元的债务
C. 乙公司同意免除甲公司100万元的债务
D. 甲公司将所欠乙公司1000万元的债务转为本公司实收资本

22. 甲公司2017年2月9日将一批产品销售给乙公司，该批产品成本4500万元，售价5000万元，适用的增值税税率为17%。约定还款期限为5个月，至7月10日乙公司仍未还款。甲公司对该债权累计已计提坏账准备400万元。甲公司得知乙公司发生财务困难，款项很难收回。随即甲公司与乙公司达成债务重组协议，根据协议约定乙公司以可供出售金融资产清偿所欠甲公司债务。可供出售金融资产的账面价值为4000万元（其中成本3500万元，公允价值变动500万元），公允价值4800万元。则下列说法正确的是（　　）。
A. 甲公司应确认债务重组损失1050万元
B. 乙公司应确认债务重组利得1850万元
C. 乙公司该重组事项对当期损益的影响金额为1850
D. 甲公司可供出售金融资产的入账金额为4800万元

23. 下列各项中，关于债务人以非现金资产清偿债务的说法不正确的是（　　）。
A. 以存货进行清偿视同销售该存货，要确认收入并结转成本

第六周

B. 以无形资产进行清偿，应将无形资产的账面价值与清偿债务的账面价值的差额计入营业外收入

C. 以固定资产进行清偿所发生的清理费用不构成债务重组利得的冲减项目

D. 以交易性金融资产进行清偿原计入公允价值变动损益的金额应结转至投资收益

24. 甲公司 2017 年 7 月 1 日与乙公司达成债务重组协议，根据协议约定甲公司以一栋厂房清偿所欠乙公司 3000 万元债务。该厂房的账面原值为 5000 万元，至重组日已提折旧 3000 万元，未计提减值准备，公允价值为 2800 万元。不考虑增值税等其他因素影响，则甲公司因该业务应确认的营业外收入的金额为（　　）万元。

A. 800

B. 1000

C. 1800

D. 200

25. 2017 年 8 月 5 日甲公司将所欠乙公司的 8000 万元转为本公司 1000 万股普通股股票（每股面值 1 元），甲公司普通股股票每股市价为 7.5 元，另支付券商佣金 100 万元。下列说法正确的是（　　）。

A. 甲公司应确认债务重组利得 500 万元

B. 甲公司应确认的资本公积（股本溢价）为 6500 万元

C. 甲公司支付的券商佣金计入管理费用

D. 甲公司应增加股本 7500 万元

26. 企业发生债务重组，债务人以非现金资产进行清偿，不考虑坏账准备等其他因素，对于债权人而言应确认债务重组损失的是（　　）。

A. 收到非现金资产的账面价值小于重组债权账面价值的差额

B. 收到非现金资产的公允价值大于重组债权账面价值的差额

C. 收到非现金资产的公允价值小于重组债权账面价值的差额

D. 收到非现金资产的账面价值小于其公允价值的差额

27. 下列各项中，关于债务重组的说法正确的是（　　）。

A. 债务人一定会确认营业外收入

B. 债权人一定会确认营业外支出

C. 债务人以非现金资产抵债的，债权人应将非现金资产的公允价值小于原债务的账面余额的差额确认为营业外支出

D. 债务人以债转股方式抵债的，债务人应将重组债务的账面价值与股本的差额计入资本公积

28. 甲公司因采购存货而形成对乙公司应付账款

3000 万元，因甲公司发生财务困难，所以与乙公司达成债务重组协议，根据协议约定，甲公司以现金 1000 万元和公允价值 1500 万元的可供出售金融资产抵偿全部债务。可供出售金融资产的账面价值为 1200 万元（其中成本 1000 万元，公允价值变动 200 万元）。则该事项影响甲公司营业利润的金额为（　　）万元。

A. 200

B. 500

C. 700

D. 1000

29. 甲公司因采购乙公司产品形成 1800 万元应付账款，因发生财务困难甲公司无法按期偿付。甲公司与乙公司达成债务重组协议。乙公司同意甲公司以库存商品、一栋厂房和现金 300 万元清偿所欠货款。同时乙公司减免甲公司全部债务扣除实物和现金抵债后剩余债务的 40%，剩余债务需在 6 个月后清偿。库存商品成本 100 万元，市场售价 120 万元，增值税税额 20.4 万元，厂房原值 400 万元，已提折旧 194 万元，公允价值 230 万元，增值税税额 25.3 万元。则甲公司因上述事项应确认的营业外收入为（　　）万元。

A. 441.72

B. 695.7

C. 465.72

D. 662.58

30. 甲公司因欠乙公司货款 3510 万元无力清偿，与乙公司达成债务重组协议。甲公司以其持有的长期股权投资抵偿全部债务，债务重组日长期股权投资的账面价值为 2000 万元，公允价值 3000 万元。同时协议还约定，如果甲公司当年净利润达到 500 万元，还应再偿还乙公司 100 万元，甲公司预计当年净利润很可能达到 500 万元。乙公司已计提坏账准备 500 万元。则下列表述正确的是（　　）。

A. 甲公司应确认债务重组利得 510 万元

B. 甲公司应确认预计负债 100 万元

C. 乙公司应确认债务重组损失 410 万元

D. 乙公司应确认其他应收款 100 万元

31. 2016 年 1 月 1 日，甲公司欠 A 银行贷款 5000 万元（含利息 1000 万元），因甲公司无力还款，故与 A 银行达成债务重组协议。根据协议约定甲公司应立即清偿贷款本金 2000 万元，A 银行豁免甲公司贷款利息的 50%，剩余本金及利息于 6 个月后清偿，此期间免收利息。同时协议约定，如果甲公司当年实现盈利，则应按 3% 收取此期间利息。甲公司估计当年实现盈利的概率为 30%。则甲公司应确认的债务重组利得为（　　）万元。

A. 445

B. 500

C. 1945

D. 2000

32. A 公司 2017 年 7 月 1 日向银行借入 5000 万元借款专门用于某工程，该借款期限为 5 年，年利率为 6%，每年 12 月 31 日支付当年利息，到期还本。工程采用出包方式建设。2017 年 9 月 1 日工程经批准正式开工建设。2017 年 9 月 1 日 A 公司支付甲公司备料款 2000 万元，2017 年 10 月 1 日 A 公司支付工程进度款 2000 万元。截至 2017 年 12 月 31 日工程尚未完工，假定闲置资金用于购入保本收益理财产品，月收益率为 0.2%。则 A 公司当年计入在建工程的金额为( )万元。

A. 4048.8

B. 4088

C. 4098.8

D. 4000

二、多项选择题

1. 因短期利润分享计划所产生的应付职工薪酬义务需能够可靠计量，下列各项表明该义务能够可靠计量的有( )。

A. 计划的正式条款中包括确定薪酬金额的方式

B. 在财务报告批准报出之前企业已经确定应支付的薪酬金额

C. 企业管理层可以合理预计应支付的金额

D. 过去惯例为企业确定推定义务金额提供了明显证据

2. 下列各项中，属于企业职工薪酬核算范围的有( )。

A. 企业将自产的产品发放给本企业职工

B. 企业将自有资产免费提供给本企业职工使用

C. 企业将自产的产品发放给本企业的股东作为实物股利

D. 企业支付给本企业职工家属的奖励款

3. 下列各项中，属于离职后福利的有( )。

A. 养老保险

B. 失业保险

C. 医疗保险

D. 工伤保险

4. 下列各项中，应确认为金融负债的有( )。

A. 将来须用或可用企业自身权益工具进行结算的衍生工具合同

B. 将来须用或可用企业自身权益工具进行结算的非衍生工具合同，且企业根据该合同将交付可变数量的自身权益工具

C. 在潜在不利条件下，与其他方交换金融资产或金融负债的合同义务

D. 向其他方交付现金或其他金融资产的合同义务

5. 甲公司 2017 年 7 月 1 日经批准公开发行 3 年期可转换公司债券，该债券的面值为 5000 万元，票面年利率为 3%，实际年利率为 5%，每年 12 月 31 日支付利息到期还本。1 年后可以转为甲公司 1000 万股普通股股票。甲公司发行价格为 4800 万元，不考虑其他因素，下列会计处理正确的有( )。

A. 增加银行存款 4800 万元

B. 确认应付债券—面值 5000 万元

C. 确认其他权益工具 72.32 万元

D. 确认应付债券—利息调整 272.32 万元

6. 甲公司 2017 年 1 月 1 日与乙公司签订设备融资租赁协议，根据协议约定甲公司租赁期为 5 年，每年 12 月 31 日支付租金 100 万元，甲公司提供的租赁资产担保余值 3 万元，甲公司的母公司提供的租赁资产担保余值 2 万元，未担保余值 1 万元。该设备当日的公允价值为 480 万元。已知乙公司内含利率为 5%，不考虑其他因素，2017 年 1 月 1 日，甲公司下列会计处理表述正确的有( )。(P/A，5%，5) = 4.3295；(P/F，5%，5) = 0.7835。

A. 固定资产的入账金额为 432.95 万元

B. 应确认的长期应付款为 500 万元

C. 应确认的未确认融资费用为 68.13 万元

D. 固定资产的入账金额为 436.87 万元

7. 下列各项中，关于外币借款的表述正确的有( )。

A. 在资本化期内外币专门借款的本金的汇兑差额应予以资本化

B. 在资本化期内外币专门借款的利息的汇兑差额应予以资本化

C. 除外币专门借款以外的其他外币借款的本金的汇兑差额应予以费用化

D. 除外币专门借款以外的其他外币借款的利息的汇兑差额应予以费用化

8. 下列各项中，属于应停止借款费用资本化条件的有( )。

A. 购建或者生产的资产的各部分分别完工，但必须等到整体完工后才可使用或者可对外销售

B. 购建或者生产符合资本化条件的资产需要试生产或者试运行的，在试生产结果表明资产能够正常生产出合格产品

C. 继续发生在所购建或生产的符合资本化条件的资产上的支出金额很少或者几乎不再发生

D. 符合资本化条件的资产的实体建造已经完成

9. 企业建造某项符合资本化条件的工程，当工程既有专门借款又有一般借款时，下列说法正确的是( )。

A. 先使用专门借款，并按专门借款费用资本化的原则进行处理

B. 当占用一般借款时，再按照一般借款费用资本化的原则进行处理

C. 如果存在多笔一般借款时，应按占用的先后顺序分别计算一般借款利息资本化的金额

D. 占用多笔一般借款时需要计算一般借款资本化率

10. 因设定受益计划产生的职工薪酬应计入当期损益的有（　　）。

A. 结算利得和损失

B. 设定受益计划净负债或净资产的利息净额

C. 过去服务成本

D. 精算利得和损失

11. 下列各项中，属于债务重组方式的有（　　）。

A. 以非现金资产进行清偿

B. 将债务转为资本

C. 修改其他债务条件

D. 可转换公司债券转换成股份

12. 下列各项中，关于债务人以现金进行债务重组的表述正确的有（　　）。

A. 以现金清偿债务的，债务人应当在满足金融负债终止确认条件时，终止确认重组债务

B. 重组债务账面价值与实际支付的现金之间的差额确认债务重组利得

C. 重组债务的账面价值包括债务的本金，但不包括利息

D. 债权人应将收到的现金小于重组债权账面价值的差额确认为债务重组损失

13. 下列各项中，关于债务人以非现金资产抵债的说法中正确的有（　　）。

A. 债务人以存货抵偿债务的，应将存货的公允价值与债务账面价值的差额确认为债务重组利得

B. 债务人以固定资产抵偿债务的，应将固定资产的账面价值与其公允价值的差额确认为处置非流动资产利得或损失

C. 债务人应将非现金资产的账面价值与抵偿债务账面价值的差额确认为债务重组利得

D. 债务人在转让非现金资产过程中发生的评估费、运杂费等应冲减债务重组利得

14. 下列各项中，关于修改其他债务条件进行债务重组的说法正确的有（　　）。

A. 不涉及或有应付金额的，债务人应当将重组债务的账面价值大于重组后债务入账价值的差额确认为债务重组利得

B. 不涉及或有应收金额的，债权人应当将修改其他债务条件后的债权的公允价值作为重组后债权的账面价值

C. 不涉及或有应收金额的，债权人应将重组债权的账面价值大于重组后债权账面价值的差额计入营业外支出

D. 不涉及或有应付金额的，债务人将重组债

务的账面价值小于重组后债务入账价值的差额确认为债务重组利得

15. 在涉及或有应付（或应收）金额的债务重组中，下列说法正确的有（　　）。

A. 债务人应将或有应付金额确认为预计负债

B. 债权人应将或有应收金额确认为其他应收款

C. 债务人对或有应付金额已确认预计负债，随后会计期间没有发生，企业应冲销原确认的预计负债，同时确认营业外收入

D. 债权人不应当确认或有应收金额

16. 下列各项中，关于以组合方式进行债务重组的说法正确的有（　　）。

A. 债权人应将重组债权的账面余额与收到现金、受让的非现金资产的公允价值，以及已提坏账准备之间的差额作为债务重组损失

B. 债权人应将重组债权的账面余额与收到的现金、因放弃债权而享有股权的公允价值，以及已提坏账准备之间的差额作为债务重组损失

C. 债权人应先以收到现金、受让的非现金资产的公允价值、因放弃债权而享有的股权的公允价值冲减重组债权的账面价值，余额与将来应收金额进行比较，据此计算债务重组损失

D. 债权人应将重组债权的账面余额与收到的现金、受让的非现金资产的公允价值、因放弃债权而享有股权的公允价值，以及已提坏账准备之间的差额作为债务重组损失

17. 在涉及或有应收金额的债务重组中，债权人不应计入重组后应收债权账面价值的有（　　）。

A. 债权人豁免的债务的本金

B. 债务人未来期间应偿还债务的本金

C. 债务人未来期间应偿还债务的利息

D. 债权人或有应收金额

18. 下列租赁业务中，不考虑其他相关因素的情况下属于融资租赁的有（　　）。

A. 资产尚可使用 6 年，企业租赁期为 5 年

B. 资产是为承租方专门定制的，其他企业难以使用

C. 租赁期满后承租人有该资产优惠购买选择权

D. 租赁期满后租赁资产返还给出租方

三、判断题

1. 企业通过劳务中介公司签订用工合同而向企业提供服务的人员，因未与企业签订劳动合同，所以不属于企业的职工。　　（　　）

2. 短期薪酬是指企业在职工提供相关服务的年度报告期间结束后 12 个月内需要全部予以支付的职工薪酬，企业因解除与职工的劳动关系给予的补偿如果在年度报告期间结束后 12 个月内需要全部予以支付也属于短期薪酬。（　　）

3. 企业以外购的商品作为职工福利的，应当以商品的公允价值确定职工薪酬的金额，计入当期损益或相关资产成本。（　　）

4. 与非累计带薪缺勤相关的职工薪酬已经包括在企业每期向职工发放的薪酬中，因此不必额外进行相应的账务处理。（　　）

5. 企业根据经营业绩或职工贡献等情况提取的奖金属于短期利润分享计划。（　　）

6. 企业拟支付的内退职工工资和缴纳的社会保险费确认为职工薪酬，在内退至实际退休时分期计入当期损益。（　　）

7. 长期负债应按公允价值进行初始计量，采用摊余成本进行后续计量。（　　）

8. 金融工具有交付现金或其他金融资产给其他方的合同义务，在潜在不利条件下与其他方交换金融资产或金融负债的合同义务，应确认为权益工具。（　　）

9. 在合并财务报表中对金融工具（或其组成部分）进行分类时，企业应当考虑集团成员和金融工具的持有方之间达成的所有条款和条件。（　　）

10. 一般公司债券发行价格与其面值的差额作为折价或溢价，其实质是发行债券企业在债券存续期内对利息费用的一种调整。（　　）

11. 企业将权益工具重分类为金融负债时，应按权益工具的账面价值作为金融负债的初始确认金额。（　　）

12. 企业发行可转换公司债券，应将负债成分的公允价值与债券的面值的差额确认为其他权益工具。（　　）

13. 判断租赁是否属于融资租赁的实质在于租赁资产的风险和报酬是否转移给承租人。（　　）

14. 如果某项租赁协议中承租人享有优惠购买选择权，而且购价预计远低于行使选择权时租赁资产的公允价值的，则可以认定该项租赁属于融资租赁。（　　）

15. 延期付款购入固定资产具有融资性质的，固定资产应以延期支付购买价款的现值为基础确定。（　　）

16. 企业发生的权益性融资费用，属于借款费用。（　　）

17. 企业借入专门借款用于资本化项目建设，在资本化期间内专门借款利息费用应全部资本化。（　　）

18. 如果企业建造生产线工程可以生产出合格产品，但没有到达预期产值能力的，则不满足停止资本化条件。（　　）

19. 专门借款在暂停资本化期间无需计算闲置资金收益。（　　）

20. 在资本化期间内，每个会计期间利息资本化的

金额不能超过当期相关借款实际发生的利息金额。（　　）

21. 在债务重组中，涉及金融资产和金融负债只有在满足准则规定的终止确认条件时才能终止确认。（　　）

22. 债权人已对债权计提减值准备的，应先将重组债权账面余额与收到抵债资产公允价值的差额冲减坏账准备，冲减后坏账准备仍有余额的应确认为营业外收入。（　　）

23. 债务人以定向增发股票方式抵偿债务的，为发行股票支付的发行费用应冲减营业外收入。（　　）

24. 或有应付金额是指需要根据未来某种事项出现而发生的应付金额，而且该未来事项的出现具有不确定性。（　　）

25. 修改其他债务条件的债务重组涉及或有应收金额的，债权人应在实际收到时计入当期损益。（　　）

26. 债务重组中，债权人收到现金及非现金资产的公允价值合计金额与其债权账面价值的差额计入营业外支出。（　　）

27. 企业以无形资产作为抵债资产进行债务重组的，计入营业外收入的金额可能包括债务重组利得和无形资产处置利得。（　　）

28. 企业以可供出售金融资产作为抵债资产进行债务重组的，应将原计入其他综合收益的金额结转至营业外收入，确认为债务重组利得。（　　）

四、计算分析题（除题目有特殊要求外，答案中的金额单位以万元表示，有小数的，保留两位）

1. 长江公司与大海公司签订了设备租赁协议，双方约定自2009年12月31日起长江公司租赁一台某生产设备，租赁期8年，每年末支付租金50万元，该设备出租时的公允价值和账面价值均为330万元。预计租期届满时资产余值为30万元，由长江公司担保20万元，其母公司担保5万元，由与长江公司与大海公司均无关的担保公司担保4万元，合同约定的年利率为7%（等于实际利率），长江公司支付初始直接费用10万元。长江公司采用实际利率法分摊租金费用。

其他资料：增值税在支付租金时发生纳税义务，适用的增值税税率为17%。（P/A，8，7%）＝5.9713；（P/F，8，7%）＝0.5820。

要求：

（1）判断长江公司与大海公司租赁的类型，并说明理由。

（2）编制长江公司租赁开始日的会计分录。

（3）根据上述资料，填列下表（无需列式计算过程）。

日　期	实际利息费用	支付租金	支付本金	年末负债摊余成本
2010 年 1 月 1 日				
2010 年 12 月 31 日				
2011 年 12 月 31 日				
2012 年 12 月 31 日				
2013 年 12 月 31 日				
2014 年 12 月 31 日				
2015 年 12 月 31 日				
2016 年 12 月 31 日				
2017 年 12 月 31 日				

（4）编制 2010 年 12 月 31 日和 2017 年 12 月 31 日与长期应付款相关的会计分录。

（5）编制 2010 年固定资产计提折旧的会计分录。

2. 东方股份有限公司为上市公司（以下简称"东方公司"），2015 年至 2018 年与发行公司债券筹集建造生产线专用资金的有关资料如下：

（1）2015 年 1 月 1 日，委托证券公司以 7755 万元的价格发行 3 年期分期付息到期还本的公司债券，该债券面值为 8000 万元，票面年利率为 4.5%，同类债券的实际年利率为 5.64%，每年 1 月 5 日支付上年利息，到期后按面值偿还。不考虑其他因素。（2）生产线建造工程采用出包方式，于 2015 年 1 月 1 日开始动工，发行债券所得款项当日全部支付给建造承包商，2016 年 12 月 31 日所建造生产线达到预定可使用状态。

（3）2018 年 1 月 5 日支付 2017 年度利息，当日同时偿付债券本金。

（4）假定所有款项均以银行存款收付。

要求：

（1）计算东方公司该债券在各年年末的摊余成本、应付利息金额、当年应予资本化或费用化的利息金额、利息调整的本年摊销额和年末余额，结果填入表格（不需列出计算过程）。

单位：万元

时　间		2015 年 1 月 1 日	2015 年 12 月 31 日	2016 年 12 月 31 日	2017 年 12 月 31 日
年末摊余成本	面值				
	利息调整				
	合计				
当年应予资本化或费用化的利息金额					
年末应付利息金额					
"利息调整"本年摊销额					

（2）分别编制东方公司与债券发行、2015 年 12 月 31 日、2016 年 12 月 31 日和 2017 年 12 月 31 日确认债券利息、2018 年 1 月 5 日支付利息和面值相关的会计分录。（答案中的金额单位用万元表示，"应付债券"科目应列出明细科目）

3. 甲公司为上市公司，为了扩大生产规模，经董事会研究决定，采用出包方式建造一栋生产厂房，预计建造工期为 2 年。2017 年 7 月至 12 月发生的有关借款及工程支出业务资料如下：

（1）7 月 1 日，为建造生产厂房从银行借入三年期的专门借款 3000 万元，年利率为 7.2%，于每季度末支付借款利息。当日工程已开工。

（2）7 月 1 日，以银行存款支付工程款 1900 万元。暂时闲置的专门借款在银行的存款年利率为 1.2%，于每季度末收取存款利息。

（3）10 月 1 日，借入半年期的一般借款 300 万元，年利率为 4.8%，利息于每季度末支付。

（4）10 月 1 日，甲公司与施工单位发生纠纷，工程暂时停工。

（5）11 月 1 日，借入 1 年期的一般借款 600 万元，年利率为 6%，利息于每季度末支付。

（6）11 月 1 日，甲公司与施工单位达成谅解协议，工程恢复施工，以银行存款支付工程款 1250 万元。

（7）12 月 1 日，以银行存款支付工程款 1100 万元。

假定工程支出超过专门借款时占用一般借款；仍不足的占用自有资金。

要求：

（1）计算甲公司 2017 年第三季度专门借款利息支出、暂时闲置专门借款的存款利息收入和专门借款利息支出资本化金额。

（2）计算甲公司 2017 年第四季度专门借款利息支出、暂时闲置专门借款的存款利息收入和专门借款利息支出资本化金额。

（3）计算甲公司 2017 年一般借款利息支出、占用一般借款资金的累计资产支出加权平均数、一般借款资本化率和一般借款利息支出资本化金额。

4. ABC 公司为上市公司，系增值税一般纳税人。2016 年至 2017 年发生的部分经济业务如下：

（1）2016 年 5 月 31 日，ABC 公司应收甲公司 3000 万元货款已到付款日，但因甲公司经营不善发生财务困难，很难全额支付。ABC 公司与甲公司进行债务重组，具体内容为：甲公司以现金 1000 万元、专利权和存货进行清偿。专利权的账面原值为 2000 万元，已提摊销 1500 万元，未计提减值准备，其公允价值为 800 万元，增值税税额 48 万元；存货的账面余额为 500 万元，已计提存货跌价准备 50 万元，其公允价值为 500 万元，增值税税额 85 万元。ABC 公司已对应收账款计提 500 万元坏账准备。

（2）2016 年 9 月 1 日，ABC 公司与乙公司进行债务重组，根据协议约定，ABC 公司将 5000 万元债务免除 10%，同时乙公司以其持有的 A 公司可供出售金融资产和本公司股份对剩余债务进行清偿。可供出售金融资产的账面价值为 1000 万元（其中成本 1200 万元，公允价值变动 -200 万元），公允价值为 900 万元，乙公司向 ABC 公司增发普通股 500 万股，每股面值 1 元，公允价值 4.5 元/股。剩余尚未清偿债务于 2017 年 2 月 1 日前以现金进行清偿，不计提利息。ABC 公司已计提坏账准备 1000 万元，取得乙公司投资作为交易性金融资产核算，取得 A 公司投资作为可供出售金融资产核算。

（3）2017 年 2 月 1 日，ABC 公司收到乙公司支付的剩余债务，款项存入银行。

（4）2017 年 10 月 11 日，ABC 公司与丙公司进行债务重组，ABC 公司应收丙公司货款 2000 万元，ABC 公司已计提坏账准备 100 万元。根据协议约定，免除丙公司 500 万元债务，同时将应收债权 1500 万元延续至 2017 年 12 月 31 日

清偿，同时还约定如果丙公司当年盈利应再清偿 ABC 公司 200 万元。丙公司预计当年很可能盈利。

要求：

（1）计算 ABC 公司与甲公司进行债务重组产生的债务重组损失，以及甲公司的债务重组利得。

（2）分别编制 ABC 公司与甲公司进行债务重组相关的会计分录。

（3）分别编制 ABC 公司与乙公司进行债务重组相关的会计分录。

（4）计算丙公司债务重组利得。

（5）分别编制 ABC 公司和丙公司进行债务重组相关的会计分录。

5. 佰仟股份有限公司（以下简称"佰仟公司"）与业华股份有限公司（以下简称"业华公司"）均为增值税一般纳税人，购买及销售商品适用的增值税税率均为 17%。佰仟公司于 2016 年 1 月 31 日销售一批商品给业华公司，销售价款为 20000 万元（不含增值税），同时收到业华公司签发并承兑的一张期限为 6 个月的无息商业承兑汇票。票据到期，业华公司因资金周转发生困难，无法按期兑付该票据，佰仟公司将该票据转入应收账款，并对该应收账款按照 10% 的比例计提了坏账准备。2016 年 12 月，业华公司与佰仟公司商议进行债务重组，债务重组协议及其相关资料如下：

（1）免除业华公司 800 万元债务。

（2）业华公司以一台设备抵偿部分债务，该设备账面原价为 1500 万元，累计折旧为 300 万元，已计提的减值准备为 200 万元，公允价值为 1000 万元。业华公司以银行存款支付清理费用 100 万元。该设备于 2016 年 12 月 31 日运抵佰仟公司。

（3）将上述债务中的 15000 万元转为业华公司 3000 万股普通股股票，每股面值为 1 元，公允价值为每股 5 元，业华公司于 2016 年 12 月 31 日办理了有关增资批准手续，并向佰仟公司出具了出资证明，佰仟公司将此项投资作为长期股权投资核算，占业华公司有表决权股份的 20%，对业华公司具有重大影响。当日业华公司可辨认净资产的账面价值为 80000 万元（与公允价值相等）。

（4）将剩余债务的偿还期限延长至 2018 年 12 月 31 日，并从 2017 年 1 月 1 日起按 3% 的年利率收取利息。同时规定，业华公司如果 2017 年实现净利润超过 5000 万元，则 2017 年和 2018 年年利率上升至 4%，否则仍维持 3% 的年利率。

（5）债务重组协议规定，业华公司于每年年末支付利息。业华公司认为 2017 年实现净利润很可能超过 5000 万元。

要求:

(1) 计算佰仟公司重组债权的账面价值和重组后债权的账面价值。

(2) 计算业华公司重组债务的账面价值、重组后债务的入账价值和预计负债的金额。

(3) 分别编制佰仟公司和业华公司与债务重组有关的会计分录。

6. 甲公司和乙公司均系增值税一般纳税人,2015年6月10日,甲公司按合同向乙公司赊销一批产品,价税合计3510万元,信用期为6个月,2015年12月10日,乙公司因发生严重财务困难无法按约付款,2015年12月31日,甲公司对该笔应收账款计提了351万元的坏账准备,2016年1月31日,甲公司经与乙公司协商,通过以下方式进行债务重组,并办妥相关手续。

资料一,乙公司以一栋作为固定资产核算的办公楼抵偿部分债务,2016年1月31日,该办公楼的公允价值为1000万元,原价为2000万元,已计提折旧1200万元,甲公司将该办公楼作为固定资产核算。

资料二,乙公司以一批产品抵偿部分债务。该批产品的公允价值为400万元,生产成本为300万元,乙公司向甲公司开具的增值税专用发票上注明的价款为400万元,增值税税额为68万元,甲公司将收到的该批产品作为库存商品核算。

资料三,乙公司向甲公司定向发行每股面值为1元,公允价值为3元的200万股普通股股票抵偿部分债务,甲公司将收到的乙公司股票作为可供出售金融资产核算。

资料四,甲公司免去乙公司债务400万元,其余债务延期至2017年12月31日。

假定不考虑货币时间价值和其他因素。

要求:

(1) 计算甲公司2016年1月31日债务重组后的剩余债权的入账价值和债务重组损失。

(2) 编制甲公司2016年1月31日债务重组的会计分录。

(3) 计算乙公司2016年1月31日债务重组中应计入营业外收入的金额。

(4) 编制乙公司2016年1月31日债务重组的会计分录。(2016年)

五、综合题

1. 甲股份有限公司(以下简称"甲公司")拟自建一条生产线,与该生产线建造相关的情况如下:

(1) 2016年1月1日,甲公司发行公司债券,专门筹集生产线建设资金。该公司债券为3年期分期付息、到期还本债券,面值为3000万元,票面年利率为5%,实际年利率为6%。发行价格为3069.75万元,另在发行过程中支付中介机构佣金150万元,实际募集资金净额为2919.75万元。

(2) 甲公司除上述所发行公司债券外,还存在两笔一般借款:第一笔于2015年10月1日借入,本金为2000万元,年利率为6%,期限2年;第二笔于2015年12月1日借入,本金为3000万元,年利率为7%,期限18个月。

(3) 生产线建造工程于2016年1月1日开工,采用外包方式进行,预计工期1年。有关建造支出情况如下:

2016年1月1日,支付建造商1000万元;

2016年5月1日,支付建造商1600万元;

2016年8月1日,支付建造商1400万元。

(4) 2016年9月1日,生产线建造工程出现人员伤亡事故,被当地安监部门责令停工整改,至2016年12月底整改完毕。工程于2017年1月1日恢复建造,当日向建造商支付工程款1200万元。建造工程于2017年3月31日完成,并经有关部门验收,试生产出合格产品。为帮助职工正确操作使用新建生产线,甲公司自2017年3月31日起对一线员工进行培训,至4月30日结束,共发生培训费用120万元。该生产线自2017年5月1日起实际投入使用。

(5) 甲公司将闲置专门借款资金投资固定收益理财产品,月收益率为0.5%。

其他资料:

本题中不考虑所得税等相关税费以及其他因素。

要求:

(1) 确定甲公司生产线建造工程借款费用的资本化期间,并说明理由。

(2) 编制甲公司发行债券相关的会计分录。

(3) 分别计算甲公司2016年专门借款、一般借款利息应予资本化的金额,并对生产线建造工程进行会计处理。

(4) 分别计算甲公司2017年专门借款、一般借款利息应予资本化的金额,并对生产线建造工程进行会计处理,编制结转固定资产的会计分录。

2. 甲公司、乙公司和丙公司均为增值税一般纳税人,有关资料如下:

(1) 2012年10月12日,经与丙公司协商,甲公司以一项专利权和对丁公司股权投资(划分为可供出售金融资产)换入丙公司持有的对戊公司长期股权投资。

甲公司专利权的原价为1200万元,已摊销200万元,已计提减值准备100元,公允价值为1000万元,增值税税额60万元;对丁公司股权投资账面价值和公允价值均为400万元。其中,成本为350万元,公允价值变动为50万元。甲公司换入的对戊公司长期股权投资采用成本法核算。

丙公司对戊公司长期股权投资的账面价值为1100万元。未计提减值准备，公允价值为1200万元。丙公司另以银行存款向甲公司支付补价260万元。

（2）2012年12月13日，甲公司获悉乙公司发生财务困难，对应收乙公司销售商品的款项2340万元计提坏账准备280万元，此前未对该款项计提坏账准备。

（3）2013年1月1日，考虑到乙公司近期可能难以按时偿还前欠货款2340万元，经协商，甲公司同意免去乙公司400万元债务，剩余款项应在2013年5月31日前支付；同时约定，乙公司如果截至5月31日经营状况好转，现金流量比较充裕，应再偿还甲公司100万元。当日，乙公司估计截至5月31日经营状况好转的可能性为60%。

（4）2013年5月31日，乙公司经营状况好转，现金流量较为充裕，按约定偿还了对甲公司的重组债务。

假定有关交易均具有商业实质，不考虑所得税等其他因素。

要求：

（1）分析判断甲公司和丙公司之间的资产交换是否属于非货币性资产交换。

（2）计算甲公司换出专利权应确认的损益，并编制甲公司与资产交换有关业务的会计分录。

（3）编制甲公司与确认坏账准备有关的会计分录。

（4）计算甲公司重组后应收账款的账面价值和重组损益，并编制甲公司与债务重组有关业务的会计分录。

（5）计算乙公司重组后应付账款的账面价值和重组损益，并编制乙公司有关业务的会计分录。

（6）分别编制甲公司、乙公司2013年5月31日结清重组后债权债务的会计分录。

（答案中的金额单位用万元表示）（2013年改编）

本周自测参考答案及解析

一、单项选择题

1.【答案】C

【解析】选项C，职工差旅费不属于职工薪酬，应计入管理费用。

2.【答案】C

【解析】甲公司在2016年12月31日应当预计由于职工累积未使用的带薪年休假权利而导致的预期支付的金额，即因该累积带薪缺勤而计入管理费用金额 = 100 × (6.5 − 5) × 300 = 45000（万元）。

会计分录：

借：管理费用　　　　　　　　　　　45000
　　贷：应付职工薪酬—累积带薪缺勤　　　45000

3.【答案】C

【解析】设定提存计划是指企业向单独主体缴存固定费用后，不再承担进一步支付义务的离职后福利计划。

4.【答案】A

【解析】重新计量设定受益计划净负债或净资产所产生的变动计入其他综合收益，并且在后续会计期间不得转回至损益。

5.【答案】A

【解析】员工辞退后不再为企业带来经济利益，故辞退福利在发生时一律确认为管理费用，不按受益对象进行分配。

6.【答案】C

【解析】甲公司的会计分录如下：

借：应付职工薪酬　　　　　　　　　　35.1
　　贷：主营业务收入　　　　　　　　　　30
　　　　应交税费—应交增值税（销项税额）　5.1
借：主营业务成本　　　　　　　　　　25
　　贷：库存商品　　　　　　　　　　　　25
借：管理费用　　　　　　　　　　　　35.1
　　贷：应付职工薪酬　　　　　　　　　　35.1

故影响当期损益的金额 = (30 − 25) − 35.1 = −30.1（万元）。

7.【答案】B

【解析】选项A、C和D均属于权益工具。

8.【答案】A

【解析】甲公司债券的发行价格 = 8000 × 4% × (P/A, 6%, 3) + 8000 × (P/F, 6%, 3) = 7572.16（万元），2017年12月31日债券的摊余成本 = [7572.16 × (1 + 6%) − 8000 × 4%] × (1 + 6%) − 8000 × 4% = 7848.88（万元）。

9.【答案】B

【解析】在初始确认时应先确定负债成分的公允价值并以此作为应付债券初始确认金额，然后以实际发行价格扣除负债成分初始确认金额后的金额确认为权益成分金额，计入其他权益工具。

10.【答案】C

【解析】甲公司债券负债成分的公允价值 = 10000 × 6% × (P/A, 8%, 5) + 10000 × (P/F, 8%, 5) = 9201.62（万元），权益成分的公允价值 = 9601.46 − 9201.62 = 399.84（万元），2016年12月31日负债成分的摊余成本 = 9201.62 × (1 + 8%) − 10000 × 6% = 9337.75（万元），转股时应确认的资本公积 = 9337.75 + 399.84 − 1000 = 8737.59（万元）。

11. 【答案】B
【解析】企业发行可转换公司债券时应确认其他权益工具，持有人在债券到期时没有行使转股权利的，企业应在到期时将原计入其他权益工具的部分转入资本公积（股本溢价）。

12. 【答案】A
【解析】企业将权益工具重新分类为金融负债的，重分类日金融负债的公允价值小于权益工具账面价值的差额计入资本公积（资本溢价或股本溢价）。

13. 【答案】D
【解析】融资租入固定资产应按最低租赁付款额现值与租赁开始日租赁资产的公允价值两者中较低者，加上初始直接费用入账，选项A和B错误；在计算最低租赁付款额现值时不应包括未担保余值，选项C错误。

14. 【答案】D
【解析】承租人发生的履约成本通常应计入当期损益，选项D正确，选项A错误；或有租金在发生时直接计入当期损益，选项B、C错误。

15. 【答案】A
【解析】发行股票的手续费计入资本公积——股本溢价，不属于借款费用。

16. 【答案】D
【解析】同时满足下列条件的，借款费用才能开始资本化：①资产支出已经发生；②借款费用已经发生；③为使资产达到预定可使用或者可销售状态所必要的购建或者生产活动已经开始。即2017年4月1日同时满足上述条件。

17. 【答案】C
【解析】资产支出已经发生包括：①支付现金，即用货币资金支付符合资本化条件的资产的购建或者生产支出；②转移非现金资产，指企业将自己的非现金资产直接用于符合资本化条件的资产的购建或者生产；③承担带息债务。

18. 【答案】D
【解析】符合资本化条件的资产在购建或者生产过程中发生非正常中断、且中断时间连续超过3个月的，应当暂停借款费用的资本化。选项A和B属于正常中断，无需暂停资本化，选项C，中断时间未连续超过3个月。

19. 【答案】B
【解析】2017年借款利息资本化期间为7个月（3月1日至8月31日、12月1日至12月31日），故2017年借款费用应资本化的金额 = 3000×5%×7/12 − （3000 − 1000）×0.2%×6 − （3000 − 1000 − 500）×0.2%×1 = 60.5（万元）。

20. 【答案】C
【解析】2017年该笔一般借款应资本化的利息

费用金额 = 300×5%×5/12 = 6.25（万元）。

21. 【答案】D
【解析】债务重组是指债权人要做出实质性让步，选项D只是将1000万元债务转为资本，债权人并未作出实质性让步，不属于债务重组。

22. 【答案】D
【解析】甲公司应确认的债务重组损失 = ［5000×（1 + 17%）− 400］− 4800 = 650（万元），选项A错误；乙公司债务重组利得 = 5000×（1 + 17%）− 4800 = 1050（万元），选项B错误；该重组事项对乙公司当期损益的影响金额 = 1050 + （4800 − 3500）= 2350（万元），选项C错误；债务重组取得的可供出售金融资产应按公允价值入账，选项D正确。

23. 【答案】B
【解析】无形资产账面价值与其公允价值的差额计入营业外收入或营业外支出，其公允价值与清偿债务账面价值的差额计入营业外收入（即债务重组利得）。

24. 【答案】B
【解析】甲公司因该业务应确认的营业外收入 = （3000 − 2800）（债务重组利得）+ ［2800 − （5000 − 3000）］（处置非流动资产利得）= 1000（万元）。

25. 【答案】A
【解析】甲公司应编制的会计分录：
借：应付账款　　　　　　　　　　8000
　　贷：股本　　　　　　　　　　　1000
　　　　资本公积——股本溢价　　　6400
　　　　银行存款　　　　　　　　　100
　　　　营业外收入——债务重组利得　500
　　　　　　　　　　　（8000 − 1000×7.5）

26. 【答案】C
【解析】债权人应确认的债务重组损失 = 重组债务的账面价值 − 收到抵债资产的公允价值

27. 【答案】A
【解析】债务人以非现金资产抵债的，债权人应将非现金资产的公允价值小于重组债权的账面价值的差额确认为营业外支出公允价值大于重组债权账面价值的差额冲减债权人原确认的资产减值损失，选项B和C错误；债务人以债转股方式抵债的，债务人应将转换股份的公允价值与股本的差额计入资本公积，选项D错误。

28. 【答案】B
【解析】该事项影响甲公司营业利润的金额 = 1500 − 1000 = 500（万元），债务重组利得500万元（3000 − 1000 − 1500）计入营业外收入不会影响营业利润。

29. 【答案】C

【解析】甲公司因上述事项应确认的营业外收
入＝［1800 －（120 ＋ 20.4）＋（230 ＋ 2
5.3）＋ 300］× 40% ＋［230 －（400 －
194）］＝ 465.72（万元）。

30.【答案】B

【解析】甲公司应编制的会计分录：

借：应付账款　　　　　　　　　　　3510
　　贷：长期股权投资　　　　　　　　2000
　　　　预计负债　　　　　　　　　　 100
　　　　投资收益　　　　 1000（3000 － 2000）
　　　　营业外收入　　　　　　　　　 410

乙公司应编制的会计分录：

借：长期股权投资　　　　　　　　　3000
　　坏账准备　　　　　　　　　　　 500
　　营业外支出　　　　　　　　　　　10
　　　　贷：应收账款　　　　　　　　3510

债权人的或有应收金额只有在实际收到时计入
当期损益。

31.【答案】B

【解析】因甲公司估计当年实现盈利的概率为
30%，不是很可能导致该部分经济利益流出企
业，因此不满足预计负债的确认条件，所以甲
公司应确认的债务重组利得 ＝ 1000 × 50% ＝
500（万元）。

32.【答案】B

【解析】计入在建工程的金额 ＝（2000 ＋
2000）＋ 5000 × 6% × 4/12 －［（5000 －
2000）× 0.2% × 1 ＋（5000 － 2000 － 2000）×
0.2% × 3］＝ 4088（万元）。

二、多项选择题

1.【答案】ABD

【解析】选项 A、B 和 D 属于该义务金额能够
可靠计量，选项 C 不属于。

2.【答案】ABD

【解析】选项 C，属于股利的分配，不属于职工
薪酬核算范围。

3.【答案】AB

【解析】选项 C 和 D 属于短期薪酬。

4.【答案】BCD

【解析】选项 A，将来须用或可用企业自身权
益工具进行结算的衍生工具合同，但以固定数
量的自身权益工具交换固定金额的现金或其他
金融资产的衍生工具合同应作为权益工具
核算。

5.【答案】ABCD

【解析】负债成分的公允价值 ＝ 5000/（1 ＋
5%）³ ＋（5000 × 3%）/（1 ＋ 5%）＋（5000 ×
3%）/（1 ＋ 5%）² ＋（5000 × 3%）/（1 ＋
5%）³ ＝ 4727.68（万元），权益成分公允价值 ＝
4800 － 4727.68 ＝ 72.32（万元）。

甲公司应编制的会计分录：

借：银行存款　　　　　　　　　　　4800
　　应付债券—利息调整　　　　　 272.32
　　　　　　　　　（5000 － 4727.68）
　　贷：应付债券—面值　　　　　　5000
　　　　其他权益工具　　　　　　 72.32

6.【答案】CD

【解析】甲公司应编制的会计分录：

借：固定资产　　　　　　　　　 436.87
　　［100 ×（P/A，5%，5）＋（3 ＋ 2）×
　　（P/F，5%，5）］
　　未确认融资费用　　　　　　　 68.13
　　　　贷：长期应付款　　　　　　 505

7.【答案】ABCD

8.【答案】BCD

【解析】选项 A，购建或者生产的资产的各部分
分别完工，但必须等到整体完工后才可使用或
者可对外销售的，应当在该资产整体完工时停
止借款费用的资本化。

9.【答案】ABD

【解析】选项 C，如果存在多笔一般借款时，无
需区分占用的是哪笔一般借款，而是计算一般
借款资本化率与一般借款支出加权平均数，从
而计算应资本化的金额。

10.【答案】ABC

【解析】选项 D 计入其他综合收益。

11.【答案】ABC

【解析】可转换公司债券转换成股份不属于债
务重组。

12.【答案】ABD

【解析】选项 C，重组债务的账面价值包括债
务的本金和利息。

13.【答案】AB

【解析】债务人应将非现金资产的公允价值与
抵偿债务账面价值的差额确认为债务重组利
得，选项 C 错误；债务人在转让非现金资产过
程中发生的评估费、运杂费等应直接计入资产
转让损益，选项 D 错误。

14.【答案】ABC

【解析】债务重组是指债务人发生财务困难，
债权人作出让步的事项，故修改其他条件进行
债务重组，且不涉及或有应付金额情况下，重
组债务的账面价值一定大于重组后债务入账价
值，差额作为债务重组利得。选项 A 正确，选
项 D 错误。

15.【答案】CD

【解析】债务重组中涉及或有应付金额的，债
务人应在满足预计负债确认条件时将其确认为
预计负债，以后期间没有实际发生的，应将预
计负债冲销同时计入营业外收入，选项 A 错
误，选项 C 正确；对或有应收金额，债权人应

于实际收到时计入当期损益，选项 B 错误，选项 D 正确。

16.【答案】ABCD

17.【答案】ACD

【解析】以修改其他债务条件进行债务重组的，涉及或有应收金额的，债权人应于实际收到时计入当期损益，将未来期间应收到的债权本金作为重组债权的入账价值。

18.【答案】ABC

【解析】选项 D，融资租入或经营租赁均可能出现租赁资产返还给出租方的情况。

三、判断题

1.【答案】×

【解析】职工，是指与企业订立劳动合同的所有人员，含全职、兼职和临时职工，也包括虽未与企业订立劳动合同但由企业正式任命的人员。未与企业订立劳动合同或未由其正式任命，但向企业所提供服务与职工所提供服务类似的人员，也属于职工的范畴，包括通过企业与劳务中介公司签订用工合同而向企业提供服务的人员。

2.【答案】×

【解析】因解除与职工的劳动关系给予的补偿属于辞退福利，与实际支付补偿时间无关，不属于短期薪酬。

3.【答案】×

【解析】企业以外购的商品作为职工福利的，应当以商品的公允价值和相关税费确定职工薪酬的金额，计入当期损益或相关资产成本。

4.【答案】√

5.【答案】√

6.【答案】×

【解析】企业拟支付的内退职工工资和缴纳的社会保险费确认为职工薪酬，一次性计入当期损益。

7.【答案】√

8.【答案】×

【解析】金融工具有交付现金或其他金融资产给其他方的合同义务，在潜在不利条件下与其他方交换金融资产或金融负债的合同义务，应确认为金融负债。

9.【答案】√

10.【答案】√

11.【答案】×

【解析】企业将权益工具重分类为金融负债时，应按权益工具的公允价值作为金融负债的初始确认金额。

12.【答案】×

【解析】企业发行可转换公司债券，应将负债成分的公允价值与债券的实际发行价格的差额确认为其他权益工具。

13.【答案】√

14.【答案】√

15.【答案】√

16.【答案】×

【解析】对于企业发生的权益性融资费用，不属于借款费用。

17.【答案】×

【解析】专门借款利息费用需将其闲置资金的利息收益扣除后剩余部分作为应当予以资本化金额。

18.【答案】×

【解析】购建或者生产符合资本化条件的资产需要试生产的，在试生产结果表明资产能够生产出合格产品时，应当认为该资产已经达到预定可使用或可销售状态。

19.【答案】×

【解析】对于专门借款无论是否属于资本化期间，均需要考虑闲置资金收益。

20.【答案】√

21.【答案】√

22.【答案】×

【解析】冲减后坏账准备仍有余额的，应予以转回抵减当期资产减值损失。

23.【答案】×

【解析】发行股票的手续费应冲减资本公积（股本溢价），没有溢价或溢价不足冲减的，冲减留存收益。

24.【答案】√

25.【答案】√

26.【答案】×

【解析】债权人收到现金及非现金资产的公允价值合计金额小于其债权账面价值的差额计入营业外支出，大于则冲减原确认的资产减值损失。

27.【答案】√

28.【答案】×

【解析】企业以可供出售金融资产作为抵债资产进行债务重组的，应将原计入其他综合收益的金额结转至投资收益。

四、计算分析题

1.【答案】

（1）该项租赁属于融资租赁。

最低租赁付款额现值 = 50 × （P/A，8，7%） + 25 × （P/F，8，7%） = 313.12（万元）；

租赁开始日租赁资产公允价值为 330 万元，313.12 > 330 × 90%，所以认定为融资租赁。

（2）会计分录：

借：固定资产　　　　　　　323.12（313.12 + 10）

　　未确认融资费用　111.88（425 - 313.12）

　　贷：长期应付款　　　　425（50 × 8 + 20 + 5）

　　　　银行存款　　　　　　　　　　10

（3）

日　期	①＝期初④× 实际利息费用7%	②支付租金	③＝②－① 支付本金	④＝期初④－③ 年末负债摊余成本
2010 年 1 月 1 日				313.12
2010 年 12 月 31 日	21.92	50	28.08	285.04
2011 年 12 月 31 日	19.95	50	30.05	254.99
2012 年 12 月 31 日	17.85	50	32.15	222.84
2013 年 12 月 31 日	15.60	50	34.40	188.44
2014 年 12 月 31 日	13.19	50	36.81	151.63
2015 年 12 月 31 日	10.61	50	39.39	112.24
2016 年 12 月 31 日	7.86	50	42.14	70.10
2017 年 12 月 31 日	4.90（倒挤）	50	45.10	25.00

（4）

2010 年 12 月 31 日的会计分录：

借：长期应付款　　　　　　　　50
　　应交税费—应交增值税（进项税额）
　　　　　　　　　　　　　　　8.5
　　贷：银行存款　　　　　　　58.5
借：财务费用　　　　　　　　　21.92
　　贷：未确认融资费用　　　　21.92

2017 年 12 月 31 日的会计分录：

借：长期应付款　　　　　　　　50
　　应交税费—应交增值税（进项税额）　8.5
　　贷：银行存款　　　　　　　58.5
借：财务费用　　　　　　　　　4.9
　　贷：未确认融资费用　　　　4.9

（5）2010 年固定资产计提折旧的会计分录：

借：制造费用　37.27［（323.12－25）/8］
　　贷：累计折旧　　　　　　　37.27

2.【答案】

（1）应付债券利息调整和摊余成本计算表

单位：万元

时　间		2015 年 1 月 1 日	2015 年 12 月 31 日	2016 年 12 月 31 日	2017 年 12 月 31 日
年末 摊余成本	面值	8000	8000	8000	8000
	利息调整	－245	－167.62	－85.87	0
	合计	7755	7832.38	7914.13	8000
当年应予资本化或费用化的利息金额		0	437.38	441.75	445.87
年末应付利息金额		0	360	360	360
"利息调整"本年摊销额		0	77.38	81.75	85.87

（2）

①2015 年 1 月 1 日发行债券

借：银行存款　　　　　　　　　7755
　　应付债券—利息调整　　　　245
　　贷：应付债券—面值　　　　8000

②2015 年 12 月 31 日计提利息

借：在建工程　　437.38（7755×5.64%）
　　贷：应付利息　360（8000×4.5%）
　　　　应付债券—利息调整　　77.38

③2016 年 12 月 31 日计提利息

借：财务费用　　　　　　　　　441.75

　　贷：应付利息　　　　　　　　　　360

　　　　应付债券—利息调整　　　　81.75

④2017 年 12 月 31 日计提利息

借：财务费用　　　　　　　　　445.87

　　贷：应付利息　　　　　　　　　　360

　　　　应付债券—利息调整　　　　85.87

【提示】2016年度的利息调整摊销额＝（7755＋77.38）×5.64%－8000×4.5%＝81.75（万元），2017年度为最后一年，利息调整摊销额应采用倒挤的方法计算，利息调整＝245－77.38－81.75＝85.87（万元）。

⑤2018 年 1 月 5 日还本付息

借：应付债券—面值　　　　　　8000

　　应付利息　　　　　　　　　　360

　　贷：银行存款　　　　　　　　　8360

3.【答案】

（1）甲公司 2017 年第三季度专门借款应付利息（利息支出）＝3000×7.2%×3/12＝54（万元），暂时闲置专门借款的存款利息收入＝（3000－1900）×1.2%×3/12＝3.3（万元），专门借款利息支出资本化金额＝54－3.3＝50.7（万元）。

（2）甲公司 2017 年第四季度专门借款应付利息（利息支出）＝3000×7.2%×3/12＝54（万元），暂时闲置专门借款的存款利息收入＝1100×1.2%×1/12＝1.1（万元），专门借款利息支出资本化金额＝54－1.1＝52.9（万元）。

（3）

①甲公司 2017 年一般借款利息支出＝300×4.8%×3/12＋600×6%×2/12＝9.6（万元）；

②占用一般借款资金的累计资产支出加权平均数＝（1900＋1250－3000）×2/12＋（3000＋300＋600－1900－1250）×1/12＝87.5（万元）；

③一般借款资本化率＝9.6÷（300×3/12＋600×2/12）×100%＝5.49%；

④甲公司 2017 年一般借款利息支出资本化金额＝87.5×5.49%＝4.80（万元）。

4.【答案】

（1）

ABC 公司与甲公司的债务重组损失＝（3000－500）－（1000＋800＋48＋500＋85）＝67（万元）；

甲公司的债务重组利得＝3000－（1000＋800＋48＋500＋85）＝567（万元）。

（2）ABC 公司的会计分录：

借：银行存款　　　　　　　　　1000

　　无形资产　　　　　　　　　　800

　　库存商品　　　　　　　　　　500

　　应交税费—应交增值税（进项税额）　133

　　　　　　　　　　　　　　（48＋85）

　　坏账准备　　　　　　　　　　500

　　营业外支出—债务重组损失　　67

　　贷：应收账款　　　　　　　　　3000

甲公司的会计分录：

借：应付账款　　　　　　　　　3000

　　累计摊销　　　　　　　　　1500

　　贷：主营业务收入　　　　　　　500

　　　　无形资产　　　　　　　　2000

　　　　应交税费—应交增值税（销项税额）

　　　　　　　　　　　　　　　　133

　　　　银行存款　　　　　　　　1000

　　　　营业外收入—债务重组利得　567

　　　　　　　　—处置非流动资产利得　300

　　　　　　　　［800－（2000－1500）］

借：主营业务成本　　　　　　　450

　　存货跌价准备　　　　　　　　50

　　贷：库存商品　　　　　　　　　500

（3）ABC 公司债务重组后应收债权入账价值＝5000－5000×10%－900－4.5×500＝1350（万元）。

ABC 公司的会计分录：

借：应收账款—债务重组　　　　1350

　　交易性金融资产—成本2250（4.5×500）

　　可供出售金融资产—成本　　900

　　坏账准备　　　　　　　　　1000

　　贷：应收账款　　　　　　　　　5000

　　　　资产减值损失　　　500（贷方差额）

2017 年 2 月 1 日

借：银行存款　　　　　　　　　1350

　　贷：应收账款—债务重组　　　　1350

乙公司的会计分录：

借：应付账款　　　　　　　　　5000

　　投资收益　　100［（1200－200）－900］

　　可供出售金融资产—公允价值变动　200

　　贷：可供出售金融资产—成本　　1200

　　　　股本　　　　　　　　　　500

　　　　资本公积—股本溢价　　　1750

　　　　　　　　　　　　（4.5×500－500）

　　　　应付账款—债务重组　　　1350

　　　　营业外收入—债务重组利得　500

借：投资收益　　　　　　　　　200

　　贷：其他综合收益　　　　　　　200

2017 年 2 月 1 日
借：应付账款—债务重组   1350
　　贷：银行存款   1350
（4）丙公司债务重组利得 = 500 - 200 = 300
（万元）。
（5）ABC 公司债务重组后应收债权入账价值 =
2000 - 500 = 1500（万元）。
ABC 公司的会计分录：
借：应收账款—债务重组   1500
　　坏账准备   100
　　营业外支出   400
　　贷：应收账款   2000
丙公司的会计分录：
借：应付账款   2000
　　贷：应付账款—债务重组   1500
　　　　预计负债   200
　　　　营业外收入   300

5.【答案】
（1）佰仟公司重组债权的账面价值 = 20000 ×
（1 + 17%）×（1 - 10%）= 21060（万元）；佰
仟公司重组后债权的入账价值 = 23400 - 800 -
1000 ×（1 + 17%）- 3000 × 5 = 6430（万元）。
（2）业华公司重组债务的账面价值 = 20000 ×
（1 + 17%）= 23400（万元）；业华公司重组后
债务的入账价值 = 23400 - 800 - 1000 ×（1 +
17%）- 3000 × 5 = 6430（万元）；应确认预计
负债的金额 = 6430 ×（4% - 3%）× 2 = 128.6
（万元）。
（3）
①佰仟公司与债务重组日有关的会计分录：
借：长期股权投资—投资成本   15000
　　　　　　　　　　　　　　（3000 × 5）
　　固定资产   1000
　　应交税费—应交增值税（进项税额）
　　　　　　　　　　　　　　170
　　应收账款—债务重组   6430
　　坏账准备   2340（20000 × 1.17 × 10%）
　　贷：应收账款   23400
　　　　资产减值损失   1540（2340 - 800）
借：长期股权投资—投资成本   1000
　　　　　　　　　　（80000 × 20% - 15000）
　　贷：营业外收入   1000
②业华公司与债务重组有关的会计分录：
借：固定资产清理   1100
　　累计折旧   300
　　固定资产减值准备   200
　　贷：固定资产   1500
　　　　银行存款   100
借：应付账款   23400
　　营业外支出—处置非流动资产损失   100
　　　　　　　　　　　　　（1100 - 1000）

　　贷：固定资产清理   1100
　　　　应交税费—应交增值税（销项税额）170
　　　　应付账款—债务重组   6430
　　　　预计负债   128.6
　　　　股本   3000
　　　　资本公积—股本溢价   12000
　　　　　　　　　　　（3000 × 5 - 3000）
　　　　营业外收入—债务重组利得   671.4
　　　　　　　　　　　　　（800 - 128.6）

6.【答案】
（1）
甲公司债务重组后应收账款入账价值 = 3510 -
1000 - 400 - 68 - 200 × 3 - 400 = 1042（万元）。
甲公司债务重组损失 =（3510 - 351）- 1042 -
（1000 + 400 + 68 + 200 × 3）= 49（万元）。
（2）
借：应收账款—债务重组   1042
　　固定资产   1000
　　库存商品   400
　　应交税费—应交增值税（进项税额）68
　　可供出售金融资产   600
　　坏账准备   351
　　营业外支出—债务重组损失   49
　　贷：应收账款   3510
（3）乙公司因债务重组应计入营业外收入的金
额 =（3510 - 1000 - 400 - 68 - 600 - 1042）+
［1000 -（2000 - 1200）］= 600（万元）。
或：乙公司因债务重组应计入营业外收入的金
额 = 债务豁免金额 400 + 固定资产处置利得
［1000 -（2000 - 1200）］= 600（万元）。
（4）
借：固定资产清理   800
　　累计折旧   1200
　　贷：固定资产   2000
借：应付账款   3510
　　贷：固定资产清理   1000
　　　　主营业务收入   400
　　　　应交税费—应交增值税（销项税额）68
　　　　股本   200
　　　　资本公积—股本溢价   400
　　　　应付账款—债务重组   1042
　　　　营业外收入—债务重组利得   400
借：固定资产清理   200
　　贷：营业外收入—处置非流动资产利得   200
借：主营业务成本   300
　　贷：库存商品   300

五、综合题

1.【答案】
（1）甲公司建造工程借款费用资本化期间为：
2016 年 1 月 1 日至 2016 年 8 月 31 日；（9 月 1

日至 12 月 31 日期间暂停）；2017 年 1 月 1 日至 2017 年 3 月 31 日。

理由：2016 年 1 月 1 日资产支出发生、借款费用发生、有关建造活动开始，符合借款费用开始资本化的条件，9 月 1 日至 12 月 31 日期间因事故停工且连续超过 3 个月，应暂停资本化；2017 年 3 月 31 日试生产出合格产品，已达到预定可使用状态，应停止借款费用资本化。

（2）

借：银行存款　　　　　　　　　　2919.75
　　应付债券—利息调整　　　　　　80.25
　　贷：应付债券—面值　　　　　　　3000

（3）

应付债券 2016 年利息费用 = 2919.75 × 6% = 175.19（万元）。

2016 年闲置资金收益 =（2919.75 − 1000）× 0.5% × 4 +（2919.75 − 1000 − 1600）× 0.5% × 3 = 43.19（万元）；

专门借款利息资本化金额 = 175.19 × 8/12 − 43.19 = 73.60（万元）；

一般借款平均资本化率 =（2000 × 6% + 3000 × 7%）/（2000 × 12/12 + 3000 × 12/12）= 6.6%；

至 2016 年 8 月 1 日，发生建造支出 = 1000 + 1600 + 1400 = 4000（万元），1 月 1 日和 5 月 1 日发生的支出占用的均为专门借款，8 月 1 日支出占用一般借款金额 = 4000 − 2919.75 = 1080.25（万元）。

一般借款利息资本化金额 = 1080.25 × 6.6% × 1/12 = 5.94（万元）。

借：在建工程　　　　　　　　　　4000
　　贷：银行存款　　　　　　　　　4000

2016 年一般借款利息费用总额 = 2000 × 6% + 3000 × 7% = 330（万元）。

会计分录：

借：在建工程　　79.54（73.60 + 5.94）
　　财务费用　　　　　　　　　　382.46
　　［（175.19 − 73.6 − 43.19）+（330 − 5.94）］
　　应收利息　　　　　　　　　　43.19
　　贷：应付利息　480（3000 × 5% + 330）
　　　　应付债券—利息调整　　　25.19
　　　　　　　　　　　　（175.19 − 150）

（4）

2017 年专门借款利息资本化金额 =（2919.75 + 25.19）× 6% × 3/12 = 44.17（万元）；

2017 年甲公司占用的仍为这两笔一般借款，则 2017 年一般借款平均资本化率与 2016 年相同，为 6.6%；2017 年所占用的一般借款本金加权平均数 =（1000 + 1600 + 1400 + 1200 − 2919.75）× 3/12 = 570.06（万元）；

2017 年一般借款利息资本化金额 = 570.06 ×

6.6% = 37.62（万元）；

2017 年借款费用资本化金额 = 44.17 + 37.62 = 81.79（万元）。

借：在建工程　　　　　　　　　　1200
　　贷：银行存款　　　　　　　　　1200
借：在建工程　　　　　　　　　　44.17
　　贷：应付利息　37.50（3000 × 5% × 3/12）
　　　　应付债券—利息调整　　　　6.67
借：在建工程　　　　　　　　　　37.62
　　贷：应付利息　　　　　　　　　37.62
借：固定资产　　　　　　　　　5361.33
　　　　（4079.54 + 1200 + 44.17 + 37.62）
　　贷：在建工程　　　　　　　　5361.33

2.【答案】

（1）对甲公司而言：收到的货币性资产/换出资产公允价值 = 200/（1000 + 400）× 100% = 14.29% < 25%，属于非货币性资产交换；

对丙公司而言：支付的货币性资产/换入资产公允价值 = 200/（1000 + 400）× 100% = 14.29% < 25%，属于非货币性资产交换。

（2）甲公司换出专利权应确认的损益 = 1000 −（1200 − 200 − 100）= 100（万元）。

借：长期股权投资　　　　　　　　1200
　　无形资产减值准备　　　　　　　100
　　累计摊销　　　　　　　　　　　200
　　银行存款　　　　　　　　　　　260
　　贷：无形资产　　　　　　　　　1200
　　　　应交税费—应交增值税（销项税额）60
　　　　营业外收入　　　　　　　　100
　　　　可供出售金融资产—成本　　350
　　　　　　　　　　　—公允价值变动　50
借：其他综合收益　　　　　　　　　50
　　贷：投资收益　　　　　　　　　　50

（3）

借：资产减值损失　　　　　　　　280
　　贷：坏账准备　　　　　　　　　280

（4）甲公司重组后应收账款的账面价值 = 2340 − 400 = 1940（万元）；

甲公司重组损失 =（2340 − 280）− 1940 = 120（万元）。

借：应收账款—债务重组　　　　　1940
　　坏账准备　　　　　　　　　　　280
　　营业外支出—债务重组损失　　　120
　　贷：应收账款　　　　　　　　　2340

（5）

乙公司重组后应付账款的账面价值 = 2340 − 400 = 1940（万元）；

乙公司重组收益 = 2340 − 1940 − 100 = 300（万元）。

第六周

借：应付账款　　　　　　　　　　2340

　　贷：应付账款—债务重组　　　　1940

　　　　预计负债　　　　　　　　　100

　　　　营业外收入—债务重组收益　300

（6）2013 年 5 月 31 日

甲公司：

借：银行存款　　　　　　　　　　2040

　　贷：应收账款—债务重组　　　　1940

　　　　营业外收入　　　　　　　　100

乙公司：

借：应付账款—债务重组　　　　　1940

　　预计负债　　　　　　　　　　100

　　贷：银行存款　　　　　　　　　2040

第七周

本周学习计划

日　期	章　节	考　点	重要程度	常见题型	完成情况
星期一		股份支付概述、股份支付的确认和计量原则	★	单选题、多选题、判断题	
星期二	第 10 章	股份支付条件的种类、条款和条件的修改、权益工具公允价值的确定、股份支付的处理、企业集团内涉及不同企业的股份支付交易的会计处理	★★	单选题、多选题、判断题、计算分析题	
星期三		或有事项概述	★★	单选题、多选题、判断题	
星期四	第 13 章	或有事项的确认和计量	★★★	单选题、多选题、判断题、计算分析题	
星期五		或有事项会计处理原则的应用	★★★	单选题、多选题、判断题、计算分析题	

本周攻克内容

【星期一·第 10 章】股份支付概述、股份支付的确认和计量原则

考点 1：股份支付概述

一、股份支付的定义及特征

股份支付，是指企业为获取职工和其他方提供服务而授予权益工具或者承担以权益工具为基础确定的负债的交易。

股份支付具有以下特征：（1）股份支付是企业与职工或其他方之间发生的交易；（2）股份支付是以获取职工或其他方服务为目的的交易；（3）股份支付交易的对价或其定价与企业自身权益工具未来的价值密切相关。

二、股份支付的四个主要环节

1. 授予　2. 可行权　3. 行权　4. 出售

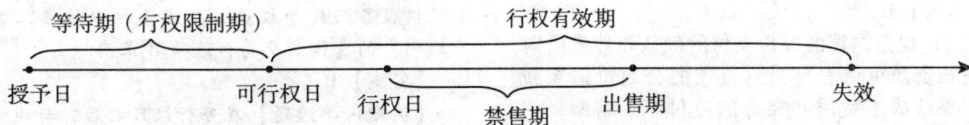

三、股份支付工具的主要类型

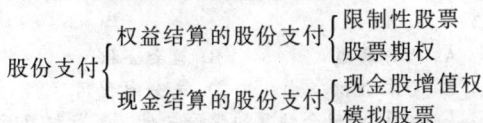

股份支付 ┤
权益结算的股份支付 ┤限制性股票 / 股票期权
现金结算的股份支付 ┤现金股增值权 / 模拟股票

考点 2：股份支付的确认和计量原则

（一）权益结算的股份支付的确认和计量原则

1. 换取职工服务的股份支付的确认和计量原则

对于换取职工服务的股份支付，企业应当以股份支付所授予的权益工具的公允价值计量。企业应在等待期内的每个资产负债表日，以对可行权权益工具数量的最佳估计为基础，按照权益工具在授予日的公允价值，将当期取得的服务计入相关资产成本或当期费用，同时计入资本公积中的其他资本公积。

对于授予后立即可行权的换取职工提供服务的权益结算的股份支付，应在授予日按照权益工

第 七 周

具的公允价值，将取得的服务计入相关资产成本或当期费用，同时计入资本公积中的股本溢价。

2. 换取其他方服务的股份支付的确认和计量原则

对于换取其他方服务的股份支付，企业应当以股份支付所换取的服务的公允价值计量。

3. 权益工具公允价值无法可靠确定时的处理原则

企业应当在获取对方提供服务的时点、后续的每个报告日以及结算日，以内在价值计量该权益工具，内在价值变动计入当期损益。同时，企业应当以最终可行权或实际行权的权益工具数量

为基础，确认取得服务的金额。

内在价值是指交易对方有权认购或取得的股份的公允价值，与其按照股份支付协议应当支付的价格间的差额。企业对上述以内在价值计量的已授予权益工具进行结算，应当遵循以下要求：

(1) 结算发生在等待期内的，企业应当将结算作为加速可行权处理，即立即确认本应于剩余等待期内确认的服务金额。

(2) 结算时支付的款项应当作为回购该权益工具处理，即减少所有者权益。结算支付的款项高于该权益工具在回购日内在价值的部分，计入当期损益。

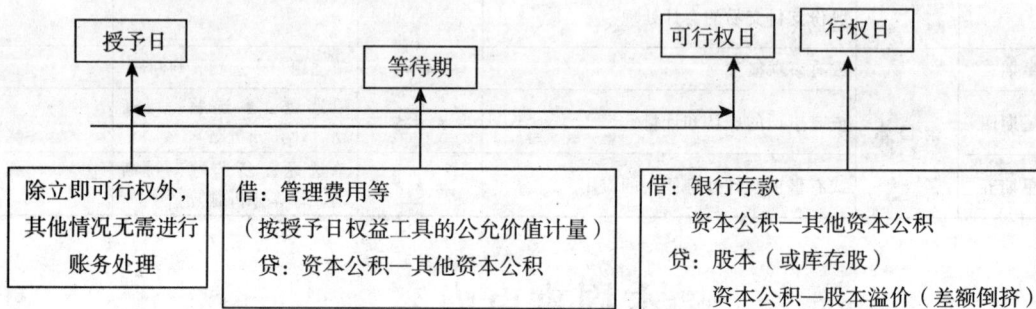

【例题·单选题】企业采用股票期权方式激励职工，在等待期内每个资产负债表日对取得职工提供的服务进行计量的基础是( )。(2016年)

A. 等待期内每个资产负债表日股票期权的公允价值

B. 可行权日股票期权的公允价值

C. 行权日股票期权的公允价值

D. 授予日股票期权的公允价值

【解析】企业采用股票期权方式激励职工属于权益结算的股份支付，在等待期内每个资产负债表日，应当按照授予日股票期权的公允价值为基础对取得职工提供的服务进行计量。

【答案】D

(二) 现金结算的股份支付的确认和计量原则

应按资产负债表日当日负债的公允价值重新计量，确认成本费用和相应的应付职工薪酬，并在结算前的每个资产负债表日和结算日对负债的公允价值重新计算，将其变动计入当期损益。

1. 等待期内每个资产负债表日

借：管理费用等

　　贷：应付职工薪酬

2. 结算前对负债公允价值进行调整

借：公允价值变动损益

　　贷：应付职工薪酬

或作相反分录。

3. 结算

借：应付职工薪酬

　　贷：银行存款等

【例题·单选题】下列各项交易或事项中，属于股份支付的是( )。(2015年)

A. 股份有限公司向其股东分派股票股利

B. 股份有限公司向其高管授予股票期权

C. 债务重组中债务人向债权人定向发行股票抵偿债务

D. 企业合并中合并方向被合并方股东定向增发股票作为合并对价

【解析】股份支付是指企业为获取职工和其他方提供服务而授予权益工具或承担以权益工具为基础确定的负债的交易，选项B正确。

【答案】B

【例题·单选题】在可行权日之后，与现金结算的股份支付有关的应付职工薪酬公允价值发生变动的，企业应将该变动金额计入( )。(2014年)

A. 当期损益　　　　B. 盈余公积

C. 资本公积　　　　D. 未分配利润

【解析】以现金结算的股份支付，可行权日后负债的公允价值变动应计入当期损益(公允价值变动损益)。

【答案】A

【例题·多选题】下列关于股份支付的会计处理中，正确的有( )。(2012年)

A. 以回购股份奖励本企业职工的,应作为以权益结算的股份支付进行处理

B. 在等待期内的每个资产负债表日,将取得职工提供的服务计入成本费用

C. 权益结算的股份支付应在可行权日后对已确认成本费用和所有者权益进行调整

D. 为换取职工提供服务所发生的以权益结算的股份支付,应以所授予权益工具的公允价值计量

【解析】权益结算的股份支付在等待期内以授予日权益工具公允价值为基础确认成本费用和所有者权益,可行权日以后不再对已经确认的成本费用和所有者权益进行调整,选项 C 不正确。

【答案】ABD

【例题·多选题】下列关于企业以现金结算的股份支付的会计处理中正确的有( )。

A. 初始确认时确认所有者权益

B. 初始确认时以企业所承担负债的公允价值计量

C. 等待期内按照所确认负债的金额计入成本或费用

D. 可行权日后相关负债的公允价值变动计入公允价值变动损益

【解析】企业以现金结算的股份支付初始确认时借记相关的成本费用,贷记应付职工薪酬。

【答案】BCD

【星期二·第 10 章】股份支付条件的种类、条款和条件的修改、权益工具公允价值的确定、股份支付的处理、企业集团内涉及不同企业的股份支付交易的会计处理

考点 1:股份支付条件的种类

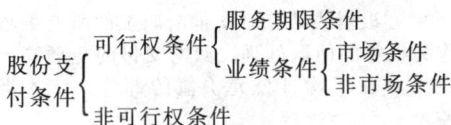

$$
\text{股份支付条件}
\begin{cases}
\text{可行权条件}
\begin{cases}
\text{服务期限条件}\\
\text{业绩条件}
\begin{cases}
\text{市场条件}\\
\text{非市场条件}
\end{cases}
\end{cases}\\
\text{非可行权条件}
\end{cases}
$$

市场条件是指行权价格、可行权条件以及行权可能性与权益工具的市场价格相关的业绩条件。非市场条件是指除市场条件之外的其他业绩条件,如股份支付协议中关于达到最低盈利目标或销售目标才可行权的规定。

【提示】

(1)如果最终未满足市场条件导致员工等不能行权,在等待期已经确定的费用或成本不作转回处理。

(2)如果最终未满足非市场条件导致员工等不能行权,在等待期已经确定的费用或成本应作转回处理。

考点 2:条款和条件的修改

(一)条款和条件的有利修改

1. 如果修改增加了所授予的权益工具的公允价值,企业应按照权益工具公允价值的增加相应地确认取得服务的增加。权益工具公允价值的增加是指,修改前后的权益工具在修改日的公允价值之间的差额。

如果修改发生在等待期内,在确认修改日至可行权日之间取得服务的公允价值时,应当既包括在剩余原等待期内以原权益工具授予日公允价值为基础确定的服务金额,也包括权益工具公允

价值的增加对应的服务的增加。

【例题·计算题】甲公司 2017 年 1 月 1 日向其 20 名管理人员每人授予 1 万份股票期权。行权条件为自授予日起在公司连续服务满 3 年即可以每股 10 元的价格购买 1 万股本公司股票。该期权在授予日的公允价值为 30 元。(答案中的金额单位用万元表示)

【解析】

(1)2017 年末有 2 名管理人员离开甲公司,甲公司估计未来还将有 2 名管理人员离开。

借:管理费用 160

  [(20-2-2)×1×30×1/3]

 贷:资本公积——其他资本公积 160

(2)2018 年末又有 3 名管理人员离开公司,预计未来没有管理人员离开。假定公司 2018 年 12 月 31 日对可行权条件进行修改,修改后每份期权的公允价值增加 8 元。

借:管理费用 200

  [(20-2-3-0)×1×30×2/3 + (20-2-3-0)×1×8×1/2-160]

 贷:资本公积——其他资本公积 200

2. 如果修改增加了所授予的权益工具的数量,企业应将增加的权益工具的公允价值相应地确认为取得服务的增加。

如果修改发生在等待期内,在确定修改日至可行权日之间取得服务的公允价值时,应当既包括在剩余原等待期内以原权益工具授予日公允价值为基础确定的服务金额,也包括增加的权益工具的公允价值对应的服务的增加。

【例题·计算题】甲公司 2017 年 1 月 1 日向其 20 名管理人员每人授予 1 万份股票期权。行权

第七周

条件为自授予日起在公司连续服务满 3 年即可以每股 10 元的价格购买 1 万股本公司股票。该期权在授予日的公允价值为 30 元。（答案中的金额单位用万元表示）

【解析】

（1）2017 年末有 2 名管理人员离开甲公司，甲公司估计未来还将有 2 名职员管理人员离开。

借：管理费用　　　　　　　　160
　　　［（20－2－2）×1×30×1/3］
　　贷：资本公积—其他资本公积　　160

（2）2018 年末又有 3 名管理人员离开公司，预计未来没有管理人员离开。假定公司 2018 年 12 月 31 日将原授予 1 万份股票期权修改为 2 万份。

借：管理费用　　　　　　　　590
　　　［（20－2－3－0）×1×30×2/3＋
　　　（20－2－3－0）×2×30×1/2－160］
　　贷：资本公积—其他资本公积　　590

3. 如果企业按照有利于职工的方式修改可行权条件，如缩短等待期、变更或取消业绩条件（非市场条件），企业在处理可行权条件时，应当考虑修改后的可行权条件。

【例题·计算题】甲公司 2017 年 1 月 1 日向其 20 名管理人员每人授予 1 万份股票期权。行权条件为自授予日起在公司连续服务满 3 年即可以每股 10 元的价格购买 1 万股本公司股票。每份股票期权在授予日的公允价值为 30 元。（答案中的金额单位用万元表示）

【解析】

（1）2017 年末有 2 名管理人员离开甲公司，甲公司估计未来还将有 2 名管理人员离开。

借：管理费用　　　　　　　　160
　　　［（20－2－2）×1×30×1/3］
　　贷：资本公积—其他资本公积　　160

（2）2018 年末又有 3 名管理人员离开公司，假定公司 2018 年 12 月 31 日将等待期由 3 年修改为 2 年。

借：管理费用　　　　　　　　290
　　　［（20－2－3）×1×30×2/2－160］
　　贷：资本公积—其他资本公积　　290

（二）条款和条件的不利修改

1. 如果修改减少了授予的权益工具的公允价值，企业应当继续以权益工具在授予日的公允价值为基础，确认取得服务的金额，而不应考虑权益工具公允价值的减少。

【例题·计算题】甲公司 2017 年 1 月 1 日向其 20 名管理人员每人授予 1 万份股票期权。行权条件为自授予日起在公司连续服务满 3 年即可以每股 10 元的价格购买 1 万股本公司股票。该期权在授予日的公允价值为 30 元。（答案中的金额单位用万元表示）

【解析】

（1）2017 年末有 2 名管理人员离开甲公司，甲公司估计未来还将有 2 名管理人员离开。

借：管理费用　　　　　　　　160
　　　［（20－2－2）×1×30×1/3］
　　贷：资本公积—其他资本公积　　160

（2）2018 年末又有 3 名管理人员离开公司，预计未来没有人员离开。假定公司 2018 年 12 月 31 日对可行权条件进行修改，修改后每份期权公允价值减少 2 元。

借：管理费用　　　　　　　　140
　　　［（20－2－3－0）×1×30×2/3－160］
　　贷：资本公积—其他资本公积　　140

2. 如果修改减少了授予的权益工具的数量，企业应当将减少部分作为已授予的权益工具的取消来进行处理。

3. 如果企业以不利于职工的方式修改了可行权条件，如延长等待期、增加或变更业绩条件（非市场条件），企业在处理可行权条件时，不应考虑修改后的可行权条件。

（三）取消或结算

1. 将取消或结算作为加速可行权处理，立即确认原本应在剩余等待期内确认的金额。

2. 在取消或结算时支付给职工的所有款项均应作为权益的回购处理，回购支付的金额高于该权益工具在回购日公允价值的部分，计入当期损益。

考点 3：权益工具公允价值的确定

应当以市场价格为基础。一些股份或股票期权如果没有活跃的交易市场，应当考虑估值技术。

考点 4：股份支付的处理

（一）授予日

除了立即可行权的股份支付外，无论权益结算的股份支付还是现金结算的股份支付，企业在授予日均不做会计处理。

【例题·判断题】对以权益结算的股份支付和现金结算的股份支付，无论是否立即可行权，在授予日均不需要进行会计处理。（　　）

【解析】除了立即可行权的股份支付外，无论权益结算的股份支付还是现金结算的股份支付，企业在授予日均不作会计处理。

【答案】×

（二）等待期内每个资产负债表日

企业应当在等待期内的每个资产负债表日，将取得职工或其他方提供的服务计入成本费用，同时按相同金额确认所有者权益或负债。

（三）可行权日之后

1. 对于权益结算的股份支付，在可行权日之后不再对已确认的成本费用和所有者权益总额进行调整。

2. 对于现金结算的股份支付，企业在可行权日之后不再确认成本费用，负债（应付职工薪酬）公允价值的变动应当计入当期损益（公允价值变动损益）。

【例题·单选题】以现金结算的股份支付，企业应在可行权日之后的每个资产负债表日重新计量相关负债的公允价值，并将其与账面价值的差额列示在利润表中的项目为（　　）。（2013 年）

A. 投资收益　　　　B. 管理费用
C. 营业外收入　　　D. 公允价值变动收益

【解析】现金结算的股份支付，在可行权日之后不再确认成本费用，负债公允价值的变动应当计入当期损益（公允价值变动损益），列示于利润表"公允价值变动收益"项目。

【答案】D

（四）回购股份进行职工股权激励

1. 回购股份时

借：库存股（市场公允价）
　　贷：银行存款

2. 等待期内每个资产负债表日按照权益工具在授予日的公允价值，将取得的职工服务计入成本费用，同时增加"资本公积—其他资本公积"。

借：管理费用等
　　贷：资本公积—其他资本公积

3. 职工行权时

借：银行存款（职工支付购买价款）
　　资本公积—其他资本公积（等待期内累计确认的资本公积）
　　贷：库存股（行权员工对应部分）
　　　　资本公积—股本溢价（差额）

【例题·单选题】2010 年 1 月 1 日，甲公司向 50 名高管人员每人授予 2 万份股票期权，这些人员从被授予股票期权之日起连续服务满 2 年，即可按每股 6 元的价格购买甲公司 2 万股普通股股票（每股面值 1 元）。该期权在授予日的公允价值为每份 12 元。2011 年 10 月 20 日，甲公司从二级市场以每股 15 元的价格回购本公司普通股股票 100 万股，拟用于高管人员股权激励。在等待期内，甲公司没有高管人员离职。2011 年 12 月 31 日，高管人员全部行权，当日甲公司普通股市场价格为每股 16 元。2011 年 12 月 31 日，甲公司因

高管人员行权应确认的资本公积—股本溢价为（　　）万元。（2012 年）

A. 200　　　　　　B. 300
C. 500　　　　　　D. 1700

【解析】行权时收到的款项 = 50×2×6 = 600（万元），冲减的资本公积—其他资本公积 = 50×2×12 = 1200（万元），冲减的库存股 = 100×15 = 1500（万元），行权应确认的资本公积—股本溢价 = 600 + 1200 − 1500 = 300（万元）。

【答案】B

【例题·单选题】下列关于股份支付会计处理的表述中，不正确的是（　　）。

A. 股份支付的确认和计量，应以符合相关法规要求、完整有效的股份支付协议为基础

B. 对以权益结算的股份支付换取职工提供服务的，应按所授予权益工具在授予日的公允价值计量

C. 对以现金结算的股份支付，在可行权日之后应将相关负债公允价值变动计入当期损益

D. 对以权益结算的股份支付，在可行权日之后将相关的所有者权益按公允价值进行调整

【解析】以权益结算的股份支付，等待期内应当以该权益工具在授予日的公允价值计量，在可行权日之后不再对已确认的成本费用和所有者权益总额进行调整。

【答案】D

【例题·判断题】公司以回购股份形成库存股用于职工股权激励的，在职工行权购买本公司股份时，所收款项和等待期内根据职工提供服务所确认的相关资本公积的累计金额之和，与交付给职工库存股成本的差额，应计入营业外收支。（　　）

【解析】在职工行权购买企业股份时，所收款项和等待期内累计确认的资本公积之和，与交付给职工库存股成本之间的差额，调整资本公积（股本溢价）。

【答案】×

考点 5：企业集团内涉及不同企业的股份支付交易的会计处理

1. 接受服务企业与结算企业不是同一企业

（1）结算企业以本身权益工具结算，接受服务企业没有结算义务（结算企业为接受服务企业投资者）

结算企业	接受服务企业	抵销分录	合并报表角度
借：长期股权投资 　　贷：资本公积	借：管理费用等 　　贷：资本公积	借：资本公积（累计额） 　　贷：长期股权投资	借：管理费用等 　　贷：资本公积

（2）结算企业不是以本身权益工具结算，接受服务企业没有结算义务

结算企业	接受服务企业	抵销分录	合并报表角度
借：长期股权投资 　贷：应付职工薪酬	借：管理费用等 　贷：资本公积	借：资本公积（累计额） 　　管理费用等（差额） 　贷：长期股权投资	借：管理费用等 　贷：应付职工薪酬

2. 结算企业与接受服务企业是同一企业

（1）授予本企业职工的是其本身权益工具

借：管理费用等

　　贷：资本公积—其他资本公积

（2）不是以其本身权益工具结算

借：管理费用等

　　贷：应付职工薪酬

【例题·判断题】企业集团内的母公司直接向其子公司高管人员授予母公司股份的，母公司应在结算前的每个资产负债表日重新计量相关负债的公允价值，并将其公允价值的变动额计入当期损益。（　　）（2013 年）

【解析】企业集团股份支付，母公司向子公司的高管人员授予母公司股份的，母公司应将其作为权益结算的股份支付，按照授予日权益工具的公允价值确认长期股权投资和资本公积—其他资本公积。

【答案】×

【星期三·第 13 章】或有事项概述

一、或有事项的概念及其特征

或有事项，是指过去的交易或者事项形成的，其结果须由某些未来事项的发生或不发生才能决定的不确定事项。

或有事项具有以下特征：

（1）由过去交易或事项形成，即或有事项的现存状况是过去交易或事项引起的客观存在；

（2）结果具有不确定性，即或有事项的结果是否发生具有不确定性，或者或有事项的结果预计将会发生，但发生的具体时间或金额具有不确定性；

（3）由未来事项决定，即或有事项的结果只能由未来不确定事项的发生或不发生才能决定。

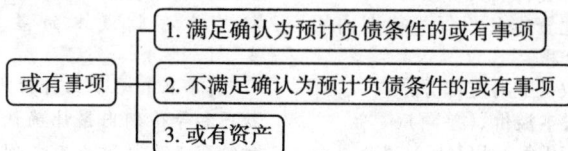

```
　　　　　　┌ 1. 满足确认为预计负债条件的或有事项
或有事项 ─┼ 2. 不满足确认为预计负债条件的或有事项
　　　　　　└ 3. 或有资产
```

二、或有负债和或有资产

（一）或有负债

或有负债是指过去的交易或者事项形成的潜在义务，其存在须通过未来不确定事项的发生或不发生予以证实；或过去的交易或者事项形成的现时义务，履行该义务不是很可能导致经济利益流出企业或该义务的金额不能可靠地计量。

【提示】或有负债在个别报表中不能确认为预计负债。

（二）或有资产

或有资产是指过去的交易或者事项形成的潜在资产，其存在须通过未来不确定事项的发生或不发生予以证实。

【提示】或有资产不符合资产确认条件，不能确认为资产。企业通常不应当披露或有资产，但或有资产很可能为企业带来经济利益的，应当披露其形成的原因、预计产生的财务影响等。

（三）或有负债和或有资产转化为预计负债（负债）和资产

企业应当对或有负债相关义务进行评估，分析判断其是否符合预计负债确认条件；如符合预计负债确认条件，应将其确认为负债。类似地，企业应当对或有资产相关权利进行评估，分析判断其是否符合资产确认条件；如符合资产确认条件，应将其确认为资产。

【例题·多选题】下列关于或有事项的表述中，正确的有（　　）。

A. 或有资产由过去的交易或事项形成

B. 或有负债应在资产负债表中予以确认

C. 或有资产不应在资产负债表中予以确认

第七周

D. 因或有事项所确认的负债的偿债时间或金额不确定

【解析】或有负债不符合确认负债的条件，不需要在资产负债表中确认。

【答案】ACD

【例题·多选题】下列各项中，属于或有事项的有( )。

A. 公司发生未决诉讼
B. 单位为其他企业的贷款提供担保
C. 企业以财产作抵押向银行借款
D. 计提产品质量保证金

【解析】以财产抵押向银行借款不符合或有事项的特点，因此，选项C不属于或有事项。

【答案】ABD

【例题·判断题】或有负债无论涉及潜在义务还是现时义务，均不应在财务报表中确认，但应按相关规定在附注中披露。( )

【解析】或有负债无论是潜在义务还是现实义务，均不符合负债的确认条件，因而不能在报表中予以确认。

【答案】√

【星期四·第13章】或有事项的确认和计量

一、或有事项的确认

与或有事项相关的义务同时满足以下条件的，应当确认为预计负债：

1. 该义务是企业承担的现时义务
2. 履行该义务 很可能 导致经济利益流出企业；50%<发生的可能性≤95%
3. 该义务的金额能够可靠地计量。

项 目	发生的概率区间
基本确定	95%＜发生的可能性＜100%
很可能	50%＜发生的可能性≤95%
可能	5%＜发生的可能性≤50%
极小可能	0＜发生的可能性≤5%

【提示】如果上述三个条件中有一个条件没有满足，则不能确认为预计负债。

【例题·多选题】桂江公司为甲公司、乙公司、丙公司和丁公司提供了银行借款担保，下列各项中，桂江公司不应确认预计负债的有( )。

A. 甲公司运营良好，桂江公司极小可能承担连带还款责任
B. 乙公司发生暂时财务困难，桂江公司可能承担连带还款责任
C. 丙公司发生财务困难，桂江公司很可能承担连带还款责任
D. 丁公司发生严重财务困难，桂江公司基本确定承担还款责任

【解析】对或有事项确认预计负债应同时满足的三个条件是：(1)该义务是企业承担的现时义务；(2)履行该义务很可能导致经济利益流出企业；(3)该义务的金额能够可靠地计量。选项A和B不满足(2)，不应确认为预计负债。

【答案】AB

二、或有事项的计量

或有事项的计量主要涉及两方面：一是最佳估计数的确定；二是预期可获得补偿的处理。

(一)最佳估计数的确定

预计负债应当按照履行相关现时义务所需支出的最佳估计数进行初始计量。

1. 当清偿因或有事项而确认的负债所需支出存在一个连续范围且该范围内各种结果发生的可能性相同时，则最佳估计数应按此范围的上下限金额的平均数确认。

【例题·单选题】甲公司因违约被起诉，至2011年12月31日，人民法院尚未作出判决，经向公司法律顾问咨询，人民法院的最终判决很可能对本公司不利，预计赔偿额为20万元至50万元，而该区间内每个金额发生的可能性大致相同。甲公司2011年12月31日由此应确认预计负债的金额为( )万元。(2012年)

A. 20   B. 30
C. 35   D. 50

【解析】2011年12月31日因上述事项应确认预计负债的金额＝(20+50)/2＝35(万元)。

【答案】C

2. 如果不存在一个连续范围或虽有连续范围但范围内各种结果发生的可能性不同时，则最佳估计数按以下标准认定：

(1)如果涉及单个项目，则最佳估计数为最可能发生数。

(2)如果涉及多个项目，则最佳估计数按各种可能发生额及发生概率加权计算确认。

(二)预期可获得补偿的处理

企业清偿预计负债所需支出全部或部分预期由第三方或其他方补偿的，补偿金额只有在基本确定能够收到时才能作为资产单独确认；确认的

补偿金额不应超过所确认预计负债的账面价值。

【提示】

（1）或有事项确认为资产的前提条件是或有事项确认为负债；

（2）或有事项确认为资产通过"其他应收款"科目核算，不能冲减"预计负债"的账面价值。

【例题·单选题】2015年12月31日，甲公司涉及一项未决诉讼，预计很可能败诉，甲公司若败诉，需承担诉讼费10万元并支付赔款300万元，但基本确定可从保险公司获得60万元的补偿。2015年12月31日，甲公司因该诉讼应确认预计负债的金额为（　　）万元。（2016年）

A. 240　　　　　B. 250

C. 300　　　　　D. 310

【解析】应确认预计负债的金额 = 10 + 300 = 310（万元），基本确定可从保险公司获得的60万元补偿，应确认为一项资产，通过其他应收款核算，不能冲减预计负债的账面价值。

【答案】D

【例题·单选题】2012年12月31日，甲公司根据类似案件的经验判断，一起未决诉讼的最终判决很可能对公司不利，预计将要支付的赔偿金额在500万元至900万元之间，且在此区间每个金额发生的可能性大致相同；基本确定可从第三方获得补偿款40万元。甲公司应对该项未决诉讼确认预计负债的金额为（　　）万元。（2013年）

A. 460　　　　　B. 660

C. 700　　　　　D. 860

【解析】甲公司对该项未决诉讼应确认的预计负债 = （500 + 900）/2 = 700（万元），基本确定收到的补偿是不能冲减预计负债的确认金额的。

【答案】C

【例题·单选题】甲公司2017年1月31日因为乙公司进行债务担保而确认了一笔预计负债1200万元，至2017年6月1日乙公司经济环境好转承诺将对甲公司进行补偿，基本确定补偿金额为1500万元。则下列说法不正确的是（　　）。

A. 2017年1月31日甲公司应确认预计负债1200万元

B. 2017年6月1日甲公司应确认其他应收款1200万元

C. 2017年6月1日甲公司应冲减营业外支出1200万元

D. 2017年6月1日甲公司冲减营业外支出1500万元

【解析】甲公司应编制的会计分录：

2017年1月31日

借：营业外支出　　　　　　1200

　　贷：预计负债　　　　　　　　1200

2017年6月1日

借：其他应收款　　　　　　1200

　　贷：营业外支出　　　　　　　1200

【答案】D

（三）预计负债的计量需要考虑的其他因素

1. 风险和不确定性

2. 货币时间价值

3. 未来事项

三、资产负债表日对预计负债账面价值的复核

企业应当在资产负债表日对预计负债的账面价值进行复核，有确凿证据表明该账面价值不能真实反映当前最佳估计数的，应当按照当前最佳估计数对该账面价值进行调整。

【提示】企业不应当确认或有负债和或有资产。

1. 确认负债时：

借：销售费用（常见的产品质量保证费用）

　　管理费用（一般是诉讼费或各项杂费）

　　营业外支出（通常是罚款或赔偿额）

　　贷：预计负债

2. 支付时：

借：预计负债

　　贷：其他应付款（或银行存款）

【例题·判断题】企业应当在资产负债表日对预计负债的账面价值进行复核，如果有确凿证据表明该账面价值不能真实反映当前最佳估计数，应当按照当前最佳估计数对该账面价值进行调整。（　　）

【答案】√

【星期五·第13章】或有事项会计处理原则的应用

一、未决诉讼或未决仲裁

借：管理费用（诉讼费）

　　营业外支出（赔偿支出）

　　贷：预计负债

【例题·单选题】2017年11月，甲公司因污水排放对环境造成污染被周围居民提起诉讼。2017年12月31日，该案件尚未一审判决。根据以往类似案例及公司法律顾问的判断，甲公司很可能败诉。如败诉，预计赔偿 2000 万元的可能性为 70%，预计赔偿 1800 万元的可能性为 30%。假定不考虑其他因素，该事项对甲公司 2017 年利润总额的影响金额为（　　）万元。

A. -1800 　　　　B. -1900

C. -1940 　　　　D. -2000

【解析】或有事项涉及单个项目的，满足条件时按照最可能发生金额确认预计负债。此题最可能发生金额为 2000 万元，所以该事项对甲公司 2017 年利润总额的影响金额为 -2000 万元。注意，此题不能按加权平均法计算。

【答案】D

二、债务担保

企业对外提供债务担保常常会涉及未决诉讼，这时可以分别以下情况进行处理：

（1）企业已被判决败诉，且不再上诉，则应当按照人民法院判决的应承担的损失金额，确认为负债，并计入当期营业外支出；

（2）已判决败诉，但企业正在上诉，或者经上一级人民法院裁定暂缓执行，或者由上一级人民法院发回重审等，企业应当在资产负债表日，根据已有判决结果合理估计可能发生的损失金额，确认为预计负债，并计入当期营业外支出；

（3）人民法院尚未判决的，企业应向其律师或法律顾问等咨询，估计败诉的可能性，以及败诉后可能发生的损失金额，并取得有关书面意见。如果败诉的可能性大于胜诉的可能性，并且损失金额能够合理估计的，应当在资产负债表日预计担保损失金额，确认为预计负债，并计入当期营业外支出。

借：营业外支出

　　贷：预计负债

三、产品质量保证

借：销售费用

　　贷：预计负债

【例题·单选题】甲公司于 2014 年 1 月 1 日成立，承诺产品售后 3 年内向消费者免费提供维修服务，预计保修期内将发生的保修费在销售收入的 3% 至 5% 之间，且这个区间内每个金额发生的可能性相同。当年甲公司实现的销售收入为 1000 万元，实际发生的保修费为 15 万元。不考虑其他因素，甲公司 2014 年 12 月 31 日资产负债表预计负债项目的期末余额为（　　）万元。（2015 年）

A. 15 　　　　B. 25

C. 35 　　　　D. 40

【解析】当年计提预计负债 = 1000 × （3% + 5%）/2 = 40 （万元），当年实际发生保修费冲减预计负债 15 万元，所以 2014 年年末资产负债表中预计负债的期末余额 = 40 - 15 = 25 （万元）。

【答案】B

【例题·多选题】下列各项中，影响当期损益的有（　　）。（2013 年）

A. 无法支付的应付款项

B. 因产品质量保证确认的预计负债

C. 研发项目在研究阶段发生的支出

D. 可供出售权益工具投资公允价值的增加

【解析】无法支付的应付款项应计入营业外收入，选项 A 正确；因产品质量保证确认的预计负债计入销售费用，选项 B 正确；研发项目在研究阶段的支出计入管理费用，选项 C 正确；可供出售权益工具投资公允价值的增加计入其他综合收益，不影响损益，选项 D 错误。

【答案】ABC

【提示】在对产品质量保证确认预计负债时：

（1）如果发现保证费用的实际发生额与预计数相差较大，应及时对预计比例进行调整；

（2）如果企业针对特定批次产品确认预计负债，则在保修期结束时，应将"预计负债—产品质量保证"余额冲销，同时冲销销售费用；

（3）已对其确认预计负债的产品，如企业不再生产，那么应在相应的产品质量保证期满后，将"预计负债—产品质量保证"余额冲销，同时冲销销售费用。

四、亏损合同

1. 待执行合同的概念

待执行合同，是指合同各方尚未履行任何合同义务，或部分地履行了同等义务的合同。

2. 亏损合同的概念

亏损合同，是指履行合同义务不可避免会发生的成本超过预期经济利益的合同。

3. 待执行合同形成的或有事项的确认原则

待执行合同变成亏损合同的，该亏损合同产生的义务满足预计负债确认条件的，应当确认为预计负债。

【提示】企业不应当就未来经营亏损确认预计负债。

4. 待执行合同形成的预计负债的计量

待执行合同变成亏损合同时，企业拥有合同标的资产的，应当先对标的资产进行减值测试并按规定确认减值损失，如预计亏损超过该减值损失，应将超过部分确认为预计负债。企业没有合同标的资产的，亏损合同相关义务满足规定条件时，应当全部确认为预计负债。

（1）有标的资产：

借：资产减值损失

　　贷：存货跌价准备

预计亏损超过该减值损失部分：

借：营业外支出

　　贷：预计负债

第 七 周

（2）没有标的资产：
借：营业外支出
贷：预计负债
（3）生产出产品后：
借：预计负债
贷：库存商品

【例题·计算题】甲公司2017年初与乙公司签订租赁合同，约定经营租入乙公司一台设备用于生产A产品，租期3年，每年年末支付租金100万元。2017年年末因产品过时，市场出现滞销，甲公司停止了A产品的生产，由于该租赁合同属不可撤销合同，甲公司仍需支付后两年的租金，假定不考虑现值因素。

甲公司在2017年应作如下账务处理：
借：营业外支出　　　　　　　200
贷：预计负债　　　　　　　　200

【例题·计算题】甲公司2017年11月初与乙公司签订A产品不可撤销的产销合同，合同约定甲公司在2018年5月前要生产100件A商品，以每件1万元的价格销售给乙公司，如果未按合同发货则由甲公司支付总价款30%的违约金。2017年年末甲公司在开始A产品生产时发现由于材料、人工费用的上涨，A产品的单位生产成本已升至每件1.2万元。

【答案】甲公司执行合同预计产生损失＝1.2×100－1×100＝20（万元）；
不执行合同产生损失＝100×30%＝30（万元），甲公司应选择执行合同。

2017年末应作如下账务处理：
借：营业外支出　　　　　　　20
贷：预计负债　　　　　　　　20
待产品生产出来后再作如下调整分录：
借：预计负债　　　　　　　　20
贷：库存商品　　　　　　　　20

如果不执行合同支付的违约金只有10万元，甲公司应选择违约，确认的预计负债为10万元。

账务处理如下：
借：营业外支出　　　　　　　10
贷：预计负债　　　　　　　　10

【例题·判断题】企业因亏损合同确认的预计负债，应当按照退出该合同的最高净成本进行计量。（　　）（2016年）

【解析】亏损合同确认的预计负债应该按照退出该项合同的最低净成本计量。

【答案】×

【例题·判断题】企业待执行合同变为亏损合同时，合同存在标的资产的，应先对标的资产进行减值测试，并按规定确认资产减值损失，再将预计亏损超过该减值损失的部分确认为预计负债。（　　）

【解析】待执行合同变成亏损合同时，企业拥有合同标的资产的，应当先对标的资产进行减值测试并按规定确认减值损失，如预计亏损超过该减值损失，应将超过部分确认为预计负债。无合同标的资产的，亏损合同相关义务满足预计负债确认条件时，应当确认为预计负债。

【答案】√

【例题·单选题】2017年2月1日，甲公司与乙公司签订一项不可撤销的产品销售合同，合同规定：甲公司于3个月后提交乙公司一批产品，合同价格（不含增值税额）为500万元，如甲公司违约，将支付违约金100万元。至2017年2月末，甲公司为生产该产品已发生成本20万元，因原材料价格上涨，甲公司预计生产该产品的总成本为580万元。不考虑其他因素，2017年2月28日，甲公司因该合同确认的预计负债为（　　）万元。

A. 20　　　　　　　　B. 100
C. 80　　　　　　　　D. 60

【解析】甲公司继续执行合同发生的损失＝580－500＝80（万元），如违约将支付违约金100万元并可能承担已发生成本20万元的损失，甲公司应选择继续执行合同，执行合同将发生的成本＝580－20＝560（万元），应确认预计负债＝560－500＝60（万元）。

【答案】D

五、重组义务

重组，是指企业制定和控制的，将显著改变企业组织形式、经营范围或经营方式的计划实施行为。

属于重组的事项主要包括：
1. 出售或终止企业的部分业务；
2. 对企业的组织结构进行较大调整；
3. 关闭企业的部分营业场所，或将营业活动由一个国家或地区迁移到其他国家或地区。

企业承担的重组义务满足或有事项确认预计负债条件的，应当确认为预计负债。企业应当按照与重组有关的直接支出确定该预计负债金额。直接支出不包括留用职工岗前培训、市场推广、新系统和营销网络投入等支出。

下列情况同时存在时，表明企业承担了重组义务：
1. 有详细、正式的重组计划，包括重组涉及的业务、主要地点、需要补偿的职工人数、预计重组支出、计划实施时间等；
2. 该重组计划已对外公告。重组计划已经开始实施，或已向受其影响的各方通告了该计划的主要内容，从而使各方形成了对该企业将实施重组的合理预期。

与重组有关支出的判断表

支出项目	包　括	不包括	不包括的原因
自愿遣散	√		
强制遣散（如果自愿遣散目标未满足）	√		
将不再使用的厂房的租赁撤销费	√		
将职工和设备从拟关闭的工厂转移到继续使用的工厂		√	支出与继续进行的活动相关
剩余职工的再培训		√	支出与继续进行的活动相关
新经理的招聘成本		√	支出与继续进行的活动相关
推广公司新形象的营销成本		√	支出与继续进行的活动相关
对新营销网络的投资		√	支出与继续进行的活动相关
重组的未来可辨认经营损失（最新预计值）		√	支出与继续进行的活动相关
特定的固定资产的减值损失		√	资产减值准备应当按照《企业会计准则第 8 号—资产减值》进行计提

【例题·单选题】甲公司由于受国际金融危机的不利影响，决定对乙事业部进行重组，将相关业务转移到其他事业部。经履行相关报批手续，甲公司对外正式公告其重组方案。甲公司根据该重组方案预计很可能发生的下列各项支出中，不应当确认为预计负债的是(　　)。

A. 自愿遣散费

B. 强制遣散费

C. 剩余职工岗前培训费

D. 不再使用厂房的租赁撤销费

【解析】企业应当按照与重组有关的直接支出确定预计负债金额。其中，直接支出是企业重组必须承担的直接支出，并且是与主体继续进行的活动无关的支出，不包括留用职工岗前培训、市场推广、新系统和营销网络投入等支出。

【答案】C

【例题·单选题】A 上市公司 2017 年 2 月实施了一项关闭甲产品生产线的重组义务，重组计划预计发生下列支出：因辞退员工将支付补偿款 500 万元；因撤销厂房租赁合同将支付违约金 50 万元；因将用于甲产品生产的固定资产等转移至仓库将发生运输费 5 万元；因对留用员工进行培训将发生支出 0.5 万元；因推广新款乙产品将发生广告费用 1000 万元；因处置用于生产甲产品的固定资产将发生减值损失 100 万元。2017 年 2 月 28 日，A 公司应确认的预计负债金额为(　　)万元。

A. 550　　　　　　　　B. 555

C. 555.5　　　　　　　D. 650.5

【解析】应当按照与重组有关的直接支出确定预计负债金额，A 公司应确认的预计负债金额 = 500 + 50 = 550（万元）。

【答案】A

扫一扫，视频答疑

　　本书中各部分试题均配备二维码，下载安装 "东奥题库宝典" 移动客户端，扫一扫左侧二维码，即可在线做题，并获得详尽的答案解析、解题思路等超值服务，解决您做题时的一切疑惑。

【移动客户端安装二维码详见封底】

第七周

本周自测

一、单项选择题

1. 下列各项中，关于股份支付的说法正确的是(　　)。

A. 股份支付只限于企业与职工之间发生的交易

B. 股份支付是以获取职工或其他方服务为目的的交易

C. 股份支付交易与企业自身权益工具现在的价值密切相关

D. 股份支付只能向职工或其他方支付权益工具

2. 下列各项中，关于股份支付主要类型的说法不正确的是(   )。
  A. 限制性股票是指职工或其他方从企业获得一定数量的本企业股票且该股票有锁定期
  B. 股票期权是指企业授予职工或其他方现在可以以预先确定的价格和条件购买本企业一定数量的股票的权利
  C. 模拟股票是现金结算股份支付的一种常用工具
  D. 现金股票增值权是一种增值权形式的与股票价值挂钩的薪酬工具

3. 对于授予后立即可行权的换取职工提供服务的权益结算的股份支付，应在授予日按照权益工具的(   )进行计量。
  A. 合同约定价值   B. 账面价值
  C. 公允价值   D. 现值

4. 下列各项中，关于以权益结算方式换取其他方服务的股份支付确认和计量的说法不正确的是(   )。
  A. 企业应当以股份支付所换取服务的公允价值计量
  B. 如果其他方提供服务的公允价值能够可靠计量的应优先采用其他方提供服务在取得日的公允价值计量
  C. 如果其他方提供服务的公允价值不能可靠计量的，应以权益工具的公允价值计量
  D. 企业应当按其他方服务在取得日公允价值确认其他综合收益

5. 下列各项中，关于股份支付可行权条件的说法正确的是(   )。
  A. 可行权条件包括两类，即市场条件和非市场条件
  B. 职工按股份支付协议需要在企业服务一定期限属于非市场条件
  C. 股价上升至何种水平后职工可以取得相应的股份属于市场条件
  D. 企业税后利润达到某一水平可以行权属于市场条件

6. 下列各项中，关于股份支付的会计处理说法正确的是(   )。
  A. 授予日，除立即可行权的股份支付外，以现金结算的股份支付无需进行账务处理，但与权益结算的股份支付需按当日权益工具的公允价值进行会计处理
  B. 在等待期内，以权益结算的股份支付需按每个资产负债表日权益工具的公允价值进行计量
  C. 如果在等待期内取消了授予的权益工具，企业需将剩余等待期内应确认的金额立即计入当期损益
  D. 对于现金结算的股份支付，企业在可行权日后根据负债公允价值变动计入相关资产成本或当期损益

7. 2015年1月1日，甲公司向100名高管人员每人授予1万份股票期权，这些人员从被授予股票期权之日起连续服务满3年，即可按每股6元的价格购买甲公司1万股普通股股票（每股面值1元）。该期权在授予日的公允价值为每份12元。2017年11月11日，甲公司从二级市场以每股15元的价格回购本公司普通股股票100万股，拟用于高管人员股权激励。在等待期内，甲公司没有高管人员离职。2017年12月31日，高管人员全部行权，当日甲公司普通股市场价格为每股18元。2017年12月31日，甲公司因高管人员行权应确认的资本公积—股本溢价为(   )万元。
  A. 300   B. 1800
  C. 1500   D. 900

8. 2015年12月1日，甲公司董事会批准一项股份支付协议。协议规定：2016年1月1日，公司为其200名中层以上管理人员每人授予10万份现金股票增值权，行权条件是自2016年1月1日起，这些人员必须在公司连续服务满3年，即可自2018年12月31日起根据股价的增长幅度行权获取现金。甲公司2016年、2017年和2018年每年年末每份现金股票增值权的公允价值分别为10元、12元和15元。2016年有20名管理人员离职，甲公司预计未来两年还将有15名管理人员离职，2017年实际有10名管理人员离职，预计2018年还将有10名管理人员离职。甲公司在2017年12月31日应确认的应付职工薪酬金额为(   )万元。
  A. 5500   B. 7300
  C. 12800   D. 13600

9. 下列各项中，关于企业集团内涉及不同企业股份支付交易的会计处理表述不正确的是(   )。
  A. 结算企业以本身权益工具结算，接受服务企业没有结算义务的，结算企业应确认资本公积
  B. 结算企业不是以本身权益工具结算，接受服务企业没有结算义务的，结算企业应确认资本公积
  C. 结算企业与接受服务企业是同一企业，授予本企业职工的是其本身权益工具的，结算企业应确认资本公积
  D. 结算企业与接受服务企业是同一企业，授予本企业职工的不是其本身权益工具的，结算企业应确认应付职工薪酬

10. 下列各项中，关于或有事项的说法正确的是(   )。
  A. 或有事项的现存状况是过去及将来的事项所引起的客观存在
  B. 或有事项的结果预计将会发生，但发生的具体时间和金额具有不确定性

第七周

C. 或有事项只能对企业发生不利影响

D. 所有的不确定性均属于或有事项

11. 下列各项中，不属于或有负债基本特征的是（　　）。

A. 由过去的交易或事项形成的潜在义务

B. 由过去的交易或事项形成的现实义务

C. 履行义务很可能导致经济利益流出企业

D. 该义务的金额不能可靠地计量

12. 下列各项中，属于或有事项的是（　　）。

A. 甲公司将商品赊销给乙公司

B. 甲公司向 H 银行贷款 1000 万元

C. 甲公司销售商品承诺 3 年保修期

D. 甲公司对购入固定资产计提折旧

13. 甲公司管理层患有"担保综合症"，为以下公司提供全额担保，则满足预计负债确认条件的是（　　）。

A. 为 A 公司担保 2000 万元，A 公司财务和经营状况良好，预期不存在还款困难

B. 为 B 公司担保 3000 万元，B 公司贷款已逾期，银行已起诉 B 公司和甲公司，甲公司预计很可能承担连带责任，但损失金额难以确定

C. 为 C 公司担保 4000 万元，C 公司受汇率影响本年度效益不如以往，可能不能偿还到期贷款

D. 为 D 公司担保 5000 万元，贷款已到期，D 公司已经被重组，银行已起诉甲公司，要求甲公司全额承担还款责任，甲公司很可能承担还款责任，并且预计损失金额为 5000 万元

14. 下列各项中，说法不正确的是（　　）。

A. 或有负债不符合负债确认条件，因此不能在财务报表中予以确认

B. 或有负债需要按照有关规定在报表附注中披露形成的原因

C. 与或有事项有关的义务在满足条件时应当确认为预计负债

D. 或有负债如果是现时义务则应在报表中进行确认

15. 下列各项中，关于或有资产的说法正确的是（　　）。

A. 或有资产在很可能收到时应确认为其他应收款

B. 所有的或有资产均应在财务报表附注中进行披露

C. 或有资产在企业基本确定能够收到这项潜在资产并且金额能够可靠计量时应确认为企业的资产

D. 或有资产的形成一定有或有负债

16. 甲公司因违约而被乙公司起诉，截至 2017 年 12 月 31 日甲公司尚未接到人民法院的判决。甲公司法律顾问预计甲公司可能需要赔偿，赔偿金额在 100 万元到 200 万元之间，并且这个区间每个金额的可能性都大致相同，则 2017 年 12 月 31 日甲公司针对上述事项表述正确的是（　　）。

A. 确认预计负债 100 万元

B. 确认预计负债 150 万元

C. 确认预计负债 200 万元

D. 在财务报表附注中披露

17. 甲公司涉及一项债务担保诉讼，2017 年 12 月 31 日法院尚未判决。甲公司咨询法律顾问后认为胜诉的可能性为 30%，败诉的可能性为 70%。如果败诉需要赔偿 300 万元。甲公司因该事项应确认的预计负债为（　　）万元。

A. 300　　　　　　B. 210

C. 90　　　　　　 D. 120

18. 甲公司销售产品承诺售出 1 年内免费维修，甲公司 2017 年第四季度销售收入为 5000 万元。甲公司预计发生质量较大问题的维修费用为收入的 5%，发生较小质量问题的维修费用为收入的 3%。根据以往经验预测，本季度销售产品中 60% 不会发生质量问题，25% 可能发生较小质量问题，15% 可能发生较大质量问题。则甲公司 2017 年 12 月 31 日因上述事项应确认的预计负债为（　　）万元。

A. 150　　　　　　B. 75

C. 90　　　　　　 D. 250

19. 甲公司因为乙公司承担担保责任而确认预计负债 500 万元，根据合同约定，甲公司基本确定可以从乙公司获得赔偿 550 万元，则下列说法正确的是（　　）。

A. 确认其他应收款 50 万元

B. 确认预计负债 500 万元

C. 确认其他应收款 550 万元

D. 确认预计负债 50 万元

20. 2016 年 9 月 1 日甲公司向 A 银行贷款 5000 万元，期限 1 年。至 2017 年 8 月 31 日甲公司因与 A 银行存在分歧，所以没有按期还款。A 银行将甲公司诉至人民法院，至 12 月 31 日法院尚未判决。甲公司咨询企业法律顾问后认为败诉的可能性为 80%，如果败诉除需要支付贷款本金和利息 5600 万元外，还应支付违约金 520 万元，另发生诉讼费用 50 万元。则甲公司 2017 年 12 月 31 日因上述事项应确认的营业外支出金额为（　　）万元。

A. 570　　　　　　B. 6170

C. 520　　　　　　D. 5520

21. 甲公司与乙公司签订不可撤销的销售合同，根据合同约定甲公司应以每件 2 万元的价格向乙公司销售 A 产品 1000 件，若有违约需向对方支付合同总价款 10% 的违约金。签订合同时甲公司尚未生产 A 产品，待甲公司准备生产时 A 产品的材料成本大幅度上涨，预计生产 A

产品的单位成本为2.1万元。不考虑相关税费，则甲公司应确认预计负债为（ ）万元。

A. 100　　　　　　　B. 200

C. 0　　　　　　　　D. 300

22. 2017年2月1日甲公司与乙公司签订不可撤销的销售合同，约定3月1日前甲公司向乙公司销售A产品150件，每件售价15万元（不含税）。如果甲公司违约将支付违约金200万元。甲公司至2月28日已发生成本100万元，但由于原材料价格上涨等原因导致生产A产品的预计总成本上升至2400万元，则甲公司下列会计处理不正确的是（ ）。

A. 甲公司应计提存货跌价准备100万元

B. 甲公司应确认预计负债150万元

C. 甲公司应确认营业外支出50万元

D. 甲公司应确认资产减值损失100万元

23. 下列各项中，在重组支出中不属于预计负债的是（ ）。

A. 自愿遣散费

B. 不再使用厂房的租赁撤销费

C. 强制遣散费

D. 剩余职工的再培训费用

24. 甲公司对所售商品提供质量担保，在一年内出现任何非人为原因问题均可免费维修。2017年10月1日因质量担保产生的预计负债的余额为12.5万元，当月销售收入为150万元，发生商品维修领用本企业原材料1.5万元，发生人工费用0.3万元。甲公司按收入的2%计提产品质量保证金。甲公司2017年10月31日预计负债的余额为（ ）万元。

A. 10.7　　　　　　B. 13.7

C. 3　　　　　　　　D. 12.5

二、多项选择题

1. 下列各项中，属于股份支付主要环节的有（ ）。

A. 授予日　　　　　B. 可行权日

C. 行权日　　　　　D. 出售日

2. 下列股份支付工具中，属于以权益结算股份支付的有（ ）。

A. 限制性股票　　　B. 模拟股票

C. 股票期权　　　　D. 现金股票增值权

3. 下列各项中，属于行权条件中市场条件的有（ ）。

A. 最低股价增长率　B. 销售指标实现情况

C. 最低盈利水平　　D. 股东报酬率

4. 下列各项中，关于以现金结算的股份支付会计处理表述正确的有（ ）。

A. 应按授予日权益工具的公允价值计量，后续期间不确认公允价值变动

B. 应按每个资产负债表日权益工具的公允价值

计量，公允价值变动计入公允价值变动损益

C. 在等待期内，应根据最新取得的可行权人数对权益工具的公允价值进行调整，计入相关资产成本或当期损益

D. 可行权日后不再确认成本费用，负债公允价值变动计入公允价值变动损益

5. 对于企业以回购股份方式进行职工期权激励的，下列说法正确的有（ ）。

A. 企业以回购股份方式奖励本企业职工属于权益结算的股份支付

B. 企业回购的股份应作为库存股核算

C. 企业应在等待期内按库存股的公允价值将取得职工的服务计入成本费用，同时增加资本公积

D. 行权时企业应冲减实际行权部分的库存股以及资本公积（其他资本公积）累计金额，同时调整资本公积（股本溢价）

6. 下列各项中，关于股份支付取消或结算的说法正确的有（ ）。

A. 在等待期内取消或结算了所授予的权益工具应作为加速可行权处理

B. 在取消或结算时支付给职工所有款项均作为当期费用

C. 如果向职工授予新的权益工具并未替代原权益工具的，则应将其作为一项新的股份支付进行处理

D. 在取消或结算时支付给职工的所有款项均应作为权益的回购处理，回购金额高于权益工具在回购日公允价值的部分计入当期损益

7. 甲公司为乙公司的母公司，2017年1月1日甲公司与乙公司高管人员签订股份支付协议，根据协议约定自授予日起乙公司高管人员在乙公司服务满3年，即可获得甲公司一定数量的股票。则下列会计处理正确的有（ ）。

A. 甲公司个别报表应编制的会计分录：

借：长期股权投资

　　贷：资本公积

B. 乙公司个别报表应编制的会计分录：

借：管理费用

　　贷：资本公积

C. 企业集团应编制的抵销分录：

借：资本公积

　　贷：长期股权投资

D. 企业集团应编制的抵销分录：

借：管理费用

　　贷：长期股权投资

8. 下列各项中，属于或有事项的有（ ）。

A. 未决诉讼　　　　B. 亏损合同

C. 经营亏损　　　　D. 重组义务

9. 下列各项中，关于或有事项计量的说法正确的有（ ）。

A. 当清偿因或有事项而确认的负债所需支出存在一个连续范围且概率相等时，则最佳估计数应按此范围的上下限金额的平均数确认

B. 如果涉及单个项目，则最佳估计数为最可能发生数

C. 如果涉及多个项目，则最佳估计数按各种可能发生额及发生概率加权平均计算确认

D. 企业清偿预计负债所需支出全部或部分预期由第三方补偿的，补偿金额只有在基本确定能够收到时才能作为资产单独确认

10. 下列各项中，属于企业确认预计负债时应考虑的因素有（　　）。
　A. 事项的风险　　　B. 事项的不确定性
　C. 货币时间价值　　D. 预期未来事项

11. 企业进行债务担保，对于被担保方无法履行合同时，下列事项应确认预计负债的有（　　）。
　A. 12月31日企业已被判决败诉，并承诺按规定承担赔偿金额
　B. 12月31日企业已被判决败诉，能够确定赔偿金额，但企业正在上诉
　C. 12月31日法院尚未判决，企业预计败诉可能性为60%，并且可以合理估计赔偿金额
　D. 12月31日企业已被终审判决败诉，赔偿金额可以确定，但预期可以获得补偿金额大于赔偿金额

12. 下列各项中，关于企业对产品质量保证确认预计负债的说法正确的有（　　）。
　A. 如果发现产品质量保证费用的实际发生额与预计数相差较大，应及时对预计比例进行调整
　B. 如果针对特定批次产品确认预计负债，则在保修期结束时应将预计负债余额冲销，同时计入营业外收入
　C. 对于已确认预计负债的产品，如果企业不再生产了，相应的在质保期结束后将预计负债余额冲销，同时冲减管理费用
　D. 计提产品质量保证费用会减少企业营业利润

13. 下列关于企业对亏损合同会计处理表述正确的有（　　）。
　A. 如果与亏损合同相关的义务不需支付任何补偿即可撤销，则不应确认预计负债
　B. 企业亏损合同为不可撤销合同的，应确认预计负债
　C. 亏损合同存在标的资产的，应先对标的资产进行减值测试并按规定确认减值损失
　D. 亏损合同不存在标的资产的，相关义务满足预计负债确认条件时，应当确认预计负债

14. 下列各项中，表明企业承担了重组义务的情况有（　　）。
　A. 有详细、正式的重组计划

B. 企业董事会已通过表决
C. 企业股东大会已通过表决
D. 该重组计划已对外公告

三、判断题

1. 无论是以权益工具结算还是以现金结算的股份支付均与权益工具的未来价值密切相关。（　　）

2. 企业授予的权益工具的公允价值无法可靠计量的，应以内在价值计量该权益工具，内在价值的变动计入所有者权益。（　　）

3. 以现金结算的股份支付在等待期每个资产负债表日应以对可行权情况的最佳估计为基础按在企业承担负债的公允价值计量，并计入相关资产成本或当期损益。（　　）

4. 企业以权益结算的股份支付如果市场条件未满足而未行权，则原确认的相关费用应转回，同时冲减所有者权益。（　　）

5. 如果修改减少了授予的权益工具的公允价值，企业应当继续以权益工具在授予日的公允价值为基础，确认取得服务的金额，而不应考虑权益工具公允价值的减少。（　　）

6. 对于授予职工股票期权因受到相关条款和条件的限制难以获得其市场价值的，也不存在相似交易期权的，则应通过期权定价模型估计所授予的期权的公允价值。（　　）

7. 企业未来可能发生的经营亏损、自然灾害等都具有不确定性，属于或有事项。（　　）

8. 或有事项是一种不确定事项，但会计处理过程中存在的不确定性事项并不都是或有事项。（　　）

9. 或有负债无论是潜在义务还是现时义务，均不符合负债的确认条件，因此不能在财务报表中确认，也无需进行披露。（　　）

10. 企业应在财务报表附注中披露所有的或有负债。（　　）

11. 企业因债务担保而确认一项预计负债，基本确定可以从第三方获得补偿，则应将应补偿的金额以预计负债为限进行冲减。（　　）

12. 企业因固定资产存在弃置费用而确认预计负债，在确认时应综合考虑预期资产处置时所形成的利得。（　　）

13. 企业在资产负债表日应对预计负债的账面价值进行复核，如果有确凿证据表明其账面价值不准确的，应对其账面价值进行调整。（　　）

14. 企业已被法院判决败诉，则应按法院判决应承担的损失金额确认预计负债。（　　）

15. 所有待执行合同均为亏损合同。（　　）

16. 与重组有关直接支出符合条件的应当确认预计负债金额，并计入当期损益。（　　）

四、计算分析题（除题目中有特殊要求外，答案中金额单位以万元表示，有小数的，保留两位小数）

1. 甲公司 2015 年 1 月 1 日与本公司 50 名高级管理人员签订股份支付协议，授予每人 10 万份股票期权，股票期权的行权价格为 5 元/股，根据协议约定行权条件为，从 2015 年起第一年末净利润增长率达到 20%，第二年末两年平均净利润增长率达到 16%，第三年末三年平均净利润增长率达到 12%。2015 年 1 月 1 日每份股票期权的公允价值为 18 元。2015 年 12 月 31 日甲公司净利润增长率为 18%，没有到达行权条件，有 10 名高管离职，预计还将有 5 名高管离职。甲公司预计第二年平均净利润增长率能够达到 16%，即 2016 年年末可以行权。2016 年 12 月 31 日甲公司净利润增长率为 12%，没有达到行权条件，有 8 名高管离职，预计还将有 3 名高管离职。甲公司预计第三年平均净利润增长率能够达到 12%，即 2017 年年末可以行权。2017 年 12 月 31 日甲公司净利润增长率为 10%，三年平均净利润增长率达到 12%，当年没有高管离职，剩余高管全部行权。

要求：

（1）计算累计确认的管理费用及行权时确认资本公积—股本溢价的金额。

（2）编制甲公司 2015 年至 2017 年与股份支付有关的会计分录。（答案中的金额单位用万元表示）

2. HKM 股份有限公司（以下简称"HKM"公司）2014 年 1 月 1 日，经股东大会批准，与其 100 名高级管理人员签署股份支付协议。协议规定：① HKM 公司向其 100 名高级管理人员每人授予 5 万份股票期权，行权条件为这些高级管理人员自授予股票期权之日起在公司连续服务满 3 年，公司 3 年平均净利润增长率达到 12%；②符合行权条件后，每份股票期权可以自 2017 年 1 月 1 日起 1 年内，以每股 3 元的价格购买 HKM 公司 1 股普通股股票，在行权有效期内未行权的股票期权将失效。HKM 公司估计授予日每份股票期权的公允价值为 18 元。2014 年至 2017 年，HKM 公司与股票期权有关的资料如下：

（1）2014 年 5 月，HKM 公司自市场回购本公司股票 500 万股，共支付款项 8000 万元，作为库存股待员工行权时使用。

（2）2014 年，HKM 公司有 1 名高级管理人员离开公司，本年净利润增长率为 10%。该年年末，HKM 公司预计未来两年将有 1 名高级管理人员离开公司，预计 3 年平均净利润增长率将达到 12%；每份股票期权的公允价值为 19 元。

（3）2015 年，HKM 公司没有高级管理人员离开公司，本年净利润增长率为 12%。该年年末，HKM 公司预计未来 1 年将有 2 名高级管理人员离开公司，预计 3 年平均净利润增长率将达到 12.5%；每份股票期权的公允价值为 21 元。

（4）2016 年，HKM 公司有 1 名高级管理人员离开公司，本年净利润增长率为 16%。该年年末，每份股票期权的公允价值为 25 元。

（5）2017 年 3 月，剩余高级管理人员全部行权，HKM 公司共收到款项 1470 万元，相关股权的变更登记手续已办理完成。

（6）2017 年 4 月，根据股东大会决议，将剩余库存股注销股本。

要求：

（1）编制 HKM 公司回购本公司股票时的相关会计分录。

（2）计算 HKM 公司 2014 年、2015 年、2016 年因股份支付应确认的费用，并编制相关会计分录。

（3）编制 HKM 公司高级管理人员行权时的相关会计分录。

（4）编制 HKM 公司注销库存股的相关会计分录。

3. 2014 年 1 月 1 日乙公司与其 100 名高级管理人员签订股份支付协议授予每人 10 万份现金股票增值权，根据协议约定，自签订协议之日起需要在乙公司连续服务满 3 年，即可按照当时股份增长幅度获得现金，该现金股票增值权需在 2018 年 12 月 31 日之前行使完毕，未行使部分自动作废。乙公司估计该增值权在负债结算前每一资产负债表日以及结算日的公允价值和可行权后每份增值权支付现金如下表所示：

单位：元

年　份	公允价值	支付现金
2014	12	
2015	15	
2016	18	15
2017	22	18
2018		25

第七周

第一年有 10 名高管离职，乙公司预计未来两年还将有 15 名高管离职；第二年有 15 名高管离职，乙公司预计第三年还将有 5 名高管离职；第三年有 2 名高管离职，当年年末有 50 名高管行权，第四年年末有 10 名高管行权，第五年年末剩余高管全部行权。

要求：

（1）填列 2014 年至 2018 年费用和应付职工薪酬计算表。

单位：万元

年　份	应付职工薪酬	支付现金计算	当期费用
2014			
2015			
2016			
2017			
2018			
总额			

（2）编制 2014 年至 2017 年与股份支付有关的会计分录。

4. 甲公司为上市公司，2017 年发生了与或有事项有关的经济业务如下：

（1）7 月 1 日，有一笔银行贷款已经到期，本金 5000 万元，利息 1200 万元。甲公司具有还款能力，但与贷款银行存在其他经济纠纷，而未按期还款。7 月 15 日贷款银行向人民法院提起诉讼，截至 12 月 31 日人民法院尚未判决。甲公司咨询法律顾问后认为败诉的可能性为 80%，预计将要支付罚息和诉讼费用，但具体金额无法确定。

（2）9 月 30 日，甲公司为其子公司提供担保的贷款到期，其子公司无力还款。10 月 10 日贷款银行已起诉甲公司和其子公司，甲公司咨询法律顾问后认为需要承担连带还款责任，预计损失金额在 2000 万元至 3000 万元之间（包括诉讼费用 100 万元），且发生可能性相同。

（3）11 月 1 日，甲公司与乙公司签订不可撤销合同。根据合同约定，甲公司在 12 月 31 日之前需向乙公司提供 1000 件 A 产品，每件产品售价 1 万元（不含税）。如有违约需向对方支付合同总价款 10% 的违约金。当日甲公司尚未开始生产 A 产品，待甲公司准备生产 A 产品时，原材料价格突然上涨，预计生产 A 产品的单位成本为 1.2 万元/件。

（4）12 月 12 日，甲公司决定关闭在境外的一处营业部，甲公司董事会已做出正式的书面决议，并将其对外公布。甲公司预计将会发生员工遣散费用 1200 万元，房屋租赁撤销费用 500 万元，剩余职工的再培训费用 100 万元，特定固定资产的减值损失 800 万元，对新营销网络的投资 5000 万元。

（5）12 月 31 日，甲公司对当月新生产销售的 B 产品做出承诺，售出 B 产品后三年内发生非人为原因的质量问题，甲公司将免费负责维修。当月 B 产品产生销售收入 3200 万元。甲公司预计发生质量较大问题的维修费用为收入的 10%，质量较小问题的维修费用为收入的 2%。甲公司根据技术部门提供的报告分析预测，本月销售 B 产品中，80% 不会发生任何质量问题，15% 可能发生较小质量问题，5% 可能发生较大质量问题。

要求：

（1）根据上述资料逐项分析是否满足预计负债的确认条件，并说明理由。

（2）编制与预计负债有关的会计分录。

（3）不考虑其他因素，计算甲公司 2017 年 12 月 31 日预计负债的期末余额。

5. 红高粱公司为手机生产企业，主要生产三种型号的手机，分别为 H1，G2，L3。红高粱公司 2017 年度有关事项如下：

（1）红高粱公司管理层于 2017 年 11 月制定了一项业务重组计划。该业务重组计划的主要内容如下：从 2018 年 1 月 1 日起关闭 L3 型号手机生产线；从事 L3 型号手机生产的员工共计 250 人，除部门主管及技术骨干等 50 人留用转入其他部门外，其他 200 人都将被辞退。根据被辞退员工的职位、工作年限等因素，红高粱公司将一次性给予被辞退员工不同标准的补偿，补偿款共计 800 万元；L3 型号手机生产线关闭之日，租用的厂房将被腾空，撤销租赁合同并将其移交给出租方；用于生产 L3 型号手机的固定资产等将转移至红高粱公司的仓库。上述业务重组计划已于 2017 年 12 月 2 日经红高粱公司董事会批准，并于 12 月 10 日对外公告。

2017 年 12 月 31 日，上述业务重组计划尚未实际实施，员工补偿及相关支出尚未支付。为了实施上述业务重组计划，红高粱公司预计发生以下支出或损失：因辞退员工将支付补偿款 800 万元；因撤销厂房租赁合同将支付违约金 25 万元；因将用于生产 L3 型号手机的固定资产等转移至仓库将发生运输费 3 万元；因对留用员工进行培训将发生支出 1 万元；因推广新款 G3plus 型号手机将发生广告费用 2500 万元；因处置用于生产 L3 型号手机的固定资产将发生减值损失 150 万元。

(2) 2017 年 12 月 15 日，消费者因使用 L3 型号手机造成财产损失向法院提起诉讼，要求红高粱公司赔偿损失 560 万元；至 12 月 31 日，法院尚未对该案件作出判决。在咨询法律顾问后，红高粱公司认为该诉讼案件很可能败诉。根据专业人士的测算，红高粱公司的赔偿金额在 450 万元至 550 万元之间，并且上述区间内每个金额发生的可能性相同（不考虑诉讼费等）。

(3) 2017 年 12 月 25 日，红薯公司（为红高粱公司的子公司）向银行借款 3200 万元，期限为 3 年。经董事会批准，红高粱公司为红薯公司的上述银行借款提供全额担保。至 12 月 31 日，红薯公司经营状况良好，预计不存在还款困难。

要求：

(1) 根据资料 (1)，判断哪些是与红高粱公司重组业务有关的直接支出，并计算因重组义务应确认的预计负债金额。

(2) 根据资料 (1)，计算红高粱公司因重组业务计划而减少 2017 年度利润总额的金额，并编制相关会计分录。

(3) 根据资料 (2) 和 (3)，判断红高粱公司是否应当将与或有事项相关的义务确认为预计负债，如需确认，计算预计负债的最佳估计数，并编制相关会计分录；如不需确认，请说明理由。

6. 甲公司系增值税一般纳税人，购买设备适用的增值税税率为 17%。有关资料如下：

资料一：2014 年 8 月 1 日，甲公司从乙公司购入 1 台不需安装的 A 生产设备并投入使用，已收到增值税专用发票，价款 1000 万元，增值税税额为 170 万元，付款期为 3 个月。

资料二：2014 年 11 月 1 日，应付乙公司款到期，甲公司虽有付款能力，但因该设备在使用过程中出现过故障，与乙公司协商未果，未按时支付。2014 年 12 月 1 日，乙公司向人民法院提起诉讼，至当年 12 月 31 日，人民法院尚未判决。甲公司法律顾问认为败诉的可能性为 70%，预计支付诉讼费 5 万元，逾期利息在 20 万元至 30 万元之间，且这个区间内每个金额发

生的可能性相同。

资料三：2015 年 5 月 8 日，人民法院判决甲公司败诉，承担诉讼费 5 万元，并在 10 日内向乙公司支付欠款 1170 万元和逾期利息 50 万元。甲公司和乙公司均服从判决，甲公司于 2015 年 5 月 16 日以银行存款支付上述所有款项。

资料四：甲公司 2014 年度财务报告已于 2015 年 4 月 20 日报出，不考虑其他因素。

要求：

(1) 编制甲公司购进固定资产的相关会计分录。

(2) 判断说明甲公司 2014 年年末就该未决诉讼案件是否应当确认预计负债及其理由；如果应当确认预计负债，编制相关会计分录。

(3) 编制甲公司服从判决支付款项的相关会计分录。（2015 年）

本周自测参考答案及解析

一、单项选择题

1. 【答案】B

【解析】股份支付是企业与职工或其他方之间发生的交易，选项 A 错误；股份支付交易与企业自身权益工具未来的价值密切相关，选项 C 错误；股份支付可以以权益工具或自身权益工具的公允价值为基础计算的现金进行结算，选项 D 错误。

2. 【答案】B

【解析】股票期权是指企业授予职工或其他方在未来一定期限内以预先确定的价格和条件购买本企业一定数量的股票的权利。

3. 【答案】C

【解析】对于授予后立即可行权的换取职工提供服务的权益结算的股份支付，应在授予日按照权益工具的公允价值进行计量，计入相关资产成本或当期损益，同时确认资本公积（股本溢价）。

4. 【答案】D

【解析】企业应当按其他方服务在取得日公允价值计入相关资产成本或当期损益，同时确认资本公积（其他资本公积）。

5. 【答案】C

【解析】可行权条件包括服务期限条件和业绩条件，选项 A 错误；职工按股份支付协议需要在企业服务一定期限属于服务期限条件，选项 B 错误；企业税后利润达到某一水平可以行权属于业绩条件中的非市场条件，选项 D 错误。

6. 【答案】C

【解析】授予日，除立即可行权的股份支付外，无论是以权益结算的股份支付还是以现金结算

的股份支付均无需进行账务处理，选项 A 错误；在等待期内，以权益结算的股份支付需按授予日权益工具的公允价值进行计量，选项 B 错误；对于现金结算的股份支付，企业在可行权日后根据负债公允价值变动计入公允价值变动损益，选项 D 错误。

7.【答案】A

【解析】行权时收到的款项 = $100 \times 1 \times 6 = 600$（万元），冲减的资本公积—其他资本公积累计金额 = $100 \times 1 \times 12 = 1200$（万元），冲减的库存股 = $100 \times 15 = 1500$（万元），行权应确认的资本公积—股本溢价 = $600 + 1200 - 1500 = 300$（万元）。

8.【答案】B

【解析】2016 年甲公司确认的应付职工薪酬期末余额 = $(200 - 20 - 15) \times 10 \times 10 \times 1/3 = 5500$（万元）；2017 年甲公司确认的应付职工薪酬期末余额 = $(200 - 20 - 10 - 10) \times 10 \times 12 \times 2/3 = 12800$（万元），则甲公司在 2017 年 12 月 31 日应确认的应付职工薪酬 = $12800 - 5500 = 7300$（万元）。

9.【答案】B

【解析】结算企业不是以本身权益工具结算，接受服务企业没有结算义务的，结算企业应作为现金结算股份支付确认应付职工薪酬。

10.【答案】B

【解析】或有事项的现存状况是过去的事项所引起的客观存在，选项 A 错误；或有事项会对企业产生有利或不利的影响，选项 C 错误；企业会计处理过程具有中不确定性的事项并非都是或有事项，选项 D 错误。

11.【答案】C

【解析】履行义务不是很可能导致经济利益流出企业。

12.【答案】C

【解析】或有事项是指过去的交易或事项形成的，其结果须由某些未来事项的发生或不发生才能决定的不确定事项，选项 C，未来发生的维修费用具有不确定性，属于或有事项。

13.【答案】D

【解析】预计负债需同时满足以下条件可以确认：（1）该义务是企业承担的现时义务（选项 A、B、C 和 D 均满足）；（2）履行该义务很可能导致经济利益流出企业（选项 B 和 D 满足）；（3）该义务的金额能够可靠的计量（选项 D 满足）。

14.【答案】D

【解析】或有负债无论是潜在义务还是现时义务，均不符合负债确认条件，不能在财务报表中予以确认。

15.【答案】C

【解析】选项 C 正确，选项 A 错误；企业通常不应当披露或有资产，但或有资产很可能给企业带来经济利益时应当予以披露，选项 B 错误。

16.【答案】D

【解析】预计负债确认需同时满足以下条件：（1）该义务是企业承担的现时义务；（2）履行该义务很可能导致经济利益流出企业；（3）该义务的金额能够可靠的计量。甲公司法律顾问预计可能需要赔偿，没有达到"很可能"，因此不能确认预计负债，应在财务报表附注中披露。

17.【答案】A

【解析】甲公司应确认的预计负债金额为最可能发生的金额 300 万元。

18.【答案】B

【解析】发生较大问题发生的维修费为 250 万元（$5000 \times 5\%$），发生较小问题发生的维修费为 150 万元（$5000 \times 3\%$），则甲公司应确认的预计负债 = $(60\% \times 0 + 25\% \times 150 + 15\% \times 250) = 75$（万元）。

19.【答案】B

【解析】甲公司应分别确认预计负债 500 万元和其他应收款 500 万元，企业基本确定能够得到补偿的金额不能超过相关预计负债的金额。

20.【答案】C

【解析】贷款本金和利息不属于预计负债，诉讼费用应计入管理费用，违约金计入营业外支出。甲公司应编制的会计分录：

借：营业外支出   520
    管理费用   50
    贷：预计负债   570

21.【答案】A

【解析】执行合同发生的损失 = $(2.1 - 2) \times 1000 = 100$（万元）；不执行合同支付的违约金 = $2 \times 1000 \times 10\% = 200$（万元），甲公司应选择执行合同。

会计分录：

借：营业外支出   100
    贷：预计负债   100

22.【答案】B

【解析】如果执行合同甲公司的损失 = $2400 - 150 \times 15 = 150$（万元），不执行合同甲公司确认的损失为违约金 200 万元，所以甲公司选择执行合同，确认的损失为 150 万元，因为已发生生产成本 100 万元，计提存货跌价准备 100 万元，将预计亏损超过减值的部分确认为预计负债，金额 = $150 - 100 = 50$（万元）。

甲公司应对有标的资产部分计提减值准备：

借：资产减值损失   100
    贷：存货跌价准备   100

对超过标的资产部分确认预计负债：

借：营业外支出　　　　　　　　　50

　　贷：预计负债　　　　　　　　　　50

23.【答案】D

【解析】重组支出中自愿遣散费、强制遣散费和不再使用厂房的租赁撤销费在满足条件时应确认预计负债。

24.【答案】B

【解析】甲公司2017年10月31日因上述事项产生的预计负债的余额 = 12.5 - 1.5 - 0.3 + 150 × 2% = 13.7（万元）。

二、多项选择题

1.【答案】ABCD

2.【答案】AC

【解析】选项B和D属于以现金结算股份支付。

3.【答案】AD

【解析】选项B和C属于非市场条件。

4.【答案】CD

结算企业	接受服务企业	抵销分录	合并报表角度
借：长期股权投资 　贷：资本公积	借：管理费用等 　贷：资本公积	借：资本公积（累计额） 　贷：长期股权投资	借：管理费用等 　贷：资本公积

8.【答案】ABD

【解析】或有事项，是指过去的交易或事项形成的，其结果须由某些未来事项的发生或不发生才能决定的不确定事项。经营亏损属于已经确定的事项，所以经营亏损不属于或有事项。

9.【答案】ABCD

10.【答案】ABCD

11.【答案】BC

【解析】选项A和D，应确认其他应付款，不属于或有事项，不能确认预计负债。

12.【答案】AD

【解析】如果针对特定批次产品确认预计负债，则在保修期结束时已确认预计负债的产品如果企业不再生产了，相应的在质保期结束后将预计负债余额冲销，同时冲减销售费用。

13.【答案】ACD

【解析】企业亏损合同为不可撤销合同的，企业存在现实义务，同时满足该义务很可能导致经济利益流出企业且金额能够可靠地计量，应当确认预计负债。

14.【答案】AD

【解析】下列情况同时存在时，表明企业承担了重组义务：

（1）有详细、正式的重组计划；

（2）该重组计划已对外公告。

【解析】现金结算股份支付，应按每个资产负债表日权益工具的公允价值重新计量，确认应计入相关资产成本或当期损益的金额，同时确认应付职工薪酬，选项A和B错误。

5.【答案】ABD

【解析】企业应在等待期内按授予日权益工具的公允价值将取得职工的服务计入成本费用，同时增加资本公积。

6.【答案】ACD

【解析】在取消或结算时支付给职工所有款项均作为权益回购处理，回购金额高于权益工具在回购日公允价值的部分计入当期费用，选项B错误。

7.【答案】ABC

【解析】企业集团内涉及不同企业的股份支付交易，接受服务企业与结算企业不是同一企业，结算企业以本身权益工具结算，接受服务企业没有结算义务的，会计处理如下：

三、判断题

1.【答案】√

2.【答案】×

【解析】权益工具内在价值的变动计入当期损益。

3.【答案】√

4.【答案】×

【解析】因未满足市场条件而未行权的，原等待期内已确认的相关费用无需转回。

5.【答案】√

6.【答案】√

7.【答案】×

【解析】或有事项是指过去的交易或者事项形成的，未来可能发生的自然灾害、交通事故、经营亏损等事项都不属于或有事项。

8.【答案】√

9.【答案】×

【解析】一般情况下或有负债应按相关规定在财务报表附注中进行披露。

10.【答案】×

【解析】企业应当披露一项或有负债，但极小可能导致经济利益流出企业的情况例外。

11.【答案】×

【解析】企业确认一项预计负债，该义务部分或全部基本确定可以获得补偿的，补偿金额确认为资产通过"其他应收款"科目核算，不能冲减"预计负债"的账面价值。

12.【答案】×

【解析】确定预计负债的金额不应考虑预期处置相关资产形成的利得。

13.【答案】√

14.【答案】×

【解析】企业已被法院判决败诉，则应按法院判决应承担的损失金额确认其他应付款。

15.【答案】×

【解析】待执行合同是指合同各方尚未履行任何合同义务，或部分地履行了同等义务的合同；亏损合同是指履行合同义务不可避免会发生的成本超过预期经济利益的合同，故不是所有待执行合同均为亏损合同。

16.【答案】√

四、计算分析题

1.【答案】

（1）等待期内累计确认的管理费用金额 = 18 × 10 × （50 − 10 − 8）= 5760（万元）。

行权时应确认的资本公积—股本溢价金额 = （50 − 10 − 8）× 10 × 5 + 5760 − （50 − 10 − 8）× 10 × 1 = 7040（万元）。

（2）2015 年 12 月 31 日

借：管理费用　　　　　　　3150

　　[（50 − 10 − 5）× 18 × 10 × 1/2]

　　贷：资本公积—其他资本公积　　3150

2016 年 12 月 31 日

借：管理费用　　　　　　　330

　　[（50 − 10 − 8 − 3）× 18 × 10 × 2/3 − 3150]

　　贷：资本公积—其他资本公积　　330

2017 年 12 月 31 日

借：管理费用　　　　　　　2280

　　[（50 − 10 − 8）× 18 × 10 × 3/3 − 330 − 3150]

　　贷：资本公积—其他资本公积　　2280

借：银行存款　　1600（32 × 5 × 10）

　　资本公积—其他资本公积　　5760

　　贷：股本　　　　320（32 × 10 × 1）

　　　　资本公积—股本溢价　　7040

2.【答案】

（1）

借：库存股　　　　　　　　8000

　　贷：银行存款　　　　　　　8000

（2）

①2014 年应确认的管理费用金额 = （100 − 1 − 1）× 5 × 18 × 1/3 = 2940（万元）。

借：管理费用　　　　　　　2940

　　贷：资本公积—其他资本公积　　2940

②2015 年应确认的管理费用金额 = （100 − 1 − 2）× 5 × 18 × 2/3 − 2940 = 2880（万元）。

借：管理费用　　　　　　　2880

　　贷：资本公积—其他资本公积　　2880

③2016 年应确认的管理费用金额 = （100 − 1 − 1）× 5 × 18 − （2940 + 2880）= 3000（万元）。

借：管理费用　　　　　　　3000

　　贷：资本公积—其他资本公积　　3000

（3）

借：银行存款　　　　1470（98 × 3 × 5）

　　资本公积—其他资本公积　　8820

　　　　　　　　（2940 + 2880 + 3000）

　　贷：库存股　　7840（8000/100 × 98）

　　　　资本公积—股本溢价　　2450（差额）

（4）

借：股本　　　　　　　10（2 × 5）

　　资本公积—股本溢价　　150（差额）

　　贷：库存股　　　160（8000 − 7840）

3.【答案】

（1）

单位：万元

年　份	应付职工薪酬	支付现金计算	当期费用
2014	（100 − 10 − 15）× 12 × 10 × 1/3 = 3000		3000
2015	（100 − 10 − 15 − 5）× 15 × 10 × 2/3 = 7000		7000 − 3000 = 4000
2016	（100 − 10 − 15 − 2 − 50）× 18 × 10 × 3/3 = 4140	50 × 10 × 15 = 7500	4140 + 7500 − 7000 = 4640
2017	（100 − 10 − 15 − 2 − 50 − 10）× 22 × 10 = 2860	10 × 10 × 18 = 1800	2860 + 1800 − 4140 = 520
2018	0	13 × 10 × 25 = 3250	3250 − 2860 = 390
总额		12550	12550

（2）2014 年 1 月 1 日

授予日无需进行账务处理

2014 年 12 月 31 日

借：管理费用　　　　　　　　　3000

　　贷：应付职工薪酬　　　　　　　3000

2015 年 12 月 31 日

借：管理费用　　　　　　　　　4000

　　贷：应付职工薪酬　　　　　　　4000

2016 年 12 月 31 日

借：管理费用　　　　　　　　　4640

　　贷：应付职工薪酬　　　　　　　4640

借：应付职工薪酬　　　　　　　7500

　　贷：银行存款　　　　　　　　　7500

2017 年 12 月 31 日

借：公允价值变动损益　　　　　520

　　贷：应付职工薪酬　　　　　　　520

借：应付职工薪酬　　　　　　　1800

　　贷：银行存款　　　　　　　　　1800

2018 年 12 月 31 日

借：公允价值变动损益　　　　　390

　　贷：应付职工薪酬　　　　　　　390

借：应付职工薪酬　　　　　　　3250

　　贷：银行存款　　　　　　　　　3250

4.【答案】

（1）资料（1）不满足预计负债的确认条件。预计负债确认需满足以下条件：①该义务是企业承担的现时义务；②履行该义务很可能导致经济利益流出企业；③该义务的金额能够可靠的计量。但资料（1）中金额无法可靠计量，不能确认预计负债。

资料（2）满足预计负债确认条件。因为贷款银行已起诉甲公司和其子公司，并且甲公司认为需要承担连带还款责任，金额能够可靠计量。

资料（3）满足预计负债确认条件，因为甲公司与乙公司签订不可撤销合同。如果甲公司选择执行合同，甲公司的预计损失 = 1000 × 1.2 − 1000 × 1 = 200（万元）；如果不执行合同，甲公司的预计损失 = 1000 × 10% = 100（万元），所以甲公司选择不执行合同。资料（3）可能导致经济利益流出企业并且金额能够可靠计量，所以符合预计负债确认条件。

资料（4）满足预计负债确认条件。因为企业有详细、正式的重组计划；同时该重组计划已对外公告，并且金额能够可靠计量。

资料（5）满足预计负债确认条件。因为预计产品质量保证金满足预计负债确认条件，可以确认预计负债。

（2）资料（2）会计分录：

借：营业外支出　　　　　　　　2400

　　管理费用　　　　　　　　　　100

　　贷：预计负债　　　　　　　　　2500

资料（3）不执行合同损失 = 1000 × 1 × 10% = 100（万元），执行合同损失 = （1.2 − 1）× 1000 = 200（万元），所以甲公司应选择不执行合同。会计分录：

借：营业外支出　　　　　　　　100

　　贷：预计负债　　　　　　　　　100

资料（4）会计分录：

借：营业外支出　　　　　　　　500

　　管理费用　　　　　　　　　1200

　　贷：预计负债　　　　　　　　　500

　　　　应付职工薪酬　　　　　　　1200

资料（5）质量较大问题的维修费 = 3200 × 10% = 320（万元）；质量较小问题的维修费 = 3200 × 2% = 64（万元）；应确认预计负债金额 = 80% × 0 + 15% × 64 + 5% × 320 = 25.6（万元）。

会计分录：

借：销售费用　　　　　　　　　25.6

　　贷：预计负债　　　　　　　　　25.6

（3）预计负债期末余额 = 2500 + 100 + 500 + 25.6 = 3125.6（万元）。

5.【答案】

（1）与重组计划有关的直接支出包括：①辞退员工支付补偿款 800 万元；②撤销厂房租赁合同支付违约金 25 万元。因重组义务应确认的预计负债 = 800 + 25 = 825（万元）。

【提示】该处的预计负债的金额指的是该预计负债义务的确认金额（包含会计科目"预计负债"和"应付职工薪酬"），而不是特指预计负债科目的金额。

（2）红高粱公司因重组业务计划而减少 2017 年度利润总额的金额 = 预计负债支出 + 资产减值损失 = 825 + 150 = 975（万元）。

会计分录：

借：管理费用　　　　　　　　　800

　　贷：应付职工薪酬　　　　　　　800

借：营业外支出　　　　　　　　25

　　贷：预计负债　　　　　　　　　25

借：资产减值损失　　　　　　　150

　　贷：固定资产减值准备　　　　　150

（3）

①资料（2），红高粱公司应将与或有事项相关的义务确认的预计负债的金额 = （450 + 550）/2 = 500（万元）。

会计分录：

借：营业外支出　　　　　　　　500

　　贷：预计负债　　　　　　　　　500

②资料（3），红高粱公司不应将与或有事项相关的义务确认为预计负债，因为被担保方红薯公司的经营状况良好，预计不存在还款困难，说明红高粱公司承担连带责任的可能性很小，

不符合预计负债确认条件。

6.【答案】

（1）2014 年 8 月 1 日

借：固定资产 1000

应交税费—应交增值税（进项税额）

170

贷：应付账款 1170

（2）应该确认预计负债。

理由：甲公司法律顾问认为败诉的可能性为 70%，履行该义务很可能导致经济利益流出企业，预计支付诉讼费 5 万元，逾期利息在 20 万元至 30 万元之间，且这个区间内每个金额发生的可能性相同，即金额能够可靠计量，应当确认该预计负债，确

认金额 = 5 +（20 + 30）/2 = 30（万元）。

会计分录：

借：营业外支出 25

管理费用 5

贷：预计负债 30

（3）2015 年 5 月 8 日

借：预计负债 30

营业外支出 25

贷：其他应付款 55

2015 年 5 月 16 日支付款项

借：其他应付款 55

应付账款 1170

贷：银行存款 1225

第 七 周

第八周

本周学习计划

日 期	章 节	考 点	重要程度	常见题型	完成情况
星期一	第14章	销售商品收入的确认和计量	★★★	单选题、多选题、判断题、计算分析题、综合题	
星期二		提供劳务收入的确认和计量	★★	单选题、多选题、判断题、计算分析题	
星期三		让渡资产使用权收入的确认和计量	★★	单选题、多选题、判断题	
星期四		建造合同收入的确认和计量	★★	单选题、多选题、判断题、计算分析题	
星期五	第15章	政府补助的会计核算	★	单选题、多选题、判断题	

本周攻克内容

【星期一·第14章】销售商品收入的确认和计量

一、销售商品收入的确认

销售商品收入同时满足下列条件的，才能予以确认：

（一）企业已将商品所有权上的主要风险和报酬转移给购货方。判断企业商品所有权上的主要风险和报酬是否已转移给购货方，需视情况不同而定。

1. 大多数情况下，所有权上的风险和报酬伴随着所有权凭证的转移或实物的交付而转移。

2. 某些情况下，转移商品所有权凭证，但未交付实物资产，商品所有权上的主要风险和报酬随之转移，企业只保留了次要风险和报酬，这种情况应视同商品所有权上的所有风险和报酬已经转移给购货方。

3. 特殊情况下，转移商品所有权凭证并交付实物后，商品所有权上的主要风险和报酬也未转移。

①企业销售的商品在质量、品种、规格等方面不符合合同或协议要求，又未根据正常的保证条款予以弥补，因而仍负有责任，所以不能确认收入。

②企业尚未完成售出商品的安装或检验工作，而且此项安装或检验工作是销售合同或协议的重要组成部分，应在安装完成并验收合格后确认收入。

③销售合同中规定了由于特定原因买方有权退货的条款，而企业又不能确定退货的可能性时应在退货期满时确认收入。

④企业销售商品的收入是否能够取得，取决于购买方是否已将商品销售出去。

【例题·多选题】下列各项中，表明已售商品所有权的主要风险和报酬尚未转移给购货方的有（ ）。（2012年）

A. 销售商品的同时，约定日后将以融资租赁方式租回

B. 销售商品的同时，约定日后将以高于原售价的固定价格回购

C. 已售商品附有无条件退货条款，但不能合理估计退货的可能性

D. 向购货方发出商品后，发现商品质量与合同不符，很可能遭受退货

【答案】ABCD

（二）企业既没有保留通常与所有权相联系的继续管理权，也没有对已售出的商品实施有效控制。企业将商品所有权上的主要风险和报酬转移给购货方后，如仍然保留通常与所有权相联系的继续管理权，或仍然对售出的商品实施有效控制，则此项销售不能成立，不能确认相应的销售收入。

【提示】如企业对售出的商品保留了与所有权无关的继续管理权，则不受本条件的限制。

（三）相关的经济利益很可能流入企业。企业在销售商品时，如估计价款收回的可能性不大，即使收入确认的其他条件均已满足，也不应当确认收入。

【提示】如果企业判断销售商品收入满足确认条件而予以确认，同时确认了一笔应收债权，以后由于购货方资金周转困难无法收回该债权时，不应调整原会计处理，而应对该债权计提坏账准备、确认坏账损失。

（四）收入的金额能够可靠计量。

（五）相关的已发生或将发生的成本能够可靠地计量。成本如果不能可靠地计量，相关的收入也不能确认。

二、销售商品收入的计量

（一）托收承付方式销售商品的处理

托收承付，是指企业根据合同发货后，委托银行向异地付款单位收取款项，由购货方向银行承诺付款的销售方式。

借：应收账款等
　　贷：主营业务收入
　　　　应交税费—应交增值税（销项税额）
借：主营业务成本
　　存货跌价准备（结转已售商品中计提的存货跌价准备）
　　贷：库存商品

【提示】如果商品已经发出且办妥托收手续，但由于各种原因与发出商品所有权有关的风险和报酬未转移的，企业不应确认收入。

借：发出商品
　　贷：库存商品
若增值税纳税义务已经发生，还需编制
借：应收账款
　　贷：应交税费—应交增值税（销项税额）

（二）预收款销售商品的处理

采用预收款方式销售商品的，应在发出商品时确认收入，在此之前预收的货款应确认为负债。

（三）委托代销商品的处理

1. 视同买断方式委托代销商品

（1）在符合销售商品收入确认条件时，委托方应在发出商品时确认收入；

（2）但若协议表明，将来受托方没有将商品售出时可以将商品退回给委托方，或受托方因代销商品出现亏损时可以要求委托方补偿，那么委托方在交付商品时不确认收入，委托方应在收到代销清单时确认收入。

2. 支付手续费方式委托代销商品

委托方于收到代销清单时确认收入。委托方发出商品时通过"发出商品"科目核算。同时，受托方收到受托代销的商品，按约定的价格，借记"受托代销商品"科目，贷记"受托代销商品款"科目。

项　目	委托方的处理	受托方的处理
委托方将代销商品交付受托方	委托方发出商品时： 借：发出商品 　　贷：库存商品	受托方收到商品时： 借：受托代销商品 　　贷：受托代销商品款
受托方销售代销商品	—	受托方销售代销商品时： 借：银行存款等 　　贷：应付账款 　　　　应交税费—应交增值税（销项税额） 借：受托代销商品款 　　贷：受托代销商品
受托方将代销清单交付委托方	委托方收到代销清单时： 借：应收账款 　　贷：主营业务收入 　　　　应交税费—应交增值税（销项税额） 同时： 借：主营业务成本 　　贷：发出商品	受托方收到增值税专用发票时： 借：应交税费—应交增值税（进项税额） 　　贷：应付账款
双方结算	借：银行存款 　　销售费用 　　贷：应收账款	借：应付账款 　　贷：银行存款 　　　　其他业务收入等

【提示】收入确认的时间：

①采用预收货款方式销售商品的，在发出商品的时候确认收入。

②采用托收承付方式销售商品的，在办妥托收手续时确认收入。

③采用交款提货方式销售商品，在开出发票收到货款时确认收入。

④采用支付手续费方式委托代销商品，在收到代销清单时确认收入。

【例题·判断题】在采用支付手续费方式委托代销商品时，委托方确认商品销售收入的时点为委托方收到受托方开具的代销清单时。（ ）

【答案】√

（四）商品需要安装和检验销售的处理

售出商品需要安装和检验的，在购买方接受交货以及安装和检验完毕前，销售方通常不应确认收入。如果安装程序比较简单或检验是为了最终确定合同或协议价格而必须进行的程序，销售方可以在发出商品时确认收入。

（五）订货销售的处理

对于订货销售，应在发出商品并符合收入确认条件时确认收入，在此之前预收的货款应确认为负债。

（六）以旧换新销售的处理（销新货，购旧货）

采用以旧换新方式销售商品的，销售的商品应当按照销售商品收入确认条件确认收入，回收的商品作为购进商品处理。

【例题·判断题】企业采用以旧换新销售方式时，应将所售商品按照销售商品收入确认条件确认收入，回收的商品作为购进商品处理。（ ）（2012年）

【解析】以旧换新销售方式下，销售的商品应当按照销售商品收入确认条件确认收入，回收的商品作为购进商品处理。

【答案】√

（七）销售商品涉及商业折扣、现金折扣、销售折让的处理

1. 商业折扣

销售商品涉及商业折扣的，应当按照扣除商业折扣后的金额确定销售商品收入。商业折扣，是指企业为促进商品销售而在商品标价上给予的

价格扣除。

2. 现金折扣

现金折扣在实际发生时计入当期损益（财务费用）。计算现金折扣时是否考虑增值税视题目假设而定。

3. 销售折让

销售折让是商品在规格、型号、质量等方面存在问题。对于销售折让，企业应分别不同情况进行处理：（1）企业已经确认销售商品收入的售出商品发生销售折让的，应当在发生时冲减当期的销售商品收入；（2）已确认收入的销售折让属于资产负债表日后事项的，应当按照《企业会计准则第29号—资产负债表日后事项》的相关规定进行处理。

【例题·判断题】企业销售商品涉及商业折扣的，应按扣除商业折扣前的金额确定商品销售收入金额。（ ）（2012年）

【解析】企业销售涉及商业折扣的，应当按照扣除商业折扣后的金额确定销售商品收入金额。

【答案】×

（八）销售退回及附有销售退回条件的销售商品的处理

1. 未确认收入的售出商品发生的销售退回

借：库存商品
　　贷：发出商品

若原发出商品时增值税纳税义务已发生：

借：应交税费—应交增值税（销项税额）
　　贷：应收账款

2. 企业已经确认销售商品收入的售出商品发生销售退回的，应当在发生时冲减退回当期销售商品收入、销售成本等。

借：主营业务收入
　　应交税费—应交增值税（销项税额）
　　贷：银行存款等
　　　　财务费用（现金折扣）

借：库存商品
　　贷：主营业务成本

【提示】销售退回属于资产负债表日后事项的，应当按照《企业会计准则第29号—资产负债表日后事项》的相关规定进行会计处理。

3. 附有销售退回条件的商品销售

附有销售退回条件的商品销售处理
— 能够合理预计退货率：在发出商品时确认收入，同时确认与退货部分相关负债
— 不能够合理预计退货率：在发出商品时不确认收入，在退货期满时确认收入

（1）能够合理预计退货率时的账务处理

发出商品时：

借：应收账款

　　贷：主营业务收入

　　　　应交税费—应交增值税（销项税额）

借：主营业务成本

　　贷：库存商品

期末确认估计的销货退回时：

借：主营业务收入

　　贷：主营业务成本

　　　　预计负债

收到货款时：

借：银行存款

　　贷：应收账款

实际退货与原预计相同时：

借：库存商品

　　应交税费—应交增值税（销项税额）

　　预计负债

　　贷：银行存款

实际退货量少于原估计退货量时：

借：库存商品

　　应交税费—应交增值税（销项税额）

　　主营业务成本

　　预计负债

　　贷：银行存款

　　　　主营业务收入

实际退货量大于原估计退货量时：

借：库存商品

　　应交税费—应交增值税（销项税额）

　　主营业务收入

　　预计负债

　　贷：银行存款

　　　　主营业务成本

（2）不能合理预计退货率时的账务处理

发出商品时：

借：发出商品

　　贷：库存商品

借：应收账款

　　贷：应交税费—应交增值税（销项税额）

收到货款时：

借：银行存款

　　贷：应收账款

　　　　预收账款

退货期满未发生退货时：

借：预收账款

　　贷：主营业务收入

借：主营业务成本

　　贷：发出商品

退货期满发生退货时：

借：预收账款

　　应交税费—应交增值税（销项税额）

　　贷：主营业务收入

　　　　银行存款

借：主营业务成本

　　库存商品

　　贷：发出商品

【例题·多选题】下列关于商品销售收入确认的表述中，正确的有(　　)。(2014年)

A. 采用预收款方式销售商品，在收取款项时确认收入

B. 以支付手续费方式委托代销商品，委托方应在向受托方移交商品时确认收入

C. 附有销售退回条件但不能合理确定退货可能性的商品销售，应在售出商品退货期届满时确认收入

D. 采用以旧换新方式销售商品，售出的商品应当按照销售商品收入确认条件确认收入，收回商品作为购进商品处理

【解析】选项A，采用预收款方式销售商品，通常应在发出商品时确认收入。选项B，以支付手续费方式委托代销商品，委托方在收到受托方的代销清单时确认收入。

【答案】CD

（九）房地产销售的处理

企业自行建造或通过分包商建造房地产，应当根据房地产建造协议条款和实际情况，判断确认收入应适用的会计准则。如果房地产购买方在建造工程开始前能够规定房地产设计的主要结构要素，或者能够在建造过程中决定主要结构变动的，房地产建造协议符合建造合同定义，企业应当遵循建造合同收入的原则确认收入；如果房地产购买方影响房地产设计能力有限（如仅能对基本设计方案做微小变动）的，企业应当遵循收入准则中销售商品收入的原则确认收入。

（十）具有融资性质的分期收款销售商品的处理

合同或协议价款的收取采用递延方式，实质上具有融资性质的，在符合收入确认条件时，应当按照应收的合同或协议价款的公允价值确定销售商品收入金额（应收的合同或协议价款的公允价值，通常为未来现金流量现值或商品现销价格）。应收的合同或协议价款与其公允价值之间的差额，应当在合同或协议期间内采用实际利率法进行摊销，计入当期损益。

借：长期应收款（本利和）

　　贷：主营业务收入（本金）

　　　　未实现融资收益（利息）

【例题·计算题】甲公司为增值税一般纳税人，2016年1月1日将其生产的一套设备销售给乙公司，该设备的售价为2000万元，成本为1500万元。根据合同约定乙公司分4年于每年年末等额支付。已知甲公司实际利率为6%，在支付价款

时发生增值税纳税义务。已知：（P/A，6%，4）＝3.4651。

要求：编制2016年甲公司上述销售业务的会计分录。

【答案】

应确认的收入＝500×（P/A，6%，4）＝1732.55（万元）。

年 份	①年初摊余成本 （年初本金）	②财务费用 （本×利率）	③实际收款金额	④年末摊余成本 （①＋②－③）
第1年	1732.55	103.95	500	1336.50
第2年	1336.50	80.19	500	916.69
第3年	916.69	55.00	500	471.69
第4年	471.69	28.31*	500	0
合计	—	267.45	2000	—

*尾数调整28.31＝267.45－103.95－80.19－55.00，最后一年利息收益为倒挤金额。

各年分录如下：

借：未实现融资收益　　　　　　　　　②
　　贷：财务费用　　　　　　　　　　　②

每年年末收款时：

借：银行存款　　　　　　　　　　　585
　　贷：长期应收款　　　　　　　　　500
　　　　应交税费—应交增值税（销项税额）85

2016年年末财务费用摊销时：

借：未实现融资收益　　　　　　　103.95
　　贷：财务费用　　　　　　　　　103.95

【提示】以后各年财务费用摊销金额为上表中第二列数额。

【例题·多选题】2017年1月1日，甲公司采用分期收款方式向乙公司销售一批商品，合同约定的销售价格为5000万元，分5年于每年12月31日等额收取。该批商品成本为3800万元。如果采用现销方式，该批商品的销售价格为4500万元。不考虑增值税等因素，甲公司该项销售业务对财务报表相关项目的影响中，正确的有（　　）。

A. 增加长期应收款4500万元

B. 增加营业成本3800万元

C. 增加营业收入5000万元

D. 减少存货3800万元

【解析】该业务的相关分录如下：

借：长期应收款　　　　　　　　　5000
　　贷：主营业务收入　　　　　　　4500
　　　　未实现融资收益　　　　　　 500

借：主营业务成本　　　　　　　　3800
　　贷：库存商品　　　　　　　　　3800

因此2017年因该项销售对财务报表中"长期应收款"项目的影响金额为4500万元（5000－500），

未确认融资收益是长期应收款的备抵科目，在财务报表上列示时，应减去备抵科目列示，"营业收入"项目的影响金额为4500万元，"营业成本"项目的影响金额为3800万元，所以选项C不正确。

【答案】ABD

【例题·单选题】甲公司向乙公司销售一批商品，该批商品的售价为500万元，合同约定甲公司分3年收取，第一年收取300万元，最后两年每年收取100万元。该商品的成本为380万元，未发生减值，甲公司实际利率为5%。不考虑相关税费及其他因素的影响，则甲公司应确认的收入为（　　）万元。

A. 500　　　　　　　　B. 462.8

C. 482.2　　　　　　　D. 453.5

【解析】采用分期收款方式销售商品，实质上具有融资性质的，应按付款额现值作为收入确认的金额。

$$\frac{300}{(1+5\%)}+\frac{100}{(1+5\%)^2}+\frac{100}{(1+5\%)^3}=462.8$$（万元）。

会计分录如下：

借：长期应收款　　　　　　　　　 500
　　贷：主营业务收入　　　　　　　462.8
　　　　未实现融资收益　　　　　　37.2

借：主营业务成本　　　　　　　　 380
　　贷：库存商品　　　　　　　　　 380

【答案】B

（十一）售后回购的处理

采用售后回购方式销售商品的，销售方应根据合同或协议条款判断销售商品是否满足收入确认条件。通常情况下，以固定价格回购的售后回购交易属于融资交易，销售时不符合收入的确认条件，收到的款项应确认为负债；回购价格大于原售价的，差额应在回购期间按期计提利息，计入财务费用。有确凿证据表明售后回购交易满足销售商品收入确认条件，销售的商品按售价确认收入，回购的商品作为购进商品处理。

【提示】若按回购日的市场价格回购，说明与商品所有权上的风险报酬已经转移，则在发出商品时确认收入。

销售时：
借：银行存款（价税合计）
　　贷：其他应付款（售价）
　　　　应交税费—应交增值税（销项税额）
　　　　（售价×增值税税率）
同时：
借：发出商品
　　贷：库存商品（账面成本）
每期计提利息费用时：
借：财务费用
　　贷：其他应付款［（回购价－售价）/回购期］
回购时：
借：库存商品
　　贷：发出商品
借：其他应付款（回购价）
　　应交税费—应交增值税（进项税额）
　　贷：银行存款（回购价格＋增值税）

（十二）售后租回

1. 如果售后租回交易认定为融资租赁，售价与资产账面价值之间的差额应当予以递延，并按照该项租赁资产的折旧进度进行分摊，作为折旧费用的调整。

2. 如果售后租回交易认定为经营租赁，分以下情况处理：

（1）有确凿证据表明售后租回交易是按照公允价值达成的，售价与资产账面价值的差额应当计入当期损益。

（2）如果售后租回交易不是按照公允价值达成的，有关损益应于当期确认；但若该损失将由低于市价的未来付款额补偿，应将其递延，并按与确认租金费用相一致的方法分摊于预计的资产使用期限内；售价高于公允价值的，其高出公允价值的部分应予递延，并在预计的使用期限内摊销。

【例题·单选题】2017年1月31日，甲公司将其作为固定资产核算的生产线200万元的价格销售给乙公司。该生产线的公允价值为200万元，账面原价为500万元，已提折旧350万元，未计提减值准备。同时又签订了一份融资租赁协议将生产线租回，租赁期为4年，该固定资产折旧方法为年限平均法。2017年1月31日，甲公司应确认递延收益为（　　）万元。

A. 12.5　　　　　　　B. 50
C. 25　　　　　　　　D. 150

【解析】售后租回形成融资租赁，售价与账面价值的差额应予递延，所以该项交易2017年1月31日应确认的递延收益＝200－（500－350）＝50（万元）。

【答案】B

【例题·判断题】售后租回交易认定为融资租赁，售价与资产账面价值之间的差额应予递延，并按该项租赁资产的折旧进度进行分摊，作为折旧费用的调整。（　　）（2014年）

【答案】√

【星期二·第14章】提供劳务收入的确认和计量

一、提供劳务交易结果能够可靠估计的处理

企业在资产负债表日提供劳务交易的结果能够可靠估计的，应当采用完工百分比法确认提供劳务收入。

（一）提供劳务交易的结果能够可靠估计的条件

提供劳务的交易结果能否可靠估计，依据以下条件进行判断。如同时满足下列条件，则表明提供劳务交易的结果能够可靠地估计：

1. 收入的金额能够可靠地计量；

2. 相关的经济利益很可能流入企业；

3. 交易的完工进度能够可靠地确定；

企业确定提供劳务交易的完工进度，通常可以选用下列方法：

①已完工作的测量，要由专业的测量师对已经提供的劳务进行测量；

②已经提供的劳务占应提供劳务总量的比例；

③已经发生的成本占估计总成本的比例。

4. 交易中已发生和将要发生的成本能够可靠地计量。

在采用完工百分比法确认收入时，收入和相关的费用应按以下公式计算：

本年确认的收入＝劳务总收入×本年末止劳务的完工进度－以前年度已确认的劳务收入

本年确认的成本＝劳务总成本×本年末止劳务的完工进度－以前年度已确认的劳务成本

借：劳务成本
　　贷：银行存款等
借：银行存款等
　　贷：主营业务收入
　　　　应交税费——应交增值税（销项税额）
借：主营业务成本
　　贷：劳务成本

【例题·单选题】A公司于2017年11月接受一项产品安装劳务，采用完工百分比法确认劳务收入，预计安装期6个月，合同总收入200万元，合同预计总成本为120万元。至2017年年底已预收款项160万元，余款在安装完成时收回，至2017年12月31日实际发生成本78万元，预计还将发生成本42万元。则A公司2017年度应确认收入为（　　）万元。

A. 130
B. 200
C. 160
D. 78

【解析】应确认的收入＝200×［78/（78＋42）］＝130（万元）。

【答案】A

二、提供劳务交易结果不能可靠估计的处理

企业在资产负债表日提供劳务交易结果不能够可靠估计的，应分别下列情况处理：

1. 已经发生的劳务成本预计能够得到补偿的，应当按照已经发生的劳务成本金额确认提供劳务收入，并按相同金额结转劳务成本。

2. 已经发生的劳务成本预计只能部分得到补偿的，应当按照能够得到补偿的劳务成本金额确认收入，并按已经发生的劳务成本结转劳务成本。

3. 已经发生的劳务成本预计全部不能得到补偿的，应当将已经发生的劳务成本计入当期损益，不确认提供劳务收入。

【例题·单选题】甲公司于2015年12月25日接受乙公司委托，为其培训一批学员，培训期为3个月，2016年1月1日开学。协议约定，乙公司应向甲公司支付的培训费总额为120000元，分三次等额支付，第一次在开学时预付，第二次在2016年2月1日支付，第三次在培训结束时支付。2016年1月1日，乙公司预付第一次培训费。至2016年1月31日，甲公司发生培训成本50000元（假定均为培训人员薪酬）。2016年1月31日，甲公司得知乙公司经营发生困难，后两次培训费能否收回难以确定。甲公司2016年1月应确认的收入为（　　）元。

A. 0
B. 40000
C. 50000
D. 120000

【解析】已经发生的劳务成本预计只能部分得

到补偿的，应当按照能够得到补偿的劳务成本金额确认收入，并按已经发生的劳务成本结转劳务成本。

【答案】B

三、同时销售商品和提供劳务的处理

1. 销售商品部分和提供劳务部分能够区分且能够单独计量的，企业应当分别核算销售商品部分和提供劳务部分，将销售商品的部分作为销售商品处理，将提供劳务的部分作为提供劳务处理。

2. 销售商品部分和提供劳务部分不能够区分，或虽能区分但不能够单独计量的，企业应当将销售商品部分和提供劳务部分全部作为销售商品部分进行会计处理。

【例题·单选题】下列关于收入的表述中，不正确的是（　　）。

A. 企业已将商品所有权上的主要风险和报酬转移给购货方是确认商品销售收入的必要前提

B. 企业提供劳务交易的结果能够可靠估计的，应采用完工百分比法确认提供劳务收入

C. 企业与其客户签订的合同或协议包括销售商品和提供劳务的，在销售商品部分和提供劳务部分不能区分的情况下，应当全部作为提供劳务处理

D. 销售商品相关的已发生或将发生的成本不能可靠计量的，已收到的价款不应确认为收入

【解析】销售商品部分和提供劳务部分不能够区分，或虽能区分但不能够单独计量的，应当将销售商品部分和提供劳务部分全部作为销售商品处理。

【答案】C

四、特殊劳务交易的处理

1. 安装费

在资产负债表日根据安装的完工进度确认收入。安装工作是商品销售附带条件的，安装费在确认商品销售实现时确认收入。

2. 宣传媒介的收费，在相关的广告或商业行为开始出现于公众面前时确认收入。广告的制作费，在资产负债表日根据制作广告的完工进度确认收入。

3. 为特定客户开发软件的收费，在资产负债表日根据开发的完工进度确认收入。

4. 包括在商品售价内可区分的服务费，在提供服务的期间内分期确认收入。

【例题·计算题】甲公司销售一批产品，增值税专用发票注明的价款为100万元，成本为60万元，增值税税额为17万元，款项已收取。同时，根据合同约定，价款中包括未来5年的保养维护费用10万元。

要求：列示与甲公司上述销售业务相关的会计分录。

【答案】甲公司应确认收入＝100－10＝90（万元），将10万元维护费递延至未来5年，分期确认收入。

借：银行存款　　　　　　　　117
　　贷：主营业务收入　　　　　　90
　　　　递延收益　　　　　　　　10
　　　　应交税费—应交增值税（销项税额）
　　　　　　　　　　　　　　　　17
借：主营业务成本　　　　　　　60
　　贷：库存商品　　　　　　　　60
以后 5 年每年确认收入时：
借：递延收益　　　　　　　　　2
　　贷：主营业务收入　　　　　　2

5. 艺术表演、招待宴会和其他特殊活动的收费，在相关活动发生时确认收入。收费涉及几项活动的，预收的款项应合理分配给每项活动，分别确认收入。

6. 申请入会费和会员费只允许取得会籍，所有其他服务或商品都要另行收费的，在款项收回不存在重大不确定性时确认收入。申请入会费和会员费能使会员在会员期内得到各种服务或商品，或者以低于非会员的价格销售商品或提供服务的，在整个受益期内分期确认收入。

7. 属于提供设备和其他有形资产的特许权费，在交付资产或转移资产所有权时确认收入；属于提供初始及后续服务的特许权费，在提供服务时确认收入。

8. 长期为客户提供重复的劳务收取的劳务费，在相关劳务活动发生时确认收入。

【例题·单选题】甲公司开设一家连锁店，并于 30 日内向乙公司一次性收取特许权等费用 50 万元（其中 35 万元为当年 11 月份提供柜台等设施收费，设施提供后由乙公司所有；15 万元为次年 1 月提供市场培育等后续服务收费），2015 年 11 月 1 日，甲公司收到上述款项后向乙公司提供了柜台等设施，成本为 30 万元，预计 2016 年 1 月提供相关后续服务的成本为 12 万元。不考虑其他因素，甲公司 2015 年度因该交易应确认的收入为（　　）万元。（2016 年）
A. 9　　　　　　　　　B. 15
C. 35　　　　　　　　D. 50
【解析】甲公司 2015 年度因该交易应确认的收入为 35 万元，收取的次年 1 月提供市场培育等后续服务费应当确认为预收账款，选项 C 正确。
【答案】C

【例题·单选题】下列关于收入的表述中，不正确的是（　　）。
A. 包含在商品售价中可区分且能够单独计量的服务劳务应当递延到提供服务时确认收入
B. 为特定客户开发软件收取的价款，在资产负债表日按开发的完工程度确认为收入
C. 附有销售退回条件的商品销售应当在销售

商品退货期满时确认收入
D. 与商品销售分开的安装劳务应当按照完工程度确认收入
【解析】如果能合理估计退货比例且确认与退货相关的预计负债，则在发出商品时确认收入；如果不能合理估计退货比例，则在退货期满确认收入。
【答案】C

五、授予客户奖励积分的处理

1. 在销售产品或提供劳务的同时授予客户奖励积分的，应当将销售取得的货款或应收货款在本次商品销售或劳务提供产生的收入与奖励积分的公允价值之间进行分配，将取得的货款或应收货款扣除奖励积分公允价值的部分确认为收入，奖励积分的公允价值确认为递延收益。
借：银行存款等
　　贷：主营业务收入
　　　　递延收益（奖励积分公允价值）
　　　　应交税费—应交增值税（销项税额）

2. 在客户兑换奖励积分或失效时，授予企业应将原计入递延收益的与所兑换积分或失效相关的部分确认为收入。被兑换部分确认为收入的金额应当以被兑换用于换取奖励的积分数额占预期将兑换用于换取奖励的积分总数的比例为基础计算确定。
借：递延收益
　　贷：主营业务收入

【例题·单选题】2017 年度，某商场销售各类商品共取得货款 6000 万元。同时共授予客户奖励积分 60 万分，奖励积分的公允价值为 1 元/分，该商场估计 2017 年度授予的奖励积分将有 90% 使用。2017 年客户实际兑换奖励积分共计 45 万分。该商场 2017 年应确认的收入总额是（　　）万元。
Λ. 5990　　　　　　　B. 6045
C. 6050　　　　　　　D. 6060
【解析】商场授予奖励积分的公允价值 = 60 × 1 = 60（万元）；因销售货物确认的收入 = 6000 − 60 = 5940（万元）；顾客因使用积分而确认的收入 = 45 ÷（60 × 90%）× 60 = 50（万元）；所以 2017 年度应确认的收入总额为 5940 + 50 = 5990（万元）。

会计分录如下：
借：银行存款　　　　　　　　6000
　　贷：主营业务收入　　　　　5940
　　　　递延收益　　　　　　　　60
借：递延收益　　　　　　　　　50
　　贷：主营业务收入　　　　　　50
【答案】A

【星期三·第 14 章】让渡资产使用权收入的确认与计量

一、利息收入的处理

企业应在资产负债表日，按照他人使用本企业货币资金的时间和实际利率计算确定利息收入金额。

借：银行存款

　　贷：其他业务收入等

二、使用费收入的处理

1. 如果合同或协议规定一次收取使用费，且不提供后续服务的，视同该资产的销售一次确认收入。

2. 如果合同或协议规定一次收取使用费，但需要提供后续服务的，在合同或协议规定的有效期内分期确认收入。

3. 如果合同或协议规定分期收取使用费的，按合同或协议规定的收款时间和金额或规定的收费方法计算的金额分期确认收入。

【星期四·第 14 章】建造合同收入的确认和计量

一、建造合同的类型

建造合同，是指为建造一项或数项在设计、技术、功能、最终用途等方面密切相关的资产而订立的合同。其中，所建造的资产主要包括房屋、道路、桥梁、水坝等建筑物，以及船舶、飞机、大型机械设备等。

1. 固定造价合同，指按照固定的合同价或固定单价确定工程价款的建造合同。

2. 成本加成合同，是指以合同允许或其他方式议定的成本为基础，加上该成本的一定比例或定额费用确定工程价款的建造合同。

【提示】固定造价合同与成本加成合同的主要区别在于风险的承担者不同。前者的风险主要由建造承包方承担，后者主要由发包方承担。

二、合同的分立与合并

1. 合同分立：一项包括建造数项资产的建造合同，同时满足下列三项条件的，每项资产应当分立为单项合同：

（1）每项资产均有独立的建造计划；

（2）与客户就每项资产单独进行谈判，双方能够接受或拒绝与每项资产有关的合同条款；

（3）每项资产的收入和成本可以单独辨认。

2. 合同合并：一组合同无论对应单个客户还是多个客户，同时满足下列三项条件的，应当合并为单项合同：

（1）该组合同按一揽子交易签订；

（2）该组合同密切相关，每项合同实际上已构成一项综合利润率工程的组成部分；

（3）该组合同同时或依次履行。

3. 追加资产的建造

追加资产的建造，满足下列条件之一的，应当作为单项合同：

（1）该追加资产在设计、技术或功能上与原合同包括的一项或数项资产存在重大差异；

（2）议定该追加资产的造价时，不需要考虑原合同价款。

三、建造合同收入和成本的内容

1. 建造合同收入

建造合同收入包括合同规定的初始收入以及因合同变更、索赔、奖励等形成的收入两部分。

（1）合同规定的初始收入，即建造承包商与客户在双方签订的合同中最初商定的合同总金额，它构成合同收入的基本内容。

（2）因合同变更、索赔、奖励等形成的收入。这部分收入并不构成合同双方在签订合同时已在合同中商定的合同总金额，而是在执行合同过程中由于合同变更、索赔、奖励等原因而形成的收入。建造承包商不能随意确认这些收入，只有在符合规定条件时才能构成合同总收入。

2. 建造合同成本

建造合同成本包括从合同签订开始至合同完成止所发生的、与执行合同有关的直接费用和间接费用。

（1）直接费用在发生时直接计入合同成本。

直接费用包括耗用的人工费用、耗用的材料费用、耗用的机械使用费和其他直接费用。

（2）间接费用应在期末按系统、合理的方法分摊计入合同成本。

常见的用于间接费用分摊的方法有人工费用比例法和直接费用比例法。

间接费用包括临时设施摊销费用和施工、生产单位管理人员薪酬、固定资产折旧费及修理费、物料消耗、低值易耗品摊销、水电费、办公费、差旅费、财产保险费、工程保修费、排污费等。

第八周

【提示】

①因订立合同而发生的有关费用，如果能够单独区分和可靠计量且合同很可能订立的，应当予以归集，待取得合同时计入合同成本；未满足有关条件的，应当直接计入当期损益。

②合同完成后处置残余物资取得的收益等与合同有关的零星收益，应当冲减合同成本。

③合同成本不包括应当计入当期损益的管理费用、销售费用和财务费用等期间费用。

【例题·多选题】建造施工企业发生的下列支出中，属于与执行合同有关的直接费用的有（　　）。（2016年）

A. 构成工程实体的材料成本

B. 施工人员的工资

C. 财产保险费

D. 经营租入施工机械的租赁费

【解析】选项C，财产保险费属于间接费用。

【答案】ABD

四、合同结果能够可靠估计时的处理

在确认和计量建造合同的收入和费用时，首先应当判断建造合同的结果能否可靠地估计。

在资产负债表日，建造合同的结果能够可靠地估计的，应当根据完工百分比法确认合同收入和合同费用。在判断建造合同结果是否能够可靠地估计时，应注意区分固定造价合同和成本加成合同。

（一）固定造价合同的结果能够可靠地估计的条件

1. 合同总收入能够可靠地计量。

2. 与合同相关的经济利益很可能流入企业。

3. 实际发生的合同成本能够清楚地区分和可靠地计量。

4. 合同完工进度和为完成合同尚需发生的成本能够可靠地确定。

（二）成本加成合同的结果能够可靠地估计的条件

1. 与合同相关的经济利益很可能流入企业。

2. 实际发生的合同成本能够清楚地区分和可靠地计量。

（三）完工进度的确定

1. 累计实际发生的合同成本占合同预计总成本的比例。

【提示】累计实际发生的合同成本不包括施工中尚未安装或使用的材料成本等与合同未来活动相关的合同成本，以及在分包工程的工作量完成之前预付给分包单位的款项。

2. 已经完成的合同工作量占合同预计总工作量的比例。

3. 实际测定的完工进度。

【例题·单选题】下列与建造合同相关会计处理的表述中，不正确的是（　　）。

A. 建造合同完成后相关残余物资取得的零星收益，应计入营业外收入

B. 处于执行中的建造合同预计总成本超过合同总收入的，应确认资产减值损失

C. 建造合同收入包括合同规定的初始收入以及因合同变更、索赔、奖励等形成的收入

D. 建造合同结果在资产负债表日能够可靠估计的，应当采用完工百分比法确认合同收入和合同费用

【解析】合同完成后处置残余物资取得的零星收益，应当冲减合同成本。

【答案】A

【例题·判断题】总承包商在采用累计实际发生的合同成本占合同预计总成本的比例确定总体工程的完工进度时，应将分包工程的工作量完成之前预付给分包单位的工程款项计入累计实际发生的合同成本。（　　）（2015年）

【解析】在分包工程的工作量完成之前预付给分包单位的款项虽然是总承包商的一项资金支出，但是该支出没有形成相应的工作量，因此不应将这部分支出计入累计实际发生的合同成本中来确定完工进度。

【答案】×

（四）完工百分比法的运用

当期确认的合同收入＝合同总收入×完工进度－以前期间累计已确认的合同收入

当期确认的合同费用＝合同预计总成本×完工进度－以前期间累计已确认的合同费用

当期确认的合同毛利＝当期确认的合同收入－当期确认的合同费用

建造合同核算流程如下图所示：

工程施工	工程结算
①实际发生工程成本 ②工程毛利	合同约定各期结算款项
合计数A	合计数B

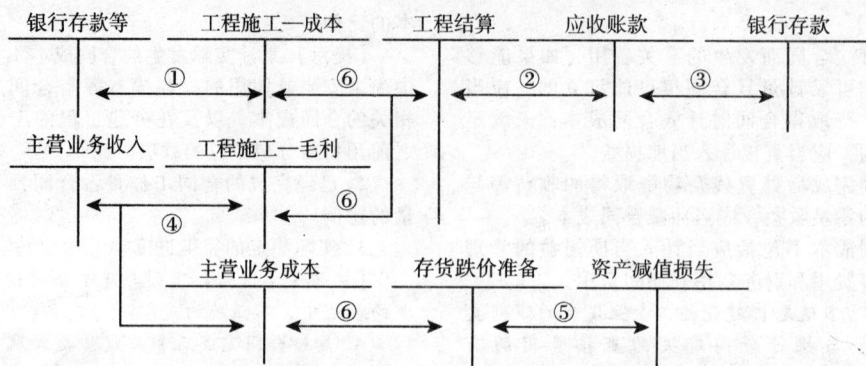

【提示】在会计报表中，"工程结算"科目在资产负债表中应作为"工程施工"科目的抵减科目。如果"工程施工"科目余额大于"工程结算"科目余额，则反映施工企业建造合同已完成部分尚未办理结算的价款总额，在资产负债表中列作一项流动资产，通过在资产负债表的"存货"项目增设的"已完工尚未结算款"项目列示；反之，如果"工程施工"科目余额小于"工程结算"科目余额，则反映施工企业建造合同未完工部分已办理了结算的价款总额，在资产负债表上列作一项流动负债，通过在资产负债表的"预收款项"项目中增设的"已结算尚未完工工程"项目列示。

【例题·单选题】2013 年 3 月 5 日，甲公司承建一项工程，合同约定的工期为 18 个月，合同总收入为 300 万元，预计总成本为 250 万元。甲公司采用完工百分比法确认收入，完工百分比按照累计实际发生的合同成本占合同预计总成本的比例确定。至 2013 年末已确认收入 140 万元，已收到工程款 150 万元。至 2014 年 6 月 30 日，该工程累计实际发生的成本为 200 万元，预计至工程完工还将发生成本 50 万元，剩余工程款将于项目完工时收到。2014 年 1 至 6 月份，甲公司应确认的收入总额为（　　）万元。（2014 年）

A. 90 　　　　　　B. 100

C. 150 　　　　　　D. 160

【解析】至 2014 年 6 月 30 日，工程累计完工进度 = 200/（200 + 50）× 100% = 80%，累计确认收入 = 300 × 80% = 240（万元），至 2013 年年末已确认收入 140 万元，所以 2014 年 1 至 6 月份，甲公司应确认的收入总额 = 240 - 140 = 100（万元）。

【答案】B

五、合同结果不能可靠估计时的处理

在资产负债表日，建造合同的结果不能可靠估计的，应当分别下列情况处理：

1. 合同成本能够收回的，合同收入根据能够收回的实际合同成本予以确认，合同成本在其发生的当期确认为合同费用。

2. 合同成本不可能收回的，在发生时立即确认为合同费用，不确认合同收入。

【提示】如果使建造合同的结果不能可靠估计的不确定因素不复存在的，应当改按完工百分比法确认合同收入和合同费用。

六、合同预计损失的处理

如果合同预计总成本超过合同预计总收入，则形成合同预计损失，应提取损失准备并计入当期损益，合同完工时，将已提取的损失准备冲减合同费用。

合同预计损失 = （合同预计总成本 - 合同预计总收入）×（1 - 完工百分比）

发生的合同成本时：

借：工程施工—成本

　　贷：原材料、应付职工薪酬、机械作业等

登记已结算的合同价款时：

借：应收账款

　　贷：工程结算

登记实际收到的合同价款时：

借：银行存款

　　贷：应收账款

确定收入、成本和毛利时：

借：工程施工—合同毛利（或贷方）

　　主营业务成本

　　贷：主营业务收入

提取合同预计损失时：

借：资产减值损失

　　贷：存货跌价准备

完工时结算时：

借：工程结算

　　贷：工程施工

借：存货跌价准备

　　贷：主营业务成本

【星期五·第15章】政府补助的会计核算

一、政府补助的定义及其特征

政府补助，是指企业从政府无偿取得货币性资产或非货币性资产，但不包括政府作为企业所有者投入的资本。

政府补助准则规范的政府补助主要有如下特征：

1. 无偿性

企业与政府发生交易所取得的收入，如果该交易具有商业实质，且与企业销售商品或提供劳务等日常经营活动密切相关的，应当按照收入确认的原则进行会计处理。在判断该交易是否具有商业实质时，应该考虑该交易是否具有经济上的互惠性，与交易相关的合同、协议、国家有关文件是否已明确规定了交易目的、交易双方的权利和义务，如属于政府采购的，是否已履行相关的政府采购程序等。

2. 直接取得资产

企业取得的财政拨款，先征后返（退）、即征即退等方式返还的税款，行政划拨的土地使用权，天然起源的天然林等。不涉及资产直接转移的经济支持不属于政府补助准则规范的政府补助，比如政府与企业间的债务豁免，除税收返还外的税收优惠，如直接减征、免征、增加计税抵扣额、抵免部分税额等。

【提示】增值税出口退税不属于政府补助。

二、政府补助的主要形式

1. 财政拨款

2. 财政贴息

①将贴息资金直接支付给受益企业；

②财政将贴息资金直接拨付贷款银行。

3. 税收返还

4. 无偿划拨非货币性资产

【例题·单选题】下列各项中，应作为政府补助核算的是（　　）。（2013年）

A. 增值税直接减免

B. 增值税即征即退

C. 增值税出口退税

D. 所得税加计抵扣

【解析】增值税即征即退属于政府补助，其他均不属于政府补助。

【答案】B

【例题·判断题】政府鼓励企业安置职工就业而给予的奖励款项不属于政府补助。（　　）（2014年）

【解析】政府鼓励企业安置职工就业而给予的奖励款项属于政府补助中的财政拨款。

【答案】×

三、政府补助的分类

根据政府补助准则规定，政府补助应当划分为与资产相关的政府补助和与收益相关的政府补助。

1. 与资产相关的政府补助：是指企业取得的、用于购建或以其他方式形成长期资产的政府补助。

与资产相关的政府补助也可能表现为政府向企业无偿划拨非货币性长期资产的形式。在这种情况下，企业应当在实际取得资产并办妥相关受让手续时按照其公允价值确认和计量，公允价值不能可靠取得的，按照名义金额（即1元）计量。

2. 与收益相关的政府补助：是指除与资产相关的政府补助之外的政府补助。企业应当在取得时按照实际收到或应收的金额确认和计量。

【例题·判断题】企业收到政府无偿划拨的公允价值不能可靠取得的非货币性长期资产，应当按照名义金额"1元"计量。（　　）（2016年）

【解析】企业无偿划拨的非货币性资产公允价值不能可靠取得的，以名义金额"1元"入账。

【答案】√

【例题·判断题】与收益相关的政府补助如不能合理确定其价值，应按名义金额计入当期损益。（　　）（2013年）

【解析】与收益相关的政府补助，企业应当在取得时按照实际收到或应收的金额确认和计量。

【答案】×

四、与收益相关的政府补助会计处理

1. 与收益相关的政府补助应当在其补偿的相关费用或损失发生的期间计入当期损益，即：用于补偿企业以后期间费用或损失的，在取得时先确认为递延收益，然后在确认相关费用的期间计入当期营业外收入；用于补偿企业已发生费用或损失的，取得时直接计入当期营业外收入。

2. 如果企业无法分清是用于补偿已发生的费用还是用于补偿以后将发生的费用，通常可以将与收益相关的政府补助直接计入当期营业外收入，对于金额较大且受益期明确的政府补助，可以分期计入营业外收入。

3. 企业取得针对综合性项目的政府补助，需要将其分解为与资产相关的部分和与收益相关的部分，分别进行会计处理；难以区分的，将政府补助整体归类为与收益相关的政府补助，视情况不同计入当期损益，或者在项目期内分期确认为当期损益。

【例题·单选题】2013年10月31日，甲公司获得只能用于项目研发未来支出的财政拨款1000

万元，该研发项目预计于2014年12月31日完成。2013年10月31日，甲公司应将收到的该笔财政拨款计入（　　）。（2014年）

A. 研发支出　　　　B. 递延收益

C. 营业外收入　　　D. 其他综合收益

【解析】该财政拨款是用于补偿以后期间费用或损失的，在取得时先确认为递延收益。

【答案】B

五、与资产相关的政府补助的会计处理

企业取得与资产相关的政府补助，不能全额确认为当期收益，应当随着相关资产的使用逐渐计入以后各期的收益。这类补助应当先确认为递延收益，然后自相关资产可供使用时起，在该项资产使用寿命内平均分配，计入当期营业外收入。

【提示】相关资产在使用寿命结束时或结束前被处置（出售、转让、报废等），尚未分摊的递延收益余额应当一次性转入资产处置当期的收益（营业外收入），不再予以递延。

【例题·计算题】宏发公司为增值税一般纳税人，2014年1月取得1200万元财政拨款用于某项环保工程部分设备的采购。当月宏发公司购入生产设备取得增值税专用发票注明价款为2300万元，增值税税额为391万元。工程支付其他支出500万元，领用本企业产品一批成本为200万元。工程于2015年2月28日达到预定可使用状态。该设备工程预计可以使用10年，预计净残值率为5%，宏发公司采用年限平均法计提折旧。2016年12月31日，该设备预计未来现金流量现值为2450万元，公允价值减处置费用的净额为2550万元。宏发公司原各项对该设备的估计保持不变。2017年8月31日宏发公司因为转产将该设备出售，取得价款2000万元，增值税税额为340万元。

要求：根据上述业务，编制相关会计分录。

【答案】

2014年

取得财政拨款时：

借：银行存款 1200
　贷：递延收益 1200

购入工程物资时：

借：工程物资 2300
　　应交税费—应交增值税（进项税额） 391
　　贷：银行存款 2691

发生各项工程支出时：

借：在建工程 3000
　贷：工程物资 2300
　　银行存款 500
　　库存商品 200

完工转入固定资产时：

借：固定资产 3000
　贷：在建工程 3000

该工程月折旧额=3000×（1-5%）/10/12=23.75（万元）。

2015年

借：制造费用 237.5（23.75×10）
　贷：累计折旧 237.5

借：递延收益 100（1200/10/12×10）
　贷：营业外收入 100

2016年

借：制造费用 285（23.75×12）
　贷：累计折旧 285

借：递延收益 120（1200/10）
　贷：营业外收入 120

2016年末该设备的账面价值=3000-237.5-285=2477.5（万元），其可收回金额为2550万元，未发生减值。

2017年

借：制造费用 190（23.75×8）
　贷：累计折旧 190

借：固定资产清理 2287.5
　　累计折旧 712.5（237.5+285+190）
　　贷：固定资产 3000

借：银行存款 2340
　贷：固定资产清理 2000
　　应交税费—应交增值税（销项税额） 340

借：营业外支出 287.5
　贷：固定资产清理 287.5

同时，将剩余递延收益结转营业外收入：

借：递延收益 980
　贷：营业外收入 980

【例题·单选题】2015年1月10日，甲公司收到专项财政拨款60万元，用以购买研发部门使用的某特种仪器。2015年6月20日，甲公司购入该仪器后立即投入使用。该仪器预计使用年限为10年，预计净残值为零，采用年限平均法计提折旧。不考虑其他因素，2015年度甲公司应确认的营业外收入为（　　）万元。（2015年）

A. 3　　　　B. 3.5

C. 5.5　　　D. 6

【解析】本题是与资产相关的政府补助，应在收到专项财政拨款时先确认为递延收益，然后在资产使用寿命内分期摊销确认营业外收入，所以2015年度甲公司应确认的营业外收入=60/10×6/12=3（万元）。

【答案】A

【例题·多选题】甲公司2017年4月初取得当地科技局的科研资金100万元，用于AS项目的设备采购（4月份尚未购买设备）。当月同时还取得了农委颁发的奖励资金10万元。当地人民政府为了鼓励甲公司的技术研发，特将一处土地使用权无偿划拨给甲公司，该处土地使用权评估价值

500 万元，预计使用 50 年，无残值，采用直线法摊销。则下列说法中正确的有(   )。

A. 甲公司收到科技局资金应计入递延收益

B. 甲公司收到农委颁发的奖励资金应计入递延收益

C. 甲公司收到政府划拨土地应计入递延收益

D. 上述事项对甲公司当月损益影响金额为 110 万元

【解析】甲公司收到科技局资金用于购买设备，属于与资产相关的政府补助，取得时计入递延收益，选项 A 正确；甲公司收到农委奖励资金属于与收益相关的政府补助，应计入营业外收入 10 万元，选项 B 错误；甲公司收到政府划拨的土地属于与资产相关的政府补助，取得时应计入递延收益，选项 C 正确；土地使用权当月摊销金额计入费用的金额与递延收益摊销计入营业外收入的金额一致，不会对损益造成影响，所以上述业务对甲公司当月损益影响金额为 10 万元（奖励资金），选项 D 错误。

【答案】AC

扫一扫，视频答疑

本书中各部分试题均配备二维码，下载安装 "东奥题库宝典" 移动客户端，扫一扫左侧二维码，即可在线做题，并获得详尽的答案解析、解题思路等超值服务，解决您做题时的一切疑惑。

【移动客户端安装二维码详见封底】

本周自测

一、单项选择题

1. 下列各项中，关于企业已将商品所有权上的风险和报酬转移给购货方的说法正确的是(   )。

A. 只要商品交付，其所有权的风险和报酬就随之转移

B. 转移商品所有权凭证但未交付实物说明商品相关的风险和报酬尚未转移

C. 企业尚未完成售出商品的安装和调试工作，且安装或调试是合同重要组成部分则此时商品所有权上的主要风险和报酬尚未转移

D. 合同中规定退货条款的，在退货期满前不能确认收入

2. 甲公司将一台大型设备销售给乙公司，开出增值税专用发票注明的价款为 3000 万元，增值税税额为 510 万元。同时合同约定甲公司应于 6 个月后将其回购，回购价格为 3600 万元（不含增值税）。甲公司在销售时下列会计处理正确的是(   )。

A. 确认主营业务收入 3000 万元

B. 确认财务费用 600 万元

C. 确认其他应付款 3000 万元

D. 确认营业外支出 600 万元

3. 2017 年 6 月 1 日甲公司销售一批商品给乙公司，售价为 2150 万元（不含税），因乙公司系长期合作关系，所以甲公司给予乙公司 150 万元的商业折扣，并按折扣后的金额开具增值税专用发票。当日商品已经发出，约定还款期为 5 个月。至 2017 年 7 月 31 日甲公司得知乙公司因投资失败发生严重财务困难，货款很难全额收回。则下列说法中正确的是(   )。

A. 6 月 1 日甲公司应确认收入 2000 万元

B. 6 月 1 日甲公司应确认财务费用 150 万元

C. 6 月 1 日甲公司不应确认收入

D. 7 月 31 日甲公司坏账准备应冲减收入

4. 下列各项中，关于特殊方式销售商品的说法正确的是(   )。

A. 托收承付方式销售商品，应在发出商品时确认收入

B. 预收款方式销售商品，应在收到全部货款并发出商品时确认收入

C. 委托代销方式销售商品应在收到代销清单时确认收入

D. 订货销售商品方式应在收到订金时确认收入

5. 甲公司委托乙公司代销某种商品 1000 件，协议价为 300 元/件，该批商品的成本为 210 元/件，商品已发出。乙公司应根据实际销售量，每件收取 20 元的代销手续费，至年末乙公司发来代销清单注明商品已售出 300 件。则下列关于甲公司确认收入的说法正确的是 (   )。

A. 甲公司应在发出商品时确认 30 万元收入

B. 甲公司应在收到代销清单时确认 9 万元收入

C. 甲公司应在乙公司全部销售后确认 30 万元收入

D. 甲公司应在收到代销清单时确认 30 万元收入

6. 下列关于各项折扣的说法中，正确的是(   )。

A. 企业应按扣除商业折扣前的金额确认收入

B. 企业应按扣除现金折扣后的金额确认收入

C. 商业折扣实际发生时计入销售费用

D. 现金折扣实际发生时计入财务费用

7. 甲公司 2016 年 11 月 11 日销售一批商品给乙公司，开出的增值税专用发票上注明的价款为 330 万元，增值税税额为 56.1 万元，该批商品的成本为 300 万元。2017 年 7 月 2 日商品发现质量问题，根据合同约定甲公司应给予乙公司总价款 10% 的销售折让。则 2017 年 7 月 2 日甲公司下列会计处理正确的是（ ）。

A. 冲减 2017 年 7 月主营业务成本 30 万元

B. 冲减 2017 年 7 月主营业务收入 33 万元

C. 冲减 2016 年 11 月主营业务收入 33 万元

D. 确认 2017 年 7 月财务费用 33 万元

8. 甲公司为手机生产企业，2017 年 1 月 1 日甲公司将某型号新手机 10 万台销售给乙公司，每台售价为 800 元（不含税），成本为 650 元/台。同时合同约定乙公司可以在 3 个月内无条件退货。商品已发出，甲公司预计退货率为 10%，则甲公司 2017 年 1 月 1 日应确认收入为（ ）万元。

A. 0   B. 7200

C. 8000   D. 6500

9. 2017 年 1 月 1 日，甲公司采用分期收款方式向乙公司销售一套大型设备，合同约定售价为 8000 万元，分 4 年于每年年末等额支付。该设备的成本为 6500 万元，现销方式下该设备的售价为 7200 万元。已知合同约定的利率为 4.35%。则 2017 年 12 月 31 日长期应收款的账面价值为（ ）万元。

A. 6000   B. 4886.8

C. 5513.2   D. 4852

10. 甲公司 2016 年 12 月 1 日与乙公司签订一项厂房建设合同，合同总价款为 3000 万元（不含税，税率为 11%），当日甲公司预收工程备料款 1000 万元，工程预计 18 个月完工。至 2017 年 12 月 31 日累计发生的成本为 2000 万元，预计还将发生 500 万元。甲公司采用已发生成本占预计总成本比例确定完工进度，2016 年 12 月 31 日完工进度为 8%。则 2017 年 12 月 31 日应确认的收入为（ ）万元。

A. 2400   B. 2160

C. 1000   D. 2000

11. 甲公司 2017 年 12 月 1 日乙公司签订员工培训合同，根据合同约定甲公司分两次收取培训费合计 300 万元，分别是合同签订时收取 100 万元，培训结束后收取 200 万元。培训当日甲公司已收取 100 万元，并存入银行。至 2017 年 12 月 31 日累计发生培训成本为 30 万元，但甲公司得知乙公司发生财务困难，剩余培训款项收回具有很大不确定性，则 2017 年 12 月 31 日甲公司应确认的收入为（ ）万元。

A. 100   B. 300

C. 30   D. 0

12. 下列各项中，关于特殊劳务交易的处理正确的是（ ）。

A. 安装工作是商品销售附带条件的，安装费应在安装结束时确认收入

B. 包括在商品售价内可区分的服务费，应在收取时确认收入

C. 会员费能够使会员低于非会员的价格接受劳务的，应在整个受益期内分期确认收入

D. 长期为客户提供重复性劳务收取的劳务费，应在收到劳务费时确认收入

13. 甲公司为增值税一般纳税人，销售商品适用的增值税税率为 17%，2017 年 7 月 19 日甲公司向乙公司销售一批产品，该产品标价为 1200 万元，甲公司给予乙公司 10% 的商业折扣，并按折扣后的金额开具增值税专用发票。同时合同约定现金折扣条件为：2/10，1/20，N/30（计算现金折扣不考虑增值税）。当日乙公司在验货时发现产品存在瑕疵，要求甲公司给予 15% 的销售折让，甲公司同意。则甲公司应确认的收入为（ ）万元。

A. 1200   B. 1080

C. 918   D. 1058.4

14. 某大型超市实行奖励积分活动，消费者购买每满 100 元（含 100 元）可获得奖励积分 1 分（相当于 1 元），100 元以下不能获得奖励积分。2017 年 12 月合计销售 1000 万元，消费者获得奖励积分为 70000 分。假设不考虑增值税因素，则 2017 年 12 月该大型超市应确认的收入为（ ）万元。

A. 1000   B. 993

C. 990.1   D. 993.07

15. 2017 年 1 月 1 日甲公司向乙公司转让一项商标使用权，期限 3 年，一次性收取使用费 300 万元（不含税）。根据合同约定，甲公司在 3 年内不提供任何后续服务。当日款项已收取并存入银行，则甲公司 2017 年度应确认收入为（ ）万元。

A. 300   B. 100

C. 106   D. 318

16. 甲公司（建筑公司）2017 年 8 月 1 日与乙公司签订建造办公楼合同。根据合同约定办公楼总造价为 6105 万元（含税），成本为 4800 万元。2017 年 12 月 1 日乙公司与甲公司签订补充协议，约定为其再建造一栋仓库，约定总造价为 1332 万元（含税），成本为 790 万元。则下列说法不正确的是（ ）。

A. 甲公司应将办公楼与仓库合并为一项合同

B. 甲公司与乙公司签订的是固定造价合同

C. 甲公司应将办公楼和仓库分别按单独合同确认

D. 甲公司应承担合同所带来的风险和报酬

17. 甲建筑公司承建某工程，工期为 3 年，该工程预计总成本为 8000 万元。第 1 年甲公司"工程施工"账户借方实际发生额为 1800 万元，其中包括支付材料款 1000 万元（有 200 万元运抵现场但尚未使用），人工费用和其他间接费用 300 万元，分包款 500 万元（其中 300 万元为第 2 年备料款）。甲公司采用累积实际发生的合同成本占合同预计总成本比例确认完工进度，则甲公司应在第 1 年确认的完工进度为（   ）。
   A. 16.25%   B. 22.5%
   C. 18.75%   D. 20%

18. 2017 年 2 月 1 日甲公司承建一项总金额为 6500 万元的固定造价合同，为乙公司建造一幢宿舍楼，合同预计总成本为 5800 万元。至 2017 年 12 月 31 日已发生成本 4500 万元，因人工和材料费用上涨预计还将发生成本 1500 万元。甲公司按累计实际发生的合同成本占合同预计总成本比例确认完工进度。则 2017 年 12 月 31 日甲公司应计提的存货跌价准备为（   ）万元。
   A. 150   B. 200
   C. 50   D. 0

19. 甲公司 2017 年 12 月 31 日"工程施工"科目借方余额 3800 万元，"工程结算"科目贷方余额 3000 万元，则 2017 年 12 月 31 日在资产负债表中填列正确的是（   ）万元。
   A. 预收款项 800   B. 存货 800
   C. 应收账款 800   D. 应付账款 800

20. 2017 年 12 月甲公司与乙公司签订以旧换新销售合同，根据合同约定甲公司向乙公司销售新型 A 产品 1000 件，售价为 1.2 万元/件（不含税），同时回收旧款 A 产品 800 件，回收价 0.2 万元/件（不含税）。上月销售给丙公司的 B 产品被退回，开具增值税专用发票（红字）注明价款为 200 万元，增值税税额为 34 万元，款项已支付。则甲公司 2017 年 12 月应确认的收入合计为（   ）万元。
   A. 1200   B. 1000
   C. 1040   D. 840

21. 下列各项中，属于政府补助的是（   ）。
   A. 即征即退增值税
   B. 增值税出口退税
   C. 减免的所得税
   D. 政府对企业注资

22. 甲公司为高新技术企业，2017 年销售 A 产品 100 万台，每台市场售价 12 万元。A 产品符合国家产业政策，根据规定企业以 10 万元/台价格出售给消费者，政府经予补助 2 万元/台。则甲公司下列会计处理正确的是（   ）。

A. 企业应确认营业外收入 200 万元
B. 企业应确认主营业务收入 1000 万元
C. 企业应确认递延收益 200 万元
D. 企业应确认主营业务收入 1200 万元

23. 2017 年度甲公司收到当地科技局研发奖励资金 500 万元，因创新研发收到政府拨付的财政贴息 120 万元，因甲公司研发直接减免其所得税 230 万元，同时软件销售产生即征即退增值税 2400 万元。则甲公司当年应确认的政府补助为（   ）万元。
   A. 3020   B. 3250
   C. 2630   D. 2750

24. 企业收到当地政府无偿划拨的土地，正确的会计处理是（   ）。
   A. 应确认营业外收入 B. 应确认资本公积
   C. 应确认递延收益   D. 应确认实收资本

25. 甲公司为增值税一般纳税人，2014 年 12 月 31 日取得财政拨款 1200 万元，用于购买环保设备。同日购入设备取得增值税专用发票注明的价款 1000 万元，增值税税额 170 万元，支付安装人员工资 100 万元。甲公司预计该设备使用年限为 5 年，预计净残值为 100 万元，采用年限平均法计提折旧。2017 年 12 月 30 日甲公司将该设备对外出售，取得处置价款 620 万元（不含增值税，税率为 17%）则 2017 年 12 月份甲公司应确认的营业外收入为（   ）万元。
   A. 600   B. 620
   C. 480   D. 500

26. 企业取得的与收益相关的政府补助用于补偿将要发生费用或损失，应在收到款项时计入（   ）。
   A. 营业外收入   B. 递延收益
   C. 资本公积   D. 其他综合收益

27. 2017 年 3 月，甲公司开始建造商业设施，建成后作为自营住宿、餐饮的场地。预计总成本为 7000 万元，因资金不足，甲公司按相关规定向有关部门提出补助 2160 万元的申请。2017 年 5 月，政府相关部门批准了甲公司的申请并拨付甲公司 2160 万元财政拨款（同日到账）。2017 年 9 月 8 日，商业设施达到预定可使用状态，共发生建造成本 6000 万元，该商业设施预计使用年限为 20 年，预计净残值为零，采用年限平均法计提折旧。2017 年甲公司因该事项影响损益的金额为（   ）万元。
   A. −144   B. −48
   C. 0   D. 81

二、多项选择题

1. 下列各项中，甲公司可以确认销售商品收入的有（   ）。
   A. 甲公司销售一批高档电视给某酒店并负责调

试，电视已发出款项于调试后收取

B. 甲公司将一批商品委托乙公司代销，并向乙公司支付手续费，商品已发出

C. 甲公司向乙公司销售一批商品，货款已收，但乙公司验收后发现商品存在严重质量问题要求退货，甲公司与乙公司未达成一致

D. 甲公司向乙公司销售一批产品，约定3个月内可以退货，甲公司可以合理预计退货概率

2. 下列各项中，关于商业折扣、现金折扣、销售折让和销售退回的说法正确的有（　　）。

A. 企业应按扣除商业折扣后的金额确认收入

B. 现金折扣不影响企业销售商品收入的确认

C. 发出商品且未确认收入时，发生销售折让的按扣除折让后的金额确认收入（非资产负债表日后期间）

D. 已确认收入的商品发生销售退回，直接冲减退货当期的收入及成本

3. 下列各项中，关于具有融资性质分期收款销售商品的说法正确的有（　　）。

A. 通常情况下，企业将销售商品交付给购货方时确认收入

B. 应按销售商品的公允价值确认收入

C. 应收合同价款与商品公允价值的差额确认为未实现融资收益

D. 按应收款项的摊余成本和实际利率计算确定的金额计入财务费用

4. 企业销售商品采用售后租回方式的，下列说法正确的有（　　）。

A. 售后租回形成融资交易的，企业不应确认销售商品收入

B. 售后租回形成融资租赁，售价与资产账面价值的差额应予递延，并按照资产的折旧进度进行分摊

C. 售后租回形成经营租赁，如果是按公允价值达成的，售价与资产账面价值的差额计入当期损益

D. 售后租回形成经营租赁，如果不是按公允价值达成的，售价大于公允价值的差额应计入当期损益

5. 企业提供劳务的交易结果能够可靠估计的，在资产负债表日应按完工百分比法确认收入，下列属于交易结果能够可靠估计条件的有（　　）。

A. 收入的金额能够可靠的计量

B. 相关经济利益很可能流入企业

C. 交易的完工进度能够可靠地计量

D. 交易中已发生和将要发生的成本能够可靠地计量

6. 甲公司2017年8月1日与乙公司签订劳务合同，合同总价款为1200万元，预计总成本为800万元。至2017年12月31日已发生成本400

万元，同时甲公司得知乙公司发生严重财务困难，劳务价款难以全额支付，预计能够收回其价款的40%。则2017年12月31日甲公司的会计处理正确的有（　　）。

A. 甲公司应确认收入600万元

B. 甲公司应确认收入400万元

C. 甲公司应确认收入480万元

D. 甲公司应确认成本400万元

7. 下列关于企业销售商品同时提供劳务的会计处理正确的有（　　）。

A. 如果销售商品部分和提供劳务部分能够区且能够单独计量的，企业应分别确认收入

B. 如果销售商品部分和提供劳务部分不能区分应将提供劳务部分作为销售商品收入进行会计处理

C. 如果销售商品部分和提供劳务部分能够区分，但不能单独计量的，企业应按估计比例确认销售商品收入和提供劳务收入

D. 如果销售商品部分和提供劳务部分能够区分，但不能单独计量的，企业应将提供劳务部分作为销售商品收入进行会计处理

8. 下列各项中，关于使用费收入的处理说法正确的有（　　）。

A. 合同规定一次性收取使用费，且不提供后续服务的应在收款时一次性确认收入

B. 合同规定一次性收取且提供后续服务的，应在收取使用费时一次性确认收入

C. 合同约定是分期收取的，应按合同约定收款时间和金额确认收入

D. 合同规定一次性收取且提供后续服务的，应在服务有效期内分期确认收入

9. 下列各项中，关于建造合同的说法正确的有（　　）。

A. 因订立合同而发生的投标费，如果能够单独区分和可靠计量且合同很可能订立的，应计入合同成本

B. 建造合同的奖励款应计入合同总收入核算

C. 合同成本中不包括企业行政管理部门为组织和管理生产经营活动所发生的管理费用

D. 以已发生成本占估计总成本比例计算完工进度时，成本中不应包括支付给分包方的预付款项

10. 下列各项中，甲公司（工业企业）应确认营业收入的有（　　）。

A. 销售原材料　　　B. 销售半成品

C. 销售产成品　　　D. 出租办公楼

11. 下列各项中，关于政府补助的说法正确的有（　　）。

A. 政府补助具有无偿性

B. 政府以投资者身份向企业投入非货币性资产不属于政府补助

C. 政府补助一般情况下会限定资金的使用
用途
D. 政府对企业债务的豁免属于政府补助
12. 下列各项中，关于政府补助分类的说法正确的
有（　　）。
A. 企业取得政府无偿划拨的土地使用权属于
与资产相关的政府补助
B. 企业取得的财政贴息属于与收益相关的政
府补助
C. 企业取得综合补助款项应区分与资产相关
的政府补助和与收益相关的政府补助
D. 企业取得综合补助款项应区分与资产相关
的政府补助和与收益相关的政府补助，难以划
分的应作为与收益相关的政府补助
13. 企业接受政府无偿划拨非货币性资产，下列说
法正确的有（　　）。
A. 一般情况下，应按该资产的公允价值计量
B. 公允价值无法可靠取得的，应按评估价值
确认政府补助
C. 公允价值无法可靠取得的，应按名义金额
计量
D. 为非货币性资产支付的相关税费计入资产
入账成本
14. 企业取得与收益相关的政府补助，在收到时下
列各项中处理正确的有（　　）。
A. 补偿已经发生的费用应计入营业外收入
B. 补偿尚未发生的损失应计入营业外收入
C. 补偿已经发生的损失应计入营业外收入
D. 补偿尚未发生的费用应计入营业外收入
15. 企业取得与资产相关的政府补助，下列会计处
理正确的有（　　）。
A. 收到时确认为递延收益
B. 收到时确认为营业外收入
C. 在资产达到预定用途时，按资产使用期间
分期计入营业外收入
D. 在资产达到预定用途时，按资产使用期间
分期计入递延收益

三、判断题

1. 判断企业是否将商品所有权上的主要风险和报
酬转移给购货方，应当关注交易的实质而不是
形式。（　　）
2. 企业销售商品存在质量问题，又未根据正常条
款予以弥补的，即使款项全部收到，也不能确
认销售商品收入。（　　）
3. 销售合同中规定了退货条款的，企业应在退货
期满时确认销售商品收入。（　　）
4. 企业销售商品延期收款具有融资性质的，应按
实际收到的金额确认销售商品收入。（　　）
5. 采用支付手续费方式委托代销商品的，受托方
在销售代销商品时按商品的公允价值确认销售

商品收入。（　　）
6. 房地产开发企业销售商品房时，房地产的法定
所有权转移，则企业应当确认收入的实现。
（　　）
7. 在实务中，如果特定时期内提供劳务交易的数
量不能确定，则该期间的收入应当采用直线法
确认。（　　）
8. 企业以按完工百分比法计算出完工进度的，企
业按收入总额乘以完工进度即为当年收入。
（　　）
9. 提供劳务的交易结果不能可靠估计的，已发生
的劳务成本预计全部不能得到补偿的，则企业
不能确认提供劳务收入。（　　）
10. 为特定客户开发软件劳务的收费应在开发完成
时确认劳务收入。（　　）
11. 宣传媒介收费应在相关广告或商业行为开始出
现于公众面前时确认收入。（　　）
12. 属于提供设备和其他有形资产的特许权费，在
交付资产或转移资产所有权时确认收入。
（　　）
13. 资产的建造已签订多项合同的，则应分别按各
项合同作为核算对象进行会计处理。（　　）
14. 企业提供奖励积分而发生的不可避免成本超过
已收或应收对价时，满足条件的应确认预计负
债。（　　）
15. 合同完成后处置残余物资取得的零星收益应作
为其他业务收入核算。（　　）
16. 如果建造合同预计总成本超过合同总收入形成
预计损失的，应计提存货跌价准备。（　　）
17. 政府以购买者身份向企业购入商品属于政府补
助。（　　）
18. 企业取得与收益相关的政府补助，在收到时一
定会影响当期损益。（　　）
19. 企业购入固定资产自有资金不足获得政府补助
的，应将购买价款扣除政府补助款后的余额作
为固定资产的入账金额。（　　）
20. 企业因安置失业人员而从政府取得的奖励资金
属于政府补助。（　　）
21. 企业取得与资产相关的政府补助，如果购入资
产采用加速折旧方法，相应的政府补助也应按
资产折旧方法进行加速摊销。（　　）

四、计算分析题（除题目中有特殊要求外，
答案中金额单位以万元表示，有小数的，保留两
位小数）

1. 甲公司为增值税一般纳税人，销售商品适用的
增值税税率为17%。2016年1月1日甲公司与
乙公司签订设备销售合同，根据合同约定甲公
司将其生产的一台公允价值为8800万元的机器
设备销售给乙公司，成本为7000万元，乙公司
分4年于每年12月31日支付价款2500万元。
根据税法规定，增值税纳税义务发生时间为合

同约定应收取款项日期。以上价款均不含增值税。

其他资料：假定甲公司每年 12 月 31 日均收款并存入银行。

(P/A, 5%, 4) =3.5460；(P/A, 6%, 4) =3.4651。

要求：

(1) 计算甲公司该业务的实际利率。

(2) 根据上述资料，填列下表（无需列式计算过程）。

单位：万元

日　期	财务费用	已收本金	未收本金
2016 年 1 月 1 日			
2016 年 12 月 31 日			
2017 年 12 月 31 日			
2018 年 12 月 31 日			
2019 年 12 月 31 日			

(3) 编制上述业务的相关会计分录。

2. 甲公司（工业企业）为增值税一般纳税人。2017 年发生的与收入有关的资料如下：

(1) 2017 年 3 月 25 日，甲公司向乙公司销售一批商品，不含增值税的销售价格为 3000 万元，增值税税额为 510 万元，该批商品成本为 2400 万元，未计提存货跌价准备，该批商品已发出，满足收入确认条件，货款尚未收到。4 月 5 日，乙公司在验收该批商品时发现其外观有瑕疵，甲公司同意按不含增值税的销售价格给予 10% 的折让，红字增值税专用发票上注明的价款为 300 万元，增值税税额为 51 万元。5 月 10 日，甲公司收到乙公司支付的剩余款项，并存入银行。

(2) 2017 年 9 月 1 日至 30 日，甲公司开展 A 产品以旧换新业务，共销售 A 产品 100 台，每台不含增值税的销售价格为 10 万元，增值税税额为 1.7 万元，每台销售成本为 7 万元，同时，回收 100 台旧产品作为原材料验收入库，每台不含增值税的回收价格为 1 万元，增值税税额为 0.17 万元，款项均已支付。

(3) 2017 年 11 月 20 日，甲公司与丙公司签订一项为期 3 个月的现代服务业劳务合同，合同总收入为 90 万元（不含税，适用的增值税税率为 6%），当日，收到丙公司预付的合同款 45 万元。12 月 31 日，经专业测量师测量后，确定该项劳务的完工程度为 40%。至 12 月 31 日，累计发生的劳务成本为 30 万元，估计完成该合同还将发生劳务成本 40 万元，该项合同的结果能够可靠计量，假定发生的劳务成本均为职工薪酬。

(4) 2017 年 12 月 12 日，甲公司将作为无形资产核算的某商标使用权转让给丁公司 5 年，收取使用费 500 万元（含税，适用的增值税税率为 6%），甲公司不负责商标权的任何后续服务。该商标权月摊销额为 5 万元。款项尚未收取。

(5) 2017 年 12 月 30 日，甲公司将一批 C 产品销售给戊公司，开具增值税专用发票注明的价款为 1000 万元，增值税税额为 170 万元，款项已收存银行。C 产品成本为 790 万元。根据合同约定戊公司可以有 3 个月的试用期，试用期间可以无条件退货。甲公司预计退货率为 20%。

要求：

(1) 根据上述业务，编制相关会计分录。

(2) 计算甲公司 2017 年度利润表中"营业收入"的金额。

3. 2016 年 1 月 1 日，甲公司与乙公司签订一项建造合同。合同约定甲公司为乙公司建设一条高速公路，合同总价款 80000 万元，工期为 2 年。与上述建造合同相关的资料如下：

(1) 2016 年 1 月 10 日开工建设，预计总成本 68000 万元。至 2016 年 12 月 31 日，工程实际发生成本 45000 万元，由于材料价格上涨等因素预计还将发生工程成本 55000 万元；工程结算合同价款 40000 万元，实际收到价款 36000 万元。

(2) 2016 年 10 月 6 日，经商议乙公司书面同意追加合同价款 2000 万元。

(3) 2017 年 9 月 6 日，出售剩余资产产生收益 250 万元，次日工程完工并交付乙公司使用。至工程完工时累计实际发生成本 93100 万元；累计工程结算合同价款 82000 万元，累计实际收到价款 80000 万元。

(4) 2017 年 11 月 12 日，收到乙公司支付的合同奖励款 400 万元。假定建造合同的结果能够可靠估计，甲公司按累计实际发生的合同成本占合同预计总成本的比例确定其完工进度。

要求：

(1) 计算甲公司 2016 年应确认的合同收入、合同费用、合同毛利和合同预计损失金额。

(2) 计算该建造合同影响甲公司 2016 年的营业利润金额。

(3) 编制甲公司 2016 年与确认合同收入、合同费用、合同毛利和合同预计损失有关的会计分录。

(4) 计算甲公司 2017 年应确认的合同收入、合同费用、合同毛利金额。

(5) 计算该建造合同影响甲公司 2017 年的营业成本金额。

(6) 编制甲公司 2017 年与确认合同收入、合同费用、合同毛利有关的会计分录。

五、综合题

1. 甲上市公司（以下简称甲公司）为增值税一般纳税人，销售商品及提供劳务适用的增值税税率为 17%；除特别说明外，不考虑除增值税以外的其他相关税费；所售资产均未发生减值；销售商品为正常的生产经营活动，销售价格为不含增值税的公允价；商品销售成本在确认销售收入时逐笔结转。

(1) 2017 年 12 月甲公司发生下列经济业务：

①12 月 1 日，甲公司与 A 公司签订委托代销商品协议。协议规定，甲公司以支付手续费方式委托 A 公司代销 W 商品 100 件，A 公司对外销售价格为每件 3 万元，未出售的商品 A 公司可以退还甲公司；甲公司按 A 公司对外销售价格的 1% 向 A 公司支付手续费，在收取 A 公司代销商品款时扣除。该 W 商品单位成本为 2 万元。

12 月 31 日，甲公司收到 A 公司开来的代销清单，已对外销售 W 商品 60 件；甲公司开具的增值税专用发票注明：销售价格 180 万元，增值税税额 30.6 万元；同日，甲公司收到 A 公司交来的代销商品款 208.8 万元并存入银行，应支付 A 公司的手续费 1.8 万元已扣除（不考虑增值税）。

②12 月 5 日，收到 B 公司退回的 X 商品一批以及税务机关开具的进货退回相关证明，销售价格为 100 万元，销售成本为 70 万元；该批商品已于 11 月份确认收入，但款项尚未收到，且未计提坏账准备。

③12 月 10 日，与 C 公司签订一项为期 5 个月的工业性劳务合同，合同总收入为 200 万元（不含税），当天预收劳务款 20 万元。12 月 31 日，经专业测量师对已提供的劳务进行测量，确定该项劳务的完工程度为 30%。至 12 月 31 日，实际发生劳务成本 45 万元（假定均为职工薪酬），估计为完成合同还将发生劳务成本 105

万元（假定均为职工薪酬）。假定该项劳务交易的结果能够可靠地计量。

④12 月 15 日，出售确认为交易性金融资产的 D 公司股票 1000 万股，出售价款 3000 万元已存入银行。当日出售前，甲公司持有 D 公司股票 1500 万股，账面价值为 4350 万元（其中，成本为 3900 万元，公允价值变动为 450 万元）。12 月 31 日，D 公司股票的公允价值为每股 3.30 元。

⑤12 月 31 日，以本公司生产的产品作为福利发放给职工。发放给生产工人的产品不含增值税的公允价值为 200 万元，实际成本为 160 万元；发放给行政管理人员的产品不含增值税的公允价值为 100 万元，实际成本为 80 万元。产品已发放给职工。

⑥12 月 31 日，采用分期收款方式向 E 公司销售 Z 大型设备一套，合同约定的销售价格为 3000 万元，从 2018 年起分 5 年于每年 12 月 31 日收取。该大型设备的实际成本为 2000 万元。如采用现销方式，该大型设备的销售价格为 2500 万元。商品已经发出，甲公司尚未开具增值税专用发票。

(2) 2017 年甲公司除上述业务以外的业务的损益资料如下：

单位：万元

项　目	金　额
一、营业收入	5000
减：营业成本	4000
税金及附加	50
销售费用	200
管理费用	300
财务费用	30
资产减值损失	0
加：公允价值变动收益	0
投资收益	100
二、营业利润	520
加：营业外收入	70
减：营业外支出	20
三、利润总额	570

要求：

(1) 根据上述资料，逐笔编制甲公司相关业务的会计分录。

(2) 计算甲公司 2017 年度利润表部分项目的金额，结果填入下表中。

第八周

单位：万元

项 目	金 额
一、营业收入	
减：营业成本	
税金及附加	
销售费用	
管理费用	
财务费用	
资产减值损失	
加：公允价值变动收益	
投资收益	
二、营业利润	
加：营业外收入	
减：营业外支出	
三、利润总额	

（"应交税费"科目要求写出明细科目及专栏名称；答案中的金额单位用万元表示）。

2. 北方公司为上市公司，属于增值税一般纳税人，销售商品适用的增值税税率为17%；主要从事机器设备的生产和销售，销售价格为公允价格（不含增值税税额），销售成本逐笔结转。2017年度，北方公司有关业务资料如下：

（1）1月31日，向甲公司销售100台A机器设备，单位销售价格为40万元，单位销售成本为30万元，未计提存货跌价准备；设备已发出，款项尚未收到。合同约定，甲公司在6月30日前有权无条件退货。当日，北方公司根据以往经验，估计该批机器设备的退货率为10%。6月30日，收到甲公司退回的A机器设备11台并验收入库，89台A机器设备的销售款项收存银行。北方公司发出该批机器设备时发生增值税纳税义务，实际发生销售退回时可以冲回增值税税额。

（2）3月25日，向乙公司销售一批B机器设备，销售价格为3000万元，销售成本为2800万元，未计提存货跌价准备；该批机器设备已发出，款项尚未收到。北方公司和乙公司约定的现金折扣条件为：2/10，1/20，N/30。4月10日收到乙公司支付的款项。北方公司计算现金折扣时不考虑增值税税额。

（3）6月30日，在二级市场转让持有的丙公司10万股普通股股票，相关款项50万元已收存银行。该股票系上年度购入，初始取得成本为35万元，作为交易性金融资产核算；已确认相关公允价值变动收益8万元。

（4）9月30日，采用分期预收款方式向丁公司销售一批C机器设备。合同约定，该批机器设备销售价格为580万元；丁公司应在合同签订时预付50%货款（不含增值税税额），剩余款项应与11月30日支付，并由北方公司发出C机器设备。9月30日收到丁公司预付的货款290万元并存入银行；11月30日发出该批机器设备，收到丁公司支付的剩余货款及全部增值税税额并存入银行。该批机器设备实际成本为600万元，已计提存货跌价准备30万元。北方公司发出该批机器时发生增值税纳税义务。

（5）11月30日，向戊公司出售一项无形资产（属于增值税免税项目），相关款项200万元已收存银行。该项无形资产的成本为500万元，已摊销340万元，已计提无形资产减值准备30万元。

（6）12月1日，向庚公司销售100台D机器设备，销售价格为2400万元，成本为1800万元，未计提存货跌价准备；该批机器设备尚未发出，相关款项已收存银行，同时发生增值税纳税义务。合同约定，北方公司应于2018年5月1日按2500万元的价格（不含增值税税额）回购该批机器设备。12月31日，计提当月与该回购交易相关的利息费用（利息费用按月平均计提）。

要求：根据上述资料，逐笔编制北方公司相关业务的会计分录。

（"应交税费"科目要求写出明细科目及专栏名称；答案中的金额单位用万元表示）

3. 南方公司为上市公司，主要从事家用电器的生产和销售，产品销售价格为公允价格。2017年，南方公司由于受国际金融危机的影响，出口业务受到了较大冲击。为应对金融危机，南方公司积极开拓国内市场，采用多种销售方式增加收入。2017年度南方公司有关销售业务及其会计处理如下（假定不考虑增值税等相关税费）：

（1）2017年1月1日，为扩大公司的市场品牌效应，南方公司与甲公司签订商标权出租合同。合同约定：甲公司可以在5年内使用南方公司的某商标生产X产品，甲公司每年向南方公司支付100万元的商标使用费；南方公司在该商标出租期间不再使用该商标。该商标系南方公司2014年1月1日购入的，初始入账价值为250万元，预计使用年限为10年，预计净残值为零，采用直线法摊销。相关会计处理为：

①确认其他业务收入500万元；
②结转其他业务成本175万元。

（2）南方公司开展产品以旧换新业务，2017年度共销售A产品1000台，每台销售价格为0.2万元，每台销售成本为0.12万元；同时，回收1000台旧产品作为原材料验收入库，每台回收

第八周

价格为 0.05 万元，款项均已收付。相关会计处理为：

①确认主营业务收入 200 万元；

②结转主营业务成本 120 万元；

③确认原材料 50 万元。

（3）2017 年 6 月 30 日，南方公司与乙公司签订销售合同，以 800 万元价格向乙公司销售一批 B 产品；同时签订补充合同，约定于 2017 年 7 月 31 日以 810 万元的价格将该批 B 产品购回。B 产品并未发出，款项已于当日收存银行。该批 B 产品成本为 650 万元。7 月 31 日，南方公司从乙公司购回该批 B 产品，同时支付有关款项。相关会计处理为：

①6 月 30 日确认主营业务收入 800 万元；

②6 月 30 日结转主营业务成本 650 万元；

③7 月 31 日确认财务费用 10 万元。

（4）南方公司为推销 C 产品，承诺购买该新产品的客户均有 6 个月的试用期，如客户试用不满意，可无条件退货，南方公司无法估计 C 产品的退货率。2017 年 12 月 1 日，C 产品已交付买方，售价为 100 万元，实际成本为 90 万元。2017 年 12 月 31 日，货款 100 万元尚未收到。相关会计处理为：

①确认主营业务收入 100 万元；

②结转主营业务成本 90 万元。

（5）2017 年 12 月 1 日，南方公司委托丙公司销售 D 产品 1000 台，商品已经发出，每台成本为 0.4 万元。合同约定：南方公司委托丙公司按每台 0.6 万元的价格对外销售 D 产品，并按销售价格的 10% 向丙公司支付手续费。2017 年 12 月 31 日，南方公司收到丙公司对外销售 D 产品 500 台的代销清单。相关的会计处理为：

①12 月 1 日确认主营业务收入 600 万元；

②12 月 1 日结转主营业务成本 400 万元；

③12 月 1 日确认销售费用 60 万元；

④12 月 31 日未进行会计处理。

（6）2017 年 12 月 31 日，南方公司与丁公司签订销售合同，采用分期收款方式向丁公司销售一批 E 产品，合同约定销售价格为 4000 万元，从 2017 年 12 月 31 日起分 5 年于次年的 12 月 31 日等额收取。该批 E 产品的成本为 3000 万元。如果采用现销方式，该批 E 产品销售价格为 3400 万元。相关的会计处理为：

①12 月 31 日确认主营业务收入 4000 万元；

②12 月 31 日结转主营业务成本 3000 万元；

③12 月 31 日确认财务费用 200 万元。

要求：

根据上述材料逐笔分析，判断（1）至（6）笔经济业务中各项会计处理是否正确（分别注明该笔经济业务及各项会计处理序号）；如不正确，请说明正确的会计处理。

4. 2017 年甲公司签订了以下销售合同和劳务合同：

（1）2017 年 1 月 1 日，与乙公司签订了一份期限为 18 个月、不可撤销、固定价格的销售合同。合同约定：自 2017 年 1 月 1 日起 18 个月内，甲公司负责向乙公司提供 A 设备 1 套，并负责安装调试和培训设备操作人员，合同总价款 20000 万元。乙公司对 A 设备区分交付阶段和安装调试阶段分别进行验收。各阶段一经乙公司验收，与所有权相关的风险和报酬正式由甲公司转移给乙公司。2017 年 12 月 31 甲公司应向乙公司交付 A 设备，A 设备价款为 18000 万元；2018 年 4 月 30 日甲公司应负责完成对 A 设备的安装调试，安装调试费 1500 万元；2018 年 6 月 30 甲公司应负责完成对乙公司 A 设备操作人员的培训，培训费 500 万元。合同执行后，截至 2017 年 12 月 31 日，甲公司已将 A 设备交付乙公司并经乙公司验收合格，A 设备生产成本为 12000 万元，尚未开始安装调试。甲公司考虑到 A 设备安装调试没有完成，在 2017 年财务报表中将库存商品转入发出商品，没有对销售 A 设备确认营业收入。

（2）2017 年 8 月 1 日，与丁公司签订了一份销售合同，约定向丁公司销售 C 设备 1 台，销售价格为 6000 万元。9 月 30 日，甲公司将 C 设备运抵丁公司并办妥托收承付手续。C 设备生产成本为 4000 万元。11 月 6 日，甲公司收到丁公司书面函件，称其对 C 设备试运行后，发现 1 项技术指标没有完全达到合同规定的标准，影响了设备质量，要求退货。甲公司认为，该设备本身不存在质量问题，相关指标未达到合同规定标准不影响设备使用。至甲公司对外披露 2017 年财务报表时，双方仍有争议，拟请相关专家进行质量鉴定。甲公司认为 C 设备已发出，办妥托收承付手续，且不存在质量问题。在 2017 年财务报表中就 C 设备销售确认了营业收入 6000 万元，同时结转营业成本 4000 万元。

（3）2017 年 9 月 1 日，与戊公司签订了一份安装工程劳务合同，约定负责为戊公司安装 D 设备 1 套，合同金额为 500 万元，合同期限为 12 个月。截至 2017 年 12 月 31 日，甲公司实际发生安装成本 180 万元，但对该项安装工程的完工进度无法做出可靠估计。甲公司仍按合同规定履行自己的义务，戊公司也承诺继续按合同规定履行其义务。甲公司在 2017 年财务报表中将发生的安装工程成本 180 万元全部计入了当期费用，未确认营业收入。

（4）2017 年 11 月 1 日，甲公司与 M 公司签订购销合同。合同规定：M 公司购入甲公司 100 件某产品，每件销售价格为 45 万元。甲公司已于当日收到 M 公司货款。该产品已于当日发出，每件销售成本为 36 万元，未计提存货跌价准备。同时，双方还签订了补充协议，补充协议规定甲公司于 2018 年 3 月 31 日每件 54 万元的价格购回全部该产品。

甲公司在 2017 年财务报表中确认主营业务收入 4500 万元，结转主营业务成本 3600 万元。

（5）2017 年 10 月 1 日甲公司与 K 公司签订了定制合同，为其生产制造一台大型设备，合同价款为 2000 万元，合同期限为 2 个月。2017 年 12 月 1 日生产完工并经 K 公司验收合格，K 公司支付了 2000 万元款项，该大型设备成本为 1500 万元。由于 K 公司的原因，该产品尚存放于甲公司。甲公司在 2017 年财务报表中未确认收入和结转成本。

（6）2017 年 12 月 31 日，与丙公司签订了一份销售合同，约定甲公司采用分期收款方式向丙公司销售 B 设备 1 套，价款为 3000 万元，分 6 次于 3 年内等额收取（每半年末收款一次）。B 设备生产成本为 2600 万元，在现销方式下，该设备的销售价格为 2800 万元。2017 年 12 月 31 日，甲公司将 B 设备运抵丙公司且经丙公司验收合格。甲公司在 2017 年财务报表中未确认收入和结转成本。

其他资料：假定本题不考虑相关税费及其他因素的影响。

要求：根据上述资料，分别分析、判断甲公司的会计处理是否正确，并简要说明理由；如不正确，说明正确的会计处理。

本周自测参考答案及解析

一、单项选择题

1.【答案】C

【解析】某些特殊情况下，商品交付后所有权的风险和报酬尚未转移，例如收取手续费方式的委托代销，选项 A 错误；某些情况下，转移商品所有权凭证但未交付实物，商品所有权上的主要风险和报酬随之转移，例如交款提货方式销售，选项 B 错误；合同中规定退货条款的，应判断是否能够合理估计退货率，如企业不能合理估计退货可能性，则不能确认收入，选项 D 错误。

2.【答案】C

【解析】售后回购销售商品，回购价格确定，企业在收到价款时不满足收入确认条件，应将其作为负债核算（其他应付款）。甲公司应编制的会计分录如下：

借：银行存款　　　　　　　　　3510

　　贷：其他应付款　　　　　　　3000

　　　　应交税费—应交增值税（销项税额）　510

3.【答案】A

【解析】甲公司在 2017 年 6 月 1 日应按扣除商业折扣后 2000 万元确认收入，2017 年 7 月 31 日得知乙公司发生财务困难，应对该项应收债权计提坏账准备。

4.【答案】B

【解析】托收承付方式销售的应在发出商品并办妥托收手续时确认收入，选项 A 错误；视同买断方式委托代销协议中规定是否获利、是否能够卖出均与委托方无关，说明风险和报酬已经转移给受托方，则无需在收到代销清单时确认收入，选项 C 错误；订货方式销售商品的应在发出商品时确认收入，选项 D 错误。

5.【答案】B

【解析】采用支付手续费方式委托代销商品的，应在收到代销清单时按代销数量和金额确认收入，即甲公司应确认收入 = 300 × 300 ÷ 10000 = 9（万元）。

6.【答案】D

【解析】企业应按扣除商业折扣后的金额确认收入，按总价法入账，所以商业折扣无需单独进行会计核算；现金折扣不影响收入的确认，应按扣除现金折扣前的金额确认收入，现金折扣在实际发生时计入财务费用。

7.【答案】B

【解析】对已确认收入的商品销售，发生销售折让的应冲减折让当期收入（非日后期间），销售折让商品并未退回无需冲减主营业务成本。甲公司 2017 年 7 月 2 日应编制的会计分录为：

借：主营业务收入　　　　　　　　33

　　应交税费—应交增值税（销项税额）　5.61

　　贷：银行存款等　　　　　　　38.61

8.【答案】C

【解析】对于附有销售退回条件的销售商品能够合理估计退货可能性的，说明与商品相关的主要风险和报酬已经转移，符合收入确认条件，所以 2017 年 1 月 1 日应确认收入 = 800 × 10 = 8000（万元）。月末在根据估计的退货率相应的冲减收入和成本。

9.【答案】C

【解析】长期应收款的账面价值 =［8000 −（8000 − 7200）］×（1 + 4.35%）− 2000 = 5513.2（万元）。

10.【答案】B

【解析】甲公司 2017 年 12 月 31 日的完工进度 = 2000/（2000 + 500）× 100% = 80%，则确认的收入 = 3000 ×（80% − 8%）= 2160（万元）。

11.【答案】C

【解析】提供劳务的交易结果不能可靠估计

的，在资产负债表日已发生的成本预计全部能够得到补偿的，按已发生的能够得到补偿的劳务成本金额确认收入。

12.【答案】C

【解析】安装工作是商品销售附带条件的，安装费应在商品销售实现时确认收入，选项A错误；包括在商品售价内可区分的服务费，应在服务期内分期确认收入，选项B错误；长期为客户提供重复性劳务收取的劳务费，应在相关劳务活动发生时确认收入，选项D错误。

13.【答案】C

【解析】甲公司应确认收入的金额 = 1200 × （1 − 10%） × （1 − 15%） = 918（万元）。

14.【答案】D

【解析】奖励积分的公允价值 = 70000 × [100/（100 + 1）] ÷ 10000 = 6.93（万元），应确认的收入 = 1000 − 6.93 = 993.07（万元）。

15.【答案】A

【解析】合同约定一次性收取使用费且不提供后续服务的，应视同销售该资产一次性确认收入，即300万元，选项A正确。

16.【答案】A

【解析】甲公司与乙公司签订的合同无需合并，签订仓库建造合同为追加资产的建造，应作为单项合同处理；合同已约定了工程价款，属于固定造价合同，其风险应由建造承包方承担。

17.【答案】A

【解析】甲公司第1年确认的完工进度 = （1800 − 200 − 300）/8000 × 100% = 16.25%。

【提示】累计实际发生的合同成本不包括与合同未来活动相关的合同成本（如施工中尚未安装、使用或耗用的材料成本），以及在分包工程的工作量完成之前预付给分包单位的款项。

18.【答案】C

【解析】2017年12月31日的完工进度 = 4500/（1500 + 4500） × 100% = 75%，甲公司应计提的存货跌价准备 = （4500 + 1500 − 5800） × （1 − 75%） = 50（万元）。

19.【答案】B

【解析】工程施工余额大于工程结算余额的差额在资产负债表中"存货"项目列示。

20.【答案】B

【解析】以旧换新方式销售商品的应按销售商品的售价确认收入，即1000 × 1.2 = 1200（万元），收回旧货物作为存货购进处理；发生销货退回应冲减当月收入，即200万元；所以甲公司2017年12月应确认的收入合计 = 1200 − 200 = 1000（万元）。

21.【答案】A

【解析】政府补助是指企业从政府无偿取得货币性资产或非货币性资产，但不包括政府作为企业所有者投入的资本。对于减征、免征企业所得税以及增值税出口退税不属于政府补助。

22.【答案】D

【解析】因该项交易具有商业实质，且与企业销售商品或提供劳务等日常活动密切相关的，应当按照收入确认原则进行会计处理，所以甲公司收到的200万元不属于政府补助，应确认为主营业务收入。

23.【答案】A

【解析】直接减免的所得税不属于政府补助，甲公司应确认的政府补助 = 500 + 120 + 2400 = 3020（万元）。

24.【答案】C

【解析】企业取得政府无偿划拨土地应作为与资产相关的政府补助处理，计入递延收益。

25.【答案】B

【解析】固定资产处置计入营业外收入金额 = 620 − [1100 − （1100 − 100）/5 × 3] = 120（万元），当月递延收益结转营业外收入金额 = 1200/5/12 = 20（万元），剩余2年递延收益余额转入营业外收入金额 = 1200/5 × 2 = 480（万元），故应确认营业外收入 = 120 + 20 + 480 = 620（万元）。

26.【答案】B

【解析】企业收到与收益相关的政府补助，如果用于补偿以后期间发生的相关费用或损失的，在取得时先计入递延收益，然后在确认相关费用的期间再计入当期营业外收入。

27.【答案】B

【解析】2017年甲公司因该事项影响损益的金额 = − 6000/20 × 3/12 + 2160/20 × 3/12 = − 48（万元）。

二、多项选择题

1.【答案】AD

【解析】收取手续费方式的委托代销，委托方应在收到受托方代销清单时确认收入，选项B错误；选项C甲公司销售商品风险并未转移，不满足收入确认条件。

2.【答案】ABC

【解析】如果报告期销售，资产负债表日后期间退货按日后调整事项处理，应冲减报告期收入和成本而不是冲减退货当期的收入和成本，选项D错误。

3.【答案】ABCD

4.【答案】ABC

【解析】售后租回认定为经营租赁，如果不是按公允价值达成的，且售价高于公允价值，则售价大于公允价值的差额应计入递延收益，并在预计的资产使用期限内摊销，公允价值和账面价值之间的差额计入当期损益。

5.【答案】ABCD

6.【答案】BD

【解析】提供劳务交易结果不能可靠估计的，已发生成本预计能够得到补偿的，按已发生成本确认收入并结转成本。

7.【答案】ABD

【解析】如果销售商品部分和提供劳务部分能区分，但不能单独计量的，企业应将提供劳务部分作为销售商品收入处理，选项 D 正确，选项 C 错误。

8.【答案】ACD

【解析】如果合同规定一次性收费，且提供后续服务的，应在合同有效期内分期确认收入。

9.【答案】ABCD

10.【答案】ABCD

11.【答案】ABC

【解析】选项 D，不涉及资产直接转移的经济支持不属于政府补助准则规范的政府补助，如政府与企业间的债务豁免。

12.【答案】ABCD

13.【答案】ACD

【解析】如果公允价值无法可靠取得，则应当按照名义金额计量，选项 C 正确，选项 B 错误。

14.【答案】AC

【解析】补偿尚未发生的费用或损失应先计入递延收益，在发生时结转至营业外收入。

15.【答案】AC

【解析】企业取得与资产相关的政府补助，应先计入递延收益，并在资产达到可使用状态时按资产的使用期限分期结转至营业外收入中。

三、判断题

1.【答案】√

2.【答案】√

3.【答案】×

【解析】销售合同中规定了退货条款的，如果企业能够合理预计退货率的，在发出商品时可以确认销售商品收入。

4.【答案】×

【解析】企业销售商品延期收款具有融资性质的，应按合同或协议价款的公允价值作为销售商品收入的金额。

5.【答案】×

【解析】采用支付手续费方式委托代销商品的，受托方应按收取的手续费作为收入，销售代销商品取得的价款作为负债核算。

6.【答案】×

【解析】法定所有权转移后，如果所有权上的主要风险和报酬没有转移（例如尚未完工），则企业不能确认收入。

7.【答案】√

8.【答案】×

【解析】如果以前年度已确认收入的，还应将以前年度已确认的收入减除。

9.【答案】√

10.【答案】×

【解析】为特定客户开发软件的收费，在资产负债表日根据开发的完工进度确认收入。

11.【答案】√

12.【答案】√

13.【答案】×

【解析】有的资产建造虽然形式上签订了多项合同，但各项资产在设计、技术、功能、最终用途上是密不可分的，实质上是一项合同，在会计上应当作为一个核算对象进行会计处理。

14.【答案】√

15.【答案】×

【解析】合同完成后处置残余物资取得的零星收益应当冲减合同成本。

16.【答案】√

17.【答案】×

【解析】政府以购买者身份向企业购入商品支付了对价，属于正常商业行为，不属于政府补助。

18.【答案】×

【解析】补偿以后发生的费用或损失，在取得时计入递延收益，不影响当期损益。

19.【答案】×

【解析】企业应按总额法核算政府补助，即在确认政府补助时全额确认为收益，不作为相关资产账面余额或费用的扣减。

20.【答案】√

21.【答案】×

【解析】与资产相关的政府补助在相关资产使用寿命内平均分摊递延收益，计入营业外收入。

四、计算分析题

1.【答案】

（1）

当利率为5%时，2500 ×（P/A，5%，4）=8865；

当利率为 X 时，2500 ×（P/A，X，4）=8800；

当利率为 6% 时，2500 ×（P/A，6%，4）=8662.75；

则，（5% － 6%）/（8865 － 8662.75）=（5% － X）/（8865 － 8800），X = 5.32%。

第八周

（2）

单位：万元

日　期	财务费用	已收本金	未收本金
2016 年 1 月 1 日	0	0	8800
2016 年 12 月 31 日	468.16	2031.84	6768.16
2017 年 12 月 31 日	360.07	2139.93	4628.23
2018 年 12 月 31 日	246.22	2253.78	2374.45
2019 年 12 月 31 日	125.55	2374.45	0

（3）

2016 年 1 月 1 日

借：长期应收款　　　　　　　　　10000

　　贷：主营业务收入　　　　　　　　　8800

　　　　未实现融资收益　　　　　　　　1200

借：主营业务成本　　　　　　　　7000

　　贷：库存商品　　　　　　　　　　　7000

2016 年 12 月 31 日

借：银行存款　　　　　　　　　　2925

　　贷：长期应收款　　　　　　　　　　2500

　　　　应交税费—应交增值税（销项税额）

　　　　　　　　　　　　　　　　　　　425

借：未实现融资收益　　　　　　　468.16

　　　　（8800×5.32%）

　　贷：财务费用　　　　　　　　　　　468.16

2017 年 12 月 31 日

借：银行存款　　　　　　　　　　2925

　　贷：长期应收款　　　　　　　　　　2500

　　　　应交税费—应交增值税（销项税额）

　　　　　　　　　　　　　　　　　　　425

借：未实现融资收益　　　　　　　360.07

　　［（8800−2500+468.16）×5.32%］

　　贷：财务费用　　　　　　　　　　　360.07

2018 年 12 月 31 日

借：银行存款　　　　　　　　　　2925

　　贷：长期应收款　　　　　　　　　　2500

　　　　应交税费—应交增值税（销项税额）

　　　　　　　　　　　　　　　　　　　425

借：未实现融资收益　　　　　　　246.22

　　［（8800−5000+468.16+360.07）×5.32%］

　　贷：财务费用　　　　　　　　　　　246.22

2019 年 12 月 31 日

借：银行存款　　　　　　　　　　2925

　　贷：长期应收款　　　　　　　　　　2500

　　　　应交税费—应交增值税（销项税额）

　　　　　　　　　　　　　　　　　　　425

借：未实现融资收益　　　　　　　125.55

　　（1200−468.16−360.07−246.22）

　　贷：财务费用　　　　　　　　　　　125.55

2.【答案】

（1）

资料（1）

2017 年 3 月 25 日

借：应收账款　　　　　　　　　　3510

　　贷：主营业务收入　　　　　　　　　3000

　　　　应交税费—应交增值税（销项税额）　510

借：主营业务成本　　　　　　　　2400

　　贷：库存商品　　　　　　　　　　　2400

2017 年 4 月 5 日

借：主营业务收入　　　　　　　　300

　　　　应交税费—应交增值税（销项税额）　51

　　贷：应收账款　　　　　　　　　　　351

2017 年 5 月 10 日

借：银行存款　　　　3159（3510−351）

　　贷：应收账款　　　　　　　　　　　3159

资料（2）

借：银行存款　　　　　　　　　　1053

　　原材料　　　　　　　　　　　100

　　应交税费—应交增值税（进项税额）　17

　　贷：主营业务收入　　　　　　　　　1000

　　　　应交税费—应交增值税（销项税额）

　　　　　　　　　　　　　　　　　　　170

借：主营业务成本　　　　　　　　700

　　贷：库存商品　　　　　　　　　　　700

资料（3）

2017 年 11 月 20 日

借：银行存款　　　　　　　　　　　45

　　贷：预收账款　　　　　　　　　　　45

2017 年 12 月 31 日

借：劳务成本　　　　　　　　　　　30

　　贷：应付职工薪酬　　　　　　　　　30

借：预收账款　　　　　　　　　38.16

　　贷：主营业务收入　　　　36（90×40%）

　　　　应交税费—应交增值税（销项税额）

　　　　　　　　　　　　　　　　　　2.16

借：主营业务成本　　　　　　　　　28

　　　　［（30+40）×40%］

　　贷：劳务成本　　　　　　　　　　　28

资料（4）

2017 年 12 月 12 日

借：应收账款   500
　　贷：其他业务收入   471.7
　　　　应交税费—应交增值税（销项税额） 28.3
借：其他业务成本   5
　　贷：累计摊销   5

资料（5）

2017 年 12 月 30 日

借：银行存款   1170
　　贷：主营业务收入   1000
　　　　应交税费—应交增值税（销项税额）
　　　　　　　　　　　　　　　　　　　 170
借：主营业务成本   790
　　贷：库存商品   790
借：主营业务收入   200
　　贷：主营业务成本   158
　　　　预计负债   42

（2）甲公司 2017 年度利润表"营业收入"项目的金额 = 3000 - 300 + 1000 + 36 + 471.7 + 1000 - 200 = 5007.7（万元）。

3.【答案】

（1）甲公司 2016 年应确认的合同收入、合同毛利、合同费用和合同预计损失：

2016 年年末工程完工进度 = 45000 ÷（45000 + 55000）×100% = 45%；

2016 年应确认的合同收入 =（80000 + 2000）× 45% = 36900（万元）；

2016 年应确认的合同费用 =（45000 + 55000）× 45% = 45000（万元）；

2016 年应确认的合同毛利 = 36900 - 45000 = - 8100（万元）；

2016 年应确认的合同预计损失 =（45000 + 55000 - 82000）×（1 - 45%）= 9900（万元）。

（2）该建造合同影响甲公司 2016 年的营业利润金额 = 36900 - 45000 - 9900 = - 18000（万元）。

（3）甲公司 2016 年年末确认合同收入、合同毛利、合同费用和合同预计损失的有关会计分录：

借：主营业务成本   45000
　　贷：主营业务收入   36900
　　　　工程施工—合同毛利   8100
借：资产减值损失   9900
　　贷：存货跌价准备   9900

（4）甲公司 2017 年应确认的合同收入、合同毛利、合同费用：

2017 年应确认的合同收入 =（80000 + 2000 + 400）- 36900 = 45500（万元）；

2017 年应确认的合同费用 =（93100 - 250）- 45000 = 47850（万元）；

2017 年应确认的合同毛利 = 45500 - 47850 = - 2350（万元）。

（5）该建造合同影响甲公司 2017 年的营业成本金额 = 47850 - 9900 = 37950（万元）。

（6）甲公司 2017 年与确认合同收入、合同毛利、合同费用有关的会计分录：

借：主营业务成本   47850
　　贷：主营业务收入   45500
　　　　工程施工—合同毛利   2350
借：存货跌价准备   9900
　　贷：主营业务成本   9900

五、综合题

1.【答案】

（1）

①12 月 1 日

借：发出商品   200（100 × 2）
　　贷：库存商品   200

12 月 31 日

借：应收账款   210.6
　　贷：主营业务收入   180
　　　　应交税费—应交增值税（销项税额）
　　　　　　　　　　　　　　　　　　　 30.6
借：主营业务成本   120（60 × 2）
　　贷：发出商品   120
借：银行存款   208.8
　　销售费用   1.8
　　贷：应收账款   210.6

②12 月 5 日

借：主营业务收入   100
　　应交税费—应交增值税（销项税额）   17
　　贷：应收账款   117
借：库存商品   70
　　贷：主营业务成本   70

③12 月 10 日

借：银行存款   20
　　贷：预收账款   20

12 月 31 日

借：劳务成本   45
　　贷：应付职工薪酬   45
借：预收账款   70.2
　　贷：其他业务收入   60（200 × 30%）
　　　　应交税费—应交增值税（销项税额）
　　　　　　　　　　　　　　　　　　　 10.2
借：其他业务成本 45 [（45 + 105）× 30%]
　　贷：劳务成本   45

④12 月 15 日

借：银行存款   3000
　　贷：交易性金融资产—成本   2600
　　　　　　　　　　　（3900 × 1000/1500）
　　　　　　　—公允价值变动   300
　　　　　　　　　　　（450 × 1000/1500）
　　　　投资收益   100

借：公允价值变动损益　　　　　　300
　　贷：投资收益　　　　　　　　　　　300
12 月 31 日
借：交易性金融资产—公允价值变动　200
　　[500×3.3 - (4350 - 2600 - 300)]
　　贷：公允价值变动损益　　　　　　200
⑤12 月 31 日
借：生产成本　　　　　　　　　　234
　　管理费用　　　　　　　　　　117
　　贷：应付职工薪酬　　　　　　　　351
借：应付职工薪酬　　　　　　　　351

贷：主营业务收入　　　　300 (200 + 100)
　　应交税费—应交增值税（销项税额）51
借：主营业务成本　　　　240 (160 + 80)
　　贷：库存商品　　　　　　　　　　240
⑥12 月 31 日
借：长期应收款　　　　　　　　　3000
　　贷：主营业务收入　　　　　　　　2500
　　　　未实现融资收益　　　　　　　500
借：主营业务成本　　　　　　　　2000
　　贷：库存商品　　　　　　　　　　2000
(2)

单位：万元

项　目	金　额
一、营业收入	7940 (5000 + 180 - 100 + 60 + 300 + 2500)
减：营业成本	6335 (4000 + 120 - 70 + 45 + 240 + 2000)
税金及附加	50
销售费用	201.8 (200 + 1.8)
管理费用	417 (300 + 117)
财务费用	30
资产减值损失	0
加：公允价值变动收益	-100 (-300 + 200)
投资收益	500 (100 + 100 + 300)
二、营业利润	1312.2
加：营业外收入	70
减：营业外支出	20
三、利润总额	1362.2

2. (1)
①2017 年 1 月 31 日
借：应收账款　　　　　　　　　4680
　　贷：主营业务收入　　　　　　　　4000
　　　　应交税费—应交增值税（销项税额）
　　　　　　　　　　　　　　　　　680
借：主营业务成本　　　　　　　3000
　　贷：库存商品　　　　　　　　　　3000
借：主营业务收入　　　　　　　400
　　贷：主营业务成本　　　　　　　　300
　　　　预计负债　　　　　　　　　　100
②2017 年 6 月 30 日
借：库存商品　　　　　　　　　330
　　应交税费—应交增值税（销项税额）
　　　　　　　　74.8 (440 × 17%)
　　主营业务收入　　　　　　　40
　　预计负债　　　　　　　　　100

贷：主营业务成本　　　　　　　　　　30
　　应收账款　　　　514.8 (440 × 117%)
借：银行存款　　4165.2 (89 × 40 × 117%)
　　贷：应收账款　　　　　　　　　4165.2
(2)
2017 年 3 月 25 日
借：应收账款　　　3510 (3000 × 117%)
　　贷：主营业务收入　　　　　　　　3000
　　　　应交税费—应交增值税（销项税额）
　　　　　　　　　　　　　　　　　510
借：主营业务成本　　　　　　　2800
　　贷：库存商品　　　　　　　　　　2800
2017 年 4 月 10 日
借：银行存款　　　　　　　　　3480
　　财务费用　　　　30 (3000 × 1%)
　　贷：应收账款　　　　　　　　　3510

第八周

（3）

2017 年 6 月 30 日

借：银行存款　　　　　　　　　50
　　贷：交易性金融资产—成本　　　　35
　　　　　　　　　　—公允价值变动　　8
　　　　投资收益　　　　　　　　　　　7
借：公允价值变动损益　　　　　　8
　　贷：投资收益　　　　　　　　　　　8

（4）

2017 年 9 月 30 日

借：银行存款　　　　　　　　　290
　　贷：预收账款　　　　　　　　　　290

2017 年 11 月 30 日

借：银行存款　　　　　　　　388.6
　　预收账款　　　　　　　　　290
　　贷：主营业务收入　　　　　　　　580
　　　　应交税费—应交增值税（销项税额）

　　　　　　　　　　　　　　　　　98.6

借：主营业务成本　　　　　　　570
　　存货跌价准备　　　　　　　　30
　　贷：库存商品　　　　　　　　　　600

（5）

2017 年 11 月 30 日

借：银行存款　　　　　　　　　200
　　累计摊销　　　　　　　　　340
　　无形资产减值准备　　　　　　30
　　贷：无形资产　　　　　　　　　　500
　　　　营业外收入　　　　　　　　　70

（6）

2017 年 12 月 1 日

借：银行存款　　　2808（2400 × 117%）
　　贷：其他应付款　　　　　　　　2400
　　　　应交税费—应交增值税（销项税额）

　　　　　　　　　　　　　　　　　408

2017 年 12 月 31 日

借：财务费用　　　20［（2500 - 2400）÷5］
　　贷：其他应付款　　　　　　　　　20

3.【答案】

事项（1）的处理不正确。

南方公司应在出租该商标权的五年内每年确认 100 万元的其他业务收入，并将当年对应的商标权摊销金额 25 万元（250/10）确认为其他业务成本。

事项（2）处理正确。

事项（3）中①和②的处理不正确。③的处理正确。

具有融资性质的售后回购，商品所有权上的主要风险与报酬并没有转移，不能确认收入、结转成本，应于 6 月 30 日确认其他应付款 800 万元。

事项（4）的处理不正确。

以附有销售退回条件方式销售商品，无法估计

退货率的，应在退货期满时确认收入、结转成本，因为 C 产品为新产品，不能合理估计退货率，所以南方公司不应当在当期确认收入、结转成本，仅应将发出的 90 万元的库存商品记入"发出商品"科目。

事项（5）的处理不正确。

以支付手续费方式委托代销商品的，委托方应在收到受托方开具的代销清单时根据售出的商品数量相应的确认收入和结转成本，并在此时确认这部分售出商品的销售费用。南方公司应在 12 月 1 日发出商品时确认"发出商品"400 万元（0.4 × 1000）。在月末收到代销清单时，按照售出的 500 台商品确认主营业务收入 300 万元（0.6 × 500），结转主营业务成本 200 万元（0.4 × 500），并同时确认 30 万元（0.6 × 500 × 10%）的销售费用。

事项（6）中①和③的处理不正确；②的处理正确。

分期收款方式销售商品的，需按应收的合同或协议价款的公允价值（本题为现销价格 3400 万元）确认收入，收入金额与合同约定价格 4000 万元之间的差额作为未实现融资收益，在合同约定收款期间内以实际利率法进行摊销。所以年末应该确认收入 3400 万元，结转成本 3000 万元，并将差额 600 万元（4000 - 3400）确认为未实现融资收益，2017 年不确认财务费用。

4.【答案】

事项（1），甲公司的会计处理不正确。

理由：①甲公司与乙公司签订的合同包括销售商品和提供劳务，销售商品部分和提供劳务部分能够区分且能够单独计量，应当将销售商品的部分作为销售商品处理，将提供劳务的部分作为提供劳务处理。或：甲公司应单独确认销售商品和提供劳务部分并分别确认收入；②A 设备所有权上的主要风险和报酬已由甲公司转移给了乙公司，应当确认 A 设备销售收入。

正确处理：甲公司应在 2017 年确认销售 A 设备营业收入 18000 万元，同时结转营业成本 12000 万元。

事项（2），甲公司的会计处理不正确。

理由：甲公司尚未将 C 设备所有权上的主要风险和报酬转移给丁公司，不应确认相关销售收入。

正确处理：甲公司不应对 C 设备销售确认营业收入和结转营业成本。甲公司应将库存商品 4000 万元转入发出商品。

事项（3），甲公司的会计处理不正确。

理由：由于戊公司承诺按合同继续履行义务，甲公司当年发生的安装工程成本预计能够收回，应按预计能够收回的安装工程成本金额确认营业收入和结转营业成本。

正确处理：甲公司应在 2017 年就该项安装工程

确认营业收入 180 万元，同时结转营业成本 180 万元。

事项（4），甲公司的会计处理不正确。

理由：此项交易属于售后回购业务，且回购价格固定，属于融资交易，商品所有权上的风险和报酬没有转移，不应确认收入。

正确处理：应将收到的款项 4500 万元确认为其他应付款，同时按售价与回购价之间的差额 900 万元（5400 − 4500）在回购期内分期摊销转入财务费用，2017 年度应计入到财务费用的金额为 360 万元（900/5 × 2），并将库存商品转入发出商品。

事项（5），甲公司的会计处理不正确。

理由：甲公司销售大型设备的风险和报酬已经转移，应确认收入。

正确处理：应确认营业收入 2000 万元，同时结转营业成本 1500 万元。

事项（6），甲公司的会计处理不正确。

理由：甲公司采用分期收款方式销售 B 设备，其延期收取的价款具有融资性质，应按应收合同或协议价款的公允价值确认销售收入。

正确处理：甲公司在 2017 年应就 B 设备销售确认营业收入 2800 万元，同时结转营业成本 2600 万元。

第九周

本周学习计划

日 期	章 节	考 点	重要程度	常见题型	完成情况
星期一		所得税会计基础知识和资产、负债的计税基础	★★	单选题、多选题、判断题	
星期二		暂时性差异	★★	单选题、多选题、判断题	
星期三	第16章	递延所得税负债与递延所得税资产的确认和计量	★★★	单选题、多选题、判断题、计算分析题、综合题	
星期四		特殊交易或事项涉及递延所得税的确认、适用所得税税率变化对已确认递延所得税资产和递延所得税负债的影响	★★★	单选题、多选题、判断题、计算分析题	
星期五		所得税费用的确认和计量	★★★	单选题、多选题、判断题、计算分析题、综合题	

本周攻克内容

【星期一·第16章】所得税会计基础知识和资产、负债的计税基础

考点1：所得税会计基础知识

会计和税收是经济领域中两个不同的分支，分别遵循不同的原则，规范不同的对象。会计遵循的是公认的会计原则，反映企业的财务状况、经营成果及现金流量变动；税收遵循的是税收法规，其目的是课税以调节经济。由此产生了会计和税收的差异，进而出现了所得税会计核算的问题。

【例题·计算题】甲公司和乙公司全年会计利润均为1000万元。当年乙公司"营业外支出"科目中有100万元工商行政罚款。假定无其他纳税调整事项，甲、乙公司适用的所得税税率均为25%。

要求：分别计算甲公司和乙公司应交所得税。

【答案】

甲公司应交所得税 = 1000 × 25% = 250（万元）；

税法规定工商罚款支出不得在计算企业所得税时税前扣除，所以需要纳税调增；

乙公司应交所得税 =（1000 + 100）× 25% = 275（万元）。

纳税调整增加额主要包括：税法规定允许税前扣除项目中，企业已计入当期费用但超过税法规定扣除标准的金额（如超过税法规定标准的职工福利费、工会经费、职工教育经费、业务招待费、公益性捐赠支出、广告费和业务宣传费等），以及企业已计入当期损失但税法规定不允许税前扣除项目的金额（如税收滞纳金、罚金、行政罚款等）。

纳税调整减少额主要包括：按会计准则规定核算时作为收益计入财务报表，但在计算应纳税所得额时不确认为收益；按会计准则规定核算时不确认为费用或损失，但在计算应纳税所得额时则允许扣减；按税法规定允许弥补的亏损和准予免税的项目，如未弥补亏损（前五年内）和国债利息收入等。

【例题·计算题】甲公司2013年12月31日购入管理用设备一台，购买价款40万元（不考虑增值税）。甲公司预计使用年限为2年，预计净残值为0，采用年限平均法计提折旧。假定税法规定此类固定资产最低折旧年限为4年，预计净残值及采用的折旧方法与会计规定相同，甲公司2014年至2017年度实现的利润总额均为100万元，不考虑其他相关事项。

要求：计算并编制该项固定资产在2014年度至2017年度应确认的递延所得税资产、当期所得税费用及当期应交所得税金额。

【答案】

思路1：

项 目	2014 年	2015 年	2016 年	2017 年
会计计提折旧金额	20	20	0	0
税法标准折旧金额	10	10	10	10
暂时性差异	10	10	-10	-10
利润总额	100	100	100	100
应纳税所得额	110	110	90	90
应交所得税	27.5	27.5	22.5	22.5
递延所得税资产	借记 2.5	借记 2.5	贷记 2.5	贷记 2.5
所得税费用* （会计利润×所得税税率）	25	25	25	25

* 所得税费用＝当期应交所得税＋递延所得税费用（－递延所得税收益），此处为了理解方便，简化为会计利润×所得税税率，仅适用此例题。

思路2：

项 目	2014 年初	2014 年末	2015 年末	2016 年末	2017 年末
账面价值	40	20	0	0	0
计税基础	40	30	20	10	0
可抵扣暂时性差异	0	10	20	10	0
新增暂时性差异	0	10	10	-10	-10
利润总额		100	100	100	100
应纳税所得额		110	110	90	90
应交所得税	—	27.5	27.5	22.5	22.5
递延所得税资产		借记 2.5	借记 2.5	贷记 2.5	贷记 2.5
所得税费用＝会计利润×所得税率		25	25	25	25

会计分录：

2014 年、2015 年

借：所得税费用 25
    递延所得税资产 2.5
  贷：应交税费—应交所得税 27.5

2016 年、2017 年

借：所得税费用 25
  贷：应交税费—应交所得税 22.5
    递延所得税资产 2.5

【例题·计算题】甲公司 2013 年 12 月 31 日购入管理用设备一台，购买价款 40 万元（不考虑增值税）。甲公司预计使用 4 年，预计净残值为 0，采用年限平均法计提折旧。不考虑其他相关事项。甲公司 2014 年度至 2017 年度实现的利润总额均为 100 万元（假定税法规定此类固定资产最低折旧年限为 2 年，预计净残值及采用的折旧方法与会计规定相同）。

要求：计算该固定资产在 2014 年至 2017 年应交所得税与递延所得税的金额，并编制 2014 年至 2017 年与所得税相关的会计分录。

第九周

【答案】
思路 1：

项　目	2014 年	2015 年	2016 年	2017 年
会计计提折旧金额	10	10	10	10
税法标准折旧金额	20	20	0	0
暂时性差异	−10	−10	10	10
利润总额	100	100	100	100
应纳税所得额	90	90	110	110
应交所得税	22.5	22.5	27.5	27.5
递延所得税负债	贷记 2.5	贷记 2.5	借记 2.5	借记 2.5
所得税费用*（会计利润×所得税税率）	25	25	25	25

*所得税费用＝当期应交所得税＋递延所得税费用（−递延所得税收益），此处为了理解方便，简化为会计利润×所得税税率，仅适用此例题。

思路 2：

项　目	2014 年初	2014 年末	2015 年末	2016 年末	2017 年末
固定资产账面价值	40	30	20	10	0
固定资产计税基础	40	20	0	0	0
应纳税暂时性差异	0	10	20	10	0
新增暂时性差异	0	10	10	−10	−10
利润总额		100	100	100	100
应纳税所得额		90	90	110	110
应交所得税	—	22.5	22.5	27.5	27.5
递延所得税负债		贷记 2.5	贷记 2.5	借记 2.5	借记 2.5
所得税费用＝会计利润×所得税率		25	25	25	25

会计分录：
2014 年、2015 年
借：所得税费用　　　　　　25
　　贷：应交税费—应交所得税　22.5
　　　　递延所得税负债　　　2.5
2016 年、2017 年
借：所得税费用　　　　　　25
　　递延所得税负债　　　　2.5
　　贷：应交税费—应交所得税　27.5

考点 2：资产、负债的计税基础

一、所得税会计概述
（一）所得税会计的特点
所得税会计采用资产负债表债务法核算所得税，资产负债表债务法是从资产负债表出发，通过比较资产负债表上列示的资产、负债按照会计准则规定确定的账面价值与按照税法规定确定的计税基础，对于两者之间的差异分为应纳税暂时性差异与可抵扣暂时性差异，确认相关的递延所得税负债与递延所得税资产，并在此基础上确定每一期间利润表中的所得税费用。

（二）所得税会计核算的一般程序

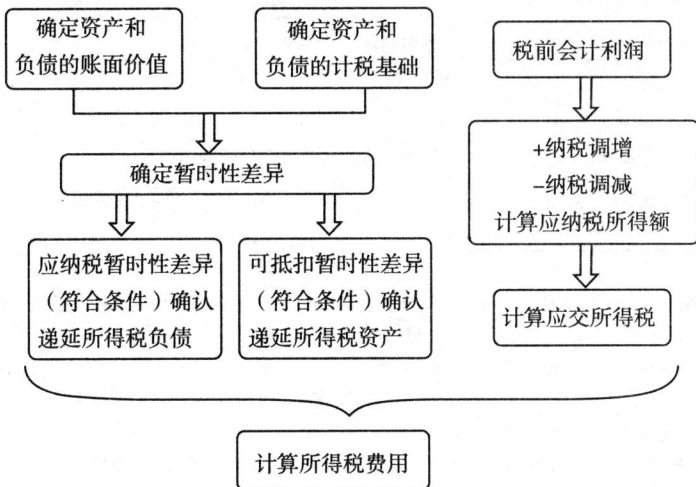

二、资产的计税基础

资产的计税基础是指企业收回资产账面价值过程中，计算应纳税所得额时按照税法规定可以自应税经济利益中抵扣的金额。资产的计税基础本质上就是税收口径的资产价值标准。

通常情况下，资产在取得时其入账价值与计税基础是相同的，后续计量过程中因企业会计准则规定与税法规定不同，可能造成账面价值与计税基础的差异。

（一）固定资产

账面价值 = 实际成本 – 会计累计折旧 – 固定资产减值准备

计税基础 = 实际成本 – 税法累计折旧

【提示】一般而言，固定资产的初始计量在税法上是认可的，因此固定资产的初始计量标准一般不存在差异。二者的差异通常来自于以下两个方面：

1. 折旧方法、折旧年限等不同产生的差异；

2. 因计提资产减值准备产生的差异。

【举例】某企业固定资产税法规定最低折旧年限为 10 年，而会计按 5 年计提折旧，且均采用年限平均法计提折旧，预计净残值为 0，因此会产生可抵扣暂时性差异。

【举例】某企业固定资产会计折旧年限、折旧方法及预计净残值与税法规定一致，2015 年年末企业对其进行减值测试，计提减值准备 20 万元，因此会产生可抵扣暂时性差异。

【例题·单选题】甲公司 2016 年 12 月 31 日购入不需安装的设备一台，取得增值税专用发票注明价款 1000 万元，增值税税额 170 万元。甲公司预计该设备尚可使用年限为 5 年，预计净残值为 0，采用双倍余额递减法计提折旧。税法规定此类固定资产应按年限平均法计提折旧，预计净残值和使用年限与会计相同。则 2017 年 12 月 31 日

该固定资产的计税基础为（ ）万元。

A. 1000 　　　　　 B. 800

C. 600 　　　　　 D. 936

【解析】固定资产按税法在 2017 年应计提折旧金额 = 1000/5 = 200（万元），则 2017 年 12 月 31 日该固定资产的计税基础 = 1000 – 200 = 800（万元）。

【答案】B

（二）无形资产

除内部研究开发形成的无形资产外，以其他方式取得的无形资产，初始确认时其入账价值与税法规定的成本之间一般不存在差异。二者的差异通常来自于以下两个方面：

1. 摊销方法、年限等不同产生的差异；

2. 因计提资产减值准备产生的差异。

【提示】对于内部研究开发形成的无形资产，企业会计准则规定有关研究开发支出区分两个阶段，研究阶段的支出应当费用化计入当期损益，而开发阶段符合资本化条件以后发生的支出资本化作为无形资产的成本；税法规定，企业为开发新技术、新产品、新工艺发生的研究开发费用，未形成无形资产计入当期损益的，在按照规定据实扣除的基础上，按照研究开发费用的 50% 加计扣除；形成无形资产的，按照无形资产成本的 150% 摊销。

【举例】甲公司 2017 年 2 月开始研发某专利权，研究阶段发生的支出为 100 万元，开发阶段符合资本化条件的支出为 195 万元。专利权于当年的 7 月 1 日研发成功，达到预定可使用状态，7 月 2 日支付了注册费等 5 万元。税法与会计均按 5 年期直线法摊销。同时，税法规定企业为开发新技术、新产品、新工艺发生的研究开发费用，未形成无形资产部分在按照研究开发费用的 50% 加计扣除；形成无形资产的，按照无形资产成本的 150% 摊销。

第九周

项　目	会　计	税　法	差　异
费用化支出	计入管理费用 100 万元	税前列支 150 万元	不产生暂时性差异
无形资产	以 200 万元计入无形资产成本	以 297.5 万元计入无形资产成本（195×1.5＋5）	产生可抵扣暂时性差异，但不确认递延所得税资产
	当年摊销 20 万元	当年计入应税支出 29.75 万元	9.75 万元作纳税调减处理，但不确认递延所得税资产
	年末无形资产账面价值为 180 万元	年末无形资产的计税基础为 267.75 万元	可抵扣暂时性差异 87.75 万元，但不确认递延所得税资产

【例题·单选题】A 公司 2017 年 1 月 3 日开始进行某项非专利技术的研发，截止 12 月 31 日发生研究开发支出 3000 万元，其中研究阶段支出 1600 万元，开发阶段支出 1400 万元（符合资本化条件的支出为 1200 万元）。2018 年 1 月 1 日该非专利技术达到预定用途，A 公司无法合理预计其使用寿命（税法规定按 10 年采用直线法摊销，假定不符合税收优惠条件）。则 2018 年 12 月 31 日该无形资产的计税基础为（　　）万元。

A. 1200　　　　　　　B. 1620
C. 1400　　　　　　　D. 1388

【解析】2018 年 12 月 31 日该项无形资产的计税基础＝（1200－1200/10）×150%＝1620（万元）。

【答案】B

（三）以公允价值计量且其变动计入当期损益的金融资产

根据《企业会计准则第 22 号—金融工具确认和计量》的规定，对于以公允价值计量且其变动计入当期损益的金融资产，资产负债表日应按公允价值计量。税法则认定此类金融资产的历史成本。所以，当期末调增此类金融资产账面价值时会产生应纳税暂时性差异，调减此类金融资产账面价值时则会产生可抵扣暂时性差异。

账面价值：期末按公允价值计量，公允价值变动计入当期损益（公允价值变动损益）

计税基础：取得时成本

（四）其他资产

1. 投资性房地产，企业持有的投资性房地产进行后续计量时，可以采用两种模式：一是成本模式，对于采用成本模式计量的投资性房地产其账面价值与计税基础的确定与固定资产、无形资产相同；二是采用公允价值模式，对于采用公允价值进行后续计量的投资性房地产，其计税基础的确定取得成本扣除后续税法折旧或摊销。

【例题·单选题】A 公司与 B 公司签订了一项经营租赁协议，A 公司将其原先自用的一栋办公楼出租给 B 公司使用，租赁期开始日为 2016 年 12 月 31 日。A 公司对投资性房地产采用公允价值模式进行后续计量。2016 年 12 月 31 日，该办公楼的账面余额为 10000 万元，已计提累计折旧 5000 万元，公允价值为 25000 万元。假定转换前该办公楼的计税基础与账面价值相等，根据税法规定办公楼尚可使用 20 年，采用年限平均法计提折旧，预计净残值为零。2017 年 12 月 31 日，该办公楼的公允价值为 28000 万元。该办公楼 2017 年 12 月 31 日的计税基础为（　　）万元。

A. 10000　　　　　　B. 4750
C. 28000　　　　　　D. 5000

【解析】该办公楼 2017 年 12 月 31 日的计税基础＝（10000－5000）－（10000－5000）/20＝4750（万元）。

【答案】B

2. 可供出售金融资产

因可供出售金融资产期末按公允价值进行后续计量，所以其账面价值为期末公允价值，公允价值变动（非减值损失）计入其他综合收益。

计税基础：取得时成本

3. 持有至到期投资

持有至到期投资采用实际利率法并按摊余成本进行后续计量。其账面价值为摊余成本＝期初摊余成本＋本期计提利息（期初摊余成本×实际利率）－本期收回本金和利息－本期计提的减值准备

计税基础＝摊余成本（计提减值准备除外）

【例题·计算题】甲公司 2017 年 1 月 1 日各项资产的账面价值及计税基础如下表所示：

单位：万元

资　产	账面价值	计税基础
固定资产	1200	1500
应收账款	500	1000

续表

资　产	账面价值	计税基础
交易性金融资产	1000	600
持有至到期投资	550	550

2017年甲公司发生如下与之有关的经济业务：

（1）2017年12月31日固定资产账面价值为1080万元，其可收回金额为1000万元。（税法预计该固定资产尚可使用年限为15年，采用年限平均法计提折旧，预计净残值为0）；

（2）应收账款当期增加1000万元，年末计提坏账准备200万元；

（3）交易性金融资产期末公允价值上升500万元；

（4）持有至到期投资期末摊余成本为400万元（包括计提持有至到期投资减值准备50万元）。

要求：分析各项资产在2017年末的账面价值和计税基础，并说明所形成的暂时性差异。

【答案】

固定资产	年初	年末	应收账款	年初	年末
账面价值	1200	1000	账面价值	500	1300
计税基础	1500	1400	计税基础	1000	2000
差异	可抵扣暂时性差异300万元	可抵扣暂时性差异400万元	差异	可抵扣暂时性差异500万元	可抵扣暂时性差异700万元
交易性金融资产	年初	年末	持有至到期投资	年初	年末
账面价值	1000	1500	账面价值	550	400
计税基础	600	600	计税基础	550	450
差异	应纳税暂时性差异400万元	应纳税暂时性差异900万元	差异	无暂时性差异	可抵扣暂时性差异50万元

三、负债的计税基础

负债的计税基础＝负债的账面价值－未来期间按照税法规定可予税前抵扣的金额

【简化记忆】负债的计税基础实质为税法口径认可负债的账面价值。

（一）预计负债

1. 按照企业会计准则的规定，企业应将预计提供售后服务发生的支出在销售当期确认为费用，同时确认预计负债。如果税法规定，与销售产品有关的支出应于实际支付时税前扣除，由于该类事项产生的预计负债在期末的计税基础为其账面价值与未来期间可税前扣除的金额之间的差额，因有关的支出实际发生时可全部税前扣除，其计税基础为0。

【例题·单选题】大华公司2016年12月31日"预计负债—产品质量保证"科目贷方余额为500万元，2017年实际发生产品质量保证费200万元，2017年12月31日预提产品质量保证费300万元。税法规定，产品质量保证费用在实际发生时允许税前扣除，则2017年12月31日预计负债的计税基础为（　　）万元。

A. 800　　　　　　　　B. 0

C. 600　　　　　　　　D. 300

【解析】2017年12月31日该项预计负债的余额在未来期间计算应纳税所得额时按照税法规定可予抵扣，因此计税基础为0。

【答案】B

2. 因其他事项确认的预计负债，应按照税法规定的计税原则确定其计税基础。但某些事项（例如与生产经营无关的债务担保）确认的预计负债，如果税法规定无论是否实际发生均不允许税前扣除，即未来期间按照税法规定可予抵扣的金额为0，则其账面价值与计税基础相同。

（二）预收账款

1. 预收款项计入当期应纳税所得额，其计税基础为0。

【举例】甲房地产企业当年预售收入为10000万元，根据税法规定该预售收入应当计入当期应纳税所得额。

预收账款账面价值为10000万元；

预收账款计税基础＝10000－10000＝0。

2. 预收款项未计入当期应纳税所得额，计税基础与账面价值相等。

【举例】甲公司预收乙公司定金50万元，根

第九周

据税法规定该预收的定金不计入当期应纳税所得额。

预收账款账面价值为50万元；

预收账款计税基础为50万元。

（三）应付职工薪酬

会计准则规定，企业为获得职工提供的服务给予的各种形式的报酬以及其他相关支出均应作为企业的成本费用，在未支付之前确认为负债。税法中对于合理的职工薪酬基本允许税前扣除，但税法中如果规定了税前扣除标准的，按照会计准则规定计入成本费用的金额超过规定标准部分，应进行纳税调整。因超过部分在发生当期不允许税前扣除，在以后期间也不允许税前扣除，即该部分差额对未来期间计税不产生影响，所产生应付职工薪酬的账面价值等于计税基础。

【举例】某国有企业当年计提"应付职工薪酬—工资薪金"为600万元，当年国资委对其下发的工资指标为550万元。

【分析】根据税法规定国有企业应按国资委下发工资标准发放工资，超过发放标准的税前不得扣除。

应付职工薪酬账面价值=600（万元）；

应付职工薪酬计税基础=600-0=600（万元），不存在差异。

【举例】2015年1月1日，某公司为其20名中层以上管理人员每人授予10000份现金股票增值权，这些人员从2015年1月1日起必须在该公司连续服务3年，即可自2017年12月31日起根据股价的增长幅度获得现金，该增值权应在2018年12月31日之前行使完毕。2015年12月31日公司计算确定的应付职工薪酬的余额为100万元。税法规定，以现金结算的股份支付形成的应付职工薪酬，实际支付时可从应纳税所得额中扣除。

应付职工薪酬账面价值=100（万元）；

应付职工薪酬计税基础=100-100=0，形成可抵扣暂时性差异。

【例题·单选题】甲公司2017年12月31日计提全年一次性奖金100万元，计提绩效奖金30万元。但由于资金问题该项奖金在2018年6月才实际发放。税法规定实际支付时可以计入当年应纳税所得额。则2017年12月31日"应付职工薪酬"的计税基础为（　）万元。

A. 130　　　　　　B. 100

C. 30　　　　　　D. 0

【解析】应付职工薪酬的计税基础=130-130=0。

【答案】D

（四）其他负债

企业的其他负债项目，如企业应交的罚款和滞纳金等，在尚未支付之前按照会计准则规定确认为费用，同时作为负债反映。税法规定，罚款和滞纳金不得税前扣除，其计税基础为账面价值减去未来期间计税时可予税前扣除的金额0之间的差额，即计税基础等于账面价值。

【提示】对于罚款和滞纳金支出，会计与税收规定存在差异，但该差异仅影响发生当期，对未来期间计税不产生影响，因而不产生暂时性差异。

四、特殊交易或事项产生的资产、负债计税基础的确定

除企业在正常生产经营活动过程中取得的资产和负债以外，对于某些特殊交易中产生的资产、负债，其计税基础的确定应遵从税法规定，如企业合并过程中取得资产、负债计税基础的确定。

【星期二·第16章】暂时性差异

（一）基本界定

暂时性差异，是指资产或负债的账面价值与其计税基础不同产生的差额。

某些不符合资产、负债的确认条件，未作为财务报表中资产、负债列示的项目，如果按照税法规定可以确定其计税基础，该计税基础与其账面价值之间的差额也属于暂时性差异。

（二）暂时性差异的分类

根据暂时性差异对未来期间应纳税所得额影响的不同，分为应纳税暂时性差异和可抵扣暂时性差异。

1. 应纳税暂时性差异

应纳税暂时性差异，是指在确定未来收回资产或清偿负债期间的应纳税所得额时，将导致产生应税金额的暂时性差异。

应纳税暂时性差异通常产生于以下情况：

资产账面价值＞资产计税基础

负债账面价值＜负债计税基础

2. 可抵扣暂时性差异

可抵扣暂时性差异，是指在确定未来收回资产或清偿负债期间的应纳税所得额时，将导致产生可抵扣金额的暂时性差异。

可抵扣暂时性差异通常产生于以下情况：

资产账面价值＜资产计税基础

负债账面价值＞负债计税基础

规律总结：

第九周

（1）资产的账面价值小于计税基础产生可抵扣暂时性差异；

（2）资产的账面价值大于计税基础产生应纳税暂时性差异；

（3）负债的账面价值小于计税基础产生应纳税暂时性差异；

（4）负债的账面价值大于计税基础产生可抵扣暂时性差异。

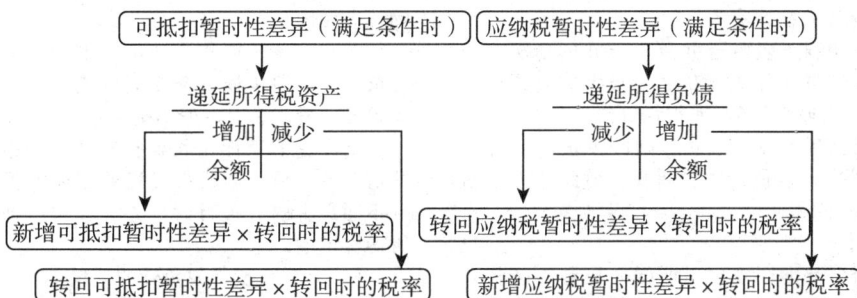

（三）特殊项目产生的暂时性差异

1. 未作为资产、负债确认的项目产生的暂时性差异

某些交易或事项发生以后，因为不符合资产、负债的确认条件而未体现为资产负债表中的资产或负债，但按照税法规定能够确定其计税基础的，其账面价值与计税基础之间的差异也构成暂时性差异。

2. 可抵扣亏损及税款抵减产生的暂时性差异

反向思维：将来 5 年内企业可以用税前会计利润弥补亏损，所以当期的亏损额会在以后年度减少应纳税所得额，从而使企业在未来期间少纳税。在符合确认条件的情况下，这是典型的可抵扣暂时性差异，应将当年新增亏损额乘以所得税税率确认递延所得税资产。

【例题·多选题】下列各项中，能够产生应纳税暂时性差异的有（ ）。（2012 年）

A. 账面价值大于其计税基础的资产

B. 账面价值小于其计税基础的负债

C. 超过税法扣除标准的业务宣传费

D. 按税法规定可以结转以后年度的未弥补亏损

【解析】资产账面价值大于其计税基础、负债账面价值小于其计税基础，产生应纳税暂时性差

异，选项 A 和 B 正确；选项 C 和 D 产生的为可抵扣暂时性差异。

【答案】AB

【例题·多选题】下列各项资产和负债中，因账面价值与计税基础不一致形成暂时性差异的有（ ）。

A. 使用寿命不确定的无形资产

B. 已计提减值准备的固定资产

C. 已确认公允价值变动损益的交易性金融资产

D. 因违反税法规定应缴纳但尚未缴纳的滞纳金

【解析】选项 A，使用寿命不确定的无形资产会计上不计提摊销，但税法规定会按一定方法进行摊销，会形成暂时性差异；选项 B，企业计提的资产减值准备在发生实质性损失之前税法不允许税前扣除，因此会形成暂时性差异；选项 C，交易性金融资产持有期间公允价值的变动税法上不允许税前扣除，会形成暂时性差异；选项 D，因违反税法规定应缴纳但尚未缴纳的滞纳金是企业的负债，税法不允许扣除，账面价值与计税基础相等，不产生暂时性差异。

【答案】ABC

【星期三·第16章】递延所得税负债与递延所得税资产的确认和计量

考点 1：递延所得税负债的确认和计量

（一）递延所得税负债的确认

1. 除企业会计准则中明确规定可不确认递延

所得税负债的情况以外，企业对于所有的应纳税暂时性差异均应确认相关的递延所得税负债。除直接计入所有者权益的交易或事项以及企业合并外，在确认递延所得税负债的同时，应增加利润表中的所得税费用。

2. 不确认递延所得税负债的特殊情况

有些情况下，虽然资产、负债的账面价值与其计税基础不同，产生了应纳税暂时性差异，但出于各方面考虑，企业会计准则中规定不确认相应的递延所得税负债，主要包括：

（1）商誉的初始确认

非同一控制下吸收合并免税合并的情况，商誉的账面价值与计税基础0之间产生的应纳税暂时性差异，不应确认递延所得税负债。

若确认递延所得税负债，则减少被购买方可辨认净资产公允价值，增加商誉，由此进入不断循环状态。

【提示】

①按照会计准则规定在非同一控制下吸收合并中确认了商誉，在应税合并情况下，按照所得税法的规定该商誉在初始确认时计税基础等于账面价值，不产生暂时性差异；该商誉在后续计量过程中因会计准则规定与税法规定不同产生暂时性差异的，应当确认相关的所得税影响。

②非同一控制下控股合并，在合并财务报表中不需区分应税合并和免税合并，被购买方的可辨认资产和负债的计税基础保持原被购买方的计税基础，而账面价值则反映购买日的公允价值，由此产生的暂时性差异应确认递延所得税资产或递延所得税负债，影响商誉的金额。

【例题·判断题】非同一控制下吸收合并中（免税条件下），因资产、负债的入账价值与其计税基础不同产生的递延所得税资产或递延所得税负债，其确认结果将影响购买日的所得税费用。（　　）

【解析】非同一控制下的吸收合并为免税合并，合并时被购买方不交企业所得税，合并后资产、负债账面价值和计税基础之间确认的暂时性差异，导致的递延所得税资产或者递延所得税负债影响的是商誉或营业外收入，不计入所得税费用。

【答案】×

（2）除企业合并以外的其他交易或事项中，如果该项交易或事项发生时既不影响会计利润，也不影响应纳税所得额，则所产生的资产、负债的初始确认金额与其计税基础不同，形成应纳税暂时性差异的，交易或事项发生时不确认相应的递延所得税负债。

（3）与子公司、联营企业、合营企业投资等相关的应纳税暂时性差异，一般应确认相应的递延所得税负债，但同时满足以下两个条件的除外：

一是投资企业能够控制暂时性差异转回的时间；

二是该暂时性差异在可预见的未来很可能不会转回。

满足上述条件时，投资企业可以运用自身的影响力决定暂时性差异的转回，如果不希望其转回，则在可预见的未来该项暂时性差异即不会转回，从而无须确认相应的递延所得税负债。

【提示】对采用权益法核算的长期股权投资，其计税基础与账面价值产生的有关暂时性差异是否应确认相关的所得税影响，应当考虑该项投资的持有意图：

①在准备长期持有的情况下，对于采用权益法核算的长期股权投资账面价值与计税基础之间的差异，投资企业一般不确认相关的所得税影响。

②在持有意图由长期持有转变为拟近期出售的情况下，因长期股权投资的账面价值与计税基础不同产生的有关暂时性差异，均应确认相关的所得税影响。

（二）递延所得税负债的计量

递延所得税负债应以相关应纳税暂时性差异转回期间适用的所得税税率计量。

1. "递延所得税负债"发生额 = 新增或转回应纳税暂时性差异额×所得税税率。

2. "递延所得税负债"的余额 = 应纳税暂时性差异的余额×所得税税率。

【提示】递延所得税负债的确认不要求折现。

【例题·计算题】甲公司于2015年12月31日购入一台管理用设备，取得成本为1000万元，会计上采用年限平均法计提折旧，预计使用年限为10年，预计净残值为零，根据税法规定此类设备按8年计提折旧，折旧方法和预计净残值与会计相同。甲公司适用的所得税税率为25%。假定甲公司不存在其他会计与税收处理的差异。

要求：计算2016年12月31日及2017年12月31日固定资产的账面价值、计税基础，并编制相关会计分录。

【答案】

2016年12月31日固定资产的账面价值 = 1000 − 1000/10 = 900（万元）；

2016年12月31日固定资产的计税基础 = 1000 − 1000/8 = 875（万元）；

该固定资产的账面价值大于其计税基础，形成应纳税暂时性差异 = 900 − 875 = 25（万元），应确认递延所得税负债 = 25×25% = 6.25（万元）。

借：所得税费用　　　　　　　　　　6.25
　　贷：递延所得税负债　　　　　　　　　6.25

2017年12月31日固定资产的账面价值 = 1000 − 1000/10×2 = 800（万元）；

2017年12月31日固定资产的计税基础 = 1000 − 1000/8×2 = 750（万元）；

该固定资产的账面价值大于其计税基础，形成应纳税暂时性差异 = 800 − 750 = 50（万元），应确认递延所得税负债 = 50×25% − 6.25 = 6.25（万元）。

借：所得税费用　　　　　　　　　　6.25
　　贷：递延所得税负债　　　　　　　　　6.25

考点 2：递延所得税资产的确认和计量

（一）递延所得税资产的确认

1. 一般原则

资产、负债的账面价值与其计税基础不同产生可抵扣暂时性差异的，在估计未来期间能够取得足够的应纳税所得额用以利用该可抵扣暂时性差异时，应当以很可能取得用来抵扣可抵扣暂时性差异的应纳税所得额为限，确认相关的递延所得税资产。

确认递延所得税资产时应注意以下问题：

（1）递延所得税资产的确认应以未来期间可能取得的应纳税所得额为限。在可抵扣暂时性差异转回的未来期间内，企业无法产生足够的应纳税所得额用以抵减可抵扣暂时性差异的影响，使得与递延所得税资产相关的经济利益无法实现的，该部分递延所得税资产不应确认（需在报表附注披露）；企业有确凿的证据表明其于可抵扣暂时性差异转回的未来期间能够产生足够的应纳税所得额，进而利用可抵扣暂时性差异的，则应以很可能取得的应纳税所得额为限，确认相关的递延所得税资产。

（2）企业合并中，按照会计准则规定确定的合并中取得各项可辨认资产、负债的入账价值与其计税基础之间形成可抵扣暂时性差异的，应确认相应的递延所得税资产，并调整合并中应予确认的商誉或是应计入当期损益的金额（商誉不足冲减的部分）。

（3）按照税法规定可以结转以后年度的未弥补亏损和税款抵减，应视同可抵扣暂时性差异处理。在预计可利用可弥补亏损或税款抵减的未来期间内能够取得足够的应纳税所得额时，除准则中规定不予确认的情况外，应当以很可能取得的应纳税所得额为限，确认相应的递延所得税资产，同时减少确认当期的所得税费用。

（4）与直接计入所有者权益的交易或事项相关的可抵扣暂时性差异，相应的递延所得税资产应计入所有者权益。

递延所得税资产和递延所得税负债对应的会计科目如下图所示：

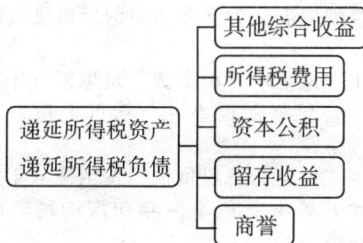

```
                        ┌── 其他综合收益
                        │
                        ├── 所得税费用
                        │
递延所得税资产 ─────────┼── 资本公积
递延所得税负债          │
                        ├── 留存收益
                        │
                        └── 商誉
```

【例题·多选题】A 公司 2016 年 12 月 1 日取得一项可供出售金融资产，取得成本为 5000 万元，2016 年 12 月 31 日，该项可供出售金融资产的公允价值为 4800 万元。A 公司认为该下降是暂时性的。2017 年 12 月 31 日，该项可供出售金融资产的公允价值为 5200 万元。A 公司适用的所得税税率为 25%。则下列会计表述中正确的有（ ）。

A. 2016 年 12 月 31 日 A 公司应确认递延所得税资产 50 万元

B. 2016 年 12 月 31 日 A 公司确认递延所得税负债会减少所得税费用 50 万元

C. 2017 年 12 月 31 日 A 公司应转回递延所得税资产 50 万元

D. 2017 年 12 月 31 日 A 公司应确认递延所得税负债 50 万元

【解析】2016 年 12 月 31 日 A 公司应编制与所得税相关的会计分录：

借：递延所得税资产 50
　　贷：其他综合收益 50

2017 年 12 月 31 日 A 公司应编制与所得税相关的会计分录：

借：其他综合收益 100
　　贷：递延所得税负债 50
　　　　递延所得税资产 50

【答案】ACD

2. 不确认递延所得税资产的特殊情况

某些情况下，如果企业发生的某项交易或事项不是企业合并，并且该交易发生时既不影响会计利润也不影响应纳税所得额，且该项交易中产生的资产、负债的初始确认金额与其计税基础不同，产生可抵扣暂时性差异的，企业会计准则中规定在交易或事项发生时不确认相应的递延所得税资产。其原因在于，如果确认递延所得税资产，则需调整资产、负债的入账价值，对实际成本进行调整将有违会计核算中的历史成本原则，影响会计信息的可靠性，该种情况下不确认相应的递延所得税资产。

（二）递延所得税资产的计量

1. 适用税率的确定

确认递延所得税资产时，应估计相关可抵扣暂时性差异的转回时间，采用转回期间适用的所得税税率为基础计算确定。

【提示】无论相关的可抵扣暂时性差异转回期间如何，递延所得税资产均不予折现。

2. 递延所得税资产的减值

资产负债表日，企业应当对递延所得税资产的账面价值进行复核。如果未来期间很可能无法取得足够的应纳税所得额用以利用可抵扣暂时性差异带来的利益，应当减记递延所得税资产的账面价值。递延所得税资产的账面价值减记以后，以后期间根据新的环境和情况判断能够产生足够

第九周

的应纳税所得额用以利用可抵扣暂时性差异，使得递延所得税资产包含的经济利益能够实现的，应相应恢复递延所得税资产的账面价值。

【举例】甲公司适用的企业所得税税率为25%。甲公司 2011 年亏损 2000 万元，甲公司当年预计未来期间将会有足够的应纳税所得额用以抵扣可抵扣暂时性差异，当年确认递延所得税资产 500 万元（2000×25%）。由于市场及管理等多方

面原因，2012 年至 2014 年甲公司连续亏损，管理层预计将来将继续亏损，此时不能产生足够的应纳税所得额用以抵扣该亏损，应转回原确认的递延所得税资产（实质是减值）。2015 年甲公司经过重组等一些列措施，2015 年年末预计未来期间产生的应纳税所得额为 1000 万元，则甲公司应确认递延所得税资产 250 万元（1000×25%）。

【星期四·第 16 章】特殊交易或事项涉及递延所得税的确认、适用所得税税率变化对已确认递延所得税资产和递延所得税负债的影响

考点 1：特殊交易或事项涉及递延所得税的确认

（一）与直接计入所有者权益的交易或事项相关的所得税

与当期及以前期间直接计入所有者权益的交易或事项相关的当期所得税及递延所得税应当计入所有者权益。直接计入所有者权益的交易或事项主要有：

1. 会计政策变更采用追溯调整法或对前期差错更正采用追溯重述法调整期初留存收益；

2. 可供出售金融资产公允价值变动计入所有者权益（其他综合收益）；

3. 同时包含负债及权益成分的金融工具在初始确认时计入所有者权益等。

（二）与企业合并相关的递延所得税

在企业合并中，购买方取得的可抵扣暂时性差异，按照税法规定可以用于抵减以后年度应纳税所得额，但在购买日不符合递延所得税资产确认条件而不予以确认。购买日后 12 个月内，如取得新的或进一步信息表明购买日的相关情况已经存在，预期被购买方在购买日可抵扣暂时性差异带来的经济利益能够实现的，应当确认相关的递延所得税资产，同时减少由该项企业合并产生的商誉，商誉不足冲减的，差额部分确认为当期损益；除上述情况以外，如果符合递延所得税资产的确认条件，确认与企业合并相关的递延所得税资产，应当计入当期损益。

【例题·计算题】甲公司于 2017 年 1 月 1 日购买乙公司 80% 股权，形成非同一控制下企业合并。因会计准则规定与适用税法规定的处理方法不同，在购买日产生可抵扣暂时性差异 300 万元。假定购买日及未来期间企业适用的所得税税率为 25%。购买日，因预计未来期间无法取得足够的应纳税所得额，未确认与可抵扣暂时性差异相关的递延所得税资产 75 万

元。购买日确认的商誉为 50 万元。

【答案】在购买日后 6 个月，甲公司预计能够产生足够的应纳税所得额用以抵扣企业合并时产生的可抵扣暂时性差异 300 万元，且该事实于购买日已经存在，则甲公司应作如下会计处理：

借：递延所得税资产　　　　　　　75
　　贷：商誉　　　　　　　　　　　　50
　　　　所得税费用　　　　　　　　　25

假定，在购买日后 6 个月，甲公司根据新的事实预计能够产生足够的应纳税所得额用以抵扣企业合并时产生的可抵扣暂时性差异 300 万元，且该新的事实于购买日并不存在，则甲公司应作如下会计处理：

借：递延所得税资产　　　　　　　75
　　贷：所得税费用　　　　　　　　　75

考点 2：适用所得税税率变化对已确认递延所得税资产和递延所得税负债的影响

1. 因适用税收法规的变化，导致企业在某一会计期间适用的所得税税率发生变化的，企业应对已确认的递延所得税资产和递延所得税负债按照新的税率进行重新计量。

2. 除直接计入所有者权益的交易或事项产生的递延所得税资产和递延所得税负债，相关的调整金额应计入所有者权益以外，其他情况下因税率变化产生的递延所得税资产和递延所得税负债的调整金额应确认为变化当期的所得税费用（或收益）。

当年"递延所得税资产"发生额 = 年末可抵扣暂时性差异 × 新税率 - 年初可抵扣暂时性差异 × 旧税率；

当年"递延所得税负债"发生额 = 年末应纳税暂时性差异 × 新税率 - 年初应纳税暂时性差异 × 旧税率。

【星期五·第16章】所得税费用的确认和计量

一、当期所得税

在资产负债表债务法核算所得税的情况下，利润表中的所得税费用由两个部分组成：当期所得税和递延所得税费用（或收益）。

应交所得税 = 应纳税所得额 × 所得税税率

应纳税所得额 = 税前会计利润 + 纳税调整增加额 − 纳税调整减少额

二、递延所得税费用（或收益）

递延所得税费用（或收益）是指按照会计准则规定应予确认的递延所得税资产和递延所得税负债在会计期末应有的金额相对于原已确认金额之间的差额，即递延所得税资产和递延所得税负债的当期发生额，但不包括计入所有者权益的交易或事项的所得税影响。

递延所得税费用 = 当期递延所得税负债的增加 + 当期递延所得税资产的减少 − 当期递延所得税负债的减少 − 当期递延所得税资产的增加

【提示】如果某项交易或事项按照会计准则规定应计入所有者权益，由该交易或事项产生的递延所得税资产或递延所得税负债及其变化亦应计入所有者权益，不构成利润表中的递延所得税费用（或收益）。

三、所得税费用

所得税费用 = 当期所得税 + 递延所得税费用（或收益）

【提示】计入当期损益的所得税费用（或收益）不包括企业合并和直接在所有者权益中确认的交易或事项产生的所得税影响。与直接计入所有者权益的交易或者事项相关的递延所得税，应当计入所有者权益。

【例题·单选题】2017年12月31日，甲公司因交易性金融资产和可供出售金融资产的公允价值变动，分别确认了10万元的递延所得税资产和20万元的递延所得税负债。甲公司当期应交所得税的金额为150万元。假定不考虑其他因素，甲公司2017年度利润表"所得税费用"项目应列示的金额为（　　）万元。

A. 120　　　　　　　　B. 140

C. 160　　　　　　　　D. 180

【解析】本题相关会计分录如下：

借：所得税费用 140

　　递延所得税资产 10

　　贷：应交税费—应交所得税 150

借：其他综合收益 20

　　贷：递延所得税负债 20

【答案】B

四、合并财务报表中因抵销未实现内部交易损益产生的递延所得税

企业在编制合并财务报表时，因抵销未实现内部销售损益导致合并资产负债表中资产、负债的账面价值与其纳入合并范围的企业按照适用税法规定确定的计税基础之间产生暂时性差异的，在合并资产负债表中应当确认递延所得税资产或递延所得税负债，同时调整合并利润表中的所得税费用，但与直接计入所有者权益的交易或事项及企业合并相关的递延所得税除外。

企业在编制合并财务报表时，按照合并报表的编制原则，应将纳入合并范围的企业之间发生的未实现内部交易损益予以抵销。因此，对于所涉及的资产负债项目在合并资产负债表中列示的价值与其在所属的企业个别资产负债表中的价值会不同，并进而可能产生与有关资产、负债所属纳税主体计税基础的不同，从合并财务报表作为一个完整经济主体的角度，应当确认该暂时性差异的所得税影响。

【例题·单选题】甲公司对乙公司进行投资，占有表决权股份的80%，从而能够控制乙公司。2017年5月2日甲公司将成本为800万元的商品出售给乙公司，售价1000万元（不含增值税）。至2017年12月31日，乙公司将商品已对外出售60%。假定涉及商品未发生减值。甲、乙公司适用企业所得税税率均为25%，且未来期间不会改变，均采用资产负债表债务法核算所得税。根据税法规定，企业存货应以历史成本作为计税基础。则甲公司2017年12月31日合并财务报表中上述存货应确认的递延所得税资产为（　　）万元。

A. 20　　　　　　　　B. 30

C. 50　　　　　　　　D. 0

【解析】2017年合并财务报表中应确认的递延所得税资产 = （1000 − 800）×（1 − 60%）× 25% = 20（万元）。

【答案】A

五、所得税的列报

企业对所得税的核算结果，除利润表中列示的所得税费用以外，在资产负债表中形成的应交税费（应交所得税）以及递延所得税资产和递延所得税负债应当遵循准则规定进行列报。其中，递延所得税资产和递延所得税负债一般应当分别作为非流动资产和非流动负债在资产负债表中列示，所得税费用应当在利润表中单独列示，同时还应在附注中披露与所得税有关的信息。

一般情况下，在个别财务报表中，当期所得

税资产与当期所得税负债及递延所得税资产与递延所得税负债可以以抵销后的净额列示。在合并财务报表中，纳入合并范围的企业中，一方的当期所得税资产或递延所得税资产与另一方的当期所得税负债或递延所得税负债一般不能予以抵销，除非所涉及的企业具有以净额结算的法定权利并且意图以净额结算。

扫一扫，阅读解题思路

本书中各部分试题均配备二维码，下载安装"东奥题库宝典"移动客户端，扫一扫左侧二维码，即可在线做题，并获得详尽的答案解析、解题思路等超值服务，解决您做题时的一切疑惑。

【移动客户端安装二维码详见封底】

本周自测

一、单项选择题

1. 甲公司 2015 年 12 月 31 日购入一台生产用机器设备，取得增值税专用发票注明的价款为 1000 万元，增值税税额为 170 万元，当日已投入使用。甲公司预计该设备使用年限为 5 年，预计净残值为零，采用双倍余额递减法计提折旧。2016 年 12 月 31 日该设备的可收回金额为 500 万元，甲公司未进行会计估计变更。2017 年 12 月 31 日该设备的可收回金额为 400 万元。税法规定此类设备应采用年限平均法计提折旧，折旧年限、预计净残值与会计规定相同，则 2017 年 12 月 31 日该设备的计税基础为（　　）万元。
   A. 300
   B. 400
   C. 600
   D. 1000

2. 下列各项中，关于资产的计税基础说法正确的是（　　）。
   A. 固定资产因计提折旧会产生其账面价值与计税基础不一致
   B. 无形资产因计提摊销会产生其账面价值与计税基础不一致
   C. 可供出售金融资产因期末公允价值变动会产生其账面价值与计税基础不一致
   D. 内部研发无形资产不会产生暂时性差异

3. 企业发生下列交易或事项，产生暂时性差异的是（　　）。
   A. 支付税收滞纳金
   B. 支付销货方违约金
   C. 计提坏账准备
   D. 计提固定资产折旧

4. 下列各项中，会产生可抵扣暂时性差异的是（　　）。
   A. 企业持有的交易性金融资产期末公允价值上升
   B. 期末可供出售金融资产公允价值上升

   C. 计提产品质量保证金
   D. 收到国债利息收入

5. 甲公司适用的所得税税率为 25%，采用资产负债表债务法核算所得税，2016 年 8 月 7 日购入某公司股票将其划分为可供出售金融资产核算，初始入账成本为 1200 万元，2016 年 12 月 31 日其公允价值为 1290 万元，2017 年 12 月 31 日其公允价值为 1360 万元，根据税法规定，资产在持有期间公允价值变动不计入当期应纳税所得额。则 2017 年 12 月 31 日甲公司应确认（　　）。
   A. 递延所得税资产 34 万元
   B. 递延所得税资产 17.5 万元
   C. 递延所得税负债 34 万元
   D. 递延所得税负债 17.5 万元

6. 甲公司适用的所得税税率为 25%，采用资产负债表债务法核算所得税。2017 年度甲公司发生了以下事项：当期购入的一项交易性金融资产公允价值下降 1000 万元，支付工商罚款 100 万元，因未决诉讼计提预计负债 2000 万元，固定资产计提减值 300 万元，内部研发无形资产加计扣除 400 万元，税前弥补以前年度亏损 500 万元，超标的业务招待费 50 万元，超标的广告费 600 万元，不考虑其他因素。则甲公司当年应确认的递延所得税资产为（　　）万元。
   A. 850
   B. 725
   C. 1100
   D. 650

7. 甲公司适用的所得税税率为 25%，采用资产负债表债务法核算所得税。2017 年利润总额为 1200 万元，其中包括国债利息收入 100 万元，研发费用加计扣除 200 万元，税收滞纳金 50 万元，可供出售金融资产公允价值上升 300 万元，向管理企业捐赠现金 400 万元，计提固定资产减值准备 500 万元，不考虑其他因素，甲公司当年利润表中所得税费用为（　　）万元。
   A. 300
   B. 337.5
   C. 462.5
   D. 587.5

8. 2017 年 1 月 1 日甲公司向乙公司增发普通股

第九周

8000 万股作为支付对价取得乙公司 100% 的净资产，股票公允价值为 3.5 元/股，乙公司可辨认净资产的账面价值为 25000 万元，公允价值为 26000 万元（即符合免税条件），乙公司法人资格注销。根据税法规定此项吸收合并纳税人可以选择按特殊性税务处理，假定乙公司原股东选择按特殊性税务处理，双方适用的所得税税率均为 25%，则因吸收合并产生的商誉而确认的递延所得税负债为（ ）万元。

  A. 0   B. 750

  C. 500   D. 250

9. 甲公司于 2015 年 12 月 31 日外购一栋写字楼，将其作为投资性房地产核算，入账成本为 10000 万元，并采用成本模式对其进行后续计量。甲公司预计该写字楼尚可使用年限为 40 年，预计净残值为零，采用年限平均法计提折旧（与税法相同）。2017 年 12 月 31 日甲公司写字楼所在地存在活跃的房地产市场，甲公司将后续计量模式变更为公允价值模式，当日公允价值为 12000 万元，甲公司适用的所得税税率为 15%。则因会计政策变更甲公司应确认的递延所得税负债为（ ）万元。

  A. 0   B. 625

  C. 500   D. 375

10. 甲公司适用的所得税税率为 25%，采用资产负债表债务法核算所得税，2016 年 1 月 31 日购入一台管理用固定资产，入账成本为 100 万元，预计使用年限为 5 年，预计净残值为 10 万元，甲公司采用双倍余额递减法计提折旧，税法规定此类固定资产应采用年限平均法计提折旧，折旧年限和预计净残值与会计相同。则 2017 年 12 月 31 日甲公司应确认（ ）。

  A. 递延所得税资产 6.88 万元

  B. 递延所得税资产 5.04 万元

  C. 递延所得税资产 1.84 万元

  D. 递延所得税资产 3.21 万元

11. 2017 年 8 月 1 日甲公司购入乙公司股票 1200 万股作为可供出售金融资产核算，每股购买款为 8 元，支付交易费用 10 万元。12 月 31 日乙公司股票收盘价格为 9.2 元/股。甲公司 2017 年适用的所得税税率为 25%，2018 年开始执行高新技术企业所得税税率 15%，税法规定，资产在持有期间公允价值变动不计入当期应纳税所得额。则甲公司 2017 年 12 月 31 日因可供出售金融资产应确认的其他综合收益为（ ）万元。

  A. 1430   B. 1072.5

  C. 1224   D. 1215.5

12. 甲公司 2017 年度投资性房地产公允价值上升 1000 万元，交易性金融资产公允价值上升 2000 万元，可供出售金融资产公允价值上升

3000 万元。甲公司适用的所得税税率为 25%，预计未来期间不会发生变化。甲公司当年应交所得税为 1500 万元，年初递延所得税资产和递延所得税负债的余额均为零。不考虑其他因素，则甲公司 2017 年度利润表中"所得税费用"为（ ）万元。

  A. 2250   B. 1500

  C. 3000   D. 0

13. 2017 年 1 月 1 日甲公司控股合并非关联企业乙公司，拥有乙公司 80% 的表决权。2017 年甲公司将一批商品出售给乙公司，售价为 1200 万元（不含税），成本为 1000 万元，至年末乙公司尚未将该批存货出售，该批存货也未发生减值。甲公司和乙公司适用的所得税税率均为 25%，且未来期间预计不含发生变化。根据税法规定，存货应以历史成本计价。则 2017 年 12 月 31 日合并报表中该存货应确认递延所得税资产为（ ）万元。

  A. 50   B. 100

  C. 150   D. 200

14. 2017 年 12 月 1 日甲公司将一批商品出售给乙公司，开具增值税专用发票注明的价款为 5000 万元，增值税税额为 850 万元，该批商品的成本为 4200 万元。根据合同约定乙公司拥有 2 个月的试用期，在试用期间出现问题有权退货。甲公司预计退货概率为 10%，至 12 月 31 日乙公司尚未出现退货。甲公司适用的所得税税率为 25%，甲公司预计未来期间将有足够的应纳税所得额以利用可抵扣暂时性差异。不考虑其他因素，甲公司 2017 年 12 月 31 日应确认递延所得税负债为（ ）万元。

  A. 0   B. 20

  C. 200   D. 180

15. 某房地产开发企业适用的所得税税率为 25%，2017 年度开始预售其自行建造的商品房，当年取得预售款 40000 万元。税法规定预售房款应计入当年应纳税所得额计算应交所得税。该企业预计未来期间将有足够的应纳税所得额用以利用可抵扣暂时性差异。不考虑其他因素，该企业当年应确认的递延所得税资产为（ ）万元。

  A. 0   B. 2000

  C. 8000   D. 10000

16. 2017 年甲公司适用的所得税税率为 25%，年初递延所得税资产余额 120 万元，递延所得税负债余额 10 万元，当年利润总额为 580 万元，以前年度未弥补亏损 180 万元，交易性金融资产期末公允价值下降 100 万元，超标业务招待费 10 万元，超标广告费 40 万元。从 2018 年开始甲公司适用的所得税税率为 15%。则 2017 年度甲公司所得税费用应确认（ ）万元。

A. 187.5　　　　　　B. 137.5

C. 147.5　　　　　　D. 82.5

二、多项选择题

1. 下列各项中，关于所得税会计核算程序的表述正确的有（　　）。
   A. 按会计准则规定确定资产负债表中除递延所得税资产和递延所得税负债以外其他资产和负债的账面价值
   B. 确认递延所得税资产和递延所得税负债
   C. 按税法规定计算当期应交所得税
   D. 确定利润表中所得税费用

2. 企业发生下列事项中会产生可抵扣暂时性差异的有（　　）。
   A. 固定资产计提减值准备
   B. 内部研发无形资产
   C. 可供出售金融资产公允价值上升
   D. 支付税收滞纳金

3. 企业发生下列交易或事项会产生应纳税暂时性差异的有（　　）。
   A. 非同一控制吸收合并（免税合并）形成商誉
   B. 亏损合同确认预计负债
   C. 交易性金融资产公允价值上升
   D. 转回存货跌价准备

4. 企业发生的下列交易或事项中，产生应纳税暂时性差异，但不应确认递延所得税负债的有（　　）。
   A. 对子公司投资，投资单位能够控制应纳税暂时性差异的转换时间并且在可预见的未来很可能不会转回
   B. 内部研发形成的无形资产
   C. 免税合并形成的商誉
   D. 某项交易发生时既不影响会计利润，也不影响应纳税所得额，但资产账面价值大于其计税基础所产生的应纳税暂时性差异

5. 下列各项中，关于递延所得税资产的表述正确的有（　　）。
   A. 应以未来期间可能取得的应纳税所得额为限确认
   B. 按税法规定可以结转以后年度的未弥补亏损应确认递延所得税资产
   C. 资产账面价值大于其计税基础应确认递延所得税资产
   D. 某项不属于企业合并的交易且其发生时既不影响会计利润，也不影响应纳税所得额，因资产或负债的账面价值与计税基础不同产生的可抵扣暂时性差异不确认递延所得税资产

6. 企业已确认的递延所得税资产发生减值，减值损失可能计入的科目有（　　）。
   A. 资产减值损失　　B. 所得税费用
   C. 其他综合收益　　D. 资本公积

7. 下列各项中，因资产或负债的账面价值与其计税基础不一致产生的暂时性差异不影响当期所得税费用的有（　　）。
   A. 投资性房地产后续计量模式的变更
   B. 可供出售金融资产公允价值变动
   C. 交易性金融负债公允价值下降
   D. 持有至到期投资重新分类可供出售金融资产

8. 甲公司2017年度利润总额为1300万元，当年因可供出售金融资产确认递延所得税资产增加25万元，因计提产品质量保证金使递延所得税资产增加125万元，因固定资产折旧转回递延所得税负债50万元。甲公司适用的企业所得税税率为25%。则下列说法正确的有（　　）。
   A. 甲公司2017年度净利润为1150万元
   B. 甲公司2017年度应交所得税为500万元
   C. 因可供出售金融资产确认递延所得税资产增加会减少所得税费用
   D. 转回递延所得税负债会增加所得税费用

9. 下列各项中，关于递延所得税会计处理的说法中正确的有（　　）。
   A. 企业应当将当期发生的全部可抵扣暂时性差异确认为递延所得税资产
   B. 企业应当将当期发生的全部应纳税暂时性差异确认为递延所得税负债
   C. 递延所得税资产的确认应以未来期间可能取得的应纳税所得额为限
   D. 在资产负债表日企业应对递延所得税资产的账面价值进行复核

10. 甲公司2016年10月19日购入某公司股票作为交易性金融资产核算，入账成本1200万元，2016年12月31日股票的公允价值为1400万元，2017年12月31日股票的公允价值为1100万元。甲公司适用的所得税税率为25%，根据税法规定，资产在持有期间公允价值变动不计入当期应纳税所得额。不考虑其他因素，则下列会计处理正确的有（　　）。
    A. 2016年12月31日应确认递延所得税负债50万元
    B. 2017年12月31日应确认递延所得税资产25万元
    C. 2017年12月31日应确认递延所得税资产75万元
    D. 2017年12月31日应转回递延所得税负债50万元

11. 2016年12月1日甲公司吸收合并乙公司（不属于免税合并），初始确认商誉金额为3000万元。2017年12月31日甲公司对商誉计提减值准备500万元。根据税法规定商誉在整体转让或企业进行清算时允许税前扣除。已知甲公司适用的所得税税率为25%。则下列会计处理正确的有（　　）。

A. 商誉的计税基础为零

B. 2017 年 12 月 31 日商誉的计税基础为 3000 万元

C. 商誉减值不应确认递延所得税资产

D. 2017 年 12 月 31 日应确认递延所得税资产 125 万元

三、判断题

1. 持有至到期国债投资的实际利息收益免税，故其不涉及纳税调整。（ ）

2. 资产的计税基础是假定企业按照税法规定进行核算所提供的资产负债表日中资产的应有金额。（ ）

3. 无形资产的账面价值小于其计税基础形成的可抵扣暂时性差异应确认为递延所得税资产。（ ）

4. 递延所得税资产增加会减少所得税费用，递延所得税负债增加会增加所得税费用。（ ）

5. 无论应纳税暂时性差异的转换期间为何时，递延所得税负债均无需折现。（ ）

6. 企业合并形成的商誉因其账面价值与计税基础不一致所形成的可抵扣暂时性差异不应确认递延所得税资产。（ ）

7. 递延所得税资产在资产负债表日如果出现减值，应将减值损失计入资产减值损失。（ ）

8. 企业在满足条件确认递延所得税资产或递延所得税负债时，应以未来转回时企业适用的所得税税率计算确定。（ ）

9. 企业当期应交所得税即为利润表中的所得税费用。（ ）

10. 企业拥有以净额结算当期所得税资产及当期所得税负债的法定权利时，企业可以将递延所得税资产和递延所得税负债以抵销后的净额列示。（ ）

四、计算分析题（除题目中有特殊要求外，答案中金额单位以万元表示，有小数的，保留两位小数）

1. 甲上市公司（以下简称"甲公司"）于 2017 年 1 月成立，采用资产负债表债务法核算所得税，适用的所得税税率为 25%。该公司 2017 年利润总额为 6000 万元，当年发生的交易或事项中，会计规定与税法规定存在差异的项目如下：

（1）2017 年 12 月 31 日，甲公司应收账款余额为 5000 万元，对该应收账款计提了 500 万元坏账准备。税法规定，未经核准的准备金前不得扣除，发生实质性损失时允许税前扣除。

（2）按照销售合同规定，甲公司承诺对销售的 X 产品提供 3 年免费售后服务。甲公司 2017 年销售的 X 产品预计在售后服务期间将发生的费用为 400 万元，已计入当期损益。税法规定，与产品售后服务相关的支出在实际发生时允许税前扣除。甲公司 2017 年没有发生售后服务支出。

（3）甲公司 2017 年以 4000 万元取得一项到期还本付息的国债投资，作为持有至到期投资核算。该投资实际利率与票面利率相差较小，甲公司采用票面利率计算确认利息收入，当年确认国债利息收入 200 万元，计入持有至到期投资账面价值，该国债投资在持有期间未发生减值。税法规定，国债利息收入免税。

（4）2017 年 12 月 31 日，甲公司 Y 产品的账面余额为 2600 万元，根据市场情况对 Y 产品计提跌价准备 400 万元，计入当期损益。税法规定，该类资产在发生实质性损失时允许税前扣除。

（5）2017 年 4 月，甲公司自公开市场购入基金，作为交易性金融资产核算，取得成本为 2000 万元；2017 年 12 月 31 日该基金的公允价值为 4100 万元，公允价值相对账面价值的变动已计入当期损益，持有期间基金未进行分配。税法规定，该类资产在持有期间公允价值变动不计入应纳税所得额，待处置时一并计算应计入应纳税所得额的金额。

其他相关资料：

（1）假定预期未来期间甲公司适用的所得税税率不发生变化；且递延所得税资产和递延所得税负债不存在期初余额。

（2）甲公司预计未来期间能够产生足够的应纳税所得额用以抵扣可抵扣暂时性差异。

要求：

（1）确定甲公司上述交易或事项中资产、负债在 2017 年 12 月 31 日的计税基础，同时比较其账面价值与计税基础，计算所产生的应纳税暂时性差异或可抵扣暂时性差异的金额。

（2）计算甲公司 2017 年应纳税所得额、应交所得税、递延所得税费用和所得税费用。

（3）编制甲公司 2017 年确认所得税费用的会计分录。

2. ABC 公司为上市公司，2017 年度与所得税有关资料如下：

（1）ABC 公司 2017 年年初递延所得税资产借方余额为 190 万元，递延所得税负债贷方余额为 10 万元，具体构成项目如下：

单位：万元

项 目	可抵扣暂时性差异	递延所得税资产	应纳税暂时性差异	递延所得税负债
应收账款	60	15		
交易性金融资产			40	10

续表

项　目	可抵扣暂时性差异	递延所得税资产	应纳税暂时性差异	递延所得税负债
可供出售金融资产	200	50		
预计负债	80	20		
可税前抵扣的经营亏损	420	105		
合计	760	190	40	10

（2）ABC 公司 2017 年度实现的利润总额为 1610 万元。2017 年度相关交易或事项资料如下：

①年末转回应收账款坏账准备 20 万元。根据税法规定，转回的坏账损失不计入应纳税所得额。

②年末根据交易性金融资产公允价值变动确认公允价值变动收益 20 万元。根据税法规定，交易性金融资产公允价值变动收益不计入应纳税所得额。

③年末根据可供出售金融资产公允价值变动增加其他综合收益 40 万元。根据税法规定，可供出售金融资产公允价值变动金额不计入应纳税所得额。

④当年实际支付产品保修费用 50 万元，冲减前期确认的相关预计负债；当年又计提产品保修费用 10 万元，增加相关预计负债。根据税法规定，实际支付的产品保修费用允许税前扣除。但预计的产品保修费用不允许税前扣除。

⑤当年发生研究开发支出 100 万元，全部费用化计入当期损益。根据税法规定，计算应纳税所得额时，当年实际发生的费用化研究开发支出可以按 50% 加计扣除。

（3）2017 年年末资产负债表相关项目金额及其计税基础如下：

单位：万元

项　目	账面价值	计税基础
应收账款	360	400
交易性金融资产	420	360
可供出售金融资产	400	560
预计负债	40	0
可税前抵扣的经营亏损	0	0

（4）ABC 公司适用的所得税税率为 25%，预计未来期间适用的所得税税率不会发生变化，未来期间能够产生足够的应纳税所得额用以抵扣可抵扣暂时性差异；不考虑其他因素。

要求：

（1）根据上述资料，计算 ABC 公司 2017 年应纳税所得额和应交所得税金额。

（2）根据上述资料，计算 ABC 公司各项目 2017 年年末的暂时性差异金额，计算结果填列在表格中。

单位：万元

项　目	账面价值	计税基础	可抵扣暂时性差异	应纳税暂时性差异
应收账款				
交易性金融资产				
可供出售金融资产				
预计负债				

（3）根据上述资料，逐笔编制与递延所得税资产或递延所得税负债相关的会计分录。

（4）根据上述资料，计算 ABC 公司 2017 年所得税费用金额。

3. 甲公司 2014 年年初递延所得税负债的余额为零，递延所得税资产的余额为 30 万元（系 2013 年年末应收账款的可抵扣暂时性差异产生）。甲公司 2014 年度有关交易和事项的会计处理中，与税法规定存在差异的有：

资料一：2014 年 1 月 1 日，购入一项非专利技术并立即用于生产 A 产品，成本为 200 万元，因无法合理预计其带来经济利益的期限，作为使用寿命不确定的无形资产核算。2014 年 12 月 31 日，对该项无形资产进行减值测试后未发现减值。根据税法规定，企业在计税时，对该项无形资产按照 10 年的期限摊销，有关摊销额允许税前扣除。

资料二：2014 年 1 月 1 日，按面值购入当日发行的三年期国债 1000 万元，作为持有至到期投资核算。该债券票面年利率为 5%，每年年末付息一次，到期偿还面值。2014 年 12 月 31 日，甲公司确认了 50 万元的利息收入。根据税法规定，国债利息收入免征企业所得税。

资料三：2014 年 12 月 31 日，应收账款账面余额为 10000 万元，减值测试前坏账准备的余额为 200 万元，减值测试后补提坏账准备 100 万元。根据税法规定，提取的坏账准备不允许税前扣除。

资料四：2014 年度，甲公司实现的利润总额为 10070 万元，适用的所得税税率为 15%；预计从 2015 年开始适用的所得税税率为 25%，且未来期间保持不变。假定未来期间能够产生足够的应纳税所得额用以抵扣暂时性差异，不考虑其他因素。

要求：

（1）分别计算甲公司 2014 年度应纳税所得额和应交所得税的金额。

（2）分别计算甲公司 2014 年年末资产负债表"递延所得税资产"、"递延所得税负债"项目"期末余额"栏应列示的金额。

（3）计算确定甲公司 2014 年度利润表"所得税费用"项目"本年金额"栏应列示的金额。

（4）编制甲公司与确认应交所得税、递延所得税资产、递延所得税负债和所得税费用相关的会计分录。（2015 年）

五、综合题

甲公司 2017 年度实现利润总额 10000 万元，适用的所得税税率为 25%；预计未来期间适用的所得税税率不会发生变化，假定未来期间能够产生足够的应纳税所得额用以抵扣暂时性差异。甲公司 2017 年度发生的有关交易和事项中，会计处理与税法规定存在差异的有：

（1）某批外购存货年初、年末借方余额分别为 9900 万元和 9000 万元，相关递延所得税资产年初余额为 235 万元，该批存货跌价准备年初、年末贷方余额分别为 940 万元和 880 万元，

当年转回存货跌价准备 60 万元，税法规定，该项减值金额在计算应纳税所得额时不包括在内。

（2）某项外购固定资产当年计提的折旧为 1200 万元，未计提固定资产减值准备。该项固定资产系 2016 年 12 月 18 日安装调试完毕并投入使用，原价为 6000 万元，预计使用年限为 5 年，预计净残值为零。采用年限平均法计提折旧，税法规定，类似固定资产采用年数总和法计提的折旧准予在计算应纳税所得额时扣除，企业在纳税申报时按照年数总和法将该折旧调整为 2000 万元。

（3）11 月 30 日，甲公司根据收到的税务部门罚款通知，将应缴罚款 300 万元确认为营业外支出，款项尚未支付。税法规定，企业该类罚款不允许在计算应纳税所得额时扣除。

（4）当年实际发生的广告费用为 25740 万元，款项尚未支付。税法规定，企业发生的广告费、业务宣传费不超过当年销售收入 15% 的部分允许税前扣除，超过部分允许结转以后年度税前扣除。甲公司当年销售收入为 170000 万元。

（5）通过红十字会向地震灾区捐赠现金 500 万元，已计入营业外支出。税法规定，企业发生的公益性捐赠支出，在年度利润总额 12% 以内的部分，准予在计算应纳税所得额时扣除。

（6）12 月 31 日，对 2016 年 12 月 31 日吸收合并形成的商誉计提减值准备 1000 万元，未计提减值准备前商誉的账面价值为 5000 万元。该项吸收合并不属于免税合并。税法规定，商誉减值在整体转让或企业进行清算时允许税前扣除。

要求：

（1）分别计算甲公司有关资产、负债在 2017 年年末的账面价值、计税基础，及其相关的暂时性差异、递延所得税资产或递延所得税负债的余额，计算结果填列在表格中（不必列示计算过程）。

单位：万元

	账面价值	计税基础	可抵扣暂时性差异	应纳税暂时性差异	递延所得税资产	递延所得税负债
存货						
固定资产						
其他应付款—罚款						
其他应付款—广告费用						
捐赠支出						
商誉						

（2）逐项计算甲公司2017年年末应确认或转销递延所得税资产、递延所得税负债的金额。

（3）分别计算甲公司2017年度应纳税所得额、应交所得税以及所得税费用（或收益）的金额。

（4）编制甲公司2017年度与确认所得税费用（或收益）相关的会计分录。（答案中的金额单位用万元表示）

本周自测参考答案及解析

一、单项选择题

1.【答案】C

【解析】资产的计税基础是指在企业收回资产账面价值过程中，计算应纳税所得额时按税法规定可以自应税经济利益中抵扣的金额。2017年12月31日设备的计税基础＝1000－1000/5×2＝600（万元）。

2.【答案】C

【解析】选项A和B，资产账面价值和其计税基础不一致会产生暂时性差异，固定资产计提折旧、无形资产计提摊销账面价值与计税基础并不一定会产生暂时性差异；选项D，内部研发的无形资产其账面价值小于计税基础会产生暂时性差异。

3.【答案】C

【解析】选项A属于永久性差异（税前不得扣除）；选项B会无差异；选项C会导致资产的账面价值小于其计税基础，会产生暂时性差异；选项D如果固定资产的折旧政策与税法相同，则不会产生暂时性差异。

4.【答案】C

【解析】资产账面价值＜计税基础、负债账面价值＞计税基础会产生可抵扣暂时性差异，选项A和B资产账面价值＞计税基础（应纳税暂时性差异），选项D不会产生暂时性差异。

5.【答案】D

【解析】2016年12月31日可供出售金融资产的账面价值为1290万元，其计税基础为1200万元，产生应纳税暂时性差异90万元，2017年12月31日可供出售金融资产的账面价值为1360万元，其计税基础为1200万元，产生应纳税暂时性差异160万元，当年新增应纳税暂时性差异＝160－90＝70（万元），应确认递延所得税负债＝70×25%＝17.5（万元）。

6.【答案】A

【解析】甲公司应确认的递延所得税资产＝（1000＋2000＋300－500＋600）×25%＝850（万元）。

7.【答案】B

【解析】所得税费用＝（1200－100－200＋50＋400＋500）×25%－500×25%＝337.5（万元）。甲公司应编制的会计分录为：

借：所得税费用　　　　　　　　337.5
　　递延所得税资产　　　　　　　125
　　　贷：应交税费—应交所得税　　462.5
借：其他综合收益　　　　　　　　75
　　　贷：递延所得税负债　　　　　　75

8.【答案】A

【解析】按税法规定作为免税合并的情况下（教材说法，实则为特殊性税务处理，税法中并为将此项合并作为免税处理，各位考生不必深究，按教材掌握即可）所产生的商誉其计税基础为零，因账面价值与计税基础不用形成的应纳税暂时性差异，会计准则规定不确认相关的递延所得税负债。

9.【答案】D

【解析】投资性房地产转换时的账面价值为12000万元，计税基础＝10000－10000/40×2＝9500（万元），应确认递延所得税负债＝（12000－9500）×15%＝375（万元）。

10.【答案】C

【解析】2016年12月31日固定资产账面价值＝100－100×40%×11/12＝63.33（万元），计税基础＝100－（100－10）/5×11/12＝83.5（万元），应确认递延所得税资产＝（83.5－63.33）×25%＝5.04（万元）；2017年12月31日固定资产账面价值＝100－100×40%－60×40%×11/12＝38（万元），计税基础＝100－（100－10）/5－（100－10）/5×11/12＝65.5（万元），应确认递延所得税资产＝（65.5－38）×25%－5.04＝1.84（万元）。

11.【答案】D

【解析】甲公司2017年12月31日应确认的其他综合收益＝［9.2×1200－（8×1200＋10）］×（1－15%）＝1215.5（万元）。

12.【答案】A

【解析】投资性房地产和交易性金融资产公允价值变动影响损益，产生的暂时性差异确认的递延所得税对应所得税费用；可供出售金融资产公允价值变动计入其他综合收益，确认的递延所得税对应其他综合收益，所以应确认对应所得税费用的递延所得税负债＝（1000＋2000）×25%＝750（万元），所得税费用＝1500＋750＝2250（万元）。

13.【答案】A

【解析】合并报表中存货的账面价值为1000万元，计税基础为1200万元，应确认的递延所得税资产＝（1200－1000）×25%＝50（万元）。

14.【答案】A

【解析】甲公司应确认预计负债 = （5000 - 4200）×10% = 80（万元），其计税基础为零，会产生可抵扣暂时性差异，应确认递延所得税资产 = 80×25% = 20（万元）。题目中问应确认递延所得税负债，所以正确答案为A。

15.【答案】D

【解析】预收账款账面价值为40000万元，其计税基础为零，产生可抵扣暂时性差异40000万元，应确认递延所得税资产 = 40000×25% = 10000（万元）。

16.【答案】A

【解析】应交所得税 = （580 - 180 + 100 + 10 + 40）×25% = 137.5（万元），递延所得税资产当年发生额 = （120÷25% - 180 + 40 + 100）×15% - 120 = -54（万元），递延所得税负债当年发生额 = 10÷25%×15% - 10 = -4（万元）。所得税费用 = 137.5 + 54 - 4 = 187.5（万元）。

二、多项选择题

1.【答案】ABCD

2.【答案】AB

【解析】选项A和B资产账面价值小于计税基础，产生可抵扣暂时性差异；选项C资产账面价值大于计税基础产生应纳税暂时性差异；选项D形成永久性差异。

3.【答案】AC

【解析】选项B负债账面价值大于计税基础，产生可抵扣暂时性差异；选项D转回可抵扣暂时性差异。选项A和C资产账面价值大于计税基础，产生应纳税暂时性差异。

4.【答案】ACD

【解析】选项B，产生应纳税暂时性差异，但不应确认递延所得税资产。

5.【答案】AD

【解析】企业应以很可能取得的应纳税所得额为限确认递延所得税资产，如果未来期间（5年内）不会产生应纳税所得额，则不应确认递延所得税资产，选项B错误；资产账面价值大于其计税基础产生应纳税暂时性差异，满足条件确认递延所得税负债，选项C错误。

6.【答案】BCD

【解析】如果递延所得税资产发生减值一般应确认为当期所得税费用，对于原确认时计入所有者权益的递延所得税资产，其减记金额应计入所有者权益，不影响当期所得税费用。

7.【答案】ABD

【解析】选项A计入留存收益，选项B和D计入其他综合收益，选项C计入当期损益，影响所得税费用。

8.【答案】BD

【解析】应交所得税 = 1300×25% + 125 + 50 = 500（万元），递延所得税费用 = -125 - 50 = -175（万元），所得税费用 = 500 - 175 = 325（万元），净利润 = 1300 - 325 = 975（万元），甲公司应编制的会计分录如下：

借：所得税费用　　　　　　325
　　递延所得税资产　　　　125
　　递延所得税负债　　　　 50
　　贷：应交税费—应交所得税　　500
借：递延所得税资产　　　　 25
　　贷：其他综合收益　　　　　 25

9.【答案】CD

【解析】企业应将当期发生的可抵扣暂时性差异或应纳税暂时性差异在满足条件时确认为递延所得税资产或递延所得税负债。

10.【答案】ABD

【解析】2016年12月31日资产的账面价值为1400万元，计税基础为1200万元，应确认递延所得税负债 = （1400 - 1200）×25% = 50（万元）；2017年12月31日资产的账面价值为1100万元，计税基础1200万元，应确认递延所得税资产 = （1200 - 1100）×25% = 25（万元），同时转回原已确认的递延所得税负债50万元。

11.【答案】BD

【解析】2016年12月1日合并形成商誉的账面价值为3000万元，其计税基础为3000万元（不属于免税合并），2017年12月31日计提减值准备后商誉的账面价值为2500万元，其计税基础为3000万元，应确认递延所得税资产 = （3000 - 2500）×25% = 125（万元）。

三、判断题

1.【答案】×

【解析】企业国债利息收入免税，应在计算应纳税所得额时纳税调减。

2.【答案】√

3.【答案】×

【解析】企业自行研发形成的无形资产的账面价值小于计税基础形成的可抵扣暂时性差异不确认递延所得税资产。

4.【答案】×

【解析】递延所得税资产或递延所得税负债的增加如果是与直接计入所有者权益的交易或事项则不会影响所得税费用。

5.【答案】√

6.【答案】×

【解析】非同一控制下吸收合并（免税合并）形成的商誉账面价值大于计税基础形成的应纳税暂时性差异不应确认递延所得税负债。

7.【答案】×

【解析】递延所得税资产减值应计入所得税费用或所有者权益。

8.【答案】√

9.【答案】×

【解析】所得税费用＝当期所得税＋递延所得税费用（或收益）。

10.【答案】√

四、计算分析题

1.【答案】

（1）

①应收账款账面价值＝5000－500＝4500（万元）；

应收账款计税基础为5000万元，

应收账款形成的可抵扣暂时性差异＝5000－4500＝500（万元）。

②预计负债账面价值为400万元；

预计负债计税基础＝400－400＝0；

预计负债形成的可抵扣暂时性差异为400万元。

③持有至到期投资账面价值为4200万元；

计税基础为4200万元；

国债利息收入不产生暂时性差异。

④存货账面价值＝2600－400＝2200（万元）；

存货计税基础为2600万元；

存货形成的可抵扣暂时性差异为400万元。

⑤交易性金融资产账面价值为4100万元，

交易性金融资产计税基础为2000万元；

交易性金融资产形成的应纳税暂时性差异＝4100－2000＝2100（万元）。

（2）

①应纳税所得额＝6000＋500＋400＋400－200－2100＝5000（万元）。

②应交所得税＝5000×25%＝1250（万元）。

③

递延所得税资产＝（500＋400＋400）×25%＝325（万元）；

递延所得税负债＝2100×25%＝525（万元）；

递延所得税费用＝525－325＝200（万元）。

④所得税费用＝1250＋200＝1450（万元）。

（3）会计分录：

借：所得税费用　　　　　　　　1450

　　递延所得税资产　　　　　　 325

　　贷：应交税费—应交所得税　　　1250

　　　　递延所得税负债　　　　　　 525

2.【答案】

（1）ABC公司2017年的应纳税所得额＝1610－20－20－（50－10）－100×50%－420＝1060（万元）。

ABC公司2017年的应交所得税＝1060×25%＝265（万元）。

（2）

项　目	账面价值	计税基础	可抵扣暂时性差异	应纳税暂时性差异
应收账款	360	400	40	
交易性金融资产	420	360		60
可供出售金融资产	400	560	160	
预计负债	40	0	40	

（3）

①应收账款

借：所得税费用　　　　　　　　　5

　　贷：递延所得税资产　　　　　　 5

②交易性金融资产

借：所得税费用　　　　　　　　　5

　　贷：递延所得税负债　　　　　　 5

③可供出售金融资产

借：其他综合收益　　　　　　　 10

　　贷：递延所得税负债　　　　　　10

④预计负债

借：递延所得税资产　　　　　　 10

　　贷：所得税费用　　　　　　　　10

⑤弥补亏损

借：所得税费用　　　　　　　　105

　　贷：递延所得税资产　　　　　 105

（4）ABC公司2017年所得税费用的金额＝265＋（5＋5－10＋105）＝370（万元）。

3.【答案】

（1）甲公司2014年度应纳税所得额＝10070－200/10（税法上无形资产摊销金额）－50（国债免税利息收入）＋100（补提的坏账准备）＝10100（万元）；

甲公司2014年度应交所得税＝10100×15%＝1515（万元）。

（2）

资料一：

该无形资产的使用寿命不确定，且2014年年末未发现减值，未计提减值准备，所以该无形资产的账面价值为200万元，税法上按照10年进行摊销，因而计税基础＝200－200/10＝180（万元），产生应纳税暂时性差异＝200－180＝

20（万元），期末递延所得税负债的余额 = 20 × 25% = 5（万元）。

资料二：

该持有至到期投资的账面价值与计税基础相等，均为 1000 万元，不产生暂时性差异，不确认递延所得税。

资料三：

该应收账款账面价值 = 10000 - 200 - 100 = 9700（万元），由于提取的坏账准备不允许税前扣除，所以计税基础为 10000 万元，产生可抵扣暂时性差异，期末递延所得税资产余额 = （10000 - 9700）× 25% = 75（万元）。

根据上述分析，"递延所得税资产"项目期末余额 = （10000 - 9700）× 25% = 75（万元）；"递延所得税负债"项目期末余额 = 20 × 25% = 5（万元）。

（3）本期确认的递延所得税负债 = 20 × 25% =

5（万元），本期确认的递延所得税资产 = 75 - 30 = 45（万元）；

本期发生的递延所得税费用 = 本期确认的递延所得税负债 - 本期确认的递延所得税资产 = 5 - 45 = -40（万元）；

所得税费用本期发生额 = 1515 - 40 = 1475（万元）。

（4）会计分录：

借：所得税费用 　　　　　　　　　 1475
　　递延所得税资产 　　　　　　　　 45
　贷：应交税费—应交所得税 　　　 1515
　　　递延所得税负债 　　　　　　　　 5

五、综合题

【答案】

（1）

单位：万元

	账面价值	计税基础	可抵扣暂时性差异	应纳税暂时性差异	递延所得税资产	递延所得税负债
存货	8120	9000	880		220	
固定资产	4800	4000		800		200
其他应付款—罚款	300	300				
其他应付款—广告费用	25740	25500	240		60	
捐赠支出	0	0				
商誉	4000	5000	1000		250	

【解析】

资料（1）：2017 年年末存货的账面价值 = 9000 - 880 = 8120（万元），计税基础为 9000 万元。可抵扣暂时性差异余额 = 9000 - 8120 = 880（万元），递延所得税资产的余额 = 880 × 25% = 220（万元），本期应纳税调减 60 万元。

资料（2）：2017 年年末固定资产的账面价值 = 6000 - 1200 = 4800（万元），计税基础 = 6000 - 6000 × 5/15 = 4000（万元），应纳税暂时性差异余额 = 4800 - 4000 = 800（万元），递延所得税负债的余额 = 800 × 25% = 200（万元），本期应纳税调减 800 万元。

资料（3）：2017 年年末其他应付款（罚款支出）的账面价值为 300 万元，计税基础也为 300 万元；不产生暂时性差异，本期应纳税调增 300 万元。

资料（4）：因广告费尚未支付形成其他应付款的账面价值为 25740 万元，计税基础 = 25740 -

（25740 - 170000 × 15%）= 25500（万元），可抵扣暂时性差异余额 = 25740 - 25500 = 240（万元），递延所得税资产余额 = 240 × 25% = 60（万元），本期应纳税调增 240 万元。

资料（5）：可税前扣除金额 = 10000 × 12% = 1200（万元），无需纳税调整。

资料（6）：商誉的账面价值 4000 万元，计税基础 5000 万元，可抵扣暂时性差异余额 = 5000 - 4000 = 1000（万元），递延所得税资产余额 = 1000 × 25% = 250（万元），本期应纳税调增 1000 万元。

（2）

资料（1）：递延所得税资产的期末余额 220 万元，期初余额 235 万元，所以本期应转回递延所得税资产 = 235 - 220 = 15（万元）。

资料（2）：递延所得税负债的期末余额为 200 万元，期初余额为 0，所以本期应确认递延所得税负债 200 万元。

第九周

资料（4）：递延所得税资产期末余额为 60 万元，期初余额为 0 万元，所以本期应确认递延所得税资产 60 万元。

资料（6）：递延所得税资产期末余额为 250 万元，期初余额为 0 万元，所以本期应确认递延所得税资产 250 万元。

（3）2017 年度应纳税所得额 = 10000 - 60 - 800 + 300 + 240 + 1000 = 10680（万元），应交所得税 = 10680 × 25% = 2670（万元），所得税

费用 = 2670 + 15 + 200 - 60 - 250 = 2575（万元）。

（4）

会计分录：

借：所得税费用　　　　　　　　　　2575
　　递延所得税资产　295（60 - 15 + 250）
　　贷：应交税费—应交所得税　　　　　2670
　　　　递延所得税负债　　　　　　　　 200

第十周

本周学习计划

日　期	章　节	考　点	重要程度	常见题型	完成情况
星期一	第18章	会计政策及其变更	★★★	单选题、多选题、判断题、计算分析、综合题	
星期二		会计估计及其变更	★★	单选题、多选题、判断题	
星期三		前期差错更正	★★★	单选题、多选题、判断题、计算分析、综合题	
星期四	第19章	资产负债表日后事项概述	★★	单选题、多选题、判断题	
星期五		资产负债表日后调整事项和资产负债表日后非调整事项	★★★	单选题、多选题、判断题、计算分析、综合题	

本周攻克内容

【星期一·第18章】会计政策及其变更

一、会计政策的概念

会计政策，是指企业在会计确认、计量和报告中所采用的原则、基础和会计处理方法。

企业会计政策的选择和运用具有如下特点：

1. 企业应在国家统一的会计准则制度规定的会计政策范围内选择适用的会计政策；

2. 会计政策涉及会计原则、会计基础和具体会计处理方法；

3. 会计政策应当保持前后各期的一致性。

【提示】企业在会计核算中所采用的会计政策，通常应在报表附注中加以披露，需要披露的会计政策项目主要有以下几项：

1. 财务报表的编制基础、计量基础和会计政策的确定依据等。

2. 存货的计价，是指企业存货的计价方法。

3. 固定资产的初始计量，是指对取得的固定资产初始成本的计量。

4. 无形资产的确认，是指对无形项目的支出是否确认为无形资产。

5. 投资性房地产的后续计量，是指企业在资产负债表日对投资性房地产进行后续计量所采用的会计处理。

6. 长期股权投资的核算，是指长期股权投资的具体会计处理方法。

7. 非货币性资产交换的计量，是指非货币性资产交换事项中对换入资产成本的计量。

8. 收入的确认，是指收入确认所采用的会计方法。

9. 借款费用的处理，是指借款费用的处理方法，即采用资本化还是采用费用化。

10. 外币折算，是指外币折算所采用的方法以及汇兑损益的处理。

11. 合并政策，是指编制合并财务报表所采用的原则。

二、会计政策变更及其条件

1. 会计政策变更，是指企业对相同的交易或事项由原来采用的会计政策改用另一会计政策的行为。

【提示】企业的会计政策一经确定，不得随意变更。企业不能随意变更会计政策并不意味着企业的会计政策任何情况下不能变更。

2. 会计政策变更的条件

满足下列条件之一的，企业可以变更会计政策：

（1）法律、行政法规或者国家统一的会计制度等要求变更；

（2）会计政策变更能够提供更可靠、更相关的会计信息。

3. 不属于会计政策变更的情形

（1）本期发生的交易或者事项与以前相比具有本质差别而采用新的会计政策；

（2）对初次发生的或不重要的交易或者事项采用新的会计政策。

第十周

【例题·单选题】下列各项中，属于会计政策变更的是(   )。(2013 年)

A. 固定资产折旧方法由年数总和法改为年限平均法

B. 固定资产改造完成后将其使用年限由 6 年延长至 9 年

C. 投资性房地产的后续计量从成本模式转换为公允价值模式

D. 租入的设备因生产经营需要由经营租赁改为融资租赁而改变会计政策

【解析】固定资产折旧方法由年数总和法改为年限平均法属于会计估计变更，选项 A 错误；固定资产改造完成后将其使用年限由 6 年延长至 9 年属于新的事项，不属于会计政策变更，选项 B 错误；投资性房地产的后续计量从成本模式转换为公允价值模式属于会计政策变更，选项 C 正确；租入设备因生产经营需要由经营租赁改为融资租赁而改变会计政策不属于会计政策变更，选项 D 错误。

【答案】C

【例题·多选题】下列关于会计政策及其变更的表述中，正确的有(   )。

A. 会计政策涉及会计原则、会计基础和具体会计处理方法

B. 变更会计政策表明以前会计期间采用的会计政策存在错误

C. 变更会计政策应能够更好地反映企业的财务状况和经营成果

D. 本期发生的交易或事项与前期相比具有本质差别而采用新的会计政策，不属于会计政策变更

【解析】会计政策变更，并不意味着以前期间的会计政策是错误的，只是由于情况发生了变化，或者掌握了新的信息、积累了更多的经验，使得变更后的会计政策能够更好地反映企业的财务状况、经营成果和现金流量，选项 B 错误。

【答案】ACD

【例题·单选题】企业发生的下列事项中，属于会计政策变更的情形是(   )。

A. 本期发生的交易或事项与以前相比具有本质差别而采用新的会计政策

B. 存货发出的核算方法由先进先出法变更为移动加权平均法

C. 首次签订建造合同，采用完工百分比法确认收入

D. 使用寿命不确定的无形资产变更为使用寿命有限的无形资产

【解析】以下两种情形不属于《企业会计准则》所定义的会计政策变更：(1) 本期发生的交易或事项与以前相比具有本质差别，而采用新的会计政策；(2) 对初次发生的或不重要的交易或事项采用新的会计政策，因此，选项 A 和 C 不属于会计政策变更；选项 D，属于会计估计变更。

【答案】B

【例题·判断题】初次发生的交易或事项采用新的会计政策属于会计政策变更，应采用追溯调整法进行处理。(   )

【解析】对于初次发生的交易或事项采用新的会计政策，不属于会计政策变更。

【答案】×

三、会计政策变更的会计处理

方 法	概 念	会计核算步骤
追溯调整法	指对某项交易或事项变更会计政策，视同该项交易或事项初次发生时即采用变更后的会计政策，并以此对财务报表相关项目进行调整的方法	1. 计算会计政策变更的累积影响数 2. 相关账务处理 3. 调整财务报表相关项目 4. 财务报表附注说明
未来适用法	指将变更后的会计政策应用于变更日及以后发生的交易或者事项，或者在会计估计变更当期和未来期间确认会计估计变更影响数的方法	未来核算按变更后的政策处理

(一) 追溯调整法的处理程序

【提示】会计政策变更的会计处理方法的选择应按以下原则处理：

1. 国家有规定的，按国家有关规定执行。

2. 能追溯调整的，采用追溯调整法处理(追溯到可追溯的最早期)。

3. 不能追溯调整的，采用未来适用法处理。

【例题·计算题】甲公司采用成本模式对投资性房地产进行后续计量，2015 年 12 月 31 日购入一栋写字楼，初始入账成本 5000 万元，预计使用寿命为 50 年，预计净残值为 0，采用年限平均法计提折旧(与税法核算的原则一致)。2015 年 12 月 31 日甲公司将其出租给乙公司使用。2017 年 12 月 31 日，由于房地产交易市场成熟，能够持续可靠的取得该写字楼的公允价值，甲公司决定对该投资性房地产从成本模式转换为公允价值模式计量。假定 2016 年年末和 2017 年年末该投资性房地产的公允价值均为 6000 万元。假定不考虑其他因素的影响，已知甲公司按净利润的 10% 提取盈余公积，按资产负债表债务法核算所得税，适用的

所得税税率为 25%。

要求：编制甲公司与上述业务相关的会计分录。

【答案】

2015 年 12 月 31 日购入写字楼时：

借：投资性房地产　　　　　5000
　　贷：银行存款　　　　　　　5000

2016 年 12 月 31 日和 2017 年 12 月 31 日计提折旧金额：

借：其他业务成本200　［（5000÷50）×2］
　　贷：投资性房地产累计折旧　　200

2017 年 12 月 31 日转换时：

借：投资性房地产—成本　　　6000
　　投资性房地产累计折旧　　200
　　贷：投资性房地产　　　　　5000
　　　递延所得税负债　　　　　300
　　　　　［（6000－4800）×25%］
　　　盈余公积　　　　　　　　90
　　［（6000－4800）×（1－25%）］×10%
　　　利润分配—未分配利润　810

【提示】会计政策变更涉及损益调整的事项通过"利润分配—未分配利润"科目核算，本期发现前期重要差错和资产负债表日后调整事项涉及损益调整的事项通过"以前年度损益调整"科目核算。

【理论总结】

1. 计算会计政策变更的累积影响数

会计政策变更累积影响数，是指按照变更后的会计政策对以前各期追溯计算的列报前期最早期初留存收益应有金额与现有金额之间的差额。

【提示】会计政策变更的累积影响数，是对变更会计政策所导致的对净损益的累积影响，以及由此导致的对利润分配和未分配利润的累积影响金额，但不包括分配的利润或股利。

2. 累积影响数通常可以通过以下各步计算获得：

第一步，根据新会计政策重新计算受影响的前期交易或事项；

第二步，计算两种会计政策下的差异；

第三步，计算差异的所得税影响金额；

【提示】会计政策变更的追溯调整不会影响以前年度应交所得税的变动，也就是说不会涉及应交所得税的调整；但追溯调整时如果涉及暂时性差异，则应考虑递延所得税的调整，这种情况应考虑前期所得税费用的调整；

第四步，确定前期中每一期的税后差异；

第五步，计算会计政策变更的累积影响数。

【例题·判断题】企业对会计政策变更采用追溯调整法时，应当按照会计政策变更的累积影响数调整当期期初的留存收益。（　）（2016 年）

【解析】会计政策变更累积影响数，是指按变更后的会计政策对以前各期追溯计算的列报前期最早期初留存收益应有金额与现有金额的差额。

【答案】×

【例题·判断题】对于比较财务报表可比期间以前的会计政策变更的累积影响，应调整比较财务报表最早期间的期初留存收益，财务报表其他相关项目的金额也应一并调整。（　）（2012 年）

【解析】会计政策变更能够提供更可靠、更相关的会计信息的，应当采用追溯调整法处理，将会计政策变更累计影响数调整列报前期最早期初留存收益，其他相关项目的期初余额和列报前期披露的其他比较数据也应当一并调整，但确定该项会计政策变更影响数不切实可行的除外。

【答案】√

（二）未来适用法的处理程序

在未来适用法下，不需要计算会计政策变更产生的累积影响数，也无须重编以前年度的财务报表。企业会计账簿记录及财务报表上反映的金额，变更之日仍保留原有的金额，不因会计政策变更而改变以前年度的既定结果，并在现有金额的基础上再按新的会计政策进行核算。

【提示】虽然未来适用法不要求对以前的会计指标进行追溯调整，但应在会计政策变更当期比较出会计政策变更对当期净利润的影响数，在报表附注中披露。

【星期二·第 18 章】会计估计及其变更

一、会计估计变更的概念

（一）会计估计的概念

会计估计，是指企业对其结果不确定的交易或事项以最近可利用的信息为基础所作的判断。

会计估计具有以下特点：

1. 会计估计的存在是由于经济活动中内在的不确定性因素的影响；

2. 会计估计应当以最近可利用的信息或资料为基础；

3. 进行会计估计并不会削弱会计核算的可靠性。

【例题·多选题】下列各项中，企业需要进行会计估计的有( )。(2016年)

A. 预计负债计量金额的确定

B. 应收账款未来现金流量的确定

C. 建造合同完工进度的确定

D. 固定资产折旧方法的选择

【解析】以上选项均属于需要进行会计估计的事项。

【答案】ABCD

（二）会计估计变更的概念

会计估计变更，是指由于资产和负债的当前状况及预期经济利益和义务发生了变化，从而对资产或负债的账面价值或者资产的定期消耗金额进行调整。

【提示】如果以前期间的会计估计是错误的，则属于差错，按前期差错更正的规定进行会计处理。

会计政策变更与会计估计变更划分

	具体事项
会计政策变更	(1) 发出存货计价方法的变更 (2) 投资性房地产后续计量由成本模式变更为公允价值模式 (3) 对子公司投资由权益法核算变更为成本法核算 (4) 商品流通企业采购费用由计入销售费用变更为计入取得存货的成本 (5) 分期付款取得的固定资产、无形资产由按购买价款计价变更为购买价款现值计价 (6) 将内部研发项目开发阶段的支出由计入当期损益变更为符合资本化条件的确认为无形资产 (7) 分期收款销售由按合同约定收款日期分期确认收入变更为按销售成立日公允价值确认收入 (8) 对合营企业投资由比例合并变更为权益法核算等
会计估计变更	(1) 固定资产折旧方法、年限和净残值的变更 (2) 无形资产的摊销方法、年限和净残值的变更 (3) 坏账准备计提比例的变更 (4) 存货可变现净值估计的变更 (5) 建造合同或劳务合同完工进度的确定 (6) 公允价值的确定 (7) 预计负债初始计量的最佳估计数的确定等

【例题·多选题】下列各项中，属于会计估计变更的有( )。

A. 固定资产的净残值率由8%改为5%

B. 固定资产折旧方法由年限平均法改为双倍余额递减法

C. 投资性房地产的后续计量由成本模式转为公允价值模式

D. 使用寿命确定的无形资产的摊销年限由10年变更为7年

【解析】选项C，属于会计政策变更。

【答案】ABD

二、会计估计变更的会计处理

企业对会计估计变更应当采用未来适用法处理。在会计估计变更当期及以后期间，采用新的会计估计，不改变以前期间的会计估计，也不调整以前期间的报告结果。

1. 会计估计的变更仅影响变更当期的，其影响数应当在变更当期予以确认。如应收账款坏账计提比例的改变等。

2. 会计估计的变更既影响变更当期又影响未来期间的，其影响数应当在变更当期和未来期间予以确认。如固定资产预计使用年限的改变等。

3. 难以对某项变更区分为会计政策变更或会计估计变更的，应当将其作为会计估计变更处理。

【例题·单选题】下列关于会计估计及其变更的表述中，正确的是( )。

A. 会计估计应以最近可利用的信息或资料为基础

B. 对结果不确定的交易或事项进行会计估计会削弱会计信息的可靠性

C. 会计估计变更应根据不同情况采用追溯重述或追溯调整法进行处理

D. 某项变更难以区分为会计政策变更和会计估计变更的，应作为会计政策变更处理

【解析】会计估计应当以最近可利用的信息或资料为基础，选项A正确；合理的会计估计不会削弱会计信息的可靠性，选项B错误；会计估计变更应采用未来适用法进行会计处理，选项C错误；难以区分为会计政策变更和会计估计变更的，应作为会计估计变更处理，选项D错误。

【答案】A

【例题·判断题】企业难以将某项变更区分为

会计政策变更还是会计估计变更的，应将其作为
会计政策变更处理。（　　）（2015 年）

【解析】企业难以将某项变更区分为会计政策

变更还是会计估计变更的，应将其作为会计估计
变更处理。

【答案】×

【星期三·第 18 章】前期差错更正

一、前期差错的概念

前期差错，是指由于没有运用或错误运用下
列两种信息，而对前期财务报表造成省略或错报：

1. 编报前期财务报表时预期能够取得并加以
考虑的可靠信息；

2. 前期财务报告批准报出时能够取得的可靠
信息。

【提示】前期差错通常包括计算错误、应用会
计政策错误、疏忽或曲解事实以及舞弊产生的影
响等。

二、前期差错更正的会计处理

前期差错按照重要程度分为重要的前期差错
和不重要的前期差错。

1. 不重要的前期差错，是指不足以影响财务
报表使用者对企业财务状况、经营成果和现金流
量作出正确判断的会计差错。

对于不重要的前期差错，企业不需调整财务
报表相关项目的期初数，但应调整发现当期与前
期相同的相关项目。属于影响损益的，应直接计
入本期与上期相同的净损益项目。

2. 重要的前期差错，是指足以影响财务报表
使用者对企业财务状况、经营成果和现金流量作
出正确判断的前期差错。如果能够合理确定前期
差错累积影响数，则前期重大差错的更正应当采
用追溯重述法。追溯重述法，是指在发现前期差
错时，视同该项前期差错从未发生过，从而对财
务报表相关项目进行更正的方法。前期差错累积
影响数是指前期差错发生后对差错期间每期净利
润的影响数之和。

如果确定前期差错累积影响数不切实可行，
可以从可追溯重述的最早期间开始调整留存收益
的期初余额，财务报表其他相关项目的期初余额
也应当一并调整，也可以采用未来适用法。

【提示】重要的前期差错调整结束后，还应调
整发现年度财务报表的年初数和上年数。在编制
比较财务报表时，对于比较财务报表期间的前期
重大差错，应调整各该期间的净损益和其他相关
项目；对于比较财务报表期间以前的前期重大差
错，应调整比较财务报表最早期间的期初留存收
益，财务报表其他相关项目的数字也应一并调整。

【例题·计算题】甲公司 2017 年度所得税汇
算清缴时发现 2017 年有一台管理用固定资产未计

提折旧，应计提折旧金额为 20 万元。根据税法规
定此折旧可以在 2017 年度汇算清缴时扣除。已知
甲公司适用的企业所得税税率为 25%，按净利润
的 10% 计提盈余公积。

要求：编制甲公司对上述会计差错应进行的
相关会计处理。

【答案】
借：以前年度损益调整—管理费用　　20
　　贷：累计折旧　　　　　　　　　　　　20
借：应交税费—应交所得税　5（20×25%）
　　贷：以前年度损益调整—所得税费用　　5
借：盈余公积　　　　　　　　　　　1.5
　　利润分配—未分配利润　　　　　13.5
　　贷：以前年度损益调整　　　　　　　15

【延伸】假定上题发现差错的时间为 2018 年 8
月 9 日。并且税法规定以前年度未扣除的成本费
用可以在发现年度税前扣除。

【答案】
借：以前年度损益调整—管理费用　　20
　　贷：累计折旧　　　　　　　　　　　　20
借：递延所得税资产　5（20×25%）
　　贷：以前年度损益调整—所得税费用　　5
借：盈余公积　　　　　　　　　　　1.5
　　利润分配—未分配利润　　　　　13.5
　　贷：以前年度损益调整　　　　　　　15

【提示】考试中各位考生应关注题目中已知条
件对是否可以调整当期应交所得税的说明。即使
假定的条件和税法的规定不一致也必须按题目要
求进行会计处理。

【例题·单选题】2015 年 12 月 31 日，甲公司
发现应自 2014 年 12 月开始计提折旧的一项固定
资产从 2015 年 1 月才开始计提折旧，导致 2014 年
度管理费用少记 200 万元，被认定为重大差错，
税务部门允许调整 2015 年度的应交所得税。甲公
司适用的企业所得税税率为 25%，无其他纳税调
整事项，甲公司利润表中的 2014 年度净利润为
500 万元，并按 10% 提取了法定盈余公积，不考
虑其他因素，甲公司更正该差错时应将 2015 年 12
月 31 日资产负债表未分配利润项目年初余额调减
（　　）万元。（2016 年）

A. 15　　　　　　　　B. 50
C. 135　　　　　　　 D. 150

【解析】2015年12月31日资产负债表未分配利润项目年初余额调减金额 = 200 ×（1 - 25%）×（1 - 10%）= 135（万元）。

【答案】C

【例题·多选题】下列用以更正能够确定累积影响数的重要前期差错的方法中，不正确的有（　　）。（2014年）

A. 追溯重述法　　　B. 追溯调整法

C. 红字更正法　　　D. 未来适用法

【解析】用以更正能够确定累积影响数的重要前期差错方法为追溯重述法，选项B、C和D不正确。

【答案】BCD

【例题·单选题】在2013年1月1日起，企业对其确认为无形资产的某项非专利技术按照5年的期限进行摊销，由于替代技术研发进程的加快，2014年1月，企业将该无形资产的剩余摊销年限缩短为2年，这一变更属于（　　）。（2014年）

A. 会计政策变更　　　B. 会计估计变更

C. 前期差错更正　　　D. 本期差错更正

【解析】变更该项无形资产的摊销年限，属于会计估计变更，选项B正确。

【答案】B

【例题·多选题】在相关资料均能有效获得的情况下，对上年度财务报告批准报出后发生的下列事项，企业应当采用追溯调整法或追溯重述法进行会计处理的有（　　）。（2013年）

A. 公布上年度利润分配方案

B. 持有至到期投资因部分处置被重分类为可供出售金融资产

C. 发现上年度金额重大的应费用化的借款费用计入了在建工程成本

D. 发现上年度对使用寿命不确定且金额重大的无形资产按10年平均摊销

【解析】选项A和B属于当期发生正常事项，作为当期事项在当期处理；选项C和D属于本年发现以前年度的重大差错应当采用追溯重述法调整。

【答案】CD

【例题·判断题】发现以前会计期间的会计估计存在错误的，应按前期差错更正的规定进行会计处理。（　　）

【解析】对于会计估计存在错误的情况也属于疏忽或曲解事实导致的，属于会计差错。

【答案】√

【星期四·第19章】资产负债表日后事项概述

一、资产负债表日后事项的概念

资产负债表日后事项，是指资产负债表日至财务报告批准报出日之间发生的有利或不利事项。它包括资产负债表日后调整事项和资产负债表日后非调整事项。

【提示】财务报告批准报出日，是指董事会或类似机构批准财务报告报出的日期。

1. 年度资产负债表日是指每年的12月31日。

2. 财务报告批准报出日是由董事会或经理（厂长）会议或类似机构批准财务报告报出的日期。

3. 资产负债表日后事项所涵盖的期间，是指自资产负债表日次日起至董事会、经理（厂长）会议或类似机构对财务报告的批准报出日止的一段期间。

【提示】如果在财务报告的批准报出日至正式报出之间又发生了需调整或说明的事项，则需重新修正报告内容并再次确定财务报告的批准报出日，此时资产负债表日后事项的期间界限就要延至新确定的财务报告批准报出日。

4. 资产负债表日后事项不是在这个特定期间内发生的全部事项，而是那些与资产负债表日存在状况有关的事项或对企业财务状况具有重大影响的事项。

5. 资产负债表日后事项既包括不利的事项也包括有利的事项。

二、资产负债表日后事项涵盖的期间

资产负债表日后事项涵盖的期间是资产负债表日后至财务报告批准报出日之间。

报告年度		资产负债表日后期间		
2016年1月1日	2016年12月31日	2017年4月3日 批准报出	2017年4月9日 （原）实际报出	2017年4月15日 再次批准报出

三、资产负债表日后事项的内容

资产负债表日后事项	
资产负债表日后调整事项，是指对资产负债表日已经存在的情况提供了新的或进一步证据的事项	资产负债表日后非调整事项，是指表明资产负债表日后发生的情况的事项

（一）调整事项

资产负债表日后调整事项，是指对资产负债表日已经存在的情况提供了新的或进一步证据的事项。

【提示】调整事项的特点有：

（1）在资产负债表日已经存在，资产负债表日后得以证实的事项；

（2）对按资产负债表日存在状况编制的财务报表产生重大影响的事项。

资产负债表日后调整事项	资产负债表日后非调整事项
①资产负债表日后诉讼案件结案，法院判决证实了企业在资产负债表日已经存在现时义务，需要调整原先确认的与该诉讼案件相关的预计负债，或确认一项新负债 ②资产负债表日后取得确凿证据，表明某项资产在资产负债表日发生了减值或者需要调整该项资产原先确认的减值金额 ③资产负债表日后进一步确定了资产负债表前购入资产的成本或售出资产的收入 ④资产负债表日后发现了财务报表舞弊或差错	①资产负债表日后发生重大诉讼、仲裁、承诺 ②资产负债表日后资产价格、税收政策、外汇汇率发生重大变化 ③资产负债表日后因自然灾害导致资产发生重大损失 ④资产负债表日后发行股票和债券以及其他巨额举债 ⑤资产负债表日后资本公积转增资本 ⑥资产负债表日后发生巨额亏损 ⑦资产负债表日后发生企业合并或处置子公司 ⑧资产负债表日后，企业利润分配方案中拟分配的以及经审议批准宣告发放的股利或利润

【提示】在估计存货可变现净值时，如果涉及资产负债表日后事项，并有确凿证据表明资产负债表日后事项对资产负债表日存货已经存在的情况提供了新的或进一步的证据，应当作为资产负债表日后调整事项进行处理；否则，应当作为非调整事项进行处理。

（二）非调整事项

资产负债表日后非调整事项，是指表明资产负债表日后发生的情况的事项。

（三）调整事项与非调整事项的区别

调整事项是指该事项存在于资产负债表日或以前，资产负债表日后提供新的证据对以前已存在的事项所作的进一步说明；而非调整事项是在资产负债表日尚未存在，但在财务报告批准报出日之前发生或存在。

【例题·单选题】在资产负债表日后至财务报表批准报出日之间发生的下列事项中，属于资产负债表日后非调整事项的是（　　）。（2012年）

A. 以资本公积转增股本

B. 发现了财务报表舞弊

C. 发现原预计的资产减值损失严重不足

D. 实际支付的诉讼费赔偿额与原预计金额有较大差异

【解析】资产负债表日后事项期间，企业以资本公积转增资本的，该事项在资产负债表日或资产负债表日以前并不存在，属于资产负债表日后

非调整事项，不需对资产负债表日相关项目金额进行调整，选项A正确。

【答案】A

【例题·单选题】甲公司2017年度财务报告于2018年3月5日对外报出，2018年2月1日，甲公司收到乙公司因产品质量原因退回的商品，该商品系2017年12月5日销售；2018年2月5日，甲公司按照2017年12月份申请通过的方案成功发行公司债券；2018年1月25日，甲公司发现2017年11月20日入账的固定资产未计提折旧；2018年1月5日，甲公司得知丙公司2017年12月30日发生重大火灾，无法偿还所欠甲公司2017年货款。下列事项中，属于甲公司2017年度资产负债表日后非调整事项的是（　　）。

A. 乙公司退货

B. 甲公司发行公司债券

C. 固定资产未计提折旧

D. 应收丙公司货款无法收回

【解析】选项A，报告年度或以前期间所售商品在日后期间退回的，属于资产负债表日后调整事项；选项C，日后期间发现的前期差错，属于资产负债表日后调整事项；选项D，因为火灾是在报告年度2017年发生的，所以属于资产负债表日后调整事项，如果是在日后期间发生的，则属于资产负债表日后非调整事项。

【答案】B

第十周

【例题·单选题】甲公司 2017 年度财务报告批准报出日为 2018 年 4 月 15 日，下列事项中需要对 2017 年度会计报表进行调整的是(　　)。

A. 2018 年 3 月 8 日发生了火灾

B. 2017 年 11 月份出售给乙公司的商品由于质量原因于 2018 年 5 月 15 日被退回

C. 甲公司在 2017 年年末已因得知债务人发生财务困难计提 310 万元坏账准备，2018 年 1 月 30 日得到债务人丙公司的破产通知，货款 100 万元预计只能收回 30%

D. 2018 年 3 月 10 日公司董事会制定了 2017 年度拟分配现金股利方案

【解析】选项 A，是在资产负债表日后发生的火灾，属于资产负债表日后非调整事项；选项 B，是在资产负债表日后期间以后发生的事项，不属于资产负债表日后事项；选项 D，企业董事会拟分配利润方案属于资产负债表日后非调整事项。

【答案】C

【例题·多选题】在资产负债表日后至财务报告批准报出日前发生的下列事项中，属于资产负债表日后调整事项的有(　　)。(2016 年)

A. 因汇率发生重大变化导致企业持有的外币资金出现重大汇兑损失

B. 企业报告年度销售给某主要客户的一批产品因存在质量缺陷被退回

C. 报告年度未决诉讼经人民法院判决败诉，企业需要赔偿的金额大幅超过已确认的预计负债

D. 企业获悉某主要客户在报告年度发生重大火灾，需要大额补提报告年度应收该客户账款的坏账准备

【解析】选项 A，因汇率发生重大变化导致企业持有的外币资金出现重大汇兑损失属于资产负债表日后非调整事项。

【答案】BCD

【星期五·第 19 章】资产负债表日后调整事项和资产负债表日后非调整事项

考点 1：资产负债表日后调整事项

一、资产负债表日后调整事项的处理原则

资产负债表日后发生的调整事项，应当如同资产负债表所属期间发生的事项一样，作出相关账务处理，并对资产负债表日已经编制的财务报表进行调整。

【提示】调整的财务报表包括资产负债表、利润表及所有者权益变动表等内容，但不包括现金流量表正表。

由于资产负债表日后事项发生在次年，上年度的有关账目已经结转，特别是损益类科目在结账后已无余额。因此，资产负债表日后发生的调整事项，应当分别以下情况进行处理：

1. 涉及损益的事项，通过"以前年度损益调整"科目核算。调整完成后，应将"以前年度损益调整"科目的贷方或借方余额，转入"利润分配—未分配利润"科目。

2. 涉及利润分配调整的事项，直接在"利润分配—未分配利润"科目核算。

3. 不涉及损益以及利润分配的事项直接调整相关科目。

4. 通过上述账务处理后，还应同时调整财务报表相关项目的数字，具体包括：

(1) 资产负债表日编制的财务报表相关项目的期末或本年发生数；

(2) 当期编制的财务报表相关项目的期初数

或上年数；

(3) 经过上述调整后，如果涉及报表附注内容的，还应当作出相应调整。

二、资产负债表日后调整事项的具体会计处理方法

1. 资产负债表日后诉讼案件结案，法院判决证实了企业在资产负债表日已经存在现时义务，需要调整原先确认的与该诉讼案件相关的预计负债，或确认一项新负债。

【提示】资产负债表日后事项如涉及现金收支项目，均不调整报告年度资产负债表的货币资金项目和现金流量表正表各项目数字。

【例题·单选题】企业对该资产负债表日后调整事项进行会计处理时，下列报告年度财务报表项目中，不应调整的是(　　)。(2015 年)

A. 损益类项目　　　　B. 应收账款项目

C. 货币资金项目　　　D. 所有者权益类项目

【解析】资产负债表日后调整事项中涉及的货币资金，影响的是本年度的现金流量，不影响报告年度的货币资金项目，所以不能调整报告年度资产负债表的货币资金项目。

【答案】C

【例题·单选题】2017 年 12 月 31 日，甲公司对一起未决诉讼确认的预计负债为 800 万元。2018 年 3 月 6 日，法院对该起诉讼判决，甲公司应赔偿乙公司 600 万元；甲公司和乙公司均不再上诉。甲公司的所得税税率为 25%，按净利润的 10% 提取盈余公积，2017 年度财务报告批准报出

日为 2018 年 3 月 31 日，预计未来期间能够取得足够的应纳税所得额用以抵扣可抵扣暂时性差异。不考虑其他因素，该事项导致甲公司 2017 年 12 月 31 日资产负债表"未分配利润"项目"期末余额"调整增加的金额为(　　)万元。

A. 135　　　　　　　　B. 150

C. 180　　　　　　　　D. 200

【解析】该事项对甲公司 2017 年 12 月 31 日资产负债表中"未分配利润"项目"期末余额"调整增加的金额为 = (800 - 600) × (1 - 25%) × (1 - 10%) = 135 (万元)。

【答案】A

【例题·判断题】企业涉及现金收支的资产负债表日后调整事项，应当调整报告年度资产负债表货币资金项目的金额。(　　)(2016 年)

【解析】资产负债表日后调整事项涉及现金收支调整的，不应当调整报告年度的货币资金项目金额。

【答案】×

【例题·判断题】资产负债表日后事项如涉及现金收支项目，均不调整报告年度资产负债表的货币资金项目和现金流量表各项目数字。(　　)(2012 年)

【解析】现金流量表是依据收付实现制原则编制的，因此资产负债表日后事项如涉及现金收支项目，均不调整报告年度资产负债表的货币资金项目和现金流量表各项目数字。

【答案】√

2. 资产负债表日后取得确凿证据，表明某项资产在资产负债表日发生了减值或者需要调整该项资产原先确认的减值金额；

3. 资产负债表日后进一步确定了资产负债表日前购入资产的成本或售出资产的收入；

4. 资产负债表日后发现了财务报表舞弊或差错。

考点 2：资产负债表日后非调整事项

一、资产负债表日后非调整事项的处理原则

资产负债表日后非调整事项，是指表明资产负债表日后发生的情况的事项，与资产负债表日存在状况无关，不应当调整资产负债表日的财务报表。

【提示】重要的非调整事项虽然与资产负债表

日的财务报表数字无关，但可能影响资产负债表日以后的财务状况和经营成果，如不加以说明将会影响财务报告使用者做出正确估计和决策，因此，按准则规定应在附注中适当披露。

二、资产负债表日后非调整事项的具体会计处理方法

1. 资产负债表日后非调整事项的会计处理原则

资产负债表日后发生的非调整事项，应当在报表附注中披露每项重要的资产负债表日后非调整事项的性质、内容及其对财务状况和经营成果的影响。

【例题·多选题】下列关于资产负债表日后事项的表述中，正确的有(　　)。

A. 影响重大的资产负债表日后非调整事项应在附注中披露

B. 对资产负债表日后调整事项应当调整资产负债表日财务报表有关项目

C. 资产负债表日后事项包括资产负债表日至财务报告批准报出日之间发生的全部事项

D. 判断资产负债表日后调整事项的标准在于该事项对资产负债表日存在的情况提供了新的或进一步的证据

【解析】资产负债表日后事项，是指资产负债表日至财务报告批准报出日之间发生的有利或不利事项，而非全部事项，选项 C 不正确。

【答案】ABD

2. 常见资产负债表日后非调整事项

(1) 资产负债表日后发生重大诉讼、仲裁和承诺

(2) 资产负债表日后资产价格、税收政策、外汇汇率发生重大变化

(3) 资产负债表日后因自然灾害导致资产发生重大损失

(4) 资产负债表日后发行股票和债券以及其他巨额举债

(5) 资产负债表日后资本公积转增资本

(6) 资产负债表日后发生巨额亏损

(7) 资产负债表日后发生企业合并或处置子公司

(8) 资产负债表日后，企业利润分配方案中拟分配的以及经审议批准宣告发放的现金股利和利润

本周自测

一、单项选择题

1. 企业发生下列交易或事项，属于会计政策变更的是( )。
A. 将经营租赁的设备改为融资租赁
B. 根据企业会计准则规定对被投资单位在重大影响以下的长期股权投资变更为金融资产核算
C. 固定资产折旧方法的改变
D. 无形资产使用寿命的改变

2. 下列各项中，关于会计政策变更会计处理的表述正确的是( )。
A. 企业可以在追溯调整法和未来适用法中进行选择
B. 只要企业可以进行追溯调整的就可以进行会计政策变更
C. 发生会计政策变更必须计算会计政策变更的累积影响数
D. 会计政策变更采用未来适用法的应在会计政策变更当期计算出会计政策变更对当期净利润的影响数并在报表附注中披露

3. 企业发生的下列交易或事项应采用追溯调整法进行会计处理的是( )。
A. 发现前期某项固定资产漏提折旧，并且金额重大
B. 投资性房地产后续计量模式由成本模式改为公允价值模式
C. 对原计提产品质量保证金的计提比例进行变更
D. 使用寿命不确定的无形资产改为使用寿命有限的无形资产

4. 甲公司 2015 年 12 月 31 日外购一栋写字楼将其出租给乙公司，甲公司将其作为投资性房地产核算，并采用成本模式进行后续计量，初始入账成本 5500 万元，预计净残值为 100 万元，预计使用年限为 40 年，预计净残值为 0，采用年限平均法计提折旧。至 2017 年 12 月 31 日该写字楼未发生减值，同时甲公司能够持续、可靠取得该写字楼的公允价值，将后续计量模式改为公允价值模式，当日公允价值为 6000 万元。甲公司适用的所得税税率为 25%，按净利润的

10% 提取盈余公积。不考虑其他因素，甲公司应调整 2017 年 12 月 31 日利润分配—未分配利润金额为( )万元。
A. 519.75   B. 577.5
C. 693   D. 770

5. 甲公司 20×3 年 12 月 31 日建造某核电站达到预定可使用状态，入账成本为 350000 万元，预计使用 20 年，预计净残值为零，采用年限平均法计提折旧。至 20×6 年 12 月 31 日，该资产未发生减值。因 20×7 年 1 月 1 日甲公司执行新企业会计准则，根据准则规定应将资产存在弃置费用折现计入固定资产入账成本。甲公司预计 20 年后的弃置费用为 20000 万元，假定折现率为 5%。甲公司按净利润的 10% 计提盈余公积，不考虑相关税费。则甲公司会计政策变更的累积影响数为( )万元。(P/F，5%，20) = 0.3769。
A. 2318.88   B. 1373.81
C. 2086.99   D. 1526.45

6. 甲公司为增值税一般纳税人，2015 年 6 月 30 日购入一台管理用固定资产，取得增值税专用发票注明的价款为 1200 万元，增值税税额为 204 万元。甲公司预计可以使用 10 年，预计净残值率为 5%，采用年限平均法计提折旧。至 2017 年 1 月 1 日由于技术更新，甲公司将该资产折旧方法改为双倍余额递减法，并将剩余使用年限改为 5 年，预计净残值率为 5%。甲公司适用的所得税税率为 25%，不考虑其他因素，则该项会计估计变更对甲公司 2017 年净利润的影响金额为( )万元。
A. -297.6   B. -223.2
C. -411.6   D. -171

7. 企业发生下列交易或事项，属于会计估计变更的是( )。
A. 所得税核算由应付税款法改为资产负债表债务法
B. 对子公司投资由权益法改为成本法
C. 坏账准备的计提由账龄分析法改为余额百分比法
D. 存货发出由先进先出法改为月末一次加权平均法

8. 下列各项中，关于会计估计及其变更的说法不正确的是( )。

A. 会计估计的存在是由于经济活动中内在的不确定性因素的影响

B. 进行会计估计并不会削弱会计核算的可靠性

C. 如果以前期间的会计估计是错误的则应变更原会计估计并按未来适用法进行会计处理

D. 难以对某项变更区分为会计政策变更或会计估计变更的，应当将其作为会计估计变更处理

9. 甲公司 2017 年 12 月 31 日发现 2015 年和 2016 年对某项管理用固定资产漏提折旧合计 30 万元，在 2015 年和 2016 年所得税申报时也未扣除此项费用。甲公司适用的所得税税率为 25%，按净利润的 10% 分别计提法定盈余公积和任意盈余公积。根据税法规定此项费用可以在 2017 年度所得税申报时追溯扣除。则此项会计差错累积影响数为（　　）万元。

A. 30　　　　　　B. 22.5

C. 20.25　　　　　D. 16.2

10. 下列各项中，关于前期会计差错的说法正确的是（　　）。

A. 对于不重要的前期差错，企业不需调整财务报表相关项目的期初数和发现当期与前期相同的相关项目

B. 对于重要的前期差错，企业必须采用追溯调整法进行调整

C. 重要的前期差错调整结束后，还应调整发现年度财务报表的年初数

D. 不重要的前期差错，是指不足以影响财务报表使用者对企业财务状况、经营成果和现金流量作出正确判断的会计差错

11. 甲公司 2016 年度财务报告于 2017 年 2 月 27 日经税务师事务所审计出具所得税汇算清缴报告，2017 年 3 月 1 日经会计师事务审计并出具审计报告，2017 年 3 月 10 日经董事会审议，于 2017 年 3 月 18 日对外报出，在 2017 年 3 月 15 日发现报告期差错，经过更正后董事会再次批注于 2017 年 4 月 1 日对外报出。则甲公司资产负债表日后事项涵盖的期间为（　　）。

A. 2017 年 1 月 1 日至 2017 年 4 月 1 日

B. 2017 年 1 月 1 日至 2017 年 3 月 18 日

C. 2017 年 1 月 1 日至 2017 年 3 月 10 日

D. 2017 年 3 月 1 日至 2017 年 4 月 1 日

12. 下列各项中，属于资产负债表日后调整事项的是（　　）。

A. 日后期间发生重大重组事项

B. 日后期间发生报告年度商品退货

C. 日后期间宣告发放现金股利

D. 日后期间资本公积转增资本

13. 下列各项中，关于资产负债表日后调整事项的说法不正确的是（　　）。

A. 在资产负债表日已经存在，资产负债表日后得以证实的事项

B. 对按资产负债表日存在的状况编制财务报告产生重大影响的事项

C. 对资产负债表日已经存在的情况提供了新的或进一步证据

D. 在资产负债表日后期间发生的重大事项

14. 下列各项中，关于资产负债表日后调整事项的会计处理说法正确的是（　　）。

A. 资产负债表日后调整事项均不得调整应交税费—应交所得税

B. 资产负债表日后调整事项涉及损益类科目的调整应通过"利润分配"科目

C. 资产负债表日后调整事项产生暂时性差异的，满足递延所得税确认条件应确认递延所得税资产或递延所得税负债

D. 资产负债表日后调整事项仅需对报告年度相关项目的期末数和本年发生数进行调整

15. 企业发生资产负债表日后调整事项时应对相关财务报表进行调整，但下列报表不得进行调整的是（　　）。

A. 资产负债表

B. 利润表

C. 现金流量表正表

D. 所有者权益变动表

16. 甲公司于 2016 年 12 月 31 日因一起未决诉讼确认预计负债 1200 万元，2017 年 3 月 4 日人民法院判决甲公司败诉，需支付赔偿金 1500 万元，甲公司不再上诉。已知甲公司适用的所得税税率为 25%，2016 年度财务报告批准报出日为 2017 年 3 月 31 日，按净利润的 10% 计提盈余公积，甲公司预计未来期间能够取得足够的应纳税所得额用以抵扣可抵扣暂时性差异。不考虑其他因素，则甲公司 2016 年 12 月 31 日资产负债表中"未分配利润"项目的期末余额应调减的金额为（　　）万元。

A. 202.5　　　　　B. 810

C. 225　　　　　　D. 729

17. 甲公司为增值税一般纳税人，2017 年 11 月 1 日向乙公司销售一批产品，开具增值税专用发票注明价款 1000 万元，增值税税额 170 万元，款项尚未收取。至 12 月 13 日甲公司得知乙公司发生严重财务困难，款项很难全额收回，甲公司按应收账款的 50% 计提坏账准备。2018 年 1 月 31 日甲公司得知乙公司已资不抵债宣告破产，预计能够收回应收账款的 10%。甲公司 2017 年度财务报告批准报出日为 2018 年 3 月 19 日。税法规定实际发生坏账损失时可以税前扣除。则下列会计处理正确的是（　　）。

A. 借：资产减值损失　　　　　468

　　贷：坏账准备　　　　　　　468

B. 借：所得税费用　　　　　　117

　　贷：应交税费—应交所得税　117

C. 借：以前年度损益调整   351
      递延所得税资产   117
    贷：坏账准备   468
D. 借：应交税费—应交所得税 117
    贷：递延所得税负债   117

18. 甲公司2018年3月在上年度财务报告批准报出前发现一台管理用固定资产未计提折旧，属于重大前期差错。该固定资产系2016年6月接受乙公司捐赠取得。根据甲公司的折旧政策，该固定资产2016年应计提折旧200万元，2017年应计提折旧400万元。假定甲公司按净利润的10%提取盈余公积，适用的所得税税率为25%，不考虑其他因素，甲公司2017年度资产负债表"未分配利润"项目"年末数"应调减的金额为（　　）万元。
A. 540   B. 405
C. 450   D. 600

19. 下列有关资产负债表日后事项的表述中不正确的是（　　）。
A. 调整事项是对报告年度资产负债表日已经存在的情况提供了进一步证据的事项
B. 非调整事项是表明资产负债表日后发生的情况的事项
C. 调整事项均应通过"以前年度损益调整"科目进行账务处理
D. 重要的非调整事项只需在报告年度财务报表附注中披露

20. 2017年7月1日甲公司向乙公司转让某专利权所有权，应收取转让款5000万元。根据合同约定乙公司应在12月31日前支付该笔转让款。甲公司2017年11月11日得知乙公司已经破产，无法支付该笔转让款，则下列说法正确的是（　　）。
A. 该事项属于资产负债表日后调整事项
B. 该事项属于资产负债表日后非调整事项
C. 该事项无需在2017年度财务报告中体现
D. 作为2017年发生的业务进行会计处理

二、多项选择题

1. 下列各项中，关于会计政策的选择与运用说法正确的有（　　）。
A. 企业应在国家统一的会计准则制度规定的会计政策范围内选择适用的会计政策
B. 会计政策涉及会计原则、会计基础和具体会计处理方法
C. 会计政策应当保持前后各期的一致性
D. 企业在会计核算中所采用的会计政策，通常应在报表附注中加以披露

2. 下列关于会计政策变更的说法中，正确的有（　　）。
A. 企业的会计政策一经确定，不得随意变更

B. 企业不能随意变更会计政策并不意味着企业的会计政策任何情况下都不能变更
C. 会计政策变更能够提供更可靠、更相关的会计信息
D. 法律、行政法规或者国家统一的会计制度等要求变更，企业可以变更会计政策

3. 企业发生下列交易或事项中，属于会计政策变更的有（　　）。
A. 采用公允价值模式计量的投资性房地产公允价值的确定
B. 分期付款取得的固定资产由购买价款计价改为购买价款现值计价
C. 对合营企业投资由比例合并改为权益法核算
D. 将内部研发项目开发阶段的支出由计入当期损益改为符合规定条件的确认为无形资产

4. 企业发生会计政策变更一般情况下应采用追溯调整法进行会计处理，但对列报前期累积影响数不切实可行的除外，下列关于不切实可行的判断说法正确的有（　　）。
A. 应用追溯调整法累积影响数不能确定
B. 应用追溯调整法要求对管理层在该期当时的意图作出假定
C. 应用追溯调整法要求对有关金额进行重新估计，并且不能将提供有关交易发生时存在状况的证据
D. 应用追溯调整法对企业财务人员的要求过高导致无法进行会计处理的

5. 企业发生下列交易或事项，需要进行会计估计的有（　　）。
A. 存货可变现净值的确定
B. 建造合同或劳务合同完工进度的确定
C. 存货入账成本的确定
D. 预计负债初始计量的最佳估计数的确定

6. 下列各项中，企业应采用未来适用法进行会计核算的有（　　）。
A. 发现不重要的前期差错
B. 会计估计变更
C. 会计政策变更无法确定以前各期累积影响数
D. 滥用会计估计

7. 企业发生会计估计变更采用未来适用法进行会计处理，但需要在财务报表附注中进行披露（　　）。
A. 会计估计变更的内容和原因
B. 会计估计变更对当期的影响数
C. 会计估计变更的累积影响数
D. 会计估计变更对未来的影响数

8. 甲公司2017年进行会计决算时发生或发现如下重要交易或事项，会影响甲公司2017年期初留存收益的有（　　）。
A. 发现2015年购入的固定资产一直未计提折旧
B. 将投资性房地产后续计量模式由成本模式改

为公允价值模式

    C. 接受乙公司注资

    D. 因提高产品质量，将预计产品质量保证金计提比例由 10% 将为 6%

9. 下列各项中，关于会计政策变更、前期差错更正的会计处理表述正确的有（　　）。

    A. 会计政策变更涉及损益类会计科目应用"利润分配—未分配利润"科目进行核算

    B. 会计政策变更涉及损益的无需调整应交税费—应交所得税，但可以调整递延所得税

    C. 前期差错更正涉及损益类会计科目应用"以前年度损益调整"科目进行核算

    D. 前期差错更正涉及损益的符合规定的可以调整应交税费—应交所得税

10. 下列各项中，关于资产负债表日后事项的说法正确的有（　　）。

    A. 资产负债表日后事项是资产负债表日次日至财务报告正式报出日之间发生的有利或不利事项

    B. 资产负债表日后事项中的不利事项需要进行调整，而有利事项无需进行调整

    C. 资产负债表日后事项不是在这个特定期间内发生的全部事项

    D. 财务报告批准报出机构是指董事会或类似机构

11. 下列各项中，属于资产负债表日后非调整事项的有（　　）。

    A. 资产负债表日后资产价格、外汇汇率发生重大变化

    B. 资产负债表日后因自然灾害导致资产发生重大损失

    C. 资产负债表日后发生巨额举债

    D. 资产负债表日后处置子公司

12. 甲公司因产品质量问题被客户起诉至人民法院，至 2017 年 12 月 31 日人民法院尚未作出判决。甲公司咨询法律顾问认为可能支付赔偿金，并且金额在 100 万元至 200 万元之间，并且该区间每个金额发生概率相同，随后甲公司确认了预计负债 150 万元。2018 年 3 月 2 日，人民法院做出判决，甲公司胜诉，无需赔偿客户，双方接受判决结果。甲公司 2017 年财务报告于 2018 年 3 月 15 日批准报出。则下列说法正确的有（　　）。

    A. 甲公司无需在 2017 年度财务报告中确认预计负债

    B. 甲公司在 2017 年 12 月 31 日确认预计负债属于差错，应进行更正

    C. 甲公司应冲减报告年度的预计负债

    D. 甲公司无需进行调整

13. 甲公司 2017 年度财务报告于 2018 年 4 月 1 日批准对外报出，4 月 5 日正式对外报出。2018

年 2 月 1 日甲公司被乙公司上诉至人民法院，要求甲公司赔偿 1200 万元；2018 年 2 月 19 日上年度销售的商品被退回；2018 年 3 月 1 日甲公司得知丙公司发生火灾，造成重大损失，货款很难全额收回；2018 年 4 月 2 日甲公司另一客户丁公司因长期经营不善导致破产，货款预计全部不能收回。关于上述业务甲公司下列会计处理正确的有（　　）。

    A. 因乙公司诉讼，甲公司应在 2017 年度财务报告中确认预计负债 1200 万元

    B. 因丙公司火灾，甲公司应在 2017 年度财务报告附注中进行披露

    C. 因丁公司破产，甲公司应在 2017 年财务报告中确认坏账准备

    D. 因丁公司破产发生于 4 月 2 日，不属于资产负债表日后调整事项

14. 下列各项中，关于资产负债表日后调整事项会计处理方法正确的有（　　）。

    A. 涉及损益的事项通过"以前年度损益调整"科目核算

    B. 损益事项如果发生在报告年度所得税汇算清缴前，可以调整应交所得税

    C. 涉及暂时性差异的可以确认相关的递延所得税资产或递延所得税负债

    D. 涉及利润分配调整事项的通过"利润分配—未分配利润"科目核算

15. 甲公司 2017 年财务报告于 2018 年 4 月 15 日批准对外报出。该公司发生的下列事项中应在 2017 年度财务报表附注中披露的有（　　）。

    A. 2018 年 2 月 9 日，甲公司得知乙公司于 2017 年 12 月 1 日发生严重损失，应收货款估计全部无法收回，2017 年财务报表中甲公司已计提 20% 的坏账准备

    B. 2018 年 2 月 18 日，甲公司发生火灾导致损失 1000 元（不重要）

    C. 2018 年 2 月 21 日，甲公司因雪灾导致存货损失 1000 元

    D. 2017 年 12 月 31 日，甲公司从控股股东 A 公司购入存货 500 万元

16. 甲公司 2017 年财务报告于 2018 年 4 月 1 日批准对外报出，2018 年 1 月 15 日甲公司收到乙公司通知，2017 年 12 月 30 日销售的商品不符合质量要求，要求给予 10% 的销售折让。甲公司已在 2017 年 12 月 30 日确认收入 1000 万元，并结转成本 800 万元。假定不考虑其他因素，下列会计处理正确的有（　　）。

    A. 该事项会减少 2017 年营业利润 100 万元

    B. 该事项应冲减 2017 年利润表中营业收入 100 万元

    C. 该事项应冲减 2017 年利润表中营业成本 80 万元

第十周

D. 该事项应按资产负债表日后调整事项进行会计处理

17. 企业下列事项均发生在资产负债表日后期间，属于资产负债表日后调整事项的有（　　）。
   A. 发现原对坏账准备的计提严重不足
   B. 发生了巨额亏损
   C. 发现财务舞弊
   D. 因水灾导致存货发生减值

三、判断题

1. 如果以前期间会计政策的选择和运用是错误的，应进行变更，并按会计政策变更进行追溯调整。（　　）

2. 企业不符合会计政策变更条件进行会计政策的变更属于滥用会计政策，应按前期差错更正的方法进行处理。（　　）

3. 企业发生会计政策变更应在追溯调整法和未来适用法中选择进行会计处理。（　　）

4. 企业2017年1月1日发生会计政策变更，累积影响数为2016年年初留存收益应有金额与现有金额的差额。（　　）

5. 在未来适用法下无需计算会计政策变更产生的累积影响数，但需重新编制以前年度财务报表。（　　）

6. 会计估计是由于企业经济活动中存在的不确定性所导致的，并且会计估计不会削弱会计核算的可靠性。（　　）

7. 企业发生会计估计变更，如果累积影响数能够准确计算时应采用追溯调整法进行会计处理。（　　）

8. 企业难以将某项变更区分为会计政策变更或会计估计变更的，应采用未来适用法进行会计处理。（　　）

9. 对于不重要的前期差错，企业无须调整财务报表相关项目的期初数，但应调整发现当期与前期相同的相关项目。（　　）

10. 对于重要前期差错的调整结束后，还应调整发现年度财务报表的年初数和上年数。（　　）

11. 资产负债表日后期间发生的非调整事项，如果是不利事项应在财务报告中披露，但有利事项无需披露。（　　）

12. 企业财务报告的审计报告日期不得早于董事会或类似机构批准财务报告对外公布的日期。（　　）

13. 企业存货可变现净值在资产负债表日后期间发生变化，应作为调整事项进行会计处理。（　　）

14. 企业发生的资产负债表日后非调整事项虽然不影响资产负债表日存在的情况，但不加以说明将会影响财务报告使用者作出正确的估计和决策。（　　）

15. 对于资产负债表日后调整事项，应调整报告年度财务报表的期末数和本年发生数，同时要对编制当期的财务报表期末数和上年数进行调整。（　　）

16. 资产负债表日后调整事项如涉及现金收支项目，均不调整报告年度资产负债表的货币资金项目和现金流量表正表各项目数字。（　　）

17. 资产负债表日后期间，企业利润分配方案中拟分配的以及经审议批准宣告发放的股利或利润，应确认为资产负债表日负债。（　　）

四、计算分析题（除题目中有特殊要求外，答案中金额单位以万元表示，有小数的，保留两位小数）

1. 大华公司为上市公司，系增值税一般纳税人，销售商品适用的增值税税率为17%，所得税税率为25%，所得税采用资产负债表债务法核算，预计以后年度所得税税率不会发生变化。2017年12月31日内审部门对企业进行年度内审时发现如下交易或事项：

（1）2月19日，外购某公司股票作为可供出售金融资产核算，购买价款为1200万元，另支付相关税费10万元，至12月31日该股票的公允价值为1380万元，大华公司编制的会计分录为：

借：可供出售金融资产—成本　　　1210
　　贷：银行存款　　　　　　　　　　1210
借：可供出售金融资产—公允价值变动　170
　　贷：公允价值变动损益　　　　　　　170
借：所得税费用　　　　　　　　　42.5
　　贷：递延所得税负债　　　　　　　42.5

（2）3月1日，将发出存货计价方法由先进先出法改为月末一次加权平均法。

（3）4月1日，将原一项管理用使用寿命不确定的无形资产改为使用寿命有限的无形资产，该无形资产账面原值为1000万元，已计提无形资产减值准备100万元，大华公司预计该无形资产尚可使用9年，预计净残值为零，采用直线法计提摊销。

（4）6月29日，大华公司外购一栋写字楼将其出租给甲公司，大华公司将其作为投资性房地产核算。写字楼入账成本为5000万元，预计使用40年，预计净残值为零，采用年限平均法计提折旧。至12月31日大华公司该栋写字楼能够持续取得其公允价值，大华公司后续计量模式改为公允价值模式，当日公允价值为5500万元。税法的折旧政策和成本模式下会计的折旧政策相同。

（5）9月15日，将某类别固定资产的预计使用年限全部调整为7年。

（6）11月1日，将预计产品质量保证损失的计提比例由10%降为3%。

要求：

（1）根据资料（1），判断大华公司的会计处理是否正确，并说明理由，如果不正确请编制调整分录。

（2）根据资料（2）至（6），逐项分析哪些属于会计政策变更，哪些属于会计估计变更。

（3）根据资料（3），计算对大华公司当期损益的影响金额。

（4）根据资料（4），编制大华公司相关的会计分录。

2. 甲股份有限公司（以下简称"甲公司"）内部审计部对其2017年财务报表进行审计时，对其当年度发生的下列交易事项的会计处理提出疑问：

（1）1月2日，甲公司自公开市场以2936.95万元购入乙公司于当日发行的一般公司债券30万张，该债券每张面值为100元，票面年利率为5.5%；该债券为5年期，分期付息（于下一年度的1月2日支付上一年利息）到期还本。甲公司拟长期持有该债券以获得本息流入。因现金流充足，甲公司预计不会在到期前出售。甲公司对该交易事项的会计处理如下（会计分录中的金额单位为万元，下同）：

借：持有至到期投资 3000
　　贷：银行存款 2936.95
　　　　财务费用 63.05
借：应收利息 165
　　贷：投资收益 165

（2）7月20日，甲公司取得当地财政部门拨款1860万元，用于资助甲公司2017年7月开始进行的一项研发项目的前期研究。该研发项目预计周期为两年，预计将发生研究支出3000万元。项目自2017年7月开始启动，至年末累计发生研究支出1500万元（全部以银行存款支付）。甲公司对该交易事项的会计处理如下：

借：银行存款 1860
　　贷：营业外收入 1860
借：研发支出——费用化支出 1500
　　贷：银行存款 1500
借：管理费用 1500
　　贷：研发支出——费用化支出 1500

（3）甲公司持有的乙公司200万股股票于2016年2月1日以12元/股购入，且对乙公司不具有重大影响，甲公司将其划分为可供出售金融资产。2016年12月31日，乙公司股票市价为14元/股。自2017年3月开始，乙公司股票价格持续下跌。至2017年12月31日，已跌至4元/股，甲公司对可供出售金融资产计提减值的会计政策为：市价连续下跌6个月或市价相对成本跌幅在50%及以上，应当计提减值。甲公司对该交易或事项的会计处理如下：

借：资产减值损失 2000
　　贷：可供出售金融资产 2000

（4）8月26日，甲公司与其全体股东协商，由各股东按照持股比例同比例增资的方式解决生产线建设资金需求。8月30日，股东新增投入甲公司资金3200万元，甲公司将该部分资金存入银行存款账户。9月1日，生产线工程开工建设，并于当日及12月1日分别支付建造承包商工程款600万元和800万元。甲公司将尚未动用增资款项投资货币市场，月收益率0.4%。甲公司对该交易事项的会计处理如下：

借：银行存款 3200
　　贷：资本公积 3200
借：在建工程 1400
　　贷：银行存款 1400
借：银行存款 38.40
　　贷：在建工程 38.40

其中，冲减在建工程的金额 = 2600 × 0.4% × 3 + 1800 × 0.4% × 1 = 38.40（万元）。

其他资料：（P/A，5%，5） = 4.3295，（P/A，6%，5） = 4.2124，（P/F，5%，5） = 0.7835；（P/F，6%，5） = 0.7473。本题中有关公司均按净利润的10%计提法定盈余公积，不计提任意盈余公积。不考虑相关税费及其他因素。

要求：逐项分析判断甲公司对有关交易事项的会计处理是否正确，如果不正确说明理由，并编制更正的会计分录（无须通过"以前年度损益调整"科目）。

3. 甲公司为上市公司，适用的所得税税率为25%，按净利润的10%提取盈余公积。甲公司发生的有关业务资料如下：

（1）2017年12月1日，甲公司因合同违约被乙公司告上法庭，要求甲公司赔偿违约金1000万元。至2017年12月31日，该项诉讼尚未判决，甲公司经咨询法律顾问后，认为很可能赔偿的金额为700万元。

2017年12月31日，甲公司对该项未决诉讼事项确认预计负债和营业外支出700万元，并确认了相应的递延所得税资产和所得税费用为175万元。

（2）2018年3月5日，经法院判决，甲公司应赔偿乙公司违约金500万元。甲、乙公司均不再上诉。

其他相关资料：甲公司2017年所得税汇算清缴日为2018年2月28日；2017年年度财务报告批准报出日为2018年3月31日；未来期间能够取得足够的应纳税所得额用以抵扣可抵扣暂时性差异；不考虑其他因素。

要求：

（1）根据法院判决结果，编制甲公司调整2017

年度财务报表相关项目的会计分录。

（2）根据调整分录的相关金额，填列下表中相关项目。（减少数以"－"表示）

单位：万元

调整项目	影响金额
利润表项目：	
营业外支出	
所得税费用	
净利润	
资产负债表项目：	
递延所得税资产	
其他应付款	
预计负债	
盈余公积	
未分配利润	

五、综合题

1. 甲公司为上市公司，主要从事机器设备的生产和销售。甲公司 2017 年度适用的所得税税率为 15%，2018 年及以后年度适用的所得税税率为 25%，预计未来期间有足够的应纳税所得额用于抵扣可抵扣暂时性差异。假定甲公司相关资产的初始入账价值等于计税基础，且折旧或摊销方法、折旧或摊销年限均与税法规定相同。甲公司按照实现净利润的 10% 提取盈余公积。

甲公司 2017 年度所得税汇算清缴于 2018 年 2 月 28 日完成，2017 年度财务会计报告经董事会批准于 2018 年 3 月 15 日对外报出。

2018 年 3 月 1 日，甲公司财务总监对 2017 年度的下列有关资产业务的会计处理提出疑问：

（1）存货

2017 年 12 月 31 日，甲公司存货中包括：150 件甲产品、50 件乙产品和 300 吨专门用于生产乙产品的 N 型号钢材。

150 件甲产品和 50 件乙产品的单位产品成本均为 120 万元。其中，150 件甲产品签订有不可撤销的销售合同，每件合同价格（不含增值税）为 150 万元，市场价格（不含增值税）预期为 118 万元；50 件乙产品没有签订销售合同，每件市场价格（不含增值税）预期为 118 万元。销售每件甲产品、乙产品预期发生的销售费用及税金（不含增值税）均为 2 万元。

300 吨 N 型号钢材单位成本为每吨 20 万元，可生产乙产品 60 件。将 N 型号钢材加工成乙

产品每件还需要发生其他费用 5 万元。假定 300 吨 N 型号钢材生产的乙产品没有签订销售合同。

甲公司期末按单项计提存货跌价准备。2017 年 12 月 31 日，甲公司相关业务的会计处理如下：

①甲公司对 150 件甲产品和 50 件乙产品按成本总额 24000 万元（120×200）超过可变现净值总额 23200 万元 [（118－2）×200] 的差额计提了 800 万元存货跌价准备。此前，未计提存货跌价准备。

②甲公司 300 吨 N 型号钢材没有计提存货跌价准备。此前，也未计提存货跌价准备。

③甲公司对上述存货账面价值低于计税基础的差额，没有确认递延所得税资产。

（2）固定资产

2017 年 12 月 31 日，甲公司 E 生产线发生永久性损害但尚未处置。E 生产线账面原价为 6000 万元，累计折旧为 4600 万元，此前未计提减值准备，可收回金额为零。E 生产线发生的永久性损害尚未经税务部门认定。

2017 年 12 月 31 日，甲公司相关业务的会计处理如下：

①甲公司按可收回金额低于账面价值的差额计提固定资产减值准备 1400 万元。

②甲公司对 E 生产线账面价值与计税基础之间的差额确认递延所得税资产 210 万元。

（3）无形资产

2017 年 12 月 31 日，甲公司无形资产账面价值中包括用于生产丙产品的专利技术。该专利技术系甲公司于 2017 年 7 月 15 日购入，入账价值为 2400 万元，预计使用寿命为 5 年，预计净残值为零，采用直线法按月摊销。2017 年第四季度以来，市场上出现更先进的生产丙产品的专利技术，甲公司预计丙产品市场占有率将大幅下滑。甲公司估计该专利技术的可收回金额为 1200 万元。假定用该无形资产所生产的产品已全部对外出售。

2017 年 12 月 31 日，甲公司相关业务的会计处理如下：

①甲公司计算确定该专利技术的累计摊销额为 200 万元，账面价值为 2200 万元。

②甲公司按该专利技术可收回金额低于账面价值的差额计提了无形资产减值准备 1000 万元。

③甲公司对上述专利技术账面价值低于计税基础的差额，没有确认递延所得税资产。

要求：

根据上述资料，逐项分析、判断甲公司上述存货、固定资产和无形资产相关业务的会计处理是否正确（分别注明该业务及其序号），并简要说明理由；如不正确，编制有关调整会计分录（合并编制涉及"利润分配—未分配利润"

的调整会计分录）。（答案中的金额单位用万元表示）

2. 甲股份有限公司为上市公司（以下简称甲公司），系增值税一般纳税人，销售商品适用的增值税税率为17%。甲公司2017年度财务报告于2018年4月10日经董事会批准对外报出。报出前有关情况和业务资料如下：

（1）甲公司在2018年进行内部审计过程中，发现以下情况：

①2017年7月1日，甲公司采用支付手续费方式委托乙公司代销B产品200件，售价为每件10万元，按售价的5%向乙公司支付手续费（由乙公司从售价中直接扣除）。当日，甲公司发了B产品200件，单位成本为8万元。甲公司据此确认应收账款1900万元、销售费用100万元、销售收入2000万元，同时结转销售成本1600万元。

2017年12月31日，甲公司收到乙公司转来的代销清单，B产品已销售100件，同时开出增值税专用发票；但尚未收到乙公司代销B产品的款项。当日，甲公司确认应收账款170万元、应交增值税销项税额170万元。

②2017年12月1日，甲公司与丙公司签订合同销售C产品一批，售价为2000万元，成本为1560万元，未计提存货跌价准备。当日，甲公司将收到的丙公司预付货款1000万元存入银行。2017年12月31日，该批产品尚未发出，也未开具增值税专用发票。甲公司据此确认销售收入1000万元、结转销售成本780万元。

③2017年12月31日，甲公司对丁公司长期股权投资的账面价值为1800万元，拥有丁公司60%有表决权的股份。当日，如将该投资对外出售，预计售价为1500万元，预计相关税费为20万元；如继续持有该投资，预计在持有期间和处置时形成的未来现金流量的现值总额为1450万。甲公司据此于2017年12月31日就该长期股权投资计提减值准备300万元。

（2）2018年1月1日至4月10日，甲公司发生的交易或事项资料如下：

①2018年1月12日，甲公司收到戊公司退回的2017年12月从其购入的一批D产品，以及税务机关开具的进货退出相关证明。当日，甲公司向戊公司开具红字增值税专用发票。该批D产品的销售价格为300万元，增值税税额为51万元，销售成本为240万元。至2018年1月12日，甲公司尚未收到销售D产品的款项。

②2018年3月2日，甲公司获知庚公司被法院依法宣告破产，预计应收庚公司款项300万元收回的可能性极小，应按全额计提坏账准备。甲公司在2017年12月31日已被宣告知庚公司资金周转困难可能无法按期偿还债务，因而相

应计提了坏账准备180万元。

（3）其他资料：

①上述产品销售价格均为公允价格（不含增值税）；销售成本在确认销售收入时逐笔结转。除特别说明外，所有资产均未计提减值准备。

②甲公司适用的所得税税率为25%；2017年度所得税汇算清缴于2018年2月28日完成，在此之前发生的2017年度纳税调整事项，均可进行纳税调整；假定预计未来期间能够产生足够的应纳税所得额用于抵扣暂时性差异。不考虑除增值税、所得税以外的其他相关税费。

③甲公司按照当年实现净利润的10%提取法定盈余公积，不提取任意盈余公积。

要求：

（1）判断资料（1）中相关交易或事项的会计处理，哪些不正确（分别注明其序号）。

（2）对资料（1）中判断为不正确的会计处理，编制相应的调整分录。

（3）判断资料（2）相关资产负债表日后事项，哪些属于调整事项（分别注明其序号）。

（4）对资料（2）中判断为资产负债表日后调整事项的，编制相应的调整分录。

（逐笔编制涉及所得税的会计分录；合并编制涉及"利润分配—未分配利润"、"盈余公积—法定盈余公积"的会计分录；答案中的金额单位用万元表示）

3. 甲公司为增值税一般纳税人，销售商品适用的增值税税率为17%，适用的所得税税率为25%，按净利润的10%计提盈余公积。甲公司与收入有关的资料如下：

（1）2012年3月25日，甲公司向丙公司销售一批商品，不含增值税的销售价格为3000万元，增值税税额为510万元，该批商品成本为2400万元，未计提存货跌价准备，该批商品已发出，满足收入确认条件。

4月5日，丙公司在验收该批商品时发现其外观有瑕疵，甲公司同意按不含增值税的销售价格给予10%的折让，红字增值税专用发票上注明的价款为300万元，增值税税额为51万元。

5月10日，甲公司收到丙公司支付的款项3159万元。

（2）2012年9月1日至30日，甲公司开展A产品以旧换新业务，共销售A产品100台，每台不含增值税的销售价格为10万元，增值税税额为1.7万元，每台销售成本为7万元，同时，回收100台旧产品作为原材料验收入库，每台不含增值税的回收价格为1万元，增值税税额为0.17万元，款项均已支付。

（3）2012年11月20日，甲公司与戊公司签订一项为期3个月的劳务合同，合同总收入为90万元，当日，收到戊公司预付的合同款45万元。

12月31日,经专业测量师测量后,确定该项劳务的完工程度为40%。至12月31日,累计发生的劳务成本为30万元,估计完成该合同还将发生劳务成本40万元,该项合同的结果能够可靠计量,假定发生的劳务成本均为职工薪酬,不考虑税费等相关因素。

(4) 2013年1月18日,因产品质量问题,甲公司收到乙公司退回的一批商品,红字增值税专用发票上注明的价款为400万元,增值税额为68万元,该批商品系2012年12月19日售出,销售成本为320万元,已于当日全部确认为收入,款项仍未收到,未计提坏账准备,甲公司2012年度财务报告批准报出日为2013年3月10日,2012年度所得税汇算清缴于2013年4月30日完成。

除上述资料外,不考虑其他因素。

要求:

(1) 根据材料(1)至材料(3),逐笔编制甲公司相关业务的会计分录(销售成本和劳务成本应逐笔结转)。

(2) 根据资料(4),判断该事项是否属于资产负债表日后调整事项,如为调整事项,编制相应的会计分录。

("应交税费"科目要求写出明细科目及专栏名称,答案中的金额单位用万元表示)(2013年)

4. 甲公司适用的所得税税率为25%,且预计在未来期间保持不变,2013年度所得税汇算清缴于2014年3月20日完成;2013年度财务报告批准报出日为2014年4月5日,甲公司有关资料如下:

(1) 2013年10月12日,甲公司与乙公司签订了一项销售合同,约定甲公司在2014年1月10日以每件5万元的价格出售100件A产品,甲公司如不能按期交货,应在2014年1月15日之前向乙公司支付合同总价款的10%的违约金。签订合同时,甲公司尚未开始生产A产品,也未持有用于生产A产品的原材料。至2013年12月28日甲公司为生产A产品拟从市场购入原材料时,该原材料价格已大幅上涨,预计A产品单位生产成本为6万元。2013年12月31日,甲公司仍在与乙公司协商是否继续履行该合同。

(2) 2013年10月16日,甲公司与丙公司签订了一项购货合同,约定甲公司于2013年11月20日之前向丙公司支付首期购货款500万元。2013年11月8日,甲公司已从丙公司收到所购货物。2013年11月25日,甲公司因资金周转困难未能按期支付首期购货款而被丙公司起诉,至2013年12月31日该案尚未判决。甲公司预计败诉的可能性为70%,如败诉,将要支付60万元至100万元的赔偿金,且该区间内每个金

额发生的可能性大致相同。

(3) 2014年1月26日,人民法院对上述丙公司起诉甲公司的案件作出判决,甲公司应赔偿丙公司90万元,甲公司和丙公司均表示不再上诉。当日,甲公司向丙公司支付了90万元的赔偿款。

(4) 2013年12月26日,甲公司与丁公司签订了一项售价总额为1000万元的销售合同,约定甲公司于2014年2月10日向丁公司发货。甲公司因2014年1月23日遭受严重自然灾害无法按时交货,与丁公司协商未果。2014年2月15日,甲公司被丁公司起诉,2014年2月20日,甲公司同意向丁公司赔偿100万元。丁公司撤回了该诉讼。该赔偿金额对甲公司具有较大影响。

(5) 其他资料

①假定递延所得税资产、递延所得税负债、预计负债在2013年1月1日的期初余额均为零。

②涉及递延所得税资产的,假定未来期间能够产生足够的应纳税所得额用以利用可抵扣暂时性差异。

③与预计负债相关的损失在确认预计负债时不允许从应纳税所得额中扣除,只允许在实际发生时据实从应纳税所得额中扣除。

④调整事项涉及所得税的,均可调整应交所得税。

⑤按照净利润的10%计提盈余公积。

⑥不考虑其他因素。

要求:

(1) 根据资料(1),判断甲公司应否将与该事项相关的义务确认为预计负债,并简要说明理由。如需确认,计算确定预计负债的金额,并分别编制确认预计负债、递延所得税资产(或递延所得税负债)的会计分录。

(2) 根据资料(2),判断甲公司应否将与该事项相关的义务确认为预计负债,并简要说明理由。如需确认,计算确定预计负债的金额,并分别编制确认预计负债、递延所得税资产(或递延所得税负债)的会计分录。

(3) 分别判断资料(3)和资料(4)中甲公司发生的事项是否属于2013年度资产负债表日后调整事项,并简要说明理由。如为调整事项,编制相关会计分录;如为非调整事项,简要说明具体的会计处理方法。

(答案中的金额单位用万元表示)(2014年)

5. 甲公司系增值税一般纳税人,销售商品适用的增值税税率为17%,适用的所得税税率为25%。预计在未来期间保持不变。甲公司已按2014年度实现的利润总额6000万元计算确认了当年的所得税费用和应交所得税,金额均为1500万元,按净利润的10%提取盈余公积。甲

第十周

公司 2014 年度财务报告批准报出日为 2015 年 3 月 25 日；2014 年度的企业所得税汇算清缴在 2015 年 4 月 20 日完成。2015 年 1 月 28 日，甲公司对与 2014 年度财务报告有重大影响的经济业务及其会计处理进行检查，有关资料如下：

资料一：2014 年 12 月 1 日，甲公司委托乙公司销售 A 商品 1000 件，商品已全部移交乙公司，每件成本为 500 元，合同约定，乙公司应按每件不含增值税的固定价格 600 元对外销售，甲公司按每件 30 元向乙公司支付已售出代销商品的手续费；代销期限为 6 个月，代销期限结束时，乙公司将尚未售出的 A 商品退回甲公司；每月月末，乙公司向甲公司提交代销清单。2014 年 12 月 31 日，甲公司收到乙公司开具的代销清单，注明已售出 A 商品 400 件，乙公司对外开具的增值税专用发票上注明的销售价格为 24 万元，增值税税额为 4.08 万元，当日，甲公司向乙公司开具了一张相同金额的增值税专用发票，按扣除手续费 1.2 万元后的净额 26.88 万元与乙公司进行了货款结算，甲公司已将款项收存银行。根据税法规定，甲公司增值税纳税义务在收到代销清单时产生。甲公司 2014 年对上述业务进行了如下会计处理（单位：万元）：

借：应收账款 60
　贷：主营业务收入 60
借：主营业务成本 50
　贷：库存商品 50
借：银行存款 26.88
　销售费用 1.2
　贷：应收账款 24
　　应交税费—应交增值税（销项税额） 4.08

资料二：2014 年 12 月 2 日，甲公司接受丙公司委托，与丙公司签订了一项总金额为 500 万元的软件开发合同，合同规定的开发期为 12 个月。至 2014 年 12 月 31 日，甲公司已收到丙公司支付的首期合同款 40 万元，已发生软件开发成本 50 万元（均为开发人员薪酬），该合同的结果能够可靠估计，预计还将发生 350 万元的成本。2014 年 12 月 31 日，甲公司根据软件开发特点决定通过对已完工作的测量确定完工进度，经专业测量师测定，该软件的完工进度为 10%，根据税法规定，甲公司此项业务免征增值税。甲公司 2014 年对上述业务进行了如下会计处理（单位：万元）：

借：银行存款 40
　贷：主营业务收入 40
借：劳务成本 50
　贷：应付职工薪酬 50
借：主营业务成本 50
　贷：劳务成本 50

资料三：2014 年 6 月 5 日，甲公司申请一项用于制造导航芯片技术的国家级研发补贴。申请书中的相关内容如下：甲公司拟于 2014 年 7 月 1 日起开始对导航芯片制造技术进行研发，期限 24 个月，预计研发支出为 1200 万元（其中计划自筹 600 万元，申请财政补贴 600 万元）；科研成果的所有权归属于甲公司。2014 年 6 月 15 日，有关主管部门批准了甲公司的申请，同意给予补贴款 600 万元，但不得挪作他用。2014 年 7 月 1 日，甲公司收到上述款项后开始研发，至 2014 年 12 月 31 日该项目还处于研发过程中，预计能如期完成。甲公司对该项补贴难以区分与资产相关的部分和与收益相关的部分。根据税法规定，该财政补贴款属于不征税收入。甲公司 2014 年 7 月 1 日对上述财政补贴业务进行了如下会计处理（单位：万元）：

借：银行存款 600
　贷：营业外收入 600

要求：
（1）判断甲公司对委托代销业务的会计处理是否正确，并判断该事项是否属于资产负债表日后调整事项，如果属于调整事项，编制相关的调整分录。
（2）判断甲公司对软件开发业务的会计处理是否正确，并判断该事项是否属于资产负债表日后调整事项；如果属于调整事项，编制相关的调整分录。
（3）判断甲公司对财政补贴业务的会计处理是否正确，并判断该事项是否属于资产负债表日后调整事项；如果属于调整事项，编制相关的调整分录。（2015 年）

6. 鸿坤股份有限公司（以下简称"鸿坤公司"）的财务经理在复核 2017 年度财务报表时，对以下交易或事项会计处理提出质疑：
（1）为减少交易性金融资产市场价格波动对公司利润的影响，2017 年 1 月 1 日，鸿坤公司将所持有乙公司股票从交易性金融资产重分类为可供出售金融资产，并将其作为会计政策变更采用追溯调整法进行会计处理。2017 年 1 月 1 日，鸿坤公司所持有乙公司股票共计 300 万股，其中 200 万股系 2016 年 1 月 5 日以每股 12 元的价格购入，支付价款 2400 万元，另支付相关交易费用 8 万元；100 万股系 2016 年 10 月 18 日以每股 11 元的价格购入，支付价款 1100 万元，另支付相关交易费用 4 万元。2016 年 12 月 31 日，乙公司股票的市场价格为每股 10.5 元。鸿坤公司估计该股票价格为暂时性下跌。2017 年 12 月 31 日，鸿坤公司对持有的乙公司股票按照年末公允价值进行了后续计量，并将其公允价值变动计入了所有者权益。2017 年 12 月 31 日，乙公司股票的市场价格为每股 10 元。

（2）为减少投资性房地产公允价值变动对公司利润的影响，从 2017 年 1 月 1 日起，鸿坤公司将出租厂房的后续计量由公允价值模式变更为成本模式，并将其作为会计政策变更采用追溯调整法进行会计处理。鸿坤公司拥有的投资性房地产系一栋专门用于出租的厂房，于 2014 年 12 月 31 日建造完成达到预定可使用状态并用于出租，成本为 8500 万元。2017 年度，鸿坤公司对出租厂房按照成本模式计提了折旧，并将其计入当期损益。在投资性房地产后续计量采用成本模式的情况下，鸿坤公司对出租厂房采用年限平均法计提折旧，出租厂房自达到预定可使用状态的次月起计提折旧，预计使用年限为 25 年，预计净残值为零。在投资性房地产后续计量采用公允价值模式的情况下，鸿坤公司出租厂房各年年末的公允价值如下：2014 年 12 月 31 日为 8500 万元；2015 年 12 月 31 日为 8000 万元；2016 年 12 月 31 日为 7300 万元；2017 年 12 月 31 日为 6500 万元。

（3）2017 年 1 月 1 日，鸿坤公司按面值购入丙公司发行的分期付息、到期还本债券 35 万张，支付价款 3500 万元。该债券每张面值 100 元，期限为 3 年，票面年利率为 6%，利息于每年年末支付。鸿坤公司将购入的丙公司债券分类为持有至到期投资，2017 年 12 月 31 日，鸿坤公司将所持有丙公司债券的 50% 予以出售，并将剩余债券重分类为可供出售金融资产，重分类日剩余债券的公允价值为 1850 万元。除丙公司债券投资外，鸿坤公司未持有其他公司的债券。

鸿坤公司按照净利润的 10% 计提盈余公积。

本题不考虑所得税及其他因素。

要求：

（1）根据资料（1），判断鸿坤公司 2017 年 1 月 1 日将持有乙公司股票重分类并进行追溯调整的会计处理是否正确，同时说明判断依据；如果鸿坤公司的会计处理不正确，编制更正的会计分录。

（2）根据资料（2），判断鸿坤公司 2017 年 1 月 1 日起变更投资性房地产的后续计量模式并进行追溯调整的会计处理是否正确，同时说明判断依据；如果鸿坤公司的会计处理不正确，编制更正的会计分录。

（3）根据资料（3），判断鸿坤公司 2017 年 12 月 31 日将剩余的丙公司债券重分类为可供出售金融资产的会计处理是否正确，并说明判断依据；如果鸿坤公司的会计处理不正确，编制更正的会计分录；如果鸿坤公司的会计处理正确，编制重分类日的会计分录。

本周自测参考答案及解析

一、单项选择题

1.【答案】B

【解析】选项 A，发生的交易与原事项有本质差异，属于新的事项；选项 C 和 D，属于会计估计变更。

2.【答案】D

【解析】企业会计政策变更累积影响数不切实可行的才可以采用未来适用法，选项 A 错误；会计政策变更需满足变更条件，并非只要企业可以进行追溯调整的就可以进行会计政策变更，选项 B 错误；如果采用未来适用法则无需计量会计政策变更累积影响数，选项 C 错误。

3.【答案】B

【解析】选项 A 属于会计差错，应采用追溯重述法进行会计处理；选项 C 和 D，属于会计估计变更，应采用未来适用法进行会计处理。

4.【答案】A

【解析】甲公司应调整 2017 年 12 月 31 日利润分配—未分配利润金额 = ［6000 - 5500 + (5500 - 100)/40 × 2］× (1 - 25%) × (1 - 10%) = 519.75（万元）。

甲公司应编制的会计分录为：

借：投资性房地产—成本　　　　　　6000
　　投资性房地产累计折旧　　　　　 270
　　贷：投资性房地产　　　　　　　　　5500
　　　　递延所得税负债　　　　　　　　192.5
　　　　盈余公积　　　　　　　　　　　57.75
　　　　利润分配—未分配利润　　　　 519.75

5.【答案】D

【解析】会计政策变更累积影响数是指按照变更后的会计政策对以前各期追溯计算的列报前期最早期初留存收益应有金额与现有金额之间的差额。即 20×6 年年初留存收益与现有金额之间的差额。弃置费用折现计入固定资产的金额 = 20000 × 0.3769 = 7538（万元），至 20×6 年初（即 20×5 年末）应补提折旧 = 7538/20 × 2 = 753.8（万元），至 20×6 年初（即 20×5 年末）弃置费用计提利息计入财务费用的金额 = 7538 × 5% + 7538 × (1 + 5%) × 5% = 772.65（万元），会计政策变更的累积影响数 = 753.8 + 772.65 = 1526.45（万元）。

6.【答案】B

【解析】未变更前 2017 年该固定资产应提折旧 = 1200 × (1 - 5%)/10 = 114（万元），变更后 2017 年应提折旧 = ［1200 - 1200 × (1 - 5%)/10 × 1.5］× 40% = 411.6（万元），会计估计变更对净利润的影响金额 = （114 -

第十周

411.6）×（1−25%）=−223.2（万元）。

7.【答案】C

【解析】选项A、B和D均属于会计政策变更。

8.【答案】C

【解析】如果以前期间的会计估计是错误的，则属于前期差错，按前期差错更正的规定进行会计处理。

9.【答案】B

【解析】前期差错累积影响数是指前期差错发生后对差错期间每期净利润的影响数之和，即累积影响数=30×（1−25%）=22.5（万元）。

10.【答案】D

【解析】对于不重要的前期差错，企业不需调整财务报表相关项目的期初数，但应调整发现当期与前期相同的相关项目，选项A错误；如果确定前期差错累积影响数不切实可行，可以从可追溯重述的最早期间开始调整留存收益的期初余额，财务报表其他相关项目的期初余额也应当一并调整，也可以采用未来适用法，选项B错误；重要的前期差错调整结束后，还应调整发现年度财务报表的年初数和上年数，选项C错误。

11.【答案】A

【解析】资产负债表日后事项涵盖期间为资产负债表日次日至董事会或类似机构批准财务报告报出日。

12.【答案】B

【解析】选项A、C和D均属于资产负债表日后非调整事项。

13.【答案】D

【解析】在资产负债表日后期间发生的重大事项有可能是非调整事项。

14.【答案】C

【解析】资产负债表日后调整事项涉及所得税的，如果相关税法允许的，可以调整应交税费—应交所得税，选项A错误；资产负债表日后调整事项涉及损益类科目的调整应通过"以前年度损益调整"科目，选项B错误；资产负债表日后调整事项需对报告年度相关项目的期末数和本年发生数进行调整，以及当期编制财务报表相关项目的期初数和上年数进行调整，选项D错误。

15.【答案】C

【解析】资产负债表日后调整事项涉及现金收付的，不需调整现金流量表正表（现金流量表补充资料相关项目可以进行调整）。

16.【答案】A

【解析】甲公司2016年12月31日资产负债表中"未分配利润"项目的期末余额应调减的金额=（1500−1200）×（1−25%）×（1−

10%）=202.5（万元）。

17.【答案】C

【解析】此事项为资产负债表日后调整事项，涉及损益类会计科目应通过"以前年度损益调整"科目，甲公司应补提坏账准备=1170×40%=468（万元），同时确认递延所得税资产=468×25%=117（万元），因未实际发生坏账损失，所以不得调整应交税费—应交所得税。

18.【答案】B

【解析】甲公司2017年度资产负债表"未分配利润"项目"年末数"应调减的金额=（200+400）×（1−25%）×（1−10%）=405（万元）。

19.【答案】C

【解析】选项C，调整事项涉及损益的应通过"以前年度损益调整"科目进行账务处理。

20.【答案】D

【解析】此事项未发生在资产负债表日后期间，选项A和B错误；此事项属于2017年经济业务，应体现在2017年财务报告中，选项C错误。

二、多项选择题

1.【答案】ABCD

2.【答案】ABCD

3.【答案】BCD

【解析】选项A，属于会计估计变更。

4.【答案】ABC

【解析】选项D，不属于判断为不切实可行的条件。

5.【答案】ABD

【解析】存货入账成本按《存货》准则的相关规定进行会计处理，无需进行会计估计。

6.【答案】ABC

【解析】选项D，属于会计差错应按追溯重述法进行会计处理。

7.【答案】ABD

【解析】企业应当在附注中披露与会计估计变更有关的下列信息：（1）会计估计变更的内容和原因；（2）会计估计变更对当期和未来期间的影响数；（3）会计估计变更的影响数不能确定的，披露这一事实和原因。

8.【答案】AB

【解析】选项A，属于前期差错，应采用追溯重述法进行会计处理，会影响2017年期初留存收益；选项B，属于会计政策变更，采用追溯调整法进行会计处理，会影响2017年期初留存收益的金额；选项C，属于正常交易事项无需对2017年期初留存收益进行调整；选项D，属于会计估计变更，采用未来适用法进行会计核算，无需调整 2017 年期初留存收益。

9.【答案】ABCD

10.【答案】CD

【解析】资产负债表日后事项是资产负债表日次日至财务报告批准报出之间发生的有利或不利事项，选项 A 错误；资产负债表日后调整事项，对于企业来说不管是有利事项还是不利事项，均应对报告年度财务报表进行调整，选项 B 错误。

11.【答案】ABCD

12.【答案】ABC

【解析】2017 年 12 月 31 日该项诉讼并不符合预计负债的确认条件，不应确认预计负债，应作为差错进行更正。

13.【答案】BD

【解析】诉讼发生在资产负债表日后期间，在资产负债表日并不存在，属于非调整事项，无需调整，选项 A 错误；财务报告于 4 月 1 日批准对外报出，在此之后发生事项属于当期正常的事项，不需要对报告期间的财务报告进行调整，选项 C 错误。

14.【答案】ABCD

15.【答案】CD

【解析】选项 A，属于调整事项，应进行调整；选项 B，属于不重要的非调整事项，无需披露；选项 C，属于重大非调整事项，需要在财务报表附注中披露；选项 D 属于关联方交易，需要在财务报表附注中披露。

16.【答案】ABD

【解析】发生销售折让冲减确认的营业收入，不会冲减营业成本，选项 C 错误。

17.【答案】AC

【解析】选项 B 和 D 属于资产负债表日后非调整事项。

三、判断题

1.【答案】×

【解析】如果以前期间会计政策的选择和运用是错误的，则属于前期差错，应按前期差错更正的会计处理方法进行处理。

2.【答案】√

3.【答案】×

【解析】会计政策变更应采用追溯调整法进行会计处理，如果会计政策变更累积影响数不切实可行的应采用未来适用法。

4.【答案】√

5.【答案】×

【解析】在未来适用法下无需计算会计政策变更产生的累积影响数，也无须重新编制以前年度财务报表。

6.【答案】√

7.【答案】×

【解析】会计估计变更采用未来适用法进行会计处理。

8.【答案】√

9.【答案】√

10.【答案】√

11.【答案】×

【解析】资产负债表日后期间发生的重要的非调整事项，有利事项和不利事项均应在财务报表附注中披露。

12.【答案】√

13.【答案】×

【解析】如果有确凿证据表明资产负债表日后事项对资产负债表日存货已经存在的情况提供了新的或进一步的证据，应当作为资产负债表日后调整事项进行处理；否则，应当作为非调整事项进行处理。

14.【答案】√

15.【答案】×

【解析】对于资产负债表日后调整事项，应调整报告年度财务报表的期末数和本年发生数，同时要对编制当期的财务报表期初数和上年数进行调整。

16.【答案】√

17.【答案】×

【解析】资产负债表日后，企业利润分配方案中拟分配的以及经审议批准宣告发放的股利或利润，不确认为资产负债表日负债，但应当在附注中单独披露。

四、计算分析题

1.【答案】

（1）大华公司的会计处理不正确，可供出售金融资产期末公允价值变动应计入其他综合收益。

调整分录：

借：公允价值变动损益   170

  贷：其他综合收益   170

借：其他综合收益   42.5

  贷：所得税费用   42.5

（2）

资料（2）、资料（4）属于会计政策变更；

资料（3）、资料（5）、资料（6）属于会计估计变更。

（3）

企业当期损益的影响金额 =（1000 − 100）/9 × 9/12 = 75（万元）。

（4）

借：投资性房地产—成本   5500

  投资性房地产累计折旧   62.5

贷：投资性房地产 5000
  递延所得税负债 140.63
  盈余公积 42.19
  利润分配—未分配利润 379.68

2.【答案】

事项（1），甲公司的会计处理不正确。

理由：购入折价发行的债券，应该将折价金额计入持有至到期投资的初始成本，且后续采用实际利率法对该折价金额进行摊销。

更正分录：

借：财务费用 63.05
  贷：持有至到期投资—利息调整 63.05

采用插值法计算实际利率，假设实际利率为6%，则该债券预计未来现金流量的现值＝3000×5.5%×（P/A，6%，5）＋3000×（P/F，6%，5）＝165×4.2124＋3000×0.7473＝2936.95（万元），与该债券当前账面价值相等，因此该债券的实际利率为6%。

本期应分摊的利息调整金额＝2936.95×6%－3000×5.5%＝11.22（万元）。

借：持有至到期投资—利息调整 11.22
  贷：投资收益 11.22

事项（2），甲公司的会计处理不正确。

理由：与收益相关的政府补助，用于弥补以后期间将发生的费用或亏损的，应该先计入递延收益，然后在费用发生的期间转入当期营业外收入。

更正分录：

借：营业外收入 930（1860×1500÷3000）
  贷：递延收益 930

事项（3），甲公司的会计处理不正确。

理由：对可供出售金融资产计提减值时，应该将原直接计入其他综合收益中的因公允价值变动形成的累计利得或损失转出，计入资产减值损失。

更正分录：

借：其他综合收益 400
  贷：资产减值损失 400

事项（4），甲公司的会计处理不正确。

理由：采用增资的方式筹集资金，此时应该是将取得的现金增加股本金额，同时闲置资金的利息收益应该冲减财务费用。

更正分录：

借：资本公积 3200
  贷：股本 3200
借：在建工程 38.40
  贷：财务费用 38.40

3.【答案】

（1）

①记录应支付的赔款，并调整递延所得税资产

借：预计负债 700

贷：其他应付款 500
  以前年度损益调整 200
借：以前年度损益调整 50
  贷：递延所得税资产 50

②将"以前年度损益调整"科目余额转入"利润分配—未分配利润"科目

借：以前年度损益调整 150
  贷：利润分配—未分配利润 150

③调整盈余公积

借：利润分配—未分配利润 15
  贷：盈余公积 15

（2）

单位：万元

调整项目	影响金额
利润表项目：	
营业外支出	－200
所得税费用	50
净利润	150
资产负债表项目：	
递延所得税资产	－50
其他应付款	500
预计负债	－700
盈余公积	15
未分配利润	135

五、综合题

1.【答案】

（1）

①不正确。

理由：甲产品和乙产品应分别进行期末计价。

甲产品成本总额＝150×120＝18000（万元），甲产品应按合同价作为估计售价，甲产品可变现净值＝150×（150－2）＝22200（万元），成本小于可变现净值，不需计提存货跌价准备。

乙产品成本总额＝50×120＝6000（万元），乙产品应按市场价格作为估计售价，乙产品可变现净值＝50×（118－2）＝5800（万元），应计提跌价准备＝6000－5800＝200（万元）。

甲产品和乙产品多计提跌价准备＝800－200＝600（万元）。

调整分录：

借：存货跌价准备 600
  贷：以前年度损益调整 600

②正确。

理由：N型号钢材成本总额＝300×20＝6000（万元），N型号钢材可变现净值＝60×118－

$60 \times 5 - 60 \times 2 = 6660$（万元），N 型号钢材成本小于可变现净值，不需计提存货跌价准备。

③因甲公司未确认递延所得税资产，所以更正差错后应确认递延所得税资产 $= 200 \times 25\% = 50$（万元）。

借：递延所得税资产　　　　　　　50
　　贷：以前年度损益调整　　　　　　　50

（2）

①正确。

理由：因为固定资产发生永久性损害但尚未处置，所以应全额计提减值准备。

②不正确。

理由：E 生产线发生的永久性损害尚未经税务部门认定，所以固定资产的账面价值为零，计税基础为 1400 万元，产生可抵扣暂时性差异 1400 万元，应按转回时税率 25% 确认递延所得税资产，即确认递延所得税资产 $= 1400 \times 25\% = 350$（万元），但甲公司按 15% 的税率确认了 210 万元的递延所得税资产，所以要补确认递延所得税资产 $= 350 - 210 = 140$（万元）。

调整分录：

借：递延所得税资产　　　　　　　140
　　贷：以前年度损益调整　　　　　　　140

（3）

①不正确。

理由：无形资产当月增加，当月摊销。所以 2017 年度无形资产摊销额 $= 2400 \div 5 \times 6/12 = 240$（万元），账面价值 $= 2400 - 240 = 2160$（万元）。

调整分录：

借：以前年度损益调整　　　40（240 - 200）
　　贷：累计摊销　　　　　　　　　　40

②不正确。

理由：应计提减值准备 $= 2160 - 1200 = 960$（万元）。

调整分录：

借：无形资产减值准备　　40（1000 - 960）
　　贷：以前年度损益调整　　　　　　　40

③不正确。

理由：应确认递延所得税资产 $= 960 \times 25\% = 240$（万元）。

借：递延所得税资产　　　　　　　240
　　贷：以前年度损益调整　　　　　　　240

"以前年度损益调整"贷方余额 $= 600 + 50 + 140 - 40 + 40 + 240 = 1030$（万元），将其转入"利润分配—未分配利润"科目。

借：以前年度损益调整　　　　　　1030
　　贷：利润分配—未分配利润　　　　1030
借：利润分配—未分配利润　　　　　103
　　贷：盈余公积　　　　　　　　　　103

2.【答案】

（1）

资料（1）中交易或事项处理不正确的有：①、②、③。

（2）

资料（1）调整分录：

借：以前年度损益调整　　　　　　　950
　　　　　　［（2000 - 100）× 50%］
　　贷：应收账款　　　　　　　　　　950
借：发出商品　　　　800（1600 × 50%）
　　贷：以前年度损益调整　　　　　　800
借：应交税费—应交所得税　　　　37.5
　　　　　　［（950 - 800）× 25%］
　　贷：以前年度损益调整　　　　　　37.5

资料（2）调整分录：

借：以前年度损益调整　　　　　　1000
　　贷：预收账款　　　　　　　　　1000
借：库存商品　　　　　　　　　　　780
　　贷：以前年度损益调整　　　　　　780
借：应交税费—应交所得税　55（220 × 25%）
　　贷：以前年度损益调整　　　　　　55

资料（3）调整分录：

借：以前年度损益调整　　　　　　　20
　　贷：长期股权投资减值准备　　　　　20
借：递延所得税资产　　　5（20 × 25%）
　　贷：以前年度损益调整　　　　　　　5

（3）

资料（2）中属于资产负债表日后调整事项的有：①、②。

（4）

资料（1）调整分录：

借：以前年度损益调整　　　　　　　300
　　应交税费—应交增值税（销项税额）51
　　贷：应收账款　　　　　　　　　　351
借：库存商品　　　　　　　　　　　240
　　贷：以前年度损益调整　　　　　　240
借：应交税费—应交所得税　15（60 × 25%）
　　贷：以前年度损益调整　　　　　　15

资料（2）调整分录：

借：以前年度损益调整　　　　　　　120
　　贷：坏账准备　　　　　　　　　　120
借：递延所得税资产　　　　　　　　30
　　贷：以前年度损益调整　　　　　　30

"以前年度损益调整"借方余额 $= 950 - 800 - 37.5 + 1000 - 780 - 55 + 20 - 5 + 300 - 240 - 15 + 120 - 30 = 427.5$（万元），将其转入"利润分配—未分配利润"科目。

借：利润分配—未分配利润　　　　427.5
　　贷：以前年度损益调整　　　　　　427.5
借：盈余公积—法定盈余公积　　　42.75
　　贷：利润分配—未分配利润　　　　42.75

3.【答案】

(1)

资料（1）

借：应收账款　　　　　　　　　　　　3510
　　贷：主营业务收入　　　　　　　　　3000
　　　　应交税费—应交增值税（销项税额）
　　　　　　　　　　　　　　　　　　　510
借：主营业务成本　　　　　　　　　　2400
　　贷：库存商品　　　　　　　　　　2400

2012 年 4 月 5 日

借：主营业务收入　　　　　　　　　　300
　　应交税费—应交增值税（销项税额）51
　　贷：应收账款　　　　　　　　　　351

2012 年 5 月 10 日

借：银行存款　　　3159（3510－351）
　　贷：应收账款　　　　　　　　　　3159

资料（2）

借：银行存款　　　　　　　　　　　　1053
　　原材料　　　　　　　　　　　　　100
　　应交税费—应交增值税（进项税额）17
　　贷：主营业务收入　　　　　　　　1000
　　　　应交税费—应交增值税（销项税额）
　　　　　　　　　　　　　　　　　　　170
借：主营业务成本　　　　　　　　　　700
　　贷：库存商品　　　　　　　　　　700

资料（3）

2012 年 11 月 20 日

借：银行存款　　　　　　　　　　　　45
　　贷：预收账款　　　　　　　　　　45

2012 年 12 月 31 日

借：劳务成本　　　　　　　　　　　　30
　　贷：应付职工薪酬　　　　　　　　30
借：预收账款　　　　　　　　　　　　36
　　贷：主营业务收入　　　　　　36（90×40%）
借：主营业务成本　　28［（30＋40）×40%］
　　贷：劳务成本　　　　　　　　　　28

(2) 该销售退回发生在财务报告批准报出日之
前，并且是对资产负债表日之前存在的事项作出
进一步说明，所以属于资产负债表日后调整事项。

借：以前年度损益调整—主营业务收入　400
　　应交税费—应交增值税（销项税额）68
　　贷：应收账款　　　　　　　　　　468
　　　　库存商品　　　　　　　　　　320
　　贷：以前年度损益调整—主营业务成本　320
借：应交税费—应交所得税　　　　　　20
　　　　　　　　　　［（400－320）×25%］
　　贷：以前年度损益调整—所得税费用　20
借：利润分配—未分配利润　　　　　　60
　　贷：以前年度损益调整　　　　　　60
借：盈余公积　　　　　　　　　　　　6
　　贷：利润分配—未分配利润　　　　6

4.【答案】

(1) 甲公司应该确认与该事项相关的预计
负债。

理由：甲公司如果履行合同义务不可避免会发
生的成本超过预期经济利益流入，所以属于亏
损合同。该亏损合同不存在标的资产，企业应
选择履行合同的成本与未履行合同而发生的处
罚两者中的较低者，确认为预计负债。

履行合同发生的损失 ＝（6－5）×100＝100
（万元），不履行合同发生的损失 ＝5×100×
10%＝50（万元）。所以甲公司应选择不执行
合同，确认的预计负债金额为 50 万元。

会计分录：

借：营业外支出　　　　　　　　　　　50
　　贷：预计负债　　　　　　　　　　50
借：递延所得税资产　　12.5（50×25%）
　　贷：所得税费用　　　　　　　　　12.5

(2) 甲公司应将与该诉讼相关的义务确认为预
计负债。

理由：甲公司估计败诉的可能性为 70%，很可
能败诉，并且败诉需要支付的金额能够可靠计
量，所以甲公司应该确认与该诉讼相关的预计
负债。

甲公司应确认的预计负债金额 ＝（60＋100）/
2＝80（万元）。

会计分录：

借：营业外支出　　　　　　　　　　　80
　　贷：预计负债　　　　　　　　　　80
借：递延所得税资产　　　20（80×25%）
　　贷：所得税费用　　　　　　　　　20

(3)

①资料（3）属于资产负债表日后调整事项

理由：该事项发生在资产负债表日后事项期间，
并且是对资产负债表日之前存在的未决诉讼取
得进一步证据，所以属于资产负债表日后调整
事项。

会计分录：

借：预计负债　　　　　　　　　　　　80
　　以前年度损益调整　　　　　　　　10
　　贷：其他应付款　　　　　　　　　90
借：以前年度损益调整　　　　　　　　20
　　贷：递延所得税资产　　　　　　　20
借：应交税费—应交所得税22.5（90×25%）
　　贷：以前年度损益调整　　　　　　22.5
借：利润分配—未分配利润　　　　　　7.5
　　贷：以前年度损益调整 7.5（10＋20－22.5）
借：盈余公积　　　　　　　　　　　　0.75
　　贷：利润分配—未分配利润　　　　0.75

2014 年当期会计处理：

借：其他应付款　　　　　　　　　　　90
　　贷：银行存款　　　　　　　　　　90

②资料（4）属于 2013 年资产负债表日后非调整事项。

理由：该事项是表明资产负债表日后发生情况的事项，与资产负债表日存在情况无关，所以不属于调整事项。但是该事项重大，如果不加以说明，将不利于财务报告使用者作出正确的估计和决策，所以属于资产负债表日后重要的非调整事项。

会计处理原则：自然灾害发生于 2014 年 1 月 23 日，属于资产负债表日后发生的事项，对甲公司资产负债表日后财务状况影响较大，甲公司应在 2013 年财务报表附注中对该非调整事项进行披露。

5.【答案】

（1）

①甲公司的相关处理不正确，理由：该交易属于收取手续费方式代销商品，所以甲公司应在收到商品代销清单时按销售数量确认收入。

②该事项属于资产负债表日后调整事项。

调整分录：

借：以前年度损益调整—营业收入　　36
　　贷：应收账款　　　　　　　　　　　36
借：发出商品　　　　　　　　　　　30
　　贷：以前年度损益调整—营业成本　　30
借：应交税费—应交所得税　1.5（6×25%）
　　贷：以前年度损益调整—所得税费用　1.5
借：利润分配—未分配利润　　　　4.05
　　　　［（36－30－1.5）×90%］
　　　盈余公积　　　　　　　　　0.45
　　贷：以前年度损益调整　4.5（36－30－1.5）

（2）

①甲公司相关处理不正确，理由：甲公司应按照完工百分比法确认该项建造合同的收入和成本，所以应确认的收入 = 500×10% = 50（万元），应确认的成本 =（50＋350）×10% = 40（万元）。

②该事项属于资产负债表日后调整事项。

调整分录：

借：应收账款　　　　　　　　　　　10
　　贷：以前年度损益调整—营业收入　　10
借：劳务成本　　　　　　　　　　　10
　　贷：以前年度损益调整—营业成本　　10
借：以前年度损益调整—所得税费用　　5
　　　　　　　　　　（20×25%）
　　贷：应交税费—应交所得税　　　　　5
借：以前年度损益调整　　　　　　　15
　　贷：盈余公积　　　　　　　　　　1.5
　　　利润分配—未分配利润　　　　13.5

（3）

①甲公司的会计处理不正确，理由：该项对综合性项目的政府补助由于难以区分与资产相关和与收益相关的部分，所以应整体作为与收益

相关的政府补助处理，在取得时先确认为递延收益，然后在项目期内分期计入营业外收入。另外，政府补助属于不征税收入，在计算应纳税所得额时需要将这部分收入进行调减，不需要缴纳所得税，题目中是按照 2014 年利润总额 6000 万元为基础计算应交所得税和所得税费用，未将政府补助的不征税收入扣除，所以需要将原政府补助计入的收入 600 万元对应的应交所得税进行调减。

②该事项属于资产负债表日后调整事项。

调整分录如下：

借：以前年度损益调整—营业外收入　450
　　贷：递延收益　　450（600－600/24×6）
借：应交税费—应交所得税　　　　　150
　　　　　　　　　　（600×25%）
　　贷：以前年度损益调整—所得税费用　150
借：盈余公积　　　　　　　　　　　30
　　利润分配—未分配利润　　　　　270
　　贷：以前年度损益调整　　　　　　300

6.【答案】

（1）鸿坤公司 2017 年 1 月 1 日将持有的乙公司股票进行重分类并进行追溯调整的会计处理不正确。

理由：交易性金融资产不能与其他金融资产进行重分类。

更正分录：

借：交易性金融资产—成本　　　　3500
　　　　　　　　　（2400＋1100）
　　可供出售金融资产—公允价值变动　362
　　　　　　　　　（3512－300×10.5）
　　盈余公积　　　　　　　　　　36.2
　　利润分配—未分配利润　　　　325.8
　　贷：可供出售金融资产—成本　　3512
　　　　　　　　（2400＋1100＋8＋4）
　　　交易性金融资产—公允价值变动　350
　　　　　　　　　（3500－300×10.5）
　　　其他综合收益　　　　　　　　362
借：可供出售金融资产—公允价值变动　150
　　贷：其他综合收益　　　　　　　　150
借：公允价值变动损益　　　　　　　150
　　贷：交易性金融资产—公允价值变动　150

（2）鸿坤公司变更投资性房地产的后续计量模式并进行追溯调整的会计处理不正确。

理由：投资性房地产后续计量是不可以从公允价值模式变更为成本模式的。

更正分录：

借：投资性房地产—成本　　　　　8500
　　投资性房地产累计折旧　　　　680
　　　　　　　　　（8500÷25×2）
　　盈余公积　　　　　　　　　　52
　　利润分配—未分配利润　　　　468

　　贷：投资性房地产　　　　　　8500
　　　投资性房地产—公允价值变动　1200
　　　　　　　　　　　（8500－7300）
借：投资性房地产累计折旧　　　　340
　　贷：其他业务成本　　　　　　　340
借：公允价值变动损益　800（7300－6500）
　　贷：投资性房地产—公允价值变动　800
（3）鸿坤公司将剩余丙公司债券重分类为可供
金融资产的会计处理正确。
理由：鸿坤公司因持有至到期投资处置部分的

金额较大，且不属于企业会计准则中所允许的
例外情况，使该投资的剩余部分不再适合划分
为持有至到期投资的，应当将该投资的剩余部
分重分类为可供出售金融资产，并以公允价值
进行后续计量。
重分类日的会计处理：
借：可供出售金融资产　　　　　1850
　　贷：持有至到期投资—成本　　1750
　　　其他综合收益　　　　　　　100

第 十 周

第十一周

本周学习计划

日 期	章 节	考 点	重要程度	常见题型	完成情况
星期一		财务报告概述和合并财务报表概述	★★	单选题、多选题、判断题	
星期二		合并财务报表调整、抵销的处理	★★★	单选题、多选题、判断题、计算分析题、综合题	
星期三	第20章	内部债权债务抵销和内部商品交易的抵销	★★★	单选题、多选题、判断题、计算分析题、综合题	
星期四		内部固定资产、无形资产交易的抵销和合并现金流量表的抵销处理	★★★	单选题、多选题、判断题、计算分析题、综合题	
星期五		特殊交易在合并财务报表中的会计处理	★★	单选题、多选题、判断题、计算分析题、综合题	

本周攻克内容

【星期一·第20章】财务报告概述和合并财务报表概述

考点1：财务报告概述

财务报告是企业对外提供的反映企业某一特定日期的财务状况和某一会计期间的经营成果、现金流量等会计信息的文件。

【提示】财务报表是财务报告的核心内容。

一、财务报表概述

（一）财务报表的构成

财务报表是会计要素确认、计量的结果和综合性描述。一套完整的财务报表至少应当包括即资产负债表、利润表、现金流量表、所有者权益（或股东权益）变动表以及附注。

（二）财务报表的分类

财务报表可以按照不同的标准进行分类。

分类标准	分 类
编报期间	中期财务报表和年度财务报表
编报主体	个别财务报表和合并财务报表

二、财务报表列报的基本要求

1. 依据各项会计准则确认和计量的结果编制财务报表

2. 列报基础

持续经营是会计的基本前提，是会计确认、计量及编制财务报表的基础。

3. 权责发生制

除现金流量表按照收付实现制编制外，企业应当按照权责发生制编制其他财务报表。

4. 列报的一致性

可比性是会计信息质量的一项重要质量要求，目的是使同一企业不同期间和不同企业同一期间的财务报表相互可比。

5. 重要性和项目列报

如果某项目单个看不具有重要性，则可将其与其他项目合并列报；如具有重要性，则应当单独列报。具体而言，应当遵循以下几点：

（1）性质和功能不同的项目需单独列报，但是不具有重要性的项目可以合并列报；

（2）性质和功能相似的项目可以合并列报，具有重要性的类别应单独列报；

（3）单独列报不仅适用于报表还适用于附注；

（4）企业需按准则的规定单独列报。

6. 财务报表项目金额间的相互抵销

财务报表项目应当以总额列报，资产和负债、收入和费用、直接计入当期利润的利得项目和损失项目的金额不能相互抵销，即不得以净额列报，但企业会计准则另有规定的除外。

以下三种情况不属于抵销：

（1）一组类似交易形成的利得和损失以净额列示，但具有重要性的除外；

（2）资产或负债项目按扣除备抵项目后的净额列示；

（3）非日常活动产生的损益应当以同一交易或一组类似交易形成的收入扣减费用后的净额列示，其不属于抵销。

7. 比较信息的列报

8. 财务报表表首的列报要求

9. 报告期间

根据《会计法》的规定，会计年度自公历1月1日起至12月31日止。

考点2：合并财务报表概述

一、合并财务报表概念

合并财务报表是指反映母公司和其全部子公司形成的企业集团整体财务状况、经营成果和现金流量的财务报表。

1. 反映对象是由母公司和其全部子公司组成的会计主体；

2. 合并财务报表的编制者是母公司；

3. 合并财务报表是站在合并财务报表主体立场上编制。

二、合并财务报表合并范围的确定

合并财务报表的合并范围应当以控制为基础予以确定。

（一）控制的定义和判断

控制，是指投资方拥有对被投资方的权力，通过参与被投资方的相关活动而享有可变回报，并且有能力运用对被投资方的权力影响其回报金额。

投资方要实现控制，必须具备两项基本要素，一是因涉入被投资方而享有可变回报；二是拥有对被投资方的权力，并且有能力运用对被投资方的权力影响其回报金额。

【提示】投资方在判断其能否控制被投资方时，应该综合考虑所有相关事实和情况。其中，对被投资方的设立目的和设计的分析，贯穿于判断控制的始终，也是分析其他事实和情况的基础。

从控制的定义中可以发现，要达到控制，投资方需要满足以下要求：

1. 通过涉入被投资方的活动享有的是可变回报

可变回报，是不固定且可能随着被投资方业绩变化而变化的回报，可以仅是正回报，仅是负回报，或者同时包括正回报和负回报。其主要形式包括：股利、被投资方经济利益的其他分配、投资方对被投资方的投资的价值变动等。

2. 对被投资方拥有权力，并能够运用此权力影响回报金额

投资方能够主导被投资方的相关活动时，称

投资方对被投资方享有"权力"。

【提示】在判断投资方是否对被投资方拥有权力时，应注意以下几点：

①权力只表明投资方主导被投资方相关活动的现时能力，并不要求投资方实际行使其权力；

②权力是一种实质性权利，而不是保护性权利；

③权力是为自己行使的，而不是代其他方行使；

④权力通常表现为表决权，但有时也可能表现为其他合同安排。

（1）相关活动

从上述权力的定义中可以看出，要判断投资方是否拥有对被投资方的权力，首先需要识别被投资方的相关活动。相关活动是指对被投资方的回报产生重大影响的活动。

【提示】同一企业在不同环境和情况下，相关活动也可能有所不同。

两个或两个以上投资方能够分别单方面主导被投资方的不同相关活动时，能够主导对被投资方回报产生最重大影响活动的一方拥有对被投资方的权力。

（2）"权力"是一种实质性权利

在判断一项权利是否可能构成"权力"时，仅实质性权利才应当被加以考虑。

实质性权利，是指持有人在对相关活动进行决策时，有实际能力行使的可执行权利。

保护性权利，旨在保护持有这些权利的当事方的权益，而不赋予当事方对这些权利所涉及的主体的权力。

【提示】仅持有保护性权利的投资方不能对被投资方实施控制，也不能阻止其他方对被投资方实施控制。

（3）权力的持有人应为主要责任人

权力是能够"主导"被投资方相关活动的现时能力，可见，权力是为自己行使的（行使人为主要责任人），而不是代其他方行使权力（行使人为代理人）。

（4）权力一般源自表决权

【提示】表决权通常与出资比例或持股比例一致，但公司章程另有规定的除外。

情形一：通过直接或间接拥有半数以上表决权而拥有权力

需要说明的是，在进行控制分析时，投资方不仅需要考虑直接表决权，还需要考虑其持有的潜在表决权以及其他方持有的潜在表决权的影响（可转换工具、认股权证、远期股权购买合同或期权所产生的权利），进行综合考量，以确定其对被投资方是否拥有权力。

①直接拥有半数以上

```
┌──────┐  70%  ┌──────┐
│ 甲公司 │ ────→ │ 乙公司 │
└──────┘       └──────┘
```

②间接拥有半数以上

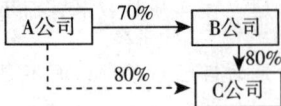

```
┌──────┐  70%  ┌──────┐
│ A公司 │ ────→ │ B公司 │
└──────┘       └──────┘
    ┊              │80%
    └┄┄┄┄┄┄┄┄┄┄┄┄┄→ ┌──────┐
         80%       │ C公司 │
                   └──────┘
```

③直接和间接合计拥有半数以上

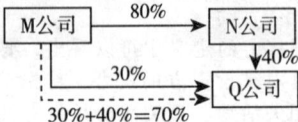

```
┌──────┐  80%  ┌──────┐
│ M公司 │ ────→ │ N公司 │
└──────┘       └──────┘
    ┊              │40%
    └┄┄┄┄┄┄┄┄┄┄┄┄┄→ ┌──────┐
         30%       │ Q公司 │
                   └──────┘
      30%+40%＝70%
```

情形二：持有被投资方半数以上表决权但并无权力

确定持有半数以上表决权的投资方是否拥有权力，关键在于该投资方是否拥有主导被投资方相关活动的现时能力。

如果投资方虽然持有被投资方半数以上表决权，但这些表决权并不是实质性权利时，则投资方并不拥有对被投资方的权力。

例如：在被投资方相关活动被政府、法院、管理人、接管人、清算人或监管人等其他方主导时，投资方无法凭借其拥有的表决权主导被投资方的相关活动，投资方即使持有被投资方过半数的表决权，也不拥有对被投资方的权力。

【提示】半数以上表决权通过只是作出决策的通常做法，有些情况下，根据相关章程、协议或其他法律文件，主导相关活动的决策所要求的表决权比例高于持有半数以上表决权的一方持有的表决权比例（如2/3以上）。

情形三：直接或间接结合，也只拥有半数或半数以下表决权，但仍然可以通过表决权判断拥有权力

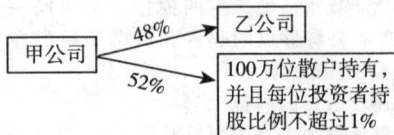

```
┌──────┐  48%  ┌──────────────────┐
│ 甲公司 │ ────→ │      乙公司        │
└──────┘       └──────────────────┘
    │    52%   ┌──────────────────┐
    └────────→ │100万位散户持有，     │
               │并且每位投资者持      │
               │股比例不超过1%       │
               └──────────────────┘
```

【举例】A投资者持有被投资方40%的投票权，其他十二位投资者各持有被投资方5%的投票权，股东协议授予A投资者任免负责相关活动的管理人员及确定其薪酬的权利，若要改变协议，须获得三分之二的多数股东表决权同意。在这种情况下，单凭A投资者持有的投票权的绝对规模和其他股东持有投票权的相对规模，无法对A投资者是否拥有权力作出结论。但是，股东协议条款赋予A投资者任免管理人员及确定其薪酬的权利，足以说明A投资者拥有对被投资方的权力。

（5）权力来自于表决权以外的其他权利

在某些情况下，某些主体的投资方对其的权力并非源自于表决权，（例如，表决权可能仅与日常行政活动工作有关），被投资方的相关活动由一项或多项合同安排决定。

（6）权力与回报之间的联系

只有当投资方不仅拥有对被投资方的权力、通过参与被投资方的相关活动而享有可变回报，并且有能力运用对被投资方的权力来影响其回报的金额时，投资方才控制被投资方。

【延伸】为避免董事审议陷入僵局，股东们签订协议赋予A企业任命的其中1名董事作为董事会主席，并且在董事会会议上享有额外的一票。股东协议有效地赋予A企业在董事会会议上获得相关活动的大多数投票权，如果不存在其他因素，这将使A企业拥有对甲企业的权力，即使A企业并未持有甲企业的大多数投票权。

（二）母公司与子公司

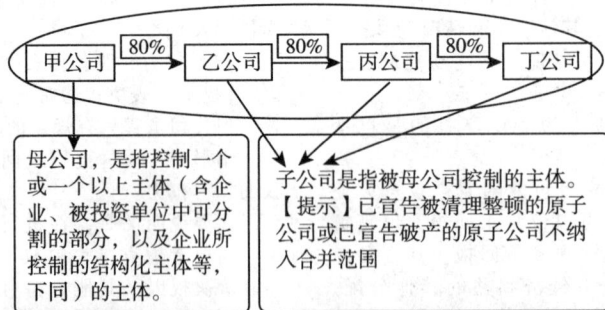

```
     ┌──────────────────────────────────────────────┐
     │ ┌──────┐ 80% ┌──────┐ 80% ┌──────┐ 80% ┌──────┐ │
     │ │ 甲公司 │───→│ 乙公司 │───→│ 丙公司 │───→│ 丁公司 │ │
     │ └──────┘    └──────┘    └──────┘    └──────┘ │
     └──────────────────────────────────────────────┘
          │                        ↑      ↑     ↑
          ↓                        │      │     │
┌───────────────────┐  ┌───────────────────────────┐
│母公司，是指控制一个   │  │子公司是指被母公司控制的主体。  │
│或一个以上主体（含企   │  │【提示】已宣告被清理整顿的原子  │
│业、被投资单位中可分   │  │公司或已宣告破产的原子公司不纳  │
│割的部分，以及企业所   │  │入合并范围                  │
│控制的结构化主体等，   │  └───────────────────────────┘
│下同）的主体。        │
└───────────────────┘
```

母公司需同时具备两个条件：

（1）必须有一个或一个以上的子公司；

（2）母公司可以是企业，也可以是非企业形式的、但形成会计主体的其他组织，如基金等。

子公司需同时具备两个条件：

（1）只能由一个母公司控制；

（2）子公司可以是企业，也可以是非企业形式的、但形成会计主体的其他组织，如基金以及信托项目等主体。

（三）纳入合并范围的特殊情况—对被投资方可分割部分的控制

投资方通常应当对是否控制被投资方整体进行判断。但在少数情况下，如果有确凿证据表明同时满足下列条件并且符合相关法律法规规定的，投资方应当将被投资方的一部分视为被投资方可分割的部分，进而判断是否控制该部分（可分割部分）：

1. 该部分的资产是偿付该部分负债或该部分其他利益方的唯一来源，不能用于偿还该部分以外的被投资方的其他负债；

2. 除与该部分相关的各方外，其他方不享有与该部分资产相关的权利，也不享有与该部分资产剩余现金流量相关的权利。

（四）合并范围的豁免—投资性主体

1. 母公司应当将其全部子公司（包括母公司所控制的被投资单位可分割部分、结构化主体）纳入合并范围。但是，如果母公司是投资性主体，则只应将那些为投资性主体的投资活动提供相关服务的子公司纳入合并范围，其他子公司不应予以合并，母公司对其他子公司的投资应当按照公允价值计量且其变动计入当期损益。

2. 当母公司同时满足以下三个条件时，该母公司属于投资性主体：

（1）该公司以向投资方提供投资管理服务为目的，从一个或多个投资者获取资金；

（2）该公司的唯一经营目的，是通过资本增值、投资收益或两者兼有而让投资者获得回报；

（3）该公司按照公允价值对几乎所有投资的业绩进行计量和评价。

3. 投资性主体通常应当符合下列四个特征：

（1）拥有一个以上投资；

（2）拥有一个以上投资者；

（3）投资者不是该主体的关联方；

（4）该主体的所有者权益以股权或类似权益存在。

4. 投资性主体的母公司本身不是投资性主体，则应当将其控制的全部主体，包括那些通过投资性主体所间接控制的主体，纳入合并财务报表范围。

【提示】当母公司由非投资性主体转变为投资性主体时，除仅将为其投资活动提供相关服务的子公司纳入合并财务报表范围编制合并财务报表外，企业自转变日起对其他子公司不再予以合并。

5. 当母公司由投资性主体转变为非投资性主体时，应将原未纳入合并财务报表范围的子公司于转变日纳入合并财务报表范围，将转变日视为购买日，原未纳入合并财务报表范围的子公司在

转变日的公允价值视同购买的交易对价，按照非同一控制下企业合并的会计处理方法进行会计处理。

（五）控制的持续评估

如果有任何事实或情况表明控制的基本要素中的一个或多个发生了变化，投资方应重新评估对被投资方是否具有控制。

【例题·多选题】下列各项中，投资方在确定合并财务报表合并范围时应予考虑的因素有（　）。（2015年）

A. 被投资方的设立目的

B. 投资方是否拥有对被投资方的权力

C. 投资方是否通过参与被投资方的相关活动而享有可变回报

D. 投资方是否有能力运用对被投资方的权力影响其回报金额

【解析】合并财务报表的合并范围应当以控制为基础予以确定。投资方要实现控制，必须具备两项基本要素：一是因涉入被投资方而享有可变回报；二是拥有对被投资方的权力，并且有能力运用对被投资方的权力影响其回报金额。除此之外，还应该综合考虑所有相关事实和情况，其中，对被投资方的设立目的和设计的分析，贯穿于判断控制的始终。

【答案】ABCD

【例题·多选题】下列各项中，被投资方不应纳入投资方合并财务报表合并范围的有（　）。（2013年）

A. 投资方和其他投资方对被投资方实施共同控制

B. 投资方拥有被投资方半数以上表决权但不能控制被投资方

C. 投资方未拥有被投资方半数以上表决权但有权决定其财务和经营政策

D. 投资方直接拥有被投资方半数以上表决权但被投资方已经被宣告清理整顿

【解析】纳入投资方合并财务合并范围的前提是实施控制，选项A和B没有达到施控制，不纳入合并报表范围；选项D，已宣告被清理整顿的原子公司不是母公司的子公司，不纳入合并报表范围。

【答案】ABD

三、合并财务报表的编制原则

1. 以个别财务报表为基础编制

2. 一体性原则

3. 重要性原则

四、合并财务报表编制的前期准备事项

1. 统一母子公司的会计政策

母公司应当统一子公司所采用的会计政策，使子公司采用的会计政策与母公司保持一致。子公司所采用的会计政策与母公司不一致的，应当

按照母公司的会计政策对子公司财务报表进行必要的调整；或者要求子公司按照母公司的会计政策另行编报财务报表。

2. 统一母子公司的资产负债表日及会计期间

子公司的会计期间与母公司不一致的，应当按照母公司的会计期间对子公司财务报表进行调整；或者要求子公司按照母公司的会计期间另行编报财务报表。

3. 对子公司以外币表示的财务报表进行折算

4. 收集编制合并财务报表的相关资料

【例题·多选题】母公司在编制合并财务报表前，对子公司所采用会计政策与其不一致的情形进行的下列会计处理中，正确的有（ ）。（2015年）

A. 按照子公司的会计政策另行编报母公司的财务报表

B. 要求子公司按照母公司的会计政策另行编报子公司的财务报表

C. 按照母公司自身的会计政策对子公司财务报表进行必要的调整

D. 按照子公司的会计政策对母公司自身财务报表进行必要的调整

【解析】编制财务报表前，应当尽可能的统一母公司和子公司的会计政策，统一要求子公司所采用的会计政策与母公司保持一致，选项B和C正确。

【答案】BC

五、合并财务报表的编制程序

1. 设置合并工作底稿

2. 将母公司、纳入合并范围的子公司个别资产负债表、利润表及所有者权益变动表各项目的数据过入合并工作底稿

3. 编制调整分录与抵销分录

4. 计算合并财务报表各项目的合并数额

5. 填列合并财务报表

【星期二·第20章】合并财务报表调整、抵销的处理

编制合并财务报表时涉及的调整、抵销业务如下：

调整业务	抵销业务
1. 对子公司的个别财务报表进行调整（非同一控制企业合并） 2. 按权益法调整对子公司的长期股权投资	1. 母公司股权投资与子公司所有者权益的抵销 2. 母公司对子公司、子公司相互之间持有对方长期股权投资的投资收益的抵销 3. 母子公司内部债权债务的抵销 4. 母子公司内部商品交易的抵销 5. 母子公司内部固定资产交易的抵销 6. 母子公司内部无形资产交易的抵销 7. 现金流入与现金流出的抵销

第十一周

【提示】合并报表编制的调整、抵销分录并非会计凭证中的正式分录，只是在工作底稿中编制，所以次年要对上年度编制的抵销分录重新编制。

一、对子公司的个别财务报表进行调整

在编制合并财务报表时，首先应对各子公司进行分类，分为同一控制企业合并中取得的子公司和非同一控制企业合并中取得的子公司两类。

1. 同一控制企业合并中取得的子公司

对于同一控制企业合并中取得的子公司，如果不存在与母公司会计政策和会计期间不一致的情况，则不需要对该子公司的个别财务报表进行调整。

2. 非同一控制企业合并中取得的子公司

对于非同一控制企业合并中取得的子公司，除应考虑会计政策及会计期间的差别，需要对子公司的个别财务报表进行调整外，还应当根据母公司在购买日设置的备查簿中登记的该子公司有关可辨认资产、负债及或有负债等的公允价值，对子公司的个别财务报表进行调整，使子公司的个别财务报表反映为在购买日公允价值基础上确定的可辨认资产、负债及或有负债等在本期资产负债表日应有的金额。

【例题·计算题】2016年1月1日甲公司自非关联方购入乙公司80%股权，能够对乙公司的财务和经营政策实施控制。购买日乙公司可辨认净资产的账面价值为15000万元，公允价值为16000万元（差额源于一项管理用固定资产的账面价值低于其公允价值1000万元，该固定资产预计尚可使用5年，采用年限平均法计提折旧，预计净残值为0）。甲、乙公司适用的所得税税率均为

25%，假定甲、乙公司的会计政策和会计期间一致。

【答案】

2016 年

借：固定资产　　　　　　　　1000
　　贷：资本公积　　　　　　　　　750
　　　　递延所得税负债　　　　　　250

借：管理费用　　　200 （1000/5）
　　贷：固定资产　　　　　　　　　200

借：递延所得税负债　50 （200×25%）
　　贷：所得税费用　　　　　　　　 50

2017 年

借：固定资产　　　　　　　　1000
　　贷：资本公积　　　　　　　　　750
　　　　递延所得税负债　　　　　　250

借：未分配利润—年初　　　　　200
　　贷：固定资产　　　　　　　　　200

借：递延所得税负债　　　　　　 50
　　贷：未分配利润—年初　　　　　 50

借：管理费用　　　　　　　　　200
　　贷：固定资产　　　　　　　　　200

借：递延所得税负债　　　　　　 50
　　贷：所得税费用　　　　　　　　 50

【提示】合并报表编制的调整分录并非会计凭证中的正式分录，只是在工作底稿中编制，所以次年要对上年度编制的调整分录重新编制。

二、按权益法调整对子公司的长期股权投资（同一控制企业合并与非同一控制企业合并调整思路相同）

内　容	①投资当年	②以后年度（连续编制） +①
1. 子公司盈亏的调整	借：长期股权投资 　　贷：投资收益 若亏损，作相反分录	借：长期股权投资 　　贷：未分配利润—年初 若亏损，作相反分录
2. 子公司宣告分派现金股利的调整	借：投资收益 　　贷：长期股权投资	借：未分配利润—年初 　　贷：长期股权投资
3. 子公司其他综合收益变动的调整	借：长期股权投资 　　贷：其他综合收益—本年 或作相反分录	借：长期股权投资 　　贷：其他综合收益—年初 或作相反分录
4. 子公司除净损益、其他综合收益以及利润分配以外所有者权益的其他变动的调整	借：长期股权投资 　　贷：资本公积—本年 或作相反分录	借：长期股权投资 　　贷：资本公积—年初 或作相反分录

【例题·计算题】2016 年 1 月 1 日甲公司对乙公司进行股权投资，以货币资金 8000 万元取得乙公司有表决权股份的 70%，从当日起可以控制乙公司（非同一控制下企业合并）。投资当日乙公司可辨认净资产账面价值为 8800 万元，公允价值为 9000 万元，差额源于一项管理用固定资产公允价值高于账面价值 200 万元，预计尚可使用 5 年，采用年限平均法计提折旧，预计净残值为 0。2016年度乙公司实现净利润 2000 万元，提取盈余公积 200 万元，可供出售金融资产期末公允价值上升 500 万元，分配现金股利 1000 万元，无其他导致所有者权益变动的事项。2017 年度乙公司实现净利润 2500 万元，提取盈余公积 250 万元，未分派现金股利，无其他导致所有者权益变动的事项。假定甲、乙公司的会计政策和会计期间一致。（不考虑所得税的影响）

要求：编制上述业务在合并报表工作底稿中的调整分录。

【答案】

2016 年

借：固定资产　　　　　　　　　200
　　贷：资本公积—本年　　　　　　200

借：管理费用　　　　40 （200/5）
　　贷：固定资产　　　　　　　　　 40

以乙公司 2016 年 1 月 1 日可辨认净资产公允价值为基础计算的净利润 = 2000 - 40 = 1960（万元）。

借：长期股权投资　1372 （1960×70%）
　　贷：投资收益　　　　　　　　1372

借：长期股权投资　350 （500×70%）
　　贷：其他综合收益—本年　　　　350

借：投资收益　　700 （1000×70%）
　　贷：长期股权投资　　　　　　　700

2017 年

借：固定资产　　　　　　　　　200
　　贷：资本公积—年初　　　　　　200

借：未分配利润—年初　　　　　 40
　　贷：固定资产　　　　　　　　　 40

第十一周

借：管理费用 40
    贷：固定资产 40

【提示】合并报表编制的调整分录并非会计凭证中的正式分录，只是在工作底稿中编制的，所以次年要对上年度编制的调整分录重新编制。

借：长期股权投资 1022
    贷：未分配利润—年初 672（1372−700）
        其他综合收益—年初 350

以乙公司2016年1月1日可辨认净资产公允价值为基础计算2017年的净利润＝2500−40＝2460（万元）。

借：长期股权投资 1722（2460×70%）
    贷：投资收益 1722

三、母公司股权投资与子公司所有者权益的抵销

（一）同一控制企业合并

借：股本（实收资本）
    资本公积
    其他综合收益
    盈余公积
    未分配利润
    贷：长期股权投资
        少数股东权益

【提示】同一控制企业合并不产生新的商誉，故抵销分录一般不涉及商誉，如最终控制方收购被合并方时形成了商誉，则上述抵销分录中借方应存在商誉项目。

（二）非同一控制企业合并

借：股本（实收资本）
    资本公积
    其他综合收益
    盈余公积
    未分配利润
    商誉（借方差额）
    贷：长期股权投资
        少数股东权益
        （子公司所有者权益×少数股东投资持股比例）
        盈余公积
        未分配利润 ｝（贷方差额）
        （当年末为"营业外收入"）

【提示】在合并财务报表中，子公司少数股东分担的当期亏损超过了少数股东在该子公司期初所有者权益中所享有的份额的（即发生超额亏损），其余额仍应当冲减少数股东权益，即少数股东权益可以出现负数。

四、母公司对子公司、子公司相互之间持有对方长期股权投资的投资收益的抵销

借：投资收益
    少数股东损益
    未分配利润—年初

    贷：提取盈余公积
        对所有者（或股东）的分配
        未分配利润—年末

【例题·计算题】大海公司2016年度和2017年度与投资有关业务资料如下：

（1）2016年1月1日，大海公司以银行存款5000万元自非关联方东大公司购入A公司80%有表决权的股份。当日，A公司账面所有者权益总额为6000万元，其中，股本2000万元，资本公积1000万元，盈余公积320万元，未分配利润2680万元。当日A公司有一项管理用专利权账面价值500万元，公允价值700万元，预计尚可使用5年，无残值，采用直线法摊销。此外，A公司其他可辨认资产、负债公允价值与账面价值相等。

（2）2016年度A公司实现净利润800万元，计提盈余公积80万元，分派现金股利500万元；可供出售金融资产期末公允价值上升300万元。

（3）2017年度A公司实现净利润1000万元，计提盈余公积为100万元，分派现金股利600万元；可供出售金融资产期末公允价值上升200万元。

不考虑所得税及其他因素影响。

要求：按年份编制2016年及2017年大海公司个别报表中的会计分录及合并报表中的调整抵销分录。

【答案】

（1）2016年度个别报表的会计处理：

借：长期股权投资 5000
    贷：银行存款 5000
借：应收股利 400（500×80%）
    贷：投资收益 400
借：银行存款 400
    贷：应收股利 400

（2）2016年度合并报表的会计处理：

①购买日

借：无形资产 200
    贷：资本公积—本年 200
借：股本 2000
    资本公积 1200（1000+200）
    盈余公积 320
    未分配利润—年初 2680
    商誉 40（倒挤）
    贷：长期股权投资 5000
        少数股东权益 1240
        ［（2000+1200+320+2680）×20%］

②资产负债表日

借：无形资产 200
    贷：资本公积—本年 200
借：管理费用 40［（700−500）÷5］
    贷：无形资产 40

将长期股权投资由成本法调整为权益法：

借：投资收益　　　　　　　　400
　　贷：长期股权投资　　　　　　400
借：长期股权投资　　　　　　608
　　　〔（800-40）×80%〕
　　贷：投资收益　　　　　　　　608
借：长期股权投资　240（300×80%）
　　贷：其他综合收益　　　　　　240
调整后长期股权投资的账面价值=5000-400+608+240=5448（万元）。
借：股本　　　　　　　　　　2000
　　资本公积　　　　　　　　1200
　　盈余公积　　　400（320+80）
　　其他综合收益　　　　　　300
　　未分配利润—年末　　　　2860
　　　（2680+760-500-80）
　　商誉　　　　　　　40（倒挤）
　　贷：长期股权投资　　　　　5448
　　　　少数股东权益　　　　　1352
　〔（2000+1200+400+300+2860）×20%〕
借：投资收益　608〔（800-40）×80%〕
　　少数股东损益　　　　　　152
　　　〔（800-40）×20%〕
　　未分配利润—年初　　　　2680
　　贷：提取盈余公积　　　　　　80
　　　　对所有者（或股东）的分配　500
　　　　未分配利润—年末　　　2860
（3）2017年度个别报表的会计处理：
借：应收股利　　　480（600×80%）
　　贷：投资收益　　　　　　　　480
借：银行存款　　　　　　　　480
　　贷：应收股利　　　　　　　　480
（4）2017年度合并报表的会计处理：
借：无形资产　　　　　　　　200
　　贷：资本公积—年初　　　　　200
借：未分配利润—年初　　　　40
　　管理费用　40〔（700-500）÷5〕
　　贷：无形资产　　　　　　　　80
将长期股权投资由成本法调整为权益法：
借：未分配利润—年初　　　　400
　　贷：长期股权投资　　　　　　400
借：长期股权投资　　　　　　608
　　　〔（800-40）×80%〕
　　贷：未分配利润—年初　　　　608
借：长期股权投资　240（300×80%）
　　贷：其他综合收益—年初　　　240
借：投资收益　　　　　　　　480
　　贷：长期股权投资　　　　　　480
借：长期股权投资　　　　　　768
　　　〔（1000-40）×80%〕

　　贷：投资收益　　　　　　　　768
借：长期股权投资　160（200×80%）
　　贷：其他综合收益　　　　　　160
调整后长期股权投资的账面价值=5000-400+608+240-480+768+160=5896（万元）。
借：股本　　　　　　　　　　2000
　　资本公积　　　1200（1000+200）
　　盈余公积　　　500（400+100）
　　其他综合收益　500（300+200）
　　未分配利润—年末　　　　3120
　　　（2860+960-100-600）
　　商誉　　　　　　　40（倒挤）
　　贷：长期股权投资　　　　　5896
　　　　少数股东权益　　　　　1464
　〔（2000+1200+500+500+3120）×20%〕
借：投资收益　768〔（1000-40）×80%〕
　　少数股东损益　　　　　　192
　　　〔（1000-40）×20%〕
　　未分配利润—年初　　　　2860
　　贷：提取盈余公积　　　　　100
　　　　对所有者（或股东）的分配　600
　　　　未分配利润—年末　　　3120

【例题·多选题】甲公司2015年1月1日自非关联方处购入乙公司80%股权，能够对乙公司的财务和经营政策实施控制。除乙公司外，甲公司无其他子公司。2016年度，乙公司按照购买日可辨认净资产公允价值为基础计算实现的净利润为2000万元，无其他所有者权益变动。2016年末，甲公司合并财务报表中少数股东权益为825万元。2017年度，乙公司按购买日可辨认净资产公允价值为基础计算的净亏损为5000万元，无其他所有者权益变动。2017年末，甲公司个别财务报表中所有者权益总额为8500万元。下列各项关于甲公司2016年度和2017年度合并财务报表列报的表述中，正确的有（　　）。

A. 2017年度少数股东损益为-1000万元
B. 2016年度少数股东损益为400万元
C. 2017年12月31日少数股东权益为0
D. 2017年12月31日归属于母公司的股东权益为6100万元

【解析】2017年度少数股东损益=-5000×20%=-1000（万元），选项A正确；2016年度少数股东损益=2000×20%=400（万元），选项B正确；2017年12月31日少数股东权益=825-5000×20%=-175（万元），选项C错误；2017年12月31日归属于母公司的股东权益=8500+（2000-5000）×80%=6100（万元），选项D正确。

【答案】ABD

【星期三·第 20 章】 内部债权债务抵销和内部商品交易的抵销

考点 1：内部债权债务的抵销

内部债权项目	内部债务项目
应收账款	应付账款
应收票据	应付票据
预付款项	预收款项
持有至到期投资等	应付债券
应收利息	应付利息
应收股利	应付股利
其他应收款	其他应付款

1. 应收账款和应付账款抵销

（1）根据期末内部应收（付）账款余额抵销

借：应付账款

　　贷：应收账款

（2）计提坏账准备的抵销

借：应收账款—坏账准备

　　贷：资产减值损失

（3）递延所得税资产的抵销

借：所得税费用

　　贷：递延所得税资产

（4）根据期初内部应收账款已提过的坏账准备抵销

借：应收账款

　　贷：未分配利润—年初

（5）根据期初内部递延所得税资产抵销

借：未分配利润—年初

　　贷：递延所得税资产

（6）根据当年内部应收账款所计提或转回坏账准备的抵销

借：应收账款—坏账准备

　　贷：资产减值损失

或作这相反分录。

【例题·计算题】 甲公司是乙公司的母公司，2017 年 1 月 1 日乙公司应收账款中有应收甲公司货款 500 万元，至 12 月 31 日应收账款中有应收甲公司货款 400 万元，假定乙公司提取坏账准备的比例为 10%，双方适用的所得税税率为 25%。

要求：编制合并报表中当年有关内部债权、债务的抵销分录。

【答案】

①对上年内部应收账款已提过的坏账准备作如下抵销：

借：应收账款　　　　　　　50（500×10%）

　　贷：未分配利润—年初　　　　　　　50

②对上年内部应收账款账面价值与计税基础不同作如下抵销：

借：未分配利润—年初　　12.5（50×25%）

　　贷：递延所得税资产　　　　　　　12.5

③根据年末内部债权、债务作如下抵销：

借：应付账款　　　　　　　　　　400

　　贷：应收账款　　　　　　　　　　400

④当年乙公司对内部应收账款转回坏账准备 10 万元，作如下抵销：

借：资产减值损失　　　　　　　　　10

　　贷：应收账款　　　　　　　　　　10

⑤当年对递延所得税资产的转回应作如下抵销：

借：递延所得税资产　　　2.5（10×25%）

　　贷：所得税费用　　　　　　　　　2.5

2. 应付债券和持有至到期投资抵销

（1）根据期末持有至到期投资的摊余成本和应付债券的摊余成本抵销

①当应付债券的摊余成本大于持有至到期投资的摊余成本时

借：应付债券（个别报表的摊余成本）

　　贷：持有至到期投资（个别报表的摊余成本）

　　　　财务费用（差额）

②当应付债券的摊余成本小于持有至到期投资的摊余成本时

借：应付债券（个别报表的摊余成本）

　　投资收益（差额）

　　贷：持有至到期投资（个别报表的摊余成本）

（2）如果发行方所筹集资金用于非工程项目，则根据当年投资方所提的利息收益和发行债券方所计提的利息费用抵销

借：投资收益

　　贷：财务费用

【提示】 如果这两项不相等，则就低不就高。

（3）如果发行方所筹集资金用于工程项目，则分别以下两种情况来处理：

①根据当年投资方所提的利息收益和发行方当年所提的利息费用抵销

借：投资收益

　　贷：财务费用（计入当期财务费用的部分）

　　　　在建工程（计入当期工程成本的部分）

②根据以前年度债券发行方所提的利息费用及资本化部分结合投资方所提的利息收益部分抵销

借：未分配利润—年初

　　贷：在建工程

第十一周

【总结】

借：债务类项目

    贷：债权类项目

考点2：内部商品交易的抵销

【提示】母子公司双方均作为存货核算。

（1）当年购入存货，当年全部留存未售

借：营业收入

    贷：营业成本

        存货

（2）当年购入存货，当年全部出售

借：营业收入

    贷：营业成本

（3）当年购入存货，当年留存一部分，销售一部分

借：营业收入

    贷：营业成本

借：营业成本

    贷：存货（留存部分虚增价值）

（4）上年购入存货，本年全部留存未售

借：未分配利润—年初

    贷：存货

（5）上年购入存货，本年全部出售

借：未分配利润—年初

    贷：营业成本

（6）上年购入存货，本年留存一部分，销售一部分

借：未分配利润—年初

    贷：营业成本

借：营业成本

    贷：存货（留存部分虚增价值）

（7）涉及存货跌价准备及所得税的抵销

需以集团合并报表的角度进行分析，然后与个别报表进行比较，编制抵销分录。

【例题·计算题】2016年1月1日，A公司以银行存款购入Q公司80%的股份，能够对Q公司实施控制。2016年A公司将500件商品销售给Q公司，售价为每件3万元（不含增值税，下同）。A公司该批商品单位成本为2万元，未计提存货跌价准备。2016年Q公司对外销售商品200件，每件销售价格为3.5万元；2016年年末Q公司结存该批商品300件。2016年12月31日，该批商品的单件可变现净值为2.2万元；Q公司对该批商品计提存货跌价准备240万元。2017年Q公司对外销售该批商品200件，每件销售价格为2.9万元。2017年12月31日，Q公司年末存货中包括从A公司购进的商品100件，其单件商品的可变现净值为1.8万元。Q公司个别财务报表中A商品存货跌价准备的期末余额为120万元。假定A公司和Q公司均采用资产负债表债务法核算所得

税，适用的所得税税率均为25%。

要求：编制2016年和2017年合并财务报表中与存货有关的抵销分录。

【答案】

（1）2016年抵销分录：

①抵销内部存货交易中未实现的收入、成本和利润

借：营业收入　　　　　1500（500×3）

    贷：营业成本　　　　　　　　1500

借：营业成本　　　300〔300×（3-2）〕

    贷：存货　　　　　　　　　　300

②抵销Q公司个别财务报表中计提的存货跌价准备

借：存货—存货跌价准备　　240

    贷：资产减值损失　　　　　240

③调整合并财务报表中递延所得税资产

Q公司个别报表中确认递延所得税资产=240×25%=60（万元）。在合并报表中资产的账面价值=2×300=600（万元），计税基础=3×300=900（万元），产生可抵扣暂时性差异300万元，应确认递延所得税资产75万元（300×25%），所以合并报表中应调增递延所得税资产15万元。

借：递延所得税资产　　15（75-60）

    贷：所得税费用　　　　　　　15

（2）2017年抵销分录：

①抵销期初存货中未实现内部销售利润

借：未分配利润—年初　　　300

    贷：营业成本　　　　　　　300

②抵销期末存货中未实现内部销售利润

借：营业成本　　100〔100×（3-2）〕

    贷：存货　　　　　　　　　100

③抵销期初存货跌价准备

借：存货—存货跌价准备　　240

    贷：未分配利润—年初　　　240

④抵销本期销售商品结转的存货跌价准备

借：营业成本　　　160（240×200/300）

    贷：存货—存货跌价准备　　160

⑤调整本期存货跌价准备

个别报表中存货跌价准备的余额为120万元，本期计提存货跌价准备=120-（240-160）=40（万元）；合并报表中存货的可变现净值=100×1.8=180（万元），成本=100×2=200（万元），应计提存货跌价准备20万元。

借：存货—存货跌价准备　　20（40-20）

    贷：资产减值损失　　　　　　20

⑥调整合并财务报表中递延所得税资产

合并报表中，存货的账面价值=1.8×100=180（万元），计税基础=3×100=300（万元），产生可抵扣暂时性差异120万元，应列示的递延所得税资产为30万元（120×25%）；个别报表中已确认递延所得税资产余额=120×25%=30（万

元），所以本期合并报表中递延所得税资产调整金额＝30－30－15（期初）＝－15（万元）。

借：递延所得税资产　　　　　　　15
　　贷：未分配利润—年初　　　　　　　15
借：所得税费用　　　　　　　　　15
　　贷：递延所得税资产　　　　　　　　15

【例题·单选题】2×12年10月12日，甲公司向其子公司乙公司销售一批商品，不含增值税的销售价格为3000万元，增值税税额为510万元，款项尚未收到；该批商品成本为2200万元，未计提存货跌价准备，至当年12月31日，乙公司已将该批商品对外销售80%，不考虑其他因素，甲公司在编制2×12年12月31日合并资产负债表时，"存货"项目应抵销的金额为（　　）万元。（2013年）

A. 160　　　　　　　　B. 440
C. 600　　　　　　　　D. 640

【解析】应抵销的"存货"项目金额＝（3000－2200）×20%＝160（万元）。

参考会计分录：
借：营业收入　　　　　　　　　　3000
　　贷：营业成本　　　　　　　　　　3000
借：营业成本　　　　　　　　　　160
　　贷：存货　　　　　　　　　　　160

【答案】A

【提示】《合并财务报表准则》第三十六条：母公司向子公司出售资产所发生的未实现内部交易损益，应当全额抵销"归属于母公司所有者的净利润"。子公司向母公司出售资产所发生的未实现内部交易损益，应当按照母公司对该子公司的分配比例在"归属于母公司所有者的净利润"和"少数股东损益"之间分配抵销。子公司之间出售资产所发生的未实现内部交易损益，应当按照母公司对出售方子公司的分配比例在"归属于母公司所有者的净利润"和"少数股东损益"之间分配抵销。

【例题·计算题】A公司2015年10月1日取得B公司80%股份，能够控制B公司生产经营决策。2016年A公司实现净利润1000万元，B公司按购买日公允价值持续计算的净利润200万元。2016年3月1日，B公司向A公司出售一批存货，成本为80万元，未计提存货跌价准备，售价为100万元，至2016年12月31日，A公司将上述存货对外出售70%。2017年A公司实现净利润1100万元，B公司按购买日公允价值持续计算的净利润300万元，至2017年12月31日，A公司将上述存货全部对外销售，2017年未发生内部交易。假定不考虑所得税等其他因素的影响。

要求：
（1）计算2016年合并净利润。
（2）计算2016年少数股东损益。
（3）计算2016年归属于A公司的净利润。
（4）计算2017年合并净利润。

（5）计算2017年少数股东损益。
（6）计算2017年归属于A公司的净利润。

【答案】
（1）2016年存货中包含的未实现利润＝（100－80）×（1－70%）＝6（万元）。
2016年合并净利润＝（1000＋200）－6＝1194（万元）。
（2）2016年少数股东损益＝（200－6）×20%＝38.8（万元）。
（3）2016年归属于A公司的净利润＝1194－38.8＝1155.2（万元）。
（4）2016年存货中包含的未实现利润6万元在2017年实现。
2017年合并净利润＝（1100＋300）＋6＝1406（万元）。
（5）2017年少数股东损益＝（300＋6）×20%＝61.2（万元）。
（6）2017年归属于A公司的净利润＝1406－61.2＝1344.8（万元）。

【提示】
2016年编制抵销分录：
借：少数股东权益　　　　1.2（6×20%）
　　贷：少数股东损益　　　　　　　　1.2
2017年编制抵销分录：
借：少数股东权益　　　　　　　　1.2
　　贷：未分配利润—年初　　　　　　1.2
借：少数股东损益　　　　　　　　1.2
　　贷：少数股东权益　　　　　　　　1.2

【例题·计算题】A公司2016年10月1日取得B公司80%股份，能够控制B公司的生产经营决策。2017年A公司实现净利润1000万元，B公司按购买日公允价值持续计算的净利润200万元。2017年3月1日，A公司向B公司出售一批存货，成本为80万元，未计提存货跌价准备，售价为100万元，至2017年12月31日，B公司将上述存货对外出售70%，假定不考虑所得税等其他因素的影响。

要求：
（1）计算2017年合并净利润。
（2）计算2017年少数股东损益。
（3）计算2017年归属于A公司的净利润。

【答案】
（1）2017年存货中包含的未实现利润＝（100－80）×（1－70%）＝6（万元）。
2017年合并净利润＝（1000＋200）－6＝1194（万元）。
（2）2017年少数股东损益＝200×20%＝40（万元）。
（3）2017年归属于A公司的净利润＝1194－40＝1154（万元）。

【提示】此交易为顺流交易，少数股东不承担该未实现损益，无需编制抵销分录。

第十一周

【例题·计算题】甲公司 2016 年 10 月 1 日取得 A 公司 80% 股份，能够控制 A 公司的生产经营决策；2016 年 12 月 1 日取得 B 公司 60% 股份，能够控制 B 公司的生产经营决策。2017 年甲公司实现净利润 1000 万元，A 公司按购买日公允价值持续计算的净利润 200 万元，B 公司按购买日公允价值持续计算的净利润 100 万元。2017 年 3 月 1 日，A 公司向 B 公司出售一批存货，成本为 80 万元，未计提存货跌价准备，售价为 100 万元，至 2017 年 12 月 31 日，B 公司将上述存货对外出售 70%，A 公司和 B 公司之间无投资关系，假定不考虑所得税等其他因素的影响。

要求：

（1）计算 2017 年合并净利润。

（2）计算 2017 年少数股东损益。

（3）计算 2017 年归属于甲公司的净利润。

【答案】

（1）2017 年存货中包含的未实现利润 ＝（100 － 80）×（1 － 70%）＝ 6（万元）。

2017 年合并净利润 ＝（1000 ＋ 200 ＋ 100）－ 6 ＝ 1294（万元）。

（2）A 公司少数股东损益 ＝（200 － 6）× 20% ＝ 38.8（万元），B 公司少数股东损益 ＝ 100 × 40% ＝ 40（万元），2017 年少数股东损益 ＝ 38.8 ＋ 40 ＝ 78.8（万元）。

（3）2017 年归属于甲公司的净利润 ＝ 1294 － 78.8 ＝ 1215.2（万元）。

【提示】

2017 年编制抵销分录：

借：少数股东权益　　　　1.2（6×20%）
　　贷：少数股东损益　　　　　　　　　1.2

【延伸】如果题目条件为 B 公司向 A 公司销售商品，则抵销分录：

借：少数股东权益　　　　2.4（6×40%）
　　贷：少数股东损益　　　　　　　　　2.4

【例题·计算题】甲公司对 A 公司进行投资，取得 A 公司有表决权股份的 80%，甲公司能够控制 A 公司。2017 年 6 月 1 日，A 公司向甲公司销售一批商品，售价 3200 万元，该批商品成本为 3000 万元（未发生减值），甲公司将购进的该批商品作为存货核算。截至 2017 年 12 月 31 日，该批商品已对外销售 70%。2017 年年末，甲公司对剩余存货进行检查，发现未发生减值。除此之外，甲公司与 A 公司 2017 年未发生其他交易。假定不考虑增值税、所得税等因素的影响。

要求：编制 2017 年合并财务报表内部交易存货相关的抵销分录。

【答案】

借：营业收入　　　　　　　　3200
　　贷：营业成本　　　　　　　　　　3200
借：营业成本　　　　　　　　　60
　　贷：存货　　　　　　　　　　　　　60
　　　　［（3200 － 3000）×（1 － 70%）］
借：少数股东权益　　　　12（60×20%）
　　贷：少数股东损益　　　　　　　　　12

【例题·判断题】母公司编制合并报表时，应将非全资子公司向其出售资产所发生的未实现内部交易损益全额抵销归属于母公司所有者的净利润。（　　）（2016 年）

【解析】编制合并报表时，逆流交易的未实现损益应按照母公司持股比例抵减归属于母公司所有者的净利润。

【答案】×

【星期四·第 20 章】内部固定资产、无形资产交易的抵销和合并现金流量表的抵销处理

考点 1：内部固定资产交易的抵销

【提示】母子公司双方有一方或双方均作为固定资产核算。

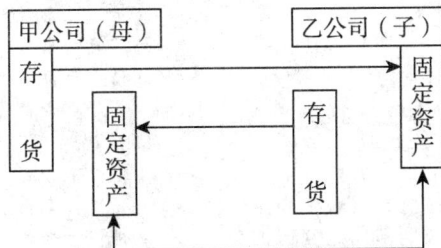

1. 固定资产内部交易当年的抵销

①存货→固定资产

借：营业收入（内部交易收入）

　　贷：营业成本（内部交易成本）

　　　　固定资产（内部交易的利润）

②固定资产→固定资产

借：营业外收入（内部交易收益）

　　贷：固定资产

或：

借：固定资产

　　贷：营业外支出（内部交易损失）

③合并角度当年多提折旧的抵销

借：固定资产—累计折旧

　　贷：管理费用（内部交易当期多提折旧）

2. 固定资产内部交易以后年度的抵销

①借：未分配利润—年初

　　贷：固定资产（内部交易的利润）

②借：固定资产—累计折旧（期初累计多提折旧）

　　贷：未分配利润—年初

③借：固定资产—累计折旧

　　贷：管理费用等（当期多提折旧）

3. 固定资产到期的当期继续使用（不进行清理）

①借：未分配利润—年初

　　贷：固定资产（内部交易的利润）

②借：固定资产—累计折旧（期初累计多提折旧）

　　贷：未分配利润—年初

③借：固定资产—累计折旧

　　贷：管理费用等（当期多提折旧）

4. 固定资产到期进行清理

借：未分配利润—年初

　　贷：管理费用（当期多提折旧）

5. 固定资产超预计使用年限继续使用

①借：未分配利润—年初

　　贷：固定资产（内部交易的利润）

②借：固定资产（期初累计多提折旧）

　　贷：未分配利润—年初

6. 固定资产提前清理

①借：未分配利润—年初（内部交易的利润）

　　贷：营业外收入或营业外支出

②借：营业外收入或营业外支出

　　贷：未分配利润—年初（期初累计多提折旧）

③借：营业外收入或营业外支出

　　贷：管理费用（当期多提折旧）

7. 考虑所得税的影响

固定资产的账面价值：合并财务报表中固定资产账面价值为集团内部销售期末固定资产的账面价值

固定资产的计税基础：合并财务报表中固定资产计税基础为集团内部购货方期末按税法规定确定的账面价值。

一般情况下：账面价值＜计税基础，形成可抵扣暂时性差异，确认相关的递延所得税资产。

【提示】内部固定资产交易产生的未实现交易损益在归属于母公司和少数股东净利润的计算上也要区分顺流交易和逆流交易，其核算方法与存货内部交易的处理原则一致。

考点2：内部无形资产交易的抵销（与固定资产抵销原理相同）

【例题·计算题】A公司是B公司的母公司。2013年1月2日向B公司转让一项无形资产，转让价格1000万元。该无形资产账面原价900万元，累计摊销100万元。假定B公司取得后作为管理用无形资产，该无形资产剩余摊销期5年，无残值，采用直线法摊销。

【答案】

（1）2013年的抵销分录：

①借：营业外收入　　　　　　　　200

　　贷：无形资产　　　　　　　　　200

②借：无形资产　　　　　　　　　 40

　　贷：管理费用　　　　　　　　　 40

（2）2014年的抵销分录：

①借：未分配利润—年初　　　　　200

　　贷：无形资产　　　　　　　　　200

②借：无形资产　　　　　　　　　 40

　　贷：未分配利润—年初　　　　　 40

③借：无形资产　　　　　　　　　 40

　　贷：管理费用　　　　　　　　　 40

（3）2015年的抵销分录：

①借：未分配利润—年初　　　　　200

　　贷：无形资产　　　　　　　　　200

②借：无形资产　　　　　　　　　 80

　　贷：未分配利润—年初　　　　　 80

③借：无形资产　　　　　　　　　 40

　　贷：管理费用　　　　　　　　　 40

（4）2016年的抵销分录：

①借：未分配利润—年初　　　　　200

　　贷：无形资产　　　　　　　　　200

②借：无形资产　　　　　　　　 120

　　贷：未分配利润—年初　　　　 120

③借：无形资产　　　　　　　　　 40

　　贷：管理费用　　　　　　　　　 40

（5）2017年（到期）的抵销分录：

①借：未分配利润—年初　　　　　200

　　贷：无形资产　　　　　　　　　200

②借：无形资产　　　　　　　　 160

　　贷：未分配利润—年初　　　　 160

③借：无形资产　　　　　　40
　　贷：管理费用　　　　　　　40
【延伸】如果2016年末企业处置该无形资产并形成利得
①借：未分配利润—年初　　200
　　贷：营业外收入　　　　　　200
②借：营业外收入　　　　　120
　　贷：未分配利润—年初　　　120
③借：营业外收入　　　　　40
　　贷：管理费用　　　　　　　40

考点3：合并现金流量表的抵销处理

抵销原则：
借：现金流出
　　贷：现金流入
编制合并现金流量表时需要进行抵销处理的项目主要有：
1. 母公司与子公司、子公司相互之间当期以现金投资或收购股权增加的投资所产生的现金流量；
2. 母公司与子公司、子公司相互之间当期取得投资收益收到的现金与分配股利、利润或偿付利息支付的现金；
3. 母公司与子公司、子公司相互之间以现金结算债权与债务所产生的现金流量；
4. 母公司与子公司、子公司相互之间当期销售商品所产生的现金流量；
5. 母公司与子公司、子公司相互之间处置固定资产、无形资产和其他长期资产收回的现金净额与购建固定资产、无形资产和其他长期资产支付的现金等。

【提示】
（1）对于子公司的少数股东增加在子公司中的权益性资本投资，在合并现金流量表中应当在"筹资活动产生的现金流量"之下的"吸收投资收到的现金"项目下单设"其中：子公司吸收少数股东投资收到的现金"项目反映。
（2）对于子公司向少数股东支付现金股利或利润，在合并现金流量表中应当在"筹资活动产生的现金流量"之下的"分配股利、利润或偿付利息支付的现金"项目下单设"其中：子公司支付给少数股东的股利、利润"项目反映。

【例题·单选题】2012年12月5日，甲公司向其子公司乙公司销售一批商品，不含增值税的销售价格为2000万元，增值税税额为340万元，款项已收存银行；该批商品成本为1600万元。不考虑其他因素，甲公司在编制2012年度合并现金流量表时，"销售商品、提供劳务收到的现金"项目应抵销的金额为（　）万元。（2013年）
A. 1600　　　　　B. 1940
C. 2000　　　　　D. 2340
【解析】甲公司在编制2012年度合并现金流量表时，"销售商品、提供劳务收到的现金"项目应抵销的金额＝2000＋340＝2340（万元）。
【答案】D

【例题·判断题】母公司在编制合并现金流量表时，应将其直接以现金对子公司进行长期股权投资形成的现金流量，与子公司筹资活动形成的与之对应的现金流量相互抵销。（　）（2015年）
【答案】√

【星期五·第20章】特殊交易在合并财务报表中的会计处理

一、追加投资的会计处理
（一）母公司购买子公司少数股东股权
母公司购买子公司少数股东拥有的子公司股权的，在合并财务报表中，因购买少数股权新取得的长期股权投资与按照新增持股比例计算应享有子公司自购买日或合并日开始持续计算的可辨认净资产份额之间的差额，应当调整母公司个别报表中的资本公积（资本溢价或股本溢价），资本公积不足冲减的，调整留存收益。
【提示】
（1）因控制权未发生改变，此交易属于权益性交易，所以不属于企业合并。
（2）因控制权未发生改变，商誉金额只反映原投资部分，新增持股比例部分在合并财务报表中不确认商誉。

（二）企业因追加投资等原因能够对非同一控制下的被投资方实施控制
企业因追加投资等原因通过多次交易分步实现非同一控制下企业合并的，在合并财务报表上，首先判断分步交易是否属于"一揽子交易"。
满足下列条件中的一项或多项的，属于"一揽子交易"：
1. 这些交易是同时或者在考虑了彼此影响的情况下订立的；
2. 这些交易整体才能达成一项完整的商业结果；
3. 一项交易的发生取决于至少一项其他交易的发生；

4. 一项交易单独看是不经济的，但是和其他交易一并考虑时是经济的。

如果分步取得对子公司股权投资直至取得控制权的各项交易属于"一揽子交易"，应当将各项交易作为一项取得子公司控制权的交易进行会计处理。

如果不属于"一揽子交易"，在合并财务报表中，对于购买日之前持有的被购买方的股权，应当按照该股权在购买日的公允价值进行重新计量，公允价值与其账面价值之间的差额计入当期投资收益；购买日之前持有的被购买方的股权涉及权益法核算下的其他综合收益以及除净损益、其他综合收益和利润分配外的其他所有者权益变动的，与其相关的其他综合收益、其他所有者权益变动应当转为购买日所属当期收益（由于被投资方重新计量设定受益计划净负债或净资产变动而产生的其他综合收益除外）。

【提示】

合并财务报表中的合并成本＝购买日之前所持被购买方的股权于购买日的公允价值＋购买日新购入股权所支付对价的公允价值。

购买日的合并商誉＝合并财务报表中的合并成本－应享有购买日被购买方可辨认净资产公允价值的份额

【例题·单选题】以非"一揽子交易"形成的非同一控制下的控股合并，购买日之前持有的被购买方的原股权在购买日的公允价值与其账面价值的差额，企业应在合并财务报表中确认为（　　）。（2016年）

A. 管理费用

B. 资本公积

C. 商誉

D. 投资收益

【解析】以非"一揽子交易"形成的非同一控制下的控股合并，合并报表中对于原股权按照公允价值重新计量，原股权公允价值和账面价值之间的差额计入投资收益，选项D正确。

【答案】D

（三）通过多次交易分步实现同一控制下企业合并

对于分步实现的同一控制下企业合并，在编制合并财务报表时，应视同参与合并的各方在最终控制方开始控制时即以目前的状态存在进行调整，在编制比较报表时，以不早于合并方和被合并方同处于最终控制方的控制之下的时点开始，将被合并方的有关资产、负债并入合并方合并财务报表的比较报表中，并将合并而增加的净资产在比较报表中调整所有者权益项下的相关项目。

为避免对被合并方净资产的价值进行重复计算，合并方在取得被合并方控制权之前持有的股权投资，在取得原股权之日与合并方和被合并方

同处于同一方最终控制之日孰晚日起至合并日之间已确认有关损益、其他综合收益以及其他净资产变动，应分别冲减比较报表期间的期初留存收益或当期损益。

（四）本期增加子公司时如何编制合并财务报表

1. 同一控制下企业合并增加的子公司或业务，视同合并后形成的企业集团报告主体自最终控制方开始实施控制一直是一体化存续下来的。

（1）编制合并资产负债表时，应当调整合并资产负债表的期初数，合并资产负债表的留存收益项目应当反映母子公司视同一直作为一个整体运行至合并日应实现的盈余公积和未分配利润的情况，同时应当对比较报表的相关项目进行调整。

【例题·计算题】A公司和B公司均为甲公司出资设立的全资子公司，2017年1月1日，A公司向甲公司支付4000万元取得B公司100%的股权，B公司保留独立法人资格。假定甲公司、A公司和B公司采用的会计政策及会计期间相同。合并日，A公司及B公司的所有者权益（相对于最终控制方而言的账面价值）构成如下表所示。

单位：万元

A公司		B公司	
股本	5000	股本	2000
资本公积	2000	资本公积	1000
盈余公积	1000	盈余公积	500
未分配利润	800	未分配利润	500
合计	8800	合计	4000

合并抵销分录：

借：股本　　　　　　　　　　2000
　　资本公积　　　　　　　　1000
　　盈余公积　　　　　　　　 500
　　未分配利润　　　　　　　 500
　　贷：长期股权投资　　　　　　　4000
借：资本公积　　　　　　　　1000
　　贷：盈余公积　　　　　　　　　 500
　　　　未分配利润　　　　　　　　 500

（2）编制合并利润表时，应当将该子公司或业务自合并当期期初至报告期末的收入、费用、利润纳入合并利润表，而不是从合并日开始纳入合并利润表，同时应当对比较报表的相关项目进行调整。

（3）编制合并现金流量表时，应当将该子公司或业务自合并当期期初至报告期末的现金流量纳入合并现金流量表，同时应当对比较报表的相关项目进行调整。

2. 非同一控制下企业合并或其他方式增加的子公司或业务，应当从购买日开始编制合并财务报表。

（1）在编制合并资产负债表时，不调整合并资产负债表的期初数，企业以非货币性资产出资设立子公司或对子公司增资的，需要将该非货币性资产调整恢复至原账面价值，并在此基础上持续编制合并财务报表。

（2）在编制合并利润表时，应当将该子公司或业务自购买日至报告期期末的收入、费用、利润纳入合并利润表。

（3）在编制合并现金流量表时，应当将该子公司或业务自购买日至报告期期末的现金流量纳入合并现金流量表。

【例题·多选题】编制合并财务报表时，母公司对本期增加的子公司进行的下列会计处理中，正确的有(   )。(2016年)

A. 非同一控制下增加的子公司应将其期初至报告期末的现金流量纳入合并现金流量表

B. 同一控制下增加的子公司应调整合并资产负债表的期初数

C. 非同一控制下增加的子公司不需调整合并

资产负债表的期初数

D. 同一控制下增加的子公司应将其期初至报告期末收入、费用和利润纳入合并利润表

【解析】选项A，非同一控制下增加的子公司，自购买日开始纳入合并报财务表，应将购买日至报告期末的现金流量纳入合并现金流量表。

【答案】BCD

二、处置对子公司投资的会计处理

（一）在不丧失控制权的情况下部分处置对子公司长期股权投资

母公司在不丧失控制权的情况下部分处置对子公司的长期股权投资的，该交易从合并财务报表角度属于权益性交易，合并财务报表中不确认投资收益。应将处置价款与处置长期股权投资相对应享有子公司自购买日或合并日开始持续计算的净资产份额之间的差额，调整资本公积（资本溢价或股本溢价），资本公积不足冲减的，调整留存收益。

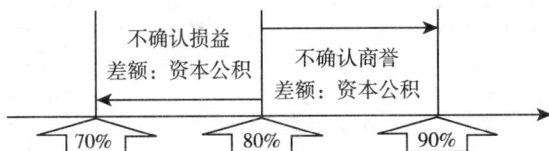

（二）母公司因处置对子公司长期股权投资而丧失控制权

1. 一次交易处置子公司

母公司因处置部分股权投资或其他原因丧失了对原有子公司控制的，在合并财务报表中，应当进行如下会计处理：

（1）终止确认长期股权资产、商誉等的账面价值，并终止确认少数股东权益（包括属于少数股东的其他综合收益）的账面价值。

（2）按照丧失控制权日的公允价值进行重新计量剩余股权，按剩余股权对被投资方的影响程度，将剩余股权作为长期股权投资或金融工具进行核算。

（3）处置股权取得的对价与剩余股权的公允价值之和，减去按原持股比例计算应享有原有子公司自购买日开始持续计算的净资产账面价值份额与商誉之和，形成的差额计入丧失控制权当期的投资收益。

（4）与原有子公司的股权投资相关的其他综合收益（由于被投资方重新计量设定受益计划净负债或净资产变动而产生的其他综合收益除外）、其他所有者权益变动，应当在丧失控制权时转入当期损益。

【提示】视同"先卖再买"

【例题·单选题】2014年1月1日，甲公司以1800万元自非关联方购入乙公司100%有表决权

的股份，取得对乙公司的控制权；乙公司当日可辨认净资产的账面价值和公允价值均为1500万元。2014年度乙公司以当年1月1日可辨认净资产公允价值为基础计算实现的净利润为125万元，未发生其他影响所有者权益变动的交易或事项。2015年1月1日，甲公司以2000万元转让上述股份的80%，剩余股份的公允价值为500万元。转让后，甲公司能够对乙公司施加重大影响。不考虑其他因素，甲公司因转让该股份计入2015年度合并财务报表中投资收益项目的金额为(   )万元。(2015年)

A. 560　　　　　B. 575

C. 700　　　　　D. 875

【解析】2014年1月1日，合并时产生的商誉=1800-1500×100%=300（万元）；处置部分股权导致丧失控制权的情况下，在2015年度合并报表中应确认的投资收益=（处置对价+剩余股权公允价值）-（享有原子公司自购买日开始持续计算的可辨认净资产的份额+商誉）+与原有子公司股权投资相关的其他综合收益=（2000+500）-[（1500+125）×100%+300]+0=575（万元）。

【答案】B

2. 多次交易分步处置子公司

企业通过多次交易分步处置对子公司股权投资直至丧失控制权，在合并财务报表中，首先应

判断分步交易是否属于"一揽子交易"。

如果分步交易属于"一揽子交易",则应将各项交易作为一项处置原有子公司并丧失控制权的交易进行会计处理,其中,对于丧失控制权之前的每一次交易,处置价款与处置投资对应的享有该子公司自购买日或合并日开始持续计算的净资产账面价值的份额之间的差额,在合并财务报表中应当计入其他综合收益,在丧失控制权时一并转入丧失控制权当期的损益。

(三)本期减少子公司时如何编制合并财务报表

在本期出售转让子公司部分股份或全部股份,丧失对该子公司的控制权而使其成为非子公司的情况下,应当将其排除在合并财务报表的合并范围之外。

1. 在编制合并资产负债表时,不需要对该出售转让股份而成为非子公司的资产负债表进行合并。

2. 编制合并利润表时,则应当以该子公司期初至丧失控制权成为非子公司之日止的利润表为基础,将该子公司自期初至丧失控制权之日止的收入、费用、利润纳入合并利润表。

3. 在编制现金流量表时,应将该子公司自期初至丧失控制权之日止的现金流量信息纳入合并现金流量表,并将出售该子公司所收到的现金扣除子公司持有的现金和现金等价物以及相关处置费用后的净额,在有关投资活动类的"处置子公司及其他营业单位所收到的现金"项目反映。

【例题·多选题】企业在报告期出售子公司,报告期末编制合并财务报表时,下列表述中,正确的有( )。

A. 不调整合并资产负债表的期初数

B. 应将被出售子公司年初至出售日的现金流量纳入合并现金流量表

C. 应将被出售子公司年初至出售日的相关收入和费用纳入合并利润表

D. 应将被出售子公司年初至出售日的净利润记入合并利润表投资收益

【解析】选项D,应将被出售子公司年初至出售日的净利润记入合并利润表,不能将净利润计入投资收益。

【答案】ABC

三、因子公司少数股东增资导致母公司股权稀释

由于子公司的少数股东对子公司进行增资,导致母公司股权稀释,母公司应当按照增资前的股权比例计算其在增资前子公司账面净资产中的份额,该份额与增资后按母公司持股比例计算的在增资后子公司账面净资产份额之间的差额计入资本公积(资本溢价或股本溢价),资本公积不足冲减的,调整留存收益。

【例题·计算题】2016年度A公司和B公司分别出资750万元和250万元设立C公司,A公司、B公司的持股比例分别为75%和25%。C公司为A公司的子公司。

2017年B公司对C公司增资500万元,增资后占C公司股权比例为35%。交易完成后,A公司仍控制C公司。

C公司自成立日至增资前实现净利润1000万元,除此以外,不存在其他影响C公司净资产变动的事项(不考虑所得税等影响)。

【答案】本例中,在A公司合并财务报表中,B公司对C公司增资的会计处理如下:

A公司持股比例原为75%,由于少数股东增资而变为65%。增资前,A公司按照75%的持股比例享有的C公司净资产账面价值为1500万元[(750+250+1000)×75%];增资后,A公司按照65%持股比例享有的C公司净资产账面价值为1625万元(2500×65%),两者之间的差额125万元,在A公司合并资产负债表中应调增资本公积。

四、交叉持股的合并处理

交叉持股,是指在由母公司和子公司组成的企业集团中,母公司持有子公司一定比例股份,能够对其实施控制,同时子公司也持有母公司一定比例股份,即相互持有对方的股份。

母子公司有交互持股情形的,在编制合并财务报表时,对于母公司持有的子公司股权,与通常情况下母公司长期股权投资与子公司所有者权益的合并抵销处理相同。

对于子公司持有的母公司股权,应当按照子公司取得母公司股权日所确认的长期股权投资的初始投资成本,将其转为合并财务报表中的库存股,作为所有者权益的减项,在合并资产负债表中所有者权益项目下以"减:库存股"项目列示。

对于子公司持有母公司股权所确认的投资收益(如利润分配或现金股利),应当进行抵销处理。子公司将所持有的母公司股权分类为可供出售金融资产,按照公允价值计量的,同时冲销子公司累计确认的公允价值变动。

子公司相互之间持有的长期股权投资,应当比照母公司对子公司的股权投资的抵销方法,将长期股权投资与其对应的子公司所有者权益中所享有的份额相互抵销。

本周自测

一、单项选择题

1. 下列各项中，关于财务报表列报的表述中，不正确的是(　　)。
   A. 持续经营是会计确认、计量及编制财务报表的基础
   B. 财务报表项目是单独列报还是合并列报应依据重要性原则来判断
   C. 企业可以根据报表使用者的需求，选择性在报表中提供列报项目可比期间的比较数据
   D. 向境内提供的财务报表必须以人民币为记账本位币

2. 与可变回报相对应的为固定回报，下列各项中，属于企业取得固定回报的是(　　)。
   A. 被投资单位分派的股利
   B. 因向被投资单位的资产提供服务而得到的报酬
   C. 因购买被投资单位不存在违约风险的债券投资
   D. 投资方管理被投资方资产而获得的管理费

3. 下列各项中，关于投资性主体的表述不正确的是(　　)。
   A. 如果母公司是投资性主体，只需将为其提供相关服务的子公司纳入合并范围
   B. 投资性主体需拥有一个以上的投资
   C. 投资性主体的所有者权益以股权或类似权益存在
   D. 投资性主体应当按照账面价值对几乎所有投资的业绩进行计量和评价

4. 下列各项中，关于合并财务报表编制的前期准备事项的表述中，不正确的是(　　)。
   A. 需统一母子公司的会计政策，即将子公司的会计政策与母公司保持一致
   B. 需统一母子公司的会计期间，即将子公司的会计期间与母公司保持一致
   C. 对子公司外币财务报表进行折算
   D. 在合并报表中，将对子公司长期股权投资由成本法调整为权益法

5. 下列各项中，关于控制的表述不正确的是(　　)。
   A. 投资方在判断其能否控制被投资方时，应该综合考虑所有相关事实和情况
   B. 投资方对被投资方拥有权力，并能够运用此权力影响回报金额
   C. 权力表明投资方主导被投资方相关活动的现时能力，同时要求投资方实际行使其权力
   D. 权力是一种实质性权利，而不是保护性权利

6. 根据相关规定，母公司对能够控制的子公司纳入合并范围，下列各项中，不应纳入母公司合并范围的是(　　)。
   A. 转移资金能力受限的子公司
   B. 业务与母公司有显著差别的子公司
   C. 已被宣告清理整顿的子公司
   D. 与母公司及其他子公司的规模有显著差别子公司

7. 甲公司对乙公司投资占有表决权股份的80%。当年甲公司将一批成本为80万元(未发生减值)的存货销售给乙公司，售价100万元，乙公司至年末对外出售60%。不考虑其他因素，则在编制合并报表时，该内部交易影响少数股东损益的金额为(　　)万元。
   A. 1.6　　　　　　　　B. 4
   C. 2.4　　　　　　　　D. 0

8. 长江公司2016年1月1日自非关联方处购入A公司70%有表决权股份，当日能够对A公司实施控制，长江公司支付购买价款8000万元，另支付审计、评估费50万元。当日A公司可辨认净资产的账面价值为8000万元，公允价值为9000万元(差额源自一批存货的公允价值高于账面价值1000万元，其他资产和负债的账面价值与计税基础相同)。长江公司与A公司适用的所得税税率均为25%，不考虑其他因素。长江公司在编制合并报表中应确认的商誉为(　　)万元。
   A. 1700　　　　　　　B. 2400
   C. 1875　　　　　　　D. 1750

9. 甲公司对乙公司进行投资，占有表决权股份的80%，能够控制乙公司。2016年甲公司向乙公司销售商品形成应收账款374.4万元，至年末乙公司尚未支付上述货款，甲公司按应收账款的10%计提坏账准备。甲公司采用资产负债表债务法核算所得税，适用的所得税税率为25%。不考虑其他因素，则年末编制抵销分录

时下列处理不正确的是(　　)。

A. 应抵销应收账款 374.4 万元

B. 应抵销资产减值损失 37.44 万元

C. 应抵销递延所得税资产 9.36 万元

D. 应抵销所得税费用 9.36 万元

10. A 公司为 B 公司的母公司，2016 年 9 月 1 日 A 公司将一批商品出售给 B 公司，售价 100 万元，增值税为 17 万元，销售成本 65 万元。B 公司取得后作为存货核算，至年末 B 公司对外出售该批存货的 60%。不考虑其他因素，则年末 A 公司编制合并财务报表时，应抵销"存货"项目的金额为(　　)万元。

A. 35　　　　　　　　B. 21

C. 14　　　　　　　　D. 0

11. 2016 年 11 月 11 日，甲公司向其子公司乙公司出售一批存货，该批存货的成本为 2300 万元(未计提存货跌价准备)，售价为 3000 万元。乙公司取得后作为存货核算，至年末乙公司出售该批存货的 30%，乙公司个别报表中对剩余存货计提了 500 万元的存货跌价准备。不考虑其他因素，则甲公司在编制合并报表时应抵销的"存货"项目的金额为(　　)万元。

A. 490　　　　　　　　B. 210

C. 500　　　　　　　　D. 0

12. 2016 年 8 月 1 日甲公司从非关联方 A 公司处购入其持有乙公司 60% 的股份，当日甲公司能够控制乙公司。12 月 4 日，乙公司将一批商品出售给甲公司，售价 100 万元，销售成本为 70 万元。至年末甲公司尚未出售该批存货。2017 年末甲公司将上年自乙公司处购入的存货对外出售 80%。甲、乙公司适用的所得税税率为 25%，不考虑其他相关因素。2017 年甲公司编制合并财务报表时因该内部交易调整"少数股东损益"的金额为(　　)万元。

A. 22.5　　　　　　　　B. 7.2

C. 6　　　　　　　　D. 1.5

13. 甲公司对乙公司进行股权投资，占有表决权股份的 70%，甲公司能够控制乙公司。2017 年 6 月 30 日，甲公司将一台设备出售给乙公司，该设备的原值为 300 万元，已提折旧 100 万元，未计提减值准备，售价 240 万元。乙公司作为管理用固定资产核算，预计使用 5 年，预计净残值为零，采用年限平均法计提折旧。不考虑其他相关因素，则甲公司在编制合并财务报表时应抵销的"固定资产"项目为(　　)万元。

A. 8　　　　　　　　B. 4

C. 32　　　　　　　　D. 36

14. 甲公司为乙公司的母公司，2017 年 8 月甲公司从乙公司购入一批存货，已知该批存货购买价格为 500 万元，成本为 350 万元(未计提存

货跌价准备)。至年末甲公司将该批存货对外出售 60%，甲公司对剩余存货计提 20 万元的存货跌价准备。甲公司与乙公司采用资产负债表债务法核算所得税，适用的所得税税率为 25%。不考虑其他相关事项，则该笔业务在合并资产负债表中应确认的递延所得税资产为(　　)万元。

A. 5　　　　　　　　B. 0

C. 15　　　　　　　　D. 10

15. A 公司 2016 年 10 月 1 日取得 B 公司 80% 股份，能够对 B 公司实施控制。2017 年 B 公司按购买日公允价值持续计算的净利润为 200 万元。2017 年 3 月 1 日，B 公司向 A 公司出售一批存货，成本为 80 万元，未计提存货跌价准备，售价为 100 万元，至 2017 年 12 月 31 日，尚未将上述存货对外出售。假定不考虑所得税等其他因素的影响，则 2017 年在合并报表中应确认的少数股东损益为(　　)万元。

A. 40　　　　　　　　B. 36

C. 24　　　　　　　　D. 20

16. A 公司 2016 年 10 月 1 日取得 B 公司 80% 股份，能够对 B 公司实施控制。2016 年 12 月 1 日，B 公司向 A 公司出售一批存货，成本为 80 万元，未计提存货跌价准备，售价为 100 万元。2016 年度该批存货未对外出售，截止 2017 年 12 月 31 日，A 公司将其对外出售 30%。2017 年 B 公司按购买日公允价值持续计算的净利润 200 万元。假定不考虑所得税等其他因素的影响，则 2017 年在合并报表中应确认的少数股东损益为(　　)万元。

A. 40　　　　　　　　B. 41.2

C. 37.2　　　　　　　　D. 26

17. A 公司 2017 年 1 月 1 日取得 B 公司 80% 股份，能够控制 B 公司的生产经营决策。2017 年 B 公司按购买日公允价值持续计算的净利润 200 万元。2017 年 3 月 1 日，A 公司向 B 公司出售一批存货，成本为 80 万元，未计提存货跌价准备，售价为 100 万元，至 2017 年 12 月 31 日，B 公司将上述存货对外出售 70%，假定不考虑所得税等其他因素的影响。2017 年合并报表中应确认的少数股东损益为(　　)万元。

A. 40　　　　　　　　B. 38.8

C. 24　　　　　　　　D. 20

18. 甲公司 2017 年 1 月 1 日对乙公司进行股权投资，占乙公司有表决权股份的 70%，当日开始能够控制乙公司。投资当日乙公司可辨认净资产的账面价值为 8000 万元，公允价值为 10000 万元(当日一批存货公允价值高于账面价值 2000 万元)。乙公司当年实现净利润为 4000 万元，上述存货尚未对外出售。不考虑其他因素，则在编制合并报表中应抵销甲公司

第十一周

对乙公司的投资收益金额为（　　）万元。

A. 600　　　　　　　B. 1200

C. 1400　　　　　　D. 2800

19. 甲公司 2017 年 1 月 1 日对乙公司进行股权投资，占乙公司有表决权股份的 70%，当日开始能够控制乙公司。投资当日乙公司可辨认净资产的账面价值为 8000 万元，公允价值为 10000 万元（当日一批存货公允价值高于账面价值 2000 万元）。乙公司当年实现净利润为 4000 万元，上述存货至年末已对外出售 40%。不考虑其他因素，则在编制合并报表中应抵销甲公司对乙公司的投资收益金额为（　　）万元。

A. 1200　　　　　　B. 1680

C. 2240　　　　　　D. 2800

20. 2016 年 1 月 1 日甲公司以银行存款 600 万元取得对乙公司的股权投资，占乙公司有表决权股份的 5%，甲公司将其划分为可供出售金融资产核算。2016 年 12 月 31 日该股权投资的公允价值为 700 万元。2017 年 7 月 1 日，甲公司以一批存货对乙公司进行投资，取得乙公司有表决权股份的 65%，能够控制乙公司，当日原 5% 股权的公允价值为 900 万元。该批存货的成本为 8500 万元，公允价值为 10000 万元（不含增值税，增值税率为 17%）。甲公司取得乙公司两次股权的交易不属于"一揽子交易"，交易前，甲公司和乙公司不存在关联方关系。不考虑其他因素，在合并报表中，下列处理正确的是（　　）。

A. 合并成本为 12400 万元

B. 甲公司合并报表中应确认的投资收益为 200 万元

C. 合并成本为 12600 万元

D. 甲公司合并报表中应确认的投资收益为 300 万元

21. 2016 年 1 月 1 日，甲公司以银行存款 2500 万元取得对乙公司 20% 有表决权的股份，甲公司能够对乙公司施加重大影响。当日乙公司可辨认净资产的公允价值（与账面价值相等）为 12000 万元。2016 年乙公司可供出售金融资产增值 500 万元，当年实现净利润 1000 万元，无其他所有者权益变动。2017 年 1 月 1 日甲公司以一批存货作为对价自非关联方取得乙公司有表决权股份的 40%，能够控制乙公司（两次股权的交易不属于"一揽子交易"），当日原 20% 股权的公允价值为 3510 万元。该批存货的成本为 5000 万元，公允价值为 6000 万元（不含增值税，增值税率为 17%）。不考虑其他因素，合并报表中，下列处理正确的是（　　）。

A. 甲公司合并成本为 9820 万元

B. 甲公司合并报表中应确认的投资收益为 0

C. 甲公司合并成本为 10530 万元

D. 甲公司合并报表中应确认的投资收益为 710 万元

22. 2016 年 9 月 30 日甲公司对乙公司进行投资，占其有表决权股份的 80%，从而能够控制乙公司，甲、乙公司在交易前不具有任何关联方关系。甲公司支付购买价款 5000 万元，当日乙公司可辨认净资产的公允价值为 5500 万元。2017 年 1 月 2 日，甲公司对外转让乙公司 20% 股权，取得转让价款 1500 万元，但仍然能够控制乙公司，当日乙公司按购买日公允价值持续计算的可辨认净资产价值为 6000 万元。在合并报表中下列会计处理正确的是（　　）。

A. 应确认投资收益 250 万元

B. 应减少商誉 150 万元

C. 应增加资本公积 300 万元

D. 应增加其他综合收益 400 万元

23. 2015 年 1 月 1 日，甲公司支付银行存款 5000 万元取得乙公司 80% 的股权，投资当日乙公司可辨认净资产的公允价值为 6000 万元。2015 年 1 月 1 日至 2016 年 12 月 31 日，乙公司的净资产增加了 1000 万元，其中按购买日公允价值计算实现净利润 800 万元，持有可供出售金融资产公允价值上升增加其他综合收益 200 万元。2017 年 1 月 2 日，甲公司转让持有的乙公司股权的 50%，收取现金 3200 万元存入银行，转让后甲公司对乙公司的持股比例为 40%，能够对其施加重大影响。处置股权日，剩余 40% 股权的公允价值为 3250 万元。甲公司因丧失控制权日在合并财务报表中确认的投资收益为（　　）万元。

A. 810　　　　　　B. 630

C. 650　　　　　　D. 610

24. 甲公司 2017 年 1 月 2 日对乙公司进行投资，占乙公司有表决权股份的 70%，能够控制乙公司的财务和经营决策。2017 年 8 月 19 日甲公司出资 2000 万元从乙公司少数股东处再次购入乙公司 5% 的股权，当日甲公司资本公积 500 万元，乙公司按购买日公允价值持续计算的净资产为 38000 万元。不考虑其他因素，合并报表中正确的会计处理为（　　）。

A. 确认投资收益 100 万元

B. 冲减资本公积 100 万元

C. 确认投资收益 25 万元

D. 冲减资本公积 25 万元

25. 甲公司对乙公司进行投资占有表决权股份的 40%，对乙公司具有重大影响。2017 年 12 月 1 日，甲公司对乙公司长期股权投资的账面价值为 3600 万元（其中成本为 3000 万元，损益调整为 100 万元，其他权益变动 500 万元），公允价值为 4000 万元。当日，甲公司再次支付 4000 万元取得乙公司 40% 的股权，能够对乙公司实施控制（不属于"一揽子交易"）。甲公司在编制合并报表中应确认的投资收益为（ ）万元。

A. 400　　　　　B. 500

C. 900　　　　　D. 1000

26. 2017 年 1 月 1 日甲公司支付价款 5000 万元从集团内部乙公司处取得 A 公司 70% 的股权，能够对 A 公司实施控制，当日 A 公司在最终控制方合并财务报表中净资产账面价值为 8000 万元（无商誉）。2017 年 12 月 1 日，甲公司支付价款 500 万元再次购入 A 公司 5% 股权，当日 A 公司净资产的账面价值为 8800 万元。不考虑其他因素，则在合并报表中应确认的商誉为（ ）万元。

A. 60　　　　　B. 460

C. 400　　　　　D. 0

27. 甲公司原持有 A 上市公司 5% 的股权，甲公司将其作为可供出售金融资产核算，2017 年 11 月 11 日甲公司从非关联方乙公司处购入 A 公司 70% 的股权（不属于"一揽子交易"）从而能够控制 A 公司。甲公司支付购买价款 8750 万元，当日原 5% 股权的账面价值为 600 万元，公允价值为 625 万元。A 公司当日可辨认净资产的账面价值为 11000 万元，公允价值为 12000 万元，不考虑所得税等因素的影响，则甲公司编制合并报表应确认的商誉为（ ）万元。

A. 375　　　　　B. 1125

C. 350　　　　　D. 1100

28. 甲公司原持有乙公司 25% 的股权（具有重大影响），作为长期股权投资核算。2017 年 7 月 2 日从非关联方处再次购买乙公司 45% 的股权（不属于"一揽子交易"）从而能够控制乙公司，支付购买价款 3825 万元。当日，原 25% 股权的账面价值为 2000 万元（投资成本 1800 万元，其他权益变动 200 万元），公允价值为 2125 万元；乙公司可辨认净资产的公允价值为 8000 万元。不考虑其他因素，则在购买日合并报表中，甲公司应确认的投资收益为（ ）万元。

A. 0　　　　　B. 325

C. 125　　　　　D. 200

二、多项选择题

1. 财务报表项目的金额应以总额列报，资产和负债、收入和费用，直接计入当期损益的利得和损失金额不能相互抵销，下列各项中，不属于抵销的有（ ）。

A. 一组类似交易形成的利得和损失以净额列示

B. 资产项目扣除备抵项目列示

C. 非日常活动产生的损益以收入和费用抵销后的净额列示

D. 企业发生的同一客户的应付账款和应收账款相互抵销列示

2. 下列各项中，属于合并报表编制原则的有（ ）。

A. 编制合并报表应遵循可靠性

B. 以个别报表为基础进行编制

C. 按一体性原则进行编制

D. 合并报表编制过程中要充分体现重要性

3. 在编制合并报表时，应将母公司与子公司，子公司相互之间发生的经济业务对个别报表有关项目的影响进行调整抵销处理，下列各项中，关于编制调整或抵销分录的说法正确的有（ ）。

A. 进行调整抵销是合并财务报表编制的关键和主要内容

B. 母公司与子公司、子公司相互之间销售商品未实现内部交易损益要抵销

C. 母公司与子公司、子公司相互之间销售固定资产未实现内部交易损益要抵销

D. 无论是顺流交易还是逆流交易产生的未实现内部交易损益，应在"归属于母公司所有者的净利润"与"少数股东损益"之间分配抵销

4. 持有被投资方半数以上表决权一般情况下证明对被投资方拥有权力，下列情况中假设拥有 60% 表决权，但不对被投资方拥有权力的有（ ）。

A. 被投资方相关活动被法院、接管人、清算人等其他方主导

B. 根据公司章程规定相关活动需经过有表决权股份 2/3 以上方可通过

C. 拥有的表决权并不是实质性权利

D. 不具有主导相关活动的现实能力

5. 关于合并范围，下列说法中正确的有（ ）。

A. 母公司是投资性主体，应将其全部子公司纳入合并范围

B. 母公司是投资性主体，应将其境内的全部子公司纳入合并范围

C. 当母公司由投资性主体转变为非投资性主体时，应将原未纳入合并财务报表范围的子公司于转变日纳入合并财务报表范围

D. 当母公司由非投资性主体转变为投资性主体时，除仅将为其投资活动提供相关服务的子公司纳入合并财务报表范围编制合并财务报表外，自转变日起对其他子公司不应予以合并

6. 甲公司对乙公司直接投资占乙公司有表决权股份的 48%，根据公司章程规定拥有 50% 以上表决权可主导相关活动。下列各项中，说明甲公司对乙公司拥有权力的有（ ）。

第十一周

A. 甲公司购买乙公司发行的可转换公司债券，6个月后转股可取的乙公司3%的股份

B. 甲公司与乙公司另一股东A公司达成托管协议，根据规定，甲公司受托管理A公司对乙公司5%的股权投资

C. 甲公司另一全资子公司B公司持有乙公司3%的表决权股份

D. 甲公司另一联营企业C公司持有乙公司3%的表决权股份

7. 下列关于在编制合并财务表时，对个别报表进行调整的表述中，说法正确的有（ ）。

A. 同一控制下企业合并取得的子公司，应将子公司的会计政策调整与母公司一致

B. 同一控制下企业合并取得的子公司，应将子公司净资产的账面价值调整至公允价值

C. 非同一控制下企业合并取得的子公司，应将子公司的会计期间调整至与母公司一致

D. 非同一控制下企业合并取得的子公司，应按购买日公允价值为基础对子公司净资产进行调整

8. 甲公司为乙公司的母公司，占乙公司有表决权股份的80%。2017年12月1日乙公司将一批产品出售给甲公司，该批产品的售价为1000万元，销售成本为750万元，至年末甲公司对外出售该批存货的20%。不考虑其他相关因素，则甲公司在编制合并报表时，下列说法中正确的有（ ）。

A. 应抵销"存货"200万元

B. 应抵销"少数股东损益"40万元

C. 应抵销"营业收入"1000万元

D. 应抵销"营业成本"750万元

9. 甲公司为乙公司的母公司，2017年7月1日乙公司将其自用的一项非专利技术转让给甲公司，售价500万元，增值税税率为6%。该非专利技术的原值为800万元，已计提摊销500万元，已计提减值准备50万元。甲公司取得后作为管理用无形资产核算，预计尚可使用5年，预计净残值为零，采用直线法计提摊销（与原乙公司会计估计相同）。年末编制合并报表时，下列会计处理正确的有（ ）。

A. 抵销营业外收入250万元

B. 抵销管理费用25万元

C. 抵销无形资产250万元

D. 抵销应交税费30万元

10. 对于分次交易实现的企业合并，首先需判断是否属于"一揽子交易"，下列各项中属于判定标准的有（ ）。

A. 交易是同时或者在考虑了彼此影响的情况下订立的

B. 交易整体才能达成一项完整的商业结果

C. 一项交易的发生与其他交易的发生无直接关系

D. 一项交易单独看是不经济的，但是和其他交易一并考虑时是经济的

11. 下列各项中，关于同一控制下企业合并增加的子公司或业务编制合并报表的表述中正确的有（ ）。

A. 编制合并资产负债表时，应当调整合并资产负债表的期初数

B. 编制合并利润表时，应当将该子公司或业务自合并当期期初至报告期末的收入、费用、利润纳入合并利润表

C. 编制合并现金流量表时，应当将该子公司或业务自合并当期期初到报告期末的现金流量纳入合并现金流量表

D. 同一控制下企业合并增加的子公司或业务，视同合并后形成的企业集团报告主体自最终控制方开始实施控制时一直是一体化存续下来的

12. 2016年1月1日甲公司以银行存款600万元取得同一集团A公司持有的乙公司5%的表决权股份，甲公司将其划分为可供出售金融资产核算。2016年12月31日该股权投资的公允价值为700万元。2017年7月1日甲公司以一批存货对乙公司进行投资，取得乙公司有表决权股份的65%，该批存货的成本为8500万元（未计提存货跌价准备），公允价值为10000万元（不含增值税，增值税税率为17%）。当日乙公司在最终控制方合并报表中净资产的账面价值为16000万元（无商誉），增加投资后甲公司可以控制乙公司。甲公司取得乙公司两次股权的交易不属于"一揽子交易"，则下列表述正确的是（ ）。

A. 在个别报表中应确认投资收益300万元

B. 在合并报表中长期股权投资的入账金额为11200万元

C. 在合并报表中应确认商誉为–1400万元

D. 在个别报表中应确认资本公积300万元

13. 下列各项中，关于母公司一次交易处置子公司长期股权投资而丧失控制权在合并报表中的处理，正确的有（ ）。

A. 终止确认长期股权资产、商誉等的账面价值，并终止确认少数股东权益的账面价值

B. 按照丧失控制权日的公允价值对剩余股权进行重新计量，将剩余股权按照金融工具确认与计量准则进行核算

C. 处置股权取得的对价与剩余股权的公允价值之和，减去按原持股比例计算应享有原有子公司自购买日开始持续计算的净资产份额与商誉之和，形成的差额计入丧失控制权当期的投资收益

D. 与原有子公司的股权投资相关的其他综合收益（可转损益部分）、其他所有者权益变动，应当在丧失控制权时转入当期损益

三、判断题

1. 在财务报表项目的列报确需发生变更的情况下，企业应当对上期比较数据按当期列报要求进行调整，并在附注中披露调整的原因和性质，以及调整的各项目金额。（ ）

2. 投资单位对被投资单位拥有权力仅指表决权。（ ）

3. 对被投资方拥有权力应是为自己行使的，而不是代其他方行使的。（ ）

4. 合并财务报表可以整体反映企业集团财务状况、经营成果和现金流量的信息，但无法避免一些母公司利用控制关系粉饰财务报表。（ ）

5. 合并财务报表编制过程中一律先将个别报表中对子公司的长期股权投资由成本法调整至权益法的结果，再进行相关的抵销。（ ）

6. 集团企业之间内部商品交易在当年未实现对外部销售的情况下，则集团在编制合并财务报表时应抵销归属于少数股东的净利润。（ ）

7. 在连续编制合并财务报表的情况下，需将上期抵销的存货价值中包含的未实现内部销售损益对本期期初未分配利润的影响予以抵销，调整本期期初未分配利润的金额。（ ）

8. 子公司在"专项储备"项目与长期股权投资相互抵销后应全额进行恢复。（ ）

9. 对于子公司的少数股东增加在子公司中的权益性投资，在合并现金流量表中应在"筹资活动产生的现金流量"之下的"吸收投资收到的现金"项目下"其中：子公司吸收少数股东投资收到的现金"项目反映。（ ）

10. 对于子公司向少数股东支付现金股利或利润，在合并现金流量表中应当在"投资活动产生的现金流量"项目下反映。（ ）

11. 对于分步实现的同一控制下企业合并，在编制合并财务报表时，应视同参与合并的各方在最终控制方开始控制时即以目前的状态存在进行调整。（ ）

12. 非同一控制下企业合并，编制合并利润表时，应当将该子公司或业务自合并当期期初至报告期末的收入、费用、利润纳入合并利润表。（ ）

13. 如果分步交易属于"一揽子交易"，对于丧失控制权之前的每一次交易，处置价款与处置投资对应的享有该子公司自购买日开始持续计算的净资产账面价值的份额之间的差额，在合并财务报表中应当计入其他综合收益，在丧失控制权时一并转入丧失控制权当期的损益。（ ）

14. 在本期出售转让子公司部分股份或全部股份，丧失对该子公司的控制权而使其成为非子公司

的情况下，应当将其排除在合并财务报表的合并范围之外。（ ）

15. 母子公司有交互持股情形的，在编制合并财务报表时，对于母公司持有的子公司股权，作为合并财务报表中的"库存股"项目反映。（ ）

四、计算分析题 （除题目中有特殊要求外，答案中金额单位以万元表示，有小数的，保留两位小数）

HK 公司和甲公司均为增值税一般纳税人，销售商品适用的增值税税率为 17%；年末均按实现净利润的 10% 提取法定盈余公积。假定产品销售价格均为不含增值税的公允价格。2017 年度发生的有关交易或事项如下：

(1) 1 月 1 日，HK 公司以 3200 万元取得甲公司有表决权股份的 60% 作为长期股权投资，采用成本法核算。当日，甲公司可辨认净资产的账面价值和公允价值均为 5000 万元，其中股本 2000 万元，资本公积 1900 万元，盈余公积 600 万元，未分配利润 500 万元。在此之前，HK 公司和甲公司之间不存在关联方关系。

(2) 6 月 30 日，HK 公司向甲公司销售一件 A 产品，销售价格为 500 万元，销售成本为 300 万元，款项已于当日收存银行。甲公司购买的 A 产品作为管理用固定资产，于当日投入使用，预计可使用年限为 5 年，预计净残值为零，采用年限平均法计提折旧。

(3) 7 月 1 日，HK 公司向甲公司销售 B 产品 200 件，单位销售价格为 10 万元，单位销售成本为 9 万元，款项尚未收取。甲公司将购入的 B 产品作为存货核算，至 2017 年 12 月 31 日，甲公司已对外销售 B 产品 40 件，单位销售价格为 10.3 万元；2017 年 12 月 31 日，对尚未销售的 B 产品每件计提存货跌价准备 1.2 万元。

(4) 12 月 31 日，HK 公司尚未收到向甲公司销售 200 件 B 产品的款项；当日，对该笔应收账款计提了 20 万元的坏账准备。

(5) 4 月 12 日，甲公司对外宣告发放上年度现金股利 300 万元；4 月 20 日，HK 公司收到甲公司发放的现金股利 180 万元。甲公司 2017 年度利润表列报的净利润为 400 万元。

不考虑所得税及其他因素。

要求：

(1) 编制 HK 公司 2017 年 12 月 31 日合并甲公司财务报表时按照权益法调整相关长期股权投资的会计分录。

(2) 编制 HK 公司 2017 年 12 月 31 日合并甲公司财务报表的各项相关抵销分录。（不要求编制与合并现金流量表相关的抵销分录）

五、综合题（除题目中有特殊要求外，答案中金额单位以万元表示，有小数的，保留两位小数）

1. 甲股份有限公司（以下简称甲公司）为上市公司，2017年度和2018年度有关业务资料如下：

（1）2017年度

①2017年1月1日，甲公司以银行存款1000万元自非关联方H公司购入乙公司80%有表决权的股份，能够对乙公司实施控制。当日，乙公司可辨认资产、负债的公允价值与其账面价值相同，所有者权益总额为1000万元，其中，股本为800万元，资本公积为100万元，盈余公积为20万元，未分配利润为80万元。在此之前，甲公司与乙公司之间不存在关联方关系。

②2017年3月，甲公司向乙公司销售A商品一批，不含增值税货款共计100万元，销售成本为60万元。至2017年12月31日，乙公司已将该批A商品全部对外售出，但甲公司仍未收到该货款，为此计提坏账准备10万元。

③2017年6月，甲公司自乙公司购入B商品作为管理用固定资产，采用年限平均法计提折旧，折旧年限为5年，预计净残值为零。乙公司出售该商品不含增值税货款150万元，成本为100万元（未发生减值）；甲公司已于当日支付货款。

④2017年10月，甲公司自乙公司购入D商品一批，已于当月支付货款。乙公司出售该批商品的不含增值税货款为50万元，成本为30万元（未发生减值）。至2017年12月31日，甲公司购入的该批D商品仍有80%未对外销售，形成期末存货。

⑤2017年度，乙公司实现净利润150万元，年末计提盈余公积15万元，股本和资本公积未发生变化。

（2）2018年度

①2018年1月1日，甲公司取得非关联方丙公司30%有表决权股份，能够对丙公司施加重大影响。取得投资时，丙公司可辨认资产、负债的公允价值与其账面价值相同。

②2018年3月，甲公司收回上年度向乙公司销售A商品的全部货款。

③2018年4月，甲公司将结存的上年度自乙公司购入的D商品全部对外出售。

④2018年11月，甲公司自丙公司购入E商品，作为存货待售。丙公司出售该批E商品的不含增值税货款为300万元，销售成本为200万元。至2018年12月31日，甲公司尚未对外出售该批E商品。丙公司当年实现净利润350万元。

⑤2018年度，乙公司实现净利润300万元，年末计提盈余公积30万元，股本和资本公积未发生变化。

（3）其他相关资料

①甲公司、乙公司与丙公司的会计年度和采用的会计政策相同。

②不考虑增值税、所得税等相关税费；除应收账款以外，其他资产均未发生减值。

③假定乙公司在2017年度和2018年度均未分配股利，未发生其他影响所有者权益的事项。

要求：

（1）编制甲公司2017年12月31日合并乙公司财务报表时按照权益法调整长期股权投资的调整分录。

（2）编制甲公司2017年12月31日合并乙公司财务报表时的相关抵销分录。

（3）编制甲公司2018年12月31日合并乙公司财务报表时按照权益法调整长期股权投资的调整分录。

（4）编制甲公司2018年12月31日合并乙公司财务报表时的相关抵销分录。

（5）编制甲公司2018年12月31日确认对丙公司投资收益的会计分录。

2. 昆山公司系一家主要从事电子设备生产和销售的上市公司，因业务发展需要，对甲公司、乙公司进行了长期股权投资。昆山公司、甲公司和乙公司在该投资交易达成前，相互间不存在关联方关系，且这三家公司均为增值税一般纳税人，销售商品适用的增值税税率均为17%，所得税税率均为25%；销售价格均不含增值税税额。

资料1：

2017年1月1日，昆山公司对甲公司、乙公司股权投资的有关资料如下：

（1）从甲公司股东处购入甲公司有表决权股份的80%，能够对甲公司实施控制，实际投资成本为8300万元。当日，甲公司可辨认净资产的公允价值为10200万元，账面价值为10000万元，差额200万元为存货公允价值大于其账面价值导致。

（2）从乙公司股东处购入乙公司有表决权股份的30%，能够对乙公司实施重大影响，实际投资成本为1600万元。当日，乙公司可辨认净资产的公允价值与其账面价值均为5000万元。

（3）甲公司、乙公司的资产、负债的账面价值与其计税基础相等。

资料2：

昆山公司在编制2017年度合并财务报表时，相关业务资料及会计处理如下：

（1）甲公司2017年度实现的净利润为1000万元；2017年1月1日的存货中已有60%在本年度向外部独立第三方出售。假定昆山公司采用权益法确认投资收益时不考虑税收因素，编制合并财务报表时的相关会计处理为：

①确认合并商誉180万元；

②采用权益法确认投资收益800万元。

（2）5月20日，昆山公司向甲公司赊销一批产品，销售价格为2000万元，增值税税额为340万元，实际成本为1600万元；相关应收款项至年末尚未收到，昆山公司对其计提了坏账准备20万元。甲公司在本年度已将该产品全部向外部独立第三方销售。昆山公司编制合并财务报表时的相关会计处理为：

①抵销营业收入2000万元；

②抵销营业成本1600万元；

③抵销资产减值损失20万元；

④抵销应付账款2340万元；

⑤确认递延所得税负债5万元。

（3）6月30日，昆山公司向甲公司销售一件产品，销售价格为900万元，增值税税额为153万元，实际成本为800万元，相关款项已收存银行。甲公司将购入的该产品确认为管理用固定资产（增值税进项税额可抵扣），预计使用寿命为10年，预计净残值为零，采用年限平均法计提折旧。昆山公司编制合并财务报表时的相关会计处理为：

①抵销营业收入900万元；

②抵销营业成本900万元；

③抵销管理费用10万元；

④抵销固定资产一累计折旧10万元；

⑤确认递延所得税负债2.5万元。

（4）11月20日，乙公司向昆山公司销售一批产品，实际成本为260万元（未发生减值），销售价格为300万元，增值税税额为51万元，款已收存银行。昆山公司将该批产品确认为原材料，至年末该批原材料尚未领用。乙公司2017年度实现的净利润为600万元。昆山公司的相关会计处理为：

①在个别财务报表中采用权益法确认投资收益180万元；

②编制合并财务报表时抵销存货12万元。

要求：逐笔分析、判断资料1、资料2中各项会计处理是否正确（分别注明各项会计处理序号）；如不正确，请说明正确的会计处理。

3. 黄河公司与其被投资单位甲、乙、丙、丁、戊公司均为增值税一般纳税人，销售商品适用的增值税税率均为17%，有关资料如下：

（1）黄河公司与各被投资单位的关系

①黄河公司拥有甲公司70%有表决权的股份，对甲公司的财务和经营政策拥有控制权，该项股权于2016年1月取得时准备长期持有，至2017年12月31日该持有意图尚未改变，甲公司股票在活跃市场中存在报价、公允价值能够可靠计量。

②黄河公司拥有乙公司5%有表决权的股份，

对乙公司不具有控制、共同控制或重大影响，该项股权系2017年11月取得，拟短期内出售以赚取差价，至2017年12月31日该持有意图尚未改变，乙公司股票在活跃市场中存在报价、公允价值能够可靠计量。

③黄河公司拥有丙公司100%有表决权的股份，对丙公司的财务和经营政策拥有控制权，该项股权于2016年5月取得时准备长期持有，至2017年12月31日该持有意图尚未改变，丙公司股票在活跃市场中不存在报价、公允价值不能可靠计量。

④黄河公司拥有丁公司20%有表决权的股份，对丁公司的财务和经营政策有重大影响，该项股权于2016年4月取得时准备长期持有，至2017年12月31日该持有意图尚未改变，丁公司股票在活跃市场中存在报价、公允价值能够可靠计量。

⑤黄河公司拥有戊公司90%有表决权的股份，该项股权系2014年6月取得，并准备长期持有，戊公司已于2017年10月20日被人民法院直接宣告破产清算，至2017年12月31日尚未清算完毕，戊公司股票在活跃市场中不存在报价、公允价值不能可靠计量。

（2）黄河公司与各被投资单位2017年发生的相关业务

①2017年9月1日，黄河公司自甲公司购入A商品一批作为存货核算，增值税专用发票上注明价款为500万元，增值税税额为85万元，至2017年12月31日，黄河公司尚未支付上述款项，A商品尚未对外销售，未出现减值迹象。甲公司生产该批产品的实际成本为400万元（未计提存货跌价准备）。2017年12月31日，甲公司对该笔应收款项计提了8万元的坏账准备。

②2017年8月30日，黄河公司向乙公司销售其生产的一台设备，增值税专用发票上注明价款为3000万元，增值税税额为510万元，款项已收存银行，该设备的实际成本为2700万元，未计提存货跌价准备。乙公司将该设备确认为管理用固定资产，采用年限平均法计提折旧，折旧年限为10年，预计净残值为零。

③2017年12月31日，黄河公司以银行存款1800万元购入丙公司一栋房屋作为固定资产核算，该房屋在丙公司的账面原价为2000万元，累计折旧为540万元，未计提固定资产减值准备。

④2017年12月31日，黄河公司按面值向丁公司定向发行一般公司债券1000万元（假定未发生交易费用），款项已收存银行。该债券期限为5年，票面年利率与实际年利率均为4%，

自次年起每年 12 月 31 日付息。

丁公司将购入的上述债券划分为持有至到期投资。

（3）其他相关资料

①上述各公司均以公历年度作为会计年度，采用相同的会计政策。

②黄河公司取得各被投资单位股权投资时，各被投资单位各项可辨认资产、负债的公允价值与其账面价值均相同。

③各公司的个别财务报表编制正确，黄河公司已在工作底稿中汇总得出本公司和各子公司财务报表项目的合计金额。

④假定不考虑所得税及其他相关因素。

要求：

（1）逐一确定黄河公司对各被投资单位的股权投资进行初始确认时的分类、后续计量采用的方法，并判断说明能否将各被投资单位纳入黄河公司 2017 年度合并财务报表的合并范围。

	初始确认类型	后续计量方法	是否纳入合并范围	理　由
甲公司				
乙公司				
丙公司				
丁公司				
戊公司				

（2）分析计算相关业务对黄河公司 2017 年度合并工作底稿中有关项目合计金额的抵销额。

单位：万元

项　　目	计算过程	抵销金额
应收账款		
存货		
固定资产		
应付账款		
营业收入		
营业成本		
资产减值损失		
营业外收入		

4. 甲公司与长期股权投资、合并财务报表有关的资料如下：

（1）2013 年度资料

①1 月 1 日，甲公司与非关联方丁公司进行债务重组，丁公司以其持有的公允价值为 15000 万元的乙公司 70% 有表决权的股份，抵偿前欠甲公司货款 16000 万元。甲公司对上述应收账款已计提坏账准备 800 万元。乙公司股东变更登记手续及董事会改选工作已于当日完成。交易前，甲公司与乙公司不存在关联方关系且不持有乙公司任何股份；交易后，甲公司能够对乙公司实施控制并将持有的乙公司股份作为长期股权投资核算，当日，乙公司可辨认净资产的公允价值和账面价值均为 20000 万元，其中股本 10000 万元，资本公积 5000 万元，盈余公积 2000 万元，未分配利润 3000 万元。

②12 月 1 日，甲公司向乙公司销售 A 产品一台，销售价格为 3000 万元，销售成本为 2400 万元；乙公司当日收到后作为管理用固定资产并于当月投入使用，该固定资产预计使用年限为 5 年，预计净残值为零，采用年限平均法计提折旧，12 月 31 日，甲公司尚未收到上述款项，对其计提坏账准备 90 万元；乙公司未对该固定资产计提减值准备。

③2013 年度，乙公司实现的净利润为零，未进行利润分配，所有者权益无变化。

（2）2014 年度资料

①1 月 1 日，甲公司以银行存款 280000 万元取得丙公司 100% 有表决权的股份，并作为长期股权投资核算，交易前，甲公司与丙公司不存在关联方关系且不持有丙公司任何股份；交易后，甲公司能够对丙公司实施控制。当日，丙公司可辨认净资产的公允价值和账面价值均为 280000 万元，其中股本 150000 万元，资本公积 60000 万元，盈余公积 30000 万元，未分配利润 40000 万元。

②3 月 1 日，甲公司以每套 130 万元的价格购入丙公司 B 产品 10 套，作为存货，货款于当日以银行存款支付。丙公司生产 B 产品的单位成本为 100 万元，至 12 月 31 日，甲公司以每套售价 150 万元对外销售 8 套，另外 2 套存货不存在减值迹象。

③5 月 9 日，甲公司收到丙公司分配的现金股利 500 万元。

④12 月 31 日，甲公司以 15320 万元将其持有的乙公司股份全部转让给戊公司，款项已收存银行，乙公司股东变更登记手续及董事会改选工

作已于当日完成，当日，甲公司仍未收到乙公司前欠的3000万元货款，对其补提了510万元的坏账准备，坏账准备余额为600万元。

⑤2014年度，乙公司实现的净利润为300万元；除净损益和股东变更外，没有影响所有者权益的其他交易或事项；丙公司实现的净利润为960万元，除净损益外，没有影响所有者权益的其他交易或事项。

（3）其他相关资料

①甲、乙、丙公司均以公历年度作为会计年度，采用相同的会计政策。

②假定不考虑增值税、所得税及其他因素。

要求：

（1）根据资料（1），编制甲公司取得乙公司股份的会计分录。

（2）根据资料（1），计算甲公司在2013年1月1日编制合并财务报表时应确认的商誉。

（3）根据资料（1），逐笔编制与甲公司编制2013年度合并财务报表相关的抵销分录（不要求编制与合并现金流量表相关的抵销分录）。

（4）根据资料（2），计算甲公司出售乙公司股份的净损益，并编制相关会计分录。

（5）根据资料（2），分别说明在甲公司编制的2014年度合并财务报表中应如何列示乙公司的资产、负债、所有者权益、收入、费用、利润和现金流量。

（6）根据资料（2），逐笔编制与甲公司编制2014年度合并财务报表相关的调整、抵销分录（不要求编制与合并现金流量表相关的抵销分录）。（2014年）

5. 甲公司2015年年初的递延所得税资产借方余额为50万元，与之对应的预计负债贷方余额为200万元；递延所得税负债无期初余额。甲公司2015年度实现的利润总额为9520万元，适用的企业所得税税率为25%且预计在未来期间保持不变；预计未来期间能够产生足够的应纳税所得额用以抵扣可抵扣暂时性差异。甲公司2015年度发生的有关交易和事项中，会计处理与税收处理存在差异的相关资料如下：

资料一：2015年8月，甲公司向非关联企业捐赠现金500万元。

资料二：2015年9月，甲公司以银行存款支付产品保修费用300万元，同时冲减了预计负债年初贷方余额200万元。2015年年末，保修期结束，甲公司不再预提保修费。

资料三：2015年12月31日，甲公司对应收账款计提了坏账准备180万元。

资料四：2015年12月31日，甲公司以定向增发公允价值为10900万元的普通股股票为对价取得乙公司100%有表决权的股份，形成非同一控制下控股合并。假定该项企业合并符合税

法规定的免税合并条件，且乙公司选择进行免税处理。乙公司当日可辨认净资产的账面价值为10000万元，其中股本2000万元，未分配利润8000万元；除一项账面价值与计税基础均为200万元、公允价值为360万元的库存商品外，其他各项可辨认资产、负债的账面价值与其公允价值、计税基础均相同。

假定不考虑其他因素。

要求：

（1）计算甲公司2015年度的应纳税所得额和应交所得税。

（2）根据资料一至资料三，逐项分析甲公司每一交易或事项对递延所得税的影响金额（如无影响，也明确指出无影响的原因）。

（3）根据资料一至资料三，逐笔编制甲公司与递延所得税有关的会计分录（不涉及递延所得税的，不需要编制会计分录）。

（4）计算甲公司利润表中应列示的2015年度所得税费用。

（5）根据资料四，分别计算甲公司在编制购买日合并财务报表时应确认的递延所得税和商誉的金额，并编制与购买日合并资产负债表有关的调整、抵销分录。（2016年）

6. 甲公司和乙公司采用的会计政策和会计期间相同，2014年至2015年有关长期股权投资及其内部交易或事项如下：

资料一：2014年度资料

①1月1日，甲公司以银行存款18400万元自非关联方购入乙公司80%有表决权的股份。交易前，甲公司不持有乙公司的股份且与乙公司不存在关联方关系；交易后，甲公司取得乙公司的控制权。乙公司当日可辨认净资产的账面价值为23000万元，其中股本6000万元，资本公积4800万元、盈余公积1200万元、未分配利润11000万元；各项可辨认资产、负债的公允价值与其账面价值均相同。

②3月10日，甲公司向乙公司销售A产品一批，售价为2000万元，生产成本为1400万元。至当年年末，乙公司已向集团外销售A产品的60%。剩余部分形成年末存货，其可变现净值为600万元，计提了存货跌价准备200万元；甲公司应收款项2000万元尚未收回，计提坏账准备100万元。

③7月1日，甲公司将其一项专利权以1200万元的价格转让给乙公司，款项于当日收存银行。甲公司该专利权的原价为1000万元，预计使用年限为10年、残值为零，采用直线法进行摊销，至转让时已摊销5年。乙公司取得该专利权后作为管理用无形资产核算，预计尚可使用5年，残值为零。采用直线法进行摊销。

④乙公司当年实现的净利润为6000万元，提取

法定盈余公积 600 万元，向股东分配现金股利 3000 万元；因持有的可供出售金融资产公允价值上升计入当期其他综合收益的金额为 400 万元。

资料二：2015 年度资料

2015 年度，甲公司与乙公司之间未发生内部购销交易。至 2015 年 12 月 31 日，乙公司上年自甲公司购入的 A 产品剩余部分全都向集团外售出；乙公司支付了上年所欠甲公司货款 2000 万元。

假定不考虑增值税、所得税等相关税费及其他因素。

要求：

（1）编制甲公司 2014 年 12 月 31 日合并乙公司财务报表时按照权益法调整长期股权投资的分录以及该项投资直接相关的（含甲公司内部投资收益）抵销分录。

（2）编制甲公司 2014 年 12 月 31 日合并乙公司财务报表时与内部购销交易相关的抵销分录。（不要求编制与合并现金流量表相关的抵销分录）

（3）编制甲公司 2015 年 12 月 31 日合并乙公司财务报表时与内部购销交易相关的抵销分录。（不要求编制与合并现金流量表相关的抵销分录）（2016 年）

本周自测参考答案及解析

一、单项选择题

1.【答案】C

【解析】选项 C，企业在列报当期财务报表时，至少应当提供所有列报项目上一可比会计期间的比较数据。

2.【答案】C

【解析】投资方持有固定利息的债券投资时，由于债券存在违约风险，投资方需承担被投资方不履约而产生的信用风险，因此投资方享有的固定利息回报也可能是一种可变回报，但如果不存在违约风险的情况下，则固定利息属于固定回报，选项 C 正确。

3.【答案】D

【解析】选项 D，投资性主体应按公允价值对几乎所有投资业绩进行计量和评价。

4.【答案】D

【解析】选项 D，不属于编制合并财务报表的前期准备事项，而是合并财务报表的编制程序中的一项。

5.【答案】C

【解析】选项 C，权力只表明投资方主导被投资方相关活动的现时能力，并不要求投资方实际行使其权力。

6.【答案】C

【解析】选项 C，已宣告被清理整顿的或已宣告破产的原子公司不再是母公司的子公司，不应纳入合并报表范围。

7.【答案】D

【解析】该项交易为顺流交易，子公司少数股东不承担顺流交易未实现内部损益，不影响少数股东损益。

8.【答案】C

【解析】合并商誉 = 8000 － ［8000 + 1000 ×（1 － 25%）］×70% = 1875（万元）。审计评估费在发生时计入管理费用。

9.【答案】A

【解析】应抵销应收账款 = 374.4 － 37.44 = 336.96（万元）。

抵销分录：

借：应付账款		374.4
贷：应收账款		374.4
借：应收账款		37.44
贷：资产减值损失		37.44
借：所得税费用	9.36（37.44 × 25%）	
贷：递延所得税资产		9.36

10.【答案】C

【解析】编制合并报表时应抵销"存货"的金额 =（100 － 65）×（1 － 60%）= 14（万元）。

11.【答案】D

【解析】甲公司应编制的抵销分录：

借：营业收入		3000
贷：营业成本		3000
借：营业成本		490
（3000 － 2300）×（1 － 30%）		
贷：存货		490

合并报表角度确认存货的成本 = 2300 ×（1 － 30%）= 1610（万元），可变现净值 = 3000 ×（1 － 30%）－ 500 = 1600（万元），合并报表中应计提存货跌价准备 10 万元，个别报表中计提存货跌价准备 500 万元，应抵销存货跌价准备 490 万元。

借：存货		490
贷：资产减值损失		490

综上，合并报表应抵销存货为 0。

12.【答案】B

【解析】2016 年因甲公司未对外出售，所以当年抵销"少数股东损益" =（100 － 70）×（1 － 25%）×（1 － 60%）= 9（万元）；2017 年甲公司出售存货的 80%，应调整增加"少数股东损益"的金额 =（100 － 70）× 80% ×（1 － 25%）×（1 － 60%）= 7.2（万元），选项 B 正确。

借：少数股东权益		9
贷：未分配利润—年初		9

第十一周

借：少数股东损益　　　　　7.2
　　贷：少数股东权益　　　　　7.2
13.【答案】D
【解析】甲公司在编制合并财务报表时应抵销的"固定资产"项目＝〔240－（300－100）〕－〔240－（300－100）〕/5×6/12＝36（万元），选项D正确。
抵销分录：
借：营业外收入　　　　　　40
　　贷：固定资产　　　　　　40
借：固定资产　　　4（40/5×6/12）
　　贷：管理费用　　　　　　4
14.【答案】C
【解析】合并报表中剩余存货的成本＝350×（1－60%）＝140（万元），可变现净值＝500×40%－20＝180（万元），所以账面价值为140万元；计税基础＝500×（1－60%）＝200（万元），产生可抵扣暂时性差异＝200－140＝60（万元），应确认递延所得税资产＝60×25%＝15（万元）。
15.【答案】B
【解析】2017年应确认的少数股东损益＝〔200－（100－80）〕×20%＝36（万元）。
16.【答案】B
【解析】2017年少数股东损益＝〔200＋（100－80）×30%〕×20%＝41.2（万元）。
17.【答案】A
【解析】2017年应确认少数股东损益＝200×20%＝40（万元）。
18.【答案】D
【解析】应抵销的投资收益＝4000×70%＝2800（万元）。
19.【答案】C
【解析】应抵销的投资收益＝（4000－2000×40%）×70%＝2240（万元）。
20.【答案】C
【解析】合并成本＝原股权投资的公允价值＋新增投资的公允价值＝900＋10000×（1＋17%）＝12600（万元）。个别报表中应确认的投资收益＝900－700＋100＝300（万元），因在个别报表中已确认了投资收益，所以在合并报表中无需确认投资收益。
21.【答案】C
【解析】合并成本＝原股权投资的公允价值＋新增投资的公允价值＝3510＋6000×（1＋17%）＝10530（万元）。在合并报表中需将原股权投资调整至公允价值，公允价值与原投资账面价值的差额计入投资收益，同时原计入"其他综合收益"的金额在合并报表中转入投资收益，合并报表中应确认的投资收益＝3510－（2500＋500×20%＋1000×20%）＋

500×20%＝810（万元）。
22.【答案】C
【解析】母公司在不丧失控制权的情况下部分处置对子公司的长期股权投资，该交易从合并财务报表角度属于权益性交易，合并财务报表中不确认投资收益；应将处置价款与处置长期股权投资相对应享有子公司自购买日或合并日开始持续计算的净资产份额之间的差额，调整资本公积（资本溢价或股本溢价），资本公积不足冲减的，调整留存收益。应增加资本公积＝1500－6000×20%＝300（万元）。因控制权未发生改变，所以商誉的金额仍然是原投资时确认的商誉＝5000－5500×80%＝600（万元）。
23.【答案】A
【解析】处置部分股权丧失控制权，合并财务报表中应确认的投资收益＝（3200＋3250）－（6000＋800＋200）×80%－（5000－6000×80%）＋200×80%＝810（万元）。
24.【答案】B
【解析】母公司购买子公司少数股东拥有的子公司股权的，在合并财务报表中，因购买少数股权新取得的长期股权投资与按照新增持股比例计算应享有子公司自购买日或合并日开始持续计算的可辨认净资产份额之间的差额，应当调整母公司个别报表中的资本公积（资本溢价或股本溢价），资本公积不足冲减的，调整留存收益。
合并报表中应编制的调整分录：
借：资本公积　　　100（2000－38000×5%）
　　贷：长期股权投资　　　　　100
25.【答案】C
【解析】不属于"一揽子交易"，在合并财务报表中，对于购买日之前持有的被购买方的股权，应当按照该股权在购买日的公允价值进行重新计量，公允价值与其账面价值之间的差额计入当期投资收益；购买日之前持有的被购买方的股权涉及权益法核算下的其他综合收益（可转损益部分）以及除净损益、其他综合收益和利润分配外的其他所有者权益变动，与其相关的其他综合收益、其他所有者权益变动应当转为购买日所属当期收益。合并报表中应确认的投资收益＝4000－3600＋500＝900（万元）。
26.【答案】D
【解析】同一控制下企业合并不会产生新的商誉；购买子公司少数股权未改变控制权，属于权益性交易，所以不确认商誉。
27.【答案】A
【解析】合并商誉＝（625＋8750）－12000×75%＝375（万元）。

28.【答案】B

【解析】合并报表中应确认的投资收益 = 2125 − 2000 + 200 = 325（万元）。

二、多项选择题

1.【答案】ABC

【解析】选项D，如果抵销后会掩盖交易的实质，所以不能抵销后列示。

2.【答案】ABCD

3.【答案】ABC

【解析】选项D，母公司向子公司出售资产（顺流交易）所发的未实现内部交易损益，应全额抵销"归属于母公司所有者的净利润"。

4.【答案】ABCD

5.【答案】CD

【解析】如果母公司是投资性主体，则只应将那些为投资性主体的投资活动提供相关服务的子公司纳入合并范围，其他子公司不应予以合并，母公司对其他子公司的投资应按照公允价值计量且其变动计入当期损益，选项A和B错误。

6.【答案】ABC

【解析】选项D，甲公司对联营企业只具有重大影响，不能通过联营企业间接持有乙公司3%的表决权股份，所以对乙公司不享有权力。

7.【答案】ACD

【解析】同一控制下企业合并取得的子公司，只需将子公司与母公司会计政策和会计期间不一致的情况进行调整，不需将子公司净资产调整为公允价值，选项B错误。

8.【答案】ABC

【解析】甲公司应编制的合并抵销分录：

借：营业收入　　　　　　　1000
　　贷：营业成本　　　　　　　1000
借：营业成本　　　　　　　　200
　　[（1000 − 750）×（1 − 20%）]
　　贷：存货　　　　　　　　　200
借：少数股东权益　　40（200×20%）
　　贷：少数股东损益　　　　　　40
故，选项D错误。

9.【答案】AB

【解析】甲公司应抵销无形资产的金额 = [500 − (800 − 500 − 50)] − [500 − (800 − 500 − 50)]/5 × 6/12 = 225（万元），选项C错误；增值税不用抵销，选项D错误。抵销分录：

借：营业外收入　　　　　　　250
　　[500 − (800 − 500 − 50)]
　　贷：无形资产　　　　　　　250
借：无形资产　25（250/5 × 6/12）
　　贷：管理费用　　　　　　　　25

10.【答案】ABD

【解析】满足下列条件中一项或多项的属于"一揽子交易"：①这些交易是同时或者在考虑了彼此影响的情况下订立的（选项A正确）；②这些交易整体才能达成一项完整的商业结果（选项B正确）；③一项交易的发生取决于至少一项其他交易的发生（选项C不正确）；④一项交易单独看是不经济的，但是和其他交易一并考虑时是经济的（选项D正确）。

11.【答案】ABCD

12.【答案】BD

【解析】甲公司长期股权投资入账金额 = 16000 × 70% = 11200（万元），应确认资本公积 = 11200 − 700 − (8500 + 10000 × 17%) = 300（万元），选项D正确；同一控制下企业合并不会产生新商誉，不确认损益，选项A和C错误。

个别报表会计分录：

借：长期股权投资　　　　　11200
　　贷：可供出售金融资产　　　　700
　　　　库存商品　　　　　　　8500
　　　　应交税费—应交增值税（销项税额）
　　　　　　　　　1700（10000 × 17%）
　　　　资本公积　　　　　　　　300

13.【答案】ACD

【解析】按照丧失控制权日的公允价值对剩余股权进行重新计量，按剩余股权对被投资方的影响程度，将剩余股权作为长期股权投资或按金融工具确认和计量准则进行核算，选项B错误。

三、判断题

1.【答案】√

2.【答案】×

【解析】权力一般源自表决权，也可能源自其他合同安排等。

3.【答案】√

4.【答案】×

【解析】合并财务报表有利于避免一些母公司利用控制关系人为粉饰财务报表的情况的发生。

5.【答案】×

【解析】合并报表准则也允许企业直接在对子公司长期股权投资采用成本法核算的基础上编制合并财务报表。

6.【答案】×

【解析】母公司向子公司出售资产所发生的未实现内部交易损益，应当全额抵销"归属于母公司所有者的净利润"；子公司向母公司出售资产所发生的未实现内部交易损益，应当按照母公司对该子公司的分配比例在"归属于母公司所有者的净利润"和"少数股东损益"之间分配抵销。

7.【答案】√

8.【答案】×

【解析】子公司在"专项储备"项目中反映的按照国家相关规定提取的安全生产费等，与留存收益不同，在长期股权投资与子公司所有者权益相互抵销后，应按对属于母公司所有者的份额予以恢复，借记"未分配利润"项目，贷记"专项储备"项目。

9.【答案】√

10.【答案】×

【解析】对于子公司向少数股东支付现金股利或利润，在合并现金流量表中应当在"筹资活动产生的现金流量"项目下反映。

11.【答案】√

12.【答案】×

【解析】非同一控制下企业合并，在编制合并利润表时，应当将该子公司或业务自购买日至报告期末的收入、费用、利润纳入合并利润表。

13.【答案】√

14.【答案】√

15.【答案】×

【解析】母子公司有交互持股情形的，在编制合并财务报表时，对于母公司持有的子公司股权，与通常情况下母公司长期股权投资与子公司所有者权益的合并抵销处理相同；子公司持有母公司的股权，作为合并财务报表中的"库存股"项目反映。

四、计算分析题

【答案】

（1）

借：长期股权投资　240（400×60%）

　　贷：投资收益　240

借：投资收益　180

　　贷：长期股权投资　180

（2）

①投资业务抵销

借：股本　2000

　　资本公积　1900

　　盈余公积　640（600＋400×10%）

　　未分配利润一年末　560

　　　　〔500＋400×（1－10%）－300〕

　　商誉　200

　　贷：长期股权投资　3260（3200－180＋240）

　　　　少数股东权益　2040

　　　　〔（2000＋1900＋640＋560）×40%〕

借：投资收益　240（400×60%）

　　少数股东损益　160（400×40%）

　　未分配利润一年初　500

　　贷：提取盈余公积　40（400×10%）

　　　　对所有者（或股东）的分配　300

　　　　未分配利润一年末　560

②内部交易固定资产抵销

借：营业收入　500

　　贷：营业成本　300

　　　　固定资产一原价　200（500－300）

借：固定资产一累计折旧　20

　　（200/5×6/12）

　　贷：管理费用　20

③内部交易存货抵销

借：营业收入　2000（200×10）

　　贷：营业成本　2000

借：营业成本　160〔160×（10－9）〕

　　贷：存货　160

借：存货一存货跌价准备　160

　　贷：资产减值损失　160

注：存货跌价准备的抵销应以存货中未实现内部销售利润为限。

④内部债权债务抵销

借：应付账款　2340

　　贷：应收账款　2340

借：应收账款一坏账准备　20

　　贷：资产减值损失　20

五、综合题

1.【答案】

（1）

借：长期股权投资　120（150×80%）

　　贷：投资收益　120

（2）

①抵销长期股权投资

借：股本　800

　　资本公积　100

　　盈余公积　35（20＋15）

　　未分配利润一年末　215（80＋150－15）

　　商誉　200（1000－1000×80%）

　　贷：长期股权投资　1120（1000＋120）

　　　　少数股东权益　230（1150×20%）

②抵销投资收益

借：投资收益　120（150×80%）

　　少数股东损益　30（150×20%）

　　未分配利润一年初　80

　　贷：提取盈余公积　15

　　　　未分配利润一年末　215

③抵销 A 商品内部交易

借：营业收入　100

　　贷：营业成本　100

④抵销内部应收账款及坏账准备

借：应付账款　100

　　贷：应收账款　100

借：应收账款—坏账准备　10
　　贷：资产减值损失　10
⑤抵销B商品作为固定资产的内部交易
借：营业收入　150
　　贷：营业成本　100
　　　　固定资产—原价　50
借：固定资产—累计折旧　5（50÷5×6/12）
　　贷：管理费用　5
借：少数股东权益　9〔（50-5）×20%〕
　　贷：少数股东损益　9
借：购建固定资产、无形资产和其他长期资产
　　支付的现金　150
　　贷：销售商品、提供劳务收到的现金　150
⑥抵销D商品内部交易
借：营业收入　50
　　贷：营业成本　50
借：营业成本　16〔（50-30）×80%〕
　　贷：存货　16
借：少数股东权益　3.2（16×20%）
　　贷：少数股东损益　3.2
借：购买商品、接受劳务支付的现金　50
　　贷：销售商品、提供劳务收到的现金　50
（3）
借：长期股权投资　360
　　贷：未分配利润—年初　120
　　　　投资收益　240（300×80%）
（4）
①抵销长期股权投资
借：股本　800
　　资本公积　100
　　盈余公积　65（35+30）
　　未分配利润—年末　485（215+300-30）
　　商誉　200（1000-1000×80%）
　　贷：长期股权投资　1360（1000+120+240）
　　　　少数股东权益　290（1450×20%）
②抵销投资收益
借：投资收益　240（300×80%）
　　少数股东损益　60（300×20%）
　　未分配利润—年初　215
　　贷：提取盈余公积　30
　　　　未分配利润—年末　485
③抵销坏账准备
借：应收账款—坏账准备　10
　　贷：未分配利润—年初　10
借：资产减值损失　10
　　贷：应收账款—坏账准备　10
借：购买商品、接受劳务支付的现金　100
　　贷：销售商品、提供劳务收到的现金　100
④抵销B商品作为固定资产的内部交易
借：未分配利润—年初　50
　　贷：固定资产—原价　50

借：固定资产—累计折旧　5
　　贷：未分配利润—年初　5
借：固定资产—累计折旧　10（50/5）
　　贷：管理费用　10
借：少数股东权益　9
　　贷：未分配利润—年初　9
借：少数股东损益　2（10×20%）
　　贷：少数股东权益　2
⑤抵销D商品内部交易
借：未分配利润—年初　16
　　　　〔（50-30）×80%〕
　　贷：营业成本　16
借：少数股东权益　3.2
　　贷：未分配利润—年初　3.2
借：少数股东损益　3.2（16×20%）
　　贷：少数股东权益　3.2
（5）2018年12月31日，甲公司对丙公司投资
应确认的投资收益=〔350-（300-200）〕×
30%=75（万元）。
借：长期股权投资—损益调整　75
　　贷：投资收益　75
2.【答案】
（1）
①商誉的处理正确；
②权益法确认投资收益的处理不正确。
正确处理：在合并报表的调整分录中，采用权益法应确认的投资收益=（1000-200×60%）×80%=704（万元）。
（2）
①正确；
②错误，正确处理：应抵销营业成本2000万元；
③正确；
④正确；
⑤错误，正确处理：应抵销递延所得税资产5万元。
附抵销分录：
借：营业收入　2000
　　贷：营业成本　2000
借：应付账款　2340
　　贷：应收账款　2340
借：应收账款—坏账准备　20
　　贷：资产减值损失　20
借：所得税费用　5
　　贷：递延所得税资产　5
（3）
①正确；
②错误，正确处理：应抵销营业成本800万元；
③错误，正确处理：应抵销管理费用5万元；
④错误，正确处理：应抵销固定资产—累计折旧5万元；

⑤错误，正确处理：应确认递延所得税资产
23.75 万元。
附抵销分录：

借：营业收入 900
　　贷：营业成本 800
　　　　固定资产—原价 100
借：固定资产—累计折旧 5
　　贷：管理费用 5
借：递延所得税资产 23.75
　　　　〔（100 - 5）×25%〕
　　贷：所得税费用 23.75

（4）
①处理不正确。
正确处理：个别报表中采用权益法确认的投资收益 = 〔600 - （300 - 260）〕× 30% = 168（万元）。
个别报表中的会计分录：
借：长期股权投资 168
　　贷：投资收益 168
②处理正确。
3.【答案】
（1）

	初始确认类型	后续计量方法	是否纳入合并范围	理　由
甲公司	长期股权投资	成本法	是	黄河公司拥有甲公司70%有表决权的股份，对甲公司的财务和经营政策拥有控制权，达到控制，形成企业合并
乙公司	交易性金融资产	公允价值计量	否	黄河公司对乙公司不具有控制、共同控制或重大影响，不形成企业合并
丙公司	长期股权投资	成本法	是	黄河公司拥有丙公司100%有表决权的股份，对丙公司的财务和经营政策拥有控制权，达到控制，形成企业合并
丁公司	长期股权投资	权益法	否	黄河公司拥有丁公司20%有表决权的股份，对丁公司的财务和经营政策有重大影响
戊公司	长期股权投资	成本法	否	戊公司已经被法院宣告破产清算，已宣告破产的原子公司不应纳入合并范围

（2）
单位：万元

项　目	计算过程	抵销金额
应收账款	500 + 85 - 8	577
存货	500 - 400	100
固定资产	1800 - （2000 - 540）	340
应付账款	500 + 85	585
营业收入	500	500
营业成本	400	400
资产减值损失	8	8
营业外收入	1800 - （2000 - 540）	340

4.【答案】
（1）
2013 年 1 月 1 日
借：长期股权投资 15000
　　坏账准备 800
　　营业外支出 200
　　贷：应收账款 16000

（2）甲公司在 2013 年 1 月 1 日编制合并财务报表时应确认的商誉 = 15000 - 20000 × 70% = 1000（万元）。
（3）
①内部交易固定资产抵销
借：营业收入 3000
　　贷：营业成本 2400
　　　　固定资产—原价 600
②内部应收款项抵销
借：应付账款 3000
　　贷：应收账款 3000
借：应收账款—坏账准备 90
　　贷：资产减值损失 90
③长期股权投资与子公司所有者权益抵销
借：股本 10000
　　资本公积 5000
　　盈余公积 2000
　　未分配利润 3000
　　商誉 1000
　　贷：长期股权投资 15000
　　　　少数股东权益 6000（20000×30%）
（4）甲公司出售乙公司的股份的净损益（投资收益）= 15320 - 15000 = 320（万元）。

2014 年 12 月 31 日

借：银行存款　　　　　　　　　15320
　　贷：长期股权投资　　　　　　　15000
　　　　投资收益　　　　　　　　　　320

（5）乙公司资产、负债和所有者权益不应纳入 2014 年 12 月 31 日的合并资产负债表的年末余额，但是合并资产负债表的年初余额中仍包括乙公司的数据，即不调整合并资产负债表的期初数；乙公司 2014 年的收入、费用、利润应纳入 2014 年度合并利润表；乙公司 2014 年度的现金流量应纳入 2014 年度合并现金流量表。

（6）

①

借：营业收入　　　　　　　　　1300
　　贷：营业成本　　　　　　　　　1300
借：营业成本　　　　　　　　　　60
　　贷：存货　　　60［（130－100）×2］

②

借：投资收益　　　　　　　　　500
　　贷：长期股权投资　　　　　　　500
丙公司调整后的净利润＝960－（130－100）×2＝900（万元）。
借：长期股权投资　　　　　　　900
　　贷：投资收益　　　　　　　　　900

【提示】本题逆流交易未实现损益也可以不予调整，直接按照 960 万元调整长期股权投资和投资收益。

③

借：股本　　　　　　　　　　　150000
　　资本公积　　　　　　　　　　60000
　　盈余公积　　　　　　　　　　30000
　　未分配利润　40400（40000－500＋900）
　　贷：长期股权投资　　　　　　　280400
　　　　（280000－500＋900）

④

借：投资收益　　　　　　　　　900
　　未分配利润—年初　　　　　40000
　　贷：未分配利润—年末　　　　　40400
　　　　对所有者（或股东）的分配　　500

5.【答案】

（1）
2015 年度的应纳税所得额＝9520＋500－200＋180＝10000（万元）；
2015 年度的应交所得税＝10000×25%＝2500（万元）。

（2）
资料一，对递延所得税无影响。
分析：非公益性现金捐赠，本期不允许税前扣除，未来期间也不允许抵扣，未形成暂时性差异，形成永久性的差异，不确认递延所得税资产。

资料二，转回递延所得税资产 50 万元。
分析：2015 年年末保修期结束，不再预提保修费，本期支付保修费用 300 万元，冲减预计负债年初余额 200 万元，因期末不存在暂时性差异，需要转回原确认的递延所得税资产 50 万元（200×25%）。

资料三，税法规定，尚未实际发生的预计损失不允许税前扣除，待实际发生损失时才可以抵扣，因此本期计提的坏账准备 180 万元形成可抵扣暂时性差异，确认递延所得税资产 45 万元（180×25%）。

（3）
资料一：
不涉及递延所得税的处理。
资料二：
借：所得税费用　　　　　　　　50
　　贷：递延所得税资产　　　　　　50
资料三：
借：递延所得税资产　　　　　　45
　　贷：所得税费用　　　　　　　　45

（4）当期所得税（应交所得税）＝10000×25%＝2500（万元）；递延所得税费用＝50－45＝5（万元）；2015 年度所得税费用＝当期所得税＋递延所得税费用＝2500＋5＝2505（万元）。

（5）
①购买日合并财务报表中应确认的递延所得税负债＝（360－200）×25%＝40（万元）。
②商誉＝合并成本－购买日应享有被购买方可辨认净资产公允价值（考虑递延所得税后）的份额＝10900－（10000＋160－40）×100%＝780（万元）。
调整抵销分录：
借：存货　　　　　　　　　　　160
　　贷：资本公积　　　　　　　　　160
借：资本公积　　　　　　　　　40
　　贷：递延所得税负债　　　　　　40
借：股本　　　　　　　　　　　2000
　　未分配利润　　　　　　　　　8000
　　资本公积　　　　　　　　　　120
　　商誉　　　　　　　　　　　　780
　　贷：长期股权投资　　　　　　　10900

6.【答案】

（1）合并财务报表中按照权益法调整，取得投资当年应确认的投资收益＝6000×80%＝4800（万元）。
借：长期股权投资　　　　　　　4800
　　贷：投资收益　　　　　　　　　4800
应确认的其他综合收益＝400×80%＝320（万元）。
借：长期股权投资　　　　　　　320
　　贷：其他综合收益　　　　　　　320

分配现金股利调整减少长期股权投资 = 3000 × 80% = 2400（万元）。

借：投资收益　　　　　　　　2400
　　贷：长期股权投资　　　　　　　　2400

调整后长期股权投资的账面价值 = 18400 + 4800 – 2400 + 320 = 21120（万元）。

抵销长期股权投资和子公司所有者权益：

借：股本　　　　　　　　　　6000
　　资本公积　　　　　　　　4800
　　盈余公积　　　　　　　　1800
　　未分配利润—年末　　　　13400
　　　　（11000 + 6000 – 600 – 3000）
　　其他综合收益　　　　　　400
　　贷：长期股权投资　　　　　　　21120
　　　　少数股东权益　　　　　　　5280

借：投资收益　　　　　　　　4800
　　少数股东损益　　　　　　1200
　　未分配利润—年初　　　　11000
　　贷：提取盈余公积　　　　　　　　600
　　　　对所有者（或股东）的分配　　3000
　　　　未分配利润—年末　　　　　13400

（2）2014 年 12 月 31 日内部购销交易相关的抵销分录：

借：营业收入　　　　　　　　2000
　　贷：营业成本　　　　　　　　　2000

借：营业成本　　　　　　　　240
　　贷：存货　　　　　　　　　　　240

借：存货　　　　　　　　　　200
　　贷：资产减值损失　　　　　　　200

借：应付账款　　　　　　　　2000
　　贷：应收账款　　　　　　　　　2000

借：应收账款　　　　　　　　100
　　贷：资产减值损失　　　　　　　100

借：营业外收入　　　　　　　700
　　贷：无形资产　　　　　　　　　700

借：无形资产　　　70（700/5 × 6/12）
　　贷：管理费用　　　　　　　　　　70

（3）2015 年 12 月 31 日内部购销交易相关的抵销分录：

借：未分配利润—年初　　　　240
　　贷：营业成本　　　　　　　　　240

借：存货　　　　　　　　　　200
　　贷：未分配利润—年初　　　　　200

借：营业成本　　　　　　　　200
　　贷：存货　　　　　　　　　　　200

借：应收账款　　　　　　　　100
　　贷：未分配利润—年初　　　　　100

借：资产减值损失　　　　　　100
　　贷：应收账款　　　　　　　　　100

借：未分配利润—年初　　　　700
　　贷：无形资产　　　　　　　　　700

借：无形资产　　　　　　　　70
　　贷：未分配利润—年初　　　　　70

借：无形资产　　　　　140（700/5）
　　贷：管理费用　　　　　　　　　140

第十一周

第十二周

本周学习计划

日 期	章 节	考 点	重要程度	常见题型	完成情况
星期一	第17章	外币交易的会计处理	★★	单选题、多选题、判断题、计算分析题	
星期二		外币财务报表的折算	★★	单选题、多选题、判断题、计算分析题	
星期三	第21章	事业单位会计概述	★	单选题、多选题、判断题	
星期四		事业单位特定业务的核算	★★	单选题、多选题、判断题	
星期五	第22章	民间非营利组织会计	★	单选题、多选题、判断题	

本周攻克内容

【星期一·第17章】外币交易的会计处理

外币交易，是指以外币计价或者结算的交易，包括买入或者卖出以外币计价的商品或者劳务、借入或者借出外币资金和其他以外币计价或者结算的交易。

【提示】外币与记账本位币是相对概念，外币是企业记账本位币以外的货币。

一、记账本位币的确定

（一）记账本位币的定义

记账本位币，是指企业经营所处的主要经济环境中的货币。

（二）企业记账本位币的确定

我国《会计法》规定，业务收支以人民币以外的货币为主的企业，可以按规定选定其中一种货币作为记账本位币，但是编报的财务会计报告应当折算为人民币。

企业选定记账本位币，应当考虑下列因素：

1. 该货币主要影响商品和劳务的销售价格，通常以该货币进行商品和劳务的计价和结算；

2. 该货币主要影响商品和劳务所需人工、材料和其他费用，通常以该货币进行上述费用的计价和结算；

3. 融资活动获得的货币以及保存从经营活动中收取款项时所使用的货币。

（三）境外经营记账本位币的确定

境外经营有两个方面的含义：

一是指企业在境外的子公司、合营企业、联营企业、分支机构。

二是指当企业在境内的子公司、联营企业、合营企业或者分支机构，选定的记账本位币与企业的记账本位币不同的，也应当视同境外经营。确定境外经营，不是以位置是否在境外为判定标准，而是要看其选定的记账本位币是否与企业的记账本位币相同。

企业选定境外经营的记账本位币，除考虑企业选定记账本位币影响因素外，还应当考虑的因素有：

（1）境外经营对其所从事的活动是否拥有很强的自主性；（没有自主性则选择与境内企业相同的记账本位币，否则，选择不同的货币作为记账本位币）

（2）境外经营活动中与企业的交易是否在境外经营活动中占有较大比重；（占较大比重的，选择与境内企业相同的记账本位币，否则，选择不同的货币作为记账本位币）

（3）境外经营活动产生的现金流量是否直接影响企业的现金流量、是否可以随时汇回；（直接影响且可随时汇回的应选择与境内企业相同的记账本位币，否则，选择不同的货币作为记账本位币）

（4）境外经营活动产生的现金流量是否足以偿还其现有债务和可预期的债务。（不足以偿还的，应选择与境内企业相同的记账本位币，否则，选择不同的货币作为记账本位币）

【例题·多选题】下列各项中，属于企业在确定记账本位币时应考虑的因素有（　　）。

第十二周

A. 取得借款使用的主要计价货币

B. 确定商品生产成本使用的主要计价货币

C. 确定商品销售价格使用的主要计价货币

D. 从经营活动中收取货款使用的主要计价货币

【解析】企业选定记账本位币，应当考虑下列因素：（1）该货币主要影响商品和劳务的销售价格，通常以该货币进行商品和劳务的计价及结算；（2）该货币主要影响商品和劳务所需人工、材料和其他费用，通常以该货币进行上述费用的计价和结算；（3）融资活动所获得的货币以及保存从经营活动中收款项所使用的货币。

【答案】ABCD

【例题·判断题】在企业不提供资金的情况下，境外经营活动产生的现金流量难以偿还其现有债务和正常情况下可预期债务的，境外经营应当选择与企业记账本位币相同的货币作为记账本位币。（　　）（2015年）

【答案】√

【例题·判断题】业务收支以人民币以外的货币为主的企业，可以选定其中一种货币作为记账本位币，但编制的财务会计报告应当折算为人民币金额。（　　）

【解析】我国《会计法》规定，业务收支以人民币以外的货币为主的单位，可以选定其中一种货币作为记账本位币，但是编报的财务会计报告应当折算为人民币。

【答案】√

（四）记账本位币的变更

企业选择的记账本位币一经确定，不得随意变更。

企业因经营所处的主要经济环境发生重大变化，确需变更记账本位币的，应当采用变更当日的即期汇率将所有项目折算为变更后的记账本位币，折算后的金额作为以新的记账本位币计量的历史成本，由于采用同一即期汇率进行折算，不会产生汇兑差额。

【提示】企业主要经济环境确实发生了重大变化需要变更记账本位币的，需要在附注中披露变更的理由。

二、外币交易的会计处理

（一）外币交易发生日的初始确认

企业发生外币交易的，应在初始确认时采用交易发生日的即期汇率将外币金额折算为记账本位币金额；也可以采用按照系统合理的方法确定的、与交易发生日即期汇率近似的汇率折算。

即期汇率，通常是指中国人民银行公布的当日人民币外汇牌价的中间价。

【提示】企业发生的外币兑换业务或涉及外币兑换的交易事项，应当按照交易实际采用的汇率（即银行买入价或卖出价）折算。

即期汇率的近似汇率，是指按照系统合理的方法确定的、与交易发生日即期汇率近似的汇率，通常采用当期平均汇率或加权平均汇率等。

企业通常应当采用即期汇率进行折算。汇率变动不大的，也可以采用即期汇率的近似汇率进行折算。

汇率有两种标价方法：

直接标价法 US＄100：￥681

间接标价法 ￥100：US＄14.68

名词：银行挂牌买价、银行挂牌卖价、中间牌价

外币（美元）	人民币		
	买入价	卖出价	中间价
US＄100	682	684	683

【举例】甲公司买入100万美元支付684万元人民币。

借：银行存款—美元　　　　　　683

　　财务费用—汇兑差额　　　　　1

　　贷：银行存款—人民币　　　　　684

　　　　　　（实际支付价款）

【举例】甲公司将100万美元兑换人民币682万元。

借：银行存款—人民币　　　　　682

　　　　（实际支付价款）

　　财务费用—汇兑差额　　　　　1

　　贷：银行存款—美元　　　　　683

【总结】

当买入外币时：

借：银行存款—外币户（按即期汇率折算）

　　财务费用—汇兑差额（借方差额）

　　贷：银行存款—人民币（应以银行挂牌卖价来折算）

当卖出外币时：

借：银行存款—人民币（应以银行挂牌买价来折算）

　　财务费用—汇兑差额（借方差额）

　　贷：银行存款—外币（按即期汇率折算）

【提示】企业收到投资者以外币投入的资本，应当采用交易发生日即期汇率折算，不得采用合

第十二周

同约定汇率或即期汇率的近似汇率折算，外币投入资本与相应的货币性项目的记账本位币金额之间不产生外币资本折算差额。

【例题·单选题】企业将收到的投资者以外币投入的资本折算为记账本位币时，应采用的折算汇率是( )。(2014年)

A. 投资合同约定的汇率

B. 投资合同签订时的即期汇率

C. 收到投资款时的即期汇率

D. 收到投资款当月的平均汇率

【解析】企业收到投资者以外币投入的资本，无论是否有合同约定汇率，均不得采用合同约定汇率和即期汇率的近似汇率折算，而是采用交易日的即期汇率折算。

【答案】C

【例题·单选题】企业发生的下列外币业务中，即使汇率变动不大，也不得使用即期汇率的近似汇率进行折算的是( )。

A. 取得的外币借款

B. 投资者以外币投入的资本

C. 以外币购入的固定资产

D. 销售商品取得的外币营业收入

【解析】企业收到投资者以外币投入的资本，无论是否有合同约定汇率，均不得采用合同约定汇率和即期汇率的近似汇率折算，而是采用交易日的即期汇率折算。

【答案】B

【例题·多选题】下列各项中，可以使用即期汇率的近似汇率进行折算的有( )。

A. 接受投资收到的外币

B. 购入原材料应支付的外币

C. 取得借款收到的外币

D. 销售商品应收取的外币

【解析】企业收到的投资者以外币投入的资本，无论是否有合同约定汇率，均不得采用合同约定汇率和即期汇率的近似汇率折算，而是采用交易日即期汇率折算。

【答案】BCD

(二)资产负债表日或结算日的会计处理

1. 外币货币性项目

货币性项目是指企业持有的货币资金和将以固定或可确定金额的货币收取的资产或者偿付的负债。货币性项目分为货币性资产和货币性负债：货币性资产包括现金、银行存款、应收账款、其他应收款、长期应收款等；货币性负债包括短期借款、应付账款、其他应付款、长期借款、应付债券、长期应付款等。

企业应当采用资产负债表日或结算当日即期汇率折算外币货币性项目，因当日即期汇率与初始确认时或者前一资产负债表日即期汇率不同而产生的汇兑差额，作为财务费用处理。

结算外币货币性项目时，因汇率变动而形成的汇兑差额也应当计入当期损益。

【提示】

(1)可供出售外币货币性金融资产持有期间形成的汇兑差额，计入当期损益；可供出售外币非货币性金融资产持有期间产生的汇兑差额计入其他综合收益。

(2)与外币专门借款有关的汇兑差额，满足资本化条件的，应当予以资本化，计入在建工程等。

【总结】

期末调整汇兑差额的计算过程：

(1)计算外币账户的期末外币余额 = 期初外币余额 + 本期增加的外币发生额 - 本期减少的外币发生额

(2)计算调整后记账本位币余额 = 期末外币余额×期末即期汇率

(3)计算汇兑差额 = 调整后记账本位币余额 - 调整前记账本位币余额

【例题·单选题】甲公司外币交易采用业务发生时的即期汇率进行折算，按月计算汇兑损益。11月2日对外销售产品产生应收账款100万美元，当日的即期汇率为1美元＝6.30元人民币。11月30日的即期汇率为1美元＝6.40元人民币；12月1日的即期汇率为1美元＝6.32元人民币；12月31日的即期汇率为1美元＝6.35元人民币。次年1月10日收到该应收账款，当日即期汇率为1美元＝6.34元人民币。则该应收账款12月份应当确认的汇兑损益为( )万元人民币。

A. -5   B. 5

C. 3   D. -3

【解析】该应收账款12月份应当确认的汇兑损益＝$100×(6.35-6.40)=-5$(万元人民币)(汇兑损失)。

【答案】A

【例题·单选题】甲公司外币交易采用业务发生时的即期汇率进行折算，按月计算汇兑损益。1月14日对外采购商品形成应付账款100万美元，当日的即期汇率为1美元＝6.30元人民币。1月31日的即期汇率为1美元＝6.40元人民币；2月1日的即期汇率为1美元＝6.32元人民币；2月28日的即期汇率为1美元＝6.35元人民币。3月10日支付该笔应付账款，当日即期汇率为1美元＝6.34元人民币。甲公司上述应付账款2月份应当确认的汇兑损益为( )万元人民币。

A. 10   B. 5

C. 13   D. 3

【解析】该应付账款2月份应当确认的汇兑损益＝$100×(6.35-6.40)=-5$(万元人民币)(汇兑收益)。对应付账款(负债)相当于产生汇兑收益。2月28日应编制的会计分录为：

借：应付账款—美元　　　　　　　5
　　贷：财务费用—汇兑差额　　　　　5
【答案】B
2. 外币非货币性项目
非货币性项目，是指货币性项目以外的项目。例如，存货、长期股权投资、以公允价值计量且其变动计入当期损益的金融资产（股票、基金等）、固定资产、无形资产等。
【提示】预付款项和预收款项属于非货币性项目。
（1）对于以历史成本计量的外币非货币性项目，已在交易发生日按当日即期汇率折算，资产负债表日不应改变其原记账本位币金额，不产生汇兑差额。
（2）对于以成本与可变现净值孰低计量的存货，资产负债表日如果其可变现净值以外币确定，则在确定存货的期末价值时，先将可变现净值按资产负债表日即期汇率折算为记账本位币金额，再与以记账本位币反映的存货成本进行比较，从而确定该项存货的期末价值。
（3）对于以公允价值计量的外币非货币性项目，期末公允价值以外币反映的，应当先将该外币金额按照公允价值确定当日的即期汇率折算为记账本位币金额，再与原记账本位币金额进行比较。属于以公允价值计量且变动计入当期损益的金融资产（股票、基金等）的，折算后的记账本位币金额与原记账本位币金额之间的差额应作为公允价值变动损益（含汇率变动），计入当期损益；属于可供出售金融资产的，差额则应计入其他综合收益。
【例题·多选题】下列关于工商企业外币交易会计处理的表述中，正确的有（　　）。（2014年）
　A. 结算外币应收账款形成的汇兑差额应计入财务费用
　B. 结算外币应付账款形成的汇兑差额应计入财务费用
　C. 出售外币交易性金融资产形成的汇兑差额应计入投资收益
　D. 出售外币可供出售金融资产形成的汇兑差额应计入其他综合收益
【解析】选项D，出售外币可供出售金融资产形成的汇兑差额应计入投资收益。
【答案】ABC
【例题·单选题】下列各项外币资产发生的汇兑差额，不应计入财务费用的是（　　）。（2013年）
　A. 应收账款
　B. 银行存款
　C. 交易性金融资产

　D. 持有至到期投资
【解析】交易性金融资产持有期间发生的汇兑差额应计入公允价值变动损益。
【答案】C
【例题·单选题】下列各项外币资产持有期间发生的汇兑差额，不应计入当期损益的是（　　）。
　A. 应收账款
　B. 交易性金融资产
　C. 持有至到期投资
　D. 可供出售权益工具投资
【解析】选项A，计入财务费用；选项B，计入公允价值变动损益；选项C，计入财务费用，以上三项均影响当期损益；选项D，计入其他综合收益，不影响当期损益。
【答案】D
【例题·多选题】下列各项中，应按资产负债表日即期汇率折算的有（　　）。
　A. 以外币购入的存货
　B. 外币债权债务
　C. 以外币购入的固定资产
　D. 以外币标价的交易性金融资产
【解析】资产负债表日，以历史成本计量的外币非货币性项目，仍采用交易发生日的即期汇率折算，不改变其原记账本位币的金额，选项C不正确；以成本与可变现净值孰低计量的存货，若资产负债表日存在减值迹象且其可变现净值以外币确定，则涉及外币折算，若存货未发生减值，则不需折算，选择A不正确。
【答案】BD
【例题·单选题】甲公司以人民币作为记账本位币，对期末存货按成本与可变现净值孰低计量。2015年5月1日，甲公司进口一批商品，价款为200万美元，当日即期汇率为1美元＝6.1元人民币，货款以银行存款支付。2015年12月31日，甲公司该批商品中仍有50%尚未出售，可变现净值为90万美元，当日即期汇率为1美元＝6.2元人民币。不考虑其他因素，2015年12月31日，因上述事项对甲公司利润总额的影响金额为（　　）万元人民币。（2016年）
　A. 减少104　　　　　　B. 增加104
　C. 增加52　　　　　　D. 减少52
【解析】期末结存商品可变现净值＝90×6.2＝558（万元人民币），期末存货成本＝200×6.1×50%＝610（万元人民币），期末存货确认资产减值损失＝610－558＝52（万元人民币），减少利润总额52万元人民币，选项D正确。
【答案】D

第十二周

【星期二·第 17 章】外币财务报表的折算

一、外币财务报表的折算一般原则

（一）境外经营财务报表的折算

企业境外经营选定的记账本位币不是人民币的，应当按照境外经营财务报表折算原则将其财务报表折算为人民币反映的财务报表。企业对境外经营的财务报表进行折算时，应当遵循下列规定：

1. 资产负债表中的资产和负债项目，采用资产负债表日的即期汇率折算，所有者权益项目除"未分配利润"项目外，其他项目采用发生时的即期汇率折算。

2. 利润表中的收入和费用项目，采用交易发生日的即期汇率折算；也可以采用按照系统合理的方法确定的、与交易发生日即期汇率近似的汇率折算。

3. 按照上述规定折算产生的外币财务报表折算差额，在资产负债表中所有者权益项目下列报。

【提示】母公司承担的外币报表折算差额在所有者权益项目下"其他综合收益"项目列示；少数股东承担的外币报表折算差额在所有者权益项目下"少数股东权益"项目列示。

资产负债表

资产	负债
期末即期汇率	期末即期汇率
	所有者权益（除"未分配利润"项目）
	历史汇率
	差额：其他综合收益、少数股东权益（如涉及）

当期计提的盈余公积采用当期平均汇率折算，期初盈余公积为以前年度计提的盈余公积按相应年度平均汇率折算后金额的累计计算。

【例题·多选题】企业对境外经营财务报表折算时，下列各项中，应当采用资产负债表日即期汇率折算的有(　　)。(2016 年)

A. 固定资产　　　　　B. 未分配利润
C. 实收资本　　　　　D. 应付账款

【解析】对企业外币财务报表进行折算时，资产负债表中的资产和负债项目，采用资产负债表日的即期汇率折算，所有者权益项目除"未分配利润"项目外，其他项目采用发生时的即期汇率折算。

【答案】AD

【例题·单选题】下列各项中，属于以后期间不能重分类进损益的其他综合收益的是(　　)。

A. 外币财务报表折算差额
B. 现金流量套期工具的有效套期部分
C. 可供出售金融资产公允价值正常变动损益
D. 重新计量设定受益计划净负债或净资产的变动额

【解析】重新计量设定受益计划净负债或净资产的变动额计入其他综合收益，该其他综合收益将来不能转入损益。

【答案】D

【例题·多选题】企业将境外经营的财务报表折算为以企业记账本位币反映的财务报表时，应当采用资产负债表日即期汇率折算的项目有(　　)。(2015 年)

A. 固定资产　　　　　B. 应付账款
C. 营业收入　　　　　D. 未分配利润

【解析】对企业外币财务报表进行折算时，资产负债表中的资产和负债项目，采用资产负债表日的即期汇率折算，所有者权益项目除"未分配利润"项目外，其他项目采用发生时的即期汇率折算，选择 A 和 B 正确，选项 D 错误；利润表中的收入项目，采用交易发生日的即期汇率折算，选项 C 错误。

【答案】AB

【例题·多选题】下列关于资产负债表外币折算的表述中，正确的有(　　)。(2013 年)

A. 外币报表折算差额应在所有者权益项目下列示
B. 采用历史成本计量的资产项目应按资产确认时的即期汇率折算
C. 采用公允价值计量的资产项目应按资产负债表日即期汇率折算
D. "未分配利润"项目以外的其他所有者权益项目应按发生时的即期汇率折算

【解析】外币报表折算差额在资产负债表所有者权益项目下列示，选项 A 正确；资产负债表中的资产和负债项目，在外币报表进行折算时，采用资产负债表日的即期汇率折算，所有者权益项目除"未分配利润"项目外，其他项目采用发生时的即期汇率折算，选项C和D正确，选项B错误。

【答案】ACD

【例题·判断题】企业当期产生的外币报表折算差额，应在利润表"财务费用"项目中列示。（　）（2014年）

【解析】企业当期产生的外币报表折算差额，应在合并资产负债表中所有者权益项目下列示。

【答案】×

【例题·判断题】企业对境外经营财务报表进行折算时，资产负债表各项目均采用资产负债表日的即期汇率折算，利润表各项目均采用交易发生日的即期汇率或与交易发生日即期汇率近似的汇率折算。（　）（2012年）

【解析】资产负债表中的资产和负债项目，采用资产负债表日的即期汇率折算，所有者权益项目除"未分配利润"项目外，其他项目采用发生时的即期汇率折算。

【答案】×

【例题·判断题】企业对境外子公司的外币利润表进行折算时，可以采用交易发生日即期汇率，也可以采用按照系统合理的方法确定的、与交易日即期汇率近似的汇率。（　）

【解析】利润表中的收入和费用项目，采用交易发生日的即期汇率折算；也可以采用按照系统合理的方法确定的、与交易日即期汇率近似的汇率折算。

【答案】√

（二）包含境外经营的合并财务报表编制的特别处理

1.企业在编制合并财务报表时，应按少数股东在境外经营所有者权益中所享有的份额计算少数股东应分担的外币报表折算差额，并入少数股东权益列示于合并资产负债表。

借或贷：其他综合收益
　　贷或借：少数股东权益

2.母公司含有实质上构成对子公司（境外经营）净投资的外币货币性项目的情况下，在编制合并财务报表时，应分别以下两种情况编制抵销分录：

（1）实质上构成对子公司净投资的外币货币性项目以母公司或子公司的记账本位币反映，则应在抵销长期应收应付项目的同时，将其产生的汇兑差额转入"其他综合收益"项目。

借：其他综合收益
　　贷：财务费用
或相反分录。

（2）实质上构成对子公司净投资的外币货币性项目以母、子公司的记账本位币以外的货币反映，则应将母、子公司此项外币货币性项目产生的汇兑差额相互抵销，差额转入"其他综合收益"项目。

【提示】如果合并财务报表中各子公司之间也存在实质上构成对另一子公司（境外经营）净投资的外币货币性项目，在编制合并财务报表时应比照上述原则编制相应的抵销分录。

【例题·判断题】企业编制的合并财务报表涉及境外经营时，以母、子公司记账本位币以外的货币反映的实质上构成对境外经营净投资的外币货币性项目产生的汇兑差额应先相互抵销，抵销后仍有余额的，再将该余额转入其他综合收益。（　）

【解析】在合并报表中，涉及母公司实质上构成对子公司的长期净投资的，以母公司和子公司记账本位币以外的货币反映的，在编制合并财务报表时，应当相互抵销，抵销后仍有余额的，再将余额转入其他综合收益。

【答案】√

二、境外经营的处置

企业在处置境外经营时，应当将资产负债表中所有者权益项目下列示的、与该境外经营相关的外币报表折算差额，自所有者权益项目转入处置当期损益；部分处置境外经营的，应当按处置的比例计算处置部分的外币报表折算差额，转入处置当期损益。

【例题·单选题】下列关于外币财务报表折算的表述中，不正确的是（　）。

A.资产和负债项目应当采用资产负债表日的即期汇率进行折算

B.所有者权益项目，除"未分配利润"项目外，其他项目均应采用发生时的即期汇率进行折算

C.利润表中的收入和费用项目，应当采用交易发生日的即期汇率折算，也可以采用与交易发生日即期汇率近似的汇率进行折算

D.在部分处置境外经营时，应将资产负债表中所有者权益项目下列示的、与境外经营相关的全部外币报表折算差额转入当期损益

【解析】选项D，在部分处置境外经营时，应当按照处置的比例计算处置部分的外币报表折算差额，转入处置当期损益。

【答案】D

【星期三·第21章】事业单位会计概述

一、事业单位会计的特点

1. 概念

事业单位会计是各级各类事业单位以货币为计量单位，对自身发生的经济业务或者事项进行全面、系统、连续的核算和监督的专业会计。

2. 特点

（1）会计核算一般采用收付实现制，但部分经济业务或者事项的核算采用权责发生制；

（2）事业单位会计核算目标是向会计信息使用者提供与事业单位财务状况、事业成果、预算执行等有关的会计信息；

（3）各项财产物资应当按照取得或购建时的实际成本进行计量，除国家另有规定外，事业单位不得自行调整其账面价值。

【例题·判断题】事业单位的各项财产物资应当按照取得或购建时的实际成本进行计量，除国家另有规定外，事业单位不得自行调整其账面价值。（　　）

【答案】√

二、事业单位会计要素

事业单位会计要素分为五大类，即资产、负债、净资产、收入和支出。

（一）资产

资产，是指事业单位占有或者使用的能以货币计量的经济资源，包括各种财产、债权和其他权利。

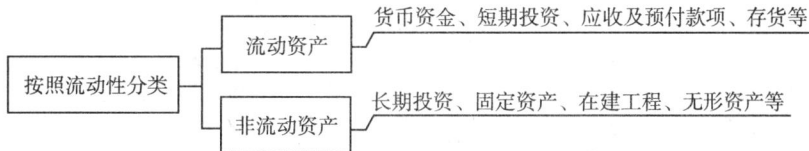

按照流动性分类 —— 流动资产 —— 货币资金、短期投资、应收及预付款项、存货等

非流动资产 —— 长期投资、固定资产、在建工程、无形资产等

（二）负债

负债是指事业单位所承担的能以货币计量，需要以资产或者劳务偿还的债务。

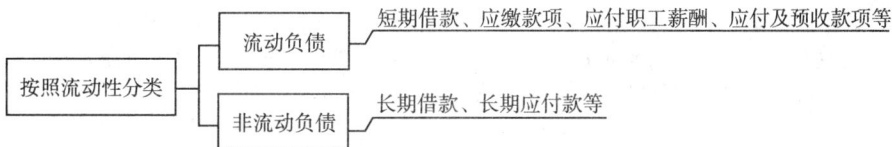

按照流动性分类 —— 流动负债 —— 短期借款、应缴款项、应付职工薪酬、应付及预收款项等

非流动负债 —— 长期借款、长期应付款等

第十二周

【提示】事业单位的负债应当按照合同金额或实际发生额进行计量。

（三）净资产

净资产是指事业单位资产扣除负债后的余额。

事业单位的净资产包括事业基金、非流动资产基金、专用基金、财政补助结转、财政补助结余、非财政补助结转、事业结余、经营结余、非财政补助结余分配。

1. 财政补助结转结余是指事业单位各项财政补助收入与其相关支出相抵后剩余滚存的、须按规定管理和使用的结转和结余资金。

2. 非财政补助结转是指事业单位除财政补助收支以外的各专项资金收入与其相关支出相抵后剩余滚存的、须按规定用途使用的结转资金。

3. 事业结余和经营结余是指事业单位除财政补助收支以外的各非专项资金收入与各非专项资金支出相抵后的余额。

【提示】财政拨款结转结余不参与事业单位的结余分配、不转入事业基金。

【例题·多选题】下列属于事业单位净资产的有（　　）。

A. 财政补助结余　　　B. 非财政补助结余

C. 应缴财政专户款　　D. 财政应返还额度

【解析】事业单位的净资产包括事业基金、非流动资产基金、专用基金、财政补助结转、财政补助结余、非财政补助结转、事业结余、经营结余、非财政补助结余分配。

【答案】AB

（四）收入

收入是指事业单位开展业务及其他活动依法取得的非偿还性资金。

事业单位收入包括财政补助收入、事业收入、上级补助收入、附属单位上缴收入、经营收入和其他收入等。

【提示】事业单位原则上采用收付实现制确认收入。如果采用权责发生制确认收入，应当在提供服务或者发出存货，同时收讫价款或者取得索取价款的凭据时予以确认，并按照实际收到的金额或者有关凭证注明的金额进行计量。

（五）支出

支出是指事业单位开展业务及其他活动发生的资金耗费和损失。

事业单位的支出包括事业支出、对附属单位补助支出、上缴上级支出、经营支出和其他支出等。

【提示】事业单位的支出一般应当在实际支付时予以确认，并按照实际支付金额进行计量。采用权责发生制确认的支出，应当在其实际发生时予以确认，并按照实际发生额进行计量。事业单位的经营支出应当与经营收入相配比。

【星期四·第21章】事业单位特定业务的核算

一、国库集中支付业务的核算

财政资金的支付 { 财政直接支付
财政授权支付

（一）财政直接支付的程序及账务处理

1. 事业单位应于收到财政国库支付执行机构委托银行转来的"财政直接支付入账通知书"时，按入账通知书中标明的金额确认财政补助收入，同时计入相关支出或增记相关资产。

借：事业支出等
  贷：财政补助收入

2. 年度终了，事业单位依据本年度财政直接支付预算指标数与当年财政直接支付实际支出数的差额，确认财政补助收入并增记财政应返还额度。

借：财政应返还额度——财政直接支付
  贷：财政补助收入

3. 下年度恢复财政直接支付额度后，事业单位以财政直接支付方式发生实际支出时，应冲减财政应返还额度。

借：事业支出等
  贷：财政应返还额度——财政直接支付

（二）财政授权支付的程序及账务处理

1. 事业单位应于实际收到代理银行盖章的"授权支付到账通知书"时，按照通知书标明的数额确认财政补助收入，并增记零余额账户用款额度，支用额度时作冲减零余额账户用款额度的会计处理。

借：零余额账户用款额度
  贷：财政补助收入
支用额度时：
借：事业支出等
  贷：零余额账户用款额度

2. 年度终了，事业单位依据代理银行提供的对账单注销额度时，增记财政应返还额度，并冲减零余额账户用款额度。

借：财政应返还额度——财政授权支付
  贷：零余额账户用款额度
下年初恢复额度时：

借：零余额账户用款额度
  贷：财政应返还额度——财政授权支付

3. 如果本年度财政授权支付预算指标数大于零余额账户用款额度下达数，根据两者的差额，确认财政补助收入并增记财政应返还额度，下年度收到财政部门批复的上年未下达零余额账户用款额度时，作冲减财政应返还额度的会计处理。

①年度终了，根据未下达的用款额度时：
借：财政应返还额度——财政授权支付
  贷：财政补助收入

②下年度收到财政部门批复的上年末未下达零余额账户用款额度时：
借：零余额账户用款额度
  贷：财政应返还额度——财政授权支付

【例题·多选题】某事业单位2015年度收到财政部门批复的2014年年末未下达零余额账户用款额度300万元，下列会计处理中，正确的有（　　）。（2015年）

A. 贷记"财政补助收入"300万元

B. 借记"财政补助结转"300万元

C. 贷记"财政应返还额度"300万元

D. 借记"零余额账户用款额度"300万元

【解析】事业单位下年度收到财政部门批复的上年末未下达零余额账户用款额度时，借记"零余额账户用款额度"，贷记"财政应返还额度——财政授权支付"。

【答案】CD

【例题·判断题】在财政直接支付方式下，事业单位应在收到财政国库支付执行机构委托代理银行转来的财政直接支付入账通知书时，确认财政补助收入。（　　）

【答案】√

二、长期投资的核算（双增加）

长期投资是事业单位依法取得的，持有时间超过1年（不含1年）的股权和债权性质的投资。事业单位长期投资增加和减少时，应相应调整非流动资产基金，长期投资账面余额应与对应的非流动资产基金账面余额相等。

第十二周

1. 长期投资的取得

事业单位依法取得长期投资时，应当按照其实际成本作为投资成本。以货币资金取得的长期投资，按照实际支付的全部价款（包括购买价款以及税金、手续费等相关税费）作为投资成本；以非现金资产取得的长期投资，按照非现金资产的评估价值加上相关税费作为投资成本。长期投资增加时，应当相应增加非流动资产基金。

（1）以货币资金取得的长期投资

借：长期投资（按照实际支付的全部价款）
　　贷：银行存款等

同时，按照投资成本金额：

借：事业基金
　　贷：非流动资产基金—长期投资

（2）以固定资产取得的长期投资

借：长期投资（按照评估价值＋相关税费）
　　贷：非流动资产基金—长期投资

按发生的相关税费：

借：其他支出
　　贷：银行存款等

同时，按照投出固定资产对应的非流动资产基金：

借：非流动资产基金—固定资产
　　　累计折旧（已计提折旧）
　　贷：固定资产（投出固定资产的账面余额）

（3）以无形资产取得的长期投资

①以已入账无形资产取得的长期投资，与固定资产核算基本相同。

②以未入账无形资产取得的长期投资，按照评估价值加上相关税费作为投资成本。

借：长期投资
　　贷：非流动资产基金—长期投资

按发生的相关税费：

借：其他支出
　　贷：银行存款等

2. 长期投资持有期间的收益

事业单位长期投资在持有期间应采用成本法核算，除非追加（或收回）投资，其账面价值一直保持不变。

事业单位收到利润或者利息时：

借：银行存款（按照实际收到的金额）
　　贷：其他收入—投资收益

3. 长期投资的处置

（1）事业单位对外转让或到期收回长期债券投资：

借：银行存款（实际收到的金额）
　　贷：长期投资（收回长期投资的成本）
　　　　其他收入—投资收益

同时：

借：非流动资产基金—长期投资（收回长期
　　　投资对应的非流动资产基金）
　　贷：事业基金

（2）事业单位转让或核销长期股权投资时，应将长期股权投资转入待处置资产

借：待处置资产损溢（按照长期股权投资账
　　　面余额）
　　贷：长期投资

实际转让或报经批准予以核销时：

借：非流动资产基金—长期投资
　　贷：待处置资产损溢

【提示】转让长期股权投资过程中取得的净收入，应当按照国家有关规定处理。

三、固定资产的核算（双增加）

固定资产是指事业单位持有的使用期限超过1年（不含1年）、单位价值在规定标准以上，并在使用过程中基本保持原有物质形态的资产。单位价值虽未达到规定标准，但使用期限超过1年（不含1年）的大批同类物资，作为固定资产核算和管理。事业单位的固定资产一般分为六类：房屋及构筑物；专用设备；通用设备；文物和陈列品；图书、档案；家具、用具、装具及动植物。

事业单位的固定资产也有对应的非流动资产基金。为满足预算管理的需要，事业单位固定资产的核算一般采用双分录的形式。购置固定资产的支出，在实际支付购买价款时确认为当期支出或减少专用基金中的修购基金，同时增加固定资产原值和非流动资产基金。在计提折旧时，逐期减少固定资产对应的非流动资产基金。处置固定资产时，相应减少非流动资产基金。

（一）固定资产的取得

事业单位取得固定资产时，应当按照其实际成本入账。购入的固定资产，其成本包括购买价款、相关税费以及固定资产交付使用前所发生的可归属于该项资产的运输费、装卸费、安装调试费和专业人员服务费等。

1. 购入固定资产扣留质量保证金的会计处理

借：固定资产（确定的成本）
　　贷：非流动资产基金—固定资产

（1）如取得固定资产全款发票

借：事业支出等（构成资产成本的全部支出
　　　金额）
　　贷：财政补助收入
　　　　零余额账户用款额度 ｝实际支付金额
　　　　银行存款
　　　　其他应付款［扣留的质量保证金扣留期
　　　　　在1年以内（含1年）］
　　　　长期应付款（扣留的质量保证金扣留
　　　　　期超过1年）

质保期满支付质量保证金时：

借：其他应付款或长期应付款（扣留的质量
　　　保证金）
　　贷：财政补助收入、零余额账户用款额度、
　　　　银行存款等

（2）取得的发票金额不包括质量保证金

借：事业支出等（不包括质量保证金的支出金额）

　　贷：财政补助收入、零余额账户用款额度、银行存款等

质保期满支付质量保证金时：

借：事业支出等（实际支付的金额）

　　贷：财政补助收入、零余额账户用款额度、银行存款等

2. 融资租入固定资产的会计处理

事业单位以融资租赁租入的固定资产，其成本按照租赁协议或者合同确定的租赁价款、相关税费以及固定资产交付使用前所发生的可归属于该项资产的运输费、途中保险费、安装调试费等确定。

借：固定资产（确定的成本）

　　贷：长期应付款（租赁协议或合同确定的租赁价款）

　　　　非流动资产基金—固定资产（差额）

同时，按照实际支付的相关税费、运输费、保险费、安装调试费等：

借：事业支出、经营支出等

　　贷：财政补助收入、零余额账户用款额度、银行存款等

定期支付租金时：

借：事业支出、经营支出等（支付的租金）

　　贷：财政补助收入、零余额账户用款额度、银行存款等

同时：

借：长期应付款

　　贷：非流动资产基金—固定资产

【提示】融资租入固定资产未付清租赁费时，固定资产净值和"非流动资产基金—固定资产"科目金额不相等。

【例题·单选题】2017年4月1日，甲事业单位采用融资租赁方式租入一台管理用设备并投入使用。租赁合同规定，该设备租赁期为5年，每年4月1日支付年租金100万元，租赁期满后甲事业单位可按1万元的优惠价格购买该设备且甲事业单位拟购买。当日，甲事业单位支付了首期租金。甲事业单位融资租入该设备的入账价值为（　　）万元。

A. 100　　　　　　　　B. 101

C. 500　　　　　　　　D. 501

【解析】甲事业单位融资租入该设备的入账价值 = 100 × 5 + 1 = 501（万元）。

【答案】D

（二）计提固定资产折旧

事业单位应当按照《事业单位财务规则》或相关财务制度的规定确定是否对固定资产计提折旧。对固定资产计提折旧的，应当按月计提：

借：非流动资产基金—固定资产（实际计提金额）

　　贷：累计折旧

【提示】文物和陈列品、图书、档案；动植物等不计提折旧。

（三）固定资产的处置

固定资产的处置具体包括固定资产的出售、无偿调出、对外捐赠、盘亏、报废、毁损等。固定资产转入待处置资产时，事业单位应将其账面余额和相关的累计折旧转入"待处置资产损溢"科目，实际报经批准处置时，将相关的非流动资产基金余额转入"待处置资产损溢"科目。对处置过程中取得的收入、发生的相关费用通过"待处置资产损溢"科目核算，处置净收入根据国家有关规定处理（通常计入应缴国库款）。

1. 固定资产转入待处置资产

借：待处置资产损溢

　　累计折旧

　　贷：固定资产

2. 固定资产报经批准予以处置

借：非流动资产基金—固定资产

　　贷：待处置资产损溢

3. 发生清理费用

借：待处置资产损溢

　　贷：银行存款

4. 收到残料变价收入

借：银行存款

　　贷：待处置资产损溢

5. 结转固定资产处置净收入

借：待处置资产损溢

　　贷：应缴国库款

四、无形资产的核算（双增加）

无形资产是指事业单位持有的没有实物形态的可辨认非货币性资产，包括专利权、商标权、著作权、土地使用权、非专利技术等。事业单位购入的不构成相关硬件不可缺少组成部分的应用软件，应当作为无形资产核算（若构成相关硬件不可缺少的组成部分的应用软件，则一并作为固定资产核算）。事业单位无形资产增加或减少时，应当相应增加或减少非流动资产基金。无形资产在计提摊销时，逐期减少无形资产对应的非流动资产基金。

（一）无形资产的取得

购入的无形资产，其成本包括购买价款、相关税费以及归属于该项资产达到预定用途所发生的其他支出。

借：无形资产（购买价款 + 相关税费等）

　　贷：非流动资产基金—无形资产

同时，按照实际支付的金额：

借：事业支出等

　　贷：财政补助收入、零余额账户用款额度、银行存款等

委托软件公司开发软件视同外购无形资产进行会计处理，在支付软件开发费用时，按照实际支付的金额作为无形资产成本入账。

自行开发并按照法律程序申请取得的无形资产，按照依法取得时发生的注册费用、聘请律师费用等作为无形资产的成本入账，依法取得前所发生的研究开发支出不作为无形资产的成本，应于发生时直接计入当期支出。

（二）计提无形资产摊销

事业单位应当按照《事业单位财务规则》或相关财务制度的规定确定是否对无形资产计提摊销。对无形资产计提摊销的，应当按月计提摊销。

借：非流动资产基金—无形资产（实际计提金额）

　　贷：累计摊销

【例题·单选题】下列关于事业单位对非经营用无形资产摊销的会计处理中，正确的是（　　）。（2013年）

A. 增加事业支出

B. 增加其他支出

C. 减少事业基金

D. 减少非流动资产基金

【解析】无形资产计提摊销，按照实际计提金额，借记"非流动资产基金—无形资产"科目，贷记"累计摊销"科目，选项D正确。

【答案】D

（三）无形资产的处置

无形资产的处置具体包括转让、无偿调出、对外捐赠无形资产。具体核算与固定资产基本相同。

1. 无形资产转入待处置资产

借：待处置资产损溢

　　累计摊销

　　贷：无形资产

2. 无形资产实际转让：

借：非流动资产基金—无形资产

　　贷：待处置资产损溢

3. 收到转让收入：

借：银行存款

　　贷：待处置资产损溢

4. 结转无形资产转让收入：

借：待处置资产损溢

　　贷：应缴国库款

【提示】无形资产处置净收入应根据国家有关规定处理，通常计入应缴国库款。

五、结转结余和结余分配的核算

事业单位应当严格区分财政补助结转结余和非财政补助结转结余。财政拨款结转结余不参与事业单位的结余分配、不转入事业基金，单独设置"财政补助结转"和"财政补助结余"科目核算。非财政补助结转结余通过设置"非财政补助结转"、"事业结余"、"经营结余"、"非财政补助结余分配"等科目核算。

（一）财政补助结转结余的核算

财政补助结转资金是指当年支出预算已执行但尚未完成或因故未执行，下年需按原用途继续使用的财政补助资金。财政补助结转包括基本支出结转和项目支出结转。

财政补助结余资金是指支出预算工作目标已完成，或由于受政策变化，计划调整等因素影响工作终止，当年剩余的财政补助资金。财政补助结余是财政补助项目支出结余资金。

事业单位应当按照有关部门预算管理的规定，使用和管理财政补助结转资金和结余资金。

1. 财政补助结转的核算

（1）会计期末

借：财政补助收入—基本支出

　　　　　　　　—项目支出

　　贷：财政补助结转—基本支出结转

　　　　　　　　　　—项目支出结转

借：财政补助结转—基本支出结转

　　　　　　　　　—项目支出结转

　　贷：事业支出—财政补助支出（基本支出、项目支出）

　　　　事业支出—基本支出（财政补助支出）

　　　　　　　　—项目支出（财政补助支出）

2. 财政补助结余的核算

（1）年末，按照有关规定将符合财政补助结余性质的项目余额转入财政补助结余。

借：财政补助结转—项目支出结转

　　贷：财政补助结余

或作相反分录。

（2）按规定上缴财政补助结余资金或注销财政补助结余额度的，按照实际上缴资金数额或注销的资金额度数额。

借：财政补助结余

　　贷：财政应返还额度

　　　　零余额账户用款额度

　　　　银行存款等

【提示】取得主管部门归集调入财政补助结余资金或者额度的，作相反会计分录。

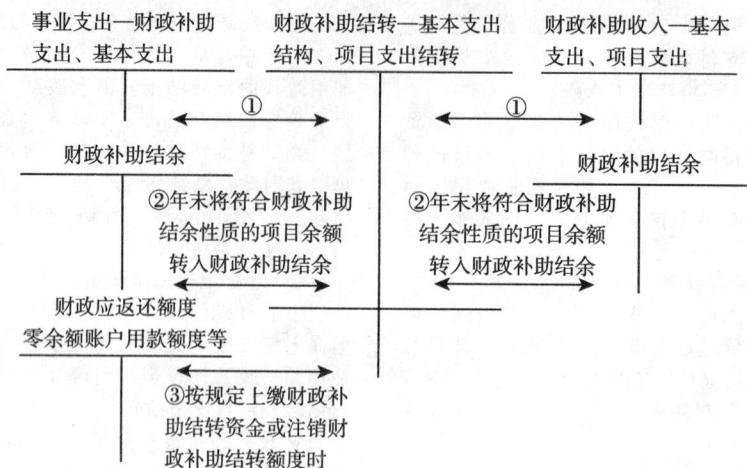

（二）非财政补助结转的核算

非财政补助结转资金是指事业单位除财政补助收支以外的各专项资金收入与其相关支出相抵后剩余滚存的、须按规定用途使用的结转资金，通过设置"非财政补助结转"科目核算，以满足专项资金专款专用的管理要求。

1. 期末

借：事业收入

　　上级补助收入

　　附属单位上缴收入

　　其他收入

　　贷：非财政补助结转

借：非财政补助结转

　　贷：事业支出—非财政专项资金支出

　　　　事业支出—项目支出（非财政专项资金支出）

　　　　其他支出

2. 年末，完成非财政补助专项资金结转后，应当对非财政补助专项结转资金各项目情况进行分析，将已完成项目剩余资金区分以下情况处理：

借：非财政补助结转

　　贷：银行存款（缴回原专项资金拨入单位）

借：非财政补助结转

　　贷：事业基金（留归本单位使用）

【提示】项目未完成，"非财政补助结转"科目有余额。

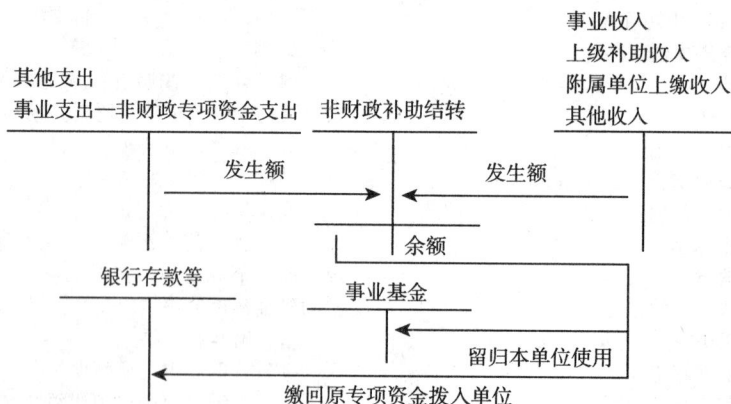

【例题·单选题】2015年12月31日，甲事业单位完成非财政专项资金拨款支持的开发项目，上级部门批准将项目结余资金70万元留归该单位使用。当日，该单位应将该笔结余资金确认为（　　）。（2016年）

A. 单位结余　　　　B. 事业基金

C. 非财政补助收入　D. 专项基金

【解析】年末，事业单位完成非财政补助专项资金结转后，留归本单位使用的，应该借记"非财政补助结转"科目，贷记"事业基金"科目，选项B正确。

【答案】B

（三）非财政补助结余的核算

非财政补助结余包括事业结余和经营结余。事业结余是事业单位一定期间除财政补助收支、非财政专项资金收支和经营收支以外各项收支相抵后的余额。经营结余是事业单位一定期间各项经营收支相抵后余额弥补以前年度经营亏损后的余额。

1. 事业结余的核算

（1）期末

借：事业收入
　　上级补助收入
　　附属单位上缴收入
　　其他收入
　贷：事业结余

借：事业结余
　贷：事业支出—其他资金支出
　　　事业支出—基本支出（其他资金支出）
　　　　　　　—项目支出（其他资金支出）
　　　其他支出（对应各非专项资金支出明细科目）
　　　对附属单位补助支出
　　　上缴上级支出

（2）年末

借：事业结余
　贷：非财政补助结余分配
或作相反分录。

【例题·多选题】下列各项中，应转入事业单位结余的有(　　)。(2013年)

A. 上级补助收入

B. 财政补助收入

C. 附属单位上缴收入

D. 其他收入中的非专项资金收入

【解析】根据事业收入、上级补助收入、附属单位上缴收入、其他收入本期发生额中的非专项资金收入，期末结转到事业结余中，选项A、C和D正确；财政补助收入结转到财政补助结转中，选项B错误。

【答案】ACD

2. 经营结余的核算

（1）期末

借：经营收入（本期发生额）
　贷：经营结余

借：经营结余
　贷：经营支出（本期发生额）

（2）年末

借：经营结余
　贷：非财政补助结余分配

【提示】经营结余如为借方余额，为经营亏损，不予结转。

【例题·单选题】事业单位在年末对非财政补助结余进行的下列会计处理中，不正确的是(　　)。(2014年)

A. 将"事业结余"科目借方余额转入"非财政补助结余分配"科目借方

B. 将"事业结余"科目贷方余额转入"非财政补助结余分配"科目贷方

C. 将"经营结余"科目借方余额转入"非财政补助结余分配"科目借方

D. 将"经营结余"科目贷方余额转入"非财政补助结余分配"科目贷方

【解析】年度终了，经营结余如为借方余额，为经营亏损，不予结转。

【答案】C

【例题·判断题】事业单位当年经营收入扣除经营支出后的余额，无论是正数还是负数，均直接计入事业基金。(　　)

【解析】经营结余如果是负数，不需要进行结转。

【答案】×

3. 非财政补助结余分配的核算（年末）

（1）结转事业结余和经营结余

借：事业结余
　　经营结余
　贷：非财政补助结余分配

（2）有企业所得税缴纳义务的事业单位计算出应缴纳的企业所得税

借：非财政补助结余分配
　贷：应缴税费—应缴企业所得税

（3）按照有关规定提取职工福利基金

借：非财政补助结余分配
　贷：专用基金—职工福利基金（实际提取金额）

（4）将"非财政补助结余分配"科目余额结转入事业基金

借：非财政补助结余分配
　贷：事业基金
或作相反分录。

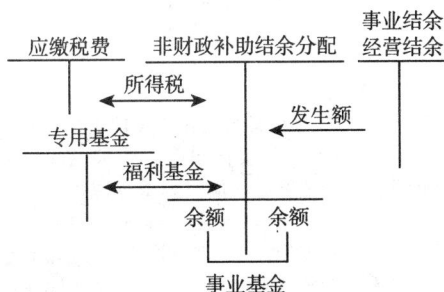

【例题·判断题】年末，事业单位应将按照相关规定进行结余分配后"非财政补助结余分配"科目的余额结转至事业基金，借记或贷记"非财政补助结余分配"科目，贷记或借记"事业基金"科目。(　　)

【答案】√

【星期五·第22章】民间非营利组织会计

考点 1：民间非营利组织会计概述

一、民间非营利组织的概念和特征

1. 概念：是指通过筹集社会民间资金举办的、不以营利为目的、从事教育、科技、文化、卫生、宗教等社会公益事业，提供公共产品的社会服务组织。

2. 特征：

（1）该组织不以营利为宗旨和目的；

（2）资源提供者向该组织投入资源不取得经济回报；

（3）资源提供者不享有该组织的所有权。

二、民间非营利组织会计的概念和特点

1. 概念：是对民间非营利组织的财务收支活动进行连续、系统、综合的记录、计量和报告，以价值指标客观的反映业务活动过程，从而为业务管理和其他相关的管理工作提供信息的活动。

2. 特点：

①以权责发生制为会计核算基础；

②在采用历史成本计价的基础上，引入公允价值计量基础；

③由于民间非营利组织资源提供者既不能享有组织的所有权，也不取得经济回报，因此，其会计要素不包括所有者权益和利润，而是设置了净资产这一要素；

④由于民间非营利组织采用权责发生制作为会计核算基础，因此设置了费用要素，而没有使用行政、事业单位的支出要素。

【例题·判断题】民间非营利组织应当采用收付实现制作为会计核算基础。（　　）（2015 年）

【解析】民间非营利组织采用权责发生制为核算基础。

【答案】×

三、民间非营利组织会计核算的基本原则

《民间非营利组织会计制度》要求民间非营利组织在进行会计核算时，应当遵循客观性原则、相关性原则、实质重于形式原则、一贯性原则、可比性原则、及时性原则、可理解性原则、配比性原则、历史成本原则、谨慎性原则、划分费用性支出与资本性支出原则以及重要性原则等基本原则。

四、民间非营利组织的会计要素

（一）反映财务状况的会计要素

会计等式：资产－负债＝净资产

1. 资产是指过去的交易或事项形成并由民间非营利组织拥有或者控制的资源，该资源预期会给民间非营利组织带来经济利益或者服务潜力，包括流动资产、长期投资、固定资产、无形资产和受托代理资产等。

2. 负债是指过去的交易或事项形成的现时义务，履行该义务预期会导致含有经济利益或者服务潜力的资源流出民间非营利组织，包括流动负债、长期负债和受托代理负债等。

3. 净资产是指民间非营利组织的资产减去负债后的余额，包括限定性净资产和非限定性净资产。

（二）反映业务成果的会计要素

会计等式：收入－费用＝净资产变动额

1. 收入是指民间非营利组织开展业务活动取得的、导致本期净资产增加的经济利益或者服务潜力的流入。包括捐赠收入、会费收入、提供服务收入、政府补助收入、投资收益、商品销售收入等主要业务活动收入和其他收入。

2. 费用是指民间非营利组织为开展业务活动所发生的、导致本期净资产减少的经济利益或者服务潜力的流出，包括业务活动成本、管理费用、筹资费用和其他费用等。

【提示】民间非营利组织的财务会计报告包括：资产负债表、业务活动表和现金流量表三张基本报表、会计报表附注和财务情况说明书。

考点 2：民间非营利组织特定业务的核算

一、受托代理业务的核算

（一）受托代理业务的概念

受托代理业务是指民间非营利组织从委托方收到受托资产，并按照委托人的意愿将资产转赠给指定的其他组织或者个人的受托代理过程。

（二）受托代理业务的界定

在受托代理业务中，民间非营利组织只是起到中介人的作用。民间非营利组织的受托代理业务与其通常从事的捐赠活动存在本质上的差异。

1. 在受托代理业务中，民间非营利组织并不是受托代理资产的最终受益人，只是代受益人保管这些资产。而对于接受捐赠的资产，民间非营利组织对于资产以及资产带来的收益具有控制权。

2. 在受托代理业务中，民间非营利组织只是起到中介人的作用，帮助委托人将资产转赠或转交给指定的受益人，并没有权力改变受益人和受托代理资产的用途。受托代理业务与资产提供者设置了用途限制的捐赠（即限定性捐赠）有时候看起来很类似。但是，在限定性捐赠中，民间非营利组织在按照资产提供者要求使用这些受赠资产的前提下，具有一定的自主权，可以在资产提供者的限定范围内选择具体的受益人。而在受托代理业务中，受托代理资产的受益人是由委托人具体指定的，民间非营利组织没有变更的权力。

3. 在受托代理业务中，委托人通常需要明确指出具体受益人的姓名或受益单位的名称，才能称为"指定的"受益人。委托人有时会从民间非营利组织提供的名单中指定一个或若干个受益人，也符合受托代理业务的概念。

4. 受托代理业务通常应当签订明确的书面协议，而且通常是委托方、受托方和受益人三方共同签订的。

（三）受托代理业务的核算

应设置"受托代理资产"和"受托代理负债"科目。

1. 收到受托代理资产如果为非现金资产

借：受托代理资产

　　贷：受托代理负债

【提示】受托代理资产的入账价值应当按照以下方法确定：如果委托方提供了有关凭据，应当按照凭据上标明的金额作为入账价值；如果标明的金额与受托代理资产的公允价值相差较大，受托代理资产应当以公允价值作为入账价值；如果捐赠方没有提供有关凭据的，受托代理资产应当按照其公允价值作为入账价值。

2. 收到的受托代理资产如果为现金、银行存款或其他货币资金

借：现金—受托代理资产

　　银行存款—受托代理资产

　　其他货币资金—受托代理资产

　　贷：受托代理负债

3. 转赠或者转出受托代理资产

借：受托代理负债

　　贷：受托代理资产（非现金资产）

　　现金—受托代理资产

　　银行存款—受托代理资产

　　其他货币资金—受托代理资产

【例题·多选题】2015年12月10日，甲民间非营利组织按照与乙企业签订的一份捐赠协议，向乙企业指定的一所贫困小学捐赠电脑50台，该组织收到乙企业捐赠的电脑时进行的下列会计处理中，正确的有(　　)。(2016年)

A. 确认固定资产

B. 确认受托代理资产

C. 确认捐赠收入

D. 确认受托代理负债

【解析】甲民间非营利组织在该项业务当中，只是起到中介人的作用，应作为受托代理业务核算。收到受托代理资产时，应该确认受托代理资产和受托代理负债。

【答案】BD

【例题·判断题】民间非营利组织对其受托代理的非现金资产，如果资产凭据上标明的金额与其公允价值相差较大，应以该资产的公允价值作为入账价值。(　　)(2013年)

【答案】√

二、捐赠收入的核算

（一）捐赠的概念

捐赠属于非交换交易的一种，通常是指某个单位或个人（捐赠人）自愿地将现金或其他资产无偿地转让给另一单位或个人（受赠人），或者无偿地清偿或取消该单位或个人（受赠人）的负债。

（二）捐赠的特征

1. 捐赠是无偿地转让资产或者取消负债，属于非交换交易；

2. 捐赠是自愿地转让资产或者取消负债等；

3. 捐赠交易中资产或劳务的转让不属于所有者的投入或向所有者的分配。

（三）捐赠应关注的问题

1. 应当将捐赠与受托代理交易等类似交易区分开来；

2. 可能某项交易的一部分属于捐赠交易，另一部分属于其他性质的交易；

3. 应当将政府补助收入与捐赠收入区分开来，分别核算和反映；

4. 捐赠收入分为限定性捐赠收入和非限定性捐赠收入；

5. 捐赠承诺不满足非交换交易收入的确认条件。民间非营利组织对于捐赠承诺，不应予以确认，但可以在会计报表附注中作相关披露。

【提示】劳务捐赠也属于捐赠的一种，但民间非营利组织对于其接受的劳务捐赠，不予确认，但应在会计报表附注中作相关披露。

（四）捐赠收入的核算

1. 接受捐赠

借：银行存款等

　　贷：捐赠收入—限定性收入（有限定用途）

　　　　捐赠收入—非限定性收入（无限定用途）

2. 对于接受的附条件捐赠，如果存在需要偿还全部或部分捐赠资产或者相应金额的现时义务时（比如因无法满足捐赠所附条件而必须将部分捐赠款退还给捐赠人时），按照需要偿还的金额，借记"管理费用"科目，贷记"其他应付款"等科目。

3. 如果限定性捐赠收入的限制在确认收入的当期得以解除

借：捐赠收入—限定性收入

　　贷：捐赠收入—非限定性收入

4. 期末，将捐赠收入各明细余额转入限定性净资产或非限定性净资产

借：捐赠收入—限定性收入

　　贷：限定性净资产

借：捐赠收入—非限定性收入

　　贷：非限定性净资产

【例题·单选题】对于因无法满足捐赠所附条件而必须退还给捐赠人的部分捐赠款项，民间非营利组织应将该部分需要偿还的款项确认为（　　）。(2014年)

A. 管理费用　　　　B. 其他费用
C. 筹资费用　　　　D. 业务活动成本

【解析】对于接受的附条件捐赠，如果存在需要偿还全部或部分捐赠资产或者相应金额的现时义务时（比如因无法满足捐赠所附条件而必须将部分捐赠款退还给捐赠人时），按照需要偿还的金额，借记"管理费用"科目，贷记"其他应付款"等科目，选项A正确。

【答案】A

【例题·多选题】下列各项中，属于民间非营利组织应确认为捐赠收入的有(　　)。

A. 接受劳务捐赠
B. 接受有价证券捐赠
C. 接受办公用房捐赠
D. 接受货币资金捐赠

【解析】对于民间非营利组织接受的劳务捐赠，不予确认，但应当在会计报表附注中作相关披露，选项A不正确。

【答案】BCD

三、会费收入的核算

会费收入是指民间非营利组织根据章程等的规定向会员收取的会费。通常情况下，民间非营利组织的会费收入是非限定性收入。期末非限定性收入要转入非限定性净资产。民间非营利组织的会费收入通常属于非交换交易收入，通过设置"会费收入"科目核算。

1. 收到当期会费
借：银行存款等
　　贷：会费收入—非限定性收入（无限定用途）
　　　　　　　　　—限定性收入（有限定用途）
2. 收到以后年度会费
借：银行存款等
　　贷：预收账款
3. 期末
借：会费收入—限定性收入
　　贷：限定性净资产
或
借：会费收入—非限定性收入
　　贷：非限定性净资产

【例题·单选题】甲社会团体的个人会员每年应交纳会费200元，交纳期间为每年1月1日至12月31日，当年未按时交纳会费的会员下年度自动失去会员资格。该社会团体共有会员1000人。至2017年12月31日，800人交纳当年会费，150人交纳了2017年度至2019年度的会费，50人尚未交纳当年会费，该社会团体2017年度应确认的会费收入为(　　)元。

A. 190000　　　　B. 200000
C. 250000　　　　D. 260000

【解析】会费收入反映的是当期会费收入的实际发生额。有50人的会费没有收到，不符合收入确认条件。该社会团体2017年应确认的会费收入 = 200 ×(800 + 150) = 190000（元），预缴的会员先计入预收账款，以后年度再分期结转至会费收入。

【答案】A

四、业务活动成本的核算

业务活动成本是指民间非营利组织为了实现其业务活动目标、开展其项目活动或者提供服务所发生的费用。

1. 发生的业务活动成本
借：业务活动成本
　　贷：银行存款等
2. 会计期末
借：非限定性净资产
　　贷：业务活动成本

【提示】业务活动成本最终要结转至"非限定性净资产"科目。

五、净资产的核算

（一）净资产概述

按照是否受到限制，民间非营利组织的净资产分为限定性净资产和非限定性净资产。

（二）限定性净资产的核算

民间非营利组织应当设置"限定性净资产"科目来核算本单位的限定性净资产，并可根据本单位的具体情况和实际需要，在"限定性净资产"科目下设置相应的二级科目和明细科目。

1. 期末结转限定性收入
借：捐赠收入—限定性收入
　　政府补助收入—限定性收入等
　　贷：限定性净资产
2. 限定性净资产的重分类

如果限定性净资产的限制已经解除，应当对净资产进行重新分类，将限定性净资产转为非限定性净资产。

借：限定性净资产
　　贷：非限定性净资产

（三）非限定性净资产的核算

1. 期末结转非限定性收入
借：捐赠收入—非限定性收入
　　政府补助收入—非限定性收入
　　会费收入—非限定性收入
　　提供劳务收入—非限定性收入等
　　贷：非限定性净资产
借：非限定性净资产
　　贷：业务活动成本
　　　　管理费用
　　　　其他费用等

2. 非限定性净资产的重分类

有些情况，资源提供者或国家法律、行政法规会对以前期间未设置限制的资产增加时间或用途限制，应将非限定性净资产转入限定性净资产。

3. 调整以前期间非限定性收入、费用项目

如果因调整以前期间非限定性收入、费用项目而涉及调整非限定性净资产的，应当就需要调整的金额，借记或贷记有关科目，贷记或借记"非限定性净资产"科目。

【例题·判断题】民间非营利组织的限定性净资产的限制即使已经解除，也不应当对净资产进行重新分类。（ ）（2012 年）

【解析】如果限定性净资产的限制已经解除，期末应当对其进行重分类，将其转入非限定性净资产。

【答案】×

六、民间非营利组织的财务会计报告

《民间非营利组织会计制度》规定，民间非营利组织的会计报表至少应当包括资产负债表、业务活动表和现金流量表三张基本报表，同时民间非营利组织还应当编制会计报表附注，在会计报表附注中侧重披露编制会计报表所采用的会计政策、已经在会计报表中得到反映的重要项目的具体说明和未在会计报表中得到反映的重要信息的说明等内容。

扫一扫，阅读解题思路

本书中各部分试题均配备二维码，下载安装 "东奥题库宝典" 移动客户端，扫一扫左侧二维码，即可在线做题，并获得详尽的答案解析、解题思路等超值服务，解决您做题时的一切疑惑。

【移动客户端安装二维码详见封底】

本周自测

一、单项选择题

1. 下列各项中，关于企业选择记账本位币的说法不正确的是（   ）。
   A. 该货币主要影响商品和劳务的销售价格，通常以该货币进行商品和劳务的计价和结算
   B. 该货币主要影响商品和劳务所需人工、材料和其他费用，通常以该货币进行上述费用的计价和结算
   C. 融资活动获得的货币以及保存从经营活动中收取款项所使用的货币
   D. 企业管理层可以根据需要随意选择记账本位币

2. 企业确定境外经营活动记账本位币时应考虑相关因素，下列说法正确的是（   ）。
   A. 企业存在境外经营应选择所在地货币作为记账本位币
   B. 企业境外经营活动与企业的交易在境外经营活动中所占的比例较高，境外经营应选择与企业记账本位币相同的货币作为记账本位币
   C. 境外经营活动产生的现金流量可以随时汇回，境外经营应选择经营所在地的货币作为记账本位币
   D. 境外经营债务可以独立清偿，境外经营应选择与企业记账本位币相同的货币作为记账本位币

3. 企业记账本位币发生变更，应按照变更当日的即期汇率变更（   ）。
   A. 资产项目
   B. 负债项目
   C. 所有者权益项目
   D. 所有项目

4. 企业收到境外投资者以外币投入的资本，则应选择的折算汇率为（   ）。
   A. 即期汇率的近似汇率
   B. 合同约定汇率
   C. 收款当日的即期汇率
   D. 当月 1 日的即期汇率

5. 当企业存在外币业务时，必须在资产负债表日对其进行折算的是（   ）。
   A. 短期借款
   B. 固定资产
   C. 存货
   D. 长期股权投资

6. 甲公司以人民币作为记账本位币，其外币交易采用交易日的即期汇率折算，按月计算汇兑损益。2017 年 8 月 1 日从境外购入存货一批，价款为 400 万美元，当日即期汇率为 1 美元 = 6.80 元人民币，款项尚未支付。8 月 19 日从境外购入一台固定资产，价款 500 万美元，当日即期汇率为 1 美元 = 6.81 元人民币，款项已支付。8 月 31 日即期汇率为 1 美元 = 6.85 元人民币，则甲公司因上述事项当月应计入财务费用的金额为（   ）万元人民币。
   A. 16
   B. 20
   C. 4
   D. 40

7. 甲公司为增值税一般纳税人，采用人民币作为

记账本位币,其外币交易采用交易日的即期汇率折算,按月计算汇兑损益。2017年6月18日从境外购入一台管理用固定资产,价款为200万欧元,当日即期汇率为1欧元=8.8元人民币,款项已支付。以人民币支付进口关税176万元,支付增值税329.12万元。6月30日的即期汇率为1欧元=8.7元人民币,则下列会计处理正确的是( )。

A. 固定资产的入账金额为1760万元人民币

B. 6月30日应冲减财务费用2万元人民币

C. 固定资产的入账金额为2265.12万元人民币

D. 6月30日不改变该固定资产原记账本位币金额

8. 甲公司记账本位币为人民币,其外币交易采用交易日的即期汇率折算。2017年11月11日进口一批存货,价格为1000万美元,当日的即期汇率为1美元=6.85元人民币。12月31日该批存货尚未出售,其可变现净值为980万美元,当日即期汇率为1美元=6.88元人民币,不考虑其他相关因素,则甲公司应计提的存货跌价准备为( )万元人民币。

A. 107.6   B. 137.6

C. 137   D. 0

9. 甲公司记账本位币为人民币,其外币交易采用交易日的即期汇率折算。2017年9月1日以每股10美元的价格购入乙公司股票10万股,当日即期汇率为1美元=6.80元人民币,甲公司将其划分为交易性金融资产核算。12月31日乙公司股票公允价值为每股11.5美元,当日的即期汇率为1美元=6.89元人民币。则12月31日甲公司因上述事项应计入财务费用的金额为( )万元人民币。

A. 112.35   B. 1.35

C. 10.35   D. 0

10. 甲公司记账本位币为人民币,其外币交易采用交易日的即期汇率折算。2017年11月30日购入乙公司发行的债券,支付价款1000万美元,当日即期汇率为1美元=6.85元人民币,甲公司将其划分为可供出售金融资产核算。2017年12月31日该债券的公允价值为1100万美元,当日即期汇率为1美元=6.90元人民币。则12月31日应计入其他综合收益的金额为( )万元人民币。

A. 740   B. 50

C. 690   D. 685

11. 企业对外币财务报表进行折算时,对于资产负债表中"资产项目"应选择的折算汇率为( )。

A. 资产负债表日的即期汇率

B. 交易发生日的即期汇率

C. 即期汇率近似汇率

D. 全年加权平均汇率

12. 对于境外经营财务报表折算过程中出现的外币报表折算差额,母公司应分担的部分应计入( )。

A. 资本公积

B. 其他综合收益

C. 外币报表折算差额

D. 其他权益工具

13. 企业境外经营为其非全资子公司的情况下,企业在编制合并财务报表时,对于境外经营财务报表折算差额的说法正确的是( )。

A. 由母公司全额承担

B. 按比例在母公司与子公司少数股东之间进行分摊

C. 由母公司应分担部分计入资本公积

D. 由少数股东应分担部分计入少数股东损益

14. 甲公司记账本位币为人民币,其外币交易采用交易日的即期汇率折算。2017年8月7日向中国银行购入1000万美元,当日银行挂牌买价为1美元=6.8元人民币,银行挂牌卖价为1美元=6.9元人民币,当日即期汇率为1美元=6.85元人民币。则企业应计入财务费用的金额为( )万元人民币。

A. 100   B. 200

C. 150   D. 50

15. 下列各项中,关于事业单位会计特点的说法不正确的是( )。

A. 会计核算一律采用收付实现制

B. 事业单位会计报表包括资产负债表、收入支出表和财政补助收入支出表

C. 各项财产物资应当按照取得或购建的实际成本计量

D. 除国家另有规定外,事业单位不得自行调整各财产物资账面价值

16. 某事业单位按照批复的部门预算和资金使用计划,向财政国库支付执行机构申请授权支付的用款额度,在财政授权支付方式下,收到"授权支付到账通知书"时,下列会计处理正确的是( )。

A. 增加其他收入

B. 增加事业支出

C. 增加零余额账户用款额度

D. 增加事业收入

17. 事业单位取得长期投资后,在持有期间取得利润或利息时应计入( )。

A. 事业收入

B. 其他收入

C. 投资收益

D. 经营收入

18. 2017年12月31日,乙事业单位经与代理银行提供的对账单核对无误后,将100000元零余

额账户用款额度予以注销。另外，本年度财政授权支付预算指标数大于零余额账户用款额度下达数，未下达的用款额度为200000元。2018年度，乙事业单位收到代理银行提供的额度恢复到账通知书及财政部门批复的上年末未下达零余额账户用款额度。乙事业单位下列会计处理中错误的是（　　）。

A. 2017年12月31日注销额度

借：财政应返还额度—财政授权支付 100000

　　贷：零余额账户用款额度　　　 100000

B. 2017年12月31日根据未下达的用款额度

借：财政应返还额度—财政授权支付 200000

　　贷：财政补助收入　　　　　　 200000

C. 2018年度，乙事业单位收到代理银行提供的额度恢复到账通知书

借：零余额账户用款额度　　　　 100000

　　贷：财政应返还额度—财政授权支付 100000

D. 2018年度，乙事业单位收到财政部门批复的上年末未下达零余额账户用款额度

借：零余额账户用款额度　　　　 200000

　　贷：财政补助收入　　　　　　 200000

19. 2016年1月，甲事业单位启动一项科研项目。当年收到上级主管部门拨付的项目经费600万元，为研发该项目发生事业支出550万元。至2016年12月31日，该项目已完成，经上级主管部门批准，该项目的结余资金留归该事业单位使用。对结余资金，下列会计处理中正确的是（　　）。

A. 将50万元结余资金转入事业结余

B. 将50万元结余资金转入经营结余

C. 将50万元结余资金转入事业基金

D. 将50万元结余资金转入财政补助结转

20. 下列关于事业单位结转结余和结余分配核算的表述中不正确的是（　　）。

A. 事业单位应当严格区分财政补助结转结余和非财政补助结转结余

B. 财政拨款结转结余不参与事业单位的结余分配、不转入事业基金

C. 财政补助结余是财政补助项目支出结余资金

D. 年末将"经营结余"科目余额结转入"非财政补助结余分配"科目

21. 事业单位下列会计处理方法中不正确的是（　　）。

A. 年度终了，事业单位应将"事业结余"科目余额转入"非财政补助结余分配"科目，结转后，该科目无余额

B. 年度终了，事业单位应将"经营结余"科目余额转入"非财政补助结余分配"科目，结转后该科目无余额

C. 事业单位计算出应提取的专用基金，借记

"非财政补助结余分配—提取专用基金"科目，贷记"专用基金"科目

D. 年度终了，事业单位应将"非财政补助结余分配"科目余额转入"事业基金"科目，借记或贷记"非财政补助结余分配"科目，贷记或借记"事业基金"科目；结转后，"非财政补助结余分配"科目应无余额

22. 下列各项关于民间非营利组织的说法中，表述错误的是（　　）。

A. 资源提供者不享有该组织的所有权

B. 资源提供者向该组织投入资源应当取得经济回报

C. 民间非营利组织是指通过筹集社会民间资金举办的、不以营利为目的，从事教育、科技、文化、卫生、宗教等社会公益事业，提供公共产品的社会服务组织

D. 该组织不以营利为宗旨和目的

23. 下列各项关于民间非营利组织会计的说法中，表述错误的是（　　）。

A. 民间非营利组织的财务会计要素包括资产、负债、所有者权益等

B. 民间非营利组织的会计目标是满足会计信息使用者的信息需要

C. 民间非营利组织的会计在采用历史成本计价的基础上，引入公允价值计量基础

D. 民间非营利组织会计是对民间非营利组织的财务收支活动进行连续、系统、综合的记录、计量和报告

24. 下列各项关于民间非营利组织的受托代理业务的说法中，表述错误的是（　　）。

A. 受托代理业务中，民间非营利组织并不是受托代理资产的最终受益人，只是代受益人保管这些资产

B. 受托代理业务通常应当签订明确的书面协议，而且通常是委托方、受托方和受益人三方共同签订的

C. 民间非营利组织应当设置受托代理资产登记簿，加强对受托代理资产的管理

D. 在受托代理业务中民间非营利组织有权力改变受益人和受托代理资产的用途

25. 2017年4月1日，甲基金会与乙企业签订了一份捐赠合作协议，协议约定：乙企业将通过甲基金会向丙学校捐赠500000元，乙企业应当在协议签订后的10日内将款项汇往甲基金会银行账户，甲基金会应当在收到款项后的10日内将款项汇往丙学校的银行账户。2017年4月8日，乙企业按照协议规定将款项汇至甲基金会账户。2017年4月15日，甲基金会按照协议规定将款项汇至丙学校账户。假设不考虑其他因素和税费。则下列说法中，错误的是（　　）。

A. 此项业务对于甲基金会属于受托代理业务

B. 甲基金会应当于 2017 年 4 月 1 日确认受托代理负债 500000 元

C. 甲基金会应当于 2017 年 4 月 8 日确认受托代理负债 500000 元

D. 甲基金会应当于 2017 年 4 月 15 日转销受托代理负债 500000 元

26. 甲民办学校在 2017 年 5 月 7 日收到一笔 1000000 元的政府实拨补助款，要求用于资助贫困学生。甲民办学校应将收到的款项确认为（　　）。

A. 政府补助收入—限定性收入

B. 政府补助收入—非限定性收入

C. 捐赠收入—限定性收入

D. 捐赠收入—非限定性收入

27. 关于民间非营利组织对于捐赠承诺的处理，下列说法中正确的是（　　）。

A. 应确认捐赠收入，并在会计报表附注中披露

B. 不应予以确认，但必须在会计报表附注中作相关披露

C. 不应予以确认，但可以在会计报表附注中作相关披露

D. 满足非交换交易收入的确认条件，应予以确认

28. 某情报资料研究会为民间非营利组织，按照规定每位会员每年需缴纳会费 150 元且无规定用途，2017 年 1 月 10 日实际收到全部会员交纳的当年度会费 9 万元，假定该民间非营利组织按月确认收入。则 2017 年该研究会的相关处理中，不正确的是（　　）。

A. 2017 年 1 月 10 日实际收到当年度会费时，借记"银行存款"科目 9 万元，贷记"预收账款"科目 9 万元

B. 2017 年 1 月 31 日确认会费收入时，借记"预收账款"科目 0.75 万元，贷记"会费收入—非限定性收入"科目 0.75 万元

C. 2017 年年末，借记"会费收入—限定性收入"科目 9 万元，贷记"限定性净资产"科目 9 万元

D. 2017 年年末，借记"会费收入—非限定性收入"科目 9 万元，贷记"非限定性净资产"科目 9 万元

29. 2017 年 11 月 2 日，某民间非营利组织获得一笔 200 万元的政府补助收入，政府规定该补助款用于资助贫困学生，至 2017 年 12 月 31 日该笔支出尚未发生。对于该事项的核算，下列说法中不正确的是（　　）。

A. 该笔收入属于非交换交易收入

B. 该笔收入因为规定了资金的使用用途，属于限定性收入

C. 该笔收入在 12 月 31 日要转入到非限定性净资产

D. 该笔收入在 12 月 31 日要转入到限定性净资产

30. 甲民办大学 2017 年 3 月收到大海公司捐赠的款项 50000 元，大海公司要求甲民办大学将此款项用于购买图书，至 2017 年年末该笔支出尚未发生。在 2018 年 1 月 2 日，捐赠人撤销了对所捐赠款项的用途限制。下列处理中，错误的是（　　）。

A. 甲民办大学在收到捐款时确认"捐赠收入—限定性收入"50000 元

B. 2017 年年末，将"捐赠收入—限定性收入"转入到限定性净资产

C. 2017 年年末，将该笔收入转入到非限定性净资产

D. 2018 年 1 月 2 日，将限定性净资产转入到非限定性净资产

31. 甲社会团体按照会员代表大会通过的会费收缴办法的规定，该社会团体的个人会员应当每年缴纳 800 元会费，每年度会费应当在当年度 1 月 1 日至 12 月 31 日缴纳。假设 2017 年 1 月 1 日，该社会团体收到某个人会员通过邮局汇款支付的会费 2400 元，该个人说明此款项是支付 2017 年、2018 年和 2019 年三个年度的会费。甲社会团体 2017 年度因该个人会员缴纳会费应确认的会费收入为（　　）元。

A. 2400　　　　　B. 800

C. 0　　　　　　D. 100

二、多项选择题

1. 下列各项中，关于外币与记账本位币的说法正确的有（　　）。

A. 外币是指人民币以外的货币

B. 记账本位币是指企业经营所处的主要经济环境中的货币

C. 业务收支以人民币以外的货币为主的企业，可以按规定选定其中一种货币作为记账本位币

D. 记账本位币的选择应反映企业主要交易业务的经济结果

2. 下列各项中，属于境外经营的有（　　）。

A. 企业在境外的子公司

B. 企业在境外的合营企业

C. 企业在境外的联营企业

D. 企业在境内的子公司采用不同于本企业的记账本位币

3. 下列关于记账本位币变更的说法正确的有（　　）。

A. 记账本位币一经确定，不得随意变更

B. 企业主要收取和支出现金的环境发生重大变化的可以对记账本位币进行变更

C. 企业变更记账本位币应在报表附注中披露变更的理由

D. 企业变更记账本位币应采用变更当日的即期汇率对所有项目进行变更

4. 下列各项中，属于外币货币性项目的有(　　)。
　　A. 长期应付款　　　B. 预付账款
　　C. 应收账款　　　　D. 存货

5. 下列各项中，关于外币非货币性项目的说法正确的有(　　)。
　　A. 以历史成本计价的外币非货币性项目，按交易发生日的即期汇率折算，资产负债表日不产生汇兑差额
　　B. 以成本与可变现净值孰低计量的存货，确定资产负债表日存货价值时应考虑汇率变动的影响
　　C. 以公允价值计量的外币非货币性项目，期末因汇率变动产生的差额计入公允价值变动损益
　　D. 以公允价值计量的可供出售金融资产（股权投资），因汇率变动产生的差额计入其他综合收益

6. 下列各项中，关于境外经营外币财务报表折算的说法正确的有(　　)。
　　A. 在折算前应将境外经营的会计期间和会计政策调整为与企业一致
　　B. 资产负债表项目采用资产负债表日的即期汇率折算
　　C. 利润表中的收入和费用项目采用交易发生日的即期汇率折算
　　D. 外币财务报表折算差额，在资产负债表中所有者权益项目下反映

7. 下列各项中，关于包含境外经营合并财务报表编制的说法正确的有(　　)。
　　A. 在企业境外经营为其子公司的情况下，企业在编制合并财务报表时，应按少数股东在境外经营所有者权益中所享有的份额计算少数股东应分担的外币报表折算差额
　　B. 少数股东应分担部分计入少数股东权益
　　C. 母公司应分担部分计入其他综合收益
　　D. 母公司含有实质上构成对子公司（境外经营）净投资的外币货币性项目的，应在抵销长期应收应付项目的同时，将其产生的汇兑差额转入其他综合收益

8. 事业单位下列各项资产增加时，需同时增加"非流动资产基金"的有(　　)。
　　A. 无形资产　　　　B. 固定资产
　　C. 长期投资　　　　D. 在建工程

9. 下列各项中，关于事业结余科目说法正确的是(　　)。
　　A. "事业结余"科目年末应无余额
　　B. 事业结余是事业单位一定期间除财政补助收支、非财政专项资金收支和经营收支以外各项

收支相抵后的余额

　　C. "事业结余"科目期末如为贷方余额，反映事业单位本期发生的事业亏损；如为借方余额，反映事业单位本期实现的事业结余

　　D. 期末，事业单位应根据事业收入、上级补助收入、附属单位上缴收入、其他收入本期发生额中的非专项资金收入结转入"事业结余"科目，借记"事业收入"、"上级补助收入"、"附属单位上缴收入"、"其他收入"科目下各非专项资金收入明细科目，贷记"事业结余"科目

10. 2017 年 5 月 9 日，甲事业单位根据经过批准的部门预算和用款计划，向主管财政部门申请支付第三季度水费 85000 元。10 月 18 日，财政部门经审核后，以财政直接支付方式向自来水公司支付了该事业单位的水费 85000 元。10月 23 日，该事业单位收到了"财政直接支付入账通知书"，则下列说法中正确的有(　　)。
　　A. 该事业单位应当于 10 月 18 日确认财政补助收入
　　B. 该事业单位应当于 10 月 23 日确认财政补助收入
　　C. 该事业单位应当于 5 月 9 日确认财政补助收入
　　D. 对于财政直接支付的资金，事业单位应于收到财政国库支付执行机构委托银行转来的"财政直接支付入账通知书"时，按入账通知书中标明的金额确认财政补助收入

11. 下列各项中，关于事业单位固定资产的说法中正确的有(　　)。
　　A. 事业单位持有的单位价值虽未达到规定标准，但使用期限超过 1 年（不含 1 年）的大批同类物资，作为固定资产核算和管理
　　B. 事业单位购置固定资产的支出，在实际支付购买价款时确认为当期支出或减少专用基金中的修购基金，同时增加固定资产原值和非流动资产基金
　　C. 事业单位在对固定资产计提折旧时，借记"管理费用"科目，贷记"累计折旧"科目
　　D. 事业单位处置固定资产时，相应减少非流动资产基金

12. 下列各项中，关于事业单位净资产的说法中正确的有(　　)。
　　A. 净资产是指事业单位资产扣除负债后的余额
　　B. 事业单位的净资产包括事业基金、非流动资产基金、固定基金、财政补助结转、财政补助结余、非财政补助结转、事业结余、经营结余、非财政补助结余分配
　　C. 财政补助结转结余是指事业单位各项财政补助收入与其相关支出相抵后剩余滚存的、不

需要按规定管理和使用的结转和结余资金

D. 非财政补助结转是指事业单位除财政补助收支以外的各项专项资金收入与其相关支出相抵后剩余滚存的、须按规定用途使用的结转资金

13. 下列各项中，关于事业单位资产计量的表述中正确的有（　　）。

A. 事业单位的资产应当按照取得时的实际成本进行计量

B. 除国家另有规定外，事业单位不得自行调整资产账面价值

C. 以支付对价方式取得的资产，应当按照取得资产时支付的现金或者现金等价物的金额，或者按照取得资产时所付出的非货币性资产的评估价值等金额计量

D. 取得资产时没有支付对价的，所取得的资产按照名义金额（即人民币1元）入账

14. 下列项目中，可能会影响事业单位事业结余的有（　　）。

A. 经营收入

B. 上级补助收入

C. 事业支出—其他资金支出

D. 事业支出—财政补助支出

15. 下列各项中，关于事业支出的会计处理中正确的有（　　）。

A. 期末，将事业支出（财政补助支出）本期发生额转入"财政补助结转"科目

B. 期末，将事业支出（非财政专项资金支出）本期发生额转入"非财政补助结转"科目

C. 期末，将事业支出（其他资金支出）本期发生额转入"事业结余"科目

D. 期末，将事业支出（其他资金支出）本期发生额转入"事业基金"科目

16. 下列关于会费收入的说法中正确的有（　　）。

A. 民间非营利组织的会费收入通常属于非交换交易收入

B. 一般情况下，民间非营利组织的会费收入为非限定性收入

C. 一般情况下，民间非营利组织的会费收入为限定性收入

D. 民间非营利组织的会费收入依据权责发生制原则确认

17. 下列各项中，关于民间非营利组织的财务会计报告的表述中正确的有（　　）。

A. 民间非营利组织的会计报表至少应当包括资产负债表、业务活动表和现金流量表

B. 民间非营利组织无须编制会计报表附注

C. 财务情况说明书是对民间非营利组织一定会计期间业务活动以及财务、收入、成本费用情况进行分析说明的书面文字报告

D. 民间非营利组织的财务会计报告有助于提高民间非营利组织的透明度，增强其社会公信力

三、判断题

1. 外币交易是指以外币计价或者结算的交易，包括买入或者卖出以外币计价的商品或者劳务、借入或者借出外币资金和其他以外币计价或者结算的交易。（　　）

2. 我国《会计法》中规定，业务收支以人民币以外的货币为主的企业，可以按规定选定其中一种货币作为记账本位币，但是编报的财务报表应当折算为人民币。（　　）

3. 企业确定境外经营时应以位置是否在境外为唯一的判定标准。（　　）

4. 企业境外经营活动产生的现金流量足以偿还现有债务和可预期的债务，应选择与企业相同的记账本位币。（　　）

5. 企业发生记账本位币的变更而产生的汇兑差额计入其他综合收益。（　　）

6. 企业发生的外币兑换业务或涉及外币兑换的交易事项，应当按照交易实际采用的汇率折算。（　　）

7. 企业收到投资者以外币投入的资本不会产生外币资本折算差额。（　　）

8. 因外币财务报表折算差额而确认的其他综合收益属于以后不能重分类计入损益项目。（　　）

9. 企业在部分处置境外经营时，应当将资产负债表中所有者权益项目下列示的与该境外经营相关的全部其他综合收益，自所有者权益项目转入处置当期损益。（　　）

10. 事业单位收入一律在收到时予以确认，并按照实际收到的金额进行计量。（　　）

11. 在财政直接支付方式下，年度终了注销额度后，次年恢复额度时无需进行账务处理。（　　）

12. 年末事业单位经营结余均需结转至"非财政补助结转分配"。（　　）

13. 非流动资产基金的余额一定等于其所对应非流动资产的余额。（　　）

14. 事业单位专用基金是指事业单位按规定提取或设置的专门用途的净资产，主要包括修购基金、职工福利基金等。（　　）

15. 事业单位转让或核销长期股权投资时，应将长期股权投资转入待处置资产，按照长期股权投资账面余额，借记"待处置资产损溢"科目，贷记"长期投资"科目。（　　）

16. 财政拨款结转结余不参与事业单位的结余分配，不转入事业基金。（　　）

17. 有企业所得税缴纳义务的事业单位，在计提时应借记"非财政补助结转"，贷记"应缴税费"。（　　）

18. 事业单位会计既要满足预算管理的需要，也要满足单位财务管理的需要。（　　）

第十二周

19. 事业单位的资产是指事业单位拥有或控制的能以货币计量的经济资源。　　　　（　　）

20. 实行国库集中支付制度的事业单位均需要设置"零余额账户用款额度"科目。　（　　）

21. 事业单位无论是短期投资还是长期投资所取得的投资收益均记入"其他收入"科目中。　（　　）

22. 事业单位接受捐赠的存货如果没有相关凭据也无市场价值，则无法进行计量。　（　　）

23. 事业单位对固定资产计提折旧的同时会减少非流动资产基金—固定资产。　（　　）

24. 事业单位委托软件公司开发软件视同外购无形资产，在支付软件开发费时，按实际支付的金额作为无形资产的成本入账。　　　（　　）

25. 事业单位自行研究开发无形资产的，所发生的研究开发支出作为无形资产的入账成本。　　　　　　　　　　　　（　　）

26. 民间非营利组织对其受托代理的非现金资产确定入账价值时，如果该资产凭据上标明的金额与其公允价值相差较大，应以该资产的公允价值作为入账价值。　（　　）

27. 会计期末，民间非营利组织应将"业务活动成本"科目的余额转入"非限定性净资产"科目。　　　　　　　　　（　　）

28. 民间非营利组织应当将"受托代理资产"和"受托代理负债"两个账户期末余额相抵后的金额反映在资产负债表上。（　　）

29. 民间非营利组织对于捐赠承诺应予确认。　　　　　　　　　　　　（　　）

30. 民间非营利组织的净资产满足条件时，只能从限定性净资产转为非限定性净资产，不可以由非限定性净资产转为限定性净资产。（　　）

31. "业务活动成本"科目的借方反映当期业务活动成本的实际发生额。在会计期末，应当将该科目当期借方发生额转入"限定性净资产"科目。　　　　　　　（　　）

四、计算分析题（除题目有特殊要求外，答案中的金额单位以万元表示，有小数的，保留两位）

1. 甲公司为增值税一般纳税人，以人民币作为记账本位币，其外币交易采用交易日的即期汇率折算，按月计算汇兑损益。2017年12月发生的外币业务如下：

（1）2日，从境外进口库存商品一批，货款合计1200万美元，当日即期汇率为1美元=6.8元人民币，货款尚未支付。入关进口时以人民币支付进口关税816万元，支付进口增值税1525.92万元，库存商品已验收入库。

（2）5日，向境外HQ银行借入5000万美元，期限1年，年利率为5%，利息按月计提，到期归还本金及利息。当日即期汇率1美元=

6.82元人民币，款项已到账。

（3）15日，向境外销售一批商品，价款合计为2000万美元（免征增值税），款项尚未收取，当日即期汇率为1美元=6.81元人民币。

（4）20日，向境外支付2日购入库存商品价款1200万美元，当日即期汇率为1美元=6.83元人民币。

（5）25日，甲公司因增资扩股收到境外投资者投入8000万美元，投资合同中约定的汇率为1美元=6.85元人民币，当日的即期汇率为1美元=6.90元人民币。根据合同约定50000万元人民币作为实收资本入账。

（6）30日，收到15日销售货物的部分价款1500万美元，当日即期汇率为1美元=6.86元人民币。

（7）31日，2日从境外采购的库存商品尚未出售，且国内尚无供应，其估计售价为1150万美元，估计销售税费合计100万元人民币，当日即期汇率为1美元=6.84元人民币。

其他资料：12月1日"银行存款—美元"借方余额20370万元人民币（3000万美元）。

要求：

（1）根据资料（1）至（7），分别编制甲公司与外币有关的会计分录。

（2）计算2017年12月31日应确认的汇兑损益，并编制相关分录。

2. 甲公司记账本位币为人民币，外币交易采用交易发生日的即期汇率折算，并按月计算汇兑损益。2017年11月30日，即期汇率为1欧元=8.40元人民币、1港元=0.80元人民币。甲公司2017年11月30日有关外币账户和记账本位币账户期末余额表如下：

项　目	外币账户	记账本位币账户（万元人民币）
银行存款	2000（万欧元）	16800
银行存款	3000（万港元）	2400
应收账款	1000（万欧元）	8400
应付账款	500（万欧元）	4200

甲公司2017年12月份发生如下外币业务（假设不考虑相关税费）：

（1）12月5日，对外赊销产品10万件，每件价格为200欧元，当日的即期汇率为1欧元=8.30元人民币。

（2）12月2日以3000万港元购入乙公司股票1000万股作为交易性金融资产核算，当日的即期汇率为1港元=0.85元人民币，款项以银行存款支付。

（3）12月10日，从银行借入短期外币借款1800万欧元，款项存入银行，当日的即期汇率为 1 欧元 = 8.30 元人民币。

（4）12 月 12 日，从国外进口原材料一批，价款共计 2200 万欧元，款项用外币存款支付，当日的即期汇率为 1 欧元 = 8.30 元人民币。

（5）12 月 18 日，赊购原材料一批，价款共计 1600 万欧元，款项尚未支付，当日的即期汇率为 1 欧元 = 8.35 元人民币。

（6）12 月 20 日，收到部分 12 月 5 日赊销货款 1000 万欧元，当日的即期汇率为 1 欧元 = 8.35 元人民币。

（7）12 月 31 日，偿还于 12 月 10 日借入的短期外币借款 1800 万欧元，当日的即期汇率为 1 欧元 = 8.35 元人民币。

（8）12 月 31 日，由于股票市价变动，12 月 2 日购入的乙公司股票市价上升至 3500 万港元，当日的即期汇率为 1 港元 = 0.82 元人民币。

（9）12 月 31 日，甲公司根据当日即期汇率对有关外币货币性项目进行调整并确认汇兑差额。

要求：

（1）根据资料（1）至（8），编制甲公司与外币业务相关的会计分录。

（2）根据资料（1）至（9），计算甲公司 2017 年 12 月份确认的汇兑差额。

（3）编制甲公司 2017 年 12 月 31 日与确认汇兑差额有关的会计分录。

（4）根据上述资料，填列甲公司 2017 年 12 月 31 日有关外币账户和记账本位币账户期末余额表。

外币账户和记账本位币账户期末余额表

项　目	外币账户	记账本位币账户（万元人民币）
银行存款一欧元		
银行存款一港元		
应收账款一欧元		
应付账款一欧元		
短期借款一欧元		

3. 甲公司系增值税一般纳税人，开设有外汇账户，会计核算以人民币作为记账本位币，外币交易采用交易发生日的即期汇率折算，按月计算汇兑损益。该公司 2011 年 12 月份发生的外币业务及相关资料如下：

（1）5 日，从国外乙公司进口原料一批，货款 200000 欧元，当日即期汇率为 1 欧元 = 8.50 元人民币，按规定应交进口关税人民币 170000 元，应交进口增值税人民币 317900 元。货款尚未支付，进口关税及增值税当日以银行存款支付，并取得海关完税凭证。

（2）14 日，向国外丙公司出口销售商品一批

（不考虑增值税），货款 40000 美元，当日即期汇率为 1 美元 = 6.34 元人民币，商品已经发出，货款尚未收到，但满足收入确认条件。

（3）16 日，以人民币从银行购入 200000 欧元并存入银行，当日欧元的卖出价为 1 欧元 = 8.30 元人民币，中间价为 1 欧元 = 8.26 元人民币。

（4）20 日，因增资扩股收到境外投资者投入的 1000000 欧元，当日即期汇率为 1 欧元 = 8.24 元人民币，其中，人民币 8000000 元作为注册资本入账。

（5）25 日，向乙公司支付部分前欠进口原材料款 180000 欧元，当日即期汇率为 1 欧元 = 8.51 元人民币。

（6）28 日，收到丙公司汇来的货款 40000 美元，当日即期汇率为 1 美元 = 6.31 元人民币。

（7）31 日，根据当日即期汇率对有关外币货币性项目进行调整并确认汇兑差额，当日有关外币的即期汇率为 1 欧元 = 8.16 元人民币；1 美元 = 6.30 元人民币。有关项目的余额如下：

项　目	外币金额	调整前人民币金额
银行存款（美元户）	40000 美元（借方）	252400 元（借方）
银行存款（欧元户）	1020000 欧元（借方）	8360200 元（借方）
应付账款（欧元户）	20000 欧元（贷方）	170000 元（贷方）

要求：

（1）根据资料（1）至（6），编制甲公司与外币业务相关的会计分录。

（2）根据资料（7），计算甲公司 2011 年 12 月 31 日确认的汇兑差额，并编制相应的会计分录。（2012 年）

本周自测参考答案及解析

一、单项选择题

1.【答案】D
【解析】企业管理层需要根据选项 A、B 和 C 综合分析后作出选择，确定一种货币作为记账本位币。

2.【答案】B
【解析】企业选定境外经营的记账本位币，除考虑企业选择记账本位币因素外，还应当考虑的因素有：

（1）境外经营对其所从事的活动是否拥有很强的自主性。没有自主性则选择与企业相同的记账本位币，否则，选择不同的货币作为记账本位币。

（2）境外经营活动中与企业的交易是否在境外经营活动中占有较大比重。占较大比重的，选择与企业相同的记账本位币，否则，选择不同的货币作为记账本位币。

（3）境外经营活动产生的现金流量是否直接影响企业的现金流量、是否可以随时汇回。直接影响且可随时汇回的应选择与企业相同的记账本位币，否则，选择不同的货币作为记账本位币。

（4）境外经营活动产生的现金流量是否足以偿还其现有债务和可预期的债务。不足以偿还的，应选择与企业相同的记账本位币，否则，选择不同的货币作为记账本位币。

3.【答案】D
【解析】企业记账本位币发生变更，应按照变更当日的即期汇率将所有项目变更为以新的记账本位币反映的金额。

4.【答案】C
【解析】企业收到投资者以外币投入的资本，应当采用交易发生日即期汇率折算，不得采用合同约定汇率或即期汇率的近似汇率折算，外币投入资本与相应的货币性项目的记账本位币金额相等，不产生外币资本折算差额。

5.【答案】A
【解析】选项B、C和D均属于外币非货币性项目，不是必须在资产负债表日进行折算。

6.【答案】B
【解析】存货、固定资产属于外币非货币性项目，应付账款属于外币货币性项目，所以甲公司因上述事项计入财务费用的金额 = 400 × （6.85 – 6.8）= 20（万元人民币）（即应付账款期末产生的汇兑损益金额）。

7.【答案】D
【解析】固定资产入账金额 = 200 × 8.8 + 176 = 1936（万元人民币），固定资产属于以历史成本计量的非货币性项目，在期末不改变其原记账本位币金额。

8.【答案】A
【解析】甲公司应计提的存货跌价准备 = 1000 × 6.85 – 980 × 6.88 = 107.6（万元人民币）。

9.【答案】D
【解析】交易性金融资产属于外币非货币性项目，折算后的记账本位币金额与原记账本位币金额之间的差额全部计入公允价值变动损益。

10.【答案】C
【解析】可供出售外币货币性金融资产形成的汇兑差额，应计入当期损益，公允价值变动计入其他综合收益的金额 = （1100 – 1000）× 6.9 = 690（万元人民币），汇率变动计入财务费用的金额 = 1000 × （6.9 – 6.85）= 50（万元人民币）。

11.【答案】A
【解析】企业对外币财务报表进行折算时，对于资产负债表中的资产和负债项目采用资产负债表日的即期汇率折算。

12.【答案】B
【解析】境外经营财务报表折算过程中出现的外币报表折算差额，母公司应分担部分反映在合并资产负债表其他综合收益项目。

13.【答案】B
【解析】在企业境外经营为其子公司的情况下，企业在编制合并财务报表时，应按少数股东在境外经营所有者权益中所享有的份额计算少数股东应分担的外币报表折算差额，计入少数股东权益，属于母公司应分担部分计入其他综合收益。

14.【答案】D
【解析】甲公司发生的外币兑换业务，应以买入价或卖出价为基础进行计算，甲公司应编制的会计分录：
借：银行存款—美元　　　　　　6850
　　财务费用　　　　　　　　　 50
　贷：银行存款—人民币　　　　 6900

15.【答案】A
【解析】事业单位会计核算一般采用收付实现制，但部分经济业务或事项的核算采用权责发生制。

16.【答案】C
【解析】在财政授权支付方式下，收到"授权支付到账通知书"时应编制的会计分录：
借：零余额账户用款额度
　贷：财政补助收入

17.【答案】B
【解析】事业单位取得长期投资后，在持有期间取得利润或利息时应计入其他收入。

18.【答案】D
【解析】选项D，正确会计分录：
借：零余额账户用款额度　　　　200000
　贷：财政应返还额度—财政授权支付200000

19.【答案】C
【解析】年末，完成非财政补助专项资金结转后，经上级主管部门批准确定已完成项目的结余资金留归本事业单位使用时：
借：非财政补助结转　　　　　　50
　贷：事业基金　　　　　　　　 50

20.【答案】D
【解析】年末，如"经营结余"科目为贷方余额，将余额结转入"非财政补助结余分配"科目，借记"经营结余"科目，贷记"非财政补助结余分配"科目；如为借方余额，为经营亏损，不予结转。

21.【答案】B

【解析】选项 B，年度终了，事业单位应将"经营结余"科目贷方余额转入"非财政补助结余分配"科目，如为借方差额，则为经营亏损不予结转。

22.【答案】B

【解析】资源提供者向民间非营利组织投入资源不取得经济回报。

23.【答案】A

【解析】由于民间非营利组织资源提供者既不享有组织的所有权，也不取得经济回报，因此，其会计要素不包括所有者权益和利润，而是设置了净资产这一要素。

24.【答案】D

【解析】在受托代理业务中，民间非营利组织只是起到中介人的作用，帮助委托人将资产转赠或转交给指定的受益人，并没有权力改变受益人和受托代理资产的用途，选项 D 表述不正确。

25.【答案】B

【解析】甲基金会于 2017 年 4 月 8 日收到银行存款，应当同时确认受托代理资产和受托代理负债 500000 元，在 4 月 1 日签署协议时不作账务处理，选项 B 不正确。

26.【答案】A

【解析】民间非营利组织得到有限定用途的政府补助款应确认为"政府补助收入—限定性收入"。

27.【答案】C

【解析】捐赠承诺不满足非交换交易收入的确认条件。民间非营利组织对于捐赠承诺，不应予以确认，但可以在会计报表附注中作相关披露。

28.【答案】C

【解析】会费收入无限定用途，应确认为非限定性收入，预收时计入预收账款科目，按月结转至会费收入中；2017 年 12 月 31 日，要将"会费收入—非限定性收入"科目转入到"非限定性净资产"科目，选项 C 不正确。

29.【答案】C

【解析】政府在补助时规定了该笔款项的用途，且期末限定条件没有解除，期末要将限定性收入结转到限定性净资产，选项 C 表述错误。

30.【答案】C

【解析】此题捐赠收入具有限定用途，没有解除限定条件的，期末要将捐赠收入—限定性收入转入到限定性净资产，选项 C 表述不正确。

31.【答案】B

【解析】甲社会团体 2017 年度因该个人会员缴纳会费应确认会费收入 = 2400 ÷ 3 = 800（元）。

二、多项选择题

1.【答案】BCD

【解析】外币与记账本位币是相对概念，外币是企业记账本位币以外的货币。

2.【答案】ABCD

3.【答案】ABCD

4.【答案】AC

【解析】选项 B 和 D 属于外币非货币性项目。

5.【答案】AD

【解析】对于以成本与可变现净值孰低计量的存货，在以外币购入存货并且该存货在资产负债表日的可变现净值以外币反映的情况下，确定资产负债表日以外币可变现净值与即期汇率计算出以人民币反映的金额，判定未发生减值，无需考虑汇率变动的影响，选项 B 错误；对于以公允价值计量的外币非货币性项目，期末公允价值以外币反映的，应当先将该外币金额按照公允价值确定当日的即期汇率折算为记账本位币金额，再与原记账本位币金额进行比较。属于以公允价值计量且变动计入当期损益的金融资产（股票、基金）的，差额计入"公允价值变动损益"，属于可供出售金融资产的，则计入"其他综合收益"，选项 C 错误。

6.【答案】ACD

【解析】资产负债表中的资产和负债项目，采用资产负债表日的即期汇率折算，所有者权益项目除"未分配利润"项目外，其他项目采用发生时的即期汇率折算。

7.【答案】ABCD

8.【答案】ABCD

9.【答案】ABD

【解析】年末，应将事业结余科目余额转入"非财政补助结余分配"科目，结转后，事业结余科目无余额，选项 A 正确，选项 C 错误。

10.【答案】BD

【解析】对于财政直接支付的资金，事业单位应于收到财政国库支付执行机构委托银行转来的"财政直接支付入账通知书"时，按入账通知书中标明的金额确认财政补助收入。

借：事业支出   85000
  贷：财政补助收入   85000

11.【答案】ABD

【解析】事业单位在对固定资产计提折旧时，逐期减少固定资产对应的非流动资产基金，借记"非流动资产基金—固定资产"科目，贷记"累计折旧"科目，选项 C 不正确。

12.【答案】AD

【解析】事业单位的净资产包括事业基金、非流动资产基金、专用基金、财政补助结转、财政补助结余、非财政补助结转、事业结余、经营结余、非财政补助结余分配，选项 B 错误；财政补助结转结余是指事业单位各项财政补助收入与其相关支出相抵后剩余滚存的、须按规定管理和使用的结转和结余资金，选项 C 错误。

13.【答案】ABC

【解析】取得资产时没有支付对价的，其计量金额应当按照有关凭据注明的金额加上相关税费、运输费等确定；没有相关凭据的，其成本比照同类或类似资产的市场价格加上相关税费、运输费等确定；没有相关凭据、同类或类似资产的市场价格也无法可靠取得的，所取得的资产按照名义金额（即人民币 1 元）入账，选项 D 不正确。

14.【答案】BC

【解析】选项 A，影响经营结余；选项 D，不影响事业结余，期末转入财政补助结转。

15.【答案】ABC

【解析】期末，将事业支出（财政补助支出）本期发生额转入"财政补助结转"科目，借记"财政补助结转—基本支出结转、项目支出结转"科目，贷记"事业支出—财政补助支出（基本支出、项目支出）"或"事业支出—基本支出（财政补助支出）、项目支出（财政补助支出）"科目，选项 A 正确；期末，将事业支出（非财政专项资金支出）本期发生额转入"非财政补助结转"科目，借记"非财政补助结转"科目，贷记"事业支出—非财政专项资金支出"或"事业支出—项目支出（非财政专项资金支出）"科目，选项 B 正确；期末，将事业支出（其他资金支出）本期发生额转入"事业结余"科目，借记"事业结余"科目，贷记"事业支出—其他资金支出"或"事业支出—基本支出（其他资金支出）、项目支出（其他资金支出）"科目。期末结转后，"事业支出"科目应无余额，选项 C 正确，选项 D 错误。

16.【答案】ABD

【解析】一般情况下，民间非营利组织的会费收入为非限定性收入，除非相关资产提供者对资产的使用设置了限制。

17.【答案】ACD

【解析】民间非营利组织应当编制会计报表附注，选项 B 不正确。

三、判断题

1.【答案】√

2.【答案】√

3.【答案】×

【解析】确定境外经营，不是以位置是否在境外为唯一判定标准，位置在境内的还要看其选

定的记账本位币是否与企业的记账本位币相同。

4.【答案】×

【解析】企业境外经营活动产生的现金流量不足以偿还现有债务和可预期的债务，才应选择与企业相同的记账本位币。

5.【答案】×

【解析】企业因经营所处的主要经济环境发生重大变化，确需变更记账本位币的，应当采用变更当日的即期汇率将所有项目折算为变更后的记账本位币，折算后的金额作为以新的记账本位币计量的历史成本，由于采用同一即期汇率进行折算，不会产生汇兑差额。

6.【答案】√

7.【答案】√

8.【答案】×

【解析】因外币财务报表折算差额而确认的其他综合收益可以重新分类计入损益。

9.【答案】×

【解析】企业在处置境外经营时，应当将资产负债表中所有者权益项目下列示的、与该境外经营相关的其他综合收益，自所有者权益项目转入处置当期损益；部分处置境外经营的，应当按处置的比例计算处置部分的其他综合收益，转入处置当期损益。

10.【答案】×

【解析】事业单位的收入一般应当在收到款项时予以确认（除按权责发生制），并按照实际收到的金额进行计量。

11.【答案】√

12.【答案】×

【解析】年末，事业单位应当将经营结余结转至"非财政补助结余分配"科目，但若为经营亏损则不予结转。

13.【答案】×

【解析】融资租入固定资产在没有付清租赁费前，固定资产的净值不等于非流动资产基金的余额。

14.【答案】√

15.【答案】√

16.【答案】√

17.【答案】×

【解析】有企业所得税缴纳义务的事业单位，在计提时应借记"非财政补助结余分配"科目，贷记"应缴税费"科目。

18.【答案】√

19.【答案】×

【解析】事业单位的资产是指事业单位占有或使用的能以货币计量的经济资源。

20.【答案】×

【解析】在财政直接支付方式下无需设置"零余额账户用款额度"科目。

21.【答案】√

22.【答案】×

【解析】事业单位接受捐赠的存货，如果没有相关凭据也无市场价格，该批存货按照名义金额（1 元）入账。

23.【答案】√

24.【答案】√

25.【答案】×

【解析】事业单位自行研究开发无形资产的，依法取得前所发生的研究开发支出不作为无形资产成本，应当于发生时计入当期支出；依法取得时发生的注册费、聘请律师费等费用作为无形资产的成本入账。

26.【答案】√

27.【答案】√

28.【答案】×

【解析】民间非营利组织应当在资产负债表中单设"受托代理资产"和"受托代理负债"项目。同时，应当在会计报表附注中披露该受托代理业务的情况。

29.【答案】×

【解析】民间非营利组织对于捐赠承诺不予确认，但可以在会计报表附注中作相关披露。

30.【答案】×

【解析】有些情况下，资源提供者或者国家法律、行政法规会对以前期间未设置限制的资产增加时间或用途限制，应将非限定性净资产转入限定性净资产，借记"非限定性净资产"科目，贷记"限定性净资产"科目。

31.【答案】×

【解析】应当将该科目当期借方发生额转入"非限定性净资产"科目。

四、计算分析题

1.【答案】

（1）

资料（1）

借：库存商品   8976（1200×6.8+816）

　　应交税费—待认证进项税额 1525.92

　　贷：银行存款—人民币   2341.92

　　　　应付账款—美元 8160（1200×6.8）

资料（2）

借：银行存款—美元   34100

　　贷：短期借款—美元 34100（5000×6.82）

资料（3）

借：应收账款—美元 13620（2000×6.81）

　　贷：主营业务收入   13620

资料（4）

借：应付账款—美元   8160

　　财务费用   36

　　贷：银行存款—美元 8196（1200×6.83）

资料（5）

借：银行存款—美元   55200（8000×6.9）

　　贷：实收资本   50000

　　　　资本公积—资本溢价   5200

资料（6）

借：银行存款—美元 10290（1500×6.86）

　　贷：应收账款—美元 10215（1500×6.81）

　　　　财务费用   75

资料（7）

借：资产减值损失   1210

　　贷：存货跌价准备   1210

　　　　［8976－（1150×6.84－100）］

（2）甲公司 12 月 31 日确认的汇兑损益如下：

①银行存款汇兑损失 = 20370 + 34100 + 55200 + 10290 - 8196 -（3000 + 5000 + 8000 + 1500 - 1200）×6.84 = 272（万元人民币）。

借：财务费用—汇兑差额   272

　　贷：银行存款—美元   272

②短期借款汇兑损失 = 5000 ×（6.84 - 6.82）= 100（万元人民币）。

借：财务费用—汇兑差额   100

　　贷：短期借款—美元   100

应收账款汇兑收益 =（2000 - 1500）×（6.84 - 6.81）= 15（万元人民币）。

借：应收账款—美元   15

　　贷：财务费用—汇兑差额   15

③计提短期借款利息

借：财务费用   142.5

　　贷：应付利息—美元   142.5

　　　　（5000×5%×6.84/12）

汇兑损益 = - 272 - 100 + 15 = - 357（万元人民币）。

2.【答案】

（1）

①借：应收账款—欧元 16600（2000×8.30）

　　贷：主营业务收入   16600

②借：交易性金融资产—成本   2550

　　　　　　　　　　　　（3000×0.85）

　　贷：银行存款—港元   2550

③借：银行存款—欧元 14940（1800×8.30）

　　贷：短期借款—欧元   14940

④借：原材料   18260（2200×8.30）

　　贷：银行存款—欧元   18260

⑤借：原材料   13360

　　贷：应付账款—欧元   13360

　　　　　　　　　　　　（1600×8.35）

⑥借：银行存款—欧元 8350（1000×8.35）
　　贷：应收账款—欧元 8300（1000×8.30）
　　　　财务费用—汇兑差额 50
⑦借：短期借款—欧元 14940（1800×8.30）
　　　　财务费用—汇兑差额 90
　　贷：银行存款—欧元 15030
　　　　　　　　　　　　（1800×8.35）
⑧借：交易性金融资产—公允价值变动 320
　　　　　　　　　（3500×0.82－2550）
　　贷：公允价值变动损益 320
（2）
①银行存款—欧元的汇兑损益=（2000+1800－2200+1000－1800）×8.35－［（2000×8.40+1800×8.30+1000×8.35）－（2200×8.30+1800×8.35）］=－120（万元人民币）（汇兑损失）；
②银行存款—港元的汇兑损益=（3000－3000）×0.82－（3000×0.80－3000×0.85）=150（万元人民币）（汇兑收益）；
③应收账款—欧元的汇兑损益=（1000+2000－1000）×8.35－［（1000×8.40+2000×8.30）－1000×8.30]=0；
④应付账款—欧元的汇兑损益=（500+1600）×8.35－（500×8.40+1600×8.35）=－25（万元人民币）（汇兑收益）；
⑤短期借款—欧元的汇兑损益=（1800－1800）×8.35－（1800×8.30－1800×8.30）=0。
甲公司2017年12月31日确认的汇兑差额=－120+150+25=55（万元人民币）（汇兑净收益）。所以，甲公司2017年12月确认的汇兑差额=50－90+55=15（万元人民币）（汇兑净收益）。
（3）会计分录如下：
借：银行存款—港元 150
　　应付账款—欧元 25
　　贷：银行存款—欧元 120
　　　　财务费用 55
（4）

外币账户和记账本位币账户期末余额表

项　目	外币账户	记账本位币账户（万元人民币）
银行存款—欧元	800（万欧元）	6680
银行存款—港元	0	0
应收账款—欧元	2000（万欧元）	16700
应付账款—欧元	2100（万欧元）	17535
短期借款—欧元	0	0

3.【答案】
（1）
①12月5日
借：原材料 1870000（200000×8.5+170000）
　　应交税费—应交增值税（进项税额）
　　　　　　　　　　　　　　　　317900
　　贷：应付账款—欧元 1700000
　　　　　　　　　　　　　（200000×8.5）
　　　　银行存款—人民币 487900
　　　　　　　　（170000+317900）
②12月14日
借：应收账款—美元 253600
　　　　　　　　　（40000×6.34）
　　贷：主营业务收入 253600
③12月16日
借：银行存款—欧元 1652000
　　　　　　　　　（200000×8.26）
　　　　财务费用—汇兑差额 8000
　　贷：银行存款—人民币 1660000
　　　　　　　　（200000×8.3）
④12月20日
借：银行存款—欧元 8240000
　　　　　　　　　（1000000×8.24）
　　贷：实收资本 8000000
　　　　资本公积—资本溢价 240000
⑤12月25日
借：应付账款—欧元 1530000
　　　　　　　　　（180000×8.5）
　　　　财务费用—汇兑差额 1800
　　贷：银行存款—欧元 1531800
　　　　　　　　（180000×8.51）
⑥12月28日
借：银行存款—美元 252400
　　　　　　　　　（40000×6.31）
　　　　财务费用—汇兑差额 1200
　　贷：应收账款—美元 253600
　　　　　　　　　（40000×6.34）
（2）期末计算汇兑差额
期末银行存款美元账户汇兑差额=40000×6.3－252400=－400（元人民币）（汇兑损失）；
期末银行存款欧元账户汇兑差额=1020000×8.16－8360200=－37000（元人民币）（汇兑损失）；
期末应付账款账户汇兑差额=20000×8.16－170000=－6800（元人民币）（汇兑收益）。
借：应付账款—欧元 6800
　　财务费用—汇兑差额 30600
　　贷：银行存款—美元 400
　　　　银行存款—欧元 37000

升华篇

主观题集训

主观题集训

　　各位考生大家好，相信您学到本书这部分内容时，您已经将全书 22 章的内容全部学习结束了。针对中级会计实务考试的特点，即主观题分值为 55 分，我根据近年来考试的命题规律和特点，帮助大家总结出十三个专题的主观题集训内容。希望各位考生利用两周的时间按计划完成以下题目。

扫一扫，阅读解题思路

　　本书中各部分试题均配备二维码，下载安装 "东奥题库宝典" 移动客户端，扫一扫左侧二维码，即可在线做题，并获得详尽的答案解析、解题思路等超值服务，解决您做题时的一切疑惑。

【移动客户端安装二维码详见封底】

两周计划表

日期	学习内容	重要程度	真题分布年份
星期一	专题一（2 题）	★★★	2008、2012、2015、2016
星期二	专题二（3 题）	★★★★	2010、2013、2015
星期三	专题三（3 题）	★★★	2013
星期四	专题四（2 题）	★★★	2007、2010、2012
星期五	专题五（3 题）	★★★★	2009、2011、2014
星期六	专题六（3 题）	★★★	2007、2009、2016
星期日	专题七（2 题）	★★	—
星期一	专题八（2 题）	★★★	2010、2013、2014
星期二	专题九（3 题）专题十（1 题）	★★★★	2008、2010、2011、2012
星期三	专题十一（3 题）	★★★★	2007、2011、2013、2015、2016
星期四　星期五	专题十二（4 题）	★★★★★	2008、2009、2010、2013、2014、2015
星期六　星期日	专题十三（4 题）	★★★★★	2007、2008、2009、2011、2012、2014、2016

主观题

　　注：以下题目答案中金额单位均以万元表示，计算结果保留两位小数。

专题一　固定资产、无形资产、投资性房地产核算及减值

1. 甲上市公司（以下简称"甲公司"）为增值税一般纳税人，2016 年至 2018 年发生的部分经济业务如下：

　　（1）2016 年

　　①2 月 1 日，外购工程物资一批用于建设生产线，取得增值税专用发票注明的价款为 210 万元，增值税税额为 35.7 万元，支付运费取得增值税专用发票注明运费 10 万元，增值税税额为 1.1 万元。当日工程物资全部领用，款项以银行转账方式支付。

　　②3 月 12 日，领用自产产品一批用于生产线工程建设，该产品成本为 100 万元，公允价值为 150 万元。

　　③6 月 29 日，生产线在建完工并达到预定可使用状态。甲公司预计该生产线使用年限为 5 年，

预计净残值率为 5%，采用年限平均法计提折旧。

④8 月 1 日，甲公司自乙公司处受让一宗土地使用权，取得增值税专用发票注明的价款为 5000 万元，增值税税额为 550 万元，已用银行存款支付。甲公司预计该宗土地使用权使用寿命为 40 年，预计净残值为零，采用直线法摊销。甲公司准备在该宗土地上建造一幢厂房。

⑤8 月 3 日，外购用于建造厂房的工程物资一批，取得增值税专用发票注明的价款为 4000 万元，增值税税额为 680 万元，款项尚未支付，当日工程开工建造并全部领用该批物资。

⑥11 月 4 日，厂房建造工程领用本企业外购原材料一批，该批原材料购入时的价款为 300 万元，增值税税额为 51 万元（已抵扣）。

⑦12 月 31 日，生产线的公允价值为 210 万元，预计处置费用为 5 万元，预计未来现金流量的现值为 200 万元。甲公司预计该生产线尚可使用 4 年，预计净残值为零，并改按双倍余额递减法计提折旧。

（2）2017 年

①3 月 1 日，厂房建造工程领用本企业自产产品一批，该批产品的成本为 500 万元，公允价值为 600 万元。

②6 月 30 日，以银行存款支付丙公司厂房工程建设款，取得增值税专用发票上注明的价款为 2000 万元，增值税税额为 220 万元。当日厂房完工，达到预定可使用状态。甲公司预计该厂房使用年限为 20 年，预计净残值为 314.58 万元，采用年限平均法计提折旧。

③9 月 20 日，生产线某组成部分损坏，甲公司对生产线进行更新改造，领用本企业外购原材料一批，成本为 20 万元，市场售价为 25 万元。替换部分的账面价值为 12 万元，已作为原材料入库。

④10 月 31 日，生产线更新改造完成投入使用，甲公司预计该生产线尚可使用 5 年，预计净残值为 6.12 万元，采用年限平均法计提折旧。

⑤12 月 31 日，甲公司与丁公司签订租赁协议，自 2018 年 1 月 1 日起将上述自建厂房租赁给丁公司，租赁期 3 年，年租金为 100 万元（不含增值税，税率为 11%），甲公司已预收 111 万元租金（含税，纳税义务发生），存入银行。甲公司对投资性房地产采用成本模式计量。

（3）2018 年

①1 月 31 日，甲公司将生产线对外出售，取得出售价款 100 万元，支付清理费用 2 万元。

②6 月 30 日，厂房的可收回金额为 6080 万元，甲公司预计净残值为零，其他会计估计不变。

③12 月 31 日，甲公司将投资性房地产由成本模式改为公允价值模式计量，厂房当日的公允

价值为 6120 万元。

其他资料：甲公司按净利润的 10% 计提盈余公积，除投资性房地产转换业务考虑所得税（适用税率 25%）以外，其他业务均不考虑所得税及其他因素的影响。

要求：

（1）计算建造生产线的入账金额，并编制相关会计分录。

（2）计算 2016 年 12 月 31 日生产线应计提的减值准备金额，并编制相关会计分录。

（3）编制与生产线更新改造相关的会计分录，并计算 2017 年 12 月 31 日生产线的账面价值。

（4）编制处置生产线相关的会计分录。

（5）编制与取得土地使用权及建造厂房相关的会计分录。

（6）编制与投资性房地产相关的会计分录。

2. 甲公司为上市公司（以下简称"甲公司"），该公司内部审计部门在对其 2017 年度财务报表进行内审时，对以下交易或事项的会计处理提出疑问：

（1）2017 年 2 月 1 日，甲公司从乙公司购入一项专利权 Y，支付价款 800 万元，同时支付相关税费 60 万元，该项专利权自 2017 年 2 月 20 日起专门用于 X 产品生产，法律保护期限为 15 年，甲公司预计运用该专利生产的产品在未来 10 年内会为企业带来经济利益。就该项专利权，A 公司向甲公司承诺在第 6 年年初以 200 万元购买该专利权。按照甲公司管理层目前的持有计划来看，准备在第 5 年年末将其出售给 A 公司。甲公司采用直线法摊销该项无形资产。2017 年 2 月 1 日发生宣传新产品—X 产品的相关广告费用 100 万元，假定至 2017 年 12 月 31 日用该无形资产所生产的产品均未完工。甲公司相关会计处理如下：

借：无形资产　　　　　　　　　　960

　　贷：银行存款　　　　　　　　　　960

2017 年无形资产摊销额 = 960/10 × 11/12 = 88（万元）。

借：生产成本　　　　　　　　　　　88

　　贷：累计摊销　　　　　　　　　　　88

（2）2017 年 3 月 31 日，甲公司与丙公司签订合同，自丙公司购买不需安装的设备供管理部门使用，合同价格 6000 万元。因甲公司现金不足，按合同约定价款自合同签订之日起满 1 年后分 3 期支付，每年 4 月 1 日支付 2000 万元。该设备预计使用年限为 5 年，预计净残值为零，采用年限平均法计提折旧。假定甲公司的增量借款年利率为 10%，已知：（P/A，10%，3）= 2.4869。

甲公司 2017 年对上述交易或事项的会计处理如下：

借：固定资产　　　　　　　　6000
　　贷：长期应付款　　　　　　　6000
借：管理费用　　　　　　　　900
　　贷：累计折旧　　　　　　　　900

（3）2017 年 4 月 1 日，甲公司从丙公司购入一项土地使用权，实际支付价款 2400 万元，土地尚可使用年限为 50 年，按直线法摊销，无残值，甲公司购入的土地使用权用于建造厂房。2017 年 10 月 10 日，厂房开始建造，甲公司将土地使用权的账面价值转入在建工程，并停止对土地使用权摊销。至 2017 年 12 月 31 日，厂房仍在建造中。甲公司相关会计处理如下：

借：管理费用　　　24（2400/50 × 6/12）
　　贷：累计摊销　　　　　　　　24
借：在建工程　　　　　　　　2376
　　累计摊销　　　　　　　　　24
　　贷：无形资产　　　　　　　　2400

（4）2017 年 6 月 30 日正式建造完成并交付使用的一座核电站核设施，全部成本为 200000 万元，预计使用寿命为 40 年，预计净残值为零，采用年限平均法计提折旧。据国家法律和行政法规、国际公约等规定，企业应承担环境保护和生态恢复等义务。2017 年 6 月 30 日预计 40 年后该核电站核设施弃置时，将发生弃置费用 20000 万元（金额较大）。在考虑货币时间价值和相关期间通货膨胀等因素后确定的折现率为 5%。已知：（P/F，5%，40）= 0.1420。假定计提固定资产折旧记入"生产成本"科目，2017 年下半年生产的产品尚未完工。

甲公司 2017 年对上述交易会计处理如下：

借：固定资产　　　　　　　　200000
　　贷：在建工程　　　　　　　　200000
借：生产成本　　　　　　　　2500
　　贷：累计折旧　　　　　　　　2500

（5）经董事会批准，甲公司 2017 年 10 月 10 日与戊公司签订一项不可撤销的销售合同，将一项管理用专利权的所有权转让给戊公司。合同约定，专利权转让价格为 500 万元，无处置费用，戊公司应于 2018 年 1 月 10 日前支付上述款项；甲公司应协助戊公司于 2018 年 1 月 20 日前完成专利权所有权的转移手续。甲公司专利权系 2012 年 10 月 1 日达到预定用途并投入使用，成本为 1200 万元，预计使用年限为 10 年，无残值，采用直线法摊销，至 2017 年 9 月 30 日未计提减值准备。

2017 年度，甲公司对该专利权共摊销了 120 万元，相关会计处理如下：

借：管理费用　　　　　　　　120
　　贷：累计摊销　　　　　　　　120

要求：根据资料（1）至（5），逐项判断甲公司会计处理是否正确；如不正确，简要说明理由，并编制有关差错更正的会计分录（有关会计差错更正按当期差错处理，不要求编制结转损益的会计分录）。

专题二　长期股权投资和金融资产

1. 甲公司、乙公司、丙公司均为增值税一般纳税人，不存在关联方关系，甲公司 2016 年至 2017 年发生的与投资相关业务如下：

（1）2016 年

①1 月 1 日，甲公司以定向增发股票方式自乙公司取得其持有的 A 公司 80% 股权，能够对 A 公司实施控制。甲公司增发普通股 2000 万股，每股面值 1 元，每股市价为 8.5 元。当日 A 公司可辨认净资产的账面价值为 20000 万元（与公允价值相等）。甲公司支付发行费用 100 万元，另支付审计费用 120 万元，款项均以银行存款支付。

②6 月 30 日，甲公司以一批原材料作为对价取得 B 公司有表决权股份的 20%，能够对 B 公司施加重大影响。原材料的成本为 3000 万元，公允价值为 3500 万元。当日 B 公司可辨认净资产的账面价值为 20000 万元，公允价值为 21000 万元（差额为一项管理用固定资产公允价值高于账面价值导致，该项固定资产预计尚可使用 5 年，预计净残值为零，采用年限平均法计提折旧）。

③A 公司当年实现净利润 5000 万元，无其他所有者权益变动事项；B 公司当年实现净利润 4000 万元，分配现金股利 2000 万元，因可供出售金融资产增加其他综合收益 1000 万元。

（2）2017 年

①1 月 1 日，甲公司的母公司 K 公司以银行存款 20000 万元自甲公司处取得其持有 A 公司 80% 的股权，K 公司能够控制 A 公司。当日 A 公司个别报表中净资产的账面价值为 25000 万元（与公允价值相等），集团合并报表中 A 公司净资产的账面价值为 18000 万元。当日 K 公司资本公积为 4200 万元，盈余公积为 2000 万元。

②3 月 8 日，甲公司向 B 公司销售一批商品，成本为 2800 万元，售价为 3000 万元，款项尚未收取。

③4 月 1 日，甲公司取得丙公司 15% 的股权，甲公司将其作为可供出售金融资产核算，支付购买价款 2000 万元，另支付交易费用 10 万元。

④6 月 30 日，丙公司股权的公允价值为 2100 万元。

⑤12 月 31 日，甲公司再次购入丙公司 20% 股权，能够对丙公司施加重大影响。甲公司支付价款 3500 万元。当日丙公司可辨认净资产的账面价值为 16000 万元（公允价值为 16500 万元，

差额为一批库存商品 Y 的公允价值高于账面价值 500 万元），原 15% 股权部分的公允价值为2625 万元。

⑥B 公司当年实现净利润 6000 万元（自甲公司购入商品已对外出售 40%），接受其他股东增资扩股增加资本公积 1500 万元；丙公司当年实现净利润 1200 万元（库存商品 Y 已出售 20%）。

其他资料：不考虑所得税等其他因素的影响。

要求：

（1）计算甲公司取得 A 公司股权时的商誉金额。

（2）编制甲公司取得 A 公司股权相关的会计分录。

（3）计算 K 公司取得 A 公司股权的入账金额，并说明合并类型。

（4）编制 K 公司取得 A 公司股权相关的会计分录。

（5）编制甲公司与 B 公司股权相关的会计分录。

（6）编制甲公司与丙公司股权相关的会计分录。

2. 甲公司于 2017 年 1 月 4 日出售其所持联营企业丁公司 28% 的股权（丁公司为上市公司），所得价款 4000 万元收存银行，同时办理了股权划转手续。甲公司出售丁公司 28% 的股权后，对丁公司不再具有重大影响。剩余股权在 2017 年 1 月 4 日的公允价值为 1000 万元，甲公司董事会对该部分股权没有随时出售的计划，将其划分为可供出售金融资产。

甲公司原所持丁公司 35% 股权系 2013 年 1 月 5 日购入，初始投资成本为 2700 万元。投资日丁公司可辨认净资产公允价值为 8000 万元，除某项管理用无形资产的公允价值大于账面价值 900 万元外，其他各项可辨认资产、负债的公允价值与账面价值相同。上述无形资产自取得投资日起预计尚可使用 5 年，采用直线法摊销，预计净残值为零。

2016 年 12 月 31 日，按原投资日丁公司各项可辨认资产、负债账面价值持续计算的丁公司净资产为 12320 万元，其中：2013 年 1 月至 2016 年 12 月累计实现净利润 5520 万元，可供出售金融资产公允价值下降减少其他综合收益 300 万元，无其他所有者权益变动。

其他资料：

①甲公司在取得丁公司的股权投资前与其相关各方不存在任何关联方关系；

②甲公司对丁公司的股权投资在 2016 年度未出现减值迹象；

③持有股权期间未发生任何内部交易；

④不考虑税费及其他因素。

要求：

（1）计算甲公司对丁公司长期股权投资出售前的账面价值；

（2）计算甲公司 2017 年 1 月 4 日出售丁公司股权时在其个别财务报表中应确认的投资收益；

（3）编制甲公司 2017 年 1 月 4 日与出售丁公司股权有关的会计分录。（相关会计科目只写出一级科目）

3. 甲公司 2015 年至 2017 年度发生的与股权投资相关交易如下：

（1）甲公司于 2015 年 1 月 1 日以银行存款 5000 万元从非关联方处取得乙公司 30% 的股权，能够对乙公司施加重大影响，采用权益法核算。2015 年 1 月 1 日乙公司可辨认净资产的公允价值为 17000 万元，除一项管理用固定资产外，其他可辨认资产、负债的账面价值与公允价值相等，该固定资产账面价值为 1600 万元，公允价值为 2400 万元，预计剩余使用年限为 8 年，预计净残值为零，按照年限平均法计提折旧，甲公司和乙公司的会计政策、会计估计均相同。

（2）2015 年 6 月 15 日甲公司将其成本为 180 万元的商品（未发生减值）以 300 万元的价格出售给乙公司，乙公司将取得的商品作为管理用固定资产核算，预计使用年限为 5 年，预计净残值为零，按年限平均法计提折旧；2015 年度乙公司实现净利润 3208 万元，无其他所有者权益变动。

（3）2016 年 3 月 5 日乙公司股东大会批准 2015 年度利润分配方案，按照 2015 年度实现净利润的 10% 提取盈余公积，宣告发放现金股利 400 万元。2016 年度乙公司实现净利润为 4076 万元，其他综合收益增加 50 万元（均为乙公司可供出售金融资产累计公允价值变动），其他所有者权益增加 50 万元。

（4）2017 年 1 月 10 日甲公司出售对乙公司 20% 的股权，取得价款 5600 万元；出售后甲公司对乙公司的持股比例变为 10%，对乙公司不再具有重大影响，改按可供出售金融资产核算，当日剩余 10% 的股权投资的公允价值为 2800 万元。

（5）不考虑所得税等其他因素。

要求：

（1）根据资料（1），编制 2015 年 1 月 1 日取得投资时的会计分录。

（2）根据资料（2），计算甲公司 2015 年应确认的投资收益，并编制相关的会计分录。

（3）根据资料（3），计算甲公司 2016 年应确认的投资收益和长期股权投资期末账面价值，并编制相关的会计分录。

（4）根据资料（4），计算出售乙公司部分投资对甲公司 2017 年损益的影响金额，并编制相关的会计分录。

（会计分录需要写出长期股权投资的明细科目）

专题三　非货币性资产交换和债务重组

1. 甲公司、乙公司、B公司均为增值税一般纳税人，销售商品适用的增值税税率为17%，专利权适用的增值税税率为6%。2017年3月5日，甲公司以库存商品、可供出售金融资产、固定资产（设备）与乙公司对A公司30%的长期股权投资进行交换。甲公司换出库存商品的成本为800万元，公允价值为1000万元；可供出售金融资产的账面价值为2000万元，其中成本为1500万元，公允价值变动为500万元，公允价值为2200万元；固定资产（设备）的原值为1000万元，已提折旧300万元，已提减值准备100万元，公允价值为500万元，另支付清理费用50万元。乙公司所持有A公司的长期股权投资账面价值为4000万元，其中投资成本3000万元，损益调整500万元，其他综合收益200万元（因被投资单位可供出售金融资产公允价值变动确认），其他权益变动300万元，公允价值为4100万元。经协商甲公司向乙公司支付补价145万元（公允价值差额补价为400万元，增值税税额补价为 -255万元）。甲公司取得A公司股权后能够对A公司施加重大影响。该项交换对于甲公司和乙公司均具有商业实质。

2017年6月1日，甲公司得知B公司发生财务困难，应收取B公司货款2340万元很难全额收回，甲公司和B公司达成债务重组协议。根据协议约定，甲公司免除B公司债务340万元，同时B公司以其生产的产品、无形资产（专利权）抵偿部分债务，产品成本300万元，市场售价400万元，无形资产（专利权）账面原值2000万元，已提摊销200万元，未计提减值准备，公允价值为1200万元，剩余债务200万元应于12月31日前支付。根据协议约定，如果B公司当年实现盈利应再清偿200万元，B公司预计当年实现盈利的可能性为80%。甲公司对该项应收债权已计提坏账准备500万元。

要求：

（1）分析判断甲公司与乙公司的交换是否属于非货币性资产交换，并说明理由。

（2）分别编制甲公司与乙公司进行非货币性资产交换的会计分录。

（3）编制甲公司与B进行债务重组的会计分录。

（4）编制B公司进行债务重组的会计分录。

2. 甲公司为上市公司，2018年1月30日该公司内部审计部门在对其2017年度财务报表进行内审时，对以下交易或事项的会计处理提出疑问：

（1）2017年4月25日，甲公司与丁公司签订债务重组协议，约定将甲公司应收丁公司货款2500万元转为对丁公司的出资，该应收款项系甲公司向丁公司销售产品形成，至2017年5月1日甲公司已计提坏账准备800万元。经股东大会批准，丁公司于5月1日完成股权登记手续。债务转为资本后，甲公司持有丁公司20%的股权，对丁公司的财务和经营政策具有重大影响。

5月1日，丁公司20%股权的公允价值为1800万元，丁公司可辨认净资产公允价值为10000万元（含甲公司债权转增资本增加的价值），除一台管理用设备（账面价值为100万元、公允价值为160万元）外，其他可辨认资产和负债的公允价值均与账面价值相同。该设备自2017年5月起预计尚可使用年限为5年，采用年限平均法计提折旧，无残值。

2017年5月至12月，丁公司发生净亏损100万元，未发生其他引起所有者权益变动的交易或事项。

2017年12月31日，因对丁公司投资出现减值迹象，甲公司对该项投资进行减值测试，确定其可收回金额为1750万元。

甲公司对上述交易的会计处理如下：

借：长期股权投资——投资成本　　　1700
　　坏账准备　　　　　　　　　　　800
　　贷：应收账款　　　　　　　　　　　2500
借：投资收益　　　　　　　　　　　　20
　　贷：长期股权投资——损益调整　　　　20

（2）甲公司于2017年9月1日以一项可供出售金融资产与乙公司一项管理用专利权进行交换，资产置换日，甲公司换出可供出售金融资产的账面价值为960万元（成本900万元，公允价值变动60万元），公允价值为1200万元；乙公司换出专利权的账面余额为1400万元，累计摊销160万元，未计提减值准备，公允价值为1200万元，符合增值税免税条件。甲公司换入的专利权作为无形资产核算采用直线法按5年摊销，无残值。假定该项非货币性资产交换具有商业实质。甲公司相关会计处理如下：

借：无形资产　　　　　　　　　　　960
　　贷：可供出售金融资产——成本　　　900
　　　　　　　　　　　　——公允价值变动　60
借：管理费用　　　　　　　　　　　64
　　贷：累计摊销　　　　　　　　　　　64

（3）2017年9月30日，甲公司应收戊公司账款余额为150万元，已提坏账准备20万元，因戊公司发生财务困难，无力偿还所欠甲公司账款，双方进行债务重组。2017年10月10日，戊公司用一批产品抵偿债务，该批产品公允价值为100万元，增值税税额为17万元，甲公司为取得该批产品支付保险费2万元。甲公司将该批产品作为库存商品核算。甲公司相关会计处理如下：

借：库存商品 115
　　应交税费—应交增值税（进项税额）17
　　坏账准备 20
　　贷：应收账款 150
　　　　银行存款 2

（4）2017年12月31日，甲公司应收丙公司账款余额为200万元，已提坏账准备60万元，因丙公司发生财务困难，无力偿还所欠甲公司账款，双方进行债务重组，甲公司同意豁免丙公司债务100万元，剩余债务延期一年，但附有一条件，若丙公司在未来一年获利，则丙公司需另付甲公司50万元。丙公司预计在未来一年很可能获利。2017年12月31日，甲公司相关会计处理如下：

借：应收账款—债务重组 100
　　其他应收款 50
　　坏账准备 60
　　贷：应收账款 200
　　　　资产减值损失 10

要求：根据资料（1）至（4），逐项判断甲公司会计处理是否正确；如不正确，简要说明理由，并编制更正有关差错的会计分录。（有关差错更正按前期差错处理，涉及损益的事项通过"以前年度损益调整"科目核算，不考虑所得税费用和盈余公积的调整，损益合并转入利润分配）

3. 甲股份有限公司（以下简称"甲公司"）为上市公司，2016年至2017年发生的相关交易或事项如下：

（1）2016年7月30日，甲公司就应收A公司账款6000万元与A公司签订债务重组合同。合同规定：A公司以其拥有的一栋在建写字楼及一项长期股权投资偿付全部债务；A公司在建写字楼和长期股权投资所有权转移至甲公司后，双方债权债务结清。

2016年8月10日，A公司将在建写字楼和长期股权投资所有权转移至甲公司。当日，甲公司该重组债权已计提的坏账准备为800万元；A公司该在建写字楼的账面余额为1800万元，未计提减值准备，公允价值为2200万元；A公司该长期股权投资的账面余额为2600万元，已计提的减值准备为200万元，公允价值为2300万元。

甲公司将取得的股权投资仍作为长期股权投资，采用成本法核算。

（2）甲公司取得在建写字楼后，委托某建造承包商继续建造。至2017年1月1日累计新发生工程支出800万元。2017年1月1日，该写字楼达到预定可使用状态并办理完成资产结转手续。

对于该写字楼，甲公司与B公司于2016年12月11日签订租赁合同，将该写字楼整体出租给B公司。合同规定：租赁期自2017年1月1日开始，租期为5年；年租金为240万元，每年年底支付。甲公司预计该写字楼的使用年限为30年，预计净残值为零。

2017年12月31日，甲公司收到租金240万元。同日，该写字楼的公允价值为3200万元。

（3）2017年12月20日，甲公司与C公司进行非货币性资产交换。合同约定，甲公司将债务重组取得的长期股权投资与C公司的一项土地使用权进行交换，并向C公司支付补价200万元。

12月31日，甲公司以银行存款支付补价；双方办理完毕相关资产的产权转让手续。同日，甲公司长期股权投资的账面价值为2300万元，公允价值为2000万元；C公司土地使用权的公允价值为2200万元。甲公司将取得的土地使用权作为无形资产核算。

（4）其他资料如下：
①假定甲公司投资性房地产均采用公允价值模式进行后续计量。
②假定不考虑相关税费影响。
③假定上述非货币性资产交换交易具有商业实质。

要求：
（1）计算甲公司在债务重组过程中应确认的重组损失并编制相关会计分录。
（2）计算A公司在债务重组过程中应确认的重组利得并编制相关会计分录。
（3）计算甲公司写字楼在2017年应确认的公允价值变动损益并编制相关会计分录。
（4）编制甲公司2017年收取写字楼租金的相关会计分录。
（5）计算甲公司换出长期股权投资所产生的损益并编制相关会计分录。

专题四　资产减值

1. 耀华公司拥有总部资产和三条独立生产线（第一、第二和第三生产线），三条生产线被认定为三个资产组。2017年末总部资产和三个资产组的账面价值分别为200万元、300万元、400万元和500万元。其中第一生产线由A、B、C三台设备组成，当年末的账面价值分别为100万元、50万元和150万元，其中B设备的可收回金额为45万元，A设备的可收回金额为80万元。三个资产组的剩余使用寿命分别为5年、10年和20年。

由于三条生产线所生产的产品市场竞争激烈，同类产品价优物美，而导致该产品滞销，开工严重不足，产能大大过剩，使生产线出现减值迹象，需要进行减值测试。在测试过程中，总部资产的账面价值可以在合理和一致的基础上分摊至各资产组，各资产组的账面价值和剩余使用寿命加权平均计算的账面价值作为分摊的依据。

经调查研究得到的三个资产组（第一、第二和第三生产线）的可收回金额分别为 280 万元、500 万元和 550 万元。

要求：

（1）根据上述资料，填列下列表格。

表 1   单位：万元

	第一生产线	第二生产线	第三生产线	合　计
各资产组账面价值				
各资产组剩余使用寿命				
按使用寿命计算的权重				
加权计算后的账面价值				
总部资产分摊比例				
总部资产账面价值分摊到各资产组的金额				
包括分摊的总部资产账面价值部分的各资产组账面价值				

表 2   单位：万元

资产组合	分摊总部资产后账面价值	可收回金额	应计提减值准备金额
第一生产线			
第二生产线			
第三生产线			

表 3   单位：万元

	设备 A	设备 B	设备 C	第一生产线资产组
账面价值				
减值损失				
减值损失分配比例				
分摊减值损失				
分摊后账面价值				
尚未分摊的减值损失				
二次分摊损失比例				
二次分摊减值损失				
二次分摊后应确认减值损失总额				

（2）计算总部资产应计提减值准备的金额。

（3）编制与第一条生产线计提减值准备相关的会计分录。

2. KGP 公司在 A、B、C 三地拥有三个分支机构。这三个分支机构的经营活动由一个总部负责运作。由于 A、B、C 三个分支机构均能产生独立于其他分支机构的现金流入，但各个分支机构内部的资产需要作为一个整体才能产生独立的现金流入，KGP 公司将这三个分支机构确定为三个资产组。2017 年 12 月 31 日，KGP 公司经营所处的市场环境发生了重大不利变化，出现减值迹象，需要进行减值测试。总部资产的账面价值为 2000 万元，能够按照合理和一致的方式分摊至所有的资产组，A 资产组的剩余使用寿命为 10 年，B 资产组、C 资产组和总部资产的剩余使用寿命均为 15 年。减值测试时，A 资产组的账面价值为1200万元，B资产组的账面价值为1400万元，C资产组的账面价值为1800万元（其中合并商誉为200万元），A资产组和B资产组取得时均未包括商誉。KGP公司对分摊总部资产后的三个资产组进行减值测试，计算得出A资产组中资产的可收回金额为1700万元，B资产组中资产的可收回金额为2000万元，C资产组中资产的可收回金额为1900万元。假定将总部资产分摊到各资产组时，根据各资产组的账面价值和剩余使用寿命加权平均计算的账面价值分摊比例进行分摊。

要求：判断总部资产和各资产组是否应计提减值准备，若计提减值准备，计算减值准备的金额。

专题五 金融资产

1. 甲公司2016年至2017年度与金融资产相关业务如下：

（1）2016年度

①1月1日，以银行存款4800万元购入乙公司于2015年1月1日发行的4年期公司债券50000份，每份债券面值为1000元。债券票面年利率为5%，每年12月31日支付当年度利息，到期归还本金。甲公司另支付交易费用26.74万元。同类债券的市场实际利率为6%。甲公司将其作为持有至到期投资核算。

②1月1日，甲公司购入丙公司10%有表决权股份，支付购买价款2000万元，另支付手续费用20万元。因丙公司股权比较集中，甲公司对丙公司投资不具有重大影响，将其作为可供出售金融资产核算。

③6月30日，甲公司持有丙公司股权的公允价值为2110万元。

④12月31日，乙公司发生财务困难，债券利息承诺按期支付各年度利息，但本金在到期时只能归还4500万元。甲公司持有丙公司股权的公允价值为1900万元，甲公司预计该下降是暂时性的。

（2）2017年度

①6月30日，甲公司持有丙公司股权的公允价值为1500万元，甲公司认为股权发生减值。

②10月1日，甲公司将持有丙公司股权对外出售，取得处置价款1700万元。

③12月31日，乙公司经过重组等措施，财务状况大幅度好转，甲公司预计能如期收回最后一期利息及全部本金。

其他资料：（P/A，6%，2）=1.8334；（P/F，6%，2）=0.8900。

要求：

（1）编制与持有至到期投资相关的会计分录。

（2）编制与可供出售金融资产相关的会计分录。

2. 甲公司为上市公司，2018年1月15日该公司财务总监在对其2017年度财务报表进行内审时，对以下交易或事项的会计处理提出疑问：

（1）甲公司于2017年12月10日购入丙公司股票1000万股作为交易性金融资产核算，每股购入价为5元，另支付相关交易费用15万元。2017年12月31日，该股票每股收盘价为6元。甲公司相关会计处理如下：

借：交易性金融资产——成本 5015
　　贷：银行存款 5015
借：交易性金融资产——公允价值变动 985
　　贷：公允价值变动损益 985

（2）甲公司于2017年5月10日购入丁公司股票2000万股作为可供出售金融资产核算，每股购入价为10元，另支付相关税费60万元。2017年6月30日，该股票每股收盘价为9元；2017年9月30日，该股票每股收盘价为6元（跌幅较大，发生减值）；2017年12月31日，该股票每股收盘价为8元。甲公司相关会计处理如下：

①2017年5月10日
借：可供出售金融资产——成本 20060
　　贷：银行存款 20060
②2017年6月30日
借：其他综合收益 2060
　　贷：可供出售金融资产——公允价值变动 2060
③2017年9月30日
借：资产减值损失 6000
　　贷：可供出售金融资产——减值准备 6000
④2017年12月31日
借：可供出售金融资产——减值准备 4000
　　贷：资产减值损失 4000

要求：根据资料（1）和（2），逐项判断甲公司会计处理是否正确；如不正确，简要说明理由，并编制有关差错更正的会计分录。（有关差错更正按前期差错处理，不考虑所得税费用和盈余公积的调整，无需将以前年度损益调整科目结转至未分配利润）

3. 甲公司为上市公司，2015年至2017年与债券投资相关的资料如下：

（1）2015年1月1日，甲公司支付价款3319.59万元，从证券市场上购入面值总额为3000万元的Y公司债券，上述价款中含已到付息期但尚未支付的利息150万元。

该债券系Y公司于2013年1月1日发行，期限为5年，票面年利率5%，每年1月2日支付上年度利息，到期一次支付本金。债券发行协议同时约定，Y公司在发生规定情况时可以赎回该债券，且不需要为提前赎回支付额外款项。甲公司在购买时，预计Y公司不会提前赎回该债券。甲公司将购入的Y公司债券作为持有至到期投资核算，实际年利率为3%。

（2）2017年1月5日，甲公司出售面值总额为2000万元的Y公司债券，取得价款2100万元。尚未出售的Y公司债券重分类为可供出售金融资产，重分类日剩余债券公允价值为1050万元。

（3）2017年1月25日，甲公司出售面值总额为1000万元的Y公司债券，取得价款1040万元。

假定Y公司债券在甲公司持有期间未发生减值；甲公司按年计算利息收入。

要求：

（1）编制甲公司2015年1月1日购入Y公司债券的会计分录。

（2）计算甲公司所持Y公司债券2015年12月31日的账面价值并编制与应计利息相关会计分录。

（3）计算甲公司所持Y公司债券2016年12月31日的账面价值并编制与应计利息相关会计分录。

（4）计算甲公司2017年度出售Y公司债券产生的投资收益，并编制相关会计分录。

专题六 负债、借款费用及固定资产

1. 甲股份有限公司（以下简称"甲公司"）为上市公司，2016年至2017年度发生的相关交易或事项如下：

（1）经相关部门批准，甲公司于2016年1月1日按面值发行分期付息、到期一次还本的可转换公司债券2000万份，每份面值为100元。可转换公司债券发行价格总额为200000万元，发行费用为3200万元，实际募集资金已存入银行。

根据可转换公司债券募集说明书的约定，可转换公司债券的期限为3年，自2016年1月1日起至2018年12月31日止；可转换公司债券的票面年利率为：第一年1.5%，第二年2%，第三年2.5%；可转换公司债券的利息自发行之日起每年支付一次，起息日为可转换公司债券发行之日即2016年1月1日，付息日为可转换公司债券发行之日起每满一年的当日，即次年的1月1日；可转换公司债券在发行1年后可转换为甲公司普通股股票，初始转股价格为每股10元，每份债券可转换为10股普通股股票（每股面值1元）；发行可转换公司债券募集的资金专项用于生产用厂房的建设。

（2）甲公司将募集资金陆续投入生产用厂房的建设，截至2016年12月31日，全部募集资金已使用完毕。生产用厂房于2016年12月31日达到预定可使用状态。

（3）2017年1月1日，甲公司支付2016年度可转换公司债券利息3000万元。

（4）2017年7月1日，由于甲公司股票价格涨幅较大，全体债券持有人将其持有的可转换公司债券全部转换为甲公司普通股股票。

（5）其他资料如下：

①甲公司将发行的可转换公司债券的负债成分划分为以摊余成本计量的金融负债。

②甲公司发行可转换公司债券时无债券发行人赎回和债券持有人回售条款以及变更初始转股价格的条款，发行时二级市场上与之类似的没有附带转换权的债券市场利率为6%。

③在当期付息前转股的，不考虑利息的影响，按债券面值及初始转股价格计算转股数量。

④不考虑所得税影响。

（6）本题涉及的复利现值系数和年金现值系数如下：

①复利现值系数表

期　数	5%	6%	7%	8%	10%
1	0.9524	0.9434	0.9346	0.9259	0.9091
2	0.9070	0.8900	0.8734	0.8573	0.8264
3	0.8368	0.8396	0.8163	0.7938	0.7513

②年金现值系数表

期　数	5%	6%	8%	10%	12%
1	0.9524	0.9434	0.9259	0.9091	0.8928
2	1.8594	1.8334	1.7833	1.7355	1.6901
3	2.7372	2.6930	2.5771	2.4869	2.4018

要求:

(1) 计算甲公司发行可转换公司债券时负债成分和权益成分的公允价值。

(2) 计算甲公司可转换公司债券负债成分和权益成分应分摊的发行费用。

(3) 编制甲公司发行可转换公司债券时的会计分录。

(4) 假设重新计算的甲公司可转换公司债券负债成分的实际年利率为6.59%,计算甲公司可转换公司债券2016年12月31日的摊余成本,并编制甲公司确认及支付2016年度利息费用的会计分录。

(5) 计算甲公司可转换公司债券负债成分2017年6月30日的摊余成本,并编制甲公司确认2017年上半年利息费用的会计分录。

(6) 编制甲公司2017年7月1日可转换公司债券转换为普通股股票时的会计分录。

2. 甲上市公司(以下简称"甲公司")发行公司债券专门为建造专用生产线筹集资金。有关资料如下:

(1) 2014年12月31日,委托证券公司以7755万元的价格发行3年期分期付息、到期一次还本公司债券(不考虑发行费用)。该债券面值为8000万元,票面年利率为4.5%,实际年利率为5.64%,每年付息一次,到期后按面值偿还。

(2) 生产线建造工程采用出包方式,于2015年1月1日开始动工,发行债券所得款项当日全部支付给建造承包商,2016年12月31日所建造生产线达到预定可使用状态。

(3) 假定各年度利息的实际支付日期均为下年度的1月10日;2018年1月10日支付2017年度利息,一并偿付本金。

(4) 所有款项均以银行存款收付。

要求:

(1) 计算甲公司该债券在各年年末的摊余成本、应付利息金额、当年应予资本化或费用化的利息金额、利息调整的本年摊销额和年末余额,将结果填入下列表格(不需列出计算过程)。

应付债券利息调整和摊余成本计算表

单位:万元

应付债券		2014年12月31日	2015年12月31日	2016年12月31日	2017年12月31日
年末摊余成本	面值				
	利息调整				
	合计				
当年应予资本化或费用化的利息金额					
年末应付利息金额					
"利息调整"明细科目本年摊销额					

(2) 分别编制甲公司与2014年12月31日债券发行、2015年12月31日和2017年12月31日确认债券利息、2018年1月10日支付利息和面值相关的会计分录。

3. 长江公司于2016年1月1日动工兴建一栋办公楼,预计工程于2017年9月30日完工,达到预定可使用状态。

长江公司建造工程支出如下:

(1) 2016年4月1日,支出6000万元。

(2) 2016年6月1日,支出2000万元。

(3) 2016年7月1日,支出6000万元。

(4) 2017年1月1日,支出6000万元。

(5) 2017年4月1日,支出4000万元。

(6) 2017年7月1日,支出2000万元。

长江公司为建造该办公楼于2016年1月1日借入专门借款10000万元,借款期限为3年,年利率为6%,按年支付利息。除此之外,无其他专门借款。办公楼的建造还占用两笔一般借款:

(1) 从A银行取得长期借款8000万元,期限为2015年12月1日至2017年12月1日,年利率为6%,按年支付利息。

(2) 以面值发行公司债券40000万元,发行日为2015年1月1日,期限为5年,票面年利率为8%,按年支付利息。

专门借款闲置资金用于固定收益债券暂时性投资,假定暂时性投资月收益率为0.25%,每月收到款项存入银行。假定全年按360天计算。

因原料供应不及时,工程项目于2016年8月1日至11月30日发生中断。

要求:

(1) 计算专门借款2016年和2017年利息资本化金额及应计入当期损益的金额。

(2) 计算一般借款2016年和2017年利息资本

化金额及应计入当期损益的金额。

（3）计算 2016 年和 2017 年利息资本化金额及应计入当期损益的金额。

（4）编制 2016 年和 2017 年与利息资本化有关的会计分录。

专题七　股份支付

1. 甲公司为上市公司，2014 年 1 月 1 日经股东大会批准，与 20 名高级管理人员签署股份支付协议。根据协议约定，甲公司向 20 名高级管理人员每人授予 10 万份股票期权，行权条件为这些高管人员需在甲公司连续服务满 3 年，且 3 年内平均净利润增长率为 15%；符合行权条件的高管人员可以自 2017 年 1 月 1 日起后 1 年内，以每股 4 元的价格购买甲公司 1 股普通股股票，在行权有效期内未行权的股票期权将失效。甲公司预计授予日的股票期权的公允价值为 12元。2014 年至 2017 年甲公司与股票期权有关的资料如下：

（1）2014 年 11 月 1 日，甲公司回购本公司股票 200 万股用于股份支付，每股回购价格为 9元，以银行存款支付回购价款。

（2）2014 年，甲公司有 1 名高管人员离职，当年净利润增长率为 12%。甲公司预计未来 2 年还将有 2 名高管人员离职，并且预计 3 年平均净利润增长率能够达到 15%。2014 年 12 月 31日每份股票期权的公允价值为 13 元。

（3）2015 年，甲公司有 1 名高管人员离职，当年净利润增长率为 16%，甲公司预计 2016 年不会有高管人员离职，并且预计 3 年平均净利润增长率能够达到 15%。2015 年 12 月 31 日每份

股票期权的公允价值为 15 元。

（4）2016 年，甲公司没有高管人员离职，当年净利润增长率为 18%。2016 年 12 月 31 日每份股票期权的公允价值为 18 元。

（5）2017 年 2 月 1 日，甲公司 18 名高管人员全部行权，甲公司收到款项 720 万元，当日相关股权变更手续办理完毕。

不考虑所得税及其他相关因素的影响。

要求：

（1）编制甲公司回购本公司股权的会计分录。

（2）编制 2014 年至 2016 年相关股份支付的会计分录。

（3）编制甲公司高管人员行权时的会计分录。

2. 2013 年 12 月 1 日，甲上市公司（以下简称"甲公司"）股东大会批准了一项股份支付协议。根据协议规定，2014 年 1 月 1 日，公司为其 200 名中层以上管理人员每人授予 1 万份现金股票增值权。这些管理人员必须在该公司连续服务满 3 年，即可自 2016 年 12 月 31 日起根据股价的增长幅度可以行权获得现金。该股票增值权应在 2018 年 12 月 31 日之前行使完毕。第一年有 20 名管理人员离开甲公司，甲公司估计还将有 15 名管理人员离开；第二年又有 10名管理人员离开甲公司，甲公司估计还将有 10 名管理人员离开；第三年又有 15 名管理人员离开甲公司。第三年末有 70 人行使了股票增值权，第四年末有 50 人行使了股票增值权，第五年末剩余 35 人全部行使了股票增值权。

甲公司估计，该股票增值权在负债结算之前每一个资产负债表日以及结算日的公允价值和可行权后的每份股票增值权现金支出额如下表：

单位：元

年　份	公允价值	支付现金
2014	14	
2015	15	
2016	18	16
2017	21	20
2018		25

其他资料：不考虑相关税费等其他因素。

要求：编制甲公司与股份支付相关的会计分录。

专题八　或有事项

1. 甲公司为空调生产企业，主要生产 A 型、B 型和 C 型空调。2017 年发生的有关事项如下：

（1）甲公司董事会于 2017 年 11 月 15 日制定了

一项业务重组计划。该重组计划主要内容为：从 2018 年 1 月 1 日起关闭 A 型空调生产线，从事 A 型空调生产员工共计 180 人，除业务骨干及相关管理人员 30 人留用，其他 150 人都将被辞退。根据辞退员工的岗位及工作年限等因素，甲公司将支付经济补偿共计 1800 万元；A 型生产线关闭后，其租赁的生产厂房将被腾空，并转交给出租方，预计需支付违约金 100 万元；

部分用于生产 A 型空调的机器设备转移至生产 B 型空调，预计发生固定资产转移及清理费 5 万元；预计对留用的员工进行培训发生培训费用 55 万元；预计推广 B 型空调发生的广告费 300 万元；预计因处置用于生产 A 型空调固定资产将发生减值损失 120 万元。上述重组计划于 2017 年 12 月 1 日经批准对外公告。至 2017 年 12 月 31 日上述重组计划尚未实际实施。

（2）2017 年 12 月 15 日，消费者因使用 C 产品造成财产损失向法院提起诉讼，要求甲公司赔偿损失 1000 万元。2017 年 12 月 31 日，法院尚未对该案件作出判决。在咨询法律顾问后，甲公司认为该案件很可能败诉。根据专业人士的测算，甲公司的赔偿金额很可能在 500 万元至 600 万元之间，而且上述区间内每个金额发生的可能性相同。

（3）2017 年 12 月 25 日，丙公司（为甲公司的子公司）向银行借款 2000 万元，期限为 3 年。经董事会批准，甲公司为丙公司的上述银行借款提供全额担保。12 月 31 日，丙公司经营状况良好，预计不存在还款困难。

要求：

（1）根据资料（1），判断哪些是与甲公司重组义务有关的直接支出，并计算因重组义务应确认的负债金额。

（2）根据资料（1），计算甲公司因重组义务计划而减少 2017 年度利润总额的金额，并编制相关会计分录。

（3）根据资料（2）和（3），判断甲公司是否应当将与这些或有事项相关的义务确认为预计负债。如确认，计算预计负债的最佳估计数，并编制相关会计分录；如不确认请说明理由。

2. 腾飞上市公司（以下简称"腾飞公司"），为增值税一般纳税人。该公司内部审计部门在对其 2017 年度财务报表进行内审时，对以下交易或事项的会计处理提出疑问：

（1）2017 年 12 月 31 日，腾飞公司有以下三份尚未履行的合同：

①2017 年 2 月，腾飞公司与乙公司签订一份不可撤销的合同，约定在 2018 年 3 月以每箱 2 万元的价格向乙公司销售 100 箱 A 产品；乙公司应预付定金 20 万元，若腾飞公司违约，需双倍返还定金。

2017 年 12 月 31 日，A 产品尚未开始生产，且腾飞公司的库存中没有 A 产品及生产该产品所需原材料。因原材料价格大幅上涨，腾飞公司预计 A 产品的生产成本上涨为每箱 2.3 万元。

②2017 年 8 月，腾飞公司与丙公司签订一份不可撤销的合同，约定在 2018 年 2 月底以每件 0.3 万元的价格向丙公司销售 300 件 B 产品，若腾飞公司违约，违约金为合同总价款的 20%。

2017 年 12 月 31 日，腾飞公司库存 B 产品 300 件，成本总额为 120 万元，按目前市场价格计算的市价总额为 110 万元。假定腾飞公司销售 B 产品不发生任何销售费用。

③2017 年 8 月，腾飞公司与丁公司签订一份不可撤销的合同，约定在 2018 年 2 月底以每件 0.3 万元的价格向丁公司销售 300 件 C 产品，若腾飞公司违约，违约金为合同总价款的 20%。

2017 年 12 月 31 日，腾飞公司库存 C 产品 300 件，成本总额为 120 万元，按目前市场价格计算的市价总额为 100 万元。假定腾飞公司销售 C 产品不发生任何销售费用。

因上述合同至 2017 年 12 月 31 日尚未完全履行，腾飞公司 2017 年将收到的乙公司定金确认为预收账款，未进行其他会计处理，其会计处理如下：

借：银行存款　　　　　　　　　　20
　　贷：预收账款　　　　　　　　　　20

（2）腾飞公司从 2016 年 1 月起为售出产品提供"三包"服务，规定产品出售后一定期限内出现质量问题，负责退换或免费提供修理。腾飞公司为 D 产品提供"三包"服务确认的预计负债在 2017 年年初账面余额为 8 万元，D 产品已于 2016 年 7 月 31 日停止生产，D 产品的"三包"服务截止日期为 2017 年 12 月 31 日。腾飞公司库存的 D 产品已于 2016 年年底前全部售出。2017 年第四季度发生的 D 产品"三包"服务费用为 5 万元（均为人工成本），其他各季度均未发生"三包"费用。腾飞公司 2017 年会计处理如下：

借：预计负债　　　　　　　　　　5
　　贷：应付职工薪酬　　　　　　　　5

要求：根据资料（1）和（2），逐项判断腾飞公司会计处理是否正确；如不正确，简要说明理由，并编制更正有关差错的会计分录。（有关差错更正按当期差错处理，不要求编制结转损益的会计分录）

专题九　收入结合差错更正

1. 甲公司为增值税一般纳税人，销售商品适用的增值税税率为 17%，以下事项中销售价格均不含增值税。2017 年度发生的与收入有关的经济事项如下：

（1）1 月 1 日，甲公司与乙公司签订销售合同，根据合同约定，甲公司向乙公司销售 A 产品一批，成本为 1200 万元，售价为 1500 万元，同时协议约定，甲公司将于 4 月 30 日将所售商品全部回购，回购价格为 1700 万元。当日商品已发出，货款已收存银行，增值税纳税业务已经发生。

（2）3月1日，甲公司与丙公司签订销售合同，根据合同约定，甲公司向丙公司销售B产品1000件，每件售价0.8万元，每件单位成本为0.4万元，约定退货期为3个月。当日甲公司以将商品发出，款项尚未收到。甲公司根据以往经验预计退货率为20%。5月31日，丙公司实际退货100件，并将剩余货款支付给甲公司，甲公司向丙公司开具红字增值税专用发票。

（3）4月22日，甲公司向丁公司销售一批C产品，售价为1200万元，甲公司给予丁公司10%的商业折扣，同时约定现金折扣条件为2/10，1/20，N/30（计算现金折扣不考虑增值税）。该批库存商品的账面余额1000万元，已计提存货跌价准备200万元。当日商品已发出，货款尚未收到。假定于4月30日甲公司收到该笔货款。

（4）6月30日，甲公司与戊公司签订分期收款销售合同，根据合同约定，甲公司向戊公司销售D产品，分3年于每年6月30日收取价款800万元。D产品的成本为1800万元，未计提存货跌价准备。甲公司与戊公司约定的实际利率为6%。

（5）9月1日，甲公司收到庚公司退货申请，甲公司上年度销售给庚公司的产品出现严重质量问题，难以继续使用，要求向甲公司退货。根据合同约定庚公司退货符合退货条件。当日甲公司向庚公司开具红字增值税专用发票注明的价款为500万元，增值税税额为85万元，该批产品成本为420万元。9月5日，产品退回并验收入库，甲公司向庚公司支付585万元货款。

（6）11月1日，甲公司与辛公司签订代销协议，甲公司委托辛公司为其代销5000件C产品，该产品成本为1.2万元/件，与辛公司约定的结算价款为1.6万元/件，同时甲公司按代销价款（不含增值税）的10%向辛公司支付代销手续费。当日C产品已发出，假定甲公司发出商品时增值税纳税义务尚未发生。至12月31日辛公司向甲公司发来代销清单注明已销售1000件，同日，辛公司将扣除手续费后的金额转账给甲公司。

其他资料：假设不考虑除增值税以外的其他税费，（P/A，6%，3）=2.6730。

要求：

（1）根据资料（1），判断甲公司是否应当确认收入，并说明理由，编制甲公司1月份相关会计分录。

（2）根据资料（2）至（6），逐项编制甲公司相关会计分录。

（3）根据资料（6），编制辛公司相关会计分录。

2. 甲公司为上市公司，系增值税一般纳税人。甲公司按净利润的10%提取盈余公积，销售价格均不含增值税。该公司内部审计部门2018年1月在对其2017年度财务报表进行内审时，对以下交易或事项的会计处理提出疑问：

（1）2017年12月1日，甲公司与丁公司签订大型电子设备销售合同，合同规定甲公司向丁公司销售2台大型电子设备，销售价格为每台1000万元，成本为每台600万元。同时甲公司又与丁公司签订补充合同，约定甲公司在2018年6月1日以每台1030万元的价格回购该设备。甲公司于2017年12月1日收到丁公司支付的2340万元存入银行。当日甲公司发出商品，并开具增值税专用发票。

甲公司会计分录如下：

借：银行存款 2340
　贷：主营业务收入 2000
　　　应交税费—应交增值税（销项税额）340
借：主营业务成本 1200
　贷：库存商品 1200

（2）2017年12月1日，甲公司与丙公司签订协议，采取以旧换新方式向丙公司销售一批A商品（非金银首饰），同时从丙公司收回一批同类旧商品作为原材料入库。协议约定，该批A商品的销售价格为200万元，旧商品的回收价格为10万元（不考虑增值税），丙公司另向甲公司支付224万元。12月6日，甲公司根据协议发出A商品，开出的增值税专用发票上注明的销售价格为200万元，增值税税额为34万元，并收到银行存款224万元。该批A商品的实际成本为120万元。旧商品已验收入库。

甲公司的会计处理如下：

借：银行存款 224
　贷：主营业务收入 190
　　　应交税费—应交增值税（销项税额）34
借：主营业务成本 120
　贷：库存商品 120

（3）甲公司2017年12月31日售出大型设备一套，协议约定采用分期收款方式，从销售次年年末开始，分5次于每年年末收款，每年收取500万元，共计2500万元，成本为1500万元。甲公司发出商品时，其有关的增值税纳税义务尚未发生，在合同约定的收款日期，发生有关的增值税纳税义务。该大型设备在销售成立日的公允价值为2000万元。

甲公司在2017年未确认收入，会计处理如下：

借：发出商品 1500
　贷：库存商品 1500

要求：根据资料（1）至（3），逐项判断甲公司会计处理是否正确；如不正确，简要说明理由，并编制有关差错更正的会计分录。

（有关差错更正按前期差错处理，涉及损益的通过"以前年度损益调整"科目核算，合并编制结转"以前年度损益调整"的会计分录，不考虑所得税费用的调整）

3. 2015年2月1日，甲公司与乙公司签订了一份船舶建造合同，合同总价款为12000万元，建造期限为2年，乙公司于开工时预付20%的合同价款。甲公司于2015年3月1日开工建造，估计工程总成本为10000万元。至2015年12月31日，甲公司实际发生成本5000万元，其成本由原材料等组成。由于材料价格上涨，甲公司预计完成合同尚需发生成本7500万元。为此，甲公司于2015年12月31日要求增加合同价款600万元，但未能与乙公司达成一致意见。2016年6月，乙公司决定将原规划的普通船舶升级为高档船舶，与甲公司协商一致，增加合同价款2000万元。甲公司2016年度实际发生成本7150万元，其成本由原材料等组成，预计完成合同尚需发生1350万元。2017年2月底，工程按时完工，甲公司累计实际发生工程成本13550万元。

假定：
（1）该建造合同的结果能够可靠估计，甲公司采用累计实际发生合同成本占合同预计总成本的比例确定完工进度；
（2）甲公司2015年度的财务报表于2016年1月10日对外提供，此时仍未就增加合同价款事宜与乙公司达成一致意见。
要求：计算甲公司2015年至2017年应确认的合同收入、合同费用以及合同预计损失的金额，并编制甲公司与确认合同收入、合同费用以及计提和转回合同预计损失相关的会计分录。

专题十 外币折算

甲公司系增值税一般纳税人，开设有外币账户，会计核算以人民币作为记账本位币，外币交易采用交易发生日的即期汇率折算，按月计算汇兑损益。该公司2017年12月份发生的外币业务及相关资料如下：

（1）5日，从国外乙公司进口原料一批，货款200000欧元，当日即期汇率为1欧元=8.50元人民币，按规定应交进口关税170000元人民币，应交进口增值税317900元人民币。货款尚未支付，进口关税及增值税当日以银行存款支付，并取得海关完税凭证。

（2）14日，向国外丙公司出口销售商品一批（不考虑增值税），货款40000美元，当日即期汇率为1美元=6.34元人民币，商品已经发出，货款尚未收到，但已满足收入确认条件（不考虑成本的结转）。

（3）16日，以人民币从银行购入200000欧元并存入银行，当日欧元的卖出价为1欧元=8.30元人民币，中间价为1欧元=8.26元人民币。

（4）25日，向乙公司支付本月5日因购买原材料所欠的部分货款180000欧元，当日即期汇率为1欧元=8.51元人民币。

（5）28日，收到丙公司汇来的本月14日出口销售商品形成的货款40000美元，当日即期汇率为1美元=6.31元人民币。

（6）31日，甲公司持有的可供出售金融资产（A国国债）公允价值为110000美元，其账面价值为100000美元（折算的记账本位币为621000元人民币）。

（7）31日，甲公司持有B公司10万股股票划分为交易性金融资产，当日B公司股票市价为每股4.2美元，其账面价值为400000美元（折算的记账本位币为2560000元人民币）。

（8）31日，甲公司持有C公司10万股股票划分为可供出售金融资产，当日，C公司股票市价为每股15港元，其账面价值为1200000港元（折算的记账本位币为960000元人民币）。

（9）31日，根据当日即期汇率对有关外币货币性项目进行调整并确认汇兑差额，当日有关外币的即期汇率为1欧元=8.16元人民币；1美元=6.30元人民币；1港元=0.90元人民币。有关项目的余额如下：

项 目	外币金额	调整前的人民币金额
银行存款（美元）	40000（借方）	252400（借方）
银行存款（欧元）	1020000（借方）	8360200（借方）
应付账款（欧元）	20000（贷方）	170000（贷方）
可供出售金融资产（债券）（美元）	100000（借方）	621000（借方）

要求：
（1）根据资料（1）至（8），编制甲公司与外币业务相关的会计分录。

（2）根据资料（9），计算甲公司2017年12月31日确认的汇兑差额，并编制相应的会计分录。

专题十一　所得税

1. 甲公司为上市公司，适用的企业所得税税率为25%，采用资产负债表债务法核算所得税。2017年度实现利润总额为2460万元，2016年度尚未弥补亏损为3000万元。2017年发生的部分与所得税有关的经济业务如下：

（1）4月12日，甲公司购入A公司股票，将其划分为交易性金融资产核算，入账价值为2100万元。12月31日，该股票的公允价值为1950万元。根据税法规定，资产在持有期间公允价值的变动不计入当期应纳税所得额，待处置时一并计算计入处置当期应纳税所得额。

（2）6月30日，甲公司于上年购入的作为持有至到期投资核算的国债，当日取得利息收入120万元。根据税法规定，国债利息收入免税。

（3）7月24日，甲公司购入B公司股票，将其划分为可供出售金融资产核算，入账价值5000万元。12月31日，该股票的公允价值为5200万元。根据税法规定，资产在持有期间公允价值的变动不计入当期应纳税所得额，待处置时一并计算计入处置当期应纳税所得额。

（4）8月3日，甲公司自行研发的一项非专利技术达到预定可使用状态，当年累计发生研发支出1620万元。其中符合资本化条件支出1000万元。甲公司预计该项非专利技术可以使用4年，预计净残值为零，采用直线法计提摊销。

根据税法规定，研发支出未形成无形资产的按照研究开发费用的50%加计扣除；形成无形资产的，按照无形资产成本的150%摊销。

（5）9月24日，外购一台生产设备，入账金额为600万元。甲公司预计该设备使用年限为5年，预计净残值为零，采用双倍余额递减法计提折旧。根据税法规定，固定资产应按年限平均法所计提折旧的金额可以在当年计算企业所得税时扣除，除折旧方法的差异外，折旧年限与预计净残值与会计估计相同。

（6）10月11日，甲公司被当地工商部门罚款50万元，款项尚未支付。根据税法规定，工商罚款支出不得在计算企业所得税时税前扣除。

（7）12月1日，甲公司因一项合同违约被销货方起诉，甲公司确认了预计负债400万元。根据税法规定，违约金在实际支付时可以税前扣除。

其他资料：甲公司当年发生广告费2220万元（当年营业收入为12000万元），根据税法规定，企业发生的广告费和业务宣传费不超过当年营业收入15%以内部分准予税前扣除，超过部分结转以后年度税前扣除；甲公司上年度因亏损而全额确认的相关递延所得税。甲公司预计未来将有足够的应纳税所得额用以抵扣可抵扣暂时性差异。

要求：

（1）年末根据上述资料，填写下列表格。

单位：万元

事　项	是否存在暂时性差异	可抵扣暂时性差异金额	应纳税暂时性差异金额	递延所得税资产	递延所得税负债
资料（1）					
资料（2）					
资料（3）					
资料（4）					
资料（5）					
资料（6）					
资料（7）					
广告费					
经营亏损					

（2）计算甲公司利润表中"所得税费用"的金额。

（3）编制与所得税相关的会计分录。

2. 甲公司为上市公司，主要从事机器设备的生产和销售。适用的所得税税率为25%，预计未来有足够的应纳税所得额用于抵扣可抵扣暂时性差异。除自行研发形成的无形资产外，甲公司其他相关资产的初始入账价值等于计税基础，且折旧或摊销方法、预计使用年限及净残值均与税法规定相同。2017年度甲公司发生相关业务如下：

（1）甲公司2017年发生广告费支出950万元，

发生时已作为销售费用计入当期损益，并以银行存款支付。税法规定，该类支出不超过当年销售收入 15% 的部分允许当期税前扣除，超过部分允许向以后年度结转税前扣除。甲公司 2017 年实现销售收入 5000 万元。对此项业务，甲公司 2017 年 12 月 31 日未确认递延所得税资产。

（2）甲公司 2017 年发生研究开发支出共计 500 万元，其中研究阶段支出 100 万元，开发阶段不符合资本化条件的支出 120 万元，开发阶段符合资本化条件的支出 280 万元，甲公司该无形资产当年达到预定可使用状态，在当期摊销 10 万元。对此项业务，甲公司 2017 年 12 月 31 日确认递延所得税资产 33.75 万元。

（3）2017 年 12 月 31 日，甲公司 A 生产线发生永久性损坏但尚未处置。A 生产线账面原价为 3000 万元，累计折旧 2300 万元，此前未计提减值准备，可收回金额为零。A 生产线发生的永久性损坏尚未经税务部门认定。对此项业务，2017 年 12 月 31 日，甲公司会计处理如下：

①甲公司按可收回金额低于账面价值的差额计提固定资产减值准备 700 万元。

②甲公司对 A 生产线账面价值与计税基础之间的差额未确认递延所得税资产。

（4）甲公司于 2017 年 1 月 2 日以银行存款从证券市场上购入长江公司（系上市公司）股票 20000 万股，并准备长期持有，购入价格为每股 10 元，另支付相关税费 600 万元，占长江公司股份的 20%，能够对长江公司施加重大影响。甲公司将取得的长江公司的股票作为可供出售金融资产核算。2017 年 1 月 2 日，长江公司可辨认净资产公允价值与其账面价值相等，均为 1000000 万元。长江公司 2017 年实现净利润 5000 万元，未分派现金股利，无其他所有者权益变动。2017 年 12 月 31 日，长江公司股票每股市价为 15 元。假定甲公司和长江公司所采用的会计政策相同。对此项业务，2017 年 12 月 31 日，甲公司会计处理如下：

①确认可供出售金融资产 300000 万元。

②确认其他综合收益 74550 万元。

③确认递延所得税负债 24850 万元。

（5）2017 年 12 月 31 日，甲公司无形资产账面价值中包括用于生产丙产品的专利技术。该专利技术系甲公司于 2017 年 7 月 1 日购入，入账价值为 1200 万元，预计使用寿命为 5 年，预计净残值为零，采用直线法按月摊销。2017 年第四季度以来，市场上出现更先进的生产丙产品的专利技术，甲公司预计丙产品市场占有率将大幅下滑。甲公司估计该专利技术的可收回金额为 600 万元。假定生产的丙产品期末全部形成库存商品，没有对外出售。

对此项业务，2017 年 12 月 31 日，甲公司会计处理如下：

①甲公司计算确定该专利技术的累计摊销额为 100 万元，账面价值为 1100 万元。

②甲公司按该专利技术可收回金额低于账面价值的差额计提了无形资产减值准备 500 万元。

③甲公司对上述专利技术账面价值低于计税基础的差额，没有确认递延所得税资产。

（6）2017 年 11 月 30 日，甲公司将一栋写字楼对外出租并采用公允价值模式进行后续计量。出租时该写字楼的账面余额为 10000 万元，已计提折旧 2000 万元，未计提减值准备，出租时公允价值为 12000 万元，2017 年 12 月 31 日，该写字楼的公允价值为 12200 万元。假设不考虑税法上计提折旧的因素。对此项业务，2017 年 12 月 31 日，甲公司会计处理如下：

①确认投资性房地产 12200 万元。

②确认公允价值变动损益 4200 万元。

③确认递延所得税负债 1050 万元，确认所得税费用 1050 万元。

要求：根据上述资料，逐项分析、判断甲公司上述相关业务的会计处理是否正确（分别注明该业务及其序号）；如正确，请说明理由；如不正确，请说明正确的会计处理。

3. 甲公司所得税采用资产负债表债务法核算，适用的所得税税率为 25%。甲公司申报 2017 年度企业所得税时，涉及以下事项：

（1）2017 年，甲公司应收账款年初余额为 3000 万元，坏账准备年初余额为零；应收账款年末余额为 24000 万元，坏账准备年末余额为 2000 万元。税法规定，企业计提的各项资产减值损失在未发生实质性损失前不允许税前扣除。

（2）2017 年 9 月 5 日，甲公司以银行存款 2400 万元购入某公司股票，作为可供出售金融资产核算。至 12 月 31 日，该股票尚未出售，公允价值为 2600 万元。税法规定，资产在持有期间公允价值的变动不计入当期应纳税所得额，待处置时一并计算应计入应纳税所得额的金额。

（3）甲公司于 2016 年 1 月购入的对乙公司长期股权投资的初始投资成本为 2800 万元，采用成本法核算。2017 年 10 月 3 日，甲公司从乙公司分得现金股利 200 万元，计入投资收益。至 12 月 31 日，该项投资未发生减值。甲公司、乙公司均为设在我国境内的居民企业。税法规定，我国境内居民企业之间取得的股息、红利免税。

（4）2017 年，甲公司将业务宣传活动外包给其他单位，当年发生业务宣传费 4800 万元，至年末尚未支付。甲公司当年实现销售收入 30000 万元。税法规定，企业发生的业务宣传费支出，不超过当年销售收入 15% 的部分，准予税前扣除；超过部分，准予结转以后年度税前扣除。

（5）其他相关资料：

①2016 年 12 月 31 日，甲公司存在可于 3 年内税前弥补的亏损 2600 万元，甲公司对这部分未弥补亏损已确认递延所得税资产 650 万元；无其他暂时性差异。

②甲公司 2017 年实现利润总额 3000 万元。

③除上述各项外，甲公司其他事项的会计处理与税法规定相同。

④甲公司预计未来期间能够产生足够的应纳税所得额用于抵扣可抵扣暂时性差异，预计未来期间适用的所得税税率不会发生变化。

⑤甲公司对上述交易或事项已按企业会计准则规定进行处理。

要求：

（1）确定甲公司 2017 年 12 月 31 日有关资产、负债的账面价值及其计税基础，并计算相应的暂时性差异，将相关数据填列在"甲公司 2017 年暂时性差异计算表"内。

甲公司 2017 年暂时性差异计算表

单位：万元

项　目	账面价值	计税基础	暂时性差异	
			应纳税暂时性差异	可抵扣暂时性差异
应收账款				
可供出售金融资产				
长期股权投资				
应收股利				
其他应付款（业务宣传费）				
合计				

（2）计算甲公司 2017 年应确认的递延所得税费用（或收益）。

（3）编制甲公司 2017 年与所得税相关的会计分录。

专题十二　会计调整

1. 甲公司（上市公司）为增值税一般纳税人，适用的所得税税率为 25%，采用资产负债表债务法核算所得税。2017 年度财务报告于 2018 年 4 月 15 日经董事会批准对外报出。2017 年度所得税汇算清缴于 2018 年 3 月 25 日完成。2018 年 1 月 1 日至 2018 年 4 月 15 日发生的经济业务如下：

（1）2017 年 12 月 1 日，甲公司向乙公司销售一批商品，该批商品成本为 800 万元，开具增值税专用发票注明的价款为 1000 万元，增值税税额为 170 万元，款项已收存银行。根据合同约定，乙公司可以在 3 个月内无条件退货。甲公司根据以往经验预计退货率为 20%，至 2018 年 2 月 28 日乙公司未进行任何退货处理。

（2）2017 年 8 月 20 日，丙公司因合同问题对甲公司提起诉讼，要求甲公司支付违约金 500 万元，至 2017 年 12 月 31 日人民法院尚未作出判决。甲公司因此确认了预计负债 300 万元。2018 年 3 月 5 日，人民法院作出判决，甲公司应支付丙公司违约金 400 万元，甲公司同意判决，并于当日支付了 400 万元违约金。

（3）2018 年 2 月 28 日，甲公司得知丁公司在 2018 年 1 月 30 日因火灾损失发生严重财务困难，预计应收货款 4000 万元很难全额收回，预计收回比例为 30%。

（4）2018 年 3 月 1 日，甲公司发现 2016 年 12 月 1 日购入的办公楼一直未提取折旧。办公楼购入时取得增值税专用发票注明的价款为 65000 万元，增值税税额为 7150 万元。甲公司预计该办公楼可以使用 40 年，预计净残值率为 5%，采用年限平均法计提折旧。

（5）2018 年 4 月 1 日，甲公司发现 2017 年 12 月 31 日将一栋已出租的厂房由成本模式改按公允价值模式进行后续计量。厂房原值 2000 万元，已提折旧 500 万元，未计提减值准备。当日厂房的公允价值为 2500 万元，甲公司未进行任何账务处理。

其他资料：甲公司按净利润的 10% 计提法定盈余公积，会计调整影响损益的均可以调整当期应交所得税。

要求：

（1）根据上述资料，分析判断哪些属于资产负债表日后调整事项（标明序号即可）。

（2）编制资产负债表日后调整事项相关的会计分录（逐笔结转以前年度损益调整）。

2. 甲股份有限公司（以下简称"甲公司"）为上市公司，主要从事大型设备及配套产品的生产和销售。甲公司为增值税一般纳税人，除特别注明外，销售价格均不含增值税税额。甲公司聘请丁会计师事务所对其 2017 年度财务报表进行审计。甲公司 2017 年度财务报告于 2018 年 3 月 31 日对外批准报出。2018 年 1 至 3 月发生的涉及 2017 年度的有关交易或事项如下：

（1）2018 年 1 月 15 日，X 公司就 2017 年 12 月购入的 E 产品存在的质量问题，致函甲公司要求退货。经甲公司检验，该产品确有质量问题，同意 X 公司全部退货。

E 产品是 2017 年 12 月 5 日甲公司向 X 公司销售的，销售价格为 1000 万元，成本为 750 万元，未计提存货跌价准备，并开具增值税专用发票。甲公司为及早收回货款，双方合同约定的现金折扣条件为：2/10，1/20，n/30（假定计算现金折扣时不考虑增值税）。2017 年 12 月 18 日，甲公司收到 X 公司支付的货款。

2018 年 1 月 18 日，甲公司收到 X 公司退回的 E 产品。同日，甲公司收到税务部门开具的进货退出证明单，开具红字增值税专用发票，并支付退货款 1160 万元。

X 公司退回的 E 产品经修理后可以出售，预计其销售价格高于其成本。

（2）2018 年 2 月 28 日，甲公司于 2017 年 12 月 31 日销售给 K 公司的 D 产品无条件退货期限届满。K 公司对 D 产品的质量和性能表示满意。

2017 年 12 月 31 日，甲公司发出 D 产品，并开具增值税专用发票，同时收到 K 公司支付的货款。由于 D 产品系刚试制成功的新产品，甲公司无法合理估计其退货的可能性。D 产品的售价为 500 万元，成本为 350 万元，未计提存货跌价准备。

（3）2018 年 3 月 12 日，法院对 N 公司起诉甲公司合同违约一案作出判决，要求甲公司赔偿 N 公司 180 万元。甲公司不服判决，向二审法院提起上诉。甲公司的律师认为，二审法院很可能维持一审判决。

该诉讼为 2017 年 12 月 5 日甲公司因合同违约被 N 公司起诉至法院的诉讼事项。2017 年 12 月 31 日，法院尚未作出判决。经咨询律师后，甲公司认为该诉讼很可能败诉，按最可能发生的赔偿金额确认预计负债 120 万元。

其他资料：不考虑所得税等相关因素，甲公司按净利润的 10% 计提盈余公积。

要求：逐项指出上述哪些事项属于资产负债表日后调整事项（标明序号即可），并编制调整事项的相关会计分录。（合并编制"以前年度损益调整"的结转分录）

3. 广厦股份有限公司（以下简称"广厦公司"）的财务总监在复核 2017 年度财务报表时，对以下交易或事项会计处理的正确性提出质疑：

（1）1 月 10 日，以每股 8 元的价格从市场购入

200 万股甲公司发行在外的普通股股票，对甲公司不具有控制、共同控制或重大影响且准备随时出售，以赚取差价，另支付交易费用 100 万元。12 月 31 日，甲公司股票的市场价格为每股 7 元。相关会计处理如下：

借：可供出售金融资产—成本　　　　1700
　　贷：银行存款　　　　　　　　　　　1700
借：其他综合收益　　　　　　　　　 300
　　贷：可供出售金融资产—公允价值变动　300

（2）3 月 20 日，按面值购入乙公司于年初发行的分期付息、到期还本债券 10 万张，支付价款 1000 万元。该债券每张面值 100 元，期限为 3 年，票面年利率为 6%，利息于每年年末支付。广厦公司将购入的乙公司债券分类为持有至到期投资。10 月 25 日将所持有乙公司债券的 50% 予以出售，并将剩余债券重分类为可供出售金融资产，重分类日剩余债券的公允价值为 850 万元。除乙公司债券投资外，广厦公司未持有其他公司的债券。相关会计处理如下：

借：可供出售金融资产　　　　　　　 850
　　贷：持有至到期投资　　　　　　　　 500
　　　　投资收益　　　　　　　　　　　 350

（3）5 月 1 日，购入丙公司发行的认股权证 100 万份，成本为 100 万元，每份认股权证可于两年后按每股 5 元的价格认购丙公司增发的 1 股普通股票。12 月 31 日，该认股权证的市场价格为每份 0.7 元。相关会计处理如下：

借：可供出售金融资产—成本　　　　 100
　　贷：银行存款　　　　　　　　　　　 100
借：其他综合收益　　　　　　　　　　 30
　　贷：可供出售金融资产—公允价值变动　30

（4）9 月 25 日，广厦公司认为其所在地的房地产交易市场已经足够成熟，具备了采用公允价值模式计量的条件，决定将之前经营出租的房地产采用公允价值模式计量。该房地产原价为 4000 万元，至转换日已提折旧 240 万元，已提减值准备 100 万元，公允价值为 3800 万元。相关会计处理如下：

借：投资性房地产—成本　　　　　　 3800
　　投资性房地产累计折旧　　　　　 240
　　投资性房地产减值准备　　　　　 100
　　贷：投资性房地产　　　　　　　　　4000
　　　　其他综合收益　　　　　　　　　 140

假定不考虑所得税等其他因素，广厦公司按照净利润的 10% 提取盈余公积。

要求：根据以上资料，判断广厦公司上述业务的会计处理是否正确，同时说明判断依据；如果会计处理不正确，编制更正的会计分录（有关差错更正按当期差错处理，且不要求编制结转损益的会计分录）。

4. 瑞华股份有限公司（以下简称"瑞华公司"）

系上市公司，为增值税一般纳税人，适用所得税税率为25%，所得税采用资产负债表债务法核算，预计未来期间能够取得足够的应纳税所得额用以抵扣可抵扣暂时性差异。除特别说明外，不考虑除增值税、所得税以外的其他相关税费，所售资产均未计提减值准备。销售商品均为正常的生产经营活动，交易价格为公允价格，商品销售价格均不含增值税，商品销售成本在确认销售收入时逐笔结转。瑞华公司按照实现净利润的10%提取法定盈余公积。

瑞华公司2017年度财务报告经董事会批准于2018年4月25日对外报出，实际对外公布日为2018年4月30日。瑞华公司2017年所得税汇算清缴于2018年5月31日完成，在此之前发生的2017年度纳税调整事项，均可进行纳税调整。

注册会计师于2018年2月26日在对瑞华公司2017年度财务报告进行复核时，对2017年度的以下交易或事项的会计处理存在疑问：

（1）1月1日，瑞华公司与甲公司签订协议，采取以旧换新方式向甲公司销售一批A商品（非金银首饰），同时从甲公司收回一批同类旧商品作为原材料入库。协议约定，A商品的销售价格为300万元，旧商品的回收价格为10万元（不考虑增值税），甲公司另向瑞华公司支付341万元。

1月6日，瑞华公司根据协议发出A商品，开出的增值税专用发票上注明的商品销售价格为300万元，增值税税额为51万元，并收到银行存款341万元，该批A商品的实际成本为150万元，旧商品已验收入库。

瑞华公司的会计处理如下：

借：银行存款 341
  贷：主营业务收入 290
    应交税费—应交增值税（销项税额） 51
借：主营业务成本 150
  贷：库存商品 150

（2）10月15日，瑞华公司与乙公司签订合同，向乙公司销售一批B产品。合同约定：该批B产品的销售价格为400万元，包括增值税在内的B产品销售货款分两次等额收取，第一笔货款于合同签订当日收取，第二笔货款于交货时收取。

10月15日，瑞华公司收到第一笔货款234万元，并存入银行，瑞华公司尚未开出增值税专用发票。该批B产品的成本估计为280万元。至12月31日，瑞华公司已经开始生产B产品但尚未完工，也未收到第二笔货款。

瑞华公司的会计处理如下：

借：银行存款 234
  贷：主营业务收入 200
    应交税费—应交增值税（销项税额） 34

借：主营业务成本 140
  贷：库存商品 140

（3）12月1日，瑞华公司向丙公司销售一批C商品，开出的增值税专用发票上注明的销售价格为100万元，增值税税额为17万元。为及时收回货款，瑞华公司给予丙公司的现金折扣条件为：2/10，1/20，n/30（假定现金折扣按销售价格计算）。该批C商品的实际成本为80万元。至12月31日，瑞华公司尚未收到销售给丙公司的C商品货款117万元。

瑞华公司的会计处理如下：

借：应收账款 117
  贷：主营业务收入 100
    应交税费—应交增值税（销项税额） 17
借：主营业务成本 80
  贷：库存商品 80

（4）12月1日，瑞华公司与丁公司签订销售合同，向丁公司销售一批D商品。合同约定：D商品的销售价格为500万元（包括安装费用），瑞华公司负责D商品的安装工作，且安装工作是销售合同的重要组成部分。

12月5日，瑞华公司发出D商品，开出的增值税专用发票上注明的D商品销售价格为500万元，增值税税额为85万元，款项已收到并存入银行。该批D商品的实际成本为350万元。至12月31日，瑞华公司的安装工作尚未结束。假定增值税的纳税义务已经发生，税法确认收入的口径与会计准则相同。

瑞华公司的会计处理如下：

借：银行存款 585
  贷：主营业务收入 500
    应交税费—应交增值税（销项税额） 85
借：主营业务成本 350
  贷：库存商品 350

（5）12月1日，瑞华公司与戊公司签订销售合同，向戊公司销售一批E商品。合同约定：E商品的销售价格为700万元，瑞华公司于2018年4月30日以740万元的价格购回该批E商品。

12月1日，瑞华公司根据销售合同发出E商品，开出的增值税专用发票上注明的E商品销售价格为700万元，增值税税额为119万元，款项已收到并存入银行。该批E商品的实际成本为600万元。假定此项业务已开具增值税专用发票并将商品交给戊公司，税法上核算应纳税所得额时以会计上确认的收入为基础核算。

瑞华公司的会计处理如下：

借：银行存款 819
  贷：主营业务收入 700
    应交税费—应交增值税（销项税额）
119

借：主营业务成本　　　　　　　　600
　　贷：库存商品　　　　　　　　　　　600
要求：
(1) 逐项判断上述交易或事项的会计处理是否正确（分别注明其序号）。

(2) 对于其会计处理不正确的，编制相应的调整分录（合并编制结转以前年度损益调整和提取盈余公积的会计分录）。
(3) 根据上述事项计算对瑞华公司2017年度财务报表下列项目的调整金额，并填入下表。

单位：万元

项　　目	调增（＋），调减（－）
营业收入	
营业成本	
所得税费用	
盈余公积	
未分配利润	

专题十三　长期股权投资结合合并财务报表

1. 甲上市公司为扩大生产经营规模，实现生产经营的互补，2017年1月合并了乙公司。甲公司与乙公司均为增值税一般纳税人，销售商品适用的增值税税率为17%。除特别注明外，产品销售价格均为不含增值税的公允价值。有关情况如下：
(1) 2017年1月1日，甲公司通过发行2000万股普通股（每股面值1元，市价为4.2元）

取得了乙公司80%的股权，并于当日开始对乙公司的生产经营决策实施控制。
①合并前，甲、乙公司之间不存在任何关联方关系。
②2017年1月1日，乙公司可辨认净资产公允价值为9000万元（与账面价值相同）。
③乙公司2017年实现净利润900万元，除实现净利润外，未发生其他影响所有者权益变动的交易或事项，当年度也未向投资者分配利润。2017年12月31日所有者权益总额为9900万元。具体情况如下表：

单位：万元

项　　目	金额（2017年1月1日）	金额（2017年12月31日）
实收资本	4000	4000
资本公积	1500	1500
其他综合收益	500	500
盈余公积	1000	1090
未分配利润	2000	2810
合计	9000	9900

(2) 2017年甲、乙公司发生的内部交易或事项如下：
①2月15日，甲公司以每件4万元的价格自乙公司购入200件A商品，款项于6月30日支付。乙公司A商品的成本为每件2.8万元。至2017年12月31日，该批商品已售出80%，销售价格为每件4.3万元。
②4月26日，乙公司以面值公开发行一次还本付息的公司债券，甲公司购入价格为600万元，取得后作为持有至到期投资核算（假定甲公司及乙公司均未发生与该债券相关的交易费

用）。因实际利率与票面利率相差较小，甲公司采用票面利率计算确认2017年利息收入23万元，计入持有至到期投资账面价值。乙公司将与该债券相关的利息支出计入财务费用，其中与甲公司所持有部分相对应的金额为23万元。
③6月29日，乙公司出售一件产品给甲公司，甲公司购入后作为管理用固定资产使用。该产品的成本为600万元，未计提存货跌价准备，售价为720万元。甲公司取得该固定资产后，按照年限平均法计提折旧，预计使用年限为10

年，预计净残值为 0。至 2017 年 12 月 31 日，甲公司尚未支付该项款。乙公司对这项应收账款计提坏账准备 36 万元。

④1 月 1 日，甲公司与乙公司签订协议，自当日起有偿使用乙公司的某块场地，使用期 1 年，使用费为 60 万元，款项于当日支付，乙公司不提供任何后续服务。

甲公司将该使用费计入管理费用。乙公司将该使用费收入全部作为其他业务收入。

⑤甲公司于 2017 年 12 月 26 日与乙公司签订商品购销合同，并于当日支付合同预付款 180 万元。至 2017 年 12 月 31 日，乙公司尚未供货。

（3）其他有关资料：

①不考虑甲公司发行股票过程中的交易费用。

②甲、乙公司均按照净利润的 10% 提取法定盈余公积。

③本题中涉及的有关资产均未出现减值迹象。不考虑其他因素影响。

要求：

（1）判断上述企业合并的类型，并说明原因。

（2）确定甲公司对乙公司长期股权投资的初始投资成本，并编制确认长期股权投资的会计分录。

（3）确定个别财务报表中甲公司对乙公司长期股权投资在 2017 年 12 月 31 日的账面价值。

（4）编制甲公司 2017 年 12 月 31 日合并乙公司财务报表时对长期股权投资的调整分录。

（5）编制甲公司 2017 年 12 月 31 日合并乙公司财务报表的抵销分录。

（不要求编制与合并现金流量表相关的抵销分录）。

2. 甲上市公司和乙公司均为增值税一般纳税人，适用的所得税税率为 25%，所得税采用资产负债表债务法核算。2017 年甲公司与乙公司相关业务资料如下：

（1）2017 年 1 月 1 日甲公司向非关联方丙公司定向增发股票取得其持有乙公司有表决权股份的 80%，当日能够对乙公司实施控制。甲公司发行普通股 5000 万股，每股面值 1 元，每股股票公允价值为 3.6 元，以银行存款支付券商发行费用 500 万元及中介审计费用 300 万元。当日乙公司所有者权益总额为 20000 万元，其中股本 8000 万元，资本公积 5000 万元，盈余公积 3000 万元，其他综合收益 1000 万元，未分配利润 3000 万元。当日乙公司有一批 A 存货的账面价值为 1000 万元，公允价值为 1500 万元，其他可辨认资产、负债的账面价值与公允价值相等。

（2）2017 年 3 月 23 日，乙公司向甲公司销售商品一批，售价 200 万元，增值税税额为 34 万元，成本为 160 万元，产品已发出并确认收入。

至年末款项尚未收到，乙公司按应收账款的 10% 计提坏账准备。甲公司取得该批商品后至年末对外出售 20%。

（3）2017 年 1 月 3 日，甲公司与乙公司高级管理人员达成股权激励计划，根据协议约定甲公司以本公司股票期权向乙公司高管人员进行支付，当年甲公司确认的长期股权投资和资本公积为 1200 万元。

（4）2017 年 7 月 1 日，乙公司出售一项无形资产给甲公司作为管理用无形资产使用。该无形资产的账面原值为 2000 万元，已提摊销 1500 万元，未计提减值准备，售价为 800 万元（不含税，税率为 6%）。甲公司取得该无形资产后，预计使用寿命为 5 年，预计净残值为零，采用直线法计提摊销。至年末甲公司尚未支付款项。乙公司按应收账款的 10% 计提坏账准备。

（5）乙公司当年实现净利润为 5000 万元，计提法定盈余公积 500 万元，分配现金股利 700 万元。至年末可供出售金融资产期末公允价值上升 400 万元（考虑所得税后）。

（6）购买日存在的 A 存货至年末对外出售 60%。

其他资料：

①上述价款中均不含增值税，除上述业务外无其他内部交易，不考虑除增值税和所得税以外的其他相关税费。

②假定该项长期股权投资拟长期持有，不考虑与其相关的递延所得税影响。

要求：

（1）计算甲公司购买日的合并商誉金额。

（2）编制甲公司取得乙公司 80% 股权相关的会计分录。

（3）编制甲公司购买日在合并工作底稿中的调整分录。

（4）编制购买日的抵销分录。

（5）编制 2017 年 12 月 31 日合并财务报表中相关的调整与抵销分录（无需编制与现金流量表有关的抵销分录）。

3. 甲公司 2017 年与股权投资相关的经济业务如下：

（1）2017 年 1 月 1 日甲公司以其持有的对 A 公司的可供出售金融资产交换乙公司持有 B 公司 60% 的股权，并于当日起甲公司能够对 B 公司实施控制。甲公司该项可供出售金融资产的账面价值为 7800 万元（其中成本为 7000 万元，公允价值变动 800 万元），其公允价值为 8000 万元。乙公司长期股权投资的账面价值为 7800 万元，公允价值为 8200 万元，甲公司向乙公司支付补价 200 万元，该交换具有商业实质，甲公司与乙公司及 B 公司在合并前均无关联方关系。当日 B 公司所有者权益总额为 12000 万元，其中股本为 5000 万元，资本公积 3000 万元，盈余公积 1200 万元，其他综合收益 300 万元，未分配利润 2500 万元。B 公司各项可辨认资产、负债的账面价值与公允价值相等。

（2）2017 年 12 月 1 日，B 公司将一项管理用无形资产转让给甲公司，取得转让价款 2000 万元，该无形资产的原值为 3000 万元，已提摊销 1800 万元，未计提减值准备。甲公司取得后作为管理用无形资产核算，预计使用寿命为 5 年，预计净残值为零，采用直线法计提摊销。至年末 B 公司仍未收到转让价款，B 公司计提坏账准备 50 万元。

（3）2017 年 12 月 15 日，甲公司将一批存货出售给 B 公司，该批存货的成本为 380 万元，售价 400 万元，款项已收存银行。至年末 B 公司尚未对外出售，B 公司个别报表中对该批存货计提存货跌价准备 50 万元。

（4）2017 年 B 公司实现净利润 5000 万元，可供出售金融资产期末公允价值下降 200 万元（未发生减值），分配现金股利 500 万元（甲公司投资后分配）。

（5）2018 年 5 月 9 日，B 公司将上年从甲公司购入的存货对外全部出售。

（6）2018 年 9 月 3 日，B 公司收到当年转让无形资产的价款，并存入银行。

（7）2018 年 B 公司实现净利润 6000 万元，可供出售金融资产期末公允价值上升 300 万元，分配现金股利 1000 万元。

其他资料：不考虑相关税费，B 公司按净利润的 10% 提取法定盈余公积，不提取任意盈余公积，除上述内部交易外，甲公司与 B 公司无其他内部交易。

要求：

（1）根据资料（1），分析甲公司该项业务是否属于非货币性资产交换，并说明理由。

（2）根据资料（1），分析甲公司取得 B 公司股权是否属于企业合并，并说明理由；如果属于企业合并，请说明是同一控制下的企业合并，还是非同一控制下的企业合并，并说明理由。

（3）根据资料（1），计算甲公司购买日的合并商誉。

（4）根据资料（1），编制甲公司取得 B 公司股权相关的会计分录。

（5）根据上述资料，编制合并报表中相关的调整与抵销分录。

4．甲公司是一家在中小企业股份转让系统挂牌交易的制造类企业，有关股权投资业务如下：

（1）2017 年 1 月 1 日，甲公司以银行存款 3000 万元从非关联方处取得乙公司 60% 的股权，能够对乙公司实施控制。当日乙公司可辨认净资

产的账面价值为 3920 万元（其中，股本 1800 万元、资本公积 1800 万元、其他综合收益 200 万元、盈余公积 12 万元、未分配利润 108 万元），考虑了递延所得税后的可辨认净资产的公允价值为 3980 万元（包含一项管理用固定资产评估增值 80 万元，购买日其预计尚可使用年限为 10 年，采用年限平均法计提折旧）。

（2）2017 年 3 月 10 日，乙公司向甲公司销售 A 产品 20 台，每台不含税（下同）售价 7 万元，增值税税额为 23.8 万元，价款已收到。每台成本为 4 万元，未计提存货跌价准备。当年甲公司从乙公司购入的 A 产品对外售出 8 台，其余部分形成期末存货。

（3）乙公司 2017 年实现净利润 406 万元，提取盈余公积 40.6 万元，可供出售金融资产公允价值变动增加 40 万元，分配现金股利 100 万元，因所有者权益其他变动增加 20 万元（假设计入了资本公积）。

（4）2018 年 1 月 1 日，甲公司出售乙公司 40% 的股权，出售价款 2400 万元。在出售 40% 的股权后，甲公司对乙公司的持股比例为 20%，能够对乙公司具有重大影响，采用权益法核算；当日剩余 20% 股权的公允价值为 1200 万元。

（5）其他资料：甲公司与乙公司的会计政策和会计期间一致，适用的所得税税率均为 25%，采用资产负债表债务法核算所得税，甲公司、乙公司均按照净利润的 10% 提取盈余公积；除乙公司的可供出售金融资产存在暂时性差异外，甲、乙两个公司的资产和负债均不存在暂时性差异，在合并报表层面出现暂时性差异均符合递延所得税资产或递延所得税负债的确认条件；除乙公司以外，甲公司还存在纳入合并范围的其他子公司。

要求：

（1）计算甲公司合并产生的商誉，并编制投资时的会计分录；

（2）编制甲公司 2017 年 12 月 31 日合并报表时，对乙公司的个别财务报表进行调整，并编制相关的调整分录；

（3）按权益法调整对乙公司的长期股权投资，并编制相关的调整分录；

（4）编制甲公司 2017 年 12 月 31 日合并乙公司财务报表内部交易相关的抵销分录；

（5）编制甲公司 2017 年 12 月 31 日合并乙公司财务报表股权投资相关的抵销分录；

（6）计算甲公司 2018 年 1 月 1 日处置对乙公司投资时个别财务报表应确认的投资收益，并计算个别财务报表长期股权投资的账面价值；

（7）计算甲公司 2018 年 1 月 1 日出售对乙公司投资时其合并财务报表应确认的处置损益。

主观题集训参考答案及解析

专题一　固定资产、无形资产、投资性房地产核算及减值

1.【答案】

（1）生产线的入账金额 = 210 + 10 + 100 = 320（万元）。

会计分录：

借：工程物资　　　　　　　　　220
　　应交税费—应交增值税（进项税额）
　　　　　　　　　36.8（35.7 + 1.1）
　　贷：银行存款　　　　　　　256.8
借：在建工程　　　　　　　　　220
　　贷：工程物资　　　　　　　220
借：在建工程　　　　　　　　　100
　　贷：库存商品　　　　　　　100
借：固定资产　　　　　　　　　320
　　贷：在建工程　　　　　　　320

（2）2016年12月31日生产线的可收回金额为公允价值减去处置费用后的净额与未来现金流量现值两者中较高者，即205万元（210 − 5），账面价值 = 320 − 320 × （1 − 5%）/5/2 = 289.6（万元），应计提减值准备 = 289.6 − 205 = 84.6（万元）。

会计分录：

借：资产减值损失　　　　　　　84.6
　　贷：固定资产减值准备　　　84.6

（3）更新改造时该生产线已计提累计折旧 = 320 × （1 − 5%）/5/2 + 205 × 2/4/12 × 9 = 107.28（万元）；应转入在建工程的账面价值 = 320 − 107.28 − 84.6 = 128.12（万元）。

会计分录：

借：在建工程　　　　　　　　128.12
　　累计折旧　　　　　　　　107.28
　　固定资产减值准备　　　　　84.6
　　贷：固定资产　　　　　　　320
借：原材料　　　　　　　　　　12
　　贷：在建工程　　　　　　　12
借：在建工程　　　　　　　　　20
　　贷：原材料　　　　　　　　20
借：固定资产　　　　　　　　136.12
　　贷：在建工程　　　　　　136.12

2017年12月31日生产线的账面价值 = 136.12 − （136.12 − 6.12）/5/12 × 2 = 131.79（万元）。

（4）

①至处置时该生产线累计折旧金额 = （136.12 − 6.12）/5/12 × 3 = 6.5（万元），则应转入固定资产清理的账面价值 = 136.12 − 6.5 = 129.62（万元）。

②处置生产线的会计分录：

借：固定资产清理　　　　　　129.62
　　累计折旧　　　　　　　　　6.5
　　贷：固定资产　　　　　　136.12
借：银行存款　　　　　　　　117
　　贷：固定资产清理　　　　　100
　　　　应交税费—应交增值税（销项税额）　17
借：固定资产清理　　　　　　　2
　　贷：银行存款　　　　　　　2
借：营业外支出　　　　　　　31.62
　　贷：固定资产清理　　　　31.62

（5）

①取得土地使用权：

借：无形资产　　　　　　　　5000
　　应交税费—应交增值税（进项税额）　550
　　贷：银行存款　　　　　　5550

②建造厂房相关的分录：

借：工程物资　　　　　　　　4000
　　应交税费—应交增值税（进项税额）408
　　　　　　—待抵扣进项税额　272
　　贷：应付账款　　　　　　4680
借：在建工程　　　　　　　　4000
　　贷：工程物资　　　　　　4000
借：在建工程　　　　　　　　300
　　贷：原材料　　　　　　　300
借：应交税费—待抵扣进项税额　20.4
　　　　　　　　　（51×40%）
　　贷：应交税费—应交增值税（进项税额转出）　20.4
借：在建工程　　　　　　　　500
　　贷：库存商品　　　　　　500
借：在建工程　　　　　　　　2000
　　应交税费—应交增值税（进项税额）132
　　　　　　—待抵扣进项税额　88
　　贷：银行存款　　　　　　2220
借：在建工程　　　114.58（5000/40/12×11）
　　贷：累计摊销　　　　　114.58

【提示】 建造期间土地使用权摊销应计入厂房建造成本。

完工厂房的入账价值 = 4000 + 300 + 500 + 2000 + 114.58 = 6914.58（万元）。

借：固定资产　　　　　　　6914.58
　　贷：在建工程　　　　　6914.58
借：制造费用　　　　　　　　165
　　　［（6914.58 − 314.58）/20/12×6］
　　贷：累计折旧　　　　　　165

（6）

借：投资性房地产　　　　　6914.58
　　累计折旧　　　　　　　　165
　　贷：固定资产　　　　　6914.58
　　　　投资性房地产累计折旧　165

借：银行存款　　　　　　　　　111
　　贷：预收账款　　　　　　　　　100
　　　　应交税费—应交增值税（销项税额）　11
借：其他业务成本　　　　　　　165
　　贷：投资性房地产累计折旧　　　165
2018 年 6 月 30 日该投资性房地产账面价值 = 6914.58 - 165 - 165 = 6584.58（万元），其可收回金额为 6080 万元，故判断其发生减值，应计提减值准备 = 6584.58 - 6080 = 504.58（万元）。
借：资产减值损失　　　　　　504.58
　　贷：投资性房地产减值准备　　504.58
借：其他业务成本　　160（6080/19/2）
　　贷：投资性房地产累计折旧　　　160
借：投资性房地产—成本　　　6120
　　投资性房地产累计折旧　　　490
　　　　　　　　　　（165 + 165 + 160）
　　投资性房地产减值准备　　504.58
　　贷：投资性房地产　　　　　6914.58
　　　　递延所得税负债　　　　　　50
　　　　盈余公积　　　　　　　　　15
　　　　利润分配—未分配利润　　　135

2.【答案】
（1）事项（1）会计处理不正确。
理由：甲公司为新产品进行宣传发生的广告费应计入销售费用，不应计入无形资产成本，则该无形资产的入账价值 = 800 + 60 = 860（万元）；无形资产应按 5 年摊销，无形资产摊销时应考虑预计净残值 200 万元，无形资产自取得当月开始摊销。
【提示】企业使用资产的预期的期限短于合同性权利或其他法定权利规定期限的，应当按照企业预期使用的期限确定使用寿命，故本题该项专利权应按使用期限 5 年作为使用寿命。
更正分录如下：
借：销售费用　　　　　　　　　100
　　贷：无形资产　　　　　　　　　100
专利权 Y 在 2017 年应摊销金额 = （860 - 200）/5 × 11/12 = 121（万元）。
借：生产成本　　　　　33（121 - 88）
　　贷：累计摊销　　　　　　　　　33
（2）事项（2）会计处理不正确。
理由：购买固定资产的价款超过正常信用条件延期支付，实质上具有融资性质的，固定资产的成本以购买价款的现值为基础确定，购买价款与其现值的差额在信用期间内采用实际利率法进行摊销。
固定资产入账价值 = 2000 × 2.4869 = 4973.8（万元）；
2017 年固定资产折旧金额 = 4973.8/5 × 9/12 = 746.07（万元）；
2017 年未确认融资费用摊销额 = 4973.8 ×

10% × 9/12 = 373.04（万元）。
更正分录如下：
借：未确认融资费用 1026.2（6000 - 4973.8）
　　贷：固定资产　　　　　　　1026.2
借：累计折旧　　153.93（900 - 746.07）
　　贷：管理费用　　　　　　　153.93
借：财务费用　　　　　　　　373.04
　　贷：未确认融资费用　　　　373.04
（3）事项（3）会计处理不正确。
理由：土地使用权用于自行开发建造厂房等地上建筑物时，相关的土地使用权账面价值不转入在建工程成本。有关的土地使用权与地上建筑物分别进行摊销和计提折旧，且用于建造厂房的土地使用权的摊销金额应在厂房建造期间计入在建工程成本。
更正分录如下：
借：无形资产　　　　　　　　2400
　　贷：在建工程　　　　　　　　2376
　　　　累计摊销　　　　　　　　　24
土地使用权 2017 年应摊销金额 = 2400/50 × 9/12 = 36（万元）。
借：在建工程　　　　　　12（36 - 24）
　　贷：累计摊销　　　　　　　　　12
（4）事项（4）会计处理不正确。
理由：弃置费用的现值应计入固定资产成本，并计提折旧；弃置费用终值与现值的差额应按实际利率法分期确认财务费用。
更正分录如下：
弃置费用现值 = 20000 × 0.1420 = 2840（万元）。
借：固定资产　　　　　　　　2840
　　贷：预计负债　　　　　　　　2840
借：生产成本　　35.5（2840/40 × 6/12）
　　贷：累计折旧　　　　　　　　35.5
借：财务费用　　71（2840 × 5% × 6/12）
　　贷：预计负债　　　　　　　　　71
（5）事项（5）会计处理不正确。
理由：该项无形资产在 2017 年 10 月 10 日签订不可撤销的销售合同，应划分为持有待售资产核算。持有待售的无形资产从划归为持有待售之日起不再摊销，应按照账面价值与公允价值减去处置费用后的净额孰低进行计量。
至 2017 年 9 月 30 日累计摊销 = 1200/10 × 5 = 600（万元），账面价值 = 1200 - 600 = 600（万元），2017 年 1 至 9 月份摊销额 = 1200/10 × 9/12 = 90（万元），应计提减值准备 = 600 - 500 = 100（万元）。
更正分录如下：
借：资产减值损失　　　　　　　100
　　贷：无形资产减值准备　　　　　100
借：累计摊销　　　　30（120 - 90）
　　贷：管理费用　　　　　　　　　30

专题二　长期股权投资和金融资产

1.【答案】

(1) 甲公司取得 A 公司股权时的合并商誉 = $8.5 \times 2000 - 20000 \times 80\% = 1000$（万元）。

(2)

借：长期股权投资　　　　　17000（8.5×2000）

　　贷：股本　　　　　　　　　　2000

　　　　资本公积—股本溢价　　　　15000

借：资本公积—股本溢价　　　100

　　管理费用　　　　　　　　120

　　贷：银行存款　　　　　　　　220

(3) K 公司取得 A 公司股权的入账金额 = $18000 \times 80\% + 1000 = 15400$（万元）。属于同一控制下企业合并。

(4)

借：长期股权投资　　　　　15400

　　资本公积　　　　　　　4200

　　盈余公积　　　　400（$20000 - 15400 - 4200$）

　　贷：银行存款　　　　　　　20000

(5)

借：长期股权投资—投资成本　　　4200

　　　　　　　　　　　（$21000 \times 20\%$）

　　贷：其他业务收入　　　　　　　3500

　　　　应交税费—应交增值税（销项税额）

　　　　　　　　　　　　　　　　595

　　　　营业外收入　　　　　　　　105

借：其他业务成本　　　　　3000

　　贷：原材料　　　　　　　　3000

2016 年 B 公司调整后净利润 = $4000 - 1000/5/12 \times 6 = 3900$（万元），甲公司应确认投资收益 = $3900 \times 20\% = 780$（万元）。

借：长期股权投资—损益调整　　　780

　　贷：投资收益　　　　　　　　780

借：应收股利　　　400（$2000 \times 20\%$）

　　贷：长期股权投资—损益调整　　400

借：长期股权投资—其他综合收益　200

　　　　　　　　　　　（$1000 \times 20\%$）

　　贷：其他综合收益　　　　　　200

2017 年 B 公司调整后净利润 = $6000 - 1000/5 - (3000 - 2800) \times (1 - 40\%) = 5680$（万元），甲公司应确认投资收益 = $5680 \times 20\% = 1136$（万元）。

借：长期股权投资—损益调整　　　1136

　　贷：投资收益　　　　　　　　1136

借：长期股权投资—其他权益变动　300

　　　　　　　　　　　（$1500 \times 20\%$）

　　贷：资本公积—其他资本公积　　300

(6)

借：可供出售金融资产—成本　　2010

　　贷：银行存款　　　　　　　　2010

借：可供出售金融资产—公允价值变动　90

　　　　　　　　　　　（$2100 - 2010$）

　　贷：其他综合收益　　　　　　90

借：长期股权投资—投资成本　　6125

　　贷：可供出售金融资产—成本　　2010

　　　　　　　　—公允价值变动　　90

　　　　银行存款　　　　　　　3500

　　　　投资收益　　525（$2625 - 2100$）

借：其他综合收益　　　　　　90

　　贷：投资收益　　　　　　　90

2017 年丙公司调整后净利润 = $1200 - 500 \times 20\% = 1100$（万元），应确认投资收益 = $1100 \times 35\% = 385$（万元）。

借：长期股权投资—损益调整　　　385

　　贷：投资收益　　　　　　　　385

2.【答案】

(1) 甲公司对丁公司长期股权投资出售前的账面价值 = $2700 + (8000 \times 35\% - 2700) + (5520 - 900/5 \times 4) \times 35\% - 300 \times 35\% = 4375$（万元）。

(2) 甲公司出售丁公司股权应确认的投资收益 = $(4000 - 4375 \times 28\%/35\%) - (300 \times 35\%) + (1000 - 4375 \times 7\%/35\%) = 520$（万元）。

(3)

借：银行存款　　　　　　　4000

　　贷：长期股权投资　3500（$4375 \times 28\%/35\%$）

　　　　投资收益　　　　　　　500

借：可供出售金融资产　　　1000

　　贷：长期股权投资　875（$4375 \times 7\%/35\%$）

　　　　投资收益　　　　　　　125

借：投资收益　　　105（$300 \times 35\%$）

　　贷：其他综合收益　　　　　　105

3.【答案】

(1) 2015 年 1 月 1 日投资时的会计分录：

借：长期股权投资—投资成本　　5100

　　　　　　　　　　　（$17000 \times 30\%$）

　　贷：银行存款　　　　　　　　5000

　　　　营业外收入　　　　　　　100

(2) 2015 年乙公司调整后的净利润 = $3208 - (2400 \div 8 - 1600 \div 8) - (300 - 180) + (300 - 180) \div 5 \times 6/12 = 3000$（万元）；

2015 年甲公司应确认的投资收益 = $3000 \times 30\% = 900$（万元）。

相关会计分录：

借：长期股权投资—损益调整　　　900

　　贷：投资收益　　　　　　　　900

(3) 2016 年乙公司调整后的净利润 = $4076 - (2400 \div 8 - 1600 \div 8) + (300 - 180) \div 5 = 4000$（万元）；

2016年甲公司应确认的投资收益 = 4000 × 30% = 1200（万元）。

期末长期股权投资账面价值 = 5100 + 900 - 400 × 30% + 1200 + （50 + 50）× 30% = 7110（万元）（其中，投资成本5100万元、损益调整1980万元、其他综合收益15万元、其他权益变动15万元）。

相关会计分录：

借：应收股利 120
　　贷：长期股权投资—损益调整 120
　　　　（400 × 30%）

借：长期股权投资—损益调整 1200
　　贷：投资收益 1200

借：长期股权投资—其他综合收益 15
　　（50 × 30%）
　　贷：其他综合收益 15

借：长期股权投资—其他权益变动 15
　　（50 × 30%）
　　贷：资本公积—其他资本公积 15

（4）出售部分投资，对甲公司2017年损益的影响金额 = 5600 - （7110 × 20% / 30%）+ 2800 - （7110 × 10% / 30%）+ 15 + 15 = 1320（万元）。

相关会计分录：

借：银行存款 5600
　　贷：长期股权投资—投资成本 3400
　　　　（5100 × 20% / 30%）
　　　　　　—损益调整 1320
　　　　（1980 × 20% / 30%）
　　　　　　—其他综合收益 10
　　　　（15 × 20% / 30%）
　　　　　　—其他权益变动 10
　　　　（15 × 20% / 30%）
　　　　投资收益 860

借：可供出售金融资产—成本 2800
　　贷：长期股权投资—投资成本 1700
　　　　（5100 × 10% / 30%）
　　　　　　—损益调整 660
　　　　（1980 × 10% / 30%）
　　　　　　—其他综合收益 5
　　　　（15 × 10% / 30%）
　　　　　　—其他权益变动 5
　　　　（15 × 10% / 30%）
　　　　投资收益 430

借：其他综合收益 15
　　资本公积—其他资本公积 15
　　贷：投资收益 30

专题三　非货币性资产交换和债务重组

1. 【答案】

（1）属于非货币性资产交换，交换具有商业实质且换入、换出资产公允价值均能够可靠计量，并且支付补价比例未超过规定标准。补价比

例 = 400/4100 × 100% = 9.76% < 25%。

（2）甲公司会计分录：

借：固定资产清理 600
　　累计折旧 300
　　固定资产减值准备 100
　　贷：固定资产 1000

借：长期股权投资—投资成本 4100
　　贷：主营业务收入 1000
　　　　可供出售金融资产 2000
　　　　固定资产清理 500
　　　　应交税费—应交增值税（销项税额） 255
　　　　（170 + 500 × 17%）
　　　　投资收益 200
　　　　银行存款 145

借：主营业务成本 800
　　贷：库存商品 800

借：其他综合收益 500
　　贷：投资收益 500

借：固定资产清理 50
　　贷：银行存款 50

借：营业外支出 150
　　贷：固定资产清理 150

乙公司会计分录：

借：库存商品 1000
　　固定资产 500
　　应交税费—应交增值税（进项税额） 255
　　（170 + 500 × 17%）
　　银行存款 145
　　可供出售金融资产 2200
　　贷：长期股权投资—投资成本 3000
　　　　　　—损益调整 500
　　　　　　—其他综合收益 200
　　　　　　—其他权益变动 300
　　　　投资收益 100

借：其他综合收益 200
　　资本公积—其他资本公积 300
　　贷：投资收益 500

（3）债权人甲公司有关的会计分录：

借：应收账款—债务重组 260
　　坏账准备 500
　　库存商品 400
　　无形资产 1200
　　应交税费—应交增值税（进项税额） 140
　　（1200 × 6% + 400 × 17%）
　　贷：应收账款 2340
　　　　资产减值损失 160

（4）债务人B公司有关的会计分录：

借：应付账款 2340
　　累计摊销 200
　　营业外支出 600
　　　　[（2000 - 200）- 1200]

　　贷：无形资产　　　　　　　　　　2000
　　　　主营业务收入　　　　　　　　400
　　　　应交税费—应交增值税（销项税额）140
　　　　　　　　（1200×6%＋400×17%）
　　　　应付账款—债务重组　　　　　260
　　　　预计负债　　　　　　　　　　200
　　　　营业外收入　　　　　　　　　140
　　借：主营业务成本　　　　　　　　300
　　　　贷：库存商品　　　　　　　　300

2.【答案】

（1）事项（1），甲公司会计处理不正确。

理由：

①债务重组采用债务转为资本方式的，债权人应将因放弃债权而享有股份的公允价值确认为对债务人的投资。

②债权人已对债权计提坏账准备的，应当先将重组债权的账面余额与股份的公允价值之间的差额冲减坏账准备，冲减后的借方差额计入营业外支出，贷方差额冲减资产减值损失。

③长期股权投资应按权益法核算，以公允价值入账，并与当日享有被投资单位可辨认净资产公允价值的份额比较；对被投资方净利润调整时，应考虑投资时被投资单位资产公允价值和账面价值的差额及内部交易对当期损益的影响等因素；长期股权投资发生减值时，应确认资产减值损失。长期股权投资初始投资成本为1800万元，小于当日被投资单位可辨认净资产公允价值的份额2000万元（10000×20%），应调增长期股权投资的初始投资成本200万元，并确认营业外收入。

甲公司2017年应确认的投资损失＝［100＋（160－100）÷5×8/12］×20%＝21.6（万元）。

更正分录为：

　　借：长期股权投资—投资成本　　　100
　　　　　　　　（1800－1700）
　　　　贷：以前年度损益调整—资产减值损失100
　　借：长期股权投资—投资成本　　　200
　　　　　　　　（2000－1800）
　　　　贷：以前年度损益调整—营业外收入200
　　借：以前年度损益调整—投资收益　1.6
　　　　　　　　（21.6－20）
　　　　贷：长期股权投资—损益调整　1.6

2017年12月31日，未计提减值前长期股权投资账面价值＝1800＋200－21.6＝1978.4（万元），大于其可收回金额1750万元，应当计提减值准备。

更正分录为：

　　借：以前年度损益调整—资产减值损失
　　　　　　　228.4（1978.4－1750）

　　　　贷：长期股权投资减值准备　　228.4

（2）事项（2），甲公司的会计处理不正确。

理由：非货币性资产交换同时满足"该项交换具有商业实质"及"换入资产或换出资产的公允价值能够可靠地计量"两个条件时，应以公允价值计量。

更正分录为：

　　借：无形资产　　　　240（1200－960）
　　　　贷：以前年度损益调整—投资收益240
　　借：其他综合收益　　　　　　　　60
　　　　贷：以前年度损益调整—投资收益60
　　借：以前年度损益调整—管理费用　16
　　　　　　　　（1200÷5×4/12－64）
　　　　贷：累计摊销　　　　　　　　16

（3）事项（3），甲公司会计处理不正确。

理由：甲公司取得的抵债资产应按公允价值与相关费用之和102万元入账。同时按抵债资产的公允价值与增值税之和与应收债权账面价值之间的差额确认债务重组损失计入营业外支出。

更正分录为：

　　借：以前年度损益调整—营业外支出13
　　　　贷：库存商品　　　　　　　　13

（4）事项（4），甲公司会计处理不正确。

理由：或有应收金额不能确认为资产，应在实际发生时计入当期损益。

更正分录为：

　　借：以前年度损益调整—营业外支出40
　　　　　　　　　　—资产减值损失10
　　　　贷：其他应收款　　　　　　　50

"以前年度损益调整"科目的贷方余额＝100＋200－1.6－228.4＋240＋60－16－13－40－10＝291（万元）。

　　借：以前年度损益调整　　　　　　291
　　　　贷：利润分配—未分配利润　　291

3.【答案】

（1）甲公司应确认债务重组损失＝（6000－800）－（2200＋2300）＝700（万元），并确认营业外支出700万元。

会计分录：

　　借：在建工程　　　　　　　　　2200
　　　　长期股权投资　　　　　　　2300
　　　　坏账准备　　　　　　　　　800
　　　　营业外支出　　　　　　　　700
　　　　贷：应收账款　　　　　　　6000

（2）A公司应确认的债务重组利得（营业外收入）＝6000－（2200＋2300）＝1500（万元），应确认在建工程处置损益（营业外收入）＝2200－1800＝400（万元），应确认长期股权投资转让损益＝（2600－200）－2300＝100（万元）（投资损益）。

会计分录：

借：应付账款　　　　　　　　　　6000
　　长期股权投资减值准备　　　　200
　　投资收益　　　　　　　　　　100
　　贷：长期股权投资　　　　　　　　2600
　　　　在建工程　　　　　　　　　　1800
　　　　营业外收入—债务重组利得　　1500
　　　　　　　　—处置非流动资产利得 400

（3）2017年写字楼公允价值变动损益 = 3200 -（2200 + 800）= 200（万元）。

会计分录：

借：投资性房地产—公允价值变动　　200
　　贷：公允价值变动损益　　　　　　　200

（4）

借：银行存款　　　　　　　　　　240

　　贷：其他业务收入　　　　　　　　　240

（5）甲公司换出长期股权投资产生的投资收益 = 2000 - 2300 = - 300（万元）。

会计分录：

借：无形资产　　　　　　　　　　2200
　　投资收益　　　　　　　　　　300
　　贷：长期股权投资　　　　　　　　2300
　　　　银行存款　　　　　　　　　　200

专题四　资产减值

1.【答案】

（1）

总部资产的账面价值，应当首先根据各资产组的账面价值和剩余使用寿命加权平均计算的账面价值分摊比例进行分摊。

表1　　　　　　　　　　　　　　　　　　　　　　　　　　　　单位：万元

	第一生产线	第二生产线	第三生产线	合　计
各资产组账面价值	300	400	500	1200
各资产组剩余使用寿命	5	10	20	
按使用寿命计算的权重	1	2	4	
加权计算后的账面价值	300	800	2000	3100
总部资产分摊比例	9.68%	25.81%	64.51%	100%
总部资产分摊到各资产组的金额	19.36	51.62	129.02	200
分摊后各资产组账面价值	319.36	451.62	629.02	1400

表2　　　　　　　　　　　　　　　　　　　　　　　　　　　　单位：万元

资产组合	分摊总部资产后账面价值	可收回金额	应计提减值准备金额
第一生产线	319.36	280	39.36
第二生产线	451.62	500	0
第三生产线	629.02	550	79.02

表3　　　　　　　　　　　　　　　　　　　　　　　　　　　　单位：万元

	设备A	设备B	设备C	第一生产线资产组
账面价值	100	50	150	300
减值损失金额				36.97
减值损失分配比例	33.33%	16.67%	50%	
分摊减值损失	12.32	5（50 - 45）	18.49	
分摊后账面价值	87.68	45	131.51	
尚未分摊的减值损失				1.16（36.97×16.67% - 5）

续表

	设备 A	设备 B	设备 C	第一生产线资产组
二次分摊损失比例	40%		60%	
二次分摊减值损失	0.46		0.70	
二次分摊后应确认减值损失总额	12.78	5	19.19	36.97

（2）
第一生产线减值额分配给总部资产的数额 = 39.36 × （19.36/319.36）= 2.39（万元），分配给第一生产线本身的数额 = 39.36 × （300/319.36）= 36.97（万元）；

第三生产线减值额分配给总部资产的数额 = 79.02 × （129.02/629.02）= 16.21（万元），分配给第三生产线本身的数额 = 79.02 × （500/629.02）= 62.81（万元）；

总部资产应计提减值准备的金额 = 2.39 + 16.21 = 18.6（万元）。

（3）

借：资产减值损失   36.97
  贷：固定资产减值准备—A   12.78
            —B   5
            —C   19.19

2.【答案】

（1）将总部资产账面价值分配至各资产组：

资产组 A 应分摊的金额 = ［1200 × 10/（1200 × 10 + 1400 × 15 + 1800 × 15）］× 2000 = 400（万元）；

资产组 B 应分摊的金额 = ［1400 × 15/（1200 × 10 + 1400 × 15 + 1800 × 15）］× 2000 = 700（万元）；

资产组 C 应分摊的金额 = ［1800 × 15/（1200 × 10 + 1400 × 15 + 1800 × 15）］× 2000 = 900（万元）。

分摊总部资产账面价值后各资产组的账面价值为：

资产组 A 的账面价值 = 1200 + 400 = 1600（万元）；

资产组 B 的账面价值 = 1400 + 700 = 2100（万元）；

资产组 C 的账面价值 = 1800 + 900 = 2700（万元）。

（2）进行减值测试

分摊后资产组 A 的账面价值为 1600 万元，可收回金额为 1700 万元，未发生减值；

分摊后资产组 B 的账面价值为 2100 万元，可收回金额为 2000 万元，发生减值 100 万元；

分摊后资产组 C 的账面价值为 2700 万元，可收回金额为 1900 万元，发生减值 800 万元。

（3）将各资产组的减值金额在总部资产和各资产组之间分配：

资产组 B 减值金额分配给总部资产的数额 = 100/2100 × 700 = 33.33（万元），分配给资产组 B 本身的数额 = 100 - 33.33 = 66.67（万元）；

资产组 C 中的减值金额先冲减商誉 200 万元，剩余的 600 万元（800 - 200）分配给总部资产和资产组 C 本身（不含商誉部分）。分配给总部的资产减值金额 = 600/（900 + 1800 - 200）× 900 = 216（万元），分配给资产组 C 本身（不含商誉部分）的金额 = 600 - 216 = 384（万元）。

总部资产减值金额 = 33.33 + 216 = 249.33（万元）；资产组 A 未发生减值；资产组 B 减值 66.67 万元；资产组 C 中商誉减值 200 万元，其他资产减值 384 万元。

专题五　金融资产

1.【答案】

（1）

取得时

借：持有至到期投资—成本   5000
  贷：银行存款   4826.74
      持有至到期投资—利息调整   173.26

2016 年年末计提利息

借：应收利息   250（5000 × 5%）
  持有至到期投资—利息调整   39.60
  贷：投资收益   289.60（4826.74 × 6%）

借：银行存款   250
  贷：应收利息   250

2016 年年末债券预计未来现金流量现值 = （5000 × 5%）× 1.8334 + 4500 × 0.8900 = 4463.35（万元），债券的摊余成本 = 5000 - 173.26 + 39.60 = 4866.34（万元）。应计提减值准备 = 4866.34 - 4463.35 = 402.99（万元）。

借：资产减值损失   402.99
  贷：持有至到期投资减值准备   402.99

2017 年年末

借：应收利息   250
  持有至到期投资—利息调整   41.98
  贷：投资收益   291.98（4866.34 × 6%）

债券预计未来现金流量现值 = 250/（1 + 6%）+ 5000/（1 + 6%）= 4952.83（万元），而当年年末该债券摊余成本 = 4463.35 × （1 +

6%）－250＝4481.15（万元），故原确认的减值损失应予以转回；根据金融工具确认和计量准则的规定，2017年12月31日甲公司对乙公司债券转回减值损失后的账面价值不应当超过假定不计提减值准备情况下该金融资产在转回日的摊余成本，根据上述计算可知2017年12月31日假定不计提减值准备情况下该投资的摊余成本＝4866.34＋（4866.34×6%－250）＝4908.32（万元）。

此时，债券摊余成本为4481.15万元与未来现金流量现值4952.83万元的差额为471.68万元；而不减值情况下的摊余成本4908.32万元与年末该债券的摊余成本4481.15万元的差额为427.17万元，说明原计提的减值损失402.99万元全部能转回。

借：持有至到期投资减值准备 402.99
　　贷：资产减值损失 402.99
借：银行存款 250
　　贷：应收利息 250

（2）
取得时
借：可供出售金融资产—成本 2020
　　贷：银行存款 2020
6月30日公允价值变动
借：可供出售金融资产—公允价值变动 90
　　　　　　　　　　　　　　　（2110－2020）
　　贷：其他综合收益 90
12月31日公允价值变动
借：其他综合收益 210（2110－1900）
　　贷：可供出售金融资产—公允价值变动 210
2017年度确认减值
借：资产减值损失 520
　　贷：可供出售金融资产—减值准备 400
　　　　　　　　　　　　　　　（1900－1500）
　　　　其他综合收益 120
借：银行存款 1700
　　可供出售金融资产—公允价值变动 120
　　　　　　　　　　　—减值准备 400
　　贷：可供出售金融资产—成本 2020
　　　　投资收益 200

2.【答案】
（1）事项（1）甲公司会计处理不正确。
理由：购入交易性金融资产发生的交易费用应计入投资收益，不应计入资产成本。
更正分录为：
借：以前年度损益调整—投资收益 15
　　贷：交易性金融资产—成本 15
借：交易性金融资产—公允价值变动 15
　　贷：以前年度损益调整—公允价值变动损益 15

（2）事项（2）甲公司会计处理不正确。
理由：2017年9月30日确认资产减值损失时，应结转原确认的其他综合收益；年末可供出售权益工具投资的减值，不得通过损益转回，转回时应记入"其他综合收益"科目。
更正分录为：
借：以前年度损益调整—资产减值损失 6060
　　　　　　　　　　　　　　　（2060＋4000）
　　贷：其他综合收益 6060

3.【答案】
（1）取得时：
借：持有至到期投资—成本 3000
　　　　　　　　　—利息调整 169.59
　　应收利息 150
　　贷：银行存款 3319.59
（2）2015年12月31日债券的账面价值＝
（3000＋169.59）－（150－3169.59×3%）＝
3114.68（万元）。
会计分录：
借：应收利息 150（3000×5%）
　　贷：投资收益 95.09（3169.59×3%）
　　　　持有至到期投资—利息调整 54.91
（3）2016年12月31日债券的账面价值＝
（3169.59－54.91）×（1＋3%）－150＝
3058.12（万元）。
会计分录：
借：应收利息 150
　　贷：投资收益 93.44
　　　　　［（3169.59－54.91）×3%］
　　　　持有至到期投资—利息调整 56.56
（4）2017年1月5日
出售部分Y公司债券时：
借：银行存款 2100
　　贷：持有至到期投资—成本 2000
　　　　　　　　　　　—利息调整 38.75
　　　　［（169.59－54.91－56.56）×2000/3000］
　　　　投资收益 61.25
重分类时：
借：可供出售金融资产—成本 1000
　　　　　　　　　　　—利息调整 50
　　贷：持有至到期投资—成本 1000
　　　　　　　　　　　—利息调整 19.37
　　　　　（169.59－54.91－56.56－38.75）
　　　　其他综合收益 30.63
2017年1月25日出售可供出售金融资产时：
借：银行存款 1040
　　投资收益 10
　　贷：可供出售金融资产—成本 1000
　　　　　　　　　　　—利息调整 50
借：其他综合收益 30.63
　　贷：投资收益 30.63

2017 年出售 Y 公司债券应确认的投资收益 = 61.25 +（30.63 - 10）= 81.88（万元）。

专题六 负债、借款费用及固定资产

1.【答案】

（1）负债成分的公允价值 = 200000 × 1.5% × 0.9434 + 200000 × 2% × 0.8900 + 200000 ×（1 + 2.5%）× 0.8396 = 178508.2（万元），权益成分的公允价值 = 200000 - 178508.2 = 21491.8（万元）。

（2）负债成分应分摊的发行费用 = 178508.2 ÷ 200000 × 3200 = 2856.13（万元）；权益成分应分摊的发行费用 = 3200 - 2856.13 = 343.87（万元）。

（3）

借：银行存款 196800（200000 - 3200）
　　应付债券—可转换公司债券（利息调整） 24347.93
　　贷：应付债券—可转换公司债券（面值） 200000
　　　　其他权益工具 21147.93
　　　　（21491.8 - 343.87）

（4）2016 年 12 月 31 日的摊余成本 =（200000 - 24347.93）×（1 + 6.59%）- 200000 × 1.5% = 184227.54（万元）。

借：在建工程 11575.47
　　［（200000 - 24347.93）× 6.59%］
　　贷：应付利息 3000
　　　　应付债券—可转换公司债券（利息调整） 8575.47
借：应付利息 3000
　　贷：银行存款 3000

（5）2017 年 6 月 30 日的摊余成本 = 184227.54 + 184227.54 × 6.59% ÷ 2 - 200000 × 2% ÷ 2 = 188297.84（万元）。

借：财务费用 6070.30
　　（184227.54 × 6.59% ÷ 2）
　　贷：应付利息 2000
　　　　应付债券—可转换公司债券（利息调整） 4070.30

（6）

借：应付债券—可转换公司债券（面值） 200000
　　其他权益工具 21147.93
　　应付利息 2000
　　贷：应付债券—可转换公司债券（利息调整） 11702.16
　　　　（24347.93 - 8575.47 - 4070.30）
　　　　股本 20000（2000 × 10）
　　　　资本公积—股本溢价 191445.77

2.【答案】

（1）

应付债券利息调整和摊余成本计算表

单位：万元

应付债券		2014 年 12 月 31 日	2015 年 12 月 31 日	2016 年 12 月 31 日	2017 年 12 月 31 日
年末摊余成本	面值	8000	8000	8000	8000
	利息调整	（245）	（167.62）	（85.87）	0
	合计	7755	7832.38	7914.13	8000
当年应予资本化或费用化的利息金额		0	437.38	441.75	445.87
年末应付利息金额		0	360	360	360
"利息调整"明细科目本年摊销额		0	77.38	81.75	85.87

【提示】因利息调整在债券到期时应摊销完，所以利息调整最后一期摊销额 = 245 - 77.38 - 81.75 = 85.87（万元）。

（2）

① 2014 年 12 月 31 日发行债券

借：银行存款 7755
　　应付债券—利息调整 245
　　贷：应付债券—面值 8000

② 2015 年 12 月 31 日计提利息

借：在建工程 437.38

　　贷：应付债券—利息调整 77.38
　　　　应付利息 360

③ 2017 年 12 月 31 日计提利息

借：财务费用 445.87（360 + 85.87）
　　贷：应付债券—利息调整 85.87
　　　　应付利息 360

④ 2018 年 1 月 10 日还本付息

借：应付债券—面值 8000
　　应付利息 360
　　贷：银行存款 8360

3.【答案】

（1）

①2016年

2016年专门借款资本化的期间为4月1日至7月31日和12月，共5个月。

2016年专门借款利息资本化金额 = 10000 × 6% × 5/12 − 4000 × 0.25% × 2 − 2000 × 0.25% × 1 = 225（万元）。

2016年专门借款费用化的期间为1月1日至3月31日和8月1日至11月30日，共7个月。

2016年专门借款利息应计入当期损益的金额 = 10000 × 6% × 7/12 − 10000 × 0.25% × 3 = 275（万元）。

2016年专门借款利息收入 = 10000 × 0.25% × 3 + 4000 × 0.25% × 2 + 2000 × 0.25% × 1 = 100（万元）。

②2017年

2017年专门借款资本化的期间为1月1日至9月30日，共9个月。

2017年专门借款利息资本化金额 = 10000 × 6% × 9/12 = 450（万元）。

2017年专门借款费用化的期间为10月1日至12月31日，共3个月。

2017年专门借款利息应计入当期损益的金额 = 10000 × 6% × 3/12 = 150（万元）。

（2）

一般借款资本化率 = （8000 × 6% + 40000 × 8%） / （8000 + 40000） × 100% = 7.67%。

①2016年

2016年占用了一般借款资金的资产支出加权平均数 = （6000 + 2000 + 6000 − 10000） × 2/12 = 666.67（万元）。

2016年一般借款利息资本化金额 = 666.67 × 7.67% = 51.13（万元）。

2016年一般借款利息应计入当期损益的金额 = （8000 × 6% + 40000 × 8%） − 51.13 = 3628.87（万元）。

②2017年

2017年占用了一般借款资金的资产支出加权平均数 = （4000 + 6000） × 9/12 + 4000 × 6/12 + 2000 × 3/12 = 10000（万元）。

2017年一般借款利息资本化金额 = 10000 × 7.67% = 767（万元）。

2017年一般借款利息应计入当期损益的金额 = （8000 × 6% × 11/12 + 40000 × 8%） − 767 = 2873（万元）。

（3）

2016年利息资本化金额 = 225 + 51.13 = 276.13（万元）。

2016年应计入当期损益的金额 = 275 + 3628.87 = 3903.87（万元）。

2017年利息资本化金额 = 450 + 767 = 1217（万元）。

2017年应计入当期损益的金额 = 150 + 2913 = 3063（万元）。

（4）

①2016年

借：在建工程		276.13
财务费用		3903.87
银行存款		100
贷：应付利息		4280
（10000 × 6% + 8000 × 6% + 40000 × 8%）		

②2017年

借：在建工程		1217
财务费用		3063
贷：应付利息		4280

专题七　股份支付

1.【答案】

（1）

借：库存股		1800
贷：银行存款		1800

（2）

2014年12月31日应确认的管理费用金额 = ［（20 − 1 − 2） × 10 × 12］ × 1/3 = 680（万元）。

借：管理费用		680
贷：资本公积—其他资本公积		680

2015年12月31日应确认的管理费用金额 = ［（20 − 1 − 1 − 0） × 10 × 12］ × 2/3 − 680 = 760（万元）。

借：管理费用		760
贷：资本公积—其他资本公积		760

2016年12月31日应确认的管理费用金额 = ［（20 − 1 − 1） × 10 × 12］ − 680 − 760 = 720（万元）。

借：管理费用		720
贷：资本公积—其他资本公积		720

（3）

借：银行存款		720
资本公积—其他资本公积		2160
贷：库存股	1620（18 × 10 × 9）	
资本公积—股本溢价		1260

2.【答案】

（1）

2014年应确认的管理费用金额 = ［（200 − 20 − 15） × 1 × 14］ / 3 = 770（万元）。

借：管理费用		770
贷：应付职工薪酬		770

2015年应确认的管理费用金额 = ［（200 − 20 − 20） × 1 × 15］ × 2/3 − 770 = 830（万元）。

借：管理费用		830
贷：应付职工薪酬		830

2016 年应确认的管理费用金额 = ［（200 - 20 - 10 - 15 - 70）×1×18］- 770 - 830 + 70×16×1 = 1050（万元）。

借：管理费用 1050
　　贷：应付职工薪酬 1050
借：应付职工薪酬 1120（70×16×1）
　　贷：银行存款 1120

2017 年应确认的公允价值变动损益 = ［（200 - 115 - 50）×1×21］- 1530 + 20×50×1 = 205（万元）。

借：公允价值变动损益 205
　　贷：应付职工薪酬 205
借：应付职工薪酬 1000（20×50×1）
　　贷：银行存款 1000

2018 年应确认的公允价值变动损益 = 35×25 - 735 = 140（万元）。

借：公允价值变动损益 140
　　贷：应付职工薪酬 140
借：应付职工薪酬 875（35×25）
　　贷：银行存款 875

专题八　或有事项

1.【答案】
（1）因辞退员工将支付补偿款 1800 万元和因撤销厂房租赁合同将支付违约金 100 万元属于直接支出。因重组义务应确认的预计负债金额 = 1800 + 100 = 1900（万元）。
（2）因重组计划减少 2017 年度利润总额的金额 = 1900 + 120 = 2020（万元）。
会计分录：
借：营业外支出 100
　　贷：预计负债 100
借：管理费用 1800
　　贷：应付职工薪酬 1800
借：资产减值损失 120
　　贷：固定资产减值准备 120
（3）资料（2）应确认预计负债。预计负债的最佳估计数 = （500 + 600）÷2 = 550（万元）。
会计分录：
借：营业外支出 550
　　贷：预计负债 550
资料（3）不应确认预计负债。
理由：该事项不是很可能导致经济利益流出企业，不符合或有事项确认预计负债的条件。

2.【答案】
（1）事项（1）会计处理不正确。
理由：待执行合同变成亏损合同时，拥有合同标的的资产的，应当先对标的资产进行减值测试并按规定确认减值损失，如预计亏损超过该减值损失，应将超过部分确认为预计负债。无合同标的的资产的，亏损合同相关义务满足预计负

债确认条件时，应当确认为预计负债。预计负债的金额应是执行合同发生的损失和不执行合同损失两者中的较低者。
①A 产品
执行合同发生的损失 = 100×（2.3 - 2）= 30（万元）；不执行合同发生的损失为 20 万元（多返还的定金）；预计负债的金额应是执行合同发生的损失 30 万元和不执行合同发生的损失 20 万元两者中的较低者。因此，腾飞公司应选择不执行合同，应确认预计负债为 20 万元。
更正分录如下：
借：营业外支出 20
　　贷：预计负债 20
②B 产品
执行合同将发生的损失 = 120 - 300×0.3 = 30（万元）；不执行合同将发生的损失 = 300×0.3×20% +（120 - 110）= 28（万元）；腾飞公司应选择不执行合同，即支付违约金方案。
更正分录如下：
借：资产减值损失 10（120 - 110）
　　贷：存货跌价准备 10
借：营业外支出 18
　　贷：预计负债 18
③C 产品
执行合同将发生的损失 = 120 - 300×0.3 = 30（万元）；不执行合同将发生的损失 = 300×0.3×20% +（120 - 100）= 38（万元）；腾飞公司应选择执行合同方案。
更正分录如下：
借：资产减值损失 30
　　贷：存货跌价准备 30
（2）事项（2）会计处理不正确。
理由：已对其确认预计负债的产品，如不再生产，应在相应的产品质量保证期满后，将"预计负债"科目余额全部冲销，同时冲销销售费用。腾飞公司剩余预计负债 = 8 - 5 = 3（万元）。
更正分录如下：
借：预计负债 3
　　贷：销售费用 3

专题九　收入结合差错更正

1.【答案】
（1）甲公司向乙公司销售商品不应确认收入，因为销售协议中约定甲公司应于 4 月 30 日将所售商品按固定价格回购，与商品所有权相关的风险和报酬尚未转移，不符合销售商品收入确认条件。
会计分录：
借：银行存款 1755
　　贷：其他应付款 1500
　　　　应交税费—应交增值税（销项税额） 255

借：发出商品　　　　　　　　　　　1200
　　贷：库存商品　　　　　　　　　　　1200
1 月 31 日
借：财务费用　　　50 〔（1700 − 1500）/4〕
　　贷：其他应付款　　　　　　　　　　50
（2）资料（2）
借：应收账款　　　　　　　　　　　936
　　贷：主营业务收入　　　　　　　　800
　　　　应交税费—应交增值税（销项税额）136
借：主营业务成本　　　　　　　　　400
　　贷：库存商品　　　　　　　　　　400
借：主营业务收入　160（1000 × 0.8 × 20%）
　　贷：主营业务成本　80（1000 × 0.4 × 20%）
　　　　预计负债　　　　　　　　　　80
5 月 31 日
借：银行存款　　842.4（900 × 0.8 × 1.17）
　　预计负债　　　　　　　　　　　80
　　主营业务成本　　　　　　　　　40
　　库存商品　　　　　　40（100 × 0.4）
　　应交税费—应交增值税（销项税额）13.6
　　　　　　　　　（100 × 0.8 × 17%）
　　贷：应收账款　　　　　　　　　　936
　　　　主营业务收入　　　80（100 × 0.8）
资料（3）
借：应收账款　1263.6（1200 × 90% × 1.17）
　　贷：主营业务收入　　1080（1200 × 90%）
　　　　应交税费—应交增值税（销项税额）
　　　　　　　　　　　　　　　　　183.6
借：主营业务成本　　　　　　　　　800
　　存货跌价准备　　　　　　　　　200
　　贷：库存商品　　　　　　　　　　1000
借：银行存款　　　　　　　　　　　1242
　　财务费用　　　　　21.6（1080 × 2%）
　　贷：应收账款　　　　　　　　　　1263.6
资料（4）
借：长期应收款　　　　　2400（800 × 3）
　　贷：主营业务收入　2138.4（800 × 2.6730）
　　　　未实现融资收益　　　　　　261.6
借：主营业务成本　　　　　　　　　1800
　　贷：库存商品　　　　　　　　　　1800
资料（5）
借：主营业务收入　　　　　　　　　500
　　应交税费—应交增值税（销项税额）85
　　贷：银行存款　　　　　　　　　　585
借：库存商品　　　　　　　　　　　420
　　贷：主营业务成本　　　　　　　　420
资料（6）
借：发出商品　　　　　6000（5000 × 1.2）
　　贷：库存商品　　　　　　　　　　6000

12 月 31 日
借：银行存款　　　　　　　　　　　1712
　　销售费用　　　160（1000 × 1.6 × 10%）
　　贷：主营业务收入　　1600（1000 × 1.6）
　　　　应交税费—应交增值税（销项税额）272
借：主营业务成本　　1200（1000 × 1.2）
　　贷：发出商品　　　　　　　　　　1200
（3）
借：受托代销商品　　　8000（1.6 × 5000）
　　贷：受托代销商品款　　　　　　　8000
借：银行存款　　　　　　　　　　　1872
　　贷：应付账款　　　　　　　　　　1600
　　　　应交税费—应交增值税（销项税额）272
借：受托代销商品款　　　　　　　　1600
　　贷：受托代销商品　　　　　　　　1600
借：应交税费—应交增值税（进项税额）272
　　贷：应付账款　　　　　　　　　　272
借：应付账款　　　　　　　　　　　1872
　　贷：其他业务收入　160（1000 × 1.6 × 10%）
　　　　银行存款　　　　　　　　　　1712
2.【答案】
（1）事项（1）会计处理不正确。
理由：售后回购业务中约定以固定价格回购商品的，发出商品时不确认收入，收到的款项应确认为负债。
更正分录为：
借：以前年度损益调整—主营业务收入 2000
　　贷：其他应付款　　　　　　　　　2000
借：发出商品　　　　　　　　　　　1200
　　贷：以前年度损益调整—主营业务成本 1200
借：以前年度损益调整—财务费用　　10
　　　〔（2 × 1030 − 2 × 1000）÷ 6〕
　　贷：其他应付款　　　　　　　　　10
（2）事项（2）会计处理不正确。
理由：以旧换新销售方式下销售商品应当按照销售商品收入确认条件确认收入，回收的旧商品作为购进商品处理，不能用回收旧商品成本冲减销售收入。
更正分录为：
借：原材料　　　　　　　　　　　　10
　　贷：以前年度损益调整—主营业务收入　10
（3）事项（3）会计处理不正确。
理由：分期收款销售商品，实质上具有融资性质的，应当按照应收的合同或协议价款的公允价值确定销售商品收入金额。
更正分录为：
借：长期应收款　　　　　　　　　　2500
　　贷：以前年度损益调整—主营业务收入 2000
　　　　未实现融资收益　　　　　　500
借：以前年度损益调整—主营业务成本 1500
　　贷：发出商品　　　　　　　　　　1500

上述事项合计影响"以前年度损益调整"的金额（借方余额）= 2000 − 1200 + 10 − 10 − 2000 + 1500 = 300（万元）。

借：利润分配—未分配利润　　　　　270
　　盈余公积　　　　　　　　　　　　30
　　贷：以前年度损益调整　　　　　　　　300

3.【答案】

（1）2015 年完工进度 = 5000 ÷（5000 + 7500）×100% = 40%；

2015 年应确认的合同收入 = 12000 × 40% = 4800（万元）；

2015 年应确认的合同费用 =（5000 + 7500）× 40% = 5000（万元）；

2015 年应确认的合同毛利 = 4800 − 5000 = −200（万元）；

2015 年年末应确认的合同预计损失 =（12500 − 12000）×（1 − 40%）= 300（万元）。

会计分录为：

借：工程施工—合同成本　　　　　5000
　　贷：原材料等　　　　　　　　　　5000
借：主营业务成本　　　　　　　　5000
　　贷：主营业务收入　　　　　　　　4800
　　　　工程施工—合同毛利　　　　　200
借：资产减值损失　　　　　　　　　300
　　贷：存货跌价准备　　　　　　　　　300

（2）2016 年完工进度 =（5000 + 7150）÷（5000 + 7150 + 1350）×100% = 90%；

2016 年应确认的合同收入 =（12000 + 2000）× 90% − 4800 = 7800（万元）；

2016 年应确认的合同费用 =（5000 + 7150 + 1350）× 90% − 5000 = 7150（万元）；

2016 年应确认的合同毛利 = 7800 − 7150 = 650（万元）。

借：工程施工—合同成本　　　　　7150
　　贷：原材料等　　　　　　　　　　7150
借：主营业务成本　　　　　　　　7150
　　　　工程施工—合同毛利　　　　　650
　　贷：主营业务收入　　　　　　　　7800

（3）2017 年完工进度为 100%；

2017 年应确认的合同收入 =（12000 + 2000）− 4800 − 7800 = 1400（万元）；

2017 年应确认的合同费用 = 13550 − 5000 − 7150 = 1400（万元）；

2017 年应确认的合同毛利 = 1400 − 1400 = 0。

借：工程施工—合同成本　　　　　1400
　　　　（13550 − 5000 − 7150）
　　贷：原材料等　　　　　　　　　　1400
借：主营业务成本　　　　　　　　1400
　　贷：主营业务收入　　　　　　　　1400
借：存货跌价准备　　　　　　　　　300
　　贷：主营业务成本　　　　　　　　　300

专题十　外币折算

【答案】

（1）

①借：原材料　　　　　　　　　1870000
　　　　（200000 × 8.50 + 170000）
　　　应交税费—应交增值税（进项税额）
　　　　　　　　　　　　　　　　317900
　　贷：应付账款—欧元　　　　　1700000
　　　　　（200000 × 8.50）
　　　　银行存款—人民币　　　　487900
　　　　　（170000 + 317900）

②借：应收账款—美元　　　　　253600
　　　　（40000 × 6.34）
　　贷：主营业务收入　　　　　　253600

③借：银行存款—欧元　　　　　1652000
　　　　（200000 × 8.26）
　　　财务费用—汇兑差额　　　　　8000
　　贷：银行存款—人民币　　　　1660000
　　　　　（200000 × 8.30）

④借：应付账款—欧元　　　　　1530000
　　　　（180000 × 8.50）
　　　财务费用—汇兑差额　　　　　1800
　　贷：银行存款—欧元　　　　　1531800
　　　　　（180000 × 8.51）

⑤借：银行存款—美元　　　　　252400
　　　　（40000 × 6.31）
　　　财务费用—汇兑差额　　　　　1200
　　贷：应收账款—美元　　　　　253600
　　　　　（40000 × 6.34）

⑥公允价值变动 =（110000 − 100000）× 6.30 = 63000（元人民币）。

借：可供出售金融资产—公允价值变动
　　　　　　　　　　　　　　　　63000
　　贷：其他综合收益　　　　　　　63000

【注】可供出售金融资产债券投资公允价值变动的影响与汇率变动的影响需要区分，分别计入其他综合收益和财务费用，汇兑损益部分分录统一在下面反映。

⑦应计入当期损益的金额 = 100000 × 4.2 × 6.30 − 2560000 = 86000（元人民币）。

借：交易性金融资产—公允价值变动　86000
　　贷：公允价值变动损益　　　　　86000

【注】交易性金融资产公允价值变动的影响和汇率变动的影响不做区分，均计入公允价值变动损益。

⑧应计入其他综合收益的金额 = 100000 × 15 × 0.90 − 960000 = 390000（元人民币）。

借：可供出售金融资产—公允价值变动
　　　　　　　　　　　　　　　390000
　　贷：其他综合收益　　　　　　390000

【注】可供出售金融资产股票投资公允价值变动的影响和汇率变动的影响不做区分，均计入其他综合收益。

（2）期末计算汇兑差额

银行存款美元账户汇兑差额＝40000×6.30－252400＝－400（元人民币）（汇兑损失）；

银行存款欧元账户汇兑差额＝1020000×8.16－8360200＝－37000（元人民币）（汇兑损失）；

应付账款欧元账户汇兑差额＝20000×8.16－170000＝－6800（元人民币）（汇兑收益）；

可供出售金融资产（债券）美元账户汇兑差额＝100000×6.30－621000＝9000（元人民

币）（汇兑收益）。

会计分录：

借：应付账款—欧元　　　　　　　6800

　　财务费用—汇兑差额　　　　　30600

　　贷：银行存款—美元　　　　　　　400

　　　　银行存款—欧元　　　　　　37000

借：可供出售金融资产—美元　　　9000

　　贷：财务费用—汇兑差额　　　　　9000

专题十一　所得税

1.【答案】

（1）

单位：万元

事　项	是否存在暂时性差异	可抵扣暂时性差异金额	应纳税暂时性差异金额	递延所得税资产	递延所得税负债
资料（1）	是	150（2100－1950）		37.5（150×25%）	
资料（2）	否				
资料（3）	是		200（5200－5000）		50（200×25%）
资料（4）	是	447.92（1000×50%－1000×50%/4×5/12）		0	
资料（5）	是	30（600×40%/12×3－600/5/12×3）		7.5（30×25%）	
资料（6）	否				
资料（7）	是	400		100（400×25%）	
广告费	是	420（2220－12000×15%）		105（420×25%）	
经营亏损	是	－3000		－750（－3000×25%）	

（2）

应纳税所得额＝2460＋150（1）－120（2）－620×50%－1000×50%/4×5/12（4）＋30（5）＋50（6）＋400（7）＋420（广告费）－3000（弥补亏损）＝27.92（万元）；

所得税费用＝27.92×25%－37.5－7.5－100－105＋750＝506.98（万元）。

（3）

借：所得税费用　　　　　　　　506.98

　　贷：应交税费—应交所得税　　　6.98
　　　　　　　　　　　　　（27.92×25%）

　　　　递延所得税资产　　　　　　500
　　　　（750－37.5－7.5－100－105）

借：其他综合收益　　　　　　　　50

　　贷：递延所得税负债　　　　　　　50

2.【答案】

（1）不正确。

正确的会计处理：超标的广告费支出允许向以后年度结转税前扣除，虽然无账面价值，但有计税基础，符合确认递延所得税资产的条件，

应确认递延所得税资产50万元［（950－5000×15%）×25%］。

（2）不正确。

正确的会计处理：甲公司2017年12月31日无形资产的账面价值＝280－10＝270（万元），计税基础＝270×150%＝405（万元），产生可抵扣暂时性差异135万元，但不符合确认递延所得税资产的条件，不能确认递延所得税资产。

（3）

①正确。

理由：因为固定资产发生永久性损坏但尚未处置，所以应全额计提减值准备。

②不正确。

正确的会计处理：A生产线发生的永久性损坏尚未经税务部门认定，所以固定资产的账面价值为零，计税基础为700万元，产生可抵扣暂时性差异金额为700万元，应确认递延所得税资产175万元（700×25%）。

（4）①、②和③均不正确。

正确的会计处理：因甲公司能够对长江公司施

加重大影响，应将取得的长江公司的股权作为长期股权投资核算，不能作为可供出售金融资产核算。该长期股权投资采用权益法核算，2017 年年末长期股权投资账面价值为 201600 万元（200600 + 1000），投资收益为 1000 万元（5000 × 20%）。在准备长期持有的情况下，对于采用权益法核算的长期股权投资账面价值与计税基础之间的差异，在未来可预见的期间无法转回，故不应确认相关的递延所得税。

（5）

①不正确。

正确的会计处理：无形资产当月增加，当月开始摊销。所以无形资产摊销额 = 1200 ÷ 5 × 6/12 = 120（万元），账面价值 = 1200 - 120 = 1080（万元）。

②不正确。

正确的会计处理：应计提无形资产减值准备 = 1080 - 600 = 480（万元）。

③不正确。

正确的会计处理：应确认递延所得税资产 = 480 × 25% = 120（万元）。

（6）

①正确。

理由：投资性房地产期末应按公允价值计量。

②不正确。

正确的会计处理：应确认公允价值变动损益 = 12200 - 12000 = 200（万元）。

③不正确。

正确的会计处理：出租日投资性房地产的公允价值大于其账面价值的差额记入"其他综合收益"科目，由此确认的递延所得税负债也应记入"其他综合收益"科目。应确认递延所得税负债 = [12200 - (10000 - 2000)] × 25% = 1050（万元），应确认所得税费用 = 200 × 25% = 50（万元），应冲减其他综合收益 = [12000 - (10000 - 2000)] × 25% = 1000（万元）。

3.【答案】

（1）

甲公司 2017 年暂时性差异计算

单位：万元

项　　目	账面价值	计税基础	暂时性差异	
			应纳税暂时性差异	可抵扣暂时性差异
应收账款	22000	24000		2000
可供出售金融资产	2600	2400	200	
长期股权投资	2800	2800		
应收股利	0	0		
其他应付款（业务宣传费）	4800	4500		300
合计			200	2300

（2）由于本年实现应纳税所得额超过以前年度未弥补亏损总额，故原确认的递延所得税资产 650 万元在本年应转回。递延所得税费用 = 650 - (2000 + 300) × 25% = 75（万元）。

（3）递延所得税资产（贷方）发生额 = 650 - (2000 + 300) × 25% = 75（万元），递延所得税负债（贷方）发生额 = 200 × 25% = 50（万元）（对应科目为"其他综合收益"），应交所得税 = [3000 + 2000 - 200 + (4800 - 30000 × 15%) - 650/25%] × 25% = 625（万元），所得税费用 = 625 + 75 = 700（万元）。

借：所得税费用　　　　　　　700
　　其他综合收益　　　　　　 50
　　贷：递延所得税资产　　　　　　 75
　　　　递延所得税负债　　　　　　 50
　　　　应交税费—应交所得税　　　625

专题十二　会计调整

1.【答案】

（1）属于资产负债表日后调整事项的有：（1）、（2）、（4）、（5）。

（2）

资料（1）

借：预计负债　　40 [(1000 - 800) × 20%]
　　贷：以前年度损益调整　　　　　　40
借：以前年度损益调整　　10 (40 × 25%)
　　贷：递延所得税资产　　　　　　　10
借：以前年度损益调整　　　　　　 30
　　贷：盈余公积　　　　　　　　　　 3
　　　　利润分配—未分配利润　　　　27

资料（2）

借：以前年度损益调整　　100（400－300）
　　预计负债　　　　　　300
　　　贷：其他应付款　　　　　　　400

借：以前年度损益调整　　75（300×25%）
　　　贷：递延所得税资产　　　　　75

借：应交税费—应交所得税100（400×25%）
　　　贷：以前年度损益调整　　　　100

借：盈余公积　　　　　　7.5
　　利润分配—未分配利润　67.5
　　　贷：以前年度损益调整　　　　75

借：其他应付款　　　　　400
　　　贷：银行存款　　　　　　　　400

资料（4）

借：以前年度损益调整　　　1543.75
　　　　[65000×（1－5%）/40]
　　　贷：累计折旧　　　　　　　1543.75

借：应交税费—应交所得税　385.94
　　　　　　（1543.75×25%）
　　　贷：以前年度损益调整　　　385.94

借：盈余公积　　　　　　115.78
　　　[（1543.75－385.94）×10%]
　　利润分配—未分配利润　1042.03
　　　[（1543.75－385.94）×90%]
　　　贷：以前年度损益调整　　1157.81

资料（5）

借：投资性房地产—成本　　2500
　　投资性房地产累计折旧　500
　　　贷：投资性房地产　　　　　2000
　　　　　递延所得税负债　　　　　250
　　　　{[2500－（2000－500）]×25%}
　　　　　盈余公积　　　　　　　　75
　　　　　利润分配—未分配利润　　675

2.【答案】

（1）事项（1）属于资产负债表日后调整事项。

相关会计分录为：

借：以前年度损益调整—主营业务收入　1000
　　应交税费—应交增值税（销项税额）　170
　　　贷：以前年度损益调整—财务费用　　10
　　　　　　　　　　　（1000×1%）
　　　　　其他应付款　　　　　　　　　1160

借：库存商品　　　　　　750
　　　贷：以前年度损益调整—主营业务成本　750

2018年支付退货款

借：其他应付款　　　　　1160
　　　贷：银行存款　　　　　　　　1160

（2）事项（2）不属于资产负债表日后事项，应作为2018年当年事项处理，应确认营业收入并结转相应的成本。

（3）事项（3）属于资产负债表日后调整事项。

相关会计分录为：

借：以前年度损益调整—营业外支出　　60
　　　　　　　　　　　（180－120）
　　　贷：预计负债　　　　　　　　　60

（4）结转以前年度损益调整

借：利润分配—未分配利润　　270
　　　[（1000－10－750＋60）×90%]
　　盈余公积　　　　　　　　30
　　　贷：以前年度损益调整　　　　300

3.【答案】

（1）广厦公司将持有的甲公司股票划分为可供出售金融资产的会计处理不正确。

理由：因为购入股票后对甲公司不具有控制、共同控制或重大影响，且准备随时出售，赚取差价，应该划分为交易性金融资产。

更正分录如下：

借：交易性金融资产—成本　　1600
　　投资收益　　　　　　　　100
　　　贷：可供出售金融资产—成本　　1700

借：可供出售金融资产—公允价值变动　300
　　　贷：其他综合收益　　　　　　　300

借：公允价值变动损益　　　200
　　　贷：交易性金融资产—公允价值变动　200

（2）广厦公司将剩余乙公司债券重分类为可供出售金融资产的会计处理不正确。

理由：重分类日，按照该债券投资的公允价值作为可供出售金融资产的入账价值，与其账面价值的差额计入所有者权益（其他综合收益）。

更正分录如下：

借：投资收益　　　　　　350
　　　贷：其他综合收益　　　　　　350

（3）广厦公司将持有的丙公司认股权证划分为可供出售金融资产的会计处理不正确。

理由：认股权证属于衍生工具，所以不能划分为可供出售金融资产，应划分为交易性金融资产核算。

更正分录如下：

借：交易性金融资产—成本　　100
　　　贷：可供出售金融资产—成本　　100

借：可供出售金融资产—公允价值变动　30
　　公允价值变动损益　　　30
　　　贷：交易性金融资产—公允价值变动　30
　　　　　其他综合收益　　　　　　　30

（4）广厦公司变更投资性房地产的后续计量模式的会计处理不正确。

理由：投资性房地产后续计量模式的变更属于会计政策变更，变更日公允价值和原账面价值之间的差额，应调整期初留存收益。

更正分录如下：

借：其他综合收益　　　　140
　　　贷：盈余公积　　　　　　　　14
　　　　　利润分配—未分配利润　　126

主观题

4.【答案】
（1）事项（1）、（2）、（4）、（5）错误，事项（3）正确。
（2）
①事项（1）：
借：原材料 10
　贷：以前年度损益调整 10
借：以前年度损益调整 2.5（10×25%）
　贷：应交税费—应交所得税 2.5
②事项（2）：
借：以前年度损益调整 200
　　应交税费—应交增值税（销项税额） 34
　贷：预收账款 234
借：库存商品 140
　贷：以前年度损益调整 140
借：应交税费—应交所得税 15
　　［（200－140）×25%］
　贷：以前年度损益调整 15
③事项（4）：
借：以前年度损益调整 500
　贷：预收账款 500
借：发出商品 350

贷：以前年度损益调整 350
借：应交税费—应交所得税 37.5
　　［（500－350）×25%］
　贷：以前年度损益调整 37.5
④事项（5）：
借：以前年度损益调整 700
　贷：其他应付款 700
借：发出商品 600
　贷：以前年度损益调整 600
借：以前年度损益调整 8［（740－700）/5］
　贷：其他应付款 8
借：应交税费—应交所得税 27（108×25%）
　贷：以前年度损益调整 27
⑤合并结转以前年度损益调整和提取盈余公积：
上述调整业务以前年度损益调整借方余额＝－10＋2.5＋200－140－15＋500－350－37.5＋700－600＋8－27＝231（万元）。
借：利润分配—未分配利润 231
　贷：以前年度损益调整 231
借：盈余公积 23.1
　贷：利润分配—未分配利润 23.1
（3）

单位：万元

项　目	调增（＋），调减（－）
营业收入	－1390（＋10－200－500－700）
营业成本	－1090（－140－350－600）
财务费用	＋8
所得税费用	－77（＋2.5－15－37.5－27）
盈余公积	－23.1
未分配利润	－207.9（－231＋23.1）

专题十三　长期股权投资结合合并财务报表

1.【答案】
（1）
①该合并为非同一控制下企业合并。
②原因：甲公司与乙公司在合并前不存在任何关联方关系，该项合并中不存在合并前对参与合并各方均实施最终控制的一方或相同的多方。
（2）
①长期股权投资的初始投资成本＝2000×4.2＝8400（万元）。
②会计分录为：
借：长期股权投资 8400
　贷：股本 2000
　　资本公积—股本溢价 6400

（3）甲对乙的长期股权投资采用成本法核算，2017年年末长期股权投资的账面价值仍为初始投资成本8400万元。
（4）
借：长期股权投资 720（900×80%）
　贷：投资收益 720
（5）
①抵销长期股权投资与乙公司所有者权益：
借：实收资本 4000
　　资本公积 1500
　　其他综合收益 500
　　盈余公积 1090
　　未分配利润 2810
　　商誉 1200（8400－9000×80%）
　贷：长期股权投资 9120（8400＋720）
　　少数股东权益 1980（9900×20%）

396 2017年会计专业技术资格考试每日攻克—考点 中级会计实务

②抵销投资收益与子公司利润分配：

借：投资收益　　　　　　　　720
　　少数股东损益　　180（900×20%）
　　未分配利润—年初　　　　2000
　　　贷：提取盈余公积　　　　　90
　　　　　未分配利润—年末　　2810

③内部购入A商品抵销分录：

借：营业收入　　　　　　　　800
　　　贷：营业成本　　　　　　800
借：营业成本　　　　　　　　48
　　　贷：存货48｛［（4-2.8）×200］×20%｝
借：少数股东权益　　9.6（48×20%）
　　　贷：少数股东损益　　　　9.6

④与内部债券投资相关的抵销分录：

借：应付债券　　　　　　　　623
　　　贷：持有至到期投资　　　623
借：投资收益　　　　　　　　23
　　　贷：财务费用　　　　　　23

⑤与内部交易固定资产相关的抵销分录：

借：营业收入　　　　　　　　720
　　　贷：营业成本　　　　　　600
　　　　　固定资产　　　　　　120
借：固定资产　6［（720-600）/10×6/12］
　　　贷：管理费用　　　　　　6
借：少数股东权益　　　　　　22.8
　　　　　　　　　［（120-6）×20%］
　　　贷：少数股东损益　　　　22.8
借：应付账款　842.4（720×1.17）
　　　贷：应收账款　　　　　842.4
借：应收账款　　　　　　　　36
　　　贷：资产减值损失　　　　36
借：少数股东损益　7.2（36×20%）
　　　贷：少数股东权益　　　　7.2

⑥与内部使用无形资产相关的抵销分录：

借：营业收入　　　　　　　　60
　　　贷：管理费用　　　　　　60

⑦内部预收、预付款抵销：

借：预收款项　　　　　　　　180
　　　贷：预付款项　　　　　　180

2.【答案】

（1）购买日的合并商誉金额=5000×3.6-［20000+（1500-1000）×（1-25%）］×80%=1700（万元）。

（2）甲公司取得乙公司80%股权的会计分录：

借：长期股权投资　　　　　18000
　　　贷：股本　　　　　　　5000
　　　　　资本公积—股本溢价　13000
借：资本公积—股本溢价　　　500
　　　管理费用　　　　　　　300
　　　贷：银行存款　　　　　　800

（3）甲公司购买日在合并工作底稿中的调整分录：

借：存货　　　　500（2000-1500）
　　　贷：资本公积　　　　　　375
　　　　　递延所得税负债　125（500×25%）

（4）购买日的抵销分录：

借：股本　　　　　　　　　　8000
　　资本公积　　5375（5000+375）
　　盈余公积　　　　　　　　3000
　　其他综合收益　　　　　　1000
　　未分配利润—年初　　　　3000
　　商誉　　　　　　　　　　1700
　　　贷：长期股权投资　　　18000
　　　　　少数股东权益　　　4075

（5）年末合并财务报表中相关的调整和抵销分录：

①

借：存货　　　　　　　　　　500
　　　贷：资本公积　　　　　　375
　　　　　递延所得税负债　　　125
借：营业成本　　300（500×60%）
　　　贷：存货　　　　　　　　300
借：递延所得税负债　75（300×25%）
　　　贷：所得税费用　　　　　75

②将长期股权投资由成本法改为权益法

乙公司调整后本年净利润=5000-500×60%×（1-25%）（存货A对外出售部分）=4775（万元），甲公司应确认的投资收益=4775×80%=3820（万元）。

借：长期股权投资　　　　　　3820
　　　贷：投资收益　　　　　　3820

对分配现金股利的调整：

借：投资收益　　560（700×80%）
　　　贷：长期股权投资　　　　560

对其他综合收益的调整：

借：长期股权投资　320（400×80%）
　　　贷：其他综合收益　　　　320

调整后长期股权投资的账面价值=18000+3820-560+320=21580（万元）；

乙公司调整后年末未分配利润=3000（年初）+4775（当年调整后的净利润）-500（提取盈余公积）-700（分配现金股利）=6575（万元）；

少数股东权益=（8000+5375+3000+500+1000+400+6575）×20%=4970（万元）；

少数股东损益=4775×20%=955（万元）。

③

借：股本　　　　　　　　　　8000
　　资本公积　　5375（5000+375）
　　盈余公积　　　　　　　　3500
　　其他综合收益　　　　　　1400
　　未分配利润—年末　　　　6575
　　商誉　　　　　　　　　　1700

主观题

　贷：长期股权投资　　　　　　21580
　　　少数股东权益　　　　　　　4970
④
　借：投资收益　　　　　　　　3820
　　　少数股东损益　　　　　　　955
　　　未分配利润一年初　　　　　3000
　　贷：提取盈余公积　　　　　　　500
　　　　对所有者（或股东）的分配　700
　　　　未分配利润一年末　　　　6575
⑤资料（2）的抵销分录：
　借：营业收入　　　　　　　　　200
　　贷：营业成本　　　　　　　　　200
　借：营业成本　　　　　　　　　　32
　　　　［（200－160）×（1－20%）］
　　贷：存货　　　　　　　　　　　32
　借：递延所得税资产　　　　　　　8
　　　　［（200－160）×80%×25%］
　　贷：所得税费用　　　　　　　　8
　借：少数股东权益　4.8［（32－8）×20%］
　　贷：少数股东损益　　　　　　4.8
　借：应付账款　　　　　　　　　234
　　贷：应收账款　　　　　　　　234
　借：应收账款　　　23.4（234×10%）
　　贷：资产减值损失　　　　　　23.4
　借：所得税费用　　5.85（23.4×25%）
　　贷：递延所得税资产　　　　　5.85
　借：少数股东损益　　　　　　3.51
　　　　［（23.4－5.85）×20%］
　　贷：少数股东权益　　　　　3.51
⑥资料（3）的抵销分录：
　借：资本公积　　　　　　　　1200
　　贷：长期股权投资　　　　　1200
⑦资料（4）的抵销分录：
　借：营业外收入　　　　　　　　300
　　贷：无形资产　　　　　　　　300
　借：无形资产　　　30（300/5×6/12）
　　贷：管理费用　　　　　　　　30
　借：递延所得税资产　　　　　67.5
　　　　［（300－30）×25%］
　　贷：所得税费用　　　　　　67.5
　借：少数股东权益　　　　　　40.5
　　　　［（300－30－67.5）×20%］
　　贷：少数股东损益　　　　　40.5
　借：应付账款　　848［800×（1+6%）］
　　贷：应收账款　　　　　　　　848
　借：应收账款　　84.8（848×10%）
　　贷：资产减值损失　　　　　84.8
　借：所得税费用　21.2（84.8×25%）
　　贷：递延所得税资产　　　　21.2

　借：少数股东损益　　　　　　12.72
　　　　［（84.8－21.2）×20%］
　　贷：少数股东权益　　　　　12.72
3.【答案】
（1）该业务属于非货币性资产交换；理由：甲公司与乙公司均以其持有股权进行交换，并且支付补价比例符合规定。补价比例＝200/8200×100%＝2.44%＜25%。
（2）①甲公司取得B公司股权属于企业合并；理由：甲公司取得股权后能控制B公司。②该项合并属于非同一控制下企业合并；理由：甲公司与乙公司及B公司均无关联方关系。
（3）甲公司购买日的合并商誉＝8200－12000×60%＝1000（万元）。
（4）取得B公司股权的相关会计分录：
　借：长期股权投资　　　　　　8200
　　贷：可供出售金融资产—成本　　7000
　　　　　　　　　　—公允价值变动　800
　　　　投资收益　　200（8000－7800）
　　　　银行存款　　　　　　　　200
　借：其他综合收益　　　　　　　800
　　贷：投资收益　　　　　　　　800
（5）2017年度调整和抵销分录：
①将长期股权投资由成本法改为权益法
　借：长期股权投资　　3000（5000×60%）
　　贷：投资收益　　　　　　　3000
　借：投资收益　　　300（500×60%）
　　贷：长期股权投资　　　　　300
　借：其他综合收益　120（200×60%）
　　贷：长期股权投资　　　　　120
调整后的长期股权投资账面价值＝8200＋3000－300－120＝10780（万元）；
少数股东权益＝（12000＋5000－200－500）×40%＝6520（万元）；
少数股东损益＝5000×40%＝2000（万元）；
B公司年末未分配利润＝2500＋5000（投资后实现净利润）－5000×10%（提取盈余公积）－500（分配现金股利）＝6500（万元）。
　借：股本　　　　　　　　　　5000
　　　资本公积　　　　　　　　3000
　　　盈余公积　　1700（1200＋500）
　　　其他综合收益　　100（300－200）
　　　未分配利润一年末　　　　6500
　　　商誉　　　　　　　　　　1000
　　贷：长期股权投资　　　　　10780
　　　　少数股东权益　　　　　6520
　借：投资收益　　　　　　　　3000
　　　少数股东损益　　　　　　2000
　　　未分配利润一年初　　　　2500

贷：提取盈余公积　　　　　　　　500
　　　对所有者（或股东）的分配　　500
　　　未分配利润—年末　　　　　　6500
②资料（2）的抵销分录：
借：营业外收入　　　　　　　　　800
　　　　［2000 –（3000 – 1800）］
　　贷：无形资产　　　　　　　　　800
借：无形资产　　13.33（800/5 × 1/12）
　　贷：管理费用　　　　　　　　13.33
借：少数股东权益　　　　　　314.67
　　　［（800 – 13.33）×40%］
　　贷：少数股东损益　　　　　314.67
借：应付账款　　　　　　　　　2000
　　贷：应收账款　　　　　　　　2000
借：应收账款　　　　　　　　　　50
　　贷：资产减值损失　　　　　　　50
借：少数股东损益　　20（50 × 40%）
　　贷：少数股东权益　　　　　　　20
③资料（3）的抵销分录：
借：营业收入　　　　　　　　　　400
　　贷：营业成本　　　　　　　　380
　　　　存货　　　　　　　　　　20
合并报表中存货的账面价值为380万元，可变现净值 = 400 – 50 = 350（万元），合并报表中应计提存货跌价准备 = 380 – 350 = 30（万元），个别报表中计提50万元，应编制的抵销分录为：
借：存货　　　　　　　　　　　　20
　　贷：资产减值损失　　　　　　　20
④2018年度调整和抵销分录：
将长期股权投资由成本法改为权益法
借：长期股权投资　　3000（5000 × 60%）
　　贷：未分配利润—年初　　　　3000
借：未分配利润—年初　300（500 × 60%）
　　贷：长期股权投资　　　　　　300
借：其他综合收益　　120（200 × 60%）
　　贷：长期股权投资　　　　　　120
借：长期股权投资　　3600（6000 × 60%）
　　贷：投资收益　　　　　　　　3600
借：投资收益　　　600（1000 × 60%）
　　贷：长期股权投资　　　　　　600
借：长期股权投资　　180（300 × 60%）
　　贷：其他综合收益　　　　　　180
调整后的长期股权投资账面价值 = 10780 + 3600 – 600 + 180 = 13960（万元）；
少数股东权益 =（16300 + 6000 + 300 – 1000）×40% = 8640（万元）；
少数股东损益 = 6000 × 40% = 2400（万元）；
B公司年末未分配利润 = 6500（年初）+ 6000（当年实现净利润）– 6000 × 10%（提取盈余公积）– 1000（分配现金股利）= 10900（万元）。

借：股本　　　　　　　　　　　5000
　　资本公积　　　　　　　　　3000
　　盈余公积　　　2300（1700 + 600）
　　其他综合收益　　400（100 + 300）
　　未分配利润—年末　　　　　10900
　　商誉　　　　　　　　　　　1000
　　贷：长期股权投资　　　　　13960
　　　　少数股东权益　　　　　8640
借：投资收益　　　　　　　　　3600
　　少数股东损益　　　　　　　2400
　　未分配利润—年初　　　　　6500
　　贷：提取盈余公积　　　　　　600
　　　　对所有者（或股东）的分配　1000
　　　　未分配利润—年末　　　10900
⑤资料（5）的抵销分录：
借：未分配利润—年初　　　　　　20
　　贷：营业成本　　　　　　　　　20
借：存货　　　　　　　　　　　　20
　　贷：未分配利润—年初　　　　　20
借：营业成本　　　　　　　　　　20
　　贷：存货　　　　　　　　　　　20
⑥资料（6）的抵销分录：
借：未分配利润—年初　　　　　　800
　　贷：无形资产　　　　　　　　800
借：无形资产　　　　　　　　　13.33
　　贷：未分配利润—年初　　　13.33
借：无形资产　　　　　　　　　160
　　贷：管理费用　　　　　　　　160
借：少数股东权益　　　　　　314.67
　　贷：未分配利润—年初　　　314.67
借：少数股东损益　　64（160 × 40%）
　　贷：少数股东权益　　　　　　64
借：应收账款　　　　　　　　　　50
　　贷：未分配利润—年初　　　　　50
借：资产减值损失　　　　　　　　50
　　贷：应收账款　　　　　　　　　50
借：未分配利润—年初　20（50 × 40%）
　　贷：少数股东权益　　　　　　　20
借：少数股东权益　　　　　　　　20
　　贷：少数股东损益　　　　　　　20
4.【答案】
（1）合并产生的商誉 = 3000 – 3980 × 60% = 612（万元）。
借：长期股权投资　　　　　　　3000
　　贷：银行存款　　　　　　　　3000
（2）对乙公司的个别财务报表进行调整，编制相关的调整分录：
借：固定资产　　　　　　　　　　80
　　贷：资本公积　　　　　　　　　60
　　　　递延所得税负债　20（80 × 25%）

借：管理费用　　　　　　　　　8（80/10）
　　贷：固定资产　　　　　　　　　　　　8
借：递延所得税负债　　　　　　2
　　贷：所得税费用　　　　　　　　　　　2
（3）按权益法调整对乙公司的长期股权投资，
相关的调整分录：
乙公司调整后的净利润＝406－8＋2＝400
（万元）。
借：长期股权投资　　　　　　　270
　　贷：投资收益　　　　　240（400×60%）
　　　　其他综合收益　　18（40×75%×60%）
　　　　资本公积　　　　　12（20×60%）
借：投资收益　　　　　　　60（100×60%）
　　贷：长期股权投资　　　　　　　　　60
调整后长期股权投资的账面价值＝3000＋270－
60＝3210（万元）。
（4）甲公司2017年12月31日合并乙公司财务
报表内部交易相关的抵销分录：
借：营业收入　　　　　　　140（20×7）
　　贷：营业成本　　　　　　　　　　140
借：营业成本　　　　　　36〔12×（7－4）〕
　　贷：存货　　　　　　　　　　　　36
借：递延所得税资产　　　　9（36×25%）
　　贷：所得税费用　　　　　　　　　　9
借：少数股东权益10.8〔（36－9）×40%〕
　　贷：少数股东损益　　　　　　　　10.8
（5）甲公司2017年12月31日合并乙公司财务
报表股权投资相关的抵销分录：
借：股本　　　　　　　　　　1800
　　资本公积　　　1880（1800＋60＋20）
　　其他综合收益　230（200＋40×75%）
　　盈余公积　　　　52.6（12＋40.6）
　　未分配利润—年末　　　　367.4
　　　　　　（108＋400－40.6－100）
　　商誉　　　　　　　　　　612

贷：长期股权投资　3210（3000＋270－60）
　　少数股东权益　　1732（4330×40%）
借：投资收益　　　　　240（400×60%）
　　少数股东损益　　　160（400×40%）
　　未分配利润—年初　　　　108
　　贷：提取盈余公积　　　　　　40.6
　　　　对所有者（或股东）的分配　　100
　　　　未分配利润—年末　　　　367.4
（6）个别财务报表确认的投资收益＝2400－
3000×40%/60%＝400（万元），剩余的股权投
资需要按照权益法追溯调整：由于剩余股权投
资成本1000万元（3000－2000）＞3980×
20%，不需要调整初始投资成本。调整原账面
价值，其中："损益调整"明细科目＝（406－
8＋2－36＋9－100）×20%＝54.6（万元），
"其他权益变动"明细科目＝20×20%＝4（万
元），"其他综合收益"明细科目＝40×75%×
20%＝6（万元），个别财务报表中长期股权投
资的账面价值＝（3000－2000）＋54.6＋4＋
6＝1064.6（万元）。
（7）原有子公司自购买日开始持续计算的可辨
认净资产公允价值的金额＝3980＋（406－8＋
2－36＋9）－100＋20＋30＝4303（万元）。
甲公司应在其合并财务报表中确认的处置损
益＝（处置股权取得的对价2400＋剩余股权公
允价值1200－按原持股比例计算应享有原有子
公司自购买日开始持续计算的可辨认净资产的
份额4303×60%）－商誉612＋资本公积和其
他综合收益的结转（30＋20）×60%＝436.2
（万元）。

冲刺篇

模拟题演练

2017 年会计专业技术资格考试
模拟测试题（一）

一、单项选择题（本类题共 10 小题，每小题 1.5 分，共 15 分，每小题备选答案中，只有一个符合题意的正确答案）

1. 2017 年 6 月 30 日大华公司原材料科目的余额为 5100 万元，其对应的存货跌价准备的余额为 310 万元。2017 年 7 月购入同类原材料一批入账价值为 200 万元。上述全部原材料可用于生产 5000 台甲产品，加工成本为 3050 万元。7 月 31 日大华公司与东大公司签订销售 3000 台甲产品的购销合同，合同售价合计 4900 万元，估计销售税费为 150 万元。大华公司将剩余 2000 台甲产品与华东公司签订合同，合同售价 3500 万元，估计销售税费为 100 万元。当月甲产品尚未开始生产，不考虑其他因素，则大华公司 7 月 31 日应计提的存货跌价准备为（ ）万元。
   - A. 260
   - B. −50
   - C. −200
   - D. −260

2. 甲公司为铁矿石开采企业，每月月末根据当月开采原矿数量计提安全生产费，计提标准为 15 元/吨。2017 年 6 月 1 日 "专项储备" 科目的贷方余额为 320 万元。当月经批准使用安全生产费购入不需安装矿井防护设备一套，取得增值税专用发票注明价款 50 万元，增值税税额为 8.5 万元。当月举办安全生产教育大会发生支出 2 万元。当月矿石开采数量为 5 万吨，销售原矿数量为 10 万吨，则 6 月 30 日 "专项储备" 科目的余额为（ ）万元。
   - A. 418
   - B. 409.5
   - C. 334.5
   - D. 343

3. 2017 年 6 月 30 日甲公司一栋办公楼租赁期满，甲公司将其收回自用。转换日，该投资性房地产的账面价值为 3800 万元（其中成本 3000 万元，公允价值变动 800 万元），公允价值为 4000 万元，则下列会计表述不正确的是（ ）。
   - A. 固定资产的入账价值为 4000 万元
   - B. 固定资产入账价值与原投资性房地产账面价值的差额 200 万元计入公允价值变动损益

   - C. 固定资产入账价值为 3000 万元
   - D. 上述业务对当期损益的影响金额为 200 万元

4. M 公司和 N 公司均为增值税一般纳税人，销售商品和动产适用的增值税税率均为 17%。2017 年 6 月 9 日 M 公司以一批存货和一台设备交换 N 公司一项长期股权投资和一项可供出售金融资产。存货的账面余额为 100 万元，公允价值为 150 万元，设备的原值为 200 万元，已提折旧 50 万元，公允价值为 120 万元。长期股权投资的账面价值为 200 万元，公允价值为 220 万元，可供出售金融资产的账面价值为 100 万元，公允价值为 120 万元。根据协议约定 M 公司向 N 公司支付补价 24.1 万元（包括价差 70 万元，增值税差价 −45.9 万元），该交换具有商业实质。则 N 公司换入存货和设备的入账金额分别为（ ）万元。
   - A. 150 和 120
   - B. 220 和 120
   - C. 175.5 和 140.4
   - D. 245.5 和 140.4

5. 甲公司为增值税一般纳税人，销售商品适用增值税税率为 17%，2017 年 11 月 8 日将一批商品出售给乙公司，商品标价为 1200 万元，其成本为 800 万元，甲公司给予乙公司 15% 的商业折扣（考虑增值税）。合同约定乙公司应于 12 月 31 日前支付购买价款。至 12 月 31 日乙公司尚未支付价款，根据相关信息甲公司预计将有 10% 难以收回，随即甲公司按应收账款的 10% 计提坏账准备。则 2017 年 12 月 31 日甲公司该笔应收账款账面价值为（ ）万元。
   - A. 1263.6
   - B. 1193.4
   - C. 1074.06
   - D. 918

6. 在集团股份支付中，结算企业（母公司）以其本身权益工具结算，接受服务企业（子公司）没有结算义务的，则结算企业个别报表应进行的会计处理正确的是（ ）。
   - A. 增加结算企业长期股权投资
   - B. 增加接受服务企业的股本
   - C. 减少结算企业资本公积
   - D. 增加结算企业应付职工薪酬

7. 民间非营利组织业务活动成本最终要结转至（　　）。
   A. 非限定性净资产
   B. 限定性净资产
   C. 管理费用
   D. 其他费用

8. 2016 年 1 月 1 日，甲公司签订了一项总金额为 280 万元的固定造价合同，预计总成本为 240 万元，完工进度按照累计实际发生的合同成本占合同预计总成本的比例确定。工程于 2016 年 2 月 1 日开工，预计于 2018 年 6 月 1 日完工。2016 年实际发生成本 120 万元，预计还将发生成本 120 万元。2017 年实际发生成本 90 万元，由于原材料价格上涨，预计工程总成本将上升至 300 万元。不考虑其他因素，下列甲公司对该建造合同相关的会计处理中，正确的是（　　）。
   A. 2017 年确认合同毛利 34 万元
   B. 2017 年确认合同收入 196 万元
   C. 2016 年确认合同收入 140 万元
   D. 2017 年年末计提存货跌价准备 20 万元

9. 甲公司原持有乙公司 25% 的股权（具有重大影响），作为长期股权投资核算。2016 年 7 月 2 日从非关联方处再次购买乙公司 45% 的股权（不属于"一揽子交易"）从而能够控制乙公司，支付购买价款 3825 万元，当日，原 25% 股权的账面价值为 2000 万元（投资成本 1800 万元，其他权益变动 200 万元），公允价值为 2125 万元；乙公司可辨认净资产的公允价值为 8000 万元。则在购买日合并报表中，甲公司应确认的投资收益为（　　）万元。
   A. 0   B. 325
   C. 125   D. 200

10. 下列项目中，不会影响营业利润的是（　　）。
   A. 管理不善导致存货盘亏净损失
   B. 可供出售金融资产期末公允价值上升确认的递延所得税负债
   C. 对应收账款计提坏账准备
   D. 将自有资产转换为采用公允价值模式进行后续计量的投资性房地产，转换当天的公允价值小于账面价值的差额

二、多项选择题（本类题共 10 小题，每小题 2 分，共 20 分。每小题备选答案中，有两个或两个以上符合题意的正确答案）

1. 下列项目中，关于固定资产的表述中正确的有（　　）。
   A. 划分为持有待售的固定资产，应按账面价值与公允价值减去处置费用后的净额孰低进行计量
   B. 企业至少应于每年年度终了对固定资产折旧方法、使用寿命、预计净残值进行复核

C. 更新改造工程被替换部分的残料收入不影响最终固定资产的入账价值
   D. 固定资产的折旧方法一经确定不得变更

2. 下列项目中，关于内部研发无形资产满足资本化的表述中正确的有（　　）。
   A. 完成该无形资产以使其能够使用或出售在技术上具有可行性
   B. 具有完成该无形资产并使用或出售的意图
   C. 有足够的技术、财务资源和其他资源支持
   D. 归属于该无形资产研究阶段的支出能够可靠地计量

3. 甲公司与乙公司均是增值税一般纳税人，销售商品适用的增值税税率为 17%。2016 年 7 月 3 日甲公司以其生产的一批商品交换乙公司持有 B 公司的股权投资。商品的成本为 200 万元（未计提存货跌价准备），公允价值为 300 万元，长期股权投资的账面余额为 260 万元，公允价值为 320 万元，乙公司向甲公司支付补价 31 万元，假定该项非货币性资产交换具有商业实质，不考虑其他因素的影响。则下列处理表述正确的有（　　）。
   A. 甲公司应确认收入 300 万元，增值税销项税额 51 万元
   B. 甲公司换入长期股权投资的入账金额为 320 万元
   C. 乙公司应确认投资收益 60 万元
   D. 乙公司换入商品的入账金额为 300 万元

4. 下列各项资产期末无需计提减值准备的有（　　）。
   A. 商誉
   B. 公允价值模式后续计量的投资性房地产
   C. 交易性金融资产
   D. 可供出售金融资产

5. 下列关于股份支付会计处理的表述中，正确的有（　　）。
   A. 对以权益结算的股份支付，在可行权日之后应将相关的所有者权益按公允价值进行调整
   B. 对以权益结算的股份支付换取职工提供服务的，应按所授予权益工具在授予日的公允价值计量
   C. 对以现金结算的股份支付，在可行权日之后应将相关负债的公允价值变动计入当期损益
   D. 股份支付应以符合相关法规要求、完整有效的股份支付协议为基础进行确认和计量

6. 下列关于企业将债务转为资本的债务重组中，表述不正确的有（　　）。
   A. 债权人取得债务人股权后应作为长期股权投资核算
   B. 债务人应将重组债务的账面价值与股本的差额计入营业外收入
   C. 股份的公允价值与股份面值的差额计入资本公积

D. 债权人在未计提坏账准备的情况下，应按股份的公允价值与重组债权账面价值的差额计入营业外支出

7. 企业发生的下列事项中，应当确认预计负债的有( )。
A. 一项未决诉讼赔偿的可能性为70%，且赔偿金额预计为8万元
B. 承担贷款担保，被担保企业违约风险极低
C. 计提产品质量保证金
D. 不可撤销的待执行合同变为亏损合同且不存在标的资产

8. 下列关于让渡资产使用权收入的表述，正确的有( )。
A. 将无形资产所有权出售属于让渡资产使用权收入
B. 如果合同或协议规定使用费一次支付，且不提供后期服务的，应当视同销售该项资产一次确认收入
C. 如果合同或协议规定使用费一次支付，但需要提供后期服务的，在合同或协议规定的有效期内分期确认收入
D. 如果合同或协议规定分期支付使用费的，按合同或协议规定的收款时间和金额或规定的收费方法计算的金额分期确认收入

9. 甲公司确认的下列各项负债中，计税基础不为零的有( )。
A. 因合同违约确认的预计负债
B. 从银行取得的短期借款
C. 因确认保修费用形成的预计负债
D. 因税收罚款确认的其他应付款

10. 下列项目中，企业应当计入当期损益的有( )。
A. 外币财务报表折算差额
B. 外币银行存款账户期末发生的汇兑差额
C. 外币应付账款账户期末发生的汇兑差额
D. 可供出售外币货币性金融资产持有期间产生的汇兑差额

三、判断题（本类题共10小题，每小题1分，共10分。请判断每小题的表述是否正确，每小题答题正确的得1分，答题错误的倒扣0.5分，不答题的不得分也不倒扣分。本类题最低得分为0分）

1. 对于接受捐赠的资产，民间非营利组织对于资产以及资产带来的收益具有控制权。 ( )
2. 实行财政直接支付方式的事业单位，应于收到"财政直接支付入账通知书"时，一方面增加零余额账户用款额度，另一方面确认财政补助收入。 ( )
3. 同一控制下企业合并中取得的子公司，除应考虑会计政策及会计期间的差别外，需要对子公司的个别财务报表进行调整，使子公司的个别财务报表反映为在购买日公允价值基础上确定的可辨认资产、负债及或有负债等在本期资产负债表日应有的金额。 ( )
4. 资产负债表日后事项如涉及现金收支项目，均不调整报告年度资产负债表的货币资金项目，但现金流量表正表各项目数字需进行调整。 ( )
5. 企业将持有至到期投资部分处置后将剩余部分重分类为可供出售金融资产的，应采用追溯调整法进行会计处理。 ( )
6. 与资产相关的政府补助也可能表现为政府向企业无偿划拨非货币性长期资产的形式。在这种情况下，企业应当在实际取得资产并办妥相关受让手续时按照其公允价值确认和计量，公允价值不能可靠取得的，按评估价值计量。 ( )
7. 以非现金资产清偿全部债务的债务重组中，非现金资产公允价值小于重组债务账面价值的差额属于债务人的债务重组利得。 ( )
8. 通常情况下，与非累积带薪缺勤相关的职工薪酬已经包括在企业每期向职工发放的工资等薪酬中，因此不必额外作相应的账务处理。 ( )
9. 将经营租赁的固定资产通过变更合同转为融资租赁固定资产，在会计上不作为会计政策变更处理。 ( )
10. 企业按准则相关要求计提的各项减值准备体现的是谨慎性原则。 ( )

四、计算分析题（本类题共计2小题，第1小题10分，第2小题12分，共22分。凡要求计算的项目，除特别说明外，均须列出计算过程；计算结果出现小数的，均保留到小数点后两位小数，答案中金额单位用万元表示。凡要求编制的会计分录，除题中有特殊要求外，只需写出一级科目）

1. 甲公司2016年1月1日向银行借款3000万元专门用于建造某条生产线（可生产多种产品），该借款年利率为6%，借款期限为3年，每年1月1日支付上年度利息，到期归还本金。甲公司在2015年12月1日借入一般借款5000万元，年利率为5%，借款期限为5年，每年1月1日支付上年度利息，到期归还本金。工程采用出包方式于2016年2月2日开工建造，2016年3月1日支付工程款进度款2000万元，2016年6月1日再次支付工程进度款2000万元。2016年10月1日因工程质量问题被当地安检局查处，甲公司与工程建设方进行沟通要求其按照安监局的要求对已建造部分进行整改，至2017年1月31日整改完成并经过验收。2017年2月1日甲公司根据合同约定向建设方支付工程款1000万元。工程于2017年12月31日经

甲公司验收合格达到预定可使用状态。甲公司预计该生产线可以使用5年，预计净残值为75.34万元，采用年限平均法计提折旧。

其他资料：甲公司除上述借款外没有其他借款，累计支出超过专门借款资金部分使用一般借款。专门借款闲置资金用于购买固定收益的理财产品，月收益率为0.1%。不考虑相关税费及其他因素。

要求：

（1）计算2016年应资本化和费用化的利息费用。

（2）计算2017年应资本化和费用化的利息费用。

（3）计算生产线的入账成本。

（4）计算2018年固定资产应计提的折旧并编制相关会计分录。

2. 黄河实业股份有限公司（以下简称"黄河公司"）有关房地产的相关业务资料如下：

（1）2013年1月，黄河公司自行建造办公大楼。在建设期间，黄河公司购进为工程准备的一批物资，价款为2340万元。该批物资已验收入库，款项以银行存款支付。该批物资全部用于办公大楼工程项目。黄河公司为建造工程支付在建工程人员薪酬1310万元。

（2）2014年8月，该办公大楼的建设达到了预定可使用状态并投入使用。该办公大楼预计使用寿命为20年，预计净残值为50万元，采用年限平均法计提折旧。

（3）2015年12月，黄河公司与乙公司签订了租赁协议，将该办公大楼经营租赁给乙公司，租赁期为2年，年租金为300万元，租金于每年年末结清。租赁开始日为2015年12月31日。假定该项投资性房地产的公允价值能够持续可靠取得，黄河公司对投资性房地产采用公允价值模式进行后续计量。

（4）该办公大楼在转换日的公允价值为4000万元，2016年年末的公允价值为4200万元，2017年年末的公允价值为4300万元。

（5）2018年1月，黄河公司将上述投资性房地产用以抵偿对丁公司的应付账款5000万元，双方债权债务结清。假定抵债时投资性房地产的公允价值为4350万元。

（6）假定不考虑增值税及其他因素。

要求：

（1）编制黄河公司自行建造办公大楼的有关会计分录。

（2）计算黄河公司该项办公大楼至2015年年末应计提的累计折旧金额。

（3）编制黄河公司将该项办公大楼停止自用改为出租的会计分录。

（4）编制黄河公司2016年与投资性房地产有关的会计分录。

（5）编制黄河公司2017年与投资性房地产有关的会计分录。

（6）编制黄河公司进行债务重组的会计分录。

（投资性房地产需写出二级明细科目）

五、综合题（本类题共2小题，第1小题15分，第2小题18分，共33分。凡要求计算的项目，除特别说明外，均须列出计算过程；计算结果出现小数的，均保留小数点后两位小数，答案中的金额单位用万元表示。凡要求编制会计分录的，除题中有特殊要求外，只需写出一级科目）

1. 甲股份有限公司（以下简称"甲公司"）为增值税一般纳税人，销售商品适用的增值税税率为17%（以下价格无特殊说明，均不含增值税）。2017年3月1日在接受内部审计部门对2016年度报表审计时发现如下事项：

（1）2016年5月8日，甲公司将一批商品与乙公司（非关联方）的一项长期股权投资进行交换，甲公司商品的成本为8000万元（未计提存货跌价准备），市场售价为9000万元。长期股权投资的公允价值为9200万元，甲公司收到补价1330万元。该交换具有商业实质，甲公司取得投资仍作为长期股权投资并采用成本法核算。甲公司的账务处理为：

借：长期股权投资　　　　　　　　8200

　　银行存款　　　　　　　　　　1330

　　贷：库存商品　　　　　　　　　8000

　　　　应交税费—应交增值税（销项税额）

　　　　　　　　　　　　　　　　1530

（2）2016年7月19日，甲公司与债权人丙公司达成债务重组协议，根据协议约定丙公司同意将甲公司所欠2000万元货款免除200万元，同时以一项专利权偿还部分债务，剩余债务在6个月后清偿。同时约定如果甲公司当年盈利应再额外偿还100万元。甲公司该专利权原值为1800万元，至重组日已计提摊销300万元，已计提减值准备100万元，公允价值为1500万元（适用增值税税率为6%），甲公司预计当年很可能会盈利。甲公司的账务处理为：

借：应付账款　　　　　　　　　　2000

　　累计摊销　　　　　　　　　　300

　　无形资产减值准备　　　　　　100

　　贷：无形资产　　　　　　　　　1800

　　　　应交税费—应交增值税（销项税额）　90

　　　　营业外收入　　　　　　　　510

（3）2016年11月23日，丁公司以甲公司侵犯其专利权将其诉讼至人民法院，至12月31日法院尚未判决。甲公司经过咨询其法律顾问，认为败诉的可能性为60%，如果败诉需要支付赔偿金200万元的可能性为40%，支付300万元的可能性为60%。甲公司的账务处理为：

借：营业外支出 260
　　贷：预计负债 260

（4）2016年12月18日，甲公司将一批新产品销售给戊公司，其成本为300万元（未计提存货跌价准备），售价为500万元，款项尚未收到。同时约定戊公司有权在9个月内无条件退货。因为新产品首次销售，甲公司无法合理预计其退货率。甲公司发出商品时增值税纳税义务已经发生。甲公司的账务处理为：

借：应收账款 585
　　贷：主营业务收入 500
　　　　应交税费—应交增值税（销项税额）85
借：主营业务成本 300
　　贷：库存商品 300

（5）2016年12月31日，甲公司与本公司10名高管人员签订股份支付协议，根据协议约定10名高管人员需在签订协议之日起连续在甲公司工作满3年，每人即可按3元/股的价格购买甲公司5万股股票，该股票期权在授予日的公允价值为每份6.5元。甲公司的账务处理为：

借：管理费用 325
　　贷：应付职工薪酬 325

假定：甲公司按净利润的10%提取盈余公积，不考虑其他相关因素。
要求：
（1）根据上述资料分别说明甲公司的账务处理是否正确，并说明理由。
（2）针对上述资料中不正确的会计处理，编制调整分录。（涉及损益的通过"以前年度损益调整"科目核算）。

2. 甲公司2015年、2016年及2017年发生与股权投资有关的业务资料如下：
资料一：甲公司2015年4月1日以一批商品及一台设备作为对价，取得乙公司5%的股权。该批商品的成本为500万元，未计提存货跌价准备，公允价值为600万元；设备的原值800万元，已提折旧600万元，未计提减值准备，公允价值为300万元。甲公司将该股权投资作为可供出售金融资产核算。当日乙公司可辨认净资产的账面价值为17000万元（与公允价值相同）。2015年12月31日股权的公允价值为1150万元。乙公司当年实现净利润5000万元。
资料二：2016年1月1日，甲公司从非关联方处购入乙公司25%的股权，支付购买款项6000万元，当日甲公司向乙公司董事会派出一名董事，从而能够对乙公司施加重大影响。当日5%股权的公允价值为1200万元，乙公司可辨认净资产的账面价值为22000万元，公允价值为22500万元（差额系一批存货A导致，至当年年末该批存货尚未出售）。
2016年6月2日，甲公司将一批成本为750万

元（未计提存货跌价准备）的C商品出售给乙公司，售价1000万元，款项已收取。至当年年末乙公司将该批C商品出售60%。2016年乙公司实现净利润5500万元，可供出售金融资产公允价值上升500万元。
资料三：2017年1月1日甲公司从乙公司其他股东（非关联方）处受让乙公司40%的股权，支付价款12000万元。原30%股权投资的公允价值是9000万元。乙公司董事会当日进行改选工作，甲公司能够控制乙公司。当日，乙公司可辨认净资产的账面价值为28000万元，其中股本为10000万元，资本公积为3000万元，其他综合收益为4000万元，盈余公积为5000万元，未分配利润为6000万元；可辨认净资产的公允价值为28500万元（差额系一批存货A导致）。
资料四：2017年3月31日，乙公司将一批商品B出售给甲公司，该批商品成本为800万元，未计提存货跌价准备，售价为1000万元，款项尚未收到。甲公司将其作为管理用固定资产核算，预计使用年限为4年，预计净残值为零，采用年限平均法计提折旧。
2017年12月31日，乙公司应收取甲公司货款尚未收到，乙公司按应收账款的10%计提了坏账准备。当年乙公司实现净利润6000万元，存货A对外销售80%，可供出售金融资产期末公允价值下降600万元（正常变动）。
其他资料：乙公司按净利润的10%提取盈余公积，甲公司和乙公司均为增值税一般纳税人，销售和购买商品适用的增值税税率为17%，不考虑其他税费和相关因素。
要求：
（1）根据资料一，编制甲公司取得乙公司5%股权及与股权投资相关的会计分录。
（2）根据资料二，计算甲公司取得长期股权投资的入账金额，并编制与股权投资相关的会计分录。
（3）根据资料三，说明甲公司对乙公司股权投资应采用的核算方法，并简要说明理由；计算甲公司取得乙公司控制权时个别报表中的入账金额，并编制相关会计分录。
（4）根据资料三和资料四，计算合并报表商誉并编制2017年度合并报表调整和抵销分录。（可供出售金融资产和长期股权投资需写出二级明细科目）

模拟测试题（一）参考答案及解析

一、单项选择题

1.【答案】B
【解析】与东大公司签订合同部分原材料的可变现净值 = 4900 - 150 - 3050 × 3/5 = 2920（万

元），其成本＝（5100＋200）×3/5＝3180（万元），应计提存货跌价准备金额＝3180－2920＝260（万元）；与华东公司签订合同原材料的可变现净值＝3500－100－3050×2/5＝2180（万元），其成本＝5300－3180＝2120（万元），未发生减值。当期应转回存货跌价准备＝310－260＝50（万元）。

2.【答案】D
【解析】专项储备余额＝320＋5×15－50－2＝343（万元）。

3.【答案】C
【解析】将采用公允价值模式进行后续计量的投资性房地产转为自用（固定资产），固定资产应以转换日的公允价值入账。

4.【答案】A
【解析】补价比例计算：70/（220＋120）×100%＝20.59%＜25%，判断属于非货币性资产交换。换入资产按其公允价值入账，即存货按150万元入账，固定资产按120万元入账。

5.【答案】C
【解析】2017年12月31日甲公司该应收账款的账面价值＝1200×（1－15%）×（1＋17%）×（1－10%）＝1074.06（万元）。

6.【答案】A
【解析】结算企业（母公司）以其自身权益工具结算，应当将该股份支付交易作为权益结算的股份支付处理，因结算企业是接受服务企业的投资者，应当按照授予日权益工具的公允价值或应承担负债的公允价值确认为对接受服务企业的长期股权投资，同时确认资本公积（其他资本公积）。
账务处理：
借：长期股权投资
　　贷：资本公积

7.【答案】A
【解析】民间非营利组织的业务活动成本最终要结转至"非限定性净资产"。

8.【答案】C
【解析】2016年完工进度＝120/（120＋120）×100%＝50%，2016年确认合同收入＝280×50%＝140（万元），选项C正确；2017年完工进度＝（90＋120）/300×100%＝70%，2017年确认合同收入＝280×70%－140＝56（万元），选项B不正确；2017年确认合同成本＝300×70%－120＝90（万元），2017年确认合同毛利＝56－90＝－34（万元），选项A不正确；2017年年末计提存货跌价准备＝（300－280）×（1－70%）＝6（万元），选项D不正确。

9.【答案】B
【解析】合并报表中应确认的投资收益＝2125－2000＋200＝325（万元）。

10.【答案】B
【解析】选项A，计入管理费用，影响营业利润；选项B，计入其他综合收益，不影响营业利润；选项C，计入资产减值损失，影响营业利润；选项D，计入公允价值变动损益，影响营业利润。

二、多项选择题

1.【答案】ABC
【解析】固定资产的折旧方法一经确定，不得随意变更，选项D不正确。

2.【答案】ABC
【解析】对于自行研发的无形资产，同时满足下列条件才能资本化，计入无形资产的成本，具体条件包括：①完成该无形资产以使其能够使用或出售在技术上具有可行性；②具有完成该无形资产并使用或出售的意图；③无形资产生经济利益的方式；④有足够的技术、财务资源和其他资源支持；⑤归属于该无形资产开发阶段的支出能够可靠地计量。

3.【答案】ABCD
【解析】
甲公司应编制的会计分录：
借：长期股权投资　　　　　　　　320
　　银行存款　　　　　　　　　　31
　　贷：主营业务收入　　　　　　300
　　　　应交税费—应交增值税（销项税额）51
借：主营业务成本　　　　　　　　200
　　贷：库存商品　　　　　　　　200
乙公司应编制的会计分录：
借：库存商品　　　　　　　　　　300
　　应交税费—应交增值税（进项税额）51
　　贷：长期股权投资　　　　　　260
　　　　投资收益　　　　　　　　60
　　　　银行存款　　　　　　　　31

4.【答案】BC
【解析】交易性金融资产与公允价值模式后续计量的投资性房地产期末均按公允价值计量，其公允价值变动计入当期损益，所以无需计提减值准备。

5.【答案】BCD
【解析】以权益结算的股份支付，应当以该权益工具在授予日的公允价值计量，在可行权日之后不需要对已确认的成本费用和所有者权益金额进行调整。

6.【答案】AB
【解析】取得债务人股权后应根据对其影响程度和持有意图分别作为长期股权投资、交易性金融资产或可供出售金融资产核算；债务人应将债务的账面价值与股份公允价值的差额计入营业外收入，所以选项A和B表述不正确。

7.【答案】ACD

【解析】选项 B，被担保企业违约风险极低，不满足预计负债确认条件。

8.【答案】BCD

【解析】选项 A，企业将无形资产所有权出售属于企业非日常活动，其产生的损益应计入营业外收支，属于计入当期损益的利得。

9.【答案】BD

【解析】选项 A 和 C，税法允许在以后实际发生时税前扣除，即其计税基础 = 账面价值 − 未来期间按照税法规定可以税前扣除的金额 = 0；选项 B，不影响损益，计税基础与账面价值相等；选项 D，无论是否发生，税法均不允许税前扣除，即其计税基础 = 账面价值 − 未来期间可以税前扣除的金额 0 = 账面价值。

10.【答案】BCD

【解析】选项 A，外币财务报表折算差额在资产负债表中所有者权益项目下列示，不计入当期损益。

三、判断题

1.【答案】√

2.【答案】×

【解析】财政直接支付方式不设置"零余额账户用款额度"，应于收到"财政直接支付入账通知书"时借记"事业支出"等科目，贷记"财政补助收入"科目。

3.【答案】×

【解析】同一控制下企业合并无需将子公司相关资产和负债账面价值调整至公允价值口径。

4.【答案】×

【解析】现金流量表是依据收付实现制原则编制的，因此资产负债表日后事项如涉及现金收支项目，均不调整报告年度资产负债表的货币资金项目和现金流量表正表各项目数字。

5.【答案】×

【解析】部分处置持有至到期投资后将剩余部分重分类为可供出售金融资产应作为当期事项处理。

6.【答案】×

【解析】公允价值不能可靠取得的，按照名义金额（即1元）计量。

7.【答案】√

8.【答案】√

9.【答案】√

10.【答案】√

四、计算分析题

1.【答案】

（1）2016 年专门借款应资本化的利息费用 = $3000 \times 6\% \times 7/12 - 1000 \times 0.1\% \times 3 = 102$（万元）；

2016 年一般借款应资本化的利息费用 = $(2000 + 2000 - 3000) \times 5\% \times 4/12 = 16.67$（万元）；

2016 年资本化的利息费用金额 = $102 + 16.67 = 118.67$（万元）；

2016 年费用化的利息费用金额 = $3000 \times 6\% \times 5/12 - 3000 \times 0.1\% \times 2 + (5000 \times 5\% - 16.67) = 302.33$（万元）。

（2）2017 年专门借款应资本化的利息费用 = $3000 \times 6\% \times 11/12 = 165$（万元）；

2017 年一般借款应资本化的利息费用 = $(1000 + 1000) \times 5\% \times 11/12 = 91.67$（万元）；

2017 年资本化的金额 = $165 + 91.67 = 256.67$（万元）。

2017 年费用化的金额 = $3000 \times 6\% \times 1/12 + (5000 \times 5\% - 91.67) = 173.33$（万元）。

（3）生产线的入账成本 = $2000 + 2000 + 1000 + 118.67 + 256.67 = 5375.34$（万元）。

（4）2018 年固定资产应计提折旧金额 = $(5375.34 - 75.34)/5 = 1060$（万元）。

借：制造费用（或生产成本）　　　1060
　　贷：累计折旧　　　　　　　　　　　1060

2.【答案】

（1）

①

借：工程物资　　　　　　　　　　2340
　　贷：银行存款　　　　　　　　　　　2340

②

借：在建工程　　　　　　　　　　2340
　　贷：工程物资　　　　　　　　　　　2340

③

借：在建工程　　　　　　　　　　1310
　　贷：应付职工薪酬　　　　　　　　　1310

④

借：固定资产　　　　　　　　　　3650
　　贷：在建工程　　　　　　　　　　　3650

（2）至 2015 年年末累计折旧的金额 = $(3650 - 50)/20/12 \times (4 + 12) = 240$（万元）。

（3）

借：投资性房地产——成本　　　　4000
　　累计折旧　　　　　　　　　　　240
　　贷：固定资产　　　　　　　　　　　3650
　　　　其他综合收益　　　　　　　　　590

（4）

借：投资性房地产——公允价值变动　200
　　贷：公允价值变动损益　　　　　　　200

借：银行存款　　　　　　　　　　300
　　贷：其他业务收入　　　　　　　　　300

（5）

借：投资性房地产——公允价值变动　100
　　贷：公允价值变动损益　　　　　　　100

借：银行存款　　　　　　　　300
　　贷：其他业务收入　　　　　　　　300
（6）
借：应付账款　　　　　　　　5000
　　贷：其他业务收入　　　　　　　4350
　　　　营业外收入—债务重组利得　650
借：其他业务成本　　　　　　4300
　　贷：投资性房地产—成本　　　　4000
　　　　　　　　　　—公允价值变动　300
借：其他综合收益　　　　　　590
　　贷：其他业务成本　　　　　　　　590
借：公允价值变动损益　　　　300
　　贷：其他业务成本　　　　　　　　300

五、综合题

1.【答案】

（1）

资料（1）的会计处理不正确。理由：该交易属于非货币性资产交换，换出商品应按公允价值确认收入，同时长期股权投资应按公允价值入账。

资料（2）的会计处理不正确。理由：债务重组免除200万元，以含税公允价值1590万元专利权进行清偿后应确认"应付账款—债务重组"210万元，同时存在或有应付金额并且满足预计负债确认条件应确认预计负债100万元。

资料（3）的会计处理不正确。理由：或有事项涉及单个项目，预计负债最佳估计数应按照最可能发生的金额300万元确认。

资料（4）的会计处理不正确。理由：根据规定附有退货条件的商品销售，企业不能合理估计退货可能性的，通常应在退货期满时确认收入。

资料（5）的会计处理不正确。理由：除立即可行权的股份支付外，在授予日无需进行账务处理。

（2）

资料（1）的调整分录：

借：长期股权投资　　　　　　1000
　　贷：以前年度损益调整　　　　　1000
借：以前年度损益调整　　　　1000
　　贷：盈余公积　　　　　　　　　　100
　　　　利润分配—未分配利润　　　　900

资料（2）的调整分录：

借：以前年度损益调整　　　　310
　　贷：应付账款—债务重组　　　　　210
　　　　预计负债　　　　　　　　　　100
借：盈余公积　　　　　　　　31
　　利润分配—未分配利润　　279
　　贷：以前年度损益调整　　　　　　310

资料（3）的调整分录：

借：以前年度损益调整　　　　40
　　贷：预计负债　　　　　　　　　　40
借：盈余公积　　　　　　　　4
　　利润分配—未分配利润　　36
　　贷：以前年度损益调整　　　　　　40

资料（4）的调整分录：

借：以前年度损益调整　　　　200
　　发出商品　　　　　　　　300
　　贷：应收账款　　　　　　　　　　500
借：盈余公积　　　　　　　　20
　　利润分配—未分配利润　　180
　　贷：以前年度损益调整　　　　　　200

资料（5）的调整分录：

借：应付职工薪酬　　　　　　325
　　贷：以前年度损益调整　　　　　　325
借：以前年度损益调整　　　　325
　　贷：盈余公积　　　　　　　　　32.5
　　　　利润分配—未分配利润　　292.5

2.【答案】

（1）

2015 年 4 月 1 日

借：固定资产清理　　　　　　200
　　累计折旧　　　　　　　　600
　　贷：固定资产　　　　　　　　　　800
借：可供出售金融资产—成本　1053
　　贷：固定资产清理　　　　　　　　300
　　　　主营业务收入　　　　　　　　600
　　　　应交税费—应交增值税（销项税额）153
　　　　　　　　　　［（300＋600）×17%］
借：主营业务成本　　　　　　500
　　贷：库存商品　　　　　　　　　　500
借：固定资产清理　　　　　　100
　　贷：营业外收入　　　　　　　　　100

2015 年 12 月 31 日

借：可供出售金融资产—公允价值变动　97
　　　　　　　　　（1150－1053）
　　贷：其他综合收益　　　　　　　　97

（2）甲公司取得30%股权后长期股权投资的入账金额＝6000＋1200＝7200（万元）。

会计分录：

借：长期股权投资—投资成本　7200
　　贷：可供出售金融资产—成本　　1053
　　　　　　　　　　—公允价值变动　97
　　　　银行存款　　　　　　　　　6000
　　　　投资收益　　　　　　　　　　50
借：其他综合收益　　　　　　97
　　贷：投资收益　　　　　　　　　　97

2016 年 12 月 31 日，乙公司调整后的净利润 ＝ 5500 －（1000 － 750）×（1 － 60%）＝ 5400（万元）。

会计分录：

借：长期股权投资—损益调整　　　　1620

　　　　　　　　　　（5400×30%）

　　贷：投资收益　　　　　　　　　1620

借：长期股权投资—其他综合收益　　150

　　　　　　　　　　（500×30%）

　　贷：其他综合收益　　　　　　　150

（3）①甲公司应对乙公司的长期股权投资采用成本法核算。理由：甲公司能够对乙公司实施控制。

②个别报表中长期股权投资的入账成本＝（7200+1620+150）+12000=20970（万元）。

借：长期股权投资　　　　　　　　20970

　　贷：长期股权投资—投资成本　　7200

　　　　　　　　　—损益调整　　1620

　　　　　　　　　—其他综合收益　150

　　　　银行存款　　　　　　　　12000

（4）①购买日合并报表

合并报表中的商誉＝（12000+9000）−28500×70%=1050（万元）。

对子公司个别报表进行调整：

借：存货　　　　　　　　　　　　500

　　贷：资本公积　　　　　　　　　500

抵销分录：

借：股本　　　　　　　　　　　10000

　　资本公积　　　　　　　　　3500

　　其他综合收益　　　　　　　4000

　　盈余公积　　　　　　　　　5000

　　未分配利润　　　　　　　　6000

　　商誉　　　　　　　　　　　1050

　　贷：长期股权投资　　　　　　21000

　　　　少数股东权益　　　　　　8550

②2017年12月31日合并报表

合并报表中对长期股权投资的调整分录：

借：长期股权投资　　　　　　　　　30

　　　[9000−（7200+1620+150）]

　　贷：投资收益　　　　　　　　　　30

借：其他综合收益　　　　　　　　150

　　贷：投资收益　　　　　　　　　150

对子公司个别报表进行调整：

借：存货　　　　　　　　　　　　500

　　贷：资本公积　　　　　　　　　500

借：营业成本　　　　　　400（500×80%）

　　贷：存货　　　　　　　　　　　400

按权益法进行调整：

借：长期股权投资　　　　　　　　3920

　　　[（6000−500×80%）×70%]

　　贷：投资收益　　　　　　　　3920

借：其他综合收益　　　　　　　　420

　　贷：长期股权投资　　　　　　　420

抵销分录：

借：股本　　　　　　　　　　　10000

　　资本公积　　3500（3000+500）

　　其他综合收益　3400（4000−600）

　　盈余公积　　5600（5000+600）

　　未分配利润—年末　　　　　11000

　　　　（6000+5600−600）

　　商誉　　　　　　　　　　　1050

　　贷：长期股权投资　　　　　　24500

　　　　　（21000+3920−420）

　　　　少数股东权益10050（33500×30%）

借：投资收益　　　　　　　　　3920

　　少数股东损益　　　　　　　1680

　　未分配利润—年初　　　　　6000

　　贷：提取盈余公积　　　　　　600

　　　　未分配利润—年末　　　11000

内部交易抵销：

借：营业收入　　　　　　　　　1000

　　贷：营业成本　　　　　　　　800

　　　　固定资产　　　　　　　　200

借：固定资产　37.5（200/4×9/12）

　　贷：管理费用　　　　　　　　37.5

借：少数股东权益　　　　　　　48.75

　　　[（200−37.5）×30%]

　　贷：少数股东损益　　　　　　48.75

内部应收、应付款抵销：

借：应付账款　　　　　　　　　1170

　　贷：应收账款　　　　　　　　1170

借：应收账款　　　　　　　　　117

　　贷：资产减值损失　　　　　　117

借：少数股东损益　35.1（117×30%）

　　贷：少数股东权益　　　　　　35.1

2017 年会计专业技术资格考试
模拟测试题（二）

一、单项选择题（本类题共 10 小题，每小题 1.5 分，共 15 分，每小题备选答案中，只有一个符合题意的正确答案）

1. 下列各项中，不属于其他综合收益的是（　　）。
   A. 重新计量设定受益计划净负债或净资产的变动
   B. 按照权益法核算的在被投资单位其他综合收益中所享有的份额
   C. 外币财务报表折算差额
   D. 可供出售外币货币性项目形成的汇兑差额

2. 下列各项中，不属于会计政策变更的是（　　）。
   A. 无形资产摊销方法由总量法改为直线法
   B. 因执行新会计准则将建造合同收入确认方法由完成合同法改为完工百分比法
   C. 投资性房地产的后续计量由成本模式改为公允价值模式
   D. 因执行新会计准则对子公司的长期股权投资由权益法改为成本法核算

3. 下列各项关于政府补助的说法中，正确的是（　　）。
   A. 政府补助是无偿的，并且是无条件的
   B. 政府以投资者身份向企业投入资本属于政府补助
   C. 增值税出口退税属于政府补助
   D. 行政无偿划拨的土地使用权属于政府补助

4. 2017 年 12 月 1 日，甲公司与乙公司签订了一项不可撤销的产品销售合同，合同规定：甲公司于 3 个月后提交乙公司一批产品，合同价格（不含增值税）为 150 万元，如甲公司违约，将支付违约金 30 万元。至 2017 年年末，甲公司为生产该产品已发生成本 6 万元，因原材料价格上涨，甲公司预计生产该产品的总成本为 170 万元。2017 年 12 月 31 日该批产品的市场销售价格为 170 万元。不考虑其他因素，2017 年 12 月 31 日，甲公司因该合同确认的预计负债为（　　）万元。

   A. 6   B. 14
   C. 20   D. 26

5. 下列各项中，应当作为以现金结算的股份支付进行会计处理的是（　　）。
   A. 以低于市价向员工出售限制性股票的计划
   B. 授予高管人员低于市价购买公司股票的期权计划
   C. 公司承诺达到业绩条件时向员工无价定向发行股票的计划
   D. 授予高管人员以根据股价的上涨幅度为基础获得现金的计划

6. 甲公司为增值税一般纳税人，2017 年 4 月 25 日以其拥有的一栋办公楼与乙公司生产的一批商品交换。交换日，甲公司换出办公楼的账面余额为 800 万元，累计折旧为 150 万元，未计提减值准备，公允价值和计税价格为 1400 万元，增值税税额为 154 万元（适用的增值税税率为 11%）；换入商品的成本为 720 万元，未计提存货跌价准备，公允价值和计税基础为 1000 万元，增值税税额为 170 万元，甲公司将其作为存货；甲公司另收到乙公司支付的 384 万元现金。假定该项交换具有商业实质，且不考虑其他因素，甲公司对该项交易应确认的收益为（　　）万元。

   A. 750   B. 620
   C. 650   D. 680

7. 由于乙公司发生财务困难无力偿还所欠甲公司货款，甲公司就到期应收乙公司账款 250 万元与乙公司进行债务重组。甲公司同意免除乙公司 50 万元债务，剩余债务延期两年偿还，按年利率 5% 计息；同时约定，如果乙公司一年后有盈利，每年按 9% 的利率计息。预计乙公司一年后很可能盈利。甲公司对该项应收账权已计提 10 万元坏账准备。甲公司就该项债务重组业务应确认的债务重组损失为（　　）万元。

   A. 15   B. 24
   C. 40   D. 20

8. 2016 年 12 月 31 日，甲公司与乙公司签订合同，自乙公司购买管理系统软件,合同价款为5000万元,款项分五次支付,自次年开始每年12月31日支付1000万元,折现率为5%。该软件预计使用寿命为5年,预计净残值为零,采用直线法摊销。则甲公司2017年年末"长期应付款"的摊余成本为( )万元。已知(P/A,5%,5)=4.3295,(P/F,5%,5)=0.7835。
A. 4000
B. 4329.5
C. 2723.28
D. 3545.98

9. 资产负债表日后至财务报告批准报出日之间发生的调整事项在进行调整处理时,下列不能调整的项目是( )。
A. 货币资金项目
B. 应收账款项目
C. 所有者权益项目
D. 负债项目

10. 甲公司持有乙公司30%的有表决权股份,采用权益法核算。2017年10月,甲公司将该项投资中的50%出售给非关联方,取得价款900万元,出售时原投资的账面价值为1600万元,其中投资成本1300万元,损益调整为150万元,其他综合收益为100万元(性质为被投资单位可供出售金融资产公允价值的变动),其他权益变动为50万元。甲公司将剩余股权投资转为可供出售金融资产,转换日剩余股权的公允价值为900万元。不考虑其他因素,甲公司因上述交易应确认的投资收益为( )万元。
A. 250
B. 400
C. 350
D. 200

二、多项选择题(本类题共10小题,每小题2分,共20分。每小题备选答案中,有两个或两个以上符合题意的正确答案)

1. 下列关于合营安排的表述中正确的有( )。
A. 通过单独主体达成的合营安排,应划分为合营企业
B. 未通过单独主体达成的合营安排,应划分为共同经营
C. 合营方向共同经营投入或出售资产等(构成业务的除外),在该资产等由共同经营出售给第三方或相关资产消耗之前,应当仅确认因该交易产生的损益中归属于共同经营其他参与方的部分
D. 合营方自共同经营购买资产等(构成业务的除外),在将该资产等出售给第三方或相关资产消耗之前,应当仅确认因该交易产生的损益中归属于共同经营其他参与方的部分

2. 甲公司为增值税一般纳税人,委托外单位加工一批材料(属于应税消费品,且不是金银首饰)。该批原材料加工收回后用于连续生产非应税消费品。下列各项支出中应计入收回委托加工材料实际成本的有( )。

A. 支付的加工费
B. 支付的增值税
C. 支付的运输费
D. 支付的消费税

3. 下列有关无形资产摊销的会计处理中,表述正确的有( )。
A. 持有待售的无形资产按原账面价值与公允价值减去处置费用后的净额孰低进行计量
B. 使用寿命不确定的无形资产不需要摊销
C. 无形资产摊销方法只能采用直线法
D. 使用寿命有限的无形资产的摊销金额应当计入当期损益或相关资产成本

4. 下列与可供出售金融资产相关的价值变动中,不影响发生当期损益的有( )。
A. 可供出售权益工具公允价值的增加
B. 购买可供出售金融资产时发生的交易费用
C. 可供出售债务工具减值准备在原减值损失范围内的转回
D. 以外币计价的可供出售权益工具由于汇率变动引起的价值上升

5. 下列关于持有待售固定资产的处理中,正确的有( )。
A. 持有待售固定资产不计提折旧
B. 持有待售固定资产应按未来现金流量的现值重新预计净残值
C. 持有待售固定资产包括单项资产和处置组
D. 持有待售固定资产调整后的预计净残值低于原账面价值的,应将差额确认为营业外支出

6. 下列有关收入确认的表述中,正确的有( )。
A. 附有销售退回条件的商品销售,企业不能合理估计退货可能性的,应在退货期满时确认收入
B. 采用以旧换新方式销售商品的,销售的商品应当按照商品销售价格扣除回收商品价款的差额确认收入
C. 采用视同买断方式委托代销商品且受托方无退货权,应在收到代销清单时确认收入
D. 为特定客户开发软件的收费,应在资产负债表日根据开发的完工进度确认收入

7. 下列关于外币财务报表折算的表述中,符合企业会计准则规定的有( )。
A. 实收资本项目按交易发生日的即期汇率折算
B. 未分配利润项目按交易发生日的即期汇率折算
C. 资产项目按交易发生日的即期汇率折算
D. 负债项目按资产负债表日的即期汇率折算

8. 下列各项涉及交易费用的会计处理中,正确的有( )。
A. 企业发行公司债券支付的手续费直接计入当期损益
B. 购买持有至到期投资发生的手续费计入初始投资成本

C. 购买可供出售债务工具发生的手续费计入初始投资成本

D. 融资租入固定资产发生的初始直接费用计入租入资产入账价值

9. 下列事业单位账户，年末应无余额的有（　）。

A. 事业结余

B. 经营结余

C. 非财政补助结余分配

D. 非财政补助结转

10. 甲公司的A资产组包括两项资产；一项固定资产账面价值80万元，一项无形资产账面价值120万元；通过合理和一致基础分摊的商誉价值20万元。因包含商誉，需至少每年年末对A资产组进行减值测试。假设A资产组2016年年末包含商誉的可收回金额为144万元。假定无法估计固定资产和无形资产的公允价值减去处置费用后的净额及预计未来现金流量的现值。甲公司关于A资产组减值处理正确的有（　）。

A. 确认商誉减值损失20万元

B. 确认固定资产减值损失22.4万元

C. 确认无形资产减值损失33.6万元

D. 确认商誉减值损失16万元

三、判断题（本类题共10小题，每小题1分，共10分。请判断每小题的表述是否正确，每小题答题正确的得1分，答题错误的倒扣0.5分，不答题的不得分也不倒扣分。本类题最低得分为0分）

1. 依据企业会计准则的规定，企业应当按照权责发生制编制财务报表。（　）

2. 建造承包商为订立合同而发生的差旅费、投标费等，应当计入当期损益。（　）

3. 对于捐赠承诺，民间非营利组织应将其确认为捐赠收入。（　）

4. 投资方持有子公司投资均应当采用成本法核算。（　）

5. 企业应对使用寿命不确定的无形资产定期进行减值测试，无论其是否发生减值迹象。（　）

6. 企业合并中，按照企业会计准则规定确认的合并中取得的各项可辨认资产、负债初始确认金额与其计税基础不同所形成的应纳税暂时性差异，不确认递延所得税负债。（　）

7. 待执行合同变为亏损合同，如果合同存在标的资产，应先对标的资产进行减值测试，并按规定计提减值准备，再将预计亏损超过该减值损失的部分确认为预计负债。（　）

8. 在债务重组中，债务人以现金清偿债务的，债权人实际收到的金额小于债权账面价值的差额计入营业外支出。（　）

9. 资产负债表日，可供出售金融资产的账面价值高于公允价值的差额应计入其他综合收益。（　）

10. 若材料是用于生产产品的，如果所生产的产品未发生减值，即使材料减值也不应确认减值损失。（　）

四、计算分析题（本类题共计2小题，第1小题10分，第2小题12分，共22分。凡要求计算的项目，除特别说明外，均须列出计算过程；计算结果出现小数的，均保留到小数点后两位小数，答案中金额单位用万元表示。凡要求编制的会计分录，除题中有特殊要求外，只需写出一级科目）

1. 鞍华公司2017年度实现的利润总额为1990万元，所得税采用资产负债表债务法核算，适用的所得税税率为25%，递延所得税资产和递延所得税负债均无期初余额。鞍华公司2017年度与所得税有关的经济业务如下：

（1）鞍华公司2017年发生广告费支出2000万元，发生时已作为销售费用计入当期损益并用银行存款支付。鞍华公司2017年实现销售收入10000万元。

税法规定，该类支出不超过当年销售收入15%的部分准予扣除；超过部分准予在以后纳税年度结转扣除。

（2）鞍华公司对其所销售产品均承诺提供3年的保修服务。鞍华公司因产品保修承诺在2017年度利润表中确认了100万元的销售费用，同时确认为预计负债。2017年没有实际发生产品保修费用支出。

税法规定，产品保修费用在实际发生时允许税前扣除。

（3）鞍华公司于2016年12月12日购入一项管理用设备，成本为400万元，会计上采用年限平均法计提折旧，预计使用年限为10年，预计净残值为零，税法规定使用年限为5年，折旧方法及预计净残值与会计相同。

（4）鞍华公司于2017年12月1日购入一项交易性金融资产，成本为500万元，2017年12月31日该项交易性金融资产公允价值为550万元。

税法规定，交易性金融资产持有期间公允价值变动金额不计入应纳税所得额，待出售时一并计入应纳税所得额。

（5）鞍华公司于2017年8月5日购入一项可供出售金融资产，成本为1000万元，2017年12月31日该项可供出售金融资产公允价值为1200万元。

税法规定，可供出售金融资产持有期间公允价值变动金额不计入应纳税所得额，待出售时一并计入应纳税所得额。

假定鞍华公司能够取得足够的应纳税所得额用

以抵扣可抵扣暂时性差异，不考虑其他因素。

要求：

（1）计算鞍华公司2017年应交所得税。

（2）计算鞍华公司2017年12月31日递延所得税资产和递延所得税负债余额。

（3）计算鞍华公司2017年所得税费用。

（4）编制与所得税相关的会计分录。

2. 甲公司2017年度发生了以下与股权投资相关的交易：

（1）甲公司在若干年前参与设立了乙公司并持有其30%的股权，对乙公司具有重大影响，采用权益法核算。2017年1月1日，甲公司以银行存款3000万元自A公司（非关联方）购买了乙公司60%的股权并取得了控制权，另支付直接相关费用100万元。

2017年1月1日，甲公司原持有对乙公司30%长期股权投资的账面价值为600万元（长期股权投资账面价值的调整全部为乙公司实现净利润，乙公司不存在其他综合收益及其他影响所有者权益变动的因素）；当日乙公司可辨认净资产账面价值为2000万元，可辨认净资产公允价值为3000万元，乙公司100%股权的公允价值为5000万元，30%股权的公允价值为1500万元，60%股权的公允价值为3000万元。

（2）2017年6月20日，乙公司股东大会批准2016年度利润分配方案，提取盈余公积10万元，分配现金股利90万元，以未分配利润200万元转增股本。

（3）2017年1月1日，甲公司与B公司出资设立丙公司，双方共同控制丙公司。丙公司注册资本2000万元，其中甲公司占50%。甲公司以公允价值为1000万元的土地使用权出资，B公司以公允价值为500万元的机器设备和500万元银行存款出资。甲公司该土地使用权账面原价为500万元，已摊销100万元，未计提减值准备，预计尚可使用寿命为40年，无残值，采用直线法摊销。

丙公司2017年实现净利润220万元。

（4）2017年1月1日，甲公司以银行存款4000万元自C公司购买丁公司40%的股权，并派人参与丁公司生产经营决策。当日，丁公司可辨认净资产账面价值为5000万元，可辨认净资产公允价值为8000万元，差额为丁公司的一栋办公楼增值导致。该办公楼的原值为2000万元，预计净残值为零，预计使用年限为40年，采用年限平均法计提折旧，自甲公司取得丁公司股权之日起剩余使用年限为20年。

丁公司2017年实现净利润900万元，其他综合收益增加200万元。

其他资料：本题中不考虑增值税、所得税等税费及其他相关因素，除上述事项外，各公司未发生其他影响所有者权益变动的事项。

要求：

（1）根据资料（1），计算甲公司在进一步取得乙公司60%股权后，个别财务报表中对乙公司长期股权投资的账面价值，并编制相关会计分录。

（2）根据资料（2），针对乙公司利润分配方案，说明甲公司个别财务报表中的相关会计处理，并编制相关会计分录。

（3）根据资料（3），编制甲公司对丙公司出资及确认2017年投资收益相关的会计分录。

（4）根据资料（4），计算甲公司对丁公司投资的初始投资成本，并编制相关会计分录；计算甲公司2017年因持有丁公司股权应确认的投资收益金额，并编制调整长期股权投资账面价值相关的会计分录。（长期股权投资需写出二级明细科目）

五、综合题（本类题共2小题，第1小题15分，第2小题18分，共33分。凡要求计算的项目，除特别说明外，均须列出计算过程；计算结果出现小数的，均保留小数点后两位小数，答案中的金额单位用万元表示。凡要求编制会计分录的，除题中有特殊要求外，只需写出一级科目）

1. ABC股份有限公司为我国境内注册的上市公司（以下简称"ABC公司"），其主要客户在我国境内。有关业务资料如下：

（1）出于长期战略考虑，ABC公司2017年1月1日以6000万美元从境外乙公司原股东处购买了在美国注册的乙公司发行在外的60%股份，共计1200万股，并自当日起能够控制乙公司的财务和经营政策。为此项合并，ABC公司另支付相关审计费、法律费等160万元人民币。乙公司所有客户都位于美国，以美元作为主要结算货币，且与当地的银行保持长期良好的合作关系，其借款主要从当地银行借入。考虑到原管理层的能力、业务熟悉程度等，ABC公司完成收购交易后，保留了乙公司原管理层的所有成员。

2017年1月1日，乙公司可辨认净资产公允价值为9000万美元；美元与人民币之间的即期汇率为：1美元＝6.9元人民币。2017年度，乙公司以购买日可辨认净资产公允价值为基础计算实现的净利润为600万美元，无其他所有者权益变动。乙公司的利润表在折算为母公司记账本位币时，按照平均汇率折算。其他相关汇率信息如下：2017年12月31日，1美元＝6.8元人民币；2017年度平均汇率，1美元＝6.85元人民币。ABC公司有确凿的证据表明对乙公司的投资没有减值迹象，并自购买日起对乙公司的投资按历史成本在个别资产负债表中列报。

（2）为保障原材料供应，2017年7月1日，

ABC 公司发行 200 万股普通股换取丙公司原股东持有的丙公司 20% 有表决权股份。ABC 公司取得丙公司 20% 有表决权股份后，派出一名代表作为丙公司董事会成员，参与丙公司的财务和经营决策。丙公司以人民币作为记账本位币。股票发行日，ABC 公司股票的市场价格为每股 2.5 元，发行过程中支付券商手续费 10 万元；丙公司可辨认净资产的公允价值为 2600 万元，账面价值为 2400 万元，其差额为丙公司一项管理用无形资产增值。该无形资产预计尚可使用 5 年，预计净残值为零，按直线法摊销。

2017 年度，丙公司按其净资产账面价值计算实现的净利润为 240 万元，其中，1 月至 6 月实现净利润 100 万元；无其他所有者权益变动事项。ABC 公司在本次交易中发行 200 万股股票后，发行在外的股票总数为 3000 万股，每股面值为 1 元。

2017 年 11 月 1 日，丙公司向 ABC 公司销售一批存货，成本为 120 万元（未计提存货跌价准备），售价为 200 万元（不含增值税），ABC 公司购入后仍将其作为存货，至 2017 年 12 月 31 日，ABC 公司已将上述存货对外销售 80%。

假设 ABC 公司在购买乙公司、丙公司的股份之前，与其不存在关联方关系；且不考虑其他因素。

要求：

（1）计算 ABC 公司购买乙公司股权的成本，并说明由此发生的相关费用的会计处理原则。

（2）计算 ABC 公司购买乙公司股权在合并报表中应确认的商誉金额。

（3）计算乙公司 2017 年度个别财务报表折算为母公司记账本位币时的外币报表折算差额、少数股东承担的外币报表折算差额及合并财务报表中列示的外币报表折算差额。

（4）简述 ABC 公司发行权益性证券对其股本、资本公积及所有者权益总额的影响，并编制相关会计分录。（长期股权投资需写出二级明细科目）

（5）简述 ABC 公司对丙公司投资的后续计量方法及理由，以及期末应确认的投资收益金额。

2. 华业股份有限公司（以下简称"华业公司"）为上市公司，2017 年度财务报告于 2018 年 4 月 10 日经董事会批准对外报出，2018 年 2 月 1 日注册会计师在对其 2017 年财务报表进行审计时发现以下问题：

（1）2017 年华业公司与经销商签订的合同约定：华业公司按照经销商要求发货，经销商按照华业公司确定的售价 3000 元/件对外出售，双方按照实际售出数量定期结算，未售出商品由华业公司收回，经销商就所销售 B 商品收取提成费 200 元/件；华业公司向经销商所发出 B

商品数量、质量均符合合同约定，成本为 2400 元/件。华业公司 2017 年共发货 1000 件，经销商实际售出 800 件，增值税税额为 40.8 万元，华业公司对上述事项的会计处理如下：

借：应收账款　　　　　　　　　　340.8
　贷：主营业务收入　　　　　　　　　300
　　　应交税费—应交增值税（销项税额）
　　　　　　　　　　　　　　　　　　40.8
借：主营业务成本　　　　　　　　240
　贷：库存商品　　　　　　　　　　　240
借：销售费用　　　　　　　　　　　20
　贷：应收账款　　　　　　　　　　　　20

（2）2017 年 3 月 20 日，华业公司按面值购入甲公司于年初发行的分期付息、到期还本债券 10 万张，支付价款 1000 万元。该债券每张面值 100 元，期限为 3 年，票面年利率为 6%，利息于每年年末支付。华业公司将购入的甲公司债券分类为持有至到期投资。10 月 25 日将所持有甲公司债券的 50% 予以出售，并将剩余债券重分类为可供出售金融资产，重分类日剩余债券的公允价值为 850 万元。除甲公司债券投资外，华业公司未持有其他公司的债券。华业公司对上述事项的会计处理如下：

借：可供出售金融资产　　　　　　850
　贷：持有至到期投资　　　　　　　　500
　　　投资收益　　　　　　　　　　　350

（3）2017 年 7 月 1 日，华业公司向乙公司销售产品，增值税专用发票上注明的销售价格为 1000 万元，增值税税额 170 万元，并于当日取得乙公司转账支付的 1170 万元。销售合同中还约定：2018 年 6 月 30 日华业公司按 1100 万元的不含增值税价格回购该批商品，商品一直由华业公司保管，乙公司不承担商品实物灭失或损失的风险。在编制 2017 年财务报表时，华业公司将上述交易作为一般的产品销售处理，确认了销售收入 1000 万元，并结转销售成本 600 万元。

（4）华业公司于 2016 年 8 月以 6 元/股的价格取得 200 万股丙公司股票，作为可供出售金融资产核算。2016 年 12 月 31 日，丙公司股票收盘价为 5 元/股。2017 年因股票市场整体行情低迷，丙公司股价预计在当年和以后年度将持续下跌，至 2017 年 12 月 31 日已跌至 2.5 元/股。华业公司对上述事项的会计处理如下：

借：其他综合收益　　　　　　　　500
　贷：可供出售金融资产　　　　　　　500

（5）华业公司于 2017 年 12 月 1 日将一批新研发的产品销售给丁公司，开出增值税专用发票注明的价款为 1000 万元，增值税税额为 170 万元，产品成本为 880 万元，当日已将产品运抵丁公司。根据销售合同约定，丁公司可以在 6

个月内无条件退货。因该产品属于华业公司研发的新产品，以前没有销售记录，无法预计退货率。华业公司对上述事项的会计处理如下：

借：应收账款 1170
　　贷：主营业务收入 1000
　　　　应交税费—应交增值税（销项税额）
　　　　　　　　　　　　　　　　　　170
借：主营业务成本 880
　　贷：库存商品 880

其他资料：华业公司按净利润的 10% 计提盈余公积。假定本题中有关事项均具有重要性，不考所得税等相关税费。

要求：判断华业公司对事项（1）至事项（5）的会计处理是否正确，并说明理由。对于华业公司会计处理不正确的，编制更正会计分录（合并结转以前年度损益调整）。

模拟测试题（二）参考答案及解析

一、单项选择题

1.【答案】D
【解析】选项 D，可供出售外币货币性项目形成的汇兑差额计入当期损益（财务费用）。

2.【答案】A
【解析】选项 A，属于会计估计变更；选项 B、C 和 D 属于会计政策变更。

3.【答案】D
【解析】选项 A 不正确，政府补助是无偿的，但政府补助通常附有一定的条件，企业经法定程序申请取得政府补助后，应当按照政府规定的用途使用该项补助款；选项 B 不正确，政府以投资者身份向企业投入资本不属于政府补助；选项 C 不正确，增值税出口退税不属于政府补助。

4.【答案】B
【解析】执行合同的损失 = 170 − 150 = 20（万元），不执行合同的损失为 30 万元，故选择执行合同。2017 年 12 月 31 日，甲公司因该合同确认的预计负债 = 20 − 6 = 14（万元）。
附会计分录：
借：资产减值损失 6
　　贷：存货跌价准备 6
借：营业外支出 14
　　贷：预计负债 14

5.【答案】D
【解析】选项 A、B 和 C 均应当作为以权益结算的股份支付进行处理。

6.【答案】A
【解析】甲公司对该交易应确认的收益 = 1400 − （800 − 150）= 750（万元）。

7.【答案】C
【解析】选项 C 正确，对于债权人而言，或有应收金额属于或有资产，债权人不应确认或有应收金额；所以，甲公司应确认的债务重组损失 = 应收债权账面价值 − 重组后债权的入账价值 = （250 − 10）−（250 − 50）= 40（万元）。

8.【答案】D
【解析】选项 D 正确，2016 年 12 月 31 日，管理系统软件的初始入账价值 = 1000 ×（P/A，5%，5）= 1000 × 4.3295 = 4329.5（万元），未确认融资费用余额 = 5000 − 4329.5 = 670.5（万元）；2017 年未确认融资费用的摊销额 = 4329.5 × 5% = 216.48（万元）；2017 年年末甲公司长期应付款摊余成本 = （5000 − 1000）−（670.5 − 216.48）= 3545.98（万元）。

9.【答案】A
【解析】资产负债表日后调整事项涉及资产负债表货币资金项目以及现金流量表正表的项目不能调整，选项 A 正确。

10.【答案】C
【解析】选项 C 正确，权益法核算的长期股权投资转为可供出售金融资产，视同出售原持有的全部长期股权投资，应确认的投资收益 = （900 + 900）− 1600 + 100 + 50 = 350（万元）。

二、多项选择题

1.【答案】BCD
【解析】选项 A 不正确，通过单独主体达成的合营安排，可能是共同经营也可能是合营企业。

2.【答案】ACD
【解析】选项 B 不正确，一般纳税人发生的增值税进项税额可以抵扣，不计入收回委托加工材料的实际成本。

3.【答案】ABD
【解析】选项 C 不正确，无形资产的摊销方法应能够反映与其有关的经济利益的预期实现方式，包括直线法、产量法等。

4.【答案】ABD
【解析】选项 A，计入其他综合收益；选项 B，计入可供出售金融资产初始入账金额；选项 C，冲减资产减值损失；选项 D，计入其他综合收益。

5.【答案】AC
【解析】选项 B 不正确，固定资产划分为持有待售后，应考虑是否需要调整预计净残值，此时的预计净残值反映公允价值减去处置费用后的金额；选项 D 不正确，原账面价值高于调整后预计净残值的差额，应确认资产减值损失。

6.【答案】AD
【解析】选项 B，采用以旧换新方式销售商品的，销售的商品应当按照销售价格确认收入，回收的商品作为购进商品处理；选项 C，如果是视同买断方式的委托代销，且受托方无退货权，则委托方应在发出商品时确认收入。

7.【答案】AD

【解析】选项 B，未分配利润项目的金额是通过其他项目计算得到的，不是直接按交易发生日的即期汇率折算的；选项 C，资产项目按资产负债表日的即期汇率折算。

8.【答案】BCD

【解析】选项 A 不正确，发行公司债券支付的手续费计入负债的初始入账金额，不计入当期损益。

9.【答案】AC

【解析】选项 B，经营结余如为借方余额，属于经营亏损，期末不予结转；选项 D，项目未完成的，"非财政补助结转"科目有余额。

10.【答案】ABC

【解析】对包含商誉的资产组进行减值测试，应减值金额 = 220 - 144 = 76（万元），减值损失首先抵减商誉金额，商誉减值为 20 万元，剩余减值损失 56 万元在固定资产和无形资产之间按照账面价值比例分摊，固定资产应分摊的金额 = 56 × 80/200 = 22.4（万元）；无形资产应分摊的减值金额 = 56 × 120/200 = 33.6（万元）。

三、判断题

1.【答案】×

【解析】除现金流量表按照收付实现制编制外，企业应当按照权责发生制编制其他财务报表。

2.【答案】×

【解析】建造承包商为订立合同而发生的差旅费、投标费等，能够单独区分和可靠计量且合同很可能订立的，应当予以归集，待取得合同时计入合同成本；未满足上述条件的，应当计入当期损益。

3.【答案】×

【解析】对于捐赠承诺，民间非营利组织不应将其确认为捐赠收入，但可在报表附注中披露。

4.【答案】×

【解析】投资方持有子公司投资均应当采用成本法核算，但投资方为投资性主体且子公司不纳入其合并财务报表范围的除外。

5.【答案】√

6.【答案】×

【解析】企业合并中，按照企业会计准则规定确认的合并中取得的各项可辨认资产、负债初始确认金额与其计税基础不同所形成的暂时性差异，符合条件的应确认递延所得税负债或递延所得税资产。

7.【答案】√

8.【答案】√

9.【答案】×

【解析】如果可供出售金融资产发生减值，应将减值金额计入资产减值损失；如果是正常公允价值下降，通过其他综合收益核算。

10.【答案】√

四、计算分析题

1.【答案】

（1）应纳税所得额 = 1990 +（2000 - 10000 × 15%）+ 100 -（400/5 - 400/10）- 50 = 2500（万元），应交所得税 = 2500 × 25% = 625（万元）。

（2）

事项（1），产生可抵扣暂时性差异 = 2000 - 10000 × 15% = 500（万元），应确认的递延所得税资产 = 500 × 25% = 125（万元）。

事项（2），预计负债的账面价值为 100 万元，计税基础为 0，产生可抵扣暂时性差异为 100 万元，应确认的递延所得税资产 = 100 × 25% = 25（万元）。

事项（3），固定资产的账面价值 = 400 - 400/10 = 360（万元），计税基础 = 400 - 400/5 = 320（万元），产生的应纳税暂时性差异 = 360 - 320 = 40（万元），应确认的递延所得税负债 = 40 × 25% = 10（万元）。

事项（4），交易性金融资产的账面价值为 550 万元，计税基础为 500 万元，产生应纳税暂时性差异 = 550 - 500 = 50（万元），应确认的递延所得税负债 = 50 × 25% = 12.5（万元）。

事项（5）可供出售金融资产的账面价值为 1200 万元，计税基础为 1000 万元，产生应纳税暂时性差异 = 1200 - 1000 = 200（万元），应确认的递延所得税负债 = 200 × 25% = 50（万元）。

2017 年 12 月 31 日递延所得税资产余额 = 125 + 25 = 150（万元），递延所得税负债余额 = 10 + 12.5 + 50 = 72.5（万元）。

（3）2017 年所得税费用 = 625 +（72.5 - 50）- 150 = 497.5（万元）。

（4）

借：所得税费用　　　　　　　　　497.5
　　递延所得税资产　　　　　　　　150
　　其他综合收益　　　　　　　　　50
　　贷：应交税费—应交所得税　　　625
　　　　递延所得税负债　　　　　　72.5

2.【答案】

（1）甲公司个别财务报表中长期股权投资的账面价值 = 600 + 3000 = 3600（万元）。

会计分录如下：

借：长期股权投资　　　　　　　　3000
　　贷：银行存款　　　　　　　　　3000
借：管理费用　　　　　　　　　　　100
　　贷：银行存款　　　　　　　　　100

（2）自 2017 年 1 月 1 日起，甲公司持有乙公司 90% 股权并采用成本法核算。乙公司宣告分配的现金股利，甲公司应按照应享有的份额确认投资收益，不区分是属于取得投资之前还是取得投资之后的利润。

对乙公司提取盈余公积和以未分配利润转增股本，甲公司不进行会计处理。

甲公司应确认的投资收益 = 90 × 90% = 81（万元）。

会计分录如下：

借：应收股利　　　　　　　　　　81
　　贷：投资收益　　　　　　　　　　81

（3）

借：长期股权投资　　　　　　　1000
　　累计摊销　　　　　　　　　　100
　　贷：无形资产　　　　　　　　　500
　　　　营业外收入　　　　　　　　600

丙公司调整后的净利润 = 220 －（1000 － 400）+（1000 － 400）/40 = － 365（万元）。

借：投资收益　　　　　　　　　182.5
　　贷：长期股权投资　　182.5（365 × 50%）

（4）

甲公司对丁公司投资的初始投资成本为 4000 万元。

会计分录如下：

借：长期股权投资　　　　　　　4000
　　贷：银行存款　　　　　　　　4000

购买日办公楼的账面价值 = 2000 － 2000/40 × 20 = 1000（万元）；

购买日办公楼的公允价值 = 1000 + 3000 = 4000（万元）；

基于购买日公允价值计算的办公楼年折旧额 = 4000/20 = 200（万元）；

丁公司个别财务报表中该办公楼的年折旧额为 2000/40 = 50（万元）；

在进行权益法核算时，应该将丁公司的年度净利润调减 150 万元（200 － 50）；

甲公司应确认投资收益 =（900 － 150）× 40% = 300（万元）；

甲公司在权益法下应享有的丁公司其他综合收益 = 200 × 40% = 80（万元）。

会计分录如下：

借：长期股权投资　　　　　　　　300
　　贷：投资收益　　　　　　　　　300
借：长期股权投资　　　　　　　　80
　　贷：其他综合收益　　　　　　　80

五、综合题

1.【答案】

（1）购买乙公司股权的成本 = 6000 × 6.9 = 41400（万元人民币）；购买乙公司股权支付的相关审计费、法律费等 160 万元，在发生时直接计入当期损益（管理费用）。

（2）购买乙公司股权应确认的商誉 = 41400 － 9000 × 60% × 6.9 = 4140（万元人民币）。

（3）乙公司 2017 年度个别财务报表折算为母公司记账本位币时产生的外币报表折算差额 =（9000 + 600）× 6.8 －（9000 × 6.9 + 600 × 6.85）= － 930（万元人民币），少数股东承担的外币报表折算差额 = － 930 × 40% = － 372（万元人民币）。合并财务报表中列示的外币报表折算差额（作为其他综合收益列示）= － 930 × 60% = － 558（万元人民币）。

（4）ABC 公司发行权益性证券增加股本 200 万元，资本公积—股本溢价应当扣除发行权益性证券的手续费，则增加"资本公积—股本溢价" = 2.5 × 200 － 200 － 10 = 290（万元），发行权益性证券对所有者权益总额的影响 = 200 + 290 = 490（万元）。

相关会计分录：

借：长期股权投资—投资成本　　　500
　　贷：股本　　　　　　　　　　　200
　　　　资本公积—股本溢价　　　　290
　　　　银行存款　　　　　　　　　10
借：长期股权投资—投资成本　　　　20
　　贷：营业外收入　　20（2600 × 20% － 500）

（5）ABC 公司对丙公司投资后续计量采用权益法核算。

理由：ABC 公司取得丙公司 20% 有表决权股份后，派出一名代表作为丙公司董事会成员，参与丙公司的生产经营决策，对丙公司具有重大影响，所以采用权益法进行后续计量。

ABC 公司期末应确认的投资收益 = ［（240 － 100）－（2600 － 2400）/5 × 6/12 －（200 － 120）×（1 － 80%）］× 20% = 20.8（万元）。

2.【答案】

华业公司对事项（1）的会计处理不完全正确。

理由：该业务本质上属于收取手续费方式的委托代销，在经销商未对外实际销售前，与所转移商品所有权相关的风险和报酬并未实际转移，不能确认收入，也不能确认与未销售商品相关的手续费；应确认收入 = 800 × 0.3 = 240（万元），多确认 60 万元，但增值税处理正确；应结转成本 = 800 × 0.24 = 192（万元），多确认 48 万元；应确认手续费 = 800 × 0.02 = 16（万元），多确认 4 万元。

更正分录如下：

借：以前年度损益调整　　　　　　60
　　贷：应收账款　　　　　　　　　60
借：发出商品　　　　　　　　　　48
　　贷：以前年度损益调整　　　　　48

借：应收账款 4
　　贷：以前年度损益调整 4
华业公司对事项（2）的会计处理不正确。
理由：重分类日，按照该债券投资的公允价值作为可供出售金融资产的入账价值，公允价值与其账面价值的差额计入其他综合收益。
更正分录如下：
借：以前年度损益调整 350
　　贷：其他综合收益 350
华业公司对事项（3）的会计处理不正确。
理由：如果回购价格固定或等于原售价加合理回报，表明风险报酬没有转移，实质上属于融资，不能终止确认该项资产，收到的款项确认为其他应付款，回购价格大于原售价的差额在回购期间平均分摊，计入财务费用和其他应付款。
更正分录如下：
借：以前年度损益调整 1000
　　贷：其他应付款 1000
借：库存商品 600
　　贷：以前年度损益调整 600
借：以前年度损益调整 50
　　　　［（1100 – 1000）×6/12］
　　贷：其他应付款 50
华业公司对事项（4）的会计处理不正确。

理由：至 2017 年 12 月 31 日，丙公司股价预计在当年和以后年度持续下跌，可以判断可供出售金融资产已发生减值，需要确认减值损失，原直接计入其他综合收益中的因公允价值下降形成的累计损失，应当予以转出，计入当期损益；应确认的减值损失金额 =（6 – 2.5）×200 = 700（万元）。
更正分录如下：
借：以前年度损益调整 700
　　贷：其他综合收益 700
华业公司对事项（5）的会计处理不正确。
理由：附有退货条款的商品销售，如果能够合理估计退货率，在发出商品时可以确认收入。但不能合理估计退货可能性的，通常应在售出商品退货期满时确认收入。所以华业公司不应确认收入、结转成本。
更正分录如下：
借：以前年度损益调整 120
　　发出商品 880
　　贷：应收账款 1000
合并结转"以前年度损益调整"科目金额，分录如下：
借：盈余公积 162.8
　　利润分配—未分配利润 1465.2
　　贷：以前年度损益调整 1628